U0961391

国家出版基金项目
NATIONAL PUBLICATION FOUNDATION

『十三五』国家重点出版物出版规划项目

抗日夏台档案选编

第四册

福建省档案馆 编著

北京师范大学出版集团
BEIJING NORMAL UNIVERSITY PUBLISHING GROUP
安徽大学出版社

《台湾青年》第一至十期

一九四五年十月—一九四六年七月

《台湾青年》第一期（厦门版）　　一九四五年十月十七日

(一)　台灣青年　第一期

發刊詞

本報爲配合整個台灣團務之開展，以加强宣傳效能，於民國三十二年一月一日創刊，迄今厤二年又九月，在這期間內我們對祖國抗建工作及收復台灣都在不斷努力中。

團長英明領導及全國軍民八年堅持抗戰結果，使日本無條件投降，世界大戰告一段落，淪陷了半世紀的台灣，亦掙脫了暴敵的鐐鎖，在同盟勝利聲中得到了解放，重見光明。因之，台灣團務也隨之到了積極發展的階段。在這種情形之下，台灣區團部籌備處即須遷厦轉入台島工作，於遷移期間，本報因種種阻礙，乃暫告停刊，本處遷至厦門時，爲推進團務工作與適應環境的需求，本報决刋行厦門版，就在這短促時間，編行了這份十六開的小型週報，因爲我們認爲要團結各地及島內台胞與使國人認識台灣，必有普遍通俗的文字宣傳。

然而，我們的能力有限，且各種條件不很便備、所以，我們不敢過份的奢望，只求在厦期間，繼續出版，俾能收穫集思廣益之效　在建設新台灣與建設新中國的怒潮，正在澎湃的今天，使我們深信祖國的各界人士，給我們的扶掖必殷，指導必勤，批評必嚴，最後希望愛護本報的文化界人士，多多賜致惠稿，以光本報篇幅。

時事述評

十月八日至十四日

幣原組閣經過

日軍東久邇內閣於五日宣告辭職，繼任人選爲幣原喜重郎。

幣原曾爲日本發動「九一八」事件時的外相，因不適合日本軍閥的胃口，久已匿跡消聲，退下政治舞台。他曾竭力反對軍閥侵略東三省，謂爲係自吞炸彈，他的政見是：對內安定國家經濟，救濟失業；對外親善中國，極力避免參加世界大戰，以坐視漁人之利。當時軍閥派抬頭，以爲這些意見，是汚儒的論調，不予採納，幣原遂度閒散生活，以迄現在，今日的日本人，對幣原過去論調究竟作何感想？

日本投降後，軍閥派主腦，除受戰禍禍首的應得處分外，暫時宣告失勢，這類政治派人物，乃得重新上台。幣原拜命組閣時，首次會晤麥帥，麥帥曾作如下的指示：「余希望閣下儘速進行此等實施之方針，憲法之修改，需採取自由主義，並鼓勵勞工結合，使學校施行自由教育，以及取消人民經常恐惶之制度及一切新聞言論之自由。」幣原的政治路綫，過去雖有若干進步跡象可尋，但以現在的日本情勢而論，不管何人執政，黷武主義的必遭失敗，顯著的教訓擺在眼前，也不容許他不改紘易轍，以樹立民主基礎的。過去日本人民在軍閥錯誤政策底下所造成的惡果，已無法

2

扶[illegible]，惟有痛加猛省，湔滌侵略思想的毒素，要求教育自由，並取締一[illegible]人民的法律，為世界和平和人類福祉共盡其最後的努力，才有光明的前途。現在幣原所宣佈的八點「革政」意見，大體上尚算不錯，然日本輿論界未能表示擁護，「認為新閣軟弱無力，對其持久表悲觀。」並有各方對其攻擊的電訊。戰後日本各政黨競爭參政的現象，固然勢所必有；可是不主張「革政」和不贊同進步的民主政策，是決不會有的，尤其廣大的人民。

殖民地民族運動

反侵略戰爭的最後勝利，提高了被壓迫民族的解放信心；荷軍開駐東印度，已有種種跡象，表示即將採取有力行動，以鎮壓荷印馬來人民之民族運動。又法越衝突事件，據新德里官方廣播，法國當局及越南領袖，關於未來越南地位之討論，業已破裂……西貢西部，法越軍又起衝突，這些可能演成嚴重衝突的事態，不論其前途演進如何？在重建世界和平的今日，至少當有若干不良的影響，荷法當局，應該重新考慮其處理態度，以免事態擴大。

暹政府殘殺華僑

由暹逃回之華僑領袖，向我政府陳述最近旅暹僑胞為慶祝抗戰勝利，被暹政府嗾使軍警殘殺，死傷多人，籲請政府採取有效護僑辦法。暹羅早為日本附庸，日本軍閥所卵翼的法西斯歹徒，現仍盤踞要津，不惜為虎作倀，而盟國對暹羅並未予以戰敗國處分，以致演成今日暹政府這違反人道的橫妄行為，實為莫大遺憾！我們除擁護國參會議案，請政府迅速採必要措施外，並籲請盟國政府 依據「人道」觀念，共同予暹羅以制裁。

國共會談融洽

在融洽和諧的氣氛裏，國共兩黨代表經匝月的會商，於十一日已公佈完成初步階段，關於政治軍事問題，大部份均有結果，國民大會問題，將移交政治協商會議解決，並商定八項共同原則。這一會談的收穫，不僅是兩黨切實合作，奠立民主團結統一的基礎，而且是一致服從 蔣主席領導奉行三民主義的先聲，是怎樣值得慶幸的事情！我們在和協空氣充溢的當兒，雅不要有所訾議，惟致使國家慘痛民族刼運的歷史教訓，誰也應自檢討，應自糾止，現在抗戰雖告勝利，建國工作尤為艱鉅，我們正須誠心合作，共同動員人力物力，以從事新中國的建設。今天全國民衆，無不信任領導抗戰勝利的 蔣主席，必能完成三民主義的建國大業，以中國人向來極端信仰與極端不信仰的兩種心理判斷，誰破壞建設，誰就會失去民衆的同情以自趨孤立，我們仍盼今後的若干問題，雙方應各本互信互助之旨，以求更融洽而合理的解決。

勝利年的國慶

抗戰勝利的歡呼，滲進了今年的「雙十節，」全國各地都舉行空前盛大的慶祝會。二十幾個國家元首的賀電，紛至沓來，為我國際地位增光不少。這日 蔣主席對全國發表廣播，以經濟文化政治三項建設，勗勉全國同胞，同時指示出各項建設的方針和具體方法。

回憶三十三年前的國慶，大家都是「忍受着國家民族生存發展所需要的領域遭受割裂，與不平等條約的束縛和壓迫」的不自然情緒來慶祝的，今年却不是那樣了。世界侵略集團的打倒，就是今後世界和平的保障，我們已在民主勝利的程途上負起了對世界光榮的戰鬥任務；另方面我們能夠以八年餘的血戰屈服了日本帝國主義，而取得本身的解放，這都是具有值得慶祝的重大意義在！

3

急待慰問的旅廈台胞

李友邦

抗戰勝利，萬民歡騰，廈鼓禾重見天日，旅廈台胞八千餘亦無上欣幸鄉邦歸復祖國，因為過去日本官閥所中傷驅迫的事實下，收有期間有田產業權益，有因身份關係，使旅廈台胞時時不能安靜，尤其在日本投降後，國軍未開進廈門以前，台胞的生命財產，倘受不肖份子，因奸[illegible]或多與時被逼迫，無日不安，這些事情，現在依然偶爾有發生，今日這些台胞的處境，實在還有許多說不出的苦悶和抑鬱。

滿清的腐敗，台灣被敵強佔的史實，台胞和國人，都應該明白，台灣的收復，台灣與祖國的親睦不可分，亦是台胞無數反抗日本統治的犧牲以及全國軍民為實現三民主義抗戰八年所得的成功。

現在旅廈的台胞，有了歡快，亦吃了不少眼前虧，但是捫心自問，旅廈的外省人能夠偏安無事，何以只有台胞吃虧？其實旅廈的台胞中，守己安份的實在不少，惟有一部份所謂「台灣浪人」的台胞，他們串通敵人，倚勢耀武揚威，魚肉厦禾人民，享盡優越生活，尤其在廈島淪陷的初期，他們更變本加厲，無惡不作。敵人投降後，這些人應得的處分，正天理人情的輪迴，也是他們罪戾應得的歸宿。可是有些善良的台胞，却蒙受了不白之冤，不問善惡是非，同受報復的遭遇，這是何等不幸和可憐的事實，我們懲前毖後，覺得抗戰勝利後開始建國的時期，各黨各派且已消除成見，精誠團結，何況同是廈門語系的閩台同胞，更應該不念舊惡擺脫積恨，重新言歸於好，致力各項事業的切實合作。同時又認為目前台胞的痛苦，應該設法安慰，以後台胞的安全，也應該妥為保障，將來才會息事寧人，現在舉出這三點的解決辦法，貢獻給關懷台胞的各界人士。

一、旅廈台胞的素質，因為良莠不齊，所以才有今日的糾紛。在淪陷了七年多的廈門島內，散居於每個角落的台胞，他們的善惡是非，已經給旁觀者很清晰的認識，不容你再強辯掩飾的，政府對於勝利後的廈門台胞，已經體恤他們在敵偽統治下所過的非人生活，而予以特別寬恕，因為過去的台灣人，是日本帝國主義的皇民，現在的台灣人，已是投回祖國的同胞，國家增加了（雖是收復，亦可以說是

臺胞福音

本年八月杪在英倫舉行之聯合國救濟善後總署理事會在第三次會議中，各國代表一致通過對臺灣，朝鮮施行救濟，並一致通過要求各國對總署再捐助款項，其數額定為各該國在一九四二——一九四三財政年度歲入之百分之一。美助理國務卿克萊敦估計對臺灣，朝鮮，義大利，奧地利之救濟費用將為五億萬美元。

增加）六百萬的人力，在中華民族史上是極光榮的，所以要解決旅廈台胞的問題，廈門當局要迅速組織「台胞問題調解委員會」，裏面暫設偵查、甄別，調解三組，並敦請有關調解事項人士做顧問，無論民刑事件，一律公平斷理，非不得己時，絕對避免到正式的官廳去，證據確鑿的台奸，應限期令其自動投案，最罪依法處分。至於生活困苦的台胞，在廈台航運恢復以前，也應由調解會籌款賑助，使他們不因迫於飢寒而逞身走險。總之，組織這個調解會的宗旨，就是要使旅廈的各階級台胞，都能安居樂業，享受國民權利。

二，將來水陸的交通恢復以後，各商埠的經濟市場，都充滿他鄉追逐著，台胞當然不能例外的。旅廈的台胞，雖因環境變遷，已獲得政府的一視同仁，但是無論如何，既然客居他鄉，總算是「天涯淪落人」了，客居的台胞，固然要安份守法，偶有糾紛瓜葛時，跟人家去對薄公庭，一來不成體統，二來舊話重提，對於生命財產的安全，難免發生影響，要解決這個問題，我們認爲旅廈的台灣同鄉會，除趕快健全組織起來，裡面最少要設下列各部：一，總務部；二，輔導部；三，調解部；四，信託部。總務部負責會內收支、保管、文書等事宜。輔導部的任務，是調查，登記，聯絡，和指導初來廈的台胞，調解部負責解決台胞和外界的糾紛，和籌款賑救窮病或殘廢的台胞。信託部具貸金給貧寒台胞營業，替台胞經借週轉金，和台胞離廈時委託保管財產等。這樣；他們倚靠同鄉會做後盾，同鄉會須要台胞來支持，旅廈台胞一切問題，都可以在這同鄉會裏面解決了，他們的精神得到安慰了，他們的生活自然上了軌道，今後臺胞的安全，也有相當保障了。

三，現在旅廈八千餘臺胞，除了少數經濟基礎較佳以外，佔百分之七十以上是流動職業，家無積蓄，甚而是窮苦的人、這些人勝利以後，失業待養的更多，而因爲處境不得同情關係，他們的苦況比當地人更要加深，這是我們除期望政府從速救濟，希望有財力的臺胞合力自行籌措救濟外，最祈求的是全體閩南同胞，寬諒過去、我們的民族德性是兼仁兼愛，對一般同胞應如此，對苦受敵人奴役重歸祖國懷抱的臺胞、實應愛護同情和扶助。

以上所說三項，僅是芻議而已，關於廈門臺胞的問題，不知己解旋了多少的腦筋，我們相信日本帝國主義消滅了，廈門的特殊環境解除了，臺灣收復了，此後旅廈的臺胞、和當地同胞要親如兄弟手足才是，同時希望旅廈的全體臺胞，要檢討過去，策勵將來，才配做新中國的公民。

團長語錄

過去八年之間•我們同心一致、共同一奮鬥•才得到抗戰的勝利•從今以後•我們更要團結一致•積極努力以求建國的成功•我們必須以積極創造的精神•迅速確實的行動•集中全力以實現建國的唯一目標•我們必須完成心理•倫理•社會•政治•經濟五項建設•改造中國為民生康樂文化昌明的國家•與聯合國并駕齊驅•於國際社會分担世界永久和平的責任•

5

期望台灣青年

•余陽•

臺灣六百萬同胞在日本帝國主義者奴役和奴化的政策底下，過着五十一個年頭水深火熱的生活，在這五十一個年頭當中台島二三百萬青年，也不知不覺深陷於精神和物質生活極端貧乏的泥淖中，一方面磨滅了他們寶貴光明的前途；另一方面減低了我們國民革命的一部份熱力，這是怎樣值得大家惋惜和抱憾的事情呢！

祖國和台灣，有不可分離的歷史關係，從宗族派系，地理環境，經濟組織，國防需要等等，都沒有找到可以割裂的理論根據和事實要求。而且過去和現在的實際情況，也還沒有兩樣，故我們以爲台灣的被割裂，是佔住我們國恥史籍中重要的一頁，而台灣的解放運動，尤爲我們整個民族解放運動中重要的一環。我們英明的領袖　蔣團長，在其手著「中國之命運」中沉痛指出，我們既往國勢的陵夷，民氣的萎靡，厥因「民族生存發展所需要的領域遭受割裂，和不平等條約的束縛與壓迫」所造成。但是上述事實的構成，腐敗的清廷，固應負這莫可逭逃的罪咎；然而我們在勝利的今日，對這歷史所遺留下的教訓，亦應深切猛省一下！過去帝國主義者加諸中國的一貫政策，無不以製造我們整個民族的割據和分裂爲手段，尤其是日本軍閥，更無時無地不從事破壞我們的團結，降低我人民愛國的情緒，威脅利誘挑撥離間的一切言論行動，靡不力求擴大和深入，說起來很覺痛心，台灣同胞，已經是遭受了五十年的蒙蔽欺騙和不良的迫使，我們很希望那些蔑視中台關係與看輕台灣建設前途的人們，別再上敵人的當，深加警醒，　團長給我們的正確訓示，我們應該細心地來研究才對啊！

現在我們爲了國家民族的生存發展，爲了全體台胞的利益，我們不僅應該要求全國同胞，尤其青年的夥伴，不分彼此的和我們共同肩負起復興祖國的建設工作；而且希望台島全體認識清醒愛護祖國的青年要坦白忠誠的表示絕對擁護元首，澈底在黨團和政府領導之下，爲重建台灣而奮鬥，才不會埋沒我們那久已潛伏的經過外族壓迫，解放自由以復興祖國的一股熱望！

重建新台灣和今後建國的總目標在那裏呢？　蔣團長明確的指示：「我們是要建設中國爲文化經濟與國防合一的新國家。」國父的實業計劃和　蔣團長手著「中國之命運」中的經濟建設，己殫心竭慮，爲我們擘劃那造詣富強康樂的具體大計。這偉大艱鉅人類生活的改造運動，歷史己有不少前例，只是因爲近百年來我國國際地位低落關係，本身存在很多弱點，和以搾取掠奪壓迫爲目的的外力，交組爲堅強而頑劣的革命障礙使我們的國民革命歷程，蒙受了嚴重的挫折和悠久的動盪，未克順利進行，以臻成功。現在抗戰勝利，外來的壓力解除，祇要我們能夠貢獻每個人的體力智力，集中意志，踐履篤行，當可依照程序暫次完成。台灣久爲帝國主義者的殖民地，當前的革命障礙，表面上雖告解除，但我們還要抱定革命須先革心，建設首重恢復自信的觀念，我們青年台胞除了慶幸家鄉歸復祖國外，還希望能作如下的努力：

(一)吸取三民主義的革命精華；基於我們的民族特性，及人類歷史的進化法則，暨世界的潮流趨勢，很明顯地指示着中國革命的正確前途，應為民族民權民生的自我建設，以推動世界革命，共進大同。這整部哲理的淵博，與其行動綱領的精奧，需要我們每個青年人去研究理解，我們共體「革命者要有高深學問」的指示、國父的整部遺教，　蔣團長的精博訓示，都是我們學習和工作的寶典。惟有吸取這些革命的精華、求知力行，以充實自已的人生觀，理解革命的要義，才能適應當前重建新台灣而建設偉大中華民國的需要。

(二)確定革命建國的決心信心和耐心：根據上述環境，我們在重建台灣過程中，要以百折不撓的精神，作任重致遠的抱負，高瞻遠矚，堅忍持久，不怕困難，克服困難，不懼危險，迎接危險，還不達不止的信心決心和耐心，才是革命建國成功的唯一保證，我們必須確定。而那些徬徨煩悶，苟且因循，好高騖遠，空談冥想，瑣碎自私，浮誇淺薄等不合時代的壞氣習，當不容許其存在和滋長。蓋人的意識形態，關係事業的前途至大，我們要為國家盡大孝，為民族盡大忠，為人類盡大慈大愛的偉大事業　非有信心決心耐心是不會達到目的的。

(三)要有自治自強的工作意識：所謂自治自強的意義，是不苟安，不依賴，不盲附，不矜張，不懈怠的意思，台灣若干現象的有待改革，若干建設的必須擴充，都和全體台胞特別是我們青年台胞有切膚之痛的關係，故我們要以堅定代徬徨，以嚴謹代放縱，以遠大代淺薄，以自重自覺代依賴盲從，才能達到我們的工作任務。我們自已能夠這樣做，還要勸告指導其他青年好好的朝着這個光明的方向做去，我們先有了自重自覺的工作意識和實踐，同時也希望大家都有這樣的意識和實踐，共同來完成我們的重建台灣和建國大業。

最後本團應鄭重表示在重建台灣呼聲中的工作態度，我們要告訴台灣青年，團是青年的家庭，青年的學校，我們有仁慈博愛崇高偉大的　蔣團長，做我們的家長和教師，我們歡迎大家來共同學習來共同工作，共同實現三民主義。其次，重建台灣的任務，千頭萬緒，需要動員廣大的人力物力。陳行政長官主持行政多年，富有各項建設經驗，必須廣納人才，致力建設，我們亦誓當號召青年臺胞，擁護政府推行政令，協助國防及文化政治經濟建設。此外，對於那些違反國家建設的謬論，和一切不正確的思想，我們希望青年臺胞，隨時糾正，說服，和感化，希望他們覺悟，對於那些甘心替帝國主義施行危害國民的陰謀與行為，我們希望青年臺胞為國族利益，為家鄉歸復祖國的尊榮，給他們以嚴重的制裁和撲滅，確保三民主義建國的完全勝利！

親愛的青年同胞，八年餘的抗戰，證明我們民族潛在力的堅韌雄厚，這樣的潛在力，尤為我們今後建國成功的有力保証，我們有着光明而勝利的革命前途，祇要大家集中力量，統一意志，排除心理上的不良傾向，充實革命的理論和實踐，為建設鄉邦，鞏固祖國而貢獻這般尚待發揚的熱力。

今天，我們衷誠懇切的慰問受了五十年被屈迫的臺胞，同時慶幸臺島光復六百萬餘同胞重獲解放　更預祝全體臺胞全島青年對未來建設優良的努力！

團訊

（一）本處第一分團工作人員，爲增進研究精神起見，特組織工作人員學術研究會，定每半月開會一次。

（二）本處爲鼓勵青年對台灣各項問題之加深研究，藉增進國人對台灣問題之認識。幷以提供當局作建設台灣之參攷起見，特舉辦雙十節「台灣問題論文競賽」，現截止日期已屆，收到各界應徵文稿數十篇，將於月底評判發表。

（三）本處爲提倡青年體育，加强康樂活動，幷聯絡祖國青年感情起見，特於體育節離岩前，舉辦「台灣杯」籃排球賽。競賽結果：籃球冠軍白光隊，排球冠軍岩師隊。

（四）本處直屬中央復員服務隊，於本年七月間成立，除已派入在沿海及台島等地區開展宣慰服務工作外，現將該隊第一分隊派赴上饒，配合某戰區入收復地區工作，第二三兩分隊集中廈門，待命入台進行復員服務工作。

（五）日本投降以後，接管台灣在邇，台灣團務亟須加緊推進，台灣淪敵已半世紀，島內台胞，對祖國情形極爲隔閡，對主義國策尤少認識，本處感於初期團務推進中，實有加强宣傳工作之必要，故特創設台灣新聞日報，現正積極開始籌募基金，擬在登陸台島後出版。

（六）本處第二期基層幹部講習班，與軍委會政治部台灣義勇總隊第三期幹訓班，學員招攷完竣，計錄取一百二十名，已於日前集中廈門，準備正式開訓。

（七）本處第一分團，爲研究台灣復土建設諸問題，特組織台灣復土建設研究委員會，於九月初成立。

（八）廈門各界於十月十日慶祝國慶暨抗戰勝利，是晨八時假中山公園舉行慶祝大會，本處及台義隊全體均出席參加，配合舉行各項慶祝活動，並出版台灣青年壁報，及刊印台灣青年畫報專號，藉以擴大宣傳。

中華民國卅二年一月一日創刊
發行人 李友邦

本期目錄

編後話

本報因出刊時間匆促，內容未盡充實完整，又本報祈各關心台灣問題人士多賜指正，因校對疏忽李友邦先生大作「急待慰問的旅廣台胞」錯誤頗多，除將原發出之本報收回及於青年日報登載原文外特爲修正。

8

1-88

臺灣青年

三民主義青年團
中央直屬臺灣區團部籌備處

《台湾青年》第一期（台湾版）　　一九四五年十一月十二日

目前臺灣革命青年的行動綱領

甲 關於團員的：

一、一箇月內讀完三民主義、三箇月內讀完國父全部遺教、六箇月內讀完主席一切訓示！

二、六箇月內學習使用普通國語會話、並教育了最少十個青年也能够同時使用國語、迅速普及國語會話運動

三、服從陳行政長官命令、協助政府推行糧食政策、增加稻麥甘蔗耕種、使全島人民食用裕如！

四、踴躍參加被破壞都市重建工作、發揚勞働服務精神、爲社會人群謀最大福利！

乙 關於一般的：

五、青年學生不要荒廢寶貴光陰、回學校去、安心讀書、準備將來之重大貢獻！

六、青年教師、趕快參加登記甄審、從事教育工作！

七、青年婦女、各就本位、學習勞働、從事正當職業、輔助社會增加物質生產！

八、失業失學青年、毋荒間流浪、各本所長和需要、向政府報請服務或復學！

九、一切青年要遵守工作時間、履行所有信約！

十、青年要不分畛域、不分姓氏、親愛團結、互助合作、爲復員工作而盡最大的努力！

中央直屬臺灣區團部籌備處訂

民國三十四年十一月十二日

2

團長訓詞

一、爲組織三民主義青年團告青年書

—二十七年六月十六日發表—

三民主義青年團、茲已制定團章、開始組織。中正受命於黨國艱危之際、負責於民族存亡之交、視本團之組織、爲吾國家民族生死存亡所繫之唯一大事、特於組織之始、以本團產生之意義與使命、及所希望於我全國親愛之青年者、臚舉而明告之：

青年爲革命之先鋒隊、爲國家之新生命、舉凡社會之進化、政治之改革、莫不有賴於青年之策動、以爲其主力、證之我國近代歷史、如亥辛革命之推翻滿清、民國十五六年之打倒軍閥、參加者大多數皆以青年爲主幹、其犧牲奮鬥之光榮史蹟、固與吾中華民族共垂不朽、況當強寇侵擾、抗戰經年、非常之大時代業已降臨之今日、欲完成抗戰建國之艱鉅事業、自必更有需於全國青年之一致團結、共同努力。

夫以中國之廣土衆民、歷史悠久、誠能集中力量、持久奮鬥、則抗戰必勝、建國必成、吾人固深信而無疑、抗戰建國原爲國民革命必經之階段、國民革命最後必達於成功之域、而究竟何時成功、則全視乎吾人努力之程度如何。尤視乎繼續奮鬥者之精神如何、中正獻身黨國、個人之成敗、早已置之度外、嘗念中國革命爲久遠而艱鉅之事業、對吾當有革命精神繼續革命事業之青年、愛之有如至寶。換言之、中正實視吾青年卽爲余之生命。蓋必有無量數之革命青年、結合而成一偉大的力量、前仆後繼、百折不囘、而後可以力行主義、捍衛國家、復興民族、以達成國民革命最後之目的。中正之於我全國青年、期望之殷切、既如是其甚、對於吾全國青年前途之成敗、更覺所負責任之重大、中國將來之命運、實繫於一般青年之身。而所以組織之、訓練之、使能盡成爲眞正中國之青年、眞正足以擔當抗戰建國幹部之青年、則爲中正無可旁貸之職責。本團之成立、卽爲欲盡此重大責任而產生、亦卽鑒於國家民族當前之迫切需要而組織。今先約言本團產生之主要意義如次。

第一：本團之產生爲求抗戰建國之成功

欲期抗戰必勝、建國必成、必須培植國家民族之深厚力量、以爲其基礎、而此所謂國家民族之深厚力量者、卽全國青年之覺醒與團結是也、已往青年之犧牲奮鬥、努力革命者、固不在少數；而就一般言之、則因教育散漫之結果、無恪守紀律之習慣、無團體生活之訓練、以致縱有愛國之精神、仍多不明愛國之途徑、及今正須徹底改革、以尊重紀律嚴格訓練、矯正舊日之惡習。務使青年受本團之訓導而後、盡成爲現時代之國民、一洗舊時代殖民式人民之生活與習慣、而充實其現代國民之獨立的新精神、與自強的新生活。青年在本團之內、職務縱有高下、紀律一律平等、必如是、則青年之日常生活可以完全改觀、思想行動可以歸於一致。然後本其對於國家民族之自覺、發揮其愛國盡忠之良知、乃能產生無窮無盡之深厚力量、爲國家民族之復興築成堅固之基礎。

第二：本團之產生爲求國民革命新的力量之集中

革命力量原貴團結、青年既爲產生革命之源泉、則此新的革命力量、尤應凝固而集中。本團之於青年、必使其有統一之意志、受主義之薰陶、並鍛鍊其體魄、發揮其智能、領導其思想行動、使成爲繼續革命事業之新生命。當此國家民族千鈞一髮之時、若復任令青年散漫紛歧、各行其是、則意志矛盾、力量抵消、一旦危亡、勢必同歸於盡、故吾中國青年、處此抗戰建國之艱苦環境中、斷不須效法並世其他國家、任多種不同之政治信仰與行動並存而發展。中國今日之所以作育青年者、祇有示以一個國家一個主義一個努力方向之要義、而中國青年之所以爲國盡瘁者、舍親愛精誠絕對團結而外、實無他途。不但吾青年應如是。即一般領導青年之知識份子、不問其爲何黨何派、苟眞正爲國家民族着想者、亦必當珍愛青年之前途、相率而集合於本團旗幟之下、爲作育青年而努力、爲完成革命而努力、如此則新的革命力量、必將因本團之產生而完全集中、而永久集中。不但目前可憑衆志成城之協力、撲滅暴寇而保國族。即在百世之後、亦必可保證我全民族之精誠團結矣。

第三：本團之產生爲求三民主義之具體實現

總理手創三民主義、原爲吾革命建國之最高原則。在今日抗戰期間、尤爲舉國民衆一致之信仰、然三民主義之所以可貴、乃在於適合

中國之需要而切實能行。故三民主義之信徒、不當以僅々信仰爲滿足、而必須以實踐力行爲要務。總理固嘗以知難行易之哲學、昭導後進、即爲針對國人向來畏難偷安之惡習、而勉人以力行。本團自當以力行勗勉青年、務使人人在組織訓練之中、養成排萬難以實現三民主義之勇氣、躬行實踐、貫徹始終。無論他日環境如何艱危、前進如何困難、決不須臾喪失其所守、更使此篤行三民主義之青年、組成國家之新細胞、擔任建設中國之先鋒、並爲國家社會一般民衆之模範、且進而使全國青年在三民主義的思想體系之中、受嚴格的組織與訓練、發生無限之活力。誠使吾中國革命青年盡爲三民主義之篤信力行者、則三民主義之具體實現、如操左券。

本團產生之意義、具如上述。今日中國、必須完成抗戰建國之任務、更必須培養繼起的革命力量。本團對于國家所負之重大使命、厥爲聚集全國青年、力行抗戰建國綱領、與聯合優秀革命份子、充實革命活力之二點。能盡此二大使命、則三民主義必可以實現、敵寇外侮必可消除、獨立自由之新中國必可以建立。是故組織本團之作用、一方面固爲適應目前戰時總動員之迫切需要、而他方面尤爲樹立最近將來國家社會建設之幹部基礎也。爲欲達成此艱鉅之使命、則凡參加本團之青年、必須整齊嚴肅、至誠純一、負起下列特殊之任務。

一　積極參加戰時動員

根據全國總動員計劃、青年必須就其智能之所近、在國防、產業、交通、及宣傳教育各部門、作積極活動；奉公守法、盡忠職守、任勞耐苦、始終不懈、視奮鬥爲天職、以犧牲爲當然、青年有此志氣、抗戰乃能必勝。

二　實施軍事訓練

在抗戰過程中、青年皆須受嚴格的軍事訓練、俾每一個團員、皆具有保衛國族之技能。而此軍事訓練、且須包含忠黨愛國之精神訓練、健身強種之嚴格訓練、刻苦耐勞之生活訓練、與迅速確實之行動訓練。青年受此訓練而後、必能革除文弱萎靡之積習、再進而感應社會、乃可使一切建設、皆以軍事部勒之精神、達到共同一致之成功。

三　實施政治訓練

青年皆須受政治訓練、使人人具備建設三民主義國家所必需之政治素養。及行使四權與實施地方自治等重要智能、並須熟習民權初步、了解管理組織與領導羣衆之必要方法、必如是、則青年在思想上、對於三民主義能建立真誠不貳之信仰；在行爲上、對於現代民治國家之公民權、自可行使而無憾、而三民主義的新中國、乃可以實現。

四．促進文化建設

國家之強弱、繫乎一般國民文化水準之高下、我國民衆智識程度、與並世列強相差實遠、智識青年必須自動奮起、一致參加掃除文盲工作、協助進行通俗教育及戰時宣傳、務使在極短期間、加強一般國民之政治認識、而提高文化水準、庶幾可以走上現代國家平等自由之大道。

五　推行勞動服務

青年必須體會　總理「人生以服務爲目的」之遺訓、在一週內、須各自參加社會十小時以上之生產勞動。一方面可藉以增加生產發展國民經濟、同時則藉社會服務之機會、可以深入民間、習知實際之艱苦；更因接近民衆、而以工作成績、取得一般同胞之信任。

六　培養生產技藝

青年一方面須注重科學之修養、使意識言行、一切皆科學化、養成有條理、有組織、重精密、重實踐之新的民族性；同時更須以最大努力、接受技術訓練、養成生產勞動之技能、俾得有大量青年服務於農商、路鑛、電氣等各種輕重工業、使國家偉大之建設、可以加速完成。

凡此諸端、皆爲今後本團所必須努力執行之任務、亦即本團認爲革命青年所應共同勗勉之信約。惟欲達成此項任務、必須吾青年以滌除苟安與振作生機之精神、徹底改造其生活。不惟限制享受、躬行刻苦、更須於日常生活中養成整齊、清潔、簡單、樸素、迅速、確實之習慣；革除淩亂、汚穢、繁複、奢侈、遲鈍、虛浮之惡習、務使社會風尚、皆能因吾青年實踐模範的節約與勞苦的新生活、而煥然丕變、全國同胞、皆能爲青年嚴守紀律、服從命令之團體生活的精神所感應、而進爲現代之國民。

總之、本團之目的、在集中全國優秀之青年國民、無間兵工農商學、而與以一貫之訓練、集之於同一之組織、納之於新生活之規律、由明禮義、知廉恥、具備現代國民之基本條件、以進于羣策羣力、一心一德、負責任、守紀律、共同建立三民主義現代最新國家之基礎。本團之建設、非爲吾青年個人謀出路、而要求吾青年貢獻其能力自由與生命、以爲國家民族謀出路；非爲吾青年策安樂、圖享受、爲欲吾青年共甘苦、同艱危、以求抗戰建國之成功、與三民主義之實現。

中國今日之恥辱危殆、可謂至矣。吾偉大之河山原野、遍受敵軍之蹂躪；五千年綿延之歷史、處於存亡絕續之危機。吾革命先烈與抗戰將士赤血白骨無量之犧牲、皆有待於吾全國青年繼起努力、以竟其全功。是以吾人今日、必須猛省過去不能保育青年、領導青年之罪愆、而應急起直追、爲吾全國青年造成一革命的實踐的組織。更爲適應國家民族當前迫切之需要。應使此組織、成爲網羅全國優秀熱烈青年及革命份子之唯一組織；中正深信全國無量數富有革命精神之青年、認清自身之責任、與國家民族之前途者必能激勵奮發、一致集合於本團之內、遵守本團之紀律與命令、接受本團之訓練與指導、以增進其貢獻國家之能力、而發揮其神聖偉大之使命、中正受命黨國、負荷重責、當提挈吾國親愛之青年、同艱共苦、死生以之、以踏上我新中國光明成功之大道、黃帝子孫、中華青年、盍興乎來！

二六、本團第一次全國代表大會開會詞(節錄)

我要爲大家提示、今後對青年指導的要領、也就是本團應有的任務和工作要點。要知道自從抗戰進到現階段、不平等條約取消以後、我們國家今後的命運既然要由我們國民自身來創造、來決定、因之我們青年過去徨徬煩悶的心情是不必再有了。而且因循的習氣是不容存在了。好高騖遠、空談冥想的空氣是不合時代了。瑣碎自私、浮誇淺薄的引爲是應當吐棄了。今日的青年、肩負了國家具體的重任、而對着千載一時的大時代、眞應當堂々正々的做天地間第一等事、爲天地間第一等人。尤其在這個抗戰建國、成敗安危、間不容髮的緊要關頭、更要站穩腳跟、看定方向、篤々實々的下一番準備充實的工夫、盡國民應盡的義務。而且我們建國的目標、簡單明白、擺在面前、我們是要建設中國爲文化經濟與國防合一的新國家。而建設基本的方案、爲總理手訂的建國大綱和實業計劃。我「在中國之命運」一書裏面、曾經與我們青年指出了五個具體項目、作爲立志擇業的方針。那就是要我們青年做鄉村自治員、做小學教員、做飛行員、做工程師、做邊疆屯墾員。我們青年儘可就各人個性或環境之所宜、擇定一種來擔任、發揮能力、報效國家、眞是人世間「安心立命」最難得的機會。所以我以爲今後青年團應有的任務和工作的重點就是：

第一、要推行經濟建設運動、建設國防經濟。實現 總理實業計劃、尤其要將我最近所擬訂的經濟建設十年計劃、決定具體實施方案、領導全國青年一致力行、期其必成。這是本團所應負的第一個任務。

第二、要實行國防科學技術運動。建設國防科學、由本團領導全國青年努力於科學知識之增進、與科學技術之發達。務須精益求精、實事求是、以造成眞正國防科學技術人才、爲發展建國事業的基幹。這是本團所應負的第二個任務。

第三、要實踐新生活信條、以轉移社會風氣、改造青年生活。必須由本團團員篤實踐履新生活的規律、養成整潔簡樸迅速確實的習慣、發揚禮義廉恥的精神。進而使全國青年的生活行動、與道德文化、皆能合乎時代的要求、適應建國的需要。人々能成爲眞正現在時代青年、俾克擔任其實行三民主義建設新中國的任務。這是本團所應負的第三個任務。…………其次對於今後青年運動的方式、我覺得也有充分檢討的必要。我深信青年都是純潔的、都是有愛國熱情的、我們所以不能吸引全國青年來共走革命建國的正道、我們國家過去所以不能得到青年的效用、反而使青年有自暴自棄誤入岐途的現象、一半是教育不良、一半也是由於領導青年的方式有錯誤、有缺點。所以我們今天必須徹底檢討、來重定我們青年運動的方式。我覺得這二三十年以來、所謂青年運動、已不知葬送幾多青年、斷喪了國家多少的元氣了。過去形色、的所謂青年運動、不是拿革命作試驗、就是拿青年作工具、或是欺騙青年入他們的陷阱、總之是把青年當作物。不把青年當作人。以青年作爲利用的對象、不認青年有他本身的情感意志和前途。而我們本黨的青年運動、以及本團的青年組訓和宣傳、更是不够深入、不够實在、今後我們要救起全國的青年、喚醒全國的青年、號召全國的青年、來共負革命建國的使命、必須改正過去的缺點、作進一步的努力。我以爲今後青年運動方式、必須遵循下面幾個原則。

第一以仁愛代殘酷—以利他代自私—青年運動的目的完全年喚醒青年、教育青年扶助青年。一面要尊重青年的人格。一面要鍛鍊青年的德性、爲他們計劃正當的前途。要愛護青年、而不是迎合青年、要理解青年、而不是放任青年。要解決他們的困難、消除他們的煩悶、要始終以青年之友自居、以志士相期待、以道義相切磋、絕不可利用其弱點、而要矯正其弱點。我們民族傳統精神是忠孝仁愛、是利他助人我們只要以民族傳統精神來啓迪青年、訓練青年、自然能喚起青年仁愛的天性、啓發他們利他的熱情。

第二、以積極代消極—以建設代破壞—與其指示青年們消極的黑暗面、使他們煩悶退縮了不爲指示他們以積極的光明面、使他們建設奮鬥。要引導他們前瞻勿鼓勵他們度顧、要使青年們知道不滿社會現狀是無益的、惟有自主自動、積極創造才能打開出路、改革社會、有益於國家、有益於個人的前途。

第三、以具體代空泛—以力行代空論—一切討論、一切研究、一切工作、都要提出具體的目標、能够逐項逐事的列舉出來、有確定的內容、確實的例證、可以作確實的考驗。切不要空洞廣泛、不可促摸。要導引青年力行、勿使他們流連於空洞與空想。要使青年光明磊落、誠篤不欺、講實話、做實事、步々踏實、對己對人對事都絕對負責任、不誇張、不浮躁、不虛僞詭譎施用手段。在青年中間、要一切公開、做到事無不可對人言。

第四、對青年修養方面、我們更要使他們以堅定代徬徨、以謹嚴代放縱、以遠大代淺薄、以自治自强代依賴盲從—更要知道力行是最後的宣傳、服務是最後的領導、競賽是最有效的訓練、紀律是最眞實的力量—擔任青年幹部的人、要勿忘自己也是一個青年、處々要以青年之心爲心、以青年之休戚利害、爲自身的休戚利害、應自覺其義務比人多、不是地位比人高、總要深入青年中間、以身作則的去感化人、不矜張、不懈怠、耐得住艱難、解得開糾紛、事能處理得當、處々能踐履篤實、尤其要知道因事制宜因地制宜、的必要。切不可拘於千篇一律的形式、以流於呆板或枯燥。

總之、我們今天所需要的青年運動、乃是爲國家民族的需要。而喚起青年、團結青年、—乃是重視青年報效國家戮力革命的權利和義務。不忍使一個中國青年徬徨自棄於勝大的革命建國工作之外、不忍使一個青年、自誤其平生、而辜負了一個千載一時的大時代。我們中國々民黨不是爲了黨而有黨務、我們三民主義青年團也不是爲了了團而吸收青年、組訓青年、我們爲什什麼要充實本團?就是要革命、要建國、爲什麼要健全本團、就是要使青年能够發生敬仰愛慕之心、而自動參加我們的革命建國的集團。所以我常說我們青年團吸收團員要重質不重量、我們所吸收的是有血性、有志氣、有學問、有道德的青年、惟有精選才能充實、惟有不斷考核訓練才能使團員進步。我要重新申言、我們的團務、就是整個的中國青年問題、青年問題有了答案、我們團務的進行也有了答案、所以我今天所說的話、不是僅々對在場的各位代表同志而說、也不僅是對本團全體團員而說、乃是對全中國青年爲着全中國青年的利益和前途而說的。

國父年譜

本報資料室

國父年表傳作有三、各表紀事紀年皆有誤斷、參以鄒魯著黨史稿、與去非著事略、馮自由著逸仙史堂書、國父興中會以前傳記、記載益形出入。編者斯訂、乃斟酌各著、取其信徵、捨其疑誤、約輯成稿、而於時代背景之大事、亦求簡明提要、紀年補註。至革命導師之生平與史實之聯結、當賞諸傳記、非年譜所能盡其內容也。編者知國人傾注於遺教、亦欲瞭然於 國父之革命歷史、選載固不盡如人意、而編訂亦恐難詳實、斯篇權作初稿、就教高明！

一歲、一八六六年、民元前四六年（清同治五年、丙寅） 國父是年公曆十一月十二日上午四時、即夏曆十月初六日寅時誕生於廣東香山縣翠杏村、亦即鴉片戰爭南京條約後二十四年、中俄北京條約與天津續約之後六年、太平天國滅亡以及第一國際成立之後二年（全集、年譜後三年誤）捻黨大擾北方之後一年。義大利王國建立威廉一世即位、帝俄下令解放黑奴之後五年、南北美戰爭警醒歐洲勞動者之後一年、德奧戰爭、俾士麥革命新政之同年、清庭設江南机器局之同年（李鴻章「新政」之階段）。

國父名文、字德明、又字逸仙、初生名衆、又字帝象。筆名中山樵、高野長雄、隱名高達生、杜嘉偌。中山先生之稱、即由中山樵日本姓氏而著。

二歲、一八六七年、民元前四五年（清同治六年、丁卯）是年日本明治天皇即位德川奏請歸政、清庭設同文館、嚴禁哥老會、平東捻、與匈帝國成立。

三歲、一八六八年、民元前四四年（清同治七年、戊辰）是年李鴻章平西捻清庭命左宗棠平回。帝俄取布哈拉汗。日本明治維新、改都江戶、稱東京

四歲、一八六九年、民元前四三年（清同治八年、己巳）是年李鴻章奏請鼓鑄通貨。蘇彝士運河開工。

五歲、一八七〇年、民元前四十二年（清同治九年、庚午）是年天津焚法教堂、殺法領事、李鴻章奏設机器製造廠於天津。普法戰爭。法建立第三次共和。意大利收復羅馬、完成統一。

六歲、一八七一年、民元前四十一年（清同治十年、辛未）是年帝俄佔我伊犂。命李鴻章與日本締修好條約於天津、普法議和、普王統一德意志、法發生革命動亂、歷史上出現「巴黎公社」。

七歲、一八七二年、民元前四十年（清同治十一年、壬申） 國父就學於村塾。是年清庭選派學生赴美留學。清庭「中興」主將曾國藩卒。貴州苗亂平。招商局成立。與帝俄定伊犂通商章程。

八歲、一八七三年、民元前三十九年（清同治十二年、癸酉）是年雲南及甘肅回亂平。法兵陷安南河內。西班牙改王政為共和。

九歲、一八七四年、民元前三十八年(清同治十三年、甲戌)是日因臺灣事件與日本成立談判、賠款五十萬兩。安南與法國訂屈服條約。

十歲、一八七五年、民元前三十七年(清光緒元年乙亥)西太后垂簾、恭請王輔政。是年派出使英日大臣。與秘魯訂國交。左宗棠督辦新疆軍務。西班牙復辟。

十一歲、一八七六年、民元前三十六年(清光緒二年、丙子)是年與英訂立煙臺條約。收回英商吳淞鐵路而毀之。派留學生三十名留學英法。

十二歲、一八七七年、民元前三十五年(光緒三年、丁丑) 國父在塾時常聞洪楊故老講太平天國故事、漸抱革命大志。是年我與西班牙訂約。土俄戰爭、英皇兼印度皇帝。

十三歲一八七八年、民元前三十四年(光緒四年、戊寅) 國父隨母及兄眉公(德彰)、 國父胞兄) 赴檀香山、入火奴魯魯(檀香山首府)耶敎學校、習英文。左宗棠平定新疆。俄土和議成。柏林會議、成立柏林條約。

十四歲、一八七九年、民元前三十三年(光緒五年、己卯)崇厚與帝俄訂約、朝野大譁。是年日本併琉球。

十五歲、一八八〇年、民元前三十二年(光緒六年、庚辰) 國父仍肄業耶敎學校。是年改派曾紀澤使俄、索回伊犂。法派兵駐安南順化。列強開始瓜分非洲。

十六歲、一八八一年、民元前三十一年(光緒七年、辛巳) 國父畢業於耶敎學校、夏威夷國王親行授獎。後助其兄眉公經營商業牛栽。復轉入聖路易學校肄業一學期。是年伊犂條約成。法佔非洲突尼斯。巴拿馬運河開工。

十七歲、一八八二年、民元前三十年(光緒八年、壬午)由火奴魯魯回里。家居一年。向村民宣傳清廷腐敗(据吳稚暉著年表： 國父於十六歲時即已回國入廣州博濟醫學校；据吳去非著「總理事略」；是年 國父尚在夏威夷次年受洗爲基督敎徒、因此事與兄眉公口角始歸國。此係根据中山叢書所附年譜而定)是年法據安南之東京及河內。英逐埃及王。德奧意成立三國同盟。

十八歲、一八八三年、民元前二十九年(清光緒九年、癸未) 國父因瀆神事復離鄉、先赴香港入皇仁書院。(据胡本；是年 國父已十九歲)。是年遣兵至安南拒法。清庭與俄訂塔爾巴哈台界約。法滅安南、以之爲保護國。

十九歲、一八八四年、民元前二十八年(清光緒十年、甲申) 國父仍在香港。四月十三日與盧夫人結婚。是年中法戰起；法封鎖我臺灣。英破非洲蘇丹兵。德始殖民於非洲。

二十歲、一八八五年、民元前二十七年(清光緒十一年、乙酉) 國父於是年畢業香港皇仁書院。斯時我國戰敗、與法議和、安南歸法。自傳曰『予自乙酉中法戰敗之年、始決傾覆清廷、創建民國之志。由是以學堂爲鼓吹之地、借醫術爲入世之媒。』 國父決心傾覆法庭、轉而學醫、入廣州博濟醫院、蓋此時也。是年中日天津條約成、朝鮮爲中日公共保護國左宗棠卒。緬甸復見滅於英。

二十一歲、一八八六年、民元前二十六年(清光緒十二年、丙戌) 國父仍在博濟醫學校在校期間結識鄭士良、士良告以彼曾投入會黨、他日如有事彼可羅致會黨、以聽指揮、是爲 國父聯絡會黨之始。是年清庭與英訂緬甸條約、設臺灣省。

二十二歲、一八八七年、民元前二十五年(清光緒十三年、丁亥) 國父爲便利學習與鼓吹革命計、入香港雅麗士醫院肄業、課暇常往來港澳間、運動革命。時聞而附和者、在香港有陳少白、尤少紈、楊鶴齡三人與歸自上海之陸皓東而已。國父與陳尤楊三人在革命事業上相倚甚密。港澳戚友呼之爲「四大寇」。是年西太后歸政。修築大沽至天津鐵路。與葡訂修好條約。

二十三歲、一八八八年、民元前二十四年(清光緒十四年、戊子)是年天津大沽鐵道成。成立北洋海軍、以丁汝昌爲提督。德佔俾士麥羣島。

二十四歲、一八八九年、民元前二十三年(清光緒十五年、己丑)、是年帝始視政、張之洞奏辦廬漢鐵路。日本公布憲法。

二十五歲、一八九〇年、民元前二十二年(清光緒十六年、庚寅)、是年中英藏印條約成立。哲孟雄淪爲英領土。曾紀澤卒。英德成立關於非洲協定。

二十六歲、一八九一年、民元前二十一年(清光緒十七年、辛卯)以上數年、　國父皆在香港雅麗士醫學院、照常進行鼓吹革命之工作。　國父哲嗣科於是年生。哥老會焚燬蘇皖各處教堂、清廷嚴拏哥老會黨徒。帝俄侵帕米爾、俄法商訂同盟。西伯利亞鐵路開工。

二十七歲、一八九二年、民元前二十年(清光緒十八年、壬辰)　國父畢業於香港雅麗士醫學院、名列最優等。懸壺於澳門、設東西藥房於廣州之沙基、以爲革命机關。自傳曰：「時鄭士良則結納會黨、聯絡防營、門徑既通、端倪略備。予乃與陸皓東北遊京津、以窺清廷之虛實、深入武漢、以觀長江之形勢。」蓋記此時前後事也。是年俄法同盟成。

二十八歲、一八九三年、民元前十九年(清光緒十九年、癸巳)是時　國父以澳門爲活動根据地、往來各地、作改革中國之政治運動。「倫敦避難記」云：「我在澳門、就曉得做各種政治運動、宗旨就是要改造中國、所以叫做少年中國黨(即興中會)。這個黨看得中國的政體實在不合時宜、想以和平手段、漸進的方法、到朝廷去上書請願、可以發生一種新的政治、最重要的、就是專制政治想改爲立憲政體。當時我很同情就入黨、很想做點利國福民的事」。蓋此即興中會初期、以和平爲手段、漸進爲方法者也。(鄒魯黨史稿、據此以爲興中會在民元前二十年　國父二十七歲時創立於澳門、而不知　國父自傳、明言甲午後創立於檀香山也。)是年薛福成奏請豁除海禁。北京至山海關鐵道成。法人佔湄公河岸地。英法成立關於暹羅協定。夏威夷建立共和。

二十九歲、一八九四年、民元前十八年(光緒二十年、甲午)、甲午戰起、　國父以爲有机可乘、乃赴檀香山、創立興中會於此。發表興中會宣言。自傳云：「甲午中東戰起、以爲時机可乘、乃赴檀島美洲、創立興中會、欲糾合海外華僑、以收臂助；不圖風氣未開、人心錮塞、鼓吹數月、應者寥々、僅得鄧蔭南與胞兄德彰二人願傾家相助、及其他親友數十人之贊同而已。」蓋記此時事也。　國父復於此時上李鴻章書、建議富國强兵之遠略；以人盡其才、地盡其利、物盡其用、貨暢其流爲要綱。(關於上書地點、吳著年表：「出洋後郵上李鴻章書」、而鄒魯黨史稿則以爲：當其遊天津時、係由徐秋畦介紹而上書、關於上書時間、其書有云、「文生二十八年矣」、乃以西法計算)。是年清軍敗於日本。

三十歲、一八九五年、民元前十七年(光緒二十一年、乙未)、甲午戰敗、全國騷然。　國父乃與鄧蔭南等歸國；開乾亨行於香港、鄧蔭南、楊衢雲、黃詠商、陳少白主之；設農學會於廣州、陸皓東、鄭士良等主之、以之爲革命機關；而　國父則往來兩地。欲襲取廣州、以爲革命根據地。乃因事機不密、爲海關搜獲手槍六百餘桿、陸皓東與丘四、朱貴全死之、被捕者七十餘人、程奎光病死獄中、此爲第一次革命之失敗。敗後十餘日、　國父間道至香港、與鄭士良、陳少白同至橫濱、少白留日、士良回華、　國父則斷髮改裝、重遊檀島。是年清廷與日議和、訂馬關條約。俄德法迫日還我遼東。臺灣朝鮮倚日而獨立。漢陽鋼鐵廠成。張之洞創自强新軍。康梁公車上書。日英德各設紗廠於上海。義出兵阿比西尼亞。

三十一歲、一八九六年、民元前十六年(光緒二十二年、丙申)、　國父在檀島、推廣興中會、因進行遲滯、乃至美洲華人所住各處活動、而每埠所得革命同志、亦不過數十人、然已大觸清廷之忌、　國父復於是年陰歷

10

八月由美至英、遂爲英使館所誘拘、欲私送回國、因得英人康德黎夫婦之助而獲救。其事詳見先生手著之「倫敦被難記」、及當時清駐英公使龔照瑗隨員吳宗濂所著之「隨軺筆記」。先生見釋後、仍客居英倫。是年與帝俄訂喀西尼條約。始設郵政。張之洞設强學會。梁啓超創刊時務報於上海、清廷與帝俄訂東清鐵路公司合同。意敗於阿比西尼亞。法併馬達加斯加島。

三十二歲、一八九七年、民元前十五年（光緒二十三年、丁酉）、國父仍居英國、旋遊歐洲各國。是年北洋學堂開辦。德佔膠州灣。希土戰爭。意人馬可尼發明無線電報。

三十三歲、一八九八年、民元前十四年（光緒二十四年、戊戌）、國父在歐考察政治風俗、見其政治問題雖能解決、社會問題複雜正多、爲一勞永逸計、乃訂定三民主義。

三十四歲、一八九九年、民元前十三年（光緒二十五年、己亥）、國父以日本地近中國、消息易通、便於籌劃、乃由歐至日、日本民黨領袖犬養毅、遣平山周、宮崎寅藏迎於橫濱、引至東京相會、因識日本政界人物大隈、大石、尾崎等人、又得副島種臣及在野志士頭山、平岡、秋山、中郎、鈴木、安川、大塚、久原等之資功、往來橫濱神戶間、鼓吹革命、遭受保皇黨之反對甚烈、國父革命工作、至是益感棘手。

三十五歲、一九〇〇年、民元前十二年（光緒二十六年、庚子）、國父進行革命備受痛苦、乃命陳少白回港創辦中國報、鼓吹革命、是年庚子之變、先生以時机不可失、命鄭士良入惠州、史堅如入廣州、招集同志以謀响應、 國父自日返港、潛入內地組革命黨、中途爲奸人告發、被港政府監視不得登陸、折回日本轉渡臺灣、得臺督兒玉之助、一面擬先原定計劃、一面命士良即日發動、均未果、堅如在廣州亦不遂。

三十六歲、一九〇一年、民元前十一年（光緒二十七年、辛丑）、各省派遣留日學生、多思想新類、志氣不凡、受 國父指揮號兆、對革命思潮感觸極速、 國父遂決定以留東學生爲革命動脈。

三十七歲、一九〇二年、民元前十年（光緒二十八年壬寅）、留日學生劉成禺在 國父指導之下、於新年會演說革命、被學校驅逐。而沈虬齊、張溥泉等再發行民報、以鼓吹革命、留東學生提倡於先、國內學生附和於後、各省民衆、多受革命風潮波動。

三十九歲、一九〇四年、民元前八年（光緒三十年、甲辰）、 國父作環球之遊、於抵安南後、取道日本、轉赴歐美、廖仲愷、何香凝、馬君武、胡毅生、黎仲實等人、來日本相會、表示贊成革命、 國父乃託其將留日有志學生、結爲團體、以謀革命。是年、 國父所到各地、華僑莫不爭相歡迎。

四十歲、一九〇五年、民元前七年（光緒三十一年、乙巳）、 國父直至歐洲、留學生多贊同革命、由言論漸趨實踐、 國父乃揭發所著三民主義及五權憲法、組織革命團體、開第一次會於比京、加盟者三十餘人、開第二次會於柏林、加盟者十餘人、開第三次會於巴黎、加盟者亦十餘人、是年夏由美赴日、革命同志公推 國父爲首領、黃興爲副、決定中華民國之名稱。

四十一歲、一九〇六年、民元前六年光緒（三十二年、丙午）、 國父命胡漢民、汪精衛、陳天華等人發刊民報、鼓吹三民主義、爲同盟會喉舌、四月、 國父自南洋往日本、船抵吳淞、法武官布加卑、偕其陸軍大臣來見、表示贊助中國革命誠意、清廷以布加卑同情 國父革命、與法使交涉、爲革命運動引起國際交涉之始。是年夏、 國父命廖仲愷往天津設立革命机關。

四十二歲、一九〇七年、民元前五年(光緒三十二年、丁未)、國父發動黃岡、潮州黨員、及福建詔安黨員、謀起事不果。同時又命鄧子瑜發難惠州七女湖、又爲清軍進擊。國父乃命黃克強、胡毅生遊說欽廉二州清軍、使贊成革命、二人願反戈相應、國父一面約欽廉黨員一致行動、一面派人赴日購械、後欽廉計劃失敗、國父與黃克強、胡漢民、糾集安南同志百餘人、由安南襲鎮南關、旋會攻龍州、與陸榮廷戰七晝夜、以援絕退入河內。國父乃離安南往星洲、行前令黃克強重入欽廉集合同志、並令黃明堂窺取河口、圖進雲南爲據地、先後歷數十戰、亦以援絕而退。

四十三歲、一九〇八年、民元前四年(光緒三十四年、戊申)、國父抵星洲後、黃明堂率百餘人襲河口。收降卒千餘人。時國父遠在南洋、電令黃克強前往指揮、黃在越被阻、遂返河內、清吏探悉河口黨軍乏人指揮、乘机進攻、黃明堂守候月餘、各自爲戰、已形散漫、河口又告失守。

四十四歲、一九〇九年、民元前三年、(宣統元年、己酉)國父革命屢遭失敗、安南、日本、香港皆不能居、乃漫遊美洲從事籌欵、接濟革命之進行、而委令黃克強、胡漢民二氏、設革命机關於香港、會同倪映典、朱執信、陳炯明、姚雨平等人、謀在廣州舉義、擬於庚午年正月發難。國父擬遍歷南洋各處、又被荷屬拒絕、安南、暹羅復令國父出境、國父乃遠遊歐美、得各地華僑同志踴躍、同時委黨務於胡漢民、又電令黃克強等、舉全力先舉義廣州、而後及於長江各省。

四十六歲、一九一一年、民元前一年、(宣統三年、辛亥)、統籌部成立、長江各省志士、亦多響應革命。並在廣州設總机關、轉運軍械、三月十日開發難會議、列席者數十人、原定十五日舉義、因軍需未到、乃改期二十九日。至期廣州舉義失敗。黨人七十二烈士成仁、是國父革命最後一次之失敗。十月武昌起義、民國成立、十二月二十九日、開選舉臨時大總統會議於南京、到十七省代表國父得十六票當選爲臨時大總統。

四十七歲、一九一二年、民國元年(壬子)、國父於一月一日、在南京

就任大總統職、擬分軍政、訓政、憲政三時期進行、當時黨人以國父理想太高、格而不行、且多變節、國父遂萌退志、二月十二日、清帝退位、國父亦請辭、後由袁世凱升任正式大總統、國父乃飄然下野、周遊各省宣傳主義、從事於實業及教育之鼓勵。

四十八歲、一九一三年、民國二年(癸丑)。袁任總統後、仇視黨人益厲、三月二十日、宋教仁被刺上海、袁勢益張、又向五國銀行團借款二千五百萬磅、充作抵抗國民黨之實力。七月十二日、李烈鈞、黃興、陳其美等人、分在江、浙、粵、皖、閩、川、湘等省、先後響應討袁、黨軍不支、國父於討袁失敗後、乘輪經福州轉臺灣、再至日本門司、將國民黨改組爲中華革命黨、號召眞正革命份子、設總部於東京。

四十九歲、一九一四年、民國三年(甲寅)、國父居日本、時袁世凱暢所欲爲、解散國會、毀棄約法、以爲帝制之先聲。

五十歲、一九一五年、民國四年(乙卯)國父仍居日本。國父以袁世凱欲帝制自爲、接受日本向我提出之二十一條、乃命同志回國乘机起事。湖廣黨人、被戮於龍濟光、湯薌銘者、以萬計。是年秋、籌安會起、國父亟命李烈鈞赴滇、居覺生赴魯、朱執信陳炯明回粵、黃克強程潛回湘、于右任回陝、分途舉兵討袁、及蔡鍔起義於雲南、各省紛々響應。是年歐戰方酣、保加利亞加入同盟國：日本乘机迫我接受二十一條。袁氏謀稱帝、命改明年爲洪憲元年。

五十一歲、一九一六年、民國五年(丁已)袁氏稱帝、國父在日本宣布討袁、友邦共喩。雲南義師既起、全國嚮從、至袁氏卒取銷帝制、憂憤以死、討袁時期結束。是年陳其美被刺於滬、西南各省在肇慶組軍務院。黎元洪繼任大總統、恢復國會、選馮國璋爲副總統、黃興蔡鍔卒。荷、希、及羅馬尼亞加入協約國。波蘭獨立。美總統威爾遜斡旋歐洲和平。

五十二歲、一九一七年、民國六年(丁巳)國父重返廣州、組織軍政府：護法時期開始、是年五月、倪嗣沖糾合將軍團造反、張勳挾黎元洪解散國會、旋擁宣統復辟、爲段祺瑞討平、國父命程璧光率海軍至粵、

、宣言護法。是年八月、國會議員自行集會於廣州、開非常會議、制定軍政府大綱、選舉　國父爲軍政府海陸空軍大元帥。九月、命湖南、零陵鎮守使劉建藩率兵北伐。是年北方政府及美國對德奧宣戰。俄國二月革命結束、十月革命成功。

五十三歲、一九一八年、民國七年(戊午)五月一日　國父向非常國會辭去大元帥職。同月、非常國會修正軍政府大綱、選舉　國父爲軍政府七總裁之一。是年北京政府召集國會(即安福國會)、選舉徐世昌爲總統。是年歐戰結束、德奧失敗、威爾遜發表十四條和平宣言。德、奧、匈、捷克四共和國、及南斯拉夫王國相繼宣告成立。德國革命、社會黨當政。蘇聯革命後、　國父由滬致電祝其成功(據鄒魯黨史稿)。

五十四歲、一九一九年、民國八年(己未)　國父以廣州軍政府爲桂系軍閥所把持、不能合作、乃向非常國會辭職。率戴季陶、朱執信等赴滬、刊行建設雜誌、從事著作。將中華革命黨正式改名爲中國國民黨、規定「以實行三民主義爲宗旨」。是年南北政府議和於上海。巴黎和會開幕、我出席代表拒絕簽字。因青島問題、發生空前之五四運動。意法西斯蒂黨成立。英論波斯爲保護國。

五十五歲、一九二〇年、民國九年(庚申)、以岑春煊、陸榮廷、莫榮新爲首之廣州軍政府、投降徐世昌、消取自主：　國父命許崇智、陳炯明率兵驅逐之。岑走滬、陸與莫遁桂。粵人歡迎　國父回粵主政、十二月一日在廣州與伍廷芳、唐紹儀、唐繼堯等重開政務會議、繼續革命事業。是年直皖戰起、皖系敗。我正式加入國際聯盟。蘇聯政府聲明放棄在華一切權利。凡爾賽條約成立。土耳其革命成功、安哥拉新政府成立。印度國民會議通過甘地不合作運動。國聯開第一次會於日內瓦。蘇俄結束內戰、及擊破十四國之干涉。

五十六歲一九二一年、民國十年(辛酉)、四月七日廣東國會選舉　國父爲大總統、五月五日就職於廣州、訂是日爲双五節。命粵軍援桂、驅逐陸氏。十月親率大軍由廣西北伐、師次桂林、蘇聯專使馬林謁見、是爲聯蘇之始。是年四國銀行團成立。庫倫事變、湘鄂戰爭、吳佩孚攻至岳州、蘇聯實行新經濟政策、倫敦協定成立。

五十七歲、一九二二年、民國十一年(辛酉)、　國父北伐計劃爲陳炯明所阻、四月率師返粵、六月十七日陳叛、　國父率海軍與陳逆相持於白鵝潭者月餘。八月赴滬、　國父著作悉被陳燬、惜哉！直奉戰起、蘇聯代表越飛於抵滬之前派人携函來滬與　國父商邦交。是年、中日山東問題、在華盛頓簽字。遠東九國公約成立。土耳其革命完成。

五十八歲一九二三年、民國十二年(癸亥)　國父下令滇桂各軍削平陳炯明逆軍、二月重蒞廣州、就大元帥職、五月下令聲討吳趙軍閥。通告廢棄二十一條亡國不平等條約。一月二十六日　國父與越飛發表有名的共同宣言、確立對蘇聯外交政策、九月六日確定改組國民黨計劃、於十一月發表改組宣言。是年、蘇聯聯邦憲法制定。洛桑會議簽字、土耳其共和國正式成立。法比佔領魯爾。德國斯託曼組閣、道威斯計劃委員會成立。日本大地震。曹錕賄選爲總統、全國大譁。

五十九歲、一九二四年、民國十三年(甲子)、一月二十日、在廣州召集第一次國民黨代表大會、出席代表一百六十五人、決議改組、發布劃時代之歷史宣言。創造黃埔軍官學校。先後講演三民主義十四次。肅清東江、取道江西北伐、命北方、國民軍舉事、聲討曹吳。發表北上宣言、主張召集國民會議、廢除不平等條約；十一月、取道日本北上、抵津肝疾發、入北平治療。是年、道威斯計劃案成立。英義承認蘇聯。

六十歲、一九二五年、民國十四年(乙丑)、是年、　國父通電反對軍閥之善後會議。入春、　國父病疾不治、遺留四十年革命奮鬥之寶貴遺產、於三月十二日午前九時半、創造中華民國、改革歷史之偉大革命導師、卒於北平鐵獅子胡同行轅、遺囑「革命尚未成功、同志仍須努力」、遺書致蘇聯「携手共進」完成解放事業。　國父終後二月、即發生五卅慘案、反帝反封建高潮　受國父遺教政綱之領導、而跨入一新時代。

國父的青年時代

梅 風

今天是我們中華民國的 國父孫中山先生的誕辰、也就是我們祖國獲得新生的日子。因爲中華民國完全是由于 國父秉着不屈不撓矢志革命事業的沉毅精神和本着自救救人的偉大人格而誕生的！

國父立志革命、建立民國、不但見于中年的奔走呼號共、實在青年時防即已懷壯志、抱大負了。

精研學理 崇尚科學

國父幼年就學村塾、天天朗誦三字經、覺得索然無趣、塾師既不明教育原理、又不知教授方法、常々質詢字義反被指責背叛經訓並加鞭打、國父理直氣壯、毫不屈服。後來離開村塾入其叔父所設的私塾研究中國書籍、國父認爲中國人的個性理想、爲果要改良和進步必須從遠祖的個性理想去研究利弊、尋覓根源、才得正確結論。國父秉性穎慧、除學習中文外、還由美國教士學習英語、其求知意志的堅強、和力學不倦的精神及多才多藝的天資、實已在少年時表現無遺。

塾中教師多是洪楊中人、課錄常々演述洪楊革命歷史、 國父受這種風氣的薰陶、對于改造中國政治的大志、即于此時深植於腦海。

後來他哥々自火奴魯々歸國講述彼邦政治的清明、社會秩序的良好、遠勝清廷治下的中國。國父一心一意爲求充實改革中國政治的新制度、新學識、遂要求父親給他隨其哥々出洋留學。抵火奴魯々後、目擊物產豐富、人民安居樂業、處々是由于施行法治所得到的好結果、 國父覺得這些都是中國所急需的制度於是乃悉心研究美國歷史及其一切制度的蘊蓄精義。

在教會所辦學校肄業三年中、對于科學的研究非常熱心認爲科學是有系統的、有條理的、故國父以後一切著作都是根據科學原理、在學三年成績優冠全校、夏威夷王愛慕 國父才能、畢業時特選關于中國學理書籍以獎賞。繼而 國父升入舉路易學校、僅一年、轉入夏威夷大學、旋因他的哥々反對基督教、逼 國父離校返國、此時國父才能、已與從前大不相同由於其學問的更加豐富充實、革命決心乃益發堅定了。

破除迷信 習醫濟世

國父歸國後家居一年、常問村民宣傳清廷腐敗無能以勵搖清廷威信、大家對于 國父豐才善辯、誰都目爲異人。當時村民迷信鬼神風氣極爲熾烈、一日、 國父跟鄰近青年同伴到村裡的北帝廟遊玩、同伴跪々拜々、 國父本着破除邪說崇尚科學主張、迅爲制止、並折斷神像的手向他們解釋說「這樣木偶、怎值得尊奉、現在我折了它的手、它是沒禁我何既然不會保全自己的手、還能够保佑我們呢？」同伴們以 國父這種出人意外的動作、和見解、都表示不同意、各歸告其父母和村民。一般鄉愚竟認 國父膽敢侮辱鬼神以大逆不倫的罪、要驅逐 國父出鄉、在這封建勢力壓制底下、 國父處々高竪革命旗幟、不惜與黑暗勢力鬥爭、破除迷信、不過其革命意識中的一點表現而已。

國父被迫離鄉後、即到香港入皇仁書院就讀、旋又轉入廣州博濟醫學院、專功醫學此外還常到香港、澳門各地物色的同志、鄭士良、陳少白、尤少紈、楊鶴齡即於此時認識的、這個期間內的國父所談論的無非革命理論、所策劃的無非革命事業、奔走呼號無非救國救民的工作、其于此可見一般了。

組織會黨 從事革命

國父畢業時適當中法戰爭開始、結果法軍大敗清廷反割安南求和、開古今外交史上的先例、 國父目擊清廷儒弱無能到此地步、實是悲憤塡膺、嗣後國勢日頹、政治愈弄愈糟、而列強對華政治、經濟、文化的侵略又復甚囂塵上、清廷往々割土賠款、國父認定推翻清廷、拯救中國是急不容緩的工作。故在港澳業醫時、常々以這種大志告訴病家、因此黨徒漸多、另方面國父派鄭士良到各地去結納會黨、聯絡防營。同時還親自冒險北上見李鴻章、陳述國家大事、力勸李鴻章參加革命、雖然被李拒絕、但這種備不顧身、想到做到的精神、十足表現一個時代青年的氣概。

國父習醫的本旨、不僅要醫人、還且要醫國、終究遂了其平生的宏願。我們青年人要成功立業、就應該以國父為最好的榜樣！

國父、決心革命拯救中國後、終年奔波南北、甲午戰發、國父以時機已至、離國赴檀香山、組織興中會、並在美洲一帶結合華僑、以集結革命工作的助力。此後幾經波折、國內十次起義均告失敗、終於在辛亥年武昌發難一役、清廷遂告推翻了。

國父青年時代的力學、博明求眞、實幹、和配合其特有天姿乃能創造這萬世不朽的光榮事業、為數千年的中國歷史開一新紀元。

今天我們紀念這一個偉大崇高的中華民國救星的誕辰、緬懷當年締造民國的艱難、國父那樣不避艱辛矢志不渝的精神、以及睿智大謀為國盡瘁的行誼、實在值得我們的崇敬與學習！

國父的偉大人格和精神

零生

今天是手創我們中華民國的國父誕辰、我們念及民國締造的艱難、就得緬憶到國父的豐功偉績、因為民國的誕生、實繫于國父畢生對革命事業的努力、沒有國父的誕生、就沒有民國的誕生、所以國父誕辰的今天、實是個偉大的光榮的日子、亦是最值得我們紀念的日子。

國父不但費盡艱辛、奠定民國的基礎、這一點值得我們紀念、就是他的畢生行誼、及其偉大人格和精神、更值得我們崇敬與學習的。他一生為革命立志。為革命立業、更本着革命而做人做事、他一生的嗜好、第一是革命、第二是讀書。由這兩句話、我就可體念出他精神的所在。他曾說過：『革命是救國救民的事、是消除自己的災害、為自己謀幸福的事、為四萬萬人謀幸福的事。』

在抗戰的八年、四萬萬同胞的幸福、飽受威脅、現在抗戰勝利了、我們在新中國開始的今天、來紀念國父的誕辰、更有深長的意義、我們為適應目前迫切的需求起見、僅就國父的整個人格和革命精神當中、提出五點略作說明、俾作我們建國立業、做人做事的楷模。

一、是大公無私不慕權勢

國父畢生抱定「天下為公」的思想、他說『人生以服務為目的、不以奪取為目的』。又曾大聲疾呼、『黨員不可立志做大官』、凡此均可見國父『大公無私』精神的洋溢。當他在民國元年、被選為第一任大總統時、為要促進南北的統一、不惜敝屣尊榮、辭卸總統職位、這種犧牲一己、成全大局的大公無私、不慕權勢的偉大精神、不但足資欽式、抑且中外歷史上所罕見。他在十三歲即想做洪秀全、但全無想做『萬歲』的氣概。除了我國的堯舜、美國的華盛頓外、唯國父一人有這種風度和氣質、這實是他人格最偉大之所在。亦係值得我們崇敬與學習的精神、尤其、在抗戰勝利建國工作分頭開展之時、我們更要效法他這大公無私、不慕權勢之人格和精神、抱定『國家至上』『民族至上』的原則、不計個人私利、不計私人權益、公爾忘私、才負得起這艱鉅的建國任務。

15

二、是意志堅定不畏艱辛

國父畢生的事業、是革命事業、自從他立志獻身革命、便不畏任何困苦艱危、不怕任何威迫利誘、始終堅定不屈、百折不撓、奮鬪到底、自甲午上書李鴻章起、至武昌起義成功時止、中間雖經十餘次的失敗、而毫不氣餒、毫不灰心、總是勉勵同志、再接再勵、繼續努力、卒鼓盪風氣、造成革命時勢、激起全國青年的革命精神、理想的中華民國賴以誕生。假使 國父中途灰心退志、則革命不能成功、惟有那種不折不撓、再接再勵的精神、和不怕失敗的勇氣、民國的基礎才能奠定、我們在這建國開始的時期、更應效法 國父這種意志堅定、不畏艱危、奮鬪到底的精神、才能完成建國的偉大任務。

三、是博大寬厚忠恕愛人

國父一生的志業、係以博愛爲出發點、而以大同爲總目標、他一生的行誼、是以誠感人、以德化民、愛人以德、成人以美、故能感化同志、領袖羣倫、使其皆爲革命而犧牲、爲革命而效勞、他倘待人接物、十分博大寬厚、不論同志、抑或敵人、只要誠心奉行其革命主張、他無所不容、不計舊惡、不念已往、例如陳炯明在廣州叛變、包圍總統府、礮擊觀音山、 國父幾乎蒙難、但他對陳氏並無惡感、後來且許他悔過自新、雖然陳氏終沒有覺悟、但由此可見其度量的寬宏、在此大時代的我們、更應效法 國父這種寬厚博大的精神、化除成見、消滅膈膜、共同爲國家盡忠。

陳長官語錄

日本統治臺灣、用愚民政策、不許臺胞受高等教育、不許臺胞做高級公務員、所以臺灣同胞、雖有六百餘萬、比二三十萬的日本人多得多、然而臺胞受高等教育的、做高級工務員的、卻比日本人少得多、這是很不對的。現在各機關多數人員、都是日本人、這並不是臺胞不行、是日本限制臺胞使然。我在福建時、主張教育機會平等、工作機會平等、現在對於臺灣、亦要實行這個主張、一面增加臺胞受教育的機會、尤其要增加高等教育的學生、一面對於高級公務人員、以前不准臺胞充任的、以後在勝任的條件之下、要儘量給臺胞以擔任的機會。

四、是好學不倦研究精博

學問爲立身做人的基本、 國父雖致力革命事業、但一刻不忘學問的進修、所以他說：「我一生的嗜好、第一是革命、第二是讀書」、吳稚暉先生說：「國父看的書很多、眞是最宏博的博士所不及、于古今中外之書可算無書不讀、什麼十三經、二十四史、什麼民約論、祇要有關政術治道、有益民生國用的書、一有空隙他便馬上把卷展玩、心就領、神就會」、 國父學問的淵博、我們讀三民主義和建國方略、卽可領略了。

五、是克苦自制儉約自奉

國父雖在海外募了許多款項、用於革命事業、但自身則甚窮困、他逝世後的遺產、除衣服書籍以外無長物。平時生活律己甚嚴、克苦自制、沒有不良的嗜好、亦無特殊的享受、這種克苦自制、儉約自奉的精神、眞是我們現在厲行新生活的表率、際此國家處境日漸好轉之時、我們尤要切實效法、身體力行、才配做一等國家的國民。

一四

16

臺灣青年的心理建設與組訓方針

陳俊鋒

青年在革命建國過程中的地位、和對國家社會所應負的使命、我們的 團長已明確地指出：「青年是革命的新血輪、國家的大動脈。」 團長這樣厚愛的期望着我們並爲我們、定下了這樣的地位和使命、我們不僅要覺得無上的光榮、同時也要覺得我們責任的莊重。現在讓我們自己、來檢討自己我們有什麼東西値得人們那樣的重視？人們所期望於我們的給他滿足了沒有？換句話說、我們有無拿出「新血輪」和「大動脈」的新行動姿態、出現於革命建國過程中的任何時間和空間、達成我們的時代任務、以解答這懸而待決的自己心理疑難問題呢、這應爲我們每個的青年人隨時隨地所必具自省意識。

五十年來的臺灣青年、被禁錮於帝國主義殖民政策的樊籠底下、由政治上的桎梏、經濟上的搾取、文化上的蒙蔽、使一般青年們的意識形態、都普遍的失却正常的理智作用、形成偏激、暴戾、空虛、浮泛、怠慢、頹廢、怯弱的各種不同心理病態、比較祖國青年、當然來得嚴重。然而我們不能徒負統治者既往給予我們的罪孽、過去的好像是昨日死、我們應無情地給它掃清；可是、未來的也應該看做如今日生、重新改變過來、樹立周到、仁愛、愼密、勤勉、進取、勇敢等俱全齊備意識的基礎、以適應重建臺灣與建設祖國的新要求。

上面所述臺灣青年應有意識上的改變、就是我們所要提的心理建設意義、我們基於「革命須先革心」的要求、認爲非先把不良意識克服、成功事業是很有問題的、革命更不待言；況這具有建設性的現階段革命工作、正期待着那些堅忍鬥、百折不撓、持久有恆、再接再礪、的優秀青年來發揚偉績。所以總理確定心理建設爲一切建設的基礎、誰都不會反對這一眞理的。

心理建設的解釋、「孫文學說中」、論文綦詳、總理以「能知必能行」與、「不知亦能行」、以及「有志竟成」來證明「知難行易」的道理、完成心理革命的證據而 團長於闡明 總理遺教中、也有這樣的伸述：「……心理建設、係概括一切心理狀態的改造……總理覺得我們中國文明不能進步、政治上各種建設不能進行、革命主義不能實現、最大的病根、就是由於一般人的心理中了幾千年來『知之匪艱、行之維艱』這個傳說的流毒。這句話的初意、原是說空言不如力行、是鼓勵力行的意思。但是流傳既久、一般人中於空疏、怠惰的遺毒、祇取其上半截而拋棄了下半截、大家都以爲行是很難、知是很容易的、於是對於一切事業都無勇氣去做、一知半覺沾沾自足、怠於求知、習於空談、養成『坐而言不能起而行』的習慣。因此社會國家的事、便很少人努力去做、得不到什麼進步。」接着 團長又引出 總理關於革命成敗的關鍵、在於行與不行的論點、來說明心理改造對於自救救國的重要性。最後 團長歸納了 總理「知難行易」的眞理、作如下的結論；「……其目的在改造一般國民已往錯誤的觀念和頹散的人心、使能普遍的確立『知難行易』之力行的哲學觀念、而振作畏縮頹廢、苟安偸惰、疲頑不堪之人心。養成奮發有爲、積極進取、力行創造的風尙……」至於革命人格的修養、革命精神的發揚、總理於恢復中國固有德道和智能上有這樣的遺教；「講到中國固有的道德、中國人至今不能忘記的、首是忠孝、次是仁愛、其次是信義、其次是和平……中國從前的忠孝、仁愛、信義、種種舊道德、固然是駕乎外國人；說到和平的道德、更是駕乎外國人。這種特別好的道德、便是我們的民族精神。……中國有一段最有系統的政治哲學、在外國的大政治家還沒有見到、還沒有說到那樣清楚的、就是大學所說的格物、致知、誠意、正心、修身、齊家、治國、平天下那一段的話。把一個人從內發揚到外；由一個人的內部做起、推到平天下止。……」總理關於人格修養的基本德目、又提出了「智」「仁」「勇」三項。以上都是我們崇高偉大的革命領袖關於心理建設所提示的正確道理。

我們臺灣青年、過去格於求和不能、那樣機械的在統治者奴役之下、雖然也獲得了一些科學上的普遍智識、但我們傳統固有的民族道性、與國民革命的基本意識、暨精神人格修養的各方面、自然有很多因主觀客觀環境的障碍而產生必有應有的缺點、我在上面所述臺灣青年的現存心理病態、就這一缺點表現的證明。我想大家如果自己嚴厲的檢討一下、或許不會怎樣反對這一論調吧！。

至於青年的組訓問題、我們認爲與心理建設問題、有很密切的職係。我們以三民主義者的立場、根據建設新臺灣與建設新中國的需要、我們認爲應打開大門、讓大批具有「新血輪」和大動脈作用的青年們進來、共同學習、共同工作、以推進各項建設、負起時代所課了我們的任務；但是我們不需要漫無紀律、和失却朝氣的青年、來侵蝕我們的組織、來鬆解我們的工作。我們訓練青年的目的、是在加强青年的革命意識、糾正青年的錯誤心理、替國家民族培養優秀的堅强幹部、完成三民主義的建設計劃；同樣也不需要無誠變誠意、或抱不忠誠於國家民族的一切壞思想、來降低我們對訓練效能的預計、來抵消我們對主義的闡揚程度總之、我們先從普遍民衆心理建設教育着手、進而擴大和鞏固青年組織、同時開展的各種合理訓練、我們在臺灣組訓青年的程序、我認爲應該這樣做。

這裡、我們需要來一個補充和說明、就是那些不從事心理建設的青年它自己就沒有信心決心來幹革命、建國的崗位上旣沒有站着這些人、它必然是會遭受陶汰的、我們除了盡應有的教育職責外、便不能爲這些無稗益國家民族的人們優容、我們要滿足大多數人的期待、我們也不敢自甘菲薄、事實教訓我們要無情地陶汰革命渣滓、樹立意志集中、力量集中的强固組織力量、以完成三民主義建國的偉大使命！。

18

臺灣青年與青年中國

佘陽

八年艱苦的聖戰勝利了、黷武者終于在和平之神前俯首伏法、光榮的彩浪洒映着大地、歡愉的情緒佔滿了每個人的心坎血脉。我們慶幸自己在漫天烽火中獲得餘生、更喜淪陷了半世紀的臺灣重歸祖國底懷抱。雖然它的輪廓是一幅滿目瘡痍哀鴻遍野的慘象、但；新生的、美麗的前途就在不久的將來映現、在三百萬青年臺胞手裡成功！

不堪回首的過去五十一年中、我們的祖先和我們這一代是飽嘗了統治者的鞭笞、敲剝、和恣意的侮辱、言行受了箝制、生命財產毫無保障、在我們的週遭找不出絲毫的自由康樂。在這種淒苦的情況下、造成了臺灣青年無數的典型、安分守己的順着家庭環境苟且偷生、不滿現實的投奔祖國自力更生、熱情的在艱困底環境裡進行倒日復土的革命工作、無理性的在統治者底槍尖下甘做敵人的幇兇、受日本的培植做侵略者的工具、愚妄的也可說是宿命論者認爲這是命運注定、在不知不覺中埋葬了青春掩沒了熱情、聽從統治者的調度不明生命的意義、更不知自由爲何物。質言之、這一塊三萬五千八百三十四平方公里的土地上是麕集着順民、義民、志士、買辦階級、聽天由命……形々色々的人物。

然而；由于歷史根源的遺留、自然環境的養成、這形々色々的典型人物中、順民、買辦階段、宿命論者、在社會中的潛勢是很薄弱而佔極少數。因爲就歷史上說；臺灣雖然被國人發現于秦朝、距今有四千年的歷史，但鄭氏的開闢臺灣是近在明朝末葉距今不過二百餘年、在宇宙中算來還是一個新墾的處女地。以前雖有荷蘭人三十七年的統治臺灣、但是所有殘跡早已湮沒了、島上荷籍住民更是影蹤杳然。今日舉目所見均是當年臺灣鼻祖鄭芝龍所率漳泉兩屬數萬人民及延平王鄭成功之數十萬隨從軍士來臺屯墾的遺民、散居臺南臺北和臺中、而今保蹟昭然。而甲午以前清廷設治于此、稍々注意歷史的當不致健忘吧！就自然環境論之：臺灣四面濱海、島民除了墾荒而外多爲海洋漂泊者、常々冒驚濤駭浪之大險駕孤舟駛海外以漁爲生、而這六百萬遺民承受因金陵一敗隱跡臺島抗拒清兵謀復明室之延平王所屬軍士忠烈血液的遺傳、加以閩南（包括潮汕一帶）民氣的熱情高漲、生性勇於冒險富于爽直、慓悍的墾荒者的氣質、對于民族意識和國家觀念並不弱于祖國同胞、五十年來革命行動的屢見疊出就是一個明顯的鐵證！

由于臺灣同胞有這種優越的特質、在日本人統治下的臺灣、對富有熱情的青年的手段、自然又是「另眼相待」了。視臺灣青年有如秉性桀悍的野馬、一方面想利用你的氣力、另一方面是步々築營、處々設防、政治上利用特務機關僱用大批秘密警察監視行動、教育上實施奴化教育、自公學校起的教課書悉由總督府主編、全部教材改用日文、和限制臺胞受高等教育、經濟上由它的僑民操縱、遍設組合和株式會社、幾乎把全島人民的精神物質拘禁在它的特種殖民政策之內、謀使臺人忘記祖國、也忘記自己、而導于皇民化、奴隸化的「正軌」！任其生殺、予奪、利用、暢所欲爲而後已、令六百萬臺胞失却生存意義、失掉生存理想、在水深火熱中生活、永無蘇甦的時會！這種悲痛的遭遇唯有我六百萬臺胞才能體會、這種慘絕人寰的患境是我六百萬臺胞所親身經歷過的！

現在；伴隨着祖國八年來苦戰的結果、六百萬臺胞擺脫了枷鎖、呼吸着自由新鮮的空氣、折斷了侵略者的魔手、驅逐了統治者的陰影、登上主人的寶座、有了生存的意義、有了生存的理想、在三民主義的原則下爲自己建設自由、爲自己建設生活的樂園！我相信每個臺胞都爲生命前途歡笑！爲美麗的東方大島慶幸！在愉快的氣氛中、我希望我三百萬青年臺胞了解抗戰勝利不是革命途程的終點。還要繼續邁進爲古老偉大的祖國建設一個新型的國家、爲破碎的家園建立起壯麗的大厦。團長告訴我們：「抗戰的勝利祇是國民革命的一部分、完成國民革命還要建設三民主義新中國。」今年國慶日更剴切的昭示我們：「今後全國同胞的目標只有一個、就是建國第一」、這一個目標是我們偉大的　國父和諸先烈的理想、也就是我們崇高的領袖　蔣團長終年宵旰勤勞的目的。我們何幸生爲今日中國青年得到獻身國家的時會！爲祖宗爭光榮爲子孫謀幸福！而且更使我們感奮的上有英明的領袖下有無數的青年同胞、做我們光明前途的昭示者和志同道合的伙伴。同時還有　國父遺留給我們一部完整的實業計劃與　團長手著的經濟建設大綱、爲新中國繪製一幅璀璨的藍圖做我們努力的方針。更幸運的是在建設工業化國家的過程中、我們可以獲得學習新進科學技能的機會。環顧現實、瞻望未來、只要我們肯努力肯犧牲、這一幅璀璨的藍圖勝將活現在我們的眼前、只要我們肯埋頭苦幹不辭勞瘁、光明的前途終將屬於我們的。

新中國的樂園是怎樣呢！我們既已以身許爲建設三民主義新中國的工程師。這就是我們當前所需要加緊研討的課題。團長在「中國之命運」中說：「我們必須建設一個國防經濟文化三體合一的新國家。」無疑的；這就是我們的工作大綱、在工作開始之前更要下一番苦心來認識現實和攝取有利形勢、根据科學原則取得事半功倍的代價、發揮青年服務精神在最短的期間內完成使命。

第一；過去我們受了不平等條約的束縛、藩籬盡撤門戶洞開、而東北西北西南各省、更因國際複雜關係的存在、根本無國防可言。現在；不平等條約的桎梏已經擺脫、失地已經收復、爲了顧全民族生命的綿亘、防禦外力的再侵略、鞏固國防應是建國的大問題、就民族生存的領域來說。我們中國國家的領域、以民族生存所要求爲界限、亦即以民族文化所維繫爲界限、假如以中國的領域爲一座美麗的大厦、那麼；新疆便爲這座大厦的大門、崑崙山脉、天山山脉則好像門前二大石獅、中原好像家人聚居地、東北好像豐朕的倉庫、西南高原好像花園假山、中國海好像是花園中的後湖、而臺灣海南島好像是湖中美麗涼亭假山、反之關東爲大厦的大門、則臺灣海南島好像是門前兩個雄偉的衛兵、中國海好像門前大湖、西南高原好像是花園假山、東北好像是倉庫、中原好像是家人聚居地、而西北平原好像是後門的大運動場、基於地理環境、經濟組織、國防需要、這一片完整山河的系統是如何的可貴、如何的值得我們的愛惜、中華民族光榮的子孫、決然不會讓這塊美麗的園地有殘缺、而是更加努力的進行着偉大的建設。

第二、縱使國防完備、徒保國家軀殼、倘非一個現代國家的要圖、必須以增進社會福利、提高人民生活爲目的的經濟建設來充實五臟、肌肉、骨幹的健全與發達。過去；我們的國家處於次殖民地的地位、蘊蓄豐富的寶藏、一任侵略者的剝奪攫取、以致民生凋蔽、國基衰微、經濟上發生畸形發展的趨勢、農業墨守古法生產不良、工業還停滯于手工業時代、若干所謂工業區的生產只局限于輕工業、重工業根本談不上、加以外來的經濟壓迫、舶來品充斥、更是中國振興工業前途的致命傷、經濟建設無從着手、年來由于抗戰軍事的轉移、多數工業區淪爲敵人所掌握、僅々在戰時萬分艱苦的情況下、在大後方建立粗具規模的工業基礎、可是産量有限、不能適應民生的需要。我們要想建立富强康樂的國家、經濟建設實爲當務之急！

第三；一個國家的隆替、除了國防鞏固、經濟繁榮而外、更需要注意到國民文化水準的提高和國民道德的修養。中國向以文物之邦著稱。我們的祖先對于科學界的貢獻、與國人聰明才智並不弱于西方民族、提起國民道德、我們有一部維繫數千年文化的倫理哲學、即忠孝仁愛信義和平與禮義廉恥八德四維、這種美德西方民族都向我們學習、傳至近世、由于國人崇尙西化的結果、便在人們的腦海中淡漠了、現在我們既度過了五千年來民族存亡絕續的大關、企望此去國運昌隆、對于固有文化的發揚更是不能漠視、教育工作應爲建國的基礎。

我們認識了現狀、把握着工作中心、對于工作的進行自然更爲有利、可是我們僅僅認識了現狀還不够、必須更進一步研討周詳嚴密的方案、來充實這種工作的內容、以期達到最低限度的目的、而漸進于至善的境域。

首先我要指出的、國防、經濟、教育三體的合一是互爲關係缺一不可的、國防需要經濟建設幫助它的成功、教育增進它的效能、經濟建設需要國防鞏固其基礎、教育促進它的發達、教育需要國防保衛它的永久性、經濟建設卑予應用工具。

其次；建立國防、經濟、教育三體合一國家的基本工作、其重點又繫于心理、倫理、社會、政治、經濟五項建設的有效、運用心理建設—力行、倫理建設—保國、社會建設—安定秩序、地方自治、政治建設—培植民主制度健全國防體制、經濟建設—實施實業計劃、完成民生主義中平均地權與節制資本的基本政策爲基礎、唯如此；三民主義新中國的基礎始克鞏固、子孫的幸福才得保障！

第四；我們是中國青年、建國的中堅、我們誓願爲推動歷史巨輪的苦力、爲祖國的重建工作效忠、我們要團結全國青年響應國長的號召、分頭立志做小學教師、做飛行員、做鄉社自治員、做邊疆屯墾員、做工程師、期使建國工作加速進行、我們是大中華民國的主人、有這一份工作也有這一份責任！

我懇切的告我青年臺胞、國家需要我們、時代需要我們、只要我們肯出力、肯流汗、中華民族的前途是光明的、輝煌的！

我們了解了國家民族賦予責任的重大、當前所應努力的動向、我們青年臺胞、已不能再猶疑了、因爲臺灣的位置是東臨太平洋、西以福建相對、北濱東海、南隔巴士海峽遙對菲律賓、不但是東南海防的要塞、福建的屏障、而且是祖國的門戶、太平洋的瞭望塞！地位的重要從而可知。每個青年臺胞必須從今起站穩崗位、爲建設新臺灣而努力、爲建設東南國防堡壘而流汗、新生的臺灣是迫切地需要我三百萬青年臺胞手腦並用、迅速地彌補它五十年來橫遭統治者宰刈的創痍、恢復健壯的青年的輪廓、成爲全國的示範者。同時由于臺灣蘊藏的豐富。氣候的溫和。建設條件的完備、年青的新中國的建設工作、要全體青年的努力奮鬥、年青的新臺灣需要全體臺灣青年的覺醒熱情和努力奮鬥、親愛的青年朋友們！、不要放棄這個光榮的機會、一個「青年中國」、一個「青年臺灣」、要在我們的手中建設起來。

臺灣青年起來！繼祖紹宗

洪石柱

「青年為革命之先鋒隊、為國家之新生命。」

「中國將來之命運、實繫於一般青年之身。」

這是我們的 團長所訓示我們的、是希望我們全國青年的金言。

證之我們臺灣的史實、我們的祖宗、在明末由顏思齊、鄭芝龍所統率由其號召到臺開闢嘉義平原；繼着追隨鄭成功抗清扶明、開闢嘉義以南各地、現在「仁武庄」、「左營」、「後勁」、「將軍庄」、「林鳳營」、「林杞埔」、「新營」、「舊營」等地名、這些冒險苦鬥的英勇精神、及其偉大功績、永遠留在我們的懷念中、他們可說都是當時我中華民族革命青年之先鋒隊。

二三百年來、到臺中平野、南投一帶的深山、新竹平野、臺北平野及宜蘭平野等地、與毒蛇猛獸瘴氣奮鬥、開拓了全臺島、奠定了中華民族經濟之新命脈、亦是我們的祖宗當時的臺灣青年的偉業。

其在滿清統治下、為「復明」；為「反抗滿清的統治」而起的歷次革命、亦都是當時的臺灣青年、所做出來可歌可泣的血的記錄。

割臺當時、在「不承認腐敗清廷的割讓」「組織義軍抗日」之口號下、十多萬青年、集中意志、集中力量、儘管滿清政府（尤其是李鴻章）、百般阻遏、仍舊不顧身、與侵入中國僅六十幾天就使清廷屈膝求降的日軍作陣地戰、竟達四個多月之久、這輝績、是證實了這群青年——我們的祖宗——是著為「繼紹祖宗」的中華民族最吠秀之青年。其後如後藤新平氏政長官、在第十三次貴族院委員會所說：這所謂『土匪』、在本會已大體說過、不能一律均作那樣看法、種々人們中、原以類似國事犯之目的而蹶起、但因結果沒有遵法達到目的、乃成為如盜賊者、有之；或因『樟腦規則』出現、失去山林之利、而為蹶起者、有之；或因『鑛業條例』出現、失去了鑛山、乃挺而走險者、有之；或因憤慨於偵探密探之錯誤密告、親朋戚友氣慕被虐、均認為不若入山為寇、乃加入同盟為盜者、亦有之。凡此種々、由全觀之、似均不必以強盜目之也。不惜犧牲、不恤忠難、與以鎗刀而統治的日人、作遊擊戰達十年、便日人稱之為「剿匪時期」的、豈不都是當時的臺灣青年——我們的祖宗?。

自被日人侵佔以來、由產業落後的臺灣、創造了現在這樣產業發達、各項建設完善、豈不是我們祖宗的血汗、被日人為其自身利益搜刮創造出來的東西、又何不是為謀在被無限制搜括之外、尚能生存而為奮鬥的成就?。

這些都是表示着我們的祖先一貫是為民族為國家、為自己的解放、奮鬥而存的革命先鋒。

現在臺灣已經光復了；在中華民國的建國目的——建設文化、經濟、國防合一的、康樂的三民主義就中國之下、為一經濟最發達、國防最重要、文化片面最爲進步、片面在被歪的現狀中、在整個的中國、正在建國運動的現在、回歸祖國的抱懷之臺灣青年、應該起來、繼祖紹宗、發揮遺傳下來的一貫之犧牲患難、踐履篤實、奮鬥力行的革命精神、完成國家民族所賦與的重大的使命。

我們要認識：在這五十一年來、我們的祖父、父兄及我們自己、所奮鬥努力的大部份是被日人收接去了的、我們自己所得的只是其中的極小的一部份、能不能維持生活的極少的一部份。但是此後我們已能在民生主義之下、我們奮鬥努力所得的全部創造我們自己及我們自己的臺灣我們自己的中國。幷且、我們已能得到民主政治。

存這得了解放的現在、回歸祖國的我們臺灣青年、應該要研究、認識我們的長短、如何來爲中國的建國効勞、如何來繼祖紹宗發揮我們祖先——中華民族最優秀的明末之義臣義民——的革民精神。

我們臺灣青年所長的是科學知識、科學技術、革命精神、求進步的精神、勤勞的習慣、效率較高的工作能力、辯是非的能力、集團活動的習慣自治的知識等々、但是我們所短的是對於主義的理解、——領袖的認識、中國的政治的認識、國語、國文、對於本國的理解等々。

我們竟然是繼承着祖宗之革命的血統、我們已經有了如上的所長、我們應該要發揮着這些所長、克服了所短、來繼祖紹宗、表現爲中國最優秀的青年。

起來！臺灣青年、奮鬥努力來繼祖紹宗、爲完成中國革命的先鋒隊、爲國家之新生命。

臺灣我們來了

蘇

臺灣、我們來了、
是你自己的孩子、
是你孩子的友伴、
是　祖國的鄉親！

臺灣、我們來了、
帶來了無限的悲憤懷念、
帶來了無盡的護慰熱沈、
帶來了衷誠的期望祝福！

臺灣、我們來了、
溫暖的家園歸回了、
豐富的寶藏歸回了、
可貴的自由歸回了、
臺灣、我們也回來了。

臺灣、我們來了、
在被摧殘的工廠城市中
　重建起自己的樂園、
在被蒙蔽的生活中
　重喚醒固有優良的德性

臺灣、我們來了
在你的面前
　提着晶亮的明燈
在祖國的面前
　把你綴成彩爛的珍珠

臺灣、我們來了、
是你年青的孩子、
是你勇敢的友伴、
是你慈和的鄉親、
是你新生的靈魂！

23

旅臺印象拾遺（一）

覺訓

一九三四年初夏、我在鼓浪嶼得到佘××的信、叫我卽刻乘日輪到臺灣去、那裏有華僑團體的工作、等我去做；並告訴我渡臺的一切手續、都是我旅居其他海外地方所沒當聽到的。

照他的吩咐、辦了出國護照、爲了這、跑得我汗流夾背、那駐鼓日本領事館的簽字、越發使我嘔氣、不是出了一點錢買小人情、險些兒誤了搭船的機會。

當我和送行的那位朋友方君、提着行裝踏下小舟時、那應得到的日輪已預開着行船的汽笛、送客的人紛々由該輪跳下小舟、表示將行惜別的情緒我們恐怕赶不上、祗不住的催着小舟速撑、一接近那日、輪我迅速匆忙地攀登上去。那送行的朋友也無暇和我敍別話、輪船拔碇啓行了、我只是招手示別、双方都從日光遙射裏透露出悵惘情緒來。

最上當的是坐三等艙、出我意料之外的擁擠、旣沒有帆布床可租、連躺的位置也沒有。因爲初次搭日輪的關係、且係匆忙裏上船、船上的規矩一些不懂；甚至看到一些像中國人模樣在說日本話、使我窘於質問。

船開行後的二三小時、日時晚了、看見人家佘去打船上的無線電、告知臺灣有關係的人、我也託船客打電給佘兄、告知我已登程。不是打這電報、那我以後的遭受委屈、正不知怎樣呢。

晚上和搭客讓了一席坐位、正在那裏抽烟嘘氣。一個穿中國便服說厦門話的人、來和我談話、問東問西；並很注意我的說話不時的眼睛瞪視我的態度、從臉上至周身、好像是探索我那一部份缺點似的、使我內心駭怕起來。但我並沒有那見神見鬼的任何秘密存在、眞金不怕火、也只好任其探索吧了。

不久、我被召至那艙裏去、又一個穿便服的人、把我周身搜查一遍、并叫我打開行裝細查。他用厦門話嚇問我日記簿上登記的朋友通訊處、好在都是商號轉遞、容易混說過去、只有厦門市

一位朋友的郵址、他却再三駁問着。最後爲了護照上寫茶商、他要看我的資本、我實在窮了、沒有辦法、只憑他去發落、實際上那有辯的餘地

穿制服的警察、他們的態度比昨晚那穿便衣的更爲橫蠻、顯見他們文明國的威風、把一無秘密的我、硬要供出他們所謂秘密來、叫我從那兒說起呢？橫竪嚇吃白嚇吃・乾魚炸不出油來・我終於被無理地禁錮在船裏一間密室、一切都不知道了。

餓了整夜沒有吃點子飯、加以禁室的悶熱、我覺得只是口渴、臉上發燒、不時挖些萬金油、含在口裏、雖暫時有些津液、總是渴燥而疲乏。約至中午、我才由禁室裏放了出來、一見船舶的落水管、我放管大吃冷水；紅頭阿三（印度人）像同情我似的、操英語問我、不懂他說什麼、他才用厦門語問我要不要吃咖啡？我自然喜出望外地答應「要」。吃了一大碗的咖啡後、便覺肚子不餓、精神也比較好些、這時旅客都已登陸、只存寥々幾個水手在着洗船、紅頭阿三帶我到甲板隆上去呼吸海面的新鮮空氣。遙望基隆港上的商店、依稀飄動着買賣和來往人們的影子、面龐雖不大清晰、穿中國便服是看得分明的。

我站在甲板中央呆々地出神、感懷油然而生、

三十多年前這塊地方、是我們的國土、現在地愛人怎樣？他們遠照着這被囚於船上的同胞、不知作何感想？以所謂文明國對旅客所採取的態度、像剛才警察那樣無理的舉動和無故防碍人們自由的情勢看來、恐怕他們也是被壓得透不過氣、那有閒情逸致來同情他人？我自問對他們既無所損益、有什麼資格叫人憐憫、更有什麼資格憐憫他們？惟要不辜負這一行、自然應該把這難得的模型狂吻一下、以當臨境憑弔的雅事、我信步徐行着由船頭渡到船尾紅頭阿三似不同意、命令我在日光晒不到的地方靜坐。

夕陽斜照着那座臨海新式建築物－海關的屋臺上、樓上樓下照不到一個人、沿着碼頭搬東西的苦力、也沒有隻影兒、一切都寂寞靜止了。一瞬間、電燈發亮、一盞々的燈光、遠照似繁星點々、鬼魅日地晃動着。我又呆住了；涼風襲々地飄着草衣、暑氣早已褪盡々海畔漁艇、繚繞着造飯的火煙、那一切的陰影、又襲上了我的胸臆；這時盤旋在我腦海裏的問題、已不是什麼恐怖的問題、而是萬一被驅出境後一串的問題了。

兩三個人影、從海關碼頭柵欄裏匆々跑進來、臉都看不清楚、我心裡又一動；一個帶着日本語音調的遠々叫我的姓名、雖然模糊裏看去那個人是穿西裝、但我總認爲是對我不利、彷彿要來拿我、我勉強應他一聲、他們便從碼頭下來。出人意料之外。余兄走來和我握手、並介紹林××兄和那位日本人、我一時啞住了、不知說什麼話才好他們、我即時登岸去、行裝明天才叫人來海關領。

我們登了岸、通過海關走廊、林兄同那日本人到海關內事室裏去辦妥手續、余兄告訴我說他們早晨來接、因接不到我、從各方面探詢交涉、出了九牛二虎之力、到這時才清楚、險些兒被判定原船退回呢。林兄赶着來齊了、我們坐了一隻汽車向臺北開、車上再詳敘交涉經過、我方初步明白僑居這裡的困難狀況。

團長語錄

節錄青年團員辦事的精神和方法

現在我們青年團籌備伊始、各位幹部職員有許多兼任軍事政治或其他工作的關係、不能奪全的時間到團來辦公；力此期間、大家應特別發揮倍嘗艱辛與互助合作的精神、協任推進本團籌備的工作。無論事屬那一處或那一室、凡是我們自認能夠盡力而在中央團部職責範圍以內應該作好的事情、都要不分彼此、互相照顧、切實合作。不好踏襲以往一般辦事的惡習、只求應付到自己一部份例行的公事；對於同人機關團體或同事業的其他部份的事業、一概置之不管、也不講求聯繫；甚至連自已本分應盡的職責、都要敷衍推諉、得過且過。這種「各人自掃門前雪」而不知互相合作的積極共進的心理和習慣、一定徹底改正過來、纔能夠樹立我們青年團新的辦事精神、發揮我們革命的效能！這是本團長今天首先要提起大家注意的第一件事。

其次、我們青年團的機構、首先造成本身爲一個革命的模範機關、能夠實事求是、精益求精、完成革命的事業。而達成這個任務的根本前提、就要在這開始組織的時候、對於各級幹部和職員人選、必須特別鄭重選擇、一定是要有才能、有操守、有革命的精神、能刻苦耐勞的青年、凡交給他一種任務。他必能夠確實盡到職責的、纔延攬到本團任事。不好和普通機關一樣、那一處那一科有多少職員、就由處長科長隨便因他人的推薦或找些與他私人有關係的人員、任用足額、濫竽充數：這樣勢必重蹈以前因循敷衍有始無終的惡習、將來一切事業、都無法推動！大家要知道：我們青年團在此籌備期間、一切尙在定計劃、立基礎的階段、如果在創始的時候、我們不能吸引一般健全忠實的幹部和精明幹練的辦事人員、來担任本團各種基本的事務、以致組織不健全、基礎不穩固、以後我們青年團就不能充實發展成一個革命的團體！

25

半月天下

本刊資料室

	國際	國內	本省
廿五日	世界紅十字會在日內瓦舉行顧問會議。 越南人民實行對法不合作運動。 中國戰區美軍總司令魏德邁離美來華。 麥帥下令接收日駐各國使館。	青島日軍舉行投降典禮。 何總司令偕麥克魯飛瓊崖視察接收情况、當日飛返廣州。	陳長官等在臺北公會堂舉行受降典禮。 旅厦臺胞在中山公園舉行臺灣光復慶祝大會。 臺省日方飛行師團繳械竣事。
廿六日	聯合國救濟善後總署副署長韓當生啓程來華視察救濟情形。 美政府斥蘇聯分裂朝鮮。 蘇聯紅星報著論指摘日方圖阻逮捕戰犯。	國民參政會駐會委員舉行第八次會議、建議政府通令各省市速組復員委會、俞部長出席報告今後財政計劃。 晋主席閻錫山專機飛渝述職、北平行營主任李宗仁發表談話、宣示决遵中央命令、盼各界協助建設新華北。 大公報著論揭發華北奸匪破壞交通。 中共軍隊十萬續向綏遠東部侵進。	臺省士紳成立臺灣建設協會
廿七日	美總統杜魯門於海軍日闡明美外交政策及維持强大武力主旨。 荷印僑胞電我政府請求調解尼西亞問題。 法越不合作運動已趨好轉。	政府與中共商談意見融洽、中央决本初衷求圓滿解决。 閻錫山晋謁蔣主席、宋院長、並向記者報告中共攻晋詳情。 滬紗廠開始復工。 我派赴日救濟我國戰俘代表團抵東京、三萬戰俘將運返國。	憲兵四團一營三連由厦啓程進駐臺島。 教育處長趙迺傳表示加緊推行國語運動、接收期中不使學校停課。

廿八日	印度國民大會黨發佈競選宣言、力主英人離印。 日本首相幣原正式宣佈贊同新聞自由。 美方宣佈發明三種無人駕駛武器。 盟軍與印尼軍發生衝突局勢趨嚴重。	中共部隊繼續破壞平漢津浦各路交通、並續攻擊綏東晉北。 何總司令飛返南京。 開封新鄉日軍繳械竣事。	青年軍二〇九師陸續開往福州集中、待命進駐臺島。
廿九日	法國著名漢學家伯希和逝世。 菲島美軍審訊戰犯山下奉文。 國際戰罪法庭舉行會議、擬訂審訊規則及程序、 美允以四十億美元貸英。	國民大會代表主張召開國民大會解決時局。 平漢路復遭奸匪爆破。 蔣主席令司法行政部調查收復區日軍戰罪。 招商總局由渝遷滬。 糧食部在華中設機構、採購糧米調劑京滬民食。	行政長官公署令派黃朝琴兼任臺北市市長。 陳長官在首次紀念週時演說宣示治臺方針。
三十日	世界青年大會在英舉行。 遠東顧問委會揭幕、首次會議決定休會一週、待蘇答復參加會議與否。 日本讀賣新聞揭露日本偷襲珍珠港陰謀。 英報著論華北當前混亂局面中共應負全責。 麥帥下令清查日皇財產。 巴新總統林海斯舉行就職典禮。 越民停止對法不合作運動。 英首相阿特里應邀赴美與總統杜魯門舉行原子彈會議	政院公佈二五減租辦法	商臺島革命團體負責人開會、商討組織革命先烈事跡調查會。
卅一日	魏德邁在美廣播、決助我國運送部隊至各戰區。 印度尼西亞領袖與盟軍協商停戰。 美宣佈承認委內瑞拉新政府。	津浦膠濟兩線鐵路續遭奸匪破壞。 張參事平群答復外籍記者、否認我國發行新幣。 財部公佈偽中儲券收換規則。 杜聿明與蘇元帥馬林諾夫斯基商定我軍登陸東北詳細辦法。 蔣國長五九壽辰、舉國上下熱烈慶祝。	中央派員來臺接收關務、恢復臺南臺北海關。 陳長官首次在臺招待各報記者宣示臺灣善後方策。

21

十一月一日	聯合國文化教育會議於威士敏斯特舉行、議決、組織永久性國際教育機構。 美衆院通過撥款五千萬美元、充作聯合國救濟善後總署經費。	中央訓練團教育長陳誠到職。黃鎮球繼任後勤總司令。 張群、周恩來等繼續商談避免双方衝突問題。 新任中國農民銀行董事長陳果夫就職。	臺省軍事接收今日開始、柯參謀長遠芬負責、接收陸軍事宜。長官公署開始接收臺灣總督府所屬機關。 臺北日陸軍繳械。 陳長官令安藤解散特務機關、並着呈報臺胞被征名簿。
二日	李華英謁麥帥商討救濟在日戰俘事宜。 巴力斯坦人民私自破壞鐵路交通。 黎巴嫩發生猶太示威運動。	中共軍隊繼續襲擊綏境國軍。內蒙雷法章談、外蒙人民贊成獨立。 我方開始接收濟南電信局。	陳長官令安藤將韓籍官兵集中臺北。 日方在臺所逮思想犯、陳長官令即釋放。
三日	莫洛托夫接見哈里曼討論國際局勢發展。 山下奉文繼續受審。 中東騷亂情勢嚴重、埃及亦有衝突事件發生、	東北蘇軍開始撤退由我國軍進駐接防。 美允借我船艦十餘艘疏暢煤運。 中宣部長吳國楨告記者、國民政府已向中共提出和平建議四項、並否認國軍在晉使用毒氣。 共軍續在綏鄂襲擊國軍。	陳長官播告臺胞恪遵法令、奉行主義做好公民。 臺島接收工作順利進行。
四日	颶風驟雨襲英、民房倒塌、河流泛濫。 世界青年大會決議援助殖民地解放、原子彈勿再用於戰爭。 國際勞工會議決議保護童工。 自由德國委會正式宣佈解散。 暹羅當局續有殘殺僑胞事件發生。	蔣主席暨夫人舉行茶會歡送韓國旅渝領袖回國。 政院例會通過全國性事業接收委會組織規程。	臺島報人發起組織中國新聞學會臺灣分會。 陳長官巡宜蘭檢閱駐軍接見民衆代表。 臺北日軍繳械事宜順利進行。
五日	麥帥下令逮捕大批日戰犯、我政府亦向麥帥提出名單。 國際勞工會議閉幕決議加入聯合國機構。 荷軍續與印度尼西亞軍衝突。	渝出版業響應懲治文化漢奸。 歸僑出口登記今日開始。 膠濟路全部修復。 政府命令發行東北流通券。	陳長官在紀念週時、勉所屬注重民主精神及科學發展、加强行政效率、實行分層負責制、注重統計與學術研究工作。 各州廳接管會成立各主任委員已決定。
六	遠東顧問委會復會、蘇聯是否參加未獲表示。 麥帥令日政府提出有關日憲警情報。	蔣主席通令各省軍民詳査失蹤盟軍。	黨政軍團舉行首次會報、討論加强連繫及救濟臺胞等案。

日	卞爾卿恢復和平運動使命返蘇。 法議會開會戴高樂可能廢選。		黨政軍團舉行首次會報、討論加强連繫及救濟台胞等案。
七日	日本米荒嚴重、全國飢民代表在日比谷開會、包圍幣原官邸請求購糧救濟。 莫洛托夫宣稱、對管制日本問題、蘇願與盟國協商。 戴維斯警告世人、勿過分誇張原子彈。 蘇决派代表參加遠東顧問委會。		長官公署通告處理日本銀行券辦法。 州廳以下各級機關今起分別接收。
八日	日人傾向社會主義、日共黨提議組織聯合陣線。 麥帥令日政府運穀種十五萬張至韓國。 德國飢荒慘重、全部糧食僅够供給百分之六十	共軍繼續進攻晉境、並强拉人民、殺害國民黨員、戰時運輸管理局、與美方商討在滬創設汽車製造廠、美軍車一萬五千輛移交我軍使用。	警備總司令部命令安藤知照、非現役軍人不得戴軍帽。 長官公署頒教育接收辦法。 警備部嚴禁法幣流通。 長官公署設幹部訓練團。

臺灣青年半月刊徵稿簡約

一、本刊以宣揚主義國策、闡明祖國與臺灣歷史關係、及對臺灣復員工作之提供與貢獻、暨報導時事團務活動等、而堅定臺胞之信仰爲宗旨。

二、本刊除特約有專門研究、或熟悉臺灣問題之文化界人士長期撰稿外、並公開向各界徵稿。

三、本刊徵稿內容：

1.特載：關於 國父遺教團長訓示、及主義國策等之宣揚。

2.論著：關於臺灣接管後復員工作問題之研究、及臺灣青年問題之探討、暨各項建設問題之提供等等。

3.報導：關於臺灣史地或臺灣文化資料之介紹。

4.文藝：凡有關臺灣問題及青年修養常識之敘述、傳記、散文、報告、特寫、詩歌、圖畫、小說等作品一律歡迎。

四、來稿力求簡練、字數以三千字左右爲限、如有特殊價値之論著、不在此限。

五、來稿不拘文言語體、但求繕寫清楚、並加新式標點符號。

六、譯稿請附寄原文如、原文不便附寄時、則須注明原文題目、作者姓名、刊物名稱、及出版年月與地點。

七、來稿請注明眞實姓名、略歷、住址、以便通訊聯絡。

八、來稿一經登載後、除贈送該期本刊外、並優致稿費、每千字暫定臺幣五十元、如有特殊意義稿件、另特優酬登、惟已在他處發表者、以抑酬論。

九、本刊對來稿有修改權、如不願增刪者、則請預先聲明。

十、本刊來稿、除預先通知聲明、並附足郵票外、原稿概不退還。

十一、來稿請寄臺北市三民主義青年團中央直屬臺灣區團部籌備處第三科、並請在信封上注明「臺灣青年」稿件。

臺灣巨港——基隆港一角　　其和木刻

30

編後話

本刊原爲一星期出版一次、稱「臺灣青年」週報。本處入臺後、頗感宣教工作亟須加强。已另擬出版日報、並將週報改爲半月刊、使成爲一綜合性之青年讀物。

本刊主旨在激發青年對三民主義之加深認識、使具實現主義決心。介紹優秀學術研究、文藝著作、及各種青年問題之研討。並以盡量刊登新青年作家作品、以奬勵青年學習精神。

本刊出刊日期、恰好是偉大 國父的誕生紀念、但願這是一種好的啓示、本刊坦誠期望各界隨時批評指正、一個完美的刊物、是要在全體青年朋友們的愛護中培植起來、我們願力求改進。不斷充實！

本期目錄

中華民國卅四年十一月十二日出版

發行人 李友邦

31

中華民國卅二年一月一日創刊
內政部登記證警字第九二三一號

《台湾青年》第二期（台湾版）　　一九四五年十二月一日

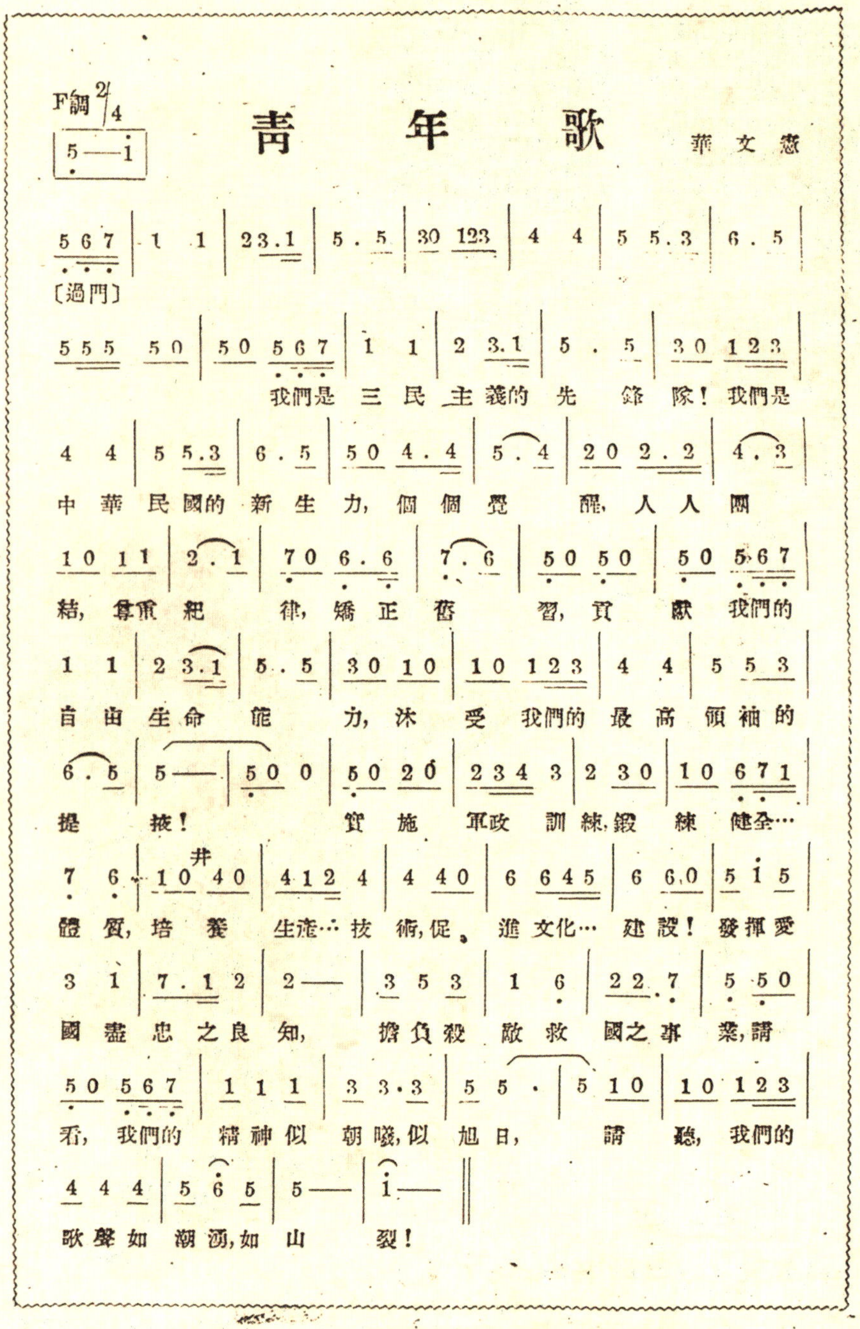
F調 2/4
青年歌
華文憲
〔過門〕
我們是三民主義的先鋒隊！我們是
中華民國的新生力，個個覺醒，人人團
結，尊重紀律，矯正舊習，貢獻我們的
自由生命能力，沐受我們的最高領袖的
提拔！實施軍政訓練，鍛鍊健全…
體質，培養生產…技術，促進文化…建設！發揮愛
國盡忠之良知，擔負殺敵救國之事業，請
看，我們的精神似朝曦，似旭日，請聽，我們的
歌聲如潮湧，如山裂！

蔣團長告全國青年書

——三民主義青年團創立兩週年紀念日發表——

我國抗戰，已逾三年，往者中正為集中國民革命之新生力量，以策抗戰建國之成功，特創設三民主義青年團，自成立迄今，亦已二週年矣。我全國青年，在強寇侵擾，艱危顛困之環境中，各盡其能，奮發努力，為被難同胞盡力救濟，為受傷官兵自動看護，為黨國效忠，為社會服務，為健全自身而學習，皆已經歷非常之陶鑄與磨練，其發育滋長，較之往昔已獲切實之進步。但檢討過去，審度現勢，國家民族所需要于我青年之努力者，與日俱增，而我青年平日精勤進修期圖自效者，猶為未足，其餘抗戰建國工作之進行，實未能發揮其全力，克盡其職責。

凡我全國青年，皆為我民族偉大文化之繼承人，皆為我國家光明前途之創造者，革命建國之責任，均在我青年之肩頭，是以中正對吾青年實為一切志業一切責任所寄託以完成之繼起的新生命，中正期望我青年之切，奚啻家人之視其子弟。今當抗戰已逾三年，我青年團成立二週年紀念日，又臨此國家最後勝利之重要關頭，至于目前青年應有之認識與努力，不能不剴切精誠，為我全國青年明告之。

夫人生之所以可貴，即在對前途有瞻望，對行為有意志，的而對生活有理想，此為人類之特性，而在青年時期為尤然。吾人所生之時代，為何如之時代，在此時代中吾人將何所作為，何所表現，何所成就，始能滿足自身之所望，達成理想之人生。此任何青年共同所具之感覺與應有之認識也。

青年一身成敗關鍵端在如何認識人生

青年一生之成敗，均視其認定如何乃為理想之人生，此認識能正確堅定，則心安氣壯，自能一往無前，此認識而不變解答，或雖有認識而不真確，不堅定，則彷徨煩悶。為必至之結果，終必一無所成，今日青年何以有彷徨煩悶之現象，實由於未能真切認識其時代與環境，因而未能適當考慮其責任與前途。所謂適當之考慮者，吾以為首先應認清吾人所託生之國家，與個人對國家之關係。

居中國今日而論，必先求得國家之獨立與民族之解放，而後乃有個人真正的理想人生之可言。如何求得國家之獨立與民族之解放，此為國民革命如何成功之問題，而國民革命之成敗，端在於革命主義之實現。如此主義而偉大真確完備，且適合於革命之環境，則主義必實現，革命必成功，苟此主義不適合於中國革命之時代與環境，則決不能實現，主義失敗，而革命亦無不失敗，是以今日青年，誠欲實現其理想的人生，只須認識時代與國家環境，認識革命主義，確定革命思想，認清途徑，全力以赴，則一切煩悶立可消除，人生意義無徘徊迷惑之苦痛矣。明乎以上所言，可知吾青年欲打破心理上之徘徊與沉悶，切實担負歷史與時代之使命，其最迫切之急務，無過于：一，認識時代，二，堅定主義信仰，三，確立革命的人生觀。

以汗血求民族解放開拓未來無限光明

以言中國現在之時代，自我神聖抗戰發動以來，吾人已臨我

—

2

中華民族五千年歷史文化存亡絕續之關頭，亦即我炎黃子孫起死回生，轉弱爲强，開拓未來無限光明之樞紐。敵人拚其四十餘年積累儲備之陸海空軍，對我中國孤注一擲，而我以劣勢之軍備，苦戰三年，屹立不動，且我國勝利之基礎日固，敵人之末日愈近，我堅苦卓絕之戰鬥，及由此而生之重大成就，諸如政治，經濟之革新，社會文化之發揚，與時代環境之改造，非惟中國歷史上之所僅見，抑且開世界歷史上之紀元。其自第三國人士之觀察，或後世民族子孫回溯此一段驚天動地之歷史，對於我中華民族現階段之光榮偉大，眞不知其如何景仰，我青年何幸生于此歷史上最偉大之時期，自決之可辜負此千年難得之機會。誠能發揮革命精神，努力奮鬬，則其功業成就，直將前無古人，後無來者，國家之獨立與民族之解放，必以吾人之汗血求得之，由此創造吾人眞正之人生，亦爲後世吾人之青年開拓無窮之生命，由于此，可知青年決不可自暴自棄，而應把握時代，對民族負起繼往開來之職責，人人貢獻其智能，努力于本務，以發揮生命之光榮，克盡其革命之責任與義務，此即吾人所以積極自效與掃除沉悶之第一要義。

三民主義內容完備適合中國革命環境

以言堅定主義信仰，現在世界各國所標揭之主義，不外法西斯主義，共產主義與民主主義而已。今日所謂民主主義者，本爲資本主義國家之產物，歷史環境己經變遷，決不能如三民主義之民權主義徹底予民權問題以眞實圓滿的解決。共產主義偏重經濟，且其理想出發于一個階級之利益，亦不能對整個民生問題爲完善合理之解決。至于法西斯主義，只注重自己民族之利益，而忽視其他民族之利益，更非吾人理想進步之民族主義所可比擬。凡此，皆偏而不全，各有缺點，惟我 總理所手創之三民主義則不然，發之于至誠，行之於至公，以博愛濟衆爲原理，以世界大同互助共享爲目的，內容完備，具體可行，足以解決今日世界所有之民族，民權，民生三大問題，而無偏頗不至顛倒之弊。

總理對于實行民族主義之要諦曰：「必先實行民權主義，然後才配得上談世界主義」，其發揮民生主義之要諦曰：「人人應以服務爲目的，而不以奪取爲目的」，可知我三民主義以與西洋各國以攫人利益的「佔有慾」來刺激生產，或利用人類唯物慾的「物慾」以做成「唯物史觀」和「社會革命」的方法相比較，眞有天淵之別。是以其成敗利鈍，自可不言而喻。

堅定信仰革命必成

且三民主義以情理法三者爲基礎，故于人類生存與進化，皆能有最適當之調整。試自各種主義基礎而言，西洋各國哲學之基礎，不免偏重于唯物，惟我三民主義之民生哲學，精神與物質並存，而于革命力行，則尤重精神力量之發揮，總理嘗云：「革命力量，九分精神，一分物質」--因我有此一貫之革命哲學作基礎，故革命所憑藉之物質缺乏，而革命精神愈能發揚，即愈能創造，愈能持久。觀乎我抗戰三年之中，情勢變化進步，令人莫測，而歐戰僅數月，即有數國趨于敗亡，此其失敗覆滅，即由其無所奉行之主義爲立國根本，致造成精神之動搖與消失，而我國今日之所以能愈戰愈堅，屹立不動者，實賴于我三民主義力量之偉大。使我們中國青年人人能眞切認識三民主義爲最適合于中國革命之環境，人人堅定其對于三民主義之信仰，切實遵奉爲革命行動之準則，一德一心，共求貫徹，則中國之革命決不致于失敗，即有一時之進退或頓挫，而主義信仰普遍深入於中國之人心，國民革命終必有成功之一月。

確立革命的人生觀坐言起行篤實踐履

與堅定主義信仰有聯帶之關係，此則爲確立革命的人生觀，明白言之，即在認識人生之眞諦而已。吾人何爲而生，既生於現在之時代與世界，對於國家民族與世界人類負有何種之責任，吾人更何爲而革命，更應如何努力始能成功革命之事業。總之，吾人應立志爲何等人物，始足以上對祖宗父母，下對世代子孫，此即吾所謂眞正的理想人生，可以導引吾人於最大之成功者也。

夫革命人生觀之確立不外認識其個人對于宇宙所處之地位，與羣己關係之分際而已。以個人對宇宙而言，中正嘗謂「宇宙是無窮大的空間，無限長的時間之結構，而我們個人的生命却渺小如滄海之一粟，短促如曇花之一現，然而無窮大的空間，却是我們的舞臺，無限長的時間，却是我們的旅程，宇宙萬物是爲我們而生，待我們而用，所以我們就是宇宙的主宰，我們要征服自然，利用萬物來增益人類的生活」。以羣己關係之分際而言。中正又嘗謂「生活的目的在增進人類全體的生活，生命的意義在創造宇宙繼起之生命」。

袪除自私自利心理

由前之義言，吾青年必鍛鍊其體魄，增益其智能，以達吾人征服自然，利用萬物之目的。由後之義言，吾青年必須打破個人生死觀念，袪除自私自利之心理。須知今日中國之青年，其生也爲國家民族之獨立自由而生，爲全國同胞之生存幸福而生，其死也亦必爲國家民族之獨立自由與全國同胞之生存幸福而死，能明瞭人生之眞諦則向此努力，往前奮鬭創造，進取未遑，復何徘徊沉悶之有。

然而，吾青年對於時代，對於主義，對於人生僅有明確之認識尚爲未足也，若人人不求行貫徹之道，以求實現人生理想與我革命之主義，則一切問題仍無法解決，如此雖有認識而不徹底，仍必無補於實際。今日多數青年，終未能充分發揮其充滿豐富之生命力量，以應有之貢獻，因而不獲超脫徘徊沉悶之境界者，卽由其對於革命主義思想與理論及時代特徵，雖其相當之認識，而乏力行之至誠與勇氣，不知實行之途徑，更缺乏爲實踐履之精神，只知坐而言不知起而行，遂致形成今日空疏浮乏，徬徨停滯之現象，不惟爲社會所詬病，亦且於革命爲損失。

堅持獨立自尊精神不爲錯誤宣傳煽惑

今後青年所應一致覺醒，自奮振拔，端在如何實行其確認之主義，以完成理想之人生，此須有獨立自強之精神與奮鬥創造之能力，既不可苟安自逸，甘爲坐食成果倚賴他力之落伍份子，更不可隨人俯仰，與世浮沉，對于現實無眞實獨立之見解，徒爲浮薄膚淺之宣傳所煽惑，以自陷于迷惑與徬徨。

夫以現在時代之千載難得，與其主義之深博，吾青年苟能篤信力行，豈患無實行主義，報救國世之機會，然使吾青年不能保有自尊獨立之精神，或因不耐經濟上生活困苦，遂致怨天尤人，對於環境或有種種怨恨與偏見，而爲膚淺錯誤之宣傳所誘惑而動搖其意志，改變其初衷，精神上一旦失所維繫，卽行動亦必陷于沉迷。我中國往古聖人以「博學」「審問」「愼思」「明辨」「篤行」訓人，其要點卽在于人人能下省察之工夫，自期甚厚，自責甚嚴，不斷黽勉，以完成其健全之人格，是青年一生事業成敗之關鍵在此，吾人能否成爲頂天立地之人，其根本亦卽在此。

置身基層社會工作犧牲個人平等自由

尤須警惕者，則爲現在青年徬徨消沉之結果，往往放開本身之基層工作，對於應盡之義務與本職，每多怠忽，而不知自強，此爲青年最大之缺點。須知吾青年立志於革命大事，亦卽救人救世之事，而救人救世，卽須置身最下層之社會，接近最痛苦之同胞，以改善社會環境，解除同胞痛苦，然後革命大事方有成功之一日，若捨此基本之工作，而以名利地位是尙，則不僅個人慾望不能滿足，抑且與吾人革命之人生觀完全相反。須知吾人從事革命，必先有貢獻然後能有成就。必先有犧牲然後能取得代價，所謂犧牲貢獻云者，卽總理所謂「大家要希望革命成功，便先要犧牲個人的自由，個人的平等，把各人的自由平等都貢獻到革命黨內來，凡是黨內的紀律，大家都要遵守，黨內的命令，大家都要服從，全黨運動一致進行，只有全黨有自由，個人不能自由，然後我們的革命才可以有成功」，此誠我青年從事革命之寶鑑，亦卽革命成功之唯一途徑。

自反自制自強自立

中正觀察今日中國之青年，以下述兩種病情，最足以斷送青年之前途，一爲忽視本身之基本工作，忘却自身對于革命與社會所負之責任與義務，從而捨近圖遠，見異思遷，甚至爲虛榮所炫耀，以名利爲目的，而存依賴僥倖之心理，希圖越等以倖進，又其對于現在環境並無眞切之攷驗與認識，而徒懷忿恨與怨惡，形成一種忿激操切之偏見，一受引誘煽惑，即不免決心動搖，盲從附和，而失理智之制裁，此雖由于吾國歷來教育上未能善盡啓導以培養堅實高尙人格之所致，要亦由于青年自身修養之欠缺。

今國家民族託賴于青年者既如此其重大，凡吾青年，豈可不痛自針砭，從根本上加一番鍛鍊，而針砭鍛鍊之着手所在，首當以自反自制之先決條件爲自強自立之修養。夫自反自制，本吾先民優良之德性，所謂「行有不得反求諸己」，最足闡明吾人立身行事之要義。況今日異說紛紛，社會龐雜，投機取巧者標新立異，假公濟私者曾無覺悟，往往抹煞國情，逞其臆見，鼓動挑撥以眩惑青年，吾青年更不能不深切自反，克己自制，以冷靜縝密之頭腦認識現時之環境，珍重自身之責任，始得免于感情衝動，意氣用事，庶不致辜負人生，趨于墮落。以吾青年蓬勃奮發之朝氣，臨事不畏難，臨難不苟免，以勞動與服務爲生活之對象，以創造與自強爲人生之基礎，奮發進取，持久以恆，則無事不成，無難不克，三民主義之徹底完成，國家民族之獨立解放凡此豐功偉績必屬於吾今日中國之青年。

從事革命只知黨國卅餘載迄今如一日

中正從事革命三十餘載，回顧余當初參加革命之動機，與半生革命之經歷，有可爲吾青年告者：中正自十九歲加入同盟會，從事革命工作之經過，於今全國同志同胞類能知之，惟當時同盟會尙在秘密時代，凡余所爲非僅無求知于社會之心理，抑且無待于他人之督責。余在當時絕無絲毫虛榮心，更不知如何謂之權利，而純對于自動創造，盡我國民一份子對民族義務之一念，認爲對黨服從，得列于 總理革命信徒之黨籍，乃爲一生最大之幸事。認爲鋤強濟弱，損己利他，乃人生最大之樂事。義務所在，不容自己，不必待他人之督責，尤不必博他人之贊許。故余自十九歲加入同盟會而與 總理個別談話之始，至余二十七歲，即民國二年討袁之役初起之時期，自是以前 總理于余未嘗單獨召見，有所垂詢，而余亦未曾單獨求見于 總理，惟以普通黨員之一人自持而已，此種精神自余爲青年時以迄于現在，卅年如一日，余唯始終以一革命黨員自視，惟以對黨國嚴守紀律，服從命令自勉，惟以不能盡忠主義有虧職責自儆。在余之心目中惟有革命之責任與黨員之義務，而絕無任何得失榮辱之見，蓋余認爲革命黨員之基本條件固應如此，而自愛自重之人生，其態度亦應如此。至言余當時在社會之地位，則在同一時期之青年其名譽地位尊榮顯貴遠過於余者，何可勝數，即與余同鄉同學同年代之青年，由於其父兄遺蔭，或師友之提挈，其憑藉深厚能于早歲有以自顯者自更非余之所同可比擬，然今日回溯，則同時儕輩能始終卓然，對國家革命盡其貢獻者實屬無多，可知人貴自立自強，與依賴父兄師友之非計，而更可斷言者，其成功愈僥倖，則其失敗愈迅速，及其失敗，始知向之名譽地位，適足以爲其成功與進步之阻礙而已。

今日青年獻身主義應以無名英雄自居

由上所述可知今日中國青年，誠欲自勉爲 總理之眞實信徒，爲健全之革命戰士，亦必須埋頭致力於革命基層工作，淡于名位之觀念，唯求克盡對於國家社會應盡之義務。須知吾人入黨入團，從事革命，其唯一意義，即在犧牲一己，爲國家爲主義而奮鬥。凡爲革命青年，皆應人人以無名英雄自居，凡我義務之所當爲，無論人之爲與不爲，均必竭吾力所及，凡我革命之所當盡，無論人之盡與不盡，而以必求處心之所安。人知之如此，人不知亦如此，能得黨國之知遇，我如此，其或不遇，我亦如此，青年果能有此自強自立之美德，(轉第七頁)

6

慰問高砂族青年

李友邦

在已往的五十一年中，臺灣橫遭無理性的日本人宰割，深居山谷中的高砂族同胞，同樣飽受日人鐵蹄的殘踏！這種慘痛的遭遇，在我們的生命史上是深々地鐫刻着憤怒與耻辱！然而；慓悍勇敢的高砂族青年與散居在平原的臺胞，是有同一的正確的政治認識，站在反侵略反統治的戰線上，建立了許多轟々烈々的輝煌戰績。震動全球的霧社事件就是一個最好的例子，我們對于領導這一次事件的華剛一郎先生和參加這次偉烈行動志士們的勇毅，是致以無限敬意的！

臺灣原是中國的版圖，遠在五十一年前，被日本强佔去了，致使六百萬臺胞的生活陷入水深火熱之中。我們中華民國的　國父孫中山先生爲了挽救祖國的危亡，爲了收復臺灣，畢生盡瘁革命事業。今天；我們祖國已眞正的獲得獨立，臺灣獲得新生，高砂族同胞也得到自由解放，我們應該赤誠的感謝偉大的　國父締造民國的豐功，最高領袖　蔣團長的領導抗戰的偉績。

國父手著三民主義的民族主義中，明白的昭示我們，民族主義的目的有三；對國內各民族一律平等，對國外恢復民族的地位，求中華民族的獨立與自由，對國際，援助世界弱小民族打倒列强帝國主義——協助世界被壓迫民族以求解放。因此；高砂族同胞雖然深居在臺灣的山谷中，同樣是中華民國國民，也就是中華民國的同胞。其生命財產權利義務依然受中華民國法律的保障。對於這個問題，陳行政長官已於上月六日接見高砂族代表時剴切表示；「政府對于高砂族決不分彼此，待遇一律平等。」我們三民主義青年團這一個機構是隸屬國民政府的，我們的主義是三民主義，我們的任務是組訓全國青年，我們的使命是建立三民主義的新中國。對于高砂族青年，自然視如兄弟姐妹，親如同胞家人，仍以十二萬分的熱情歡迎高砂族青年朋友參加我們這一個組織，在共同目標下，爲建立自由康樂的新臺灣新中國而奮鬥！

當政府接收工作尚未完成以前，我們懇切的希望高砂青年同胞，更加提起高度的工作熱情，坦誠的履行向陳行政長官所表示的諾言：「負起治安上的完全責任，協助代管日人携入的武器並悉數繳交政府。」這種針對現實及赤誠的態度，實在值得我們讚揚。此外；並且希望積極協助政府的一切接收工作，和建設工作。使臺灣在祖國的培植和滋補中，成爲一塊美滿的園地。

同時我們更要明白；中華民族是統一的，整個的，凡是中華民國國民，只有親蜜合作沒有隔膜，只有親愛沒有私怨，人人公爾忘私，捨已爲群，融流在一個政府，一個主義，一個領袖的領導下，各安其業各竭其能。過去日本人利用種々手段分化我們民族感情，那是爲了統治臺灣和壓榨臺灣同胞的一種政策。如今；我們自已做了臺灣主人，擺脫了羈絆，掙斷了枷鎖，我們必須以最大的決心與毅力，剷除帝國主義思想的餘毒，粉碎統治者的陰謀，塡平山族與平原的鴻溝，高度的發揚互助合作精誠團結精神！

親愛的高砂族青年同胞！今天；我們引吭高唱勝利讚歌的當兒，讓我們緊握着熾熱的手，密篵臂膀整齊步伐，踏上新高山巔，竪起鮮艷的國旗，使青天白日的光輝普照白浪滔々的太平洋！

告臺灣青年

——十一月卅日在臺灣廣播電臺播講詞——

余陽

年青的兄弟姐妹們：本人此次奉中央團部的命令，來臺灣擔任本直屬區團籌備處書記的職務，協助李主任友邦，負着組訓全島二百多萬男女青年的使命，今天首次和大家見面，除感覺到充分的愉快和興奮外更感覺自已和大家今後責任艱鉅。

臺灣於公元一八九五年中日戰爭之後，給日本强佔了去，到現在已有五十一個年頭，在這漫長的時日中，日本帝國主義者殘酷地歪曲中國的歷史，和無情地消滅中國固有的文化，這種毒辣的手段，使無數承先啓後的有爲青年，過着被欺騙，蒙蔽，搾取，壓迫的慘痛生活，提起來相信大家都很痛心；然而過去的於今已成陳跡，侵略和壓迫我們的人，終於逃不了人類正義的制裁，在時代巨輪的前進底下屈服了。我們現在慶幸新生，獲得了解放，大家自然有無限量的歡慰；但是這半世紀淪陷歷史的教訓，深刻地提醒了我們，國家民族的盛衰隆替，不僅會直接關係個人的命運，而且是受個人的行爲所影響，語云；「國家興亡，匹夫有責」所以我們在這臺灣重建的當兒，自應貢獻其所有能力，爲自已，爲子孫，爲國族奠定了富强康樂的基礎。今天我們肩負起建設家鄉建設祖國的偉大任務，要不負，團長對我們期望「青年是國家的大動脈，革命的新血輪。」那末，我們責無旁貸的應該來研討這建設時期中我們所應負擔的光榮工作：換句話說我們必須充實行動的理論，講求革命的道理，以適合建國的要求。

我們回頭來檢討，久疏祖國教養的臺灣青年，固有的民族道德會不會存在；現存的思想意識，有沒有問題，誰也不敢作肯定而完滿的答案，當然部份的好不能掩飾了全體，同樣部份的不如人意，也非一成不變。我們都是青年人，我很希望大家坦白地尋求眞理，明辨是非，我們來日方長，前程是沒有限量的，我在前面也已說過，我們所負任務的艱鉅，和　團長期待我們殷切，都不容許我們醉生夢死的活下去。國父的遺教，團長的訓示，是中國文化的精華，政治倫理哲學的正統，世界潮流的中堅，其豐富宏博崇高偉大的理想實集世界主義的大成而獨一無二的。我想，大家對於三民主義的理解，多數恐怕膚淺得很；尤其對團長手創的三民主義青年團的認識，以看到的事實判斷，也很淺薄，我這時特地來介紹給大家聽，對大家當不無裨益呢。

青年團是在怎在樣的情況下組織起來的？我們賢明的元首　蔣團長對組團的意義和希望是怎樣？團的任務目的又是怎樣？這一連串的問題，我想逐個來對大家說明。當民國廿七年六月，正是礮連火天敵騎縱橫蹂躪我們國土的嚴重關頭，也即是我國神聖抗戰的第二年頭，戰場上的血肉，描寫着青年的英勇氣概，而戰地服務，後方生產，以及一切一切的工作表現，都說明了青年對抗戰建國的偉大貢獻，而團便在這時成立了　團長於組織三民主義青年團告青年書裡面，剴切指明組團的特殊意義和其希望，他說：「第一．三民主義青年團的產生，是爲求抗戰建國的成功，欲使抗戰必勝，建國必成，必須培植國家民族之深厚原動力，以爲基礎，而所謂國家民族之深厚原動力，即是全國青年的覺醒和團結。第二團的產生是爲求國民革命新力量的集中，革命力量原貴團結，青年既爲革命之源泉，則此新的革命力量，尤應凝固而集中，然後可源衆志成城之偉力，擴暴寇而保國族；且百年之後可保證我全民族之精誠團結。第三：本團的產生是爲求三民主義的具體實現，　國父手創的三民主義，原爲抗戰建國的最高原則三民主義的信徒，不當僅々以信仰爲滿足，而且必須以實踐力行爲要務，本團訓練青年的目的，就是要養成其排萬難以實現三民主義之勇氣，躬行實踐，貫徹始終。至於團結的任務和目的，概括的說，就是敎育青年，團結青年，以集中建國與力行主義的革命力量，達成自由平等的新中國建設爲目的。

青年團是全國性的組織系統分明，最高爲團長，由手創本團的蔣主席，兼任中樞爲中央團部，向來是獨立機構，本年五月六中全會決改隸國民政府，爲全國組訓青年的唯一機關。中央以下各級團部，仍保持獨立性的組織系統，在省或特別市爲支團或直屬區團，縣市設分團介支團與分團之間，得因需要而設區團。分團以下爲區隊，分隊、小組，團的基層組織爲分隊，分隊以團員八人至十五人組成三個分隊可組成一個區隊，區隊組成分團不限隊數，此外還有特殊關係的直屬單位組織，中央有直屬區團，或分團支團也有直屬區隊或分隊等。

現在我必須來向大家說明本籌備處關於組訓臺灣青年的態度，我懇切的表示，團是我們崇高偉大的，團長所手創，好像全體青年，朋友的家庭和學校，我歡迎和期望大家來共同學習，共同工作。我們有，國父的整部遺敎，可做我們立身處世救國救民的寶典，我們又有仁愛慈祥，英明剛毅的　團長來愛護和指導我們，做我們的家長和導師使我們能够完成應負的任務，本處對青年們的一般敎育和訓練，自然一視同仁，不分彼此，但對團員的吸收與訓練，爲着充實團的組織力量，整固團的構構，不得不施行嚴格的審查和履行其一切應有的手續，我很希望大家個々不止是未來建設新臺灣的好青年而且是實現主義，力行革命，領導民衆堅強的團員，團的好幹部。

我還希望各地領導服務隊的同志，要深切理解服務社會的意義，奉公守法地去進行工作，青年正似無瑕的白玉，我們要珍重這寶貴的東西，我們就要坦誠的檢討過去的工作，和研究未來的工作，我們要以熱情，正義，爲人民爲社會不求代價的去服務，爲自已的家鄉，自已的祖國，爲自身未來的幸福，我們青年人，都應該以加強學習加強勞動去服務去創造，去爲建，設政治經濟文化的新臺灣而努力。此外，對於分散青年團結損害青年身心健全的標奇立異的組織與行爲，爲珍惜青年的純眞可愛，我們應該嚴厲糾正，我相信愛護青年的朋友們熱心青年工作的人士，一定會依正當手續，合理方式來協助我們的。

最後我期望全臺島的青年，能够精誠團結，在偉大賢明的團長領導下，革舊佈新發揮高度的活力以完成我們應負荷的使命。此刻我祈祝大家健康和幸福！

（續第四頁）與爲實踐履埋頭苦幹之精神，然後不愧爲現代國之珍寶，不愧爲三民主義之信徒，即其本身無所求于黨國，而黨國亦決無遺置之理。良以本黨所需爲此種黨員，青年團所需爲此種青年，而國家之所需爲此種國民也，中正即不能識其姓名，自必時時與之精神貫通，且其行爲成就，亦必因其具忠貞篤實自甘淡薄之美德，而愈顯其意義與氣魄之大矣。

檢討反省埋頭苦幹

要之中正以爲今日青年唯一任務，在認定其本身應盡之基本工作，實事求是，奮其熱誠，力行不忘，埋頭苦幹，貫徹到底，更加之以不斷之檢討與反省，以期日新又新，精益求精，而成青年團團員，更應隨時檢省對于團章團紀團員守則己否切實遵行，對于履行分隊會議，服從一切決議推行上級命令繳納團費等項能否無違誓言認眞做到中正于前年告青年書中所列舉之六項特殊任務，是否皆己切實履行，而獲有實際之成效，尤其對參加戰時動員的推行勞動服務二者，已否作積極之活動，而能奉公守法，盡忠職責，任勞耐苦，始終不懈，能否視奮鬭爲本職，以犧牲爲當然，此皆應有眞誠謹嚴之反省，作繼續不斷之努力，以期無愧爲青年團團員與三民主義之信徒。

擁護本黨完成使命

最後，更須爲吾全國青年一言者：今日中國革命之道路，捨本黨領導之國民革命，實無其他途徑可循，中正于兩年前之今日，即已昭告全國青年，認爲「中國今日所以作育青年者，祇有示以一個國家，一個主義，一個努力方面之要義」，今茲中國抗戰實己進入最後勝利之階段，臨此成功愈近之時期，端賴我全國上下一致之努力，而吾爲革命先鋒之全國青年，尤宜把握時代，堅定信仰，認識人生，一致奮起，在本黨及青年團領導之下，親愛精神，絕對團結，犧牲其個人之自由平等，爲革命建國實行主義而奮鬥，中正當始終領導吾青年以完成吾人所負歷史之使命，以達成國家對於吾人之期望也。（完）

五十九年來之團長

本刊資料室

一、偉大領袖之誕生

團長誕生於民國紀元前廿五年，正國弱民貧，叔季末世，幼承庭訓師範，就習史事，及長，高目時艱，志存濟世，其忠孝仁愛信義和平之偉大德性，實作育於良好之家庭教育與幼年教育。

一歲　民國紀元前二十五年十月卅一日（舊曆九月十五日）未時，誕生於浙江奉化縣武嶺玉泰鹽鋪內之祖宅。

六歲　聘任介眉爲家塾師，是年　國父創興中會。

八歲　改從蔣謹藩，讀完大學中庸，是歲　團長之祖父玉庚公卒。

九歲　復從任介眉，讀完四子書，任死，仍延蔣謹藩爲塾師，是歲　團長之父肅庵公卒。

十二歲　讀詩經卒業，間習古文辭，學作制藝。

十三歲　從邑姚宗元讀於葛溪灣源堂，受尙書。

十四歲　附讀於毛鳳美處，受易經卒業。

十五歲　從竺景崧讀於崎山下皇甫氏家館，左傳卒業。始學作策論，是年與已故元配毛氏結婚。

十六歲　從毛思誠讀於岩溪故盧，溫習左傳，圈點綱鑑，夏，應童子試。

十七歲　入邑城鳳麓學堂，習英文，算術受新式教育。

十八歲　受顧淸廉講學影响，始發憤衎志於革命事業。

二、東渡求學與獻身革命

團長目睹國事日非，內外煎迫，救國救民之大志與年俱立；因矢志習陸軍，東渡日本，在東京識陳英士先生，加入同盟會，爲獻身黨國之始。

十九歲　是年　國父在日本創立同盟會，　團長入龍津中學堂決計出洋，立志革命，四月東渡日本學習陸軍，廣交中國在東志士，爲參加革命運動之始，冬返國。

二十歲　入保定軍官學堂，膺選留日陸軍學生，送往日本學習陸軍。

二十一歲　入東京振武學校肄業，由陳英士之介紹加入同盟會。

二十二歲　仍在振武學校，而大半光陰皆消耗於革命，聯絡同志。

二十三歲　畢業振武學校，升入高田野砲兵第十三聯隊為士官候補生。

二十四歲　是年三月十八日，長公子經國生。

三、辛亥革命與討袁之役

民國元年前後於上海助陳英士先生，奔走革命，另舉發清討袁辣役。團長之英毅淬勵，與英士先生之知人轉任，相得益彰。

二十五歲　是年武昌起義，　團長由日返國，協助陳英士在滬杭兩地致力獨立運動，後任滬軍第五團團長。

二十六歲　復赴日本專習德文，創辦軍聲雜誌社，冬，回國鄉居。是年民國成立，　國父就臨時大總統職，同盟會改組為國民黨。

二十七歲　袁世凱圖謀不軌，　團長在滬助陳英士策動討袁，後復東渡，　團長於秘密革命活動中，不忘個人修養，是年，閱曾文正公全集畢致兩目成疾。

二十八歲　夏奉　國父命主持滬寧討袁軍事，兼第一路司令，後奉派赴哈爾濱視察革命程度，歐戰起，復回東京，是年國父在東京組中華革命黨。

二十九歲　在滬指揮肇和舉義，事雖未成，而本黨革命精神之表現，實與黃花崗之役同其不朽。

三十歲　是年夏，陳英士被袁逆所刺，　團長極哀痛，為經紀喪葬，秋，北上視察政局。

四、安危相仗甘苦共嘗

團長灼見大局，夙主北伐，數上書　國父，陳治平之策，凡所擘劃，洞澈機微，斲賛戎機，實多善策，嘗居恒抑鬱，蓋未得展所懷也，陳炯明之變，　團長由滬發難以艱危自任，益見知於　國父倚畀既深，責望更切，民十二年赴俄報聘考察，於革命建國之道，多所借鏡。

三十一歲　留滬聯絡各地同志，圖清袁世凱餘逆，撰對北軍作戰計劃，及對滇閩浙單獨作戰計劃。

三十二歲　國父電召赴粵，上今後南北兩軍行動之判斷，任職總司令部參與粵閩戰事。

三十三歲　辭第二支線司令遊日本，旋回國，居滬時謁　國父商國事。

三十四歲　擬具粵軍第二期攻擊及作戰計劃，得　國父覆函，獎勉有加。

三十五歲　九月至廣州謁　國父，並訪許軍長商出師北伐日期。

三十六歲　行軍至桂林，謁　國父商決出師日期及移大本營于韶關，旋赴滬，六月一日，　國父電催到粵扶持危局，是月十六日陳炯明叛變，即赴難，事變平定，著「孫大總統廣州蒙難記」。

三十七歲　國父任　團長為國民黨本部軍事委員會委員，旋又任為大本營參謀長，辭職後，　國父又任　團長為大元帥行營參謀長，八月十六日啓程赴俄報聘，並考察政治與黨務。

五、黃埔建軍與北伐

黃埔練軍，為　團長立業之始，亦為完成國民革命，建立統一大業之酵母，北伐軍興，　團長躬冒矢石，黨旗所指，東南告定，國府建都南京，以初志稍償，乃功成引退，東渡返國後，與宋美齡女士結婚。

三十八歲　一月被派為陸軍軍官學校籌備委員會委員長，二月離粵，四月返自上海，蒞校視事，五月，國府特任　團長為陸軍軍官學校校長，兼粵軍總司令部參謀長，七月兼長洲要塞司令，旋又受任為改組後之軍事委員會委員，及各軍軍事訓練籌備委員會委員長，九月大本營移韶關。

三十九歲　一月，陳炯明佊虎門，粵軍總司令部開軍事會議，決分三路進兵，粵軍任右翼，　國長准軍校全體學生參戰要求，令加入右翼，是年三月十二日　國父逝世，五月，中央委員開全體大會，決議改組大元帥府為國民政府。建國軍黨軍改稱為國民革命軍，八月，受任東征總指揮，討伐陳炯明，十月　克惠州，藍塘，華陽，與寧等地，十一月克梅縣，汕頭，潮安，旋當選為第二次全國代表大會代表。

四十歲　是年一月，全國代表大會選　國長為第二屆中央執行委員，執行委員會推選為常務委員，七月，中央全體會議推選為常務員會主席，七月九日，國長在廣州東校場就國民革命軍總司令職，誓師北伐，由國民政府委員會主席譚延闓結印，中央黨部代表吳敬恒授旗，孫委員科奉　國父遺像，同月二十七日，出發督師，直下湘，鄂，贛閩諸省，國長蹤跡所至，人民如解倒懸，未及半年，東南大局已告安定。

四十一歲　是年春克復南京，上海，杭州，國府遷入南京，汪逆精衛在漢演成寧漢分裂，國長下野東渡，是年冬，漢府崩潰，　國長返國，　與宋美齡女士結婚於上海。

六、統一大業之完成

北方割據，餘逆待誅，　國長乃再帥師干，於是北伐完成，東北易幟，中國統一焉，隨而有南方及中原之紛紜，　國長又平之，「九一八」日寇尋釁，深知國防不立，不可抗戰，以隱忍持重，不獲諒解而下野。

四十二歲　受命繼續行使國民革命軍總司令職權，率師北上，五月三日，日軍阻革命軍北進，發生濟南慘案，　國長入北京時，祭　國父靈於西山碧雲寺。

四十三歲　解決湘變，武漢暴動，中東路事件等。

四十四歲　二月平定桂亂，九月敉平北方之亂。

四十五歲　「九一八」事變起確定安內攘外計，以為抗戰之準備，未得各方諒解，宜告下野。

七、勵精圖治與準備抗戰

「一二八」事變後　國長應全國同胞喁々之望，就任軍事委員會委員長，忍辱負重，與日周旋，更勵精圖治，建設國防，而敉平內亂，亦為此期之重要工作。　西安事變張楊劫持，　國長感以民族正氣，率能安然返京。

四十六歲　「一二八」事變發生，國長毅然向京，就任軍事委員會委員長，並創立航空學校，積極從事抗戰準備，是年二月，國府遷洛陽，十二月還都南京。

四十七歲　坐鎮南昌，指揮勦匪軍事，並平定閩變。

四十八歲　倡新生活運動，勦匪軍事漸見順利。

四十九歲　親赴川黔指揮勦匪軍事，倡國民經濟建設運動。

五十歲　勦匪軍事完成，五十誕辰，海內外獻機祝壽，双十二事變蒙難西安，歷時兩週，脫險返京，舉國稱慶。

八、為人類爭正義樹百世之殊勳

「七七」變起，領導全國軍民，長期抗戰，中國國民黨臨全大會推任為總裁，三民主義青年團成立，兼任團長，指揮策劃，宵旰勤勞，戢日寇之兇燄，躋國運於昌隆，太平洋戰起，　國長之功勳，益昭耀於世，與羅斯福總統，邱吉爾首相，史達林委員長並為四大領袖，卅一年二月訪問印度，萬邦爭仰豐采，十一中全會選任為國民政府主席，卅二年十月十日於全國軍民擁護中隆重就職，卅三年挫敵鋒于西南，卅四年八月十日日寇投降，領導八年之抗戰獲得光榮勝利。

五十一歲　七月七日，盧溝橋日軍演習啓釁，突向我軍攻擊，並包圍宛平縣城，七月十九日，　國長嚴重表示犧牲已到最後關頭，遂領導全國，開始壯烈之抗戰，淞滬之役，全世界對中國軍民之英勇始有認識，十一月廿日國府移駐重慶，宣告中外，繼續抗戰，是年八月，中國簽訂互不侵犯條約，九月中共發表宣言，取消蘇維埃政府，服膺三民主義，戰區日益擴大，比京九國會議無結果，十二月十五日， 團長發表告全國々民書，號召繼續抗戰。

五十二歲　中國國民黨臨時全國代表大會在漢口開會，制定抗戰建國綱領，並推 團長爲總裁，三民主義青年團成立，兼任團長，七月八日 團長兩度否認各國調停戰事，十二月汪逆兆銘離渝，是月廿六日， 團長痛斥敵酋近衞聲明。

五十三歲　中國國民黨五中全會決議設置國防最高委員會，團長被推爲委員長，旋兼任國民參政會議長，六中全會推爲兼行政院長，三月， 團長通電全國，宣佈實行國民精神總動員，幷公佈總動員綱領，國民公約及實施辦法，五月一日，團長爲首次國民月會播告軍民， 日軍佔海南島，團長對外籍記者談話認此爲太平洋上之「九一八」，汪逆叛跡益著， 團長特於四月十七日向中外記者談話，嚴斥求降理論，十月， 團長再斥汪逆，國府復鄭重宣告，僞組織與他國訂立文件概不承認，抗戰兩週年紀念日， 團長檄告全國軍民，及敵國國民及友邦官民，說明中國立場，勗示國人努力抗建工作，及喚醒日本人民自覺，以自救救國。 舉辦中央訓練團，團長自任中訓團團長。

五十四歲　汪逆賣國條約揭露， 團長爲此昭示中外，三月廿九日，汪逆在南京粉墨登場，日本承認僞組織， 團長復嚴斥之。五月，德軍以閃電戰略攻入荷比，舉世惶惑， 團長不爲動，聲明中國外交政策不變，六月，法國敗亡，全世界爲之震動， 團長深信正義必能戰勝强權，曾有重要訓示。六年禁烟計劃期滿，勗勉人人努力消毒。

五十五歲　新四軍抗命，團長訓勉擧行紀律，以保障勝利，「九一八」十週年紀念日，團長發表文告，堅持抗戰到底國策，決心收復東北失地。由於美日談判所造成之陰謀，爲之廓清，十二月八日，珍珠港事件發生，美日開戰，英國繼之，團長二年前之預言見之事實，中國抗戰之貢獻，與 團長之遠見，幷爲舉世所欽仰。

五十六歲　中國參加華府簽訂之二十六國共同宣言，聲明贊同羅邱宣言，協力對軸心作戰，決不與敵單獨媾和。長沙三次大捷，蜚聲國際，凡此種々，皆 團長親自擘劃，一月三日，美白宮公告推選 團長爲同盟軍中國戰區（包括泰越）陸海空軍最高統帥。一月訪問印度，訪印完畢，發表告印度民衆書。三月，國府公布總動員法，主席訓勉全國同胞，一致遵奉。威爾基訪華， 團長會談大政方針，手訂「加强管制物價方案」付之實施，十月十日，英美聲明取消不平等條約，廢止治外法權，百年束縛，一旦解除； 團長勗勉人民更應奮勉自立。十一月十七日，爲紐約前鋒論壇報舉行第十一屆時事討論會，發表重要論文，說明中國不欲爲亞洲領導者，更無領土野心。

五十七歲　一月十一日，中美中英新約成立， 團長分電英美表示感謝，並昭告全國軍民，益勵堅貞，二月，美總統代表安諾德，英首相代表狄爾抵渝謁晤 團長，商談軍事問題。三月，團長赴黔視察，出版「中國之命運」指示建國途徑，全國同胞，奉爲經典。林故主席逝世，中國國民黨十一中全會推任團長爲國民政府主席，双十節就職於重慶，普天同慶，薄海騰歡。出席開羅會議，成就極大。

五十八歲　領導抗戰進入第八年。日寇自知南侵失利。難逃滅亡厄運，遂又瘋狂進軍黔東妄圖拯救南洋困軍， 團長指揮若定壓挫寇鋒，西南局勢轉危爲安，抗戰勝利曙光益見接近。

五十九歲　納粹德國敗亡，日寇勢成孤立， 團長與美總統杜魯門英首相邱吉爾聯合對日發表最後通牒，促使猛醒，向聯合國無條件投降。八月十日日寇宣告無條件投降， 團長領導全民艱苦抗戰八年，終獲光榮勝利，所有失地規復，而淪陷五十一年之臺灣亦告重光。 團長不負 國父重托再接再勵，率全民努力建國偉業，導人民生活臻于自由康樂坦途！

13

論三民主義的思想基礎

少麟

國父手創的三民主義，係根源于中國固有的政治與倫理哲學的正統思想，同時摘取世界各國政治主張與社會制度的精華，參酌中國的實際情形及社會環境的需要，再加以 國父自已天才的獨特的見解而組成的一種有係統的哲學思想。三民主義因爲是一種完整的切合國情的思想體系。因此，才能有力地指導我們支持八年來艱苦漫長的抗日戰爭而獲得最後的勝利。過去，三民主義曾經指導我們達成反抗封建的統治與軍閥的割据。三民主義曾經指導我們擊退法西斯蒂日本侵略者的侵略行爲。今後，三民主義將發揮更高度的熱力來指導我們完成建設三民主義新中國的偉大工作。三民主義是革命青年行動的最高原則，是抗戰建國的最高準繩。我們應該以三民主義爲革命依歸。

那末，什麼是三民主義呢？而三民主義的思想基礎又是什麼呢？三民主義就是民族主義，民權主義和民生主義。也即是救國主義。主義就是「一種思想，一種信仰和一種力量。」三民主義的理想不僅是要建設一個民有民治，民享的新中國，而且是要建設一個平等博愛自由的新世界。三民主義既然有這麼遠大而美麗的理想，究竟三民主義的思想基礎是什麼呢？三民主義的思想基礎不是唯物辯證法的哲學，也不是唯心論的形而上學。而是「民生哲學」。民生哲學是 國父研究所得的一種最新哲理。民生哲學是以「利他」爲本務以「仁愛」爲救世的基本。而利他，仁愛的終點是「天下爲公。」 國父在遺教中曾明確的啓示我們：「民生爲歷史的中心。」「社會問題是歷史的重心。」「民生問題就是生存問題。」又說：「民生」，「就是人民的生活，社會的生存，國民的生計，群庶的生命。」人類的生存和一切努力，都能夠推動社會的發展和進化，而人類所生存的唯一保障並不是求個人的發展或生存，而是應該謀求社會的進化，使全人類都能幸福愉快的生存。人類所進行的一切活動，也祇有依据人類求生的天性而出發，然後才能解決社會的一般問題。

三民主義是中國傳統的倫理思想，因此，三民主義是以禮記禮運篇的「大道之行也天下爲公……」的「公」字，來作爲思想基礎的出發點，三民主義的理想不單冀使中國人民無階級宗教，男女，織業，富貴，貧賤等等的分別，而且是謀求世界各民族一律平等而臻于世界大同。三民主義的民族主義，不祇是冀求中國民族的國際地位平等，而且是冀求全世界各民族的國際地位一律平等。今天，我們雖然戰勝法西斯蒂的日本强盜，我們雖然已經獲得自由獨立和解放，但我們仍不能因比而稍怠，今後，我們仍須努力不懈，積極的團結全世界愛好和平的一切力量，謀求全世界的眞正自由，博愛和平等，這才是民族主義的眞正理想。民權主義方面，不單祇是使我們獲得國內政治地位的平等，今後更重要的是實施憲政，實行民主政治，使全國人民今後都能獲得應享的政治權利，並且充分的把人民的力量發揮出來，貢獻于建設三民主義新中國和建設自由平等博愛的新世界的偉大工作。民生主義方面，迅速補救戰時一切的破壞，立即恢復以及扶助民族工業的發展，澈底解決當前民生的困難問題，增加生產，實施 國父土地政策，使「耕者有其田」。以達眞正民享的目的。

三民主義是一種不可分離的完整的哲學思想，是革命青年行動的總方向，我們應該努力發揚以至徹底完成這種偉大美滿的政治理想。

一二

14

談女青年組訓

毅君

組訓青年的問題，已隨着時代風雲的變幻，而成爲現代國家大政之一，我國爲應抗戰建國的需要乃於民國廿七年決定成立三民主義青年團，以爲全國青年組訓的唯一機構。佔有總數一半的女青年組訓一樣是被注重着，爲此中央團部特設女青年處爲全國女青之唯一年組訓指導機構。支團及中央直屬區團亦有女青年組科之設立，分團則設女青年股承受上命推進各項女青年工作。

「組訓」即組織與訓練的合稱，將零星的組成系統的，複雜的化爲簡單的。像零件之裝成機器，細胞之組成個體一樣，即所謂組織的簡義，再設訓練訓其所短，練其所長。韓滌仙先生說，『本團組訓眞正的涵義，在敎育的方法上，它不是以個人爲出發點，而是以群體爲整個單位的一種特殊敎育，務使全國青年在同一的主義範疇中養成思想主義化，生活主義化，行動主義化，導之人人能爲主義而死，爲主義而生的觀念。』女青年組訓，一樣地包含着有這種意義。那麽，女青年組訓：

甲理論方面，

1 應培養女青年的獨立性—獨立是針對依賴而言的，許多女青年深受在家從父，出嫁從夫的傳統觀念，依賴性特別顯著，以致完全失去自主與自主的能力，忘記了自己是人，更失去了爲人所應該具備的人格，所以我們必須針對這些錯誤，啓發並開拓其獨立性格與自尊的地位。

2 加强組織性—組織是針對散漫而言，超半世紀的專制毒化，弄成了叢胞狹隘，猜疑，妒忌與怨恨的病態，所以組訓女青年亦應積極消除這種病根，使有深刻的組織意識。

3 增强行動性—行動是針對着理論而言的，我們要能坐而言，起而行，踏實，篤行。積極地把熱忱發露，盡量發揚固有的血氣與活力。

乙實施方面，

1 選拔優秀基層幹部—幹部與組訓的關係，等於骨幹與肉體，所以幹部之健全與否，可以決定組織之能否發生力量，所以我們應在廣大的群衆中物色選拔品德高尙，熱情好學之女青年爲各基層幹部，以促成組織的健全。

2 吸收團員採取質重於量的精兵法，要女青年參加革命工作，必須要求女青年加入本團的組織，凡思想純潔，品行端正，學識豐富，體格健壯及有高度的革命熱情，同時意志堅强的女青年我們都歡迎。一般女青年的政治意識比較薄弱，組織觀念單薄，所以擔任組訓工作的人應以充沛的感情，誠摯的友誼做組織的引線。以仁愛代殘酷，以嚴緊代放縱的方式分別考査，聯繫。所謂『爲政在人，取人以身』故個人的品德，實爲工作推進的先聲。

3 理論訓練—理論是行動的指針，沒有充實的理論不會發生正確的行動，對於女團員除施以一般的政治訓練以外，對於她們本身問題的理論，也需要加以充實。如婦女，國語練習，家政，敎育等，都是必需灌輸的智識。

4 服務的訓練，人生以服務爲目的，女青年應首先確定服務的人生觀，抱定犧牲小我，服務人群的宗旨，擔任社會服務的責任。因此看護，救護，敎育以及保健等工作，都是必須予以訓練的。

從性別上看來，以兩種根本不同的性類來比較，無論從心理學或社會學的觀點來判斷其差別，結果都是不公平的，而且是錯誤的，我們應該以男女分工合作爲出發點，採不同方式，收異曲同工之效，這是擔任女青年工作同志所應有的基本認識和觀念。

女青年薹胞們，你們應該祝禱祖國，更應該高歌自已，因爲五十年的枷鎖，今日已得解脫的機會，此後應如何來創造新的史實，負起領導的責任，務使無數的姐妹都挺着胸，步向革命的大道，共同致力於三民主義新中國的偉業，美麗的樂園是需要我們自己去開闢，去建築的！

旅臺印象拾遺（二）

覺訓

臺灣中華總會館在臺北市永樂町一條比較僻靜的街尾二樓上，倒也清幽雅緻。我們在這裡下車，兩三個年青的朋友在樓上•窗口打招呼，我上樓後經過了介紹：才知道他們都是總會館的常委。蕭志仁兄身材苗條矮細，清麗俊秀，一看便知是一個書生，談起話來，熱情文雅。是一個有意識有工作能力的智識青年，他任常委兼青年部主任。易炳炎兄肥矮得有趣，說話雖不甚文縐，但斬截流利，他說曾經開過藥店，頗通醫理，是二十多歲人，他任常委兼經濟部主任。王耀廷兄中等身材，臉黑，商人出身，是技術人材，約三十歲左右。他們都表示熱烈而欣慰地期待着我，我們這群年青的僑運幹部，要算林梧村兄年齡較高，他是我們中的老大哥，我這樣想着。

晚上在梧村兄家裏吃飯，佘讜兩兄作陪，席上我們談些國內狀況，臺灣狀況，僑運情形等等。林君高大身材，態度和藹，性情沉着堅毅，談風甚健，說話着實有力，他告訴我來臺後許多有趣的事情，和他參加僑運好多年的經過，他是總會館歷屆代表大會中首先被選和滿票的人物，實際的中堅幹部——常委兼總務部主任。佘兄是我多年的摯友，也是廿多歲的青年，個性倔強敢幹，富有計劃組織力，具拓荒創造天才，他來這裡也僅兩個多月，總會館沒有他的職位，但他是實際在幹總會館的工作。

我住在總會館裏，我們幾個人都很合攏得來，我掛着代理組織部主任的名義，着手組織工作的整理和規劃。警察署的高等特務井坂，憲兵隊的高等特務別府，天天來和我們糾纏，雖然不是怎樣嚴重的監視，但對我們的精神威脅，却有說不出的威刺；據說這是他們監視人民思想的方式之一，此外還有便衣密探會給我們跟踪；並且他們都有無上的密報權，會給人們那不符事實的麻煩受。這些統治政策的形形色色，我總覺得他們祇做到消極的防止和禁錮；不會有積極的欺騙和誘導，充分表露日本人的褊狹態度。我們自覺沒有危險思想，也不需要懼怕，橫豎我們有我們的人格，幹嗎要和他們討好？但我們不是連普通的應酬禮節也沒有顧到的。

編會務月報是我參加僑運工作的開始，本來們的很是遵守當地的出版法，我們用油印來報導自己的會務進行狀況，提出我的自己的工作檢討和指示，並不是向外的或一般廣泛性的宣傳刊物，照道理是無須許可的。第一二期印發後，第三期方在繕印，北警署的特務井坂對我們說：「請你們把這期的會務月報，依法『届出』，（送檢及許可發刊的意思）那是上級的意思，也是法律上的規定。」我當面問他是不是月報的內容有問題？他肯定的答覆：「沒有，祇是法律這樣規定。」我又反駁：「既然內容沒有問題，倒無須這手續，我們不願開例的把油印品送檢或許可，倘再說我們的文告也須送檢張那我們祇好關門大吉了，不能諒解的話我主張是不印行，拉倒！」井坂見我態度堅決，暫時擱置不談，但他們還沒有撤銷原議的表示。兩三天後，我署名發出文告，把「環境關係，無法發行」的警語，頒佈到各地會館去，終於我們僅有的會務月報，便宣告流產了。而結果我得到了一個固意反抗官廳的公開警告。就是會成爲罪狀的裁判，不能够用理由來辯解的話，也只有任他們去措置，我老早己有那樣自覺的。

我們的組織對象是華僑，工作表現也只是限於僑運的範圍，我們在臺灣民衆運動史上，寫着孤軍奮鬥的一頁。我們雖不是什麼政黨，和標榜什麼主義，（實際上統治者不容許我們這樣幹，但我們確以三民主義爲一切指導的總原則。）然其細胞從祖國帶來的意識，和爲共自身求生存求解放的需要，無疑的會凝成力量。他們明瞭了享受國際公法的維護，有爭取僑民應得待遇的權利，以自我的立場進行合理合法的運動；另方面他們於衝破黑暗的鬥爭途上，無形中成爲當地民衆運動的友軍，他們提供嚴正的輿論，以共同打擊黑暗勢力。

當然狗嘴裏長不出象牙，他們也付出了不少的奮鬥代價，從僑運醞釀時期到成立團體，不知遭受了幾許磨折，臺北帝大僑生的被迫退學哪，優秀僑胞的被驅出境哪，這時縱不能統計出確定數目來，至少當有幾百人，那坐拘留所和肆從侮的自然不用說了。這些被殘害的人們，都是從許多次國旗侮辱，和「籍民」傷害以及其他事項的反對爭議所得到的結果，他們也曾交涉過與辦華僑學校和報館，不管他們交涉和爭議的成效怎樣？那是另一問題：祇要看他們奮鬥歷程的波折，不啻反映着統治者黑暗統治的全面性呢！（未完）

大安輪上

浠虹

海面上聚攏了白霧的夜色，
這海面望不到盡頭的長；
——戲水的白鷗在綠波中浮漾，
浪花向着船身飛濺，
看哪！這邊沒有市鎮，
那邊又沒有村庄。

凹月在對面的天邊出現，
幽光籠住了浮動的水煙；
——夜風怒打着檣桅，
船底衝了漣漪，
看哪！這邊沒有島嶼，
那邊又沒有山巒。

星々在天畔不安的熌爍，
這冷悄的海洋說不盡的凄凉，
——機輪在艙里震動，
心兒在起伏的跳盪，
看哪！這邊沒有舟楫，
那邊又沒有橋樑。

夜鴉在半空凄凉的啼喚，
野風吹得我的指尖凉々；
——旅客隨着船身顚簸，
水手們假臥舷旁；
看哪！這邊沒有漁火，
那邊又沒有燭光。

天空里有幽靈的浮動，隱現，
四望只是夜色蒼茫。
看哪！這邊沒有林木，
那邊又沒有牛羊。
這海面有說不盡的長，

一九三五、十一廿、五夜于臺北

17

座談會散紀

梅　風

高秋的季節裡，和煦底陽光吻着大地，新生了的榮町簇擁着一群陌生的客人，他們帶着興奮的神情，高傲地納入一座壯嚴的大厦。行人也住了脚，出神地致一個崇敬的注目禮，再仰視那鮮麗的團徽。

三樓上是一個裝潢得非常莊嚴的禮堂，七十多個客人揀了預先排定的座位。一個精幹年青的個子，很有神彩地首先站起來，他底聲音和風度是那麼莊重和藹而有力，使你會意識到這是一個天才的演說家。

「這就是佘書記長嗎？」

「是；不過我們青年團除了中央團部的書記長外，其他各級都稱呼書記的。」

每一個人都貪婪地歪着頭，生怕漏了一句，靜穆地聆聽佘書記的簡短致詞：

「兄弟今天能夠與諸位在一起集會，心裡覺得非常興奮，諸位都是在臺灣有着多年奮鬪的光榮歷史；我應該感謝諸位在這一個月來，都能夠任勞任怨的站在自己崗位上工作……今天我們舉行這個會，我們要很坦白的檢討這一個月來的工作，無論人事，經濟，組織以至其他各方面……臺灣的光復，固然使我們感到萬分的興奮，欣慰，但我仍却不能因此而忽略了我們的偉大任務，……我們的團是負有着重大的使命，我們要用加倍的努力來恢復臺灣的繁榮，建設一個康樂的新臺灣……。」

每一句話，都很清晰地响澈了每個人的心弦，在一陣熱烈的掌聲中，佘書記結束了這段歷史意味的訓詞。繼着是各分團的工作報告。

「臺北分團工作報告」潘同志攤開一張預先擬好的表格，把社會環境……分團組織以及工作情形介紹後，第二三個同時站起來：

「我補充……」

「且慢，請維持會議秩序。」主席靈敏地指定第二個發言。

接着是臺中，臺南分團負責人和幹部的報告一個月來團務開展情形，和有關工作上的問題。在每一個單位報告以後，主席立即針對問題作一個剴切的指示和批評。雖然日己向午他們還是保持着原來緊張的精神。

「主席；我提議，三天的議程很短，最好是把每次開會的時間提前一點鐘，希望多帶一些理論與經驗回去作爲開展工作的方針，不知道……」

掌聲又在這寬敞的禮堂鼓盪着，無疑的；這一個提議，是得到熱烈地通過。

原定下午一時開會的，但十二時半他們就已離開旅社和朋友的家裡齊集會場。然而；他們並不輕放過這寶貴的時間，三樓上除了沙沙的筆記聲外是靜寂的。

一時正，主席首先起立宣佈：

「現在我們繼續開始工作報告，不過時間很短促請大家儘量簡單扼要，特別事項可以書面報告，交由議事組。」

嘉義，新竹，高雄，花蓮港各單位除了一般的報告外，嘉義分團還提出：

「爲了工作，我們曾經犧牲了一位忠實工作同志。……」

他把死事經過報告後，每個人都低下頭來爲這位忠于工作的同志誌哀，並立即通過募款撫卹的臨時動議。

「同志重于兄弟，共患難同甘苦，這是我們團的優良傳統，我希望這一個決議趕緊實行。」

佘書記的這一個提議，博得了不少掌聲，每個黯淡的心情，重又沉浸在歡騰溫暖的氣氛裡。

直到黑幕籠罩這一個海島的鬧市，從樓窗遠眺着萬家灯火時，大家才結束了這一天的疲勞。

第二天，依照議程——團務講習，佘書記首先把團的產生意義，團的使命和性質，作一個詳盡的敍述後，繼由帶着深度眼鏡的陳科長報告總務科主管業務，與身材魁梧而已白髮芥々的洪科長報告組訓科主管業務，許科長報告宣社科主管業務。由于大家對于法令上不盡了解，紛々提出質問，眞是忙煞了三位科長。除了中午的休息外又是直到太陽西墜方告盡歡而散。

18

第三天雖然是星期日，但會議的進行並不停止，上午照例舉行國父紀念週，這也許是與會人員初度的向 國父行三鞠躬，在主席報告時，余書記特乘機會講解紀念週秩序中每一個節目意義，這一個隆重而富有教育意味的儀式，經過一小時後才告完畢。

下午和晚上的各分團個別談話，是議程中規定的節目，因爲區團部爲了明瞭各地工作實況和指示今後團務發展方針，所以乘這完聚機會，進行這一個節目，由余書記主持，三位科長和各單位幹部參加。

星期一，這是最後的一天，也是一個最精彩的節目。陳行政長官爲了表示熱愛青年的至意，特別抽空蒞臨訓話，當他步上三樓時，會場上立卽報以熱烈歡迎的掌聲，延長時間達一百二十秒鐘。陳長官身着戎裝，而露笑容，其風度如記者于五年前在閩北所會見時相差無幾，不過多添了幾根白髮而已。

他說：「我在重慶時，卽曾向來臺灣的工作人員說：我們到臺灣去的目的是爲臺胞做工的，爲臺胞謀福利的而不是去做官的……在積極方面，要具備愛國心，榮譽心，責任心，……消極方面，要做到不揩油，不偸懶，不說謊……我希望在座同志多多協助和努力工作，在最短期間內，建立一個自由康樂的新臺灣……更希望大家努力學習國語國文，以免大家有意見建議政府時多一層語文的隔膜……。」

會場上重又一陣熱烈掌聲，直至陳長官的專車飛馳公署才休止。

然而激烈的辯論，又在這會場中展開，提案討論時，他們對于每一個問題都赤誠地貢獻意見，把握着問題的中心，追求解決的方法——十足的表現了民主的楷模。卅餘件的提案，就在這最後一天短促的時間中，經過了縝密的討論圓滿地通過了。

原來滿堆着灰塵的灯罩擦光了，在灯影和月亮的交輝下，數百個人頭已在這會場中攢動着，這是區團爲了慰勞各地同志而舉行的茶話會。

余書記滿面堆着笑容說：「當我離開厦門時，李主任再三的囑托，要好々地慰勉在座同志，……這次我們連續開了五次會議，自始至終的會場情緒很好，這是難得的第一件事……今晚的茶話會可說是休會式，當然不算豐盛，但意義却很深長……我預祝此後我們臺灣的團務，能如今晚的月亮一樣光明，在每個角落都有我們的工作據點……。」

一陣熱烈掌聲後，一位同志站起來：「現在臺灣的糧食很缺乏，以我們團的任務來說以我們建設新臺灣的立場來說：我們應該提出一個挽救的方案，供政府參考。」

這一個嚴重的民生問題的提出，幾乎把大家怔住了，在有秩序的情況下大家提議了：「請政府以肥料，衣服，農具等供給農民。」「請辛勤的農民推行冬耕，糧戶自動供應糧米，調整市價。」「團的經濟建設委員會趕緊成立，研討詳密方案提供政府參考。」「禁宰耕牛利用獸力。」「禁止釀酒及節約不必要的消耗糧食」，最終由余書記作了一個結論；「糧食問題必須合理的解決，這是目前臺灣急不容緩的要政。我們團有團的工作，不是單靠團的力量可以解決，我可以負責把大家的寶貴意見貢獻糧政當局，配合着團的力量和大家的努力來爲臺胞改善生活。」

從這裡我們看到眞誠的流露，在日本統治下的青年對同胞對家鄉對祖國的熱愛，宣判了五十一年來日人在臺灣所施奴化敎育的死刑，中華民族的兒女是忠誠的有血性的。

在這個茶會上除了糧食問題而外，大家還互相交換着今後工作的連繫問題，如何開展團務問題，……直至午夜才散會，離開這聚首四日的會場去迎接新的工作，新的任務！

19

半月天下

本刊資料室

	國際	國內	本省
十一月九日	盟國賠款委會開幕蘇聯波蘭不出席共他參加者多至十七國。 麥帥下令日政府押解漢奸歸中國。 摩根索主張猶太問題應由美負責解決。 朝鮮同盟反對日韓協會。 世界青年會議公決巴黎爲世界青年聯合會之永久總會地。	敎長朱家驊由抗飛滬轉平。 參政會駐委會開會討論軍事衝突問題。 膠濟路己通車。	民政處宣布於年內延攬青年六萬人。
十日	阿特里在英下院演說此次訪美目的後卽啓程。 日本社會黨開執行會議。 陳嘉庚籲請美國予馬來貿易自由。 烏拉圭下院撥款建立羅斯福總統紀念碑。	敎部審查通過川省高級敎育復員方案。 孫科離渝赴京。 莫德惠在東北宣慰七十餘縣。	留學祖國歸臺同學舉行座談會。
十一日	英美加會談開始討論管制原子能問題。 納粹餘毒猶存、阿國招兵買馬。 猶太敎徒千餘人抗議英之巴勒斯坦政策。 杜魯門阿特里聯袂向無名英雄獻花。	陳逆璧君押送赴渝。 川島芳子在平落網。	臺中臺南行政機關開始接收。 臺中警察接收完竣。
十二日	杜魯門女公子修業軍事學院。	國府正式發佈命令明年五五召開國民大會。 重慶召開軍事會議蔣委員長親臨主持。 國際文敎會議討論恢復戰後敎育機構。 各地熱烈紀念國父八秩誕辰。	臺省黨部正式開始辦公。 日兵偷貯藥品被我發覺卽送警嚴辦。 宜蘭募款救濟在日臺胞。 國父誕辰臺胞首次開會紀念、陳長官勗勉信仰三民主義。

十三日	美空軍輸送來華專殺傳染細菌藥來華。 爪哇向蘇澳致電籲請制止英荷侵略。	滬工廠八十一家決定一律復工。	義勇糾察隊破獲暴徒機關。 記者團抵新竹。 嘉義組織醫師公會。
十四日	荷蘭努力復興我使館由義遷海牙。 英接受美方請求聯合調查歐洲問題。 蘇聯再照會美國提議四强共管日本。 史迪威將軍任美軍事局長。 蘇聯研究原子能對宇宙線有重大發見。 美計劃對華新貸款總額將達美元五千萬元。	東北接收工作開始蘇將郵電事業移交我國。	衛生機關全部接收完竣即將施行「公醫制度。」
十五日	荷要求德賠償九十億美元。 新任印度尼西亞總理準備與英荷協商停戰。 猶太人開會抨擊巴勒斯坦委任統治案。 美法進行會議討論解決管制德問題。	張群，周恩來繼續商談。 西南公路局開駛渝衡客車。 威海衛特別區改直轄普通市、王崇五為市長。	長官公署嚴禁濫伐樹林。 周處長出巡各地視察情形。 前臺灣總督府直屬學校一律首先改定名稱。 各州廳學校暫時沿用舊名。
十六日	英獨立工黨發表宣言實現大西洋憲章精神、英應將香港歸還中國。 魏德邁將軍提議我國現有陸軍裁至五十個師。 蔣經國等飛平轉渝。	渝淡，渝滬班機正式開始。	我已正式接收臺北大學。 工礦處設立公共工程局。 七十軍政治部國語班開學。
十七日	英聯員罷工反對運荷軍赴爪哇。 美軍待命開赴日本擔負佔領事宜。 日前外相松岡自殺未遂。 法政局動盪中戴高樂提辭政府主席職。 印度尼西亞人繼續狙擊戰。 西班牙游擊部隊活躍馬德里近郊。 法社會共產兩黨決議組織聯合政府。 四十四國代表通過聯合國文教會章。	浙省府舉行全省行政會議。 陳立夫抵上海日內將赴鎮江。 朱家驊抵天津召集學生訓話。	各戰區電復陳長官決優待日戰俘中之臺胞。 行政長官公署成立幹部訓練團。
十八日	印度決設陸軍大學。 長崎區內人民迄今續有死亡。	天津設置新市區，經決定設置建設委員會。 我向美訂講之商輪十八艘啓航來滬。 整軍會議閉幕全國將設行營十處。 教育部決派代表追還被日掠取之藝術品	臺島農民籌組臺灣農會。 臺中北港等地婦女呼籲注意女子教育。

十九日	麥師下令日政府廢止日一切航空事業。法政府領袖未決，各黨派仍在磋商中。緬甸人民要求自治。荷國總選舉政府黨獲勝利。	劉峙任西南行營主任。	基隆國軍舉行「鄉紳座談會」。
二十日	中蘇兩國進行談判謀解決國軍進入東北問題。伊朗北部發生事變德里蘭當局可能遷都南部。艾森豪威爾出任美陸軍參謀總長。遠東顧問會設立「經濟政治小組會」。	抗戰女傑何若梅接受美獎章。	澎湖地區開始接收。
二十一日	蘇宣佈白俄人民准恢復公民資格。麥師命令日軍奪獲之藝術品限期全部歸還我國。	行政院六部決定年內東遷南京。	國軍到達臺南市。基隆國軍設立「國語」講習班。
二十二日	伊朗向蘇提出照會蘇阻止伊朗軍警北進。法新臨時政府組成、戴高樂主席兼海陸空軍總司令，來希立長軍政部，狄隆長軍備部。巴力斯坦解嚴全境恢復平時狀態。中澳加捷等十六國將派軍事代表團赴德。	中蘇談判情形轉好。聯合國賠償代表鮑萊由日飛滬。	登陸臺島國軍三萬餘人決駐高雄，屏東，鳳山。工礦處派員接管「臺灣拓殖會社」。
二十三日	丹麥、星加坡、馬來、香港各地郵寄恢復。邱吉爾倡歐洲聯盟。印度尼西亞領袖願與英官方磋商。		臺北州廳接管竣了。
二十四日	印度尼西亞獨立問題國民大會開會討論。麥師令日首相幣原停給退職人員恩給金		糧食局公布臺灣省糧食購額調查委員會組織辦法。蘭陽市郡開始接收、林天明等抵達宜蘭高雄軍民合作成立民軍合作總社。
二十五日	柏林地下鐵道仍有腐屍發現。聯合國籌備會開會。英外相主張建立民選之世界大會致力維持世界和平。		柯參謀長發表談話指責日軍濫發命令。糧食勸征隊組織成立勸發全省從事勸導工作。嘉義市婦女團體要求加入自治會。政院會議通過設立臺灣大學。

二〇

臺灣青年半月刊徵稿簡約

一、本刊以宣揚主義國策、闡明祖國與臺灣歷史關係、及對臺灣復員工作之提供與貢獻、暨報導時事團務活動等、而堅定臺胞之信仰爲宗旨。

二、本刊除特約有專門研究、或熟悉臺灣問題之文化界人士長期撰稿外、並公開向各界徵稿。

三、本刊徵稿內容

1特微；關於　國父遺教團長訓示、及主義國策等之宣揚。

2論著：關於臺灣接管後復員工作問題之研究、及臺灣青年問題之探討、暨各項建設問題之提供等等。

3報導關於臺灣史地或臺灣文化資料之介紹。

4文藝；凡有關臺灣問題及青年修養常識之叙述、傳記、散文、報告、特寫、詩歌、圖畫、小說等作品一律歡迎。

四、來稿力求簡練、字數以三千字左右爲限、如有特殊價值之論著、不在此限。

五、來稿不拘文言語體、但求繕寫清楚、並加新式標點符號。

六、譯稿請附寄原文、如原文不便附寄時、則須注明原文題目、作者姓名、刊物名稱、及出版年月與地點。

七、來稿請注明眞實姓名、略歷、住址、以便通訊聯絡。

八、來稿一經登載後、除贈送該期本刊外、並優致稿費、每千字暫定臺幣五十元、如有特殊意義稿件、另特優酬奉、惟已在他處發表者、以却酬論。

九、本刊對來稿有修改權、如不願增删者、則請預先聲明。

十、本刊來稿、除預先通知聲明、並附足郵票外、原稿概不退還。

十一、來稿請寄臺北市三民主義青年團中央直屬臺灣區團部籌備處第三科、並請在信封上注明「臺灣青年」稿件。

第二期目錄

中華民國卅四年十二月一日出版

發行人李　友　邦

臺灣青年半月刊

本社為激發青年對三民主義之加深認識、使具實現主義決心、並介紹優秀學術研究、文藝著作、及各種青年問題之研討、以加強新臺灣之建設、除普遍售閱送閱外、決擴大徵求基本讀者一萬戶、定期為一年、其辦法規定如下：

中華民國卅二年一月一日創刊
內政部登記警字第九二三一號

徵求基本讀者一萬戶

一、凡中等以上學校之師生、各機關社團之純潔青年、以及愛護本刊之人士、均歡迎為本刊基本讀者。

二、本刊基本讀者徵求期間、自本年十二月一日起、至十二月卅一日止。

三、凡定閱本刊以一年為限。

四、定閱本刊之定戶、須一次交足定金。

五、凡本刊基本讀者、得享受下列權益：

一、本刊自卅五年元旦起、零售每本二元、對基本讀者、一年僅收四十元（郵費在外）。

二、在定閱期間內、本社其他出版物、一律贈閱、不另照價取費。

三、本社基本讀者之寫作、得優先選載本刊、並優酬稿費。

六、定戶須註明詳細住址、如有遷移、請隨時通知更改、以免誤投或遺失。

七、如因物價波動影響、本刊得隨時另改訂本刊定金。

八、本刊基本讀者除直接向臺北市榮町三民主義青年團中央直屬臺灣區團部本社辦理定閱手續外、可請本團各地分團代辦。

定價 ¥ 1.50

6733

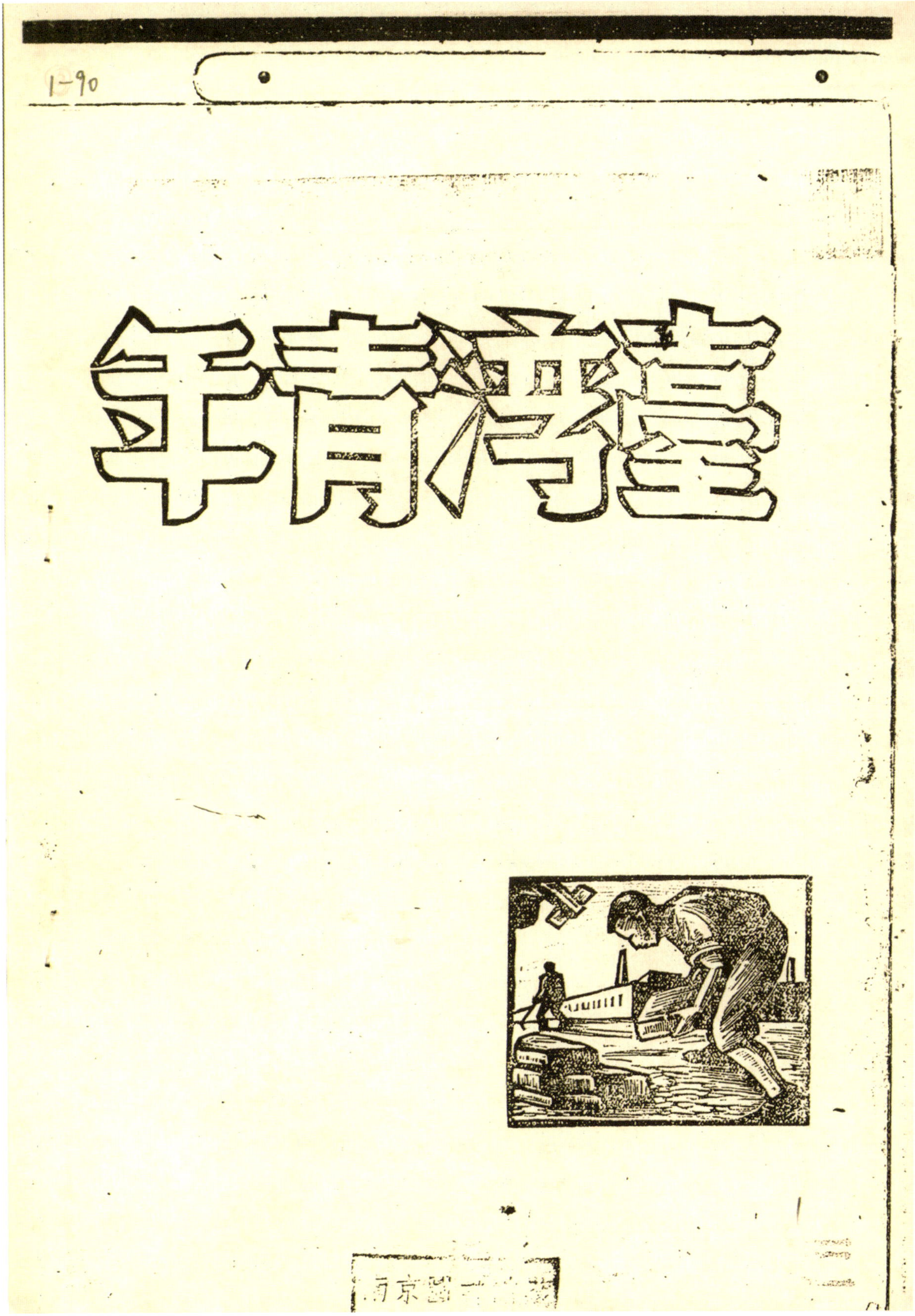

1-90

臺灣青年

《台湾青年》第三期（台湾版）　一九四五年十二月十六日

團長語錄

中正同國革命先烈締造民國的艱難，感懷全國軍民堅持抗戰的辛苦，瞻念收復區滿目殘破的瘡痍，大後方民衆貢獻的艱鉅，深覺勝利成果，彌足珍貴，革命責任，尚有未盡。我們今後更應該群策群力，同心同德，以促建國的成功。我們全國同胞的目標只有一個，就是「建國第一」。

× × × × ×

過去八年之間，我們同心一德，共同奮鬥，才得到抗戰的勝利。從今以後，我們更要團結一致，積極努力，以求得建國的成功。我們必須以積極創造的精神，迅速確實的行動，集中全力，以實現建國的唯一目標。我們必須完成心理，倫理，社會，政治，經濟五項建設，改造中國爲民生康樂文化昌明的國家，與聯合國並駕齊驅於國際社會，分擔世界永久和平的責任。

× × × × ×

我們中國能否發展爲民生康樂文化昌明的獨立自由國家，完全決定於戰後第一期建設的成敗，大家必須知道事在人爲，一切都要求其在我，在八年以前，我們對於抗戰必勝的信心既有事實來證明，則今後建國工作的必成，我們也要有同樣堅定的自信，排除萬難，以求共實現。

臺灣青年半月刊目錄

中華民國卅四年十二月十六日出版

發行人 李 友 邦

對三民主義青年團團員宣誓訓詞

（二十七年七月二十五日講）

一、黨員守則卽團員信條，大家必須透澈瞭解這信條的精神所在，切實力行。
二、黨員守則序文的要義。
三、宣誓的意義。
四、革命的人格，以什麼爲基礎？
五、我們國家民族爲什麼要受今日這樣的恥辱？
六、革命人格的最高修養，在打破個人生死關頭，貢獻一切於三民主義之完成。
七、爲什麼要加入三民主義青年團。
八、團的意義。
九、革命的哲學——生活是什麼？生命是什麼？
十、如何能實行三民主義？
十一、本團團員的生命和名譽是整個的，大家要親愛精誠，共爲互助，始終一致，同心協力，實現主義，完成革命的使命！

今天大家宣誓入團，本團長親臨監誓，特致訓詞，在沒有講到宣誓訓詞以前，先要將黨員守則誦讀一遍。（團長首誦序文，全體團員肅立靜聽。）黨員守則序文的精義所在，就是首先指明我們革命黨生在這個外侮憑陵，國難嚴重的時代，人人應有救國救民，救人救世的自覺，人人要負起發達自己生命和恢宏民族生命的責任。要知道我們上對億萬世之祖宗，下對億萬世之子孫，中對全國國民和世界人類，都負有一刻不可脫卸的責任：我們要保衛我們祖先遺留下來的廣大肥美的土地，要保衛我們全國四萬萬五千萬和平優秀的同胞，要發揚我們五千年悠久光榮的歷史，使三民主義能實行於全國，弘揚於世界，不僅要求得我們國家民族的獨立自由和平等，而且達成中華民國爲一富強康樂的國家，永爲世界和平之柱石，這是我們中華民國革命黨員唯一的責任！我們必須立定志願，誓死努力，盡到這個責任，纔能作三民主義的信徒，纔能作三民主義青年團的團員。其次，指明我們革命黨要盡到這個重大的責任，就要首先須立人格的基礎，這就是說要恢復我們民族固有的德性，人人要能作世界上頂天立地之人，人人要有頂天立地的志節，能力和氣魄，就是遇到天崩地裂，我們亦能獨立不移，確乎不拔，不退縮，亦不畏懼，我們一定要養成這種大無畏的精神和革命的人格，然後無論在革命過程中遇到什麼危險，艱難，窮困，痛苦：我們都能夠忍受，都有能力去克服他！我們亦必要如此，纔能担當革命的責任，繼續，總理的事業，作三民主義

3

青年團的團員。大家知道了黨員守則的序文，體會到序文精義的所在，就一定要念茲在茲，身體力行，來實現我們的志願，達到我們革命的目的！所以這黨員十二守則。實在就是本團全團的信條。現在大家來跟着我朗誦黨員十二守則。（團長讀黨員十二守則，全團團員隨聲朗誦。）

現在大家已經宣誓。所謂宣誓，就是當着，總理遺像和本團長監臨之下，宣布你們加入三民主義青年團的志願，故宣誓之後大家即須立定志向，實行誓言。大家要知道：「誓」是什麽，誓就是盟約，亦就是我內心所要說的話，和我們所定的主義，當着，總理在天之靈，與昭昭的天日，對着我們志同道合的全體同志以及監誓人必莊必敬，將我一生的抱負，終身的方針與前進的道路，磊落光明的宣布出來，彼此相約，永為憑信。故宣誓之後，誓必生死以之，始終不變，竭我忠貞，貫徹到底，就是古人所說的：「造次必於是，顛沛必於是」，無論到如何困難危險的時候，無論在任何逼迫痛苦的地方，亦必堅守這誓約，決不屈服，決不變節，有遂初願，這樣，纔能造成頂天立地，俯仰無愧的革命人格。尤其在這抗戰時候，我們宣誓加入三民主義青年團要建立國家新生命，組織革命唯一的團體，若非同心一致，實行誓言，即不能救國救民，救人自救，就要國亡種滅，淪為奴隸，最後將至生無立足之地，死無葬身之所！因此我們今後一切言論行動如稍違誓言：「就要內疚神明，對不起自己的良心，就無異自貶人格，自趨滅亡！」所以我們一定要誠心誠意盡力來實行我們今天的誓言；一定要嚴守紀律，服從命令，實行三民主義，挽救國家民族，纔能夠承担歷史和時代的使命，創造世代子孫無窮盡的基業！否則，如果我們口是心非，言不顧行，就是根本喪失了人格！沒有人格的人，不僅不能作革命黨員，而且根本不能作人，必至降為人家的奴隸牛馬，要苟且偷生亦不可得！而且我們同志若有違背誓言，必要受團體全體同志的制裁，凡是我們團體的同志，無論何人亦皆有制裁背盟違誓的職責，不僅是團員違約背盟，要受我團體和同志的制裁，就是我為團長的，若有稍違盟約，不守團章，違反紀律的時候，亦要受我團體共同的制裁，因為紀律是平等的，團章是整個的，決無上下之別的。總之：今日宣誓，就是堅定我們的志願，亦就是建立我們革命的人格，以求達到實現三民主義的目的。

二

我們要建立革命的人格，這個人格的基礎何在呢？這個人格的基礎就是在黨員守則中所講的「忠勇」，「孝順」，「仁愛」，「信義」，「和平」，「禮節」，「服從」，「勤儉」，「整潔」，「助人」，「學問」，「有恒」的十二信條，這十二信條就是我們修養革命人格的要素，亦就是我們青年團實行三民主義的基礎。在這十二信條當中，若缺少一條，就是損我們人格的完整，就不能作團體的團員，來實行三民主義，因為這十二信條，是我們中華民相傳族五千年來歷史文化的結晶，亦是我們歷代祖宗一貫立國的根本。我們祖先創造出這樣偉大的國家，能夠延續生存到今天，就在於能夠充實並發揚這種立國的根本精神，到了現在，我們承受了祖宗的遺業，有了這樣偉大的國家，擁有這樣肥美、廣大的土地，聰明衆多的人口，和蘊藏無盡的物產，我們應該能巍然獨立於東亞大陸，作世界第一等的强國。但是現在為什麽我們要受倭寇的侵略壓迫，到了今天，且使我們錦繡山河，殘缺破碎，不能保全，我們戰區的同胞，呻吟痛苦，過非人的生活？這就是因為我們喪失了我們民族固有德性，動搖了立國的根本！大家要知道：我們國家民族的恥辱，就是我們每一個人的恥辱，尤其是我們青年的恥辱！因為過去我們一般青年，沒有將我們祖宗一貫相傳的立國的根本德性，繼承下來，使之發揚光大，以鞏固國家的基礎，以致一切社會不論團體或個人，大家只知自私，只圖自利，互相爭奪，只求滿足個人或少數人的享受和安樂，將忠孝仁愛信義和平等美德，幾乎完全忘掉了！大家沒有互信，也沒有共信，因此，心目中沒有國家，也沒有民族，以致四萬萬五千萬人，人各一心，形成一盤散沙，致少數人口的倭寇敢於隨便壓迫中國，侵略中國！到了現在，還要逞其暴力想實行併吞中國，這是何等羞恥可痛的事！

我們今後要排除倭寇的侵略，挽救國家民族的危機，根本第一件事就必須恢復民族固有的道德，惟有道德方能感應人心，强化人心，纔能够團結四萬萬五千萬同胞之心爲一心，團結四萬萬五千萬同胞之體爲一體。大家同生死，共患難，來救國自救！但是我們要使四萬萬五千萬同胞一齊都覺悟過來，團結起來，能依照三民主義共同努力，以我們過去教育之缺乏，大多數同胞知識不够，賢愚不齊，又爲生活環境和習慣所限，一時要能作到，實在不是容易！然則我們又有什麼方法造成初步基礎，來感應全國同胞，覺醒全國同胞，使大家團結一致，自强自立，集中全國的力量來挽救國家的垂危呢？那就首先要將我國有知識，有勇氣，有精神，有道德，不怕犧牲，不怕危險，不辭任何勞怨痛苦的青年，組織起來，團結起來，大家將個人的生命和自由，完全貢獻給三民主義，貢獻給革命團體。大家入團以後，就只有團體，沒有個人，只能爲主義奮鬥犧牲，不能圖個人的享樂和安逸；我們的生命已屬於團體，從我團長起頭，我團長的生命，就是你們團員全團的生命！你們的生命，也就是我團長的生命；你們團員當中每一個人的生命，也就是其他團員的生命。就是全體團員所共有的生命。我們的生命要能凝結爲一，纔能建立人格的基礎，纔能領導民衆，担當救國救民的大業！而且我們一定要生命合一，做到絕對的共同一致，然後我們的精神纔有所寄託，我們的生命纔能充實擴大延長，以至於永生不死，永垂不朽！如此，我們個人就是今天死了，亦甚心安！因爲我們死了，還有我們的同志和部下來繼續我們的生命，還有我們整個的團體，來發揚光大我們的生命！所以我們不僅不畏死，而且樂於爲主義爲團體爲革命奮鬥而死，死有無上的價值和光榮，必然安心瞑目，了無遺憾！反之，如果我們沒有主義，沒有團體，或有了團體而不能死心塌地奉行主義效忠於團體，而要各自爲謀，各自離散，則以我們有限的生命，必不能成功什麼偉大的事業；一旦死了，一切皆空，沒有人來繼續我們的遺志，也沒有人來繼續我們的生命；如此人生，只是枉生，如此死了，死不瞑目，所以你們今天宣誓加入本團，作了本團的團員，作了中華民國的革命黨員，你們的生命，就是團體的生命，我們有了整個團體的生命，我個人的生命，就無關重要，隨時可以爲主義爲團體爲革命而犧牲；我們一定要打破個人生死的關頭，纔能實行革命的誓言，爲民衆受苦受難，以領導民衆，團結民衆，共同一致來完成革命的事業。

我們青年團的同志今後要確實將每一個人自己的生命和自由貢獻給團體，而以團體之生命爲生命以團體之生死爲生死，這種精神，這種道義要拿什麼作基礎呢？就是我剛纔所說的要恢復我們中華民族固有德性。如果我們喪失了這種德性，沒有革命道德的修養，仍和那些自從外人自號時髦的革命黨人一樣只重物質，只講滋利，不管是非，不顧道義，專爲物質權利鬥爭，一旦物質完了，權利失了，就各自散去，這樣，如何能叫做革命，更如何能殺身成仁，捨生取義，來救國救民??所以我們青年團今後必須拿我們民族固有的德性，來洗滌一切自私自利的心理，我們只有公而無私，只有國家民族，而沒有個人；國家整個的權利，纔是我們眞正的權利，國家的自由纔是我們眞正的自由，我們要絕對犧牲個人的權利和自由，以挽回整個國家的權利，求得整個民族的自由；國家纔能够獨立，民族有了自由，纔是我們個人有了最大的權利，和最大的自由！這就是說我們一定就要絕對服從團體的命令，徹底實行團員十二信條，從此來恢復並發揚我們民族固有的美德，以求得國家的生存，和民族的解放！如果我們對於十二信條不能實行，則固有道德——即我們先創造遺留下來的立國的根本精神，不能恢復起來！如此，不僅我們國家已失的土地和主權不能全部收回，而且要整個趨於滅亡！大家一定要問明白，我們今日爲什麼要加入三民主義青年團？大家今天入團就是要以最大的決心，絕對的誠意，來實行本團團員信條，發揚民族固有的德性，期能担當救國救民的任務，完成革命的使命！如果你們自問，加入青年團，是因爲我團長是軍事委員長，你們跟着我來，就可以升官，發財，就可以有什麼物質地位的出路；如果有了這樣的動機　存了這樣的思想，不僅不配作青年團的團員，而且根本不盡團的志趣，應該是爲救國家救同胞！爲什麼我們要救國家救同胞而要加入青年團呢？就是因爲我們個人力量有限，雖有救國救民的大志；亦不能實現，所以要聯合志同道合的青年，團結一致，將大家的意志統一起來，將大家的力量集中起來，以造成一個偉大無比的革命力量，來推進救國救民的事業，實現我們革命的志願！如果我們青年不能團結，沒有團體，那末無論我們個人有如何大的本領，亦必有志莫展，革命不成！我們既知入團在團結精神集中力量來爲救國救民而奮鬥犧牲，就必須具備一切德性所由發揚的根本節操，就是我剛纔所說的要打破個人生死的關頭，不偷生，不貪生，不惜死，不怕死。我們知道「人生必有一死」，但要死得其所，必須對得起祖宗父母，對得起國家社會，我們與其爲了個人或家庭之私，平庸而死，糊塗而死，這樣死了以後，於人類毫無裨益，上無以對天地祖宗，下無以對後代子孫，中無以對同志同胞，所謂輕如鴻毛，沒有絲毫價值；何如盡瘁革命，爲救國救民救人救世而奮鬥犧牲以死，以我個人的死，來換取整個國家的生存，發揚我民族光榮的歷史，保護我生生不息後代的子孫。這樣的死，纔是堂堂七尺之軀最正當的歸宿！如此，纔無負於天地父母，纔是轟轟烈烈的死的恩惠，無忝於我們對國家和人類所負的責任！只要我們能打破個人生死關頭，我們的生命都可以犧牲，就沒有什麼艱危國厄不能突破，沒有什麼痛苦勞怨不能忍受，更不會自私自利爭權奪利，以致自相離貳，自趨敗亡！我要有們這種至高無上，完整無缺的徹底革命的精神，就全要以本團團員十二訓條作基礎，從篤信力行中修養出來。

我們要認識這十二信條就是國家的靈魂，我們要救國，必先救起國家的靈魂；我們要認識這十二信條也就是民族的命脈，我們要復興民族就先要喚醒民族的生命！我們國家民族五千年來以有此德性而發達生存，現在因喪失此德性而衰弱危亡！學校不敎紀綱，社會不重信義，甚至家庭也不講忠孝，所以家庭不成家庭，社會不像社會，國不成國，民不像民；我們國家民族既無品德，又無紀綱，如此人無人格，國無國格，當然人家要輕視我們，侵略我們，甚至要來滅亡我們！所以各位同志自今日入團以後，爲要實踐誓言，達成任務，共努力的起點，就是要力行十二信條，發揚道德精神，本團長要求你們每個團員一定要造成自身堂堂正正的人格，使我們三民主義青年團團員，人人都能作一個頂天立地的男兒，如此，我們國家民族纔能轉危爲安，轉弱爲強！否則，大家仍和加入普通團體一樣，自私自利，貪生怕死，避勞苦，怕危險，爭名位，奪權利，如此，革命就要再次失敗，國家亦永遠無可救藥！大家看民國以來，至今已有二十七年，國內曾有過多少團體，多少政黨，亦有許多自稱爲革命黨的，其中那一個團體，那一個政黨，其能大公無私，大信無欺，能爲實行主義救國救民而奮鬥犧牲、認眞檢查起來，大都是自私自利，自欺欺人，只知爲個人或少數人的利益爭奪，以致國家損失，衰弱到現在這個地步！今天我們在此大敵壓境，國家的生存到了千鈞一髮的時候，成立了這個革命的三民主義青年團；我們要救亡扶危，雪恥復興，就一定要將以前一般政黨和團體自私自利，自相爭奪，甚至於自相殘殺的惡劣根性，完全去掉，那就是要徹底遵守團員的信條，絕對服從團體的命令，貢獻出我們全部的聰明才智和生命自由於本團和主義，拿我們全團革命青年的生命和血汗來換取國家民族的獨立和生存，這是各位入團以後所必須盡到的神聖的革命責任！

總之，我們今天宣誓加入三民主義青年團，創造了那一個繼往開來革命唯一的團體；要克盡報仇雪恥救亡復興神聖的責任，根本的覺悟，唯一的要道：就是要將中國社會從來只有個人沒有團體——不知有國家，也不知有民族，只有私利，沒有公義——沒有道義，更沒有主義，以致人各一心，一盤散沙的亡國病根，徹底洗刷，絕對剷除，要拿我們中華民族固有的德性得，以一貫陶鑄我們忠黨愛國的精神，養成團結一致的習慣，來創造國家民族的新生命！各位團員同志一定要認清我們國家過去革命失敗，一事無成，不是我們歷史文化不够，時代環境太壞，也不是我們同志同胞的聰明才力，不及人家。我們革命成功的條件，可以說樣樣具備，樣樣都優越過人家。但是爲什麼我們的黨奮鬥犧牲了五十年，還不能實現主義，完成革命；日本維新僅六十年的工夫，即成爲世界的強國，敢於橫行侵略，而我們到今天還受倭寇的欺侮壓迫，國家民族臨到這樣危急存亡的境地，這是什麼原因呢？一切毛病的根本癥結就在於我們中國人不知團結，如一盤散沙。你們看過去社會上無論成立一個什麼黨或團體，名義上雖有宗旨，形式上有組織，但實際上骨子裏都是以私利相結合，設立以後，一到個人權利衝突，彼此即不相容，不僅是大的權利，大的利害要有互相爭執，就是平時個人小利亦要相互猜忌離貳，甚至於擴大，互相鬥爭殘殺；就是在同一個黨，同一個團體裏面，兩個人兩條心，三個人三條心，沒有共守的道義，也沒有團結的習慣；這種病根如不改正，國家民族眞要無可挽救，所以我們要求實現主義，完成革命，沒有旁的道路可走，惟有大家覺悟過去病根所在，痛除散漫自私的習慣，從此一心一德，矢忠誓信，團結一致，生死不渝！我們今天入團宣誓，最大的意義也就是要做到澈底團結，生死不渝這一點，這是我們青年團今日之創造發展以及將來之成功光大，最重要的根本精神！如果我們不先樹立這個根本精神，我們組織這個團體以後，仍和從前加入政黨，團體一樣，口頭宣誓，心裏不明瞭，也不想一想宣誓的精神和內容是什麼？大家宣了誓，不算數，只是照例入團，每天在團照例辦公即算了，仍是爲了私利互相鬥爭，彼此貌合神離，這樣，我們的團體不能澈底團結，依然是一盤散沙，那我們就成了亡國滅種千古的罪人！大家要知道：我們不名爲三民主義青年「黨」，或三民主義青年「社」，而要名爲「團」？顧名思義，就是要將一盤散沙的個人，團體起來，因爲「團」字的反面就是一盤沙的「散」字。我們組織青年團，就是要由我們這個團體來將過去一盤散沙的亡國惡習，從根拔除，由我們團員全體的團結，進而使全國國民全民族份子一體團結起來；不僅團結，而且要融合凝結成爲鋼鐵一般的一個鋼團，使同志與同志之間，結成一體，精誠無間，好比鋼鐵一般堅固銳利，足以摧毀一切革命的障礙，能够完成任何艱難困苦事業！我們今日青年團之所以要稱爲團者，亦就是這個顚撲不破，團結不散的意義。我們只要依照這革命成功的唯一要訣去作，就沒有什麼事業不能成功的！

我們既然知道革命成功的要訣在乎團結，但是團結不是以個人爲單位，更不是以權利爲媒介，而應以主義作中心。以實行主義爲依歸，如果沒有主義，就沒有共同的信仰，雖然是同志，今天可以結合，明天就可以離貳。我們要不是以權利相接納，而眞是以道義相結合，就一定要有主義；必以主義作中心，來創造共同的事業，必將個人一切的一切貢獻給主義和團體，一致努力，貫澈始終。以求共同事業之發揚光大與完成！所以大家入團以後，一定要將主義的信仰從思想行動上表現出來，心志凝結爲一，精神打成一片，互信互助，相依爲命，無論何時何地，遇着什麼危險困難，無論當前有如何強大的敵人，我們必能集全力克服他，消滅他！我們的生命是整個的，利害也是整個的，凡事若於我們主義與團體有害的，就是對於我們團員全體有害，也就是對於我們團員個人有害，推此精神，凡是對於我們那一個團員有害的，也就是對我們自己有害，我們就一定要絕對克制排除他。反之，凡是我們認爲對於我們團員個人有利的，必是對於其他團員也要有利，尤其必須對於我們中心主義和整個團體有利纔是我們眞正的利；而凡是我們主義團體的眞利所在，我們必不惜犧牲一切以求其實現。總之，在一個主義一個團體內，只有整個主義和團體的利害，沒有團員個人的利害。我們今日青年團之所以稱爲三民主義青年團者，亦就是這個主義高於一切，一切爲了主義的意義。今後我們團員同志，必須人人知道本團長上面所講的什麼叫做「團」

？什麼叫做「三民主義青年團」？時刻要顧名思義，絕對的團結一致，來實行團章和三民主義。要爲三民主義與團章團結到底，奮鬥到底，以達到我們挽救國家民族的革命任務！

爲使各位能發揚這種團結奮鬥犧牲報國的精神，以增強革命救國的力量，本團長今天還要將我自己終身服膺的革命哲學的要義，親自傳授給大家。這個革命哲學的要義，就是要認識我們「生活的目的，在增進全體人類的生活；生命的意義，在創造宇宙繼續的生命」。我們今後就拿這兩句話作爲三民主義青年團救國救民革命行動的標準。大家先要自問，我們加入青年團來實行革命的三民主義究竟是爲什麼？須知我們革命必有革命的哲學。革命哲學所指的是什麼？就是要明瞭「生」之究竟。生是指什麼？人生最大的，莫過於生命與生活二大問題，所以我們革命，也就是要解決這人生最大的問題，亦就是要瞭解我們人生的意義，和生活的目的究竟何在。如果我們作了青年團的團員，對於爲什麼要生活和生命有什麼意義，不能解答明白，如此，就是他要如何奮鬥，也不知道眞正奮鬥的道理，要如何犧牲，也決不能有澈底犧牲的覺悟，結果一定要臨難苟免，畏縮不前，就不能作革命的信徒！所以我們要打破個人生死關頭，確乎作到爲革命救國而奮鬥犧牲，必須在哲學上，在良知上，打定一個根本的基礎，就是要透澈明瞭生活的目的和生命的意義。我們能明瞭生活的目的和生命的意義，纔能過有目的的生活，纔算是有意義的人生！必須如此，纔能作革命幹部，爲一般民衆的模範！纔能担當革命的任務，不辱革命的使命！

我們既知生活的目的，是增進全體人類的生活，因此我們不僅每天要以服務爲生，以革命爲生，直接間接爲一般同胞減少生活的痛苦，增進生活的幸福；而且要領導一般國民共同作生活的改進，一致爲救國救民努力。我們必須認識，有了全體的生活，纔有個人的生活，如果我們只圖個人有了生路，生活得到安適，而我們一般同胞流離痛苦，搶天呼地，我們如何能苟安，如何能獨樂！所以我們必須發揮「人溺己溺，人饑己饑」博愛的天性，憑我們個人畢生的努力，來增進他人生活的福利。我們生活一天，就要爲全體人類幸福奮鬥一天。我們革命黨的生活，不是圖個人的享受，更不是爲了自私自利，而是要爲國爲民來救苦救難，我們要確定這個生活至高尙的目的，時刻朝此目的努力前進，然後我們革命的志願和主義的信仰，纔能够實實在在從行爲上表現起來！

其次，我們生命的意義在創造宇宙繼續的生命，這是我們革命黨對於個人的生命必要有認識。因爲我們個人的生命是有限的無論是活到一百歲或一百廿歲，最後都是一死！可以說個人壽命的短長，不足以決定生命的意義。我們個人生命有沒有意義，們能否有沒有價值，不在乎活到如何長久，乃是要看我利用我們全生命的時間，發揮我們全生命的力量，來創造宇宙繼續的生命！所謂宇宙的生命，近而言之，就是我們國家民族的生命；遠而言之，就是全世界人類以及一切文化無窮盡的歷史。我們的生命存在一天，就要努力一天，來保障國家的生存，延續民族的生命，要自立立人，自救救人，進而以我們國家民族的力量，維持並創造世界人類永久的幸福！如此，我們國家民族和人類社會以及文化的生命，纔能繼續不斷，發揚光大！我們個人對於國家民族和人類社會要能負起這個責任，創造宇宙繼續不斷光輝充實的生命，然後我們的生命，纔有意義。我們的驅殼雖死，我們的精神事業尙存於人間，就是我們的眞正生命，長存不死！換句結來說，我們要創造宇宙繼續不斷的生命，就不許有阻礙或摧殘戕賊宇宙生命的蟊賊，如其有之，我們就要用全力來掃除這宇宙生命的障礙；以期達到我們創造宇宙生命的目的，所以大家加入青年團以後，就要立志創造宇宙繼續的生命，掃除世界一切文明的障礙與蟊賊，只要我們團員大家能澈底努力，奮鬥，創造，則我們革命的事業必能成功，我們國家民族必能復興！我們個人固然決心爲革命而犧牲，我們的生命一定隨革命大業長存於宇宙！總之，大家要作總理的信徒，要爲三民主義青年團忠實的團員，第一要知道我們生命真正意義何在，從而打破個人生死的觀念；第二要確定生活的目的，實行為革命而生，為革命而死，做到古人所謂：「鞠躬盡瘁，死而後已」！如此，纔能夠不辭一切艱危苦痛，真心誠意為民衆服務，為人類奮鬥，纔能夠死心塌地從事革命來挽救國家民族的危殆！

最後，我們還要自問如何乃能實行三民主義？實行的方法究竟如何？大家要知道：我們．總理的哲學，是知難行易。這個哲學的根本教義，就是告訴我們對於天下一切革命的道理，先要求得一個透澈的瞭解，能夠真知確識，堅信不疑。既然知道之後，就要實心實力，澈底施行，不好只知坐而言，不能起而行，甚或畏難苟安，有始無終凡屬一個真正的革命黨員，一定是知得真確，行得實在，知而不行，不能算是真知，行而不實，更不能算是革命。我們青年團有了主義有了團章，有了一貫的革命哲學，今後就不必任意空想，飄浮不定，只要大家能依照三民主義，本團團章，以及 總理在三民主義和建國大綱中所指示的步驟與方法，以大無畏的革命精神，努力實行，貫澈下去，最後一定可以完成革命的事業，達到救國救民救人救世的目的！希望大家本此自勉，並互相勉勵。各位同志自今天入團以後，一定要實行誓言，負起責任，不愧為本團的團員！本團長自必遵守團章，實行主義，決不愧為你們的團長：如有違反主義或團章，任何團員都可請求全國的公意來責備我，制裁我；但是各位團員也要跟着我團長竭忠盡智，努力實行，更要嚴守紀律，服從命令，大家互相監督，互相勉勵。要知道我們全體團員的生命和名譽是整個的，那一個團員的言論態度生活行動違反了團章，發生了錯誤，不僅是他個人的不幸，實在是我們全團的不幸！我們必須本着親愛精誠的精神，坦直規勸，務使改正過來。我們要以助成團員同志的進步，引為個人無上的快樂；要以發揚本團的榮譽，當作個人無上的光榮，我們要做到同甘共苦，同生共死，就必須精誠無間，至死不渝。如此，纔能始終一致，共同奮鬥，來實現三民主義，達到救國救民的目的！希望我們在場的團員，一致記取本團長今天的訓詞，作為畢生奮鬥的基礎——完——

—陳長官訓辭—

「計劃建設」與「趕學科學」是實行三民主義的必要條件、「三民主義」「計劃建設」「趕學科學」三者是救國救民的三件法寶、也是建設新臺灣不可或缺的條件、我希望大家特別注意、能够守着這三個條件、建設新臺灣一定可以成功！

9

青年運動與青年團

——十二月十七日在臺灣廣播電臺播講詞——

李友邦

親愛的青年同胞，兄弟早年因不甘受日本帝國主義者的黑暗統治，忍心離開了可愛的桑梓，於今快要二十年了。我長期在慈祥而富有吸引力的祖國懷抱裡，領略着過去這兒所感受不到而特別生動的生活，無形中擴大了我個人的人生意義；尤其是二十多年來中國革命歷程的剖析，與八年餘抗戰的艱難，使我更深刻地認識祖國的偉大，國父和蔣主席的値得崇敬和信仰。我向來除了慚愧對祖國的貢獻萬分渺小外，同時凡痛惜六百萬的同胞，遠在祖國河山的一角，慘受敵人的長期蹂躪和欺騙，現在我懇切的希望大衆，不要祇是茫無意識的慶幸光復，而是應該時時想起怎樣報答祖國！怎樣報答國父和蔣主席給予我們新生的恩惠，久客初歸的我，帶給大家的情誼，也想大家久離祖國重逢同樣的感奮和熱切，我應該致謝桑梓的革命同志和青年朋友們對我的關懷和愛護，但是我們不知要怎樣來致謝祖國的全體同胞尤其是崇高偉大的領袖——蔣主席呢？

好多年前，我總覺得祖國的青年運動應該有着繼承民族思想正統與適合立國情神要求的中心信仰，來做指導運動的原動力，以團結和領導廣大青年，達成時代所課予青年的任務，才是對的；然而事實的表現却有點使我失望，二十多年來革命經過的告訴，說明青年參加國民革命運動的努力，除了缺乏堅持和繼續性外，仍是大大的不够，甚且思想信仰錯什支離，陣容紛亂，力量渙散，互相抵消，這是多麼可惜和値得痛心的事情啊。

我們應該嚴格的指出，國民革命的歷遭挫折，與嚴重國難的來臨，固然原因很多，但青年的不能作廣大的團結，和青年運動的缺乏中心信仰，缺乏一個正確的統一的指揮機構，寔為共主要原因。甚於辛亥革命與北伐統一的教訓，青年確是革命力量的泉源，許多驚人的偉績，都由青年手裡建樹起來，許多可歌可泣的光榮史料都是青年們的血肉寫成的。所以我們以為今後青年的能否覺醒與團結，寔在是國運隆替轉捩的樞紐，它不特可為「抗戰必勝」的依賴；而且可為「建國必成」的保證；反之，則亡國滅種之禍，縱不是存在今天，却會見諸於以後，所謂「臨深履薄」的危險關頭，我們怎可不警省覺悟呢？

三民主義青年團，是青年的革命集團，它為適應國民革命的需要，出現於抗戰建國的大時代中，團結幷組訓全國青年，來擔負「捍衛國家，復興民族」的神聖使命。我們的團長——蔣主席曾經指出青年團產生的歷史意義三點：

第一，「為求抗戰建國的成功」，第二為，「求國民革命新的力量之集中」第三，為「求三民主義的具體寔現」這殷切的期待和指示，是說明本團立團精神的所在，總而言之，本團是繼承思想正統，適合抗建要求的唯一組訓全國青年和領導青年運動的機構。

三民主義既是中國立國的最高原則，也是國民革命的指導原理，那麼，中國的青年無條件的接受三民主義的教育訓練和組織，這是天經地義的事情，同時也是本團職責的所在。前面我已經說過，青年的使命是多麼的神聖，青年的責任也多麼重大，我們應如何的去理解民族的特質，認識文化的傳統，以及正確革命的原理和力行的方法，這都需要我們去研究和探討，國父遺教的淵博，團長訓示的精密，正是我們學習研討的寶典，我很希望青年朋友勿有自高自大的心理，別存輕忽玩視的成見，衷誠地，熱烈地接受三民主義的理論教育，參加本團的組織訓練，以共同致

八

10

力於建國事業的完成。

我們默察過去青年運動缺點克服的經過，與組立本團以後青年運動開展的形勢，證明惟有三民主義的堅强領導，才能發揮青年效忠國家民族的偉力，也惟有青年自動自覺的團結學習和工作，才能負荷抗戰建國的使命。所以本團的任務，針對這點而有明確具體的規定，我們的　團長在告全國青年書上，也這樣的指示過：「全國青年，在三民主義之下，團結起來」，「寔施軍事訓練」，「實施政治訓練」，「培養生產技術」，使他們「積極參加戰時動員」，「促進文化建設」，「推行勞動服務」。那末，團的任務，除組織外，一面要「增進青年的學習修養」，一面要策動青年參加抗戰建國的實際工作。我們更要明白團在抗戰時期和在建國時期的基本任務，都是求國家的獨立和民族的復興，兩個時期中都絕對的需要青年的大團結和努力。

這裏我必須鄭重報告大家的，抗戰的勝利只是我們國民革命部份歷程的完成。艱鉅的工作，還是在於建國，我們青年過去的團結，還是不够，我們必須再加擴大和鞏固，我們不僅是要起上現代化國家的建設，尤其要建設符合　國父理想的三民主義國家形式，那是如何偉大艱鉅的事業呢！但是我們要認識清楚，建設時期的革命方式，絕對不是以破壞爲出發點的，我們臺灣是需要青年廣大的統一的動員起來，從事過去原有建設的整理和今後精神物質生活發掘和創造。我們臺灣青年運動的重點，除了洗刷敵人的精神文化外，已經不是破壞，而是在於如何的去加速建設完成的時間，這就是當前的革命要求，而爲本團懇切期望的所在！

最後我希望新生的臺灣青年同胞，始終站在本團的旗幟下，拿出各人的身手，實誠的貢獻其所有血汗，以桑梓爲建設的起點，推而施之祖國；由被破壞區的改建，達到文化，經濟整體的改觀，洗雪五十年來我們所蒙受的恥辱，爲自己爲子孫爲國族奠立了輝煌燦爛的根基，那才對得住蒙受八年苦難以支撑抗戰的祖國同胞，也才對得住給予我們新生，始終顧念我們的最高領袖——蔣主席。

期望臺灣青年

余陽

臺灣六百萬同胞在日本帝國主義者奴役和奴化的政策底下，過着五十一個年頭水深火熱的生活，在這五十一個年頭當中臺島二三百萬青年，精神和物質生活在不知不覺中深陷於極端貧乏的泥淖中，一方面磨滅了他們寶貴光明的前途；另一方面減低了我們國民革命的一部份熱力，這是怎樣値得大家惋惜和遺憾的事情呢！

祖國和臺灣，有不可分離的歷史，傳統，從宗族派系，地理環境，經濟關係，國防需要等等，都沒有找到可以割裂的理論根據和事實要求。而且過去和現在的實際情況，也還沒有兩樣，故我們以爲臺灣的被割裂，是佔了我們國恥史籍中重要的一頁，而臺灣的解放運動，尤爲我們整個民族解放運動中重要的一環。我們英明的領袖　蔣團長，在其手著「中國之命運」中沉痛指出，我們既往國勢的陵夷，民氣的萎靡，厥因「民族生存發展所需要的領域遭受割裂，和不平等條約的束縛與壓迫」所造成。但是上述事實的構成，腐敗的清廷，固應負這莫可逭逃的罪咎；然而我們在勝利的今日，對這歷史所遺留下的教訓，亦應深切猛省一下！過去帝國主義者加諸中國的一貫政策，無不以製造我們整個民族的割據和分裂爲手段，尤其是日本軍閥，更無時無地不從事破壞我們的團結，降低我人民愛國的情緒，威脅利誘挑撥離間的一切言論行動，靡不力來擴大和深入，說起來很覺痛心，臺灣同胞，已經是遭受了五十年的蒙蔽欺騙和不良的迫使，我們很希望那些蔑視中臺關係與看輕臺灣建設前途的人們，別再上敵人的當，深加警醒，團長給我們的正確訓示，我們應該細心地來研究才對啊！

現在我們爲了國家民族的生存發展，爲了全體臺胞的利益，我們不僅應該要求全國同胞，尤其年青的夥伴，不分彼此的和我們共同肩負起復興祖國的建設任務；而且希望臺島全體認識清醒愛護祖國的青年要坦白忠誠的表示絕對擁護元首，澈底在黨團和政府領導之下，爲重建臺灣而奮鬥，才不會埋沒我們那久已潛伏的經過外族壓迫，解放自由以復興祖國的一股熱望！

重建新臺灣和今後建國的總目標在那裏呢？蔣團長明確的指示：「我們是要建設中國爲文化經濟與國防合一的新國家。」國父的實業計劃和蔣團長手著「中國之命運」中的經濟建設，已瘁心竭慮，爲我們擘劃那造福富强康樂的具體大計。這偉大艱鉅人類生活的改造運動，歷史已有不少前例，只是因爲近百年來我國國際地位低落關係，本身存在很多弱點，和以搾取掠奪壓迫爲目的的外力，交組爲堅强而頑劣的革命障礙使我們的國民革命歷程，蒙受了嚴重的挫折和動盪，致未克順利進行，以臻成功。現在抗戰勝利，外來的壓力解除，祇要我們能夠貢獻每個人的體力智力，集中意志，踐履篤行，當可依照程序漸次完成。臺灣久爲帝國主義者的殖民地，當前的革命障礙，表面上雖告解除；但我們還要抱定革命須先革心，建設首重恢復自信的觀念，我們青年臺胞除了慶幸家鄉歸復祖國外，還希望能作如下的努力：

（一）吸取三民主義的革命精華：基於我們的民族特性，及人類歷史的進化法則，暨世界的潮流趨勢，很明顯地指示着中國革命的正確前途，應爲民族民權民生的自我建設，以推動世界革命，共進大同。這整部哲理的淵博，與共行動綱領的精奧，需要我們每個青年人去研究理解，我們共體「革命者要有高深學問」的指示，國父的整部遺教，蔣團長的精博訓示，都是我們學習和工作的寶典。惟有吸取這些革命的精華，求知力行，以充實自己的人生觀，理解革命的要義，才能適應當前重建新臺灣而建設偉大中華民國的需要。

（二）確定革命建國的決心信心和耐心：根據上述環境，我們在重建臺灣過程中，要以百折不撓的精神，作任重致遠的抱負，高瞻遠矚，堅忍持久，不怕困難，克服困難，不懼危險，迎接危險，這不達不止的信心決心和耐心，才是革命建國成功的唯一保證，我們必須確定。而那些務徒虛隱，苟且因循，好高騖遠，空談冥想，瑣碎自私，浮誇淺薄等不合時代的惡習，當不容許其存在和滋長。蠢人的意識形態，關係事業的前途至大，我們要爲國家盡大孝，爲民族盡大忠，爲人類盡大慈大愛的偉大事業，非有信心決心耐心是不會達到目的的。

（三）要有自治自强的工作意識：所謂自治自强的意義，是不苟安，不依賴，不盲附，不矜張，不懈怠的意思，臺灣若干現象有待改革，若干建設必須擴充，都和全體臺胞特別是我們青年臺胞有着切膚之痛的關係，故我們要以堅定代彷徨，以嚴謹代放縱，以遠大代淺薄，以自重自覺代依賴盲從，才能達到我們的工作任務。我們自己能夠這樣做，還要勸告指導其他青年好好的朝着這個光明的方向做去，我們先有了自重自覺的工作意識和實踐，同時也希望大家都有這樣的意識和實踐，共同來完成我們的重建臺灣和建國大業。

最後本團應鄭重表示在重建臺灣呼聲中的工作態度，我們要告訴臺灣青年，團是青年的家庭，青年的學校，我們有仁慈博愛崇高偉大的蔣團長，做我們的家長和教師，我們歡迎大家來共同學習來共同工作，共同實現三民主義，其次，重建臺灣的任務，千頭萬緒，需要動員廣大的人力物力。陳行政長官主持行政多年，富有各項建設經驗，必須廣納人才，致力建設，我們亦誓當號召青年臺胞，擁護政府推行政令，協助國防及文化政治經濟建設。此外，對於那些違反國家建設的謬論，和一切不正確的思想，我們希望青年

12

臺胞，隨時糾正，說服，和感化，希望他們覺悟，對於那些甘心替帝國主義施行危害國民的陰謀與行爲，我們希望青年臺胞爲國族利益，爲家鄉歸復祖國的尊榮，給他們以嚴重的制裁和撲滅，確保三民主義建國的完全勝利！

親愛的青年同胞，八年餘的抗戰，證明我們民族潛在力的堅韌雄厚，這樣的潛在力，尤爲我們今後建國成功的有力保証，我們有着光明而勝利的革命前途，祇要大家集中力量，統一意志，排除心理上的不良傾向，充實革命的理論和實踐，爲建設鄉邦，鞏固祖國而貢獻這般尙待發揚的熱力

今天，我們衷誠關切的慰問受了五十年被壓迫的臺胞，同時慶幸臺島光復六百萬餘同胞重獲解放，更預祝全體臺胞全島青年對未來建設優良的努力！

中華民族的立國精神

王儀

中華民族的來源，學者爭執紛紛，惟自「北京原人」的骨骼（按此北京原人骨骼原存北平，於戰時被日人盜出下落不明至今我方正追尋中）在河北周家口發掘之後，中華民族的最先起源，可以推溯到四十萬年以前，起源於現在生存的本土，最早在黃河流域開始共草創時代逐漸因着生殖的蕃衍而散佈各地，年歲久遠，交通艱阻，分散後鮮少接觸，致造成了各種不同的風俗習慣，生活方式，和文字語言而演成了漢滿蒙回藏，苗各種族，我們追溯以往，瞭諸史戩，實際上我們的祖先只有一個民族，即今日所稱的中華民族。

任何民族或國家，均有其立國的精神，我們常聽人說，英國人沉着，法國人活潑，美國人樂觀，蘇聯人堅韌，這是表示這些國家或民族，有其與他人殊異的特點，這些特點，就是他們的立國精神。

中華民族的精神可以從易經上「天行健，君子以自强不息」的一句話來代表，因爲有自强不息的民族精神，所以民族整個所表現的特性是大剛中正，不僅有「自强」不息的精神，同時還有愛好和平的美德，因爲憑藉了這種精神和美德，所以在人類史上能够過着五千年悠長的歲月，能够歷萬古而常新，經艱辛而發揚。世界上有不少的古國，如巴比倫，如印度，如埃及，或被滅亡，或僅爲歷史上的名詞，其國內的主人已不復是其原來的民族了。只有我中華民族屹然光榮的存在，歷經艱難均能復興，而成世界上强大的國家，就是本源於自强不息的精神。

在詩經裏，有一篇專講「無逸，無逸就是不息，在孔子的教訓裏，有不舍晝夜的信條。曾子更訂有「苟日新日日新，又日新」的明訓，這些都可以說是自强不息的註釋。因爲它能自强不息，所以它是繼續不斷的進步，因爲它是自强不息所以它有一種生於憂患，死於安樂的情態。因爲它是自强不息，歷經陶冶而養成至大至剛至中至正的性格。一般人都知道中國人是勤勞的，進步的，不怕憂患，不屈不撓，不亢不卑，克服萬難，能困乏其身，餓其體膚，苦其心志，動心忍性而不以爲意，所以大剛而能容忍，中正而不偏倚，與人處而不相忤，與人爭而不投降，這些性格是我們自己每一個人都能發見的，都是由自强不息的民族精神所陶鎔出來的。

外國人都敬佩中國民族的愛好和平，愛好和平的確是中國人的美德，在五千年的生活經驗裏，體驗到戰爭給予人類的只是痛苦。中華民族固然自己自强不息的生活着，却同時願意人家共同的生活。它雖愛好和平却亦不畏戰爭，中國史上曾經戰勝過許多周圍的民族，然而從來不曾消滅過任何民族。中國人不願意征服他人，却永不會被人征服，中國人愛好和平幾乎成了天性。中國人在自强不息的精神陶冶下，養成了愛好和平的美德。 國父孫中山先生臨終時便有「和平奮鬥救中國」的遺言，這正足以表示中國立國精神的所在。

關於中國文學

二

潘虹

第一章 文學和文學史

(一) 文學的歷史觀念

什麽叫做文學?什麽叫做文學史?

這個問題是値得我們提出來討論的，而且也是我們每一個研究中國文學的人所必要明白的地方。

在過去，我們對於文學的觀念，大多數是因襲舊時的一種說法，於是他們便硬指着「文學以明理」，「文學以載道」的頭銜；但是他們所說的「理」和「道」究竟又是一些什麽東西呢?他們當然是以「仁，義，禮，智，信」爲「道」了，所謂「仁；義，禮，智，信」者，這不過是一種論理學，並不是一種文學。

如老子所說的「無」和莊子所說的「自然」，便是他們所認爲「道」者，然而「無」與「自然」，這不過是一種哲學也不是文學。再說得廣泛一點，所謂「格物致知」，便是被他們認爲「理」爲「道」的，但這「格物致知」根本就是一種科學，也不能叫做文學的。

他們往々要把文學和其他的學問混雜起來，把其他的學問和文學作同樣的解釋，這未免對于文學觀念的體認的不清楚而把文學範圍的泯滅；這實在是和那沒有舵的小舟一樣，隨着狂濤的飄蕩無依了，又是多麽令人可憐的事啦。

再以文學這兩個字來說吧，「文學」這兩個字我們就可以很早的在論語一書中看到了，它不是曾經說着；「文學，子游，子夏」嗎?這就是說明了子游，子夏這兩箇人是學過文學的。然而他不過僅々是點出了「文學」這兩箇字而已，至於什麽是文學，他的內容和定義却沒有把它解釋出來，很清楚的判別一下。

除上面所舉的那一句話外，其中有涉及「文學」這兩箇字面的却很多，我們是時々可以從論語一書中找到，例如；「文行忠信」，「行有餘力，則以學文」，「郁々乎文哉」，「天之將喪斯文」……等々關於這一類「文」的字面很多，可是他却沒有把文學這兩字下過了具體的解釋。

不過他所說的文學，也許究竟不止單說這一方面吧，其中固然有些是說文化的，但也有些是說出個人的風度的，有的却是用以來說「道」的，然而這些都不能說是文學。

共他如易經文言所說的「修詞立誠」，繫詞所說的「其辭文」，像這一類的說話，終不能逃出了論語的例外。至易經的「觀乎人文以化成天下」，這完全是指文教的一種說法，也不關於文學這一方面的。

孔子曾說：「堯舜煥乎共有文章〃，子貢也說道：「夫子之文章，可得而聞也」。這些都不外是和上面所舉的同樣說法，自然也不能說是文學了。

那麽，根據這麽說法，究竟什麽才可以叫做文學觀念呢?再讓我畧述下去吧。

第二章　從太古文學說到了唐虞文學

（一）文學的起源

文學是從什麼時候什麼地方產生呢？

文學的產生，根據一般的說法，已經在太古的時候就有了。不過，司馬遷的史記僅托始於黃帝那個時候，至於神農氏以前的文學，那自然是因爲了年代的久遠，所以便無從攷究了。蔣鑑璋先生在中國的文學史綱里面也有這麼一段說話：「司馬作史，始托黃帝，神農以前，渺乎未道。記事且然，而況文學乎？然而三皇之書，掌於外史；河圖之寶，陳于東序。……」這類說話，雖然有了經典可以稽攷，可是太古的文學既經沒有了，卽是要把它拿出來辯證的話，再也找不到根據了。

不過現在，我們應該明白的地方，就是文字和語言了；我們是應該把文字和語言這一方面，把他看做同樣的東西，就絕對沒有各異的，這又是什麼原因呢？因爲用口來說的叫做語言，用筆寫出來的就是文字；雖然有時候，在領會和接受的方法有不同的地方，但是在耳所聽得到的，和目所看得到的，也不外是以自己的意思而宣之於他人，所以才說：文字和語言都是同一的東西，我們是絕對不能把它分離的。

歷史的事實已經告訴我們了，在世界上無論那一個國家都是先有了語言，然後才有了文字的；阮元說：「古人無筆墨紙硯之便，往々鑄金刻石，始得久遠；其著於簡策者，亦有漆書刀削之勞，非如今人下筆言事之易也。左傳曰：「言之無文，行之不遠」。此何也？蓋古人以簡策傳事者少，以口舌傳事者多；以目治事者少，以耳治事者多；故同爲一言，轉相告語，必有愆誤；是必果其詞，協其音，以文其言，使人便於記誦，無能增改」。依據這一方面來說，在沒有文字以前，人的傳達事情當然是要靠於口舌了，而口舌所傳的，若謂：「情性所致，自然流露」，這一句話便是我們所認爲文學的了。

（二）文學和文學史的定義及其材料與時代的劃分

本來文學的定義從來就沒有人下過了一個眞正的解釋，這在上面已經說過了。章炳麟先生曾下過了這樣一段的說法：「凡文字之著於竹帛者謂之文，論其法式者謂之文學」。這未免要嫌他說得太空洞而且不具體一點了，我們也不能把他認爲是一種確定的解釋。除此說外，還有很多，這是不能一一的列舉出來。

不過我們現在可以擇其重要的方面來說：「文學就是用來傳達我們的情感，抒發人類的思想，來代表語言，使他在文字上能夠互相聯絡，而成美的篇什；或者用以記載人生的憂樂與社會的變遷」吧。

至於文學史的定義呢？梁啓超先生說過：「史者何？乃記述人類社會賡續活動之體相，校其總的成績，而求得其因果關係，以爲現代人類活動的資鑑也」。他的這一段話，雖然是說得有些廣泛點，然而在文學史的定義上，也可很容易了解了。

所以我們可以說：「文學史就是記載着歷代文學的變遷，和研究文學的人的繼續努力底情況，而求得其因果關係，來給以後的人作研究文學的一種借鏡罷了」。

不過，在我國的文學，因爲時代的久遠，就有許多不同的地方；尤其是在文學的範圍愈更漫漶得很。如果以純粹的文學，用最嚴格方面來說，那麼在上古的文學作品，那就僅有詩經和楚辭，到了秦漢以下，便僅有賦，頌，詩，歌及駢體文，詞，曲等，才可以說是文學的史料。現在再略舉以歷代的文人及其篇什，要是他能夠代表時代，左右當世的加以敍述。

至於時代的劃分，當然應該以朝代的變遷爲決定，因爲文學乃是一個時代的反映物，有了一個時代的變遷，才有了一個時代的文學作品的產生，也才各有了它的特有的特質哩！

，從這方面看來，那麼文學發生於文字以前，這是我們所以共同體認了。然則文學的起源，當然要說是詩歌爲最早了。這也是一般研究過文學的人所公認的。朱子說：「人生而靜，天之性也；感於物而動，性之欲也。夫既有欲矣，則不能無思；既有思矣，則不能無言；既有言矣，則言之所不能盡，而發咨嗟興歎之餘者，必有自然之音響節奏，而不能已焉，此詩之所由作也」。因爲人是禀着天地的性靈，「鼓腹而遊，擊壤而歌」。如果感到了山林，泉水，風景的美麗，於是心里就顯出無限的快樂而歌舞起來；就是在那洪荒的時代，固然現在我們已經沒有了書籍可稽攷，而「凛氣懷靈」這個道理當然也是一樣的。於是文學的胚胎就在這個時候開始了。

(二) 太古文學與唐虞文學

太古的文學大多已不能稽攷，我們在上面已經說過了，據一般的人們說：「伏羲作瑟」，就造出了駕辨的曲調；教人捕魚，就唱出那網罟的歌詞。可惜這些文字都已遺失，再也不能拿來作我們的參攷了。到了葛天，「三人摻牛尾拔足」，就唱着八闋的歌詞。所謂八闋的就是：(一)，載民(二)，玄鳥，(三)，遂草木，(四)；奮五谷；(五)；敬天常(六)；建帝功；(七)，依天德，(八)，總禽獸之極。故蔣鑑章先生在中國文學史綱中稱之爲「樂不容絃，必有共歌：歌不容名，必有共目；若共題署，也必傳之古初，非呂覽向壁造虛，可決焉」「此外，再關於神農氏那個時候的描寫的很多，如夏侯的辨樂和稱豐年的歌詠，莊子就作了天運來述有炎的頌詞。不過，豐年僅是記載着虛名，有炎的或者又是一種附會了。

黃帝的時候，鳥獸代繩，才開始有了文學。我們可根據古代的書籍和歷史來看，其中便有記載着這許多的節目：如明臺之議，祝邪之文，渡江之歌，袞龍頌等。但上面這些東西，我們僅能從古書中去看到了名字，然以不能看過了他的內容。還有人說：短簫鐃歌便是黃帝叫岐伯做的，他的內容，就是用來表揚當時的武功，而勸告一般苦鬭的戰士們。而歸藏一章因以載棡鼓曲十章的名字，可惜舊文泯滅，真僞我們也無從知道。

少昊，顓頊的時代有什麼作品的產生，我們却無從攷究了。及玉帝嚳之世，咸黑作頌，以歌九招，文學也已湮沒，無從詳述了。

及到了陶唐氏興起的時候，中國的文學於是乎就跟着發展起來，那時候就有什麼「野老吐何力之談，郊童食不識之歌；封人進三多之祝」。因之「樂心聲而歌太平」就在這個時候了。

唐堯之後，繼起的就是虞舜，於是乎中國的文學又開了一個新的局面了。這一時代的開始，雖然洪水泛濫，然而天下却很太平，大部份的人民還能過着快樂的日子，故歌頌着太平的歌曲很多，例如卿雲，南風之詠，便是首先開着唱和的起始，做了風騷的始祖。共値的我們記述的歷史事實很多，尚書一書中就可以作爲我們的稽攷了。同時對於文學上比較有政績可以說的，那便是「興樂」了。但是詩歌雖然不能完全把他拿來入「樂」，而「樂」詞則一定必是詩歌，這誰也不能否認的。所以我們可以說：「興樂」就是間接來提倡詩歌，也即是間接的來提倡文學的。

他們以「詩言志，歌永言，聲依永，律和聲」。來作詩歌的定義，固然很是切當，如果用來作文學的定義，也是無不可的。其他爲二謨；三謨等雖然是「記言」的篇什，但也頗近於文學的性質。

禹貢這篇作品，後人雖有人說他是夏書，然在事實上，已經作於有虞時候了。若就禹貢這一篇的內容來說，它在文字上雖然很少，但他却也能夠儘量的說出了天下的大小，中原與夷狄間的界限；什麼高山峻嶺，河海溪流，什麼土地肥沃，貢賦運道，就沒有一件不包羅在裏面的。這在我們固然不能說他是一種純粹的文學作品，若以今日的文學經濟手腕來說，也自有了他的文學價値的存在哩。

（未完待續）

旅臺印象拾遺（三）

覺訓

總會館不是由上而下的組織，從文獻上看出來。其初是幾個地方先成立了中華會館，他們各定會章，民國十六年臺北中華會館的負責人，感覺臺灣僑運必須統一和擴大，以應付那時實際環境的需要，於是乃函請已成立的中華會館，各派代表來臺北，商討關於訂立共同工作綱領，和劃一組訓僑胞方針，暨成立總會館等問題，這算是第一次的全島代表大會。這次會議的收穫，把總會館的工作任務，予以初步的規定，而其組織簡章和負責人，也都分別訂立和選出了。當時他們不僅是表面上慶幸會議的成功；而且是衷誠地殷切地期望着這個繼往開來的僑運領導機構，有了不斷的成長和發展，永遠給他們做航海的灯塔，伴他們渡越渺茫而洶湧的蒼海。

一年一度的代表大會，他們仍然是孜々不息的講求會務的改進，檢討僑運的得失，使他們於自隱自彰的歷程上，建樹起不怕暴力，不畏箝壓的松柏節操，使他們的組織，逐年都有發展，其所統屬的單位也年有增加，截至我負責組織的時候止，已有二十八個地方中華會館和三個直屬支部的龐大機構，全島十多萬的華僑，不是直接參加這個組織便是在這個組織的領導下，參加僑運工作，找不到其他的華僑機構，可以說是臺灣僑團組織的特色。

臺灣僑運意義的獨特，規定了僑運任務的艱鉅，我深々的認識到，並且對於今後整個僑旅生活處境的困難，也莫不有透徹的理解。「九一八」事件的教訓，提高了我們的警惕性，故當時我們對內主張加强僑民的民族道德素養，嚴密本身組織；對外則主張掙脫僑地的奴化教育，號召僑資內移。我們更認爲惟有不斷地提高僑衆的奮鬥情緒明確奮鬥方針，才能轉振一切，以資應付不可預料的重大事態。於是劃時代的七全代會，便在那個時候開始它的新任務了。

七十多個來自各地的代表，齊集於新竹市的幾間旅館裏，那少見多怪和神經過度敏感的所謂新竹官員，不知道用什麼眼光來看待我們，把各個機關裏的特務人員，通々都動員了，而用很笨拙的手段，來監視和跟踪我們。本屆的會議，我們事先有了充分的準備，書面報告和代表的提案，都用油印印刷，盛滿了一大籮子。三天前大會秘書處的全體人員，也己帶了許多會場應用的東西，到新竹去。可憐那沒有常識和慣用高壓手段的特務人員，竟大驚小怪起來干涉我們的會場佈置和無理的抽閱我們的印刷品，事先就和我們大鬧一場。終于我們隱忍負重地給他把會場裏的標語，像「恢復民族固有道德，」「發揮民族固有智能」「加强民族意識」等富有教育僑民意義，和激發僑衆情感的文字，都撕了下來；而懸掛在會場上的祖國黨政長官題詞，也都引起他們不歡心的注視，記得葉楚傖先生曾題贈「嘗膽臥薪」四字，他們竟把白紙遮在上面，以示掩蓋，其醜惡而卑鄙的行爲，實爲世界任何國度所罕見的。

民國廿三年一月七日，第七次全島代表大會開幕，除我們全體代表外，有負着祖國僑委會和中央民訓委會來指導我們的徐源達先生及我國駐臺北總領事館的代表等，通共不夠八十個人；但是他們的便衣警探，連同監場的武裝警察，也算不清有幾位，總不減於我們的代表，這樣把會場的空氣，弄得格外嚴肅和緊張，好像又會發生「番族事件」那樣的防範者。儀式舉行後，經過了訓話和演說，有一位年青的代表，最後起來講演，措詞上並後有傷害他們，祇是態度有點激昂，那監督新竹州的高等主任，耳朵不知是聽到那裡去，竟不依照手續，通過正式臨監人的命令，便自叱「注意」，我們的代表遵例於演講未竟時下臺，依法是無須拘押的，他又叱着「檢束」（拘押），一時群情洶湧，相率要起來演說，大會主席林梧村同志，遂勸勉大家忍耐，以完成我們的會議任務，演說乃宜告結束。然而我們內心憤々的氣概，都從臉色表露出來，午餐時我們施行報復，不請他們吃飯。下午，我們繼續討論到「請領館轉請當地政府公佈華僑應負擔的捐欵和稅率」議題時，簡直牛性般的那位高等主任，又把提案的代表「檢束」了去；甚至對我們所尊重的大會主席，也大發其牛脾氣，不是他沉毅堅決，會場難免要遭行受這無理的騷動啊！

新竹之後，給予我的印象特別深刻，我無論怎樣都不會忘記，現在追敍起來，不免仍有一點憤氣，在局外人看起來，似乎覺得很是渺小的事情，橫竪他們所謂政府的治臺方針，根本就是不講理的一場糊塗賬，誰算得清？但是我作這樣的敍述，一方面是保持當時他們表現的眞實性，一方面是明示我們從事僑運的一貫態度。

我們這群新中選的職員們，都那求迅速離開這「惡劣的現實環境，閉會了後，紛々跑到臺北總會館來，我們在就職典禮中重新見面和歡敍，大家於重新認識之後，才覺得這群負擔新任務的同志，都是負責僑運多年，富有奮鬥歷史的老同志和一些新選拔的青年幹部，這時我們都以蓬勃的朝氣，出現於第一次執委會和監委會的會議席，尤以黃必麟，周炳常，曾博安，陳銀生，鄭品聰，陳景雲，陳慶元諸同志，所留給我的印象，更為深刻。旋執委會票選常委，林蕭余易王添（文安）和我七個人都中選，這屆的常委會，祇余和我是新選，其餘都是蟬聯下來的。我們常委會分配工作，我正式兼任組織部，余兼宣傳部，餘的仍照前屆。可憐我一直到離開臺時，僑居四年餘，並經過了第八九兩屆的改選，終於脫不了身，好像這一職務，就在這時被註定了一樣。

華僑青年團，是獨立的組織，屬於當地中華會，但實際上是中華會館的新細胞，僑運的新血輪，它過去曾有力的支持着總會館的僑運號召，促使總會館的進步；總會館設青年部，地方會館設青年科，都是為着組訓和領導青年而特設的機構。青年團正式成立的有臺北，新竹，臺中，彰化，嘉義，宜蘭等地方，後來因為當地政府的極端打擊，至本屆止，乃決定注意吸取華僑青年於會館組織內，使會館成為青年的中堅集團，而華僑青年團的殘骸，祇有任其揚棄下去。

為着實現七次代表大會的決議案，我

們便搜集有關材料，準備作創立華僑學校的交涉，當設校的請求由我領事館提出時，便得到總督府敷衍答覆的提示；我們同時双管齊下，自己進行交涉許可設立臨時性的學術講習會，這在平時是獲得允許的，我們的林同志，由臺北州的文事課交涉到總督府的文教局去，均遭推諉和延宕。我們不客氣的喚起輿論，臺灣新民報曾為我們表深切的同情，給我們登載交涉設校的論據，和交涉經過的詳況。最後所謂當地的教育當局，和道不能給我們推諉和延宕了事，才提出所謂治臺方針，來杜絕我們的糾纏。

「奴化教育」是他們治臺方針的要案，他們明目張胆和恬不知羞地自己承認了。我們翻閱他們的學校教材，除數學和自然科學外，好多是歪曲事實而含有毒素的文字。其教育制度和教學方針，以及訓導方式等々，樣々都是麻醉青年，毒害青年的產物。我主張寧願自己的兒子文盲；不願進他們的學校去受奴性教育，這是我們當時設校要求迫切的動機，我真不理解，日本帝國主義者的心腸，是那樣的狹小和齷齪，他們有了今日的收場，他們白操了五十年的心，今天正是給予他們以有力的提示，不管怎樣強性的奴化教育，絕對消滅不了悠久博大中華民族文化的！

（未完）

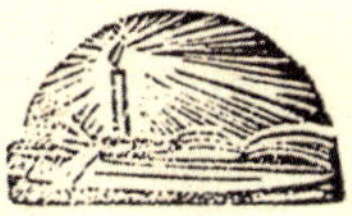

詩二章

追光

滅亡的黑影

嘌一眼，
五十個整年了；
乾澀的歲月
匆々的洗滌去這汚垢的血痕。
臺灣，今天你該歡慰，
你該抹去了憂愁的淚，
因爲你，
己回到了久別的家，
重暖着慈母的溫懷。

這兒有，
千萬對耳朵，
諦聽着椰風
帶來的捷信。
　這兒有，
千萬隻眼睛，
遙望着一列々的椰林，
迎接着你的新生。
臺灣，今天你該鼓舞，
該抹去了憂愁的淚，
因爲你，
己回到了久別的家，
重暖着慈母的溫懷。

　看啊！臺灣！
大地在微笑了喲！
而「皇軍」是號哭了！
菩薩也嚇得發抖。

　如今呀，
飄在他們眼前喲，
是滅亡的黑影，
臺灣，你該歡慰，
你該鼓舞在今天！

卅四年十二月六夜于臺北宿舍

一樣的冰冷

追光

　我怕聽呀，
今宵的雨聲。
橫豎這心是沒有一刻的安寧，
我知道一切都在和我爲難，
這雨和人們一樣冰冷的心！

　無情的雨，
你就像無知的石像，
一點不懂得我的懇愬，
你就像石像一般的冰冷，
我的懇愬，
打不動你的心。

　窗外，
瀟々地一陣，
又是一陣；
無情的雨，
我不怕你就下到天明；
我就拚着整宵的不睡，
睡了，敎你來把夢魂驚醒。

　看我今宵轉側到天明，
照々的柔情，
己變成怨恨的幻景，
唉！一般的無情，
一樣的無情，
這雨，和人們一樣冰冷的心。

卅四年十二月七日於臺北雨夜中

半月天下

本刊資料室

	國際	國內	本省
十一月二十六日	紐倫堡監獄中納粹戰犯舉行集體祈禱。 美電請蘇當局告知蘇軍在伊朗北部行動。 英共黨大會要求貝汶辭職。 英軍代表團羅克上將自華返國。 美英舉行電訊會議。 美陸軍部主張東條爲國際罪犯應由盟國當局嚴厲審判。 關於共同管制日本問題美蘇折衝業見好轉。 國際婦女會議開幕。	最高經委會首次會蔣主席親臨致訓。 湯恩伯返滬。	陳長官勗屬員，計劃建設努力科學。 臺南接管順次完成。
二十七日	麥克納尼將軍任德境美軍總司令。 紐崙堡續審戰犯。	開灤礦務局恢復工作。 戰時運輸局決取消設置中國棉織公司。	糧食勸徵隊今日出發。 公設助産婦本月底廢止。 文山郡接收竣事。 外交部電長官公署外人不動産移動須得我政府許可。 本省經濟委會成立陳長官自任主任委員。
二十	聯合國籌備會決定設立專門委員會。 美向英蘇建議明年一月撤退駐伊軍隊。 麥帥准日首相要求緩期實施停付日軍恩給金。 梵蒂岡方面估計第二次世界大戰傷亡者約五千三百萬。	東北蘇軍延期撤退。 陳立夫返渝。 滇世席盧漢赴河內。 中航公司闢平京線。	高雄市接收完畢。 當局徹底嚴禁擅自提高烟酒價格者。 本省訓練團積極籌備開訓。 駐新竹國軍熱心普及國語。

八日	白宮發表任命馬歇爾爲駐華大使。 邱吉爾等連名提出動議指責工黨政府。 我代表團往泗水調查華僑狀況。 義前總理奧氏聲明不組織政府。 捷克境內美軍依時限全部撤退。 蘇聯科學家發現陰陽子。		
二十九日	費斯少將表示訪華印象至佳。	四行孤軍重行入伍。 魏德邁，巴貝兩中將自渝返滬。	淡水郡接收完畢。 黨部組訪問團訪慰臺胞。 韓籍官兵開始集訓。
三十日	盟國管制日本各方意見漸趨一致。 聯合國救濟善後總署與我訂定基本協定。 伊蘇問題仍未解決。 約翰亞梅列被判死刑。	我組織調查團赴日調查戰時損失。 清華大學僅存校舍所有圖書均被破壞。 中美恢復自由貿易。	臺南自治協會積極展開工作。 臺中警務接管完成。 糖業討論會圓滿閉幕。 本省警備司令部撤銷臺南辦事處。
十二月一日	伊朗駐美大使義拉向美總統呈遞國書。 德黑蘭市場仍在騷動中。 杜魯門總統重申信心謂以聯合國機構掃除侵略根源。	控制長江水力技術合作計劃，已在美國簽訂合約。 平津日軍繳械事宜日內即可完竣。	長官公署發表各師範及中學校長名單。 臺東澎湖二廳接管竣事。 陳長官視察高雄鳳山。 黨部訪問團分三組出發。 僞造百元券屢在嘉義發現。 臺北市定三日開始糖穀配給。
十二月二日	日本戰犯審判定本週開始。 蘇表示對聯合國機構決不容任何强國統制。 日本新飛機運美詳加研究。 日進步自由兩黨分別提出戰責案。 馬歇爾將訪英蘇促成三强協議。	大冶鐵鑛工人復工。 平津日人輸送返國達四萬餘人。 錦州已收復國軍抵溝幇子。 印緬戰區美機七百架已移開我國。 滬市日僑二千今晨乘輪返國。	記者團登阿里山觀光。 胡警務處長視察嘉義市。 民政處昨召開會議討論救濟省外臺胞。 長官公署頒令限期禁絶鴉片。

十二月三日	蘇決在世界兩大洋間拓展航業。 蘇聯將在阿拉木圖附近建大氣象臺。 國際勞資會議閉幕。 美海陸軍陸續返國者達四百四十餘萬。	陳公亮等飛平轉長春。 自明年元旦起一律實行車輛靠右行。 谷正綱抵渝發表談話，決救濟失業並迅使工廠復工。 國府特派顧維鈞代表參加聯合國籌備會。	基隆郡接收完畢。 南區憲兵隊昨獲竊犯一名。 長官公署紀念週陳長官講出巡觀感。
十二月四日	麥克阿瑟元帥下令加緊逮捕日本戰犯。 日本共黨大會宣佈黨綱。 貝爾納斯說明美國政府對華政策。 聯合國籌備會討論執委會所提報告。 駐華美國新聞處定明年一月改組。 科學進入一新階段美用電視放映球賽。 蘇聯拒絕美建議伊境盟軍如期撤離。 英向暹羅提出新要求，暹羅須繼續受英統治。 英聲明有權管制暹銀行企業。	陳逆公博妻由日押解來滬。	教育處召集中學校長會議。 杜魯門總統代表馬福瑞克等來臺。
五日	日自由進步兩黨激烈討論戰爭責任問題。 美參議院否認限制總統派兵權案。 麥帥拒絕日本要求寬宥梨本宮案。	政府明年中心工作仍以完成復員為首要。 行政院七二三次會議討論明年度預算。 我農林部仿製八八〇與盤尼西林成功。 張嘉璈蔣經國抵長春。 朝鮮超級政黨成立各黨派一致擁護金主席。	臺北臺中各地列車決定增加班次。 甘蔗收買價格公佈比照米價每千斤六十七元。 省黨部訪問團分抵新竹基隆。
六日	聯合國籌備委會繼續討論聯合國機構永久地址。 伊朗發生恐怖運動。 英美成立貸款協定。 美衆院通過向救濟總署撥款十三萬萬美元法案。 英下議院通過阿特里首相信任案。	滇新主席盧漢報告施政方針。 長春市面恢復常態。	臺北高等學校學生籲請編入大學先修班。 蘇澳漁民呼籲迅速配給汽油。

港岸

日本 坂井德二郎 作

蔚 俊 譯

我不敢到港岸去了。

我曾經和小寶寶在港岸佇候着，
眼睛像擁抱似的；
注視着一艘艘入港的輪船；
而港岸給一滾重的慘影籠罩着，
你呢？總不見歸來。

早啊，晚啊，
輪船駛來又離開了，
我們所希望的呢？
一如船舵的撥水——
不是停了，就是越撥越遠去
越遠越模糊起來了！

對着日曆，指數着悠長的年月，
你啊，出征已經六年了！
那小寶寶的面孔和我的面孔呀，
都像運在港岸的
傷病的兵士那樣的蒼白，
那樣的蒼白了，也得佇候在港岸……

今天啊，這默着我生命底希望的小寶寶，
挨不過無限的飢寒，無限的寂寞，
終於呼着你的名字永逝了，
永逝了，永逝了。
港岸的水在哭泣，
港岸的天在哭泣，
港岸，永遠抹上了悲哀！

我不敢到港岸去了
儘管輪船汽笛的嗚是熟悉的，
我恐怕會當它是一種什末的聲音……
那還有什末可期待的呢？

一九四五十二十三於臺北

編後話

抱歉得很，這一期的臺灣青年結果是脫期了，這也許會使讀者焦急的等待了很久，我們雖然是希望這個刊物能按期和諸位見面，但是擺在面前的印刷困難便會把我們的希望弄成泡影的；今後，我們想盡力使印刷時間不致逾期，而這個刊物也就能如期和諸位見面。

這一期起，我們把封面改變了一點，而內容方面，也比較充實了，我們得到潘虹先生允許為本刊寫「中國文學問題」一文，從太古文學起至清代文學止之沿革概況，陸續在本刊發表，希讀者注意。

今後，除了經常聘請專家撰文在本刊發表外，並且從第四期起加闢青年自學講座一欄，經常討論文學，史地，政治，經濟，時事，等問題，希望諸位讀者經常賜稿或討論。

徵求基本讀者一萬戶

本社爲激發青年對三民主義之加深認識、使其實現主義決心、並介紹優秀學術研究、文藝著作、及各種青年問題之硏討、以加强新臺灣之建設、除普遍售閱送閱外、決擴大徵求基本讀者一萬戶、定期爲一年、其辦法規定如下：

一、凡中等以上學校之師生、各機關社團之純潔青年、以及愛護本刊之人士、均歡迎爲本刊基本讀者。

二、本刊基本讀者徵求期間、自本年十二月一日起、隨時均可定閱。

三、凡定閱本刊以一年爲限。

四、定閱本刊之定戶、須一次交足定金。

五、凡本刊基本讀者、得享受下列權益：

一、本刊自卅五年元旦起、零售每本二元、對基本讀者、一年僅收四十元（郵費在外）。

二、在定閱期間內、讀者得優先購買本社一切出版物。

三、本社基本讀者之寫作、得優先選載本刊、並優酬稿費。

六、定戶須註明詳細住址、如有遷移、請隨時通知更改、以免誤投或遺失。

七、如因物價波動影响、本刊得隨時另改訂本刊定金。

八、本刊基本讀者除直接向臺北市榮町三民主義青年團中央直屬臺灣區團部本社辦理定閱手續外、可請本團各地分團代辦。或向臺北市京町臺灣青年出版社定閱。

中華民國卅二年一月一日創刊
內政部登記證字第九[illegible]

定價 ￥1.50

24

4

臺灣青年

三民主義青年團中央直屬
臺灣區團部籌備處編

《台湾青年》第四期(台湾版)　　一九四六年一月一日

新地方·新年頭·要作新的努力

本刊同人

中華民族八年來艱苦堅持的抗日戰爭、已經結束、最後的勝利終於屬於我們。

淪陷了半世紀的臺灣、現在是掙脫了日本帝國主義的羈絆、又重暖祖國的溫懷、臺灣同胞現在是擺脫了日本統治者的枷鎖、獲得了自由和解放、這現象正是奮鬪者的勝利、而這勝利也終屬於我們的。

臺灣整整底淪陷了五十一年、在已往的五十一年中臺灣千萬的同胞歷盡了所有的艱難、千萬同胞失去了祖國流離道路、千萬同胞餐霜宿露、輾轉呻吟、千萬同胞在日本人撳磖壓搾下過着奴隸的生活、千萬同胞沈默的忍受了一切戰時所受的痛苦、而現在祖國是勝利了、臺灣已獲得了新生、臺灣是一個新的地方、五十一年後、臺灣又重逢着一個新的年頭、我們是新臺灣的創造者、我們是新中國的建設者、我們需要有新的努力。

臺灣青年 新年號 第四期 目錄

中華民國三十五年一月一日出版
臺灣青年出版社發行

恭載

團長元旦告國民書

——二十九年一月一日——

諸位同胞：

今天是民國廿九年的元旦、正是我們中華民國成立的紀念日、也是全年工作開始的第一天。我們舉國奮鬭的目的、在抗戰勝利建國成功、大家所一致策勉的、應該是如何貢獻個人所有的力量、使抗戰早日勝利、建國順利完成、我今天乘這個機會、把一年來所提倡的關係國家存亡、民族生死、抗戰成敗的第一件大事「國民精神總動員」向諸位同胞講一講。

大家知道精神是創造物質之母、是運用物質之主、精神的力量實在超過一切物質、總理曾經說過、「武器爲物質、能使用武器者全賴精神、兩者相較、精神力量居其九、物質力量僅佔其一」、總理手創中國革命大業、赤手空拳、造成今日偉大的中華民國、以及本黨以後誓師北伐、掃除軍閥障礙、完成國家統一、無一次不是精神制勝、都是有史實足以證明的。就以西方各國來說、也莫不如此。例如德國要算物質文明最發達的國家、但德國人常說「德國不但需要武器、更需要負載武器的精神」。我們中國物質文明比較落後、又適當這個艱難困苦的大時代、抗戰建國的大事業、都要在這個時期一併完成、眞是五千年歷史上空前未有的嚴重時代。而且就我們的抗戰工作說、早已經踏入了第三個年份、敵人過去自軍事方面、外交方面、已經竭盡了向我們積極進攻的能事、事實上都遭遇了失敗、在去年一年中他更用種種的方法來動搖我們的意志、搖撼我們的精神、由於我們萬衆一心的堅決奮鬭、敵人這一個技倆、也徒勞無功、可是他要摧毀我們精神的妄念、是不肯輕易停止的、我可以預測今後將是敵人對我們採取更猛的精神上攻勢的時期。而戰爭延長愈久、愈接近最後勝利的時候、我們的環境必然更加艱難、更加困苦、更加危機、更需要我們整個民族提高精神的力量、來戰勝一切艱難、克服一切困難、完成最後勝利的工作。所以精神總動員、在今年新年開始以後、更爲重要、我們對於推動精神總動員的工作、今後也更應該積極。

現在我們要首先檢討的、即是去年三月十二日發佈國民精神總動員綱領、五月一日全國一致開始實施以來、業已經過了八個整月中間、我們負責推進國民精神總動員的人員、以及各方面負有進行這個運動責任的同志、是不是已經盡了最善的努力、達到預期的效果？這個實在值得研究。本來精神總動員不像物質動員、要受許多條件的限制、尤其是時間的條件。精神爲每一個國民所具有、祇要在一轉念之間、即可以改進提高、我們實施精神總動員已經八個月了、八個月的時期不可以說不久、可是據精神總動員會的報告、各方面的工作、多半沒有做到圓滿的程度、例如後方都市的重慶、就沒有做到預期的成績、甚至有許多月會督導人主持人根本不負責任、再就四川一省而論、就有二十七縣至今沒有推動、至於普遍深入鄉村、普遍深

3

入淪陷區域、當然更沒有做到。要知道精神總動員、在個人是集中一切意志思維智慧與精神力量於一個方面去提高使用、在國民全體爲集中一切年齡職業思想生活各各不同的國民之精神力量於一個目標、加以增進發揮而提高其效用、重在表裏如一、上下一體、造成舉國一致的意識、才能發揮「至大至剛」的效用。所以必須做到普遍深入於每一個國民意識的中間、現在距離這個程度、簡直還不可以道時計。因此我們檢討這八個月的工作、可以說僅僅作到一個「起點」、今後凡是負有推行這個運動責任的機關和人員、應該趕快站起來、嚴肅的負起這個責任。

其次、要爲全國民衆告的、國民精神總動員本來是一個自發的運動、古人說「天下興亡匹夫有責」、當這個國家民族興衰存亡最大關頭的今日、每一個人有一分良知良能、都要用來爲國家盡忠、爲民族頭先盡孝、大家應該如古人所說的「存心時時可死、行事步步求生」、發揮我們忠孝的偉大力量、突破這個生死關頭、以必死的決心、完成民族復興的大業、把各人的全部時間精力一切智能乃至生命、無保留的貢獻給國家、有力出力、有錢出錢、有力的出力之外、更要出錢、有錢的出錢之外、還要出力、例如擴大生產運動、建國儲金運動、節約運動等等、都要普遍實在的直接參加、從行動上發揚我們精神的力量。古人所謂「精誠所至。金石爲開」、一經有了精神、一分物質、可以作十分物質使用、而且可以運用精神的力量、創造許多精神的物質、自然可以把我們抗戰建國的力量、無限的增強。可是大家應該反躬自省、是不是我們已經確立了三民主義一致的信仰？是不是已經實行了救國的道德？是不是已經認定了國家至上、民族至上、軍事第一、勝利第一、意志集中、力量集中、而達到全國上下絕對統一的程度？是不是已經每一個人的精神力量都能儘量提高使用、使一切的艱難困乏、都有方法來克服？是不是已經立定了捨生取義的決心、與臨難無避的覺悟？是不是能心口相應、夷險一致的確實做到國民公約十二項的規定？趁這個新年的機會、我要求我們全國同胞各自深切的反省一下。

再其次、淪陷區域的同胞、你們在敵人鐵蹄之下、受盡了千辛萬苦、我時時刻刻在想念之中、也時時刻刻在督勵全國軍民向前奮鬭、務必達到拔救你們、完成我們抗戰建國的任務。可是歷史上許多可歌可泣的榜樣、都是產生在艱難危困環境的中間、所以全國同胞中間、唯有你們的堅貞奮鬭、最足以表現我們民族偉大的精神力量、也是對敵人最有力的反攻。我可以說你們在鄉里的奮鬭犧牲、其功效不下於前線殺敵致果。你們尤其要趁這個時期、這個環境、繼續先烈的遺志、提高精神的力量、完成報國的大願、大家抱必死復仇的決心、爲已死的父母兄弟諸姑姊妹復仇、隨時隨地予敵人以各種各樣的打擊、此心不死、此仇必報、古人說「爲國復仇、雖百世可也」、現在全國軍民正在堅忍奮發、予敵人以嚴重之打擊、驅除敵僞、光復河山、確有把握、尤其需要淪陷區域的同胞、一致奮起、共同完成這個大業。

最後要爲黨政軍各級人員及社會各方面的領袖人物告的、你們在地位上、在智能上、都高出於一般同胞、對於精神動員、都能夠起一種推動和領導的作用、所以責任特別的重大、應該「以身作則」、「推己及人」、力矯有地位有權力有智識而玩忽不恭、輕視精神工作的惡習。每個人的私生活、自今天起、一定要以「今是昨非」、「今生昨死」的覺悟、掃蕩過去的一切積弊。如果自身還有不誠不實、不嚴肅、不緊張的缺點、就應該毫不寬恕的自己檢討、立刻改正。還不僅如此而止、更要進一步對精神動員的工作、具備十分的熱誠和信心、身爲表率、竭力倡導、無論本身職務怎樣的繁忙、也要積極參加、負起應有的責任。總而言之、精神總動員是關係國家存亡民族生死抗戰成敗的第一件大事、而這件大事的完成、純然需要每個人能夠實事求是、以身作則去實踐、才能夠得到效果。現在我們勝利的基礎、已經確立、問題就在我們能不能做到「確實」和「力行」兩句話、當民國成立紀念日之今天、我願與國人共勉、完成這一件大事、來紀念民國締造的艱難、來告慰創造民國的先烈、以及抗戰陣亡將士死難同胞在天之靈、更用以紀念首創民國的我們偉大的 總理

二

迎接建國的新年

李友邦

過去一年中、可說是國際戰局臨到最後階段的劇烈關頭、也可以說是和平局勢快將展開的前夜、由於侵略者的總崩潰、不但確定了戰爭勝敗的意義、而且明白表示今後國際政治的前途、將離不了和平建設、以保障其僅存人類高度自由平等的福祉。但是戰爭的寶貴教訓、警惕着我們、被壓迫民族慘淡運命的必需改建、和必需爭取時機以樹立保障和平的應有力量、才不致在和平絕望的關頭中、吃了不可容忍的大虧。

中華民族的現有力量雖然在戰爭中成長起來、取得了抗戰最後勝利的成果、但我們不必諱言、我們應建設的東西、還遠遠超過我們生存需要的須有條件。我們仍有許多地方、急待我們來建設、來改造、尤其是敵人蹂躪後人力的損耗、經濟的疲憊、社會的不安、民生凋零在在需要培養元氣、與增長生机之處。故我們要求全國同胞、特別是青年朋友、應該共體時艱、埋頭建設以無量的血汗砥足研手來壯大這才告成長的民族力量、使成為保障世界和平的柱石、那是多麼有意義的事情啊!

現在我們在這個建國新年的開始、應該怎樣表示呢?、我認為首要的在乎全民族的繼續團結、過去造成民族危機的慘痛教訓、與最近取得抗戰勝利的顯明指示、誰都懂得團結的道理、誰都不敢否視團結的意義、那末現在的必需團結以建國、當然是毫無疑義的了。我們覺得惟團結才能救國、也惟團結才能建國、故今天誰不同意團結、誰以武力破壞團結、便是中了過去軍閥的餘毒、惟恐中國不亂那樣顧地盤、顧私利的奸惡企圖、也是阻撓中國走上富强康樂美境、加重民族困難的狂妄行為、這些人、這些集團、自必為全體國人共同唾棄的對象我們忠告他們、趕快回頭懺悔、共同來迎接這個寶貴的建國新年、開展我們共同的新事業。

其次要求大家理解建國的基本工作、最高領袖、蔣主席指示我們「建國的基本工作、在於教育、軍事、與經濟的合一。而求基本工作的完成、又必須就心理建設、倫理建設、社會建設、政治建設、五個要目製定周密方案、而使之寔踐力行。在資本主義國家裡面、政治受經濟的影響、甚至為經濟所支配。我們要改造百年來次殖民地破碎偏枯經濟、而為獨立自由的經濟、且期於適合國防的需要、則必以政治的力量、轉移經濟發展的趨勢。我們要政治建設健全而有效、則必須社會建設能為政治設施作切寔的基礎。至於社會建設之成功、又必須改變國民過去消極被動的心理、與提高國民對國家和民族的道德、故心理建設與倫理建設、寔為各項建設的起點、五項建設有效、方能使教育、軍事、與經濟合一的建國工作成功」。(見中國之命運)這就是說、教育、軍事與經濟的合一、是我們建國工作的目的、而五項建設是這工作目的的前提、心理和倫理建設、尤為各項建設之起點、我以前也經論過心理建設的重要、這裡無須再加以討論、我現在必須闡明各項建設的意義、以明建國事業的艱難。

關於倫理的建設問題…最重要的在於把固有的倫理觀念、忠君孝親的思想、擴大爲忠於國家和孝於民族的思想、這一轉變過程就是倫理建設。「此後倫理建設的工作、卽應以培養救國的道德爲基礎。」蔣主席是怎樣諄諄提示我們呢。

社會建設的意義…在糾正國民生活不適合「現代化」的要求、而以「新生活運動」爲建設的目的、使其恢復固有道德—禮·義·廉·恥·的尙風、來充寔生活的新內容、卽是說個個人要有禮義廉恥的素養、以表現於日常生活中的一切行爲。我們又淸於社會風氣的改建、和社會事業的推進、莫不靠之國民日常生活的合理表現爲判斷、卽國家民族的精神表現、也靡不維繫於此。蔣主席說「……所以新生活運動、可以說是五項運動的總運動、應爲今後社會建設的基礎」。故我們希望政治經濟建設的成功、非致力於社會建設、而履行新生活運動不可。

蔣主席對於政治建設的指示「……所以今後的政治建設、應以國民奮發其自主自動的精神爲基礎」。這就是說、國民不能自主自動、則國家組織就不能健全、而國家行政的效率、也必相因而減低、我們有着五權憲法最完密的民主政治制度、又有選舉、罷免、創制的直接民權、祇要國民自主自動的精神提高、政治建設就可以達到完滿成功的目的。而如何養成自主自動的國民精神、這是政治建設的第一任務。政治建設的第二任務、在袪除不平等條約所形成的都市畸形發展、而有所偏重的政治設施、使全國任何地區的政治設施、有着平衡的發展。所謂政治建設的意義、便是這樣。

過去中國的經濟命脉、完全操於外人、現在跟着不平等條約的解除、我們應爲「自力更生」的經濟建設、尤其應該發展工業經濟。國父的實業計劃、卽我們今後經濟建設的樣本、同時是平均地權和節制資本的基本政策。故我們必須提高技術智能、致力於工業的發展、求創造、求發明、而把握經濟建設前途、始能把疲憊偏枯殘破的經濟現狀、予以迅速的轉變。這項建設、不但爲國民生活幸福所必需、抑且爲國防需要所迫切期待的。

總結上面各項建設要義、無一不是中國今後建國的正確方針、更無一不是建國工作的基本要求、除非我們不贊同建國則已、倘捨棄上述五項建設論據而空言建國、我們以爲不是誕妄荒謬、便是蓄意破壞建國工作、事寔具在、過去本這五項領導抗戰而成功、今後以之建國、決沒有失敗的理由根據、那是可以斷言的。

今天是建國新年的元旦、我們除益加淬勵奮勉、而致力於履行建國的基本建設工作外、更希望全國同胞、尤其全國青年、共同來迎接時代所給予我們的使命、在團結建國的目標下、慶祝新年、慶祝新生!。

臺灣青年應如何參加地方政治工作

周一鶚

一、臺灣青年應有的認識

(一)　政治上的新觀念　日本統治臺灣五十一年。臺胞受了日本帝國主義者教育文化政策的蒙蔽、對於政治的認識、容有未能較深切的瞭解、而政治認識的正確、是一般青年從事政治工作必要條件。玆値光復伊始、特將我們所急需瞭解的幾個重要觀念略述於下。

(1)　民族與國家　民族與國家有不可分的關係、世界上有許多國家是由幾個民族造成、或有一個民族造成幾個國家、或甚至有民族而不能建立國家的、這種民族分佈與國家建立的不同、是由於造成民族與國家的淵源互異、但兩者的關係依然是不可分的。在這嚴密的關係上、就表現了民族與國家的凝結力量。我們中華民族自黍漢而後、都是一個民族造成一個國家、是世界上僅有的民族的國家、也是一個最偉大的凝結力量的表現。所以國父解釋三民主義的「民族主義就是國族主義」是非常深切而有意義的。蔣主席在中國之命運也說：「我們中華民族是多數宗族融和而成的」。我們有這樣深厚的基礎、與歷史的傳統、所以「對於異族、抵抗其武力、而不施以武力、吸收其文化、而廣被以文化」。這種偉大崇高的道德精神、就是我們民族與國家最顯著的特質與特徵、我們依賴這種道德精神、創造了幾千年優美的文化、克服了無數次外來的變患、到今天、因爲　國父倡導革命於前、蔣主席領導抗戰於後、已經解除了百年來重重外來的恥辱、完全獲得自由與平等了、我們在民族與國家的凝結力量之下、已經獲得了這樣偉大的成果、今後在重建新國家的大時代中、更應該珍視這個力量、要充實而發揮起來。構成國家的份子的每個國民、對於國家、都應有全體重於部份的觀念、民族與國家是一個凝結的力量、國民與國家、更可說是同命共體、這就是現代政治上最重要的全體觀念、因爲有全體、部份才能存在、就如有了中國、各省才能存在一樣、有了這種觀念、才能公忠體國、沒有這種觀念、勢必將部份的利益—個人的或區域的利益—[illegible]在整個國家利益之前、那就不配做現代的國民了。在這裏我們可以簡單的、說我們來建設新臺灣、不單單是爲着臺灣而建設新臺灣、乃是爲着整個的中國而建設新臺灣、我們個人的努力、不單單是爲臺灣而努力、而是爲着整個國家而努力、這樣的建設與努力、才有意義、這卽由民族與國家的認識、進而瞭解國民對於國家的責任、非常重要、希望大家牢牢記住的。

(2)　奴隸與主人　在日本統治之下、臺胞的地位、與奴隸一樣、全無自由可言。現在日本已被打倒了。臺灣已經光復了。臺胞重新恢復主人的地位而得享受自由平等的幸福了、但是一般人往往誤認自由平等的意義、以爲現在作了主人、什麼都可以不必人家管、什麼都可以做了。這樣就成爲放縱恣肆、是最危險的。誠然我們現在是主人了。不必人家管。但是我們要能自管才得配作主人的資格。在民主國家裡、政府是代表人民來管理一切事務的所以政府的法令、我們也一樣要服從才能盡了作主人的責任。自由平等不是放蕩要能自治自律的人、才可以享受自由平等的幸福。蔣主席在中國之命運中說「我們的國家要求四萬萬五千萬個國民之中、每一個國民都有「自由」所以必須規定每一個人「自由」的限界、不許他爲了他一個人的自由、而去侵犯別人的自由、這種自由、才是眞正的自由」。這種自由觀念、我們建國時代、必須積極的養成。故在法定自由界限之內我們才有自由。而如何在法定自由界限之內活動而不去侵犯他人的自由、這需要每一個國民都有自治自律的能力了。有了這種能力、才有資格做主人。這點亦希望臺灣青年瞭解的。

(3) 官僚與公僕 我們的國家是共和國家、人民都是國家的主人、在政府机關服務的公務員、都是人民的公僕、與以前君主時代官僚完全不同、從前的官僚、是代表君主或皇帝來統治人民的。現在的公務員、是人民的公僕、是來爲人民服務的、所以不應該再有從前官僚的作風、要摒絕一切官僚的氣習、而應該切切實實做到名符其實的公僕。蔣主席曾告誡吾人要「明禮義、知廉恥、負責任、守紀律」。如果每个公務員都能身體力行、就很容易的做到名符其實的公僕了。公僕與官僚的分別甚爲重要、我希望目前在政府機關服務或將來想參加服務的臺灣青年、要切實記住這一點、我們是人民的公僕、是來爲人民服務的。這是現代民主政治與以前專制時代不同的所在。

(二) 政治理想的確立 我們的政治理想、就是三民主義。國父說過、「三民主義就是救國主義」、因爲三民主義是促進中國之國際地位平等、政治地位平等、和經濟地位平等、使中國永久適存於世界、所以三民主義就是救國主義」。除了三民主義之外我們沒有別的法子救國、除了三民主義之外我們沒有別的政治理想、三民主義、就是我們國家唯一的政治理想、是我們國家政治最高的指導原則。這一點希望臺灣青年、個個人都能有深切的信仰才行。現在正値建國的大時代、我們所要建設的中國、是一個三民主義的新中國、我們所需要建設的臺灣、是一個三民主義的臺灣。是三民主義的內容是包括民族、民權、與民生三個主義。民族主義一方面要求本身民族的自由平等、一方面承認國內其他民族之自由平等、進而扶助世界的弱小民族。民權主義主張政府有五個治權、即行政、立法、司法、考試、監察五個治權、人民有四個政權、即選舉、罷免、創制、複決等四個政權。民生主義主張平均地權節制資本、與發達國家資本。至其詳細的內容、希望大家多多閱讀 國父的遺教與 蔣主席的訓詞便可明白。

二、三民主義的地方政治

(一) 地方政治的理想 前面已經說過、我們的政治理想是三民主義、而我們地方政治的理想、無疑的亦是以實行三民主義爲理想了。在民族主義方面、我們要策動人民幫助人民、組織人民使過去渙散的群衆、成爲一個組織體、由從前宗族的團結、進至國族的團結。並使所有的人民都能恢復、我們民族過去固有的道德與智能使我們的民族、不但能獨立自由、適存於世界、而且能繼繼繼繼保世滋大。在民權主義方面、我們要人民行使四權、以便參加政治的管理與活動。所以地方自治的根本目標、在人民未能行使四權之前、我們要幫助人民、使人民在行使四權的時候、不致發生流弊。在民生主義方面、務使人民每一個人的衣・食・住・行・育・樂等各方面的完滿無缺。 國父曾經說過、地方自治、「當以實行民權民生兩主義爲目的、故『地方自治』、不止爲一政治組織、亦並爲一經濟組織」所以地方政治的理想、在民生主義方面、是在滿足人民的經濟需要。換言之三民主

8

義的地方政治、在謀全體地方民衆的幸福。

（二）地方政治的內容　說到地方政治的內容、不能不先闡明地方政治的意義。何謂地方？係對中央而言、是中央一詞的對稱、其所包涵的區域爲省市縣、何謂政治？總理說過「政就是衆人的事、治就是管理、管理衆人的事、便是政治」。將地方與政治兩個名詞、弄淸楚了、對于地方政治、便有明白的槪念了。簡言之、所謂地方政治、就是省、市、縣政府所辦一切管理衆人的事、就反面言、國家一切管理衆人的事、凡非由中央政府直接辦理的、均包括在地方政治範圍之內、而此處所謂管理、是廣義的、舉凡管・敎・養・衛四大類工作、都包括在內。

（三）地方政治的任務　上面已經說過、我們地方政治的理想、是實現三民主義。而地方政治的內容、則是管・敎・養・衛、以管・敎・養・衛來實現我們的理想、以下的四種工作、必須做到、才能完成。

第一件工作是使人民由愚變智　愚昧是不幸的根源、智識是幸福的開端、吾國人民智識的低落、無可諱言、臺灣方面自較爲進步、但是因受日本統治的關係、使一般人沒有机會發展其優秀的管理能力、故此必須在「管」「敎」兩方面、來提高他們水準、以求增進他們的智力、使一般人由愚變智。

第二件工作使人民由貧變富　總理說過「中國人只有大貧小貧之別」可見貧是我們普遍的現象、亦是我們的大敵。臺灣因受日本經濟的搾取、其情況亦非良好、故此必須在「養」方面、加緊生產與開發、依照民生主義的原則進行、使一般的由貧變富。

第三件工作使人民由弱變强　我國人民一般的身體、都很羸弱、這是一件很嚴重的事情。外國人到四五十歲的時候、是他服務精神最旺盛的時期、我國一般人到了這個年紀、已經算老了。這是壽命不及人、其次是體力不及人、一個國家的强盛、其國民要有三種長處、就是要有道德的優越、智慧的優越、體格的優越、有了强健的體格、然後才有健旺的精神來爲國家社會服務。使體格强健、不外三種辦法、即注重優生、提倡體育、注重衛生是也。這些辦法都要在「管・敎・養・衛」各方面一齊進行、才行使一般人民都能由弱變强。

三、目前臺灣青年應如何參加地方政治工作

（一）協助地方接管工作　臺灣自本年十月二十五日日本臺灣總督安藤利吉簽字投降、已經正式歸還吾國、政府方面、即積極進行接管工作、並於十一月八日起組成八個接管委員會、分途出發各地接管、在這接管工作積極展開期間、我以爲臺灣靑年應有以下二個責任。

(1) 檢舉作弊　接管工作進行中、無論軍事行政、均曾發現種種作弊、臺灣靑年、無論是否在机關服務、應該就你們所知道的事實或消息、迅速的報告政府、使奸人無所施其技、而盡到了你們報國的責任。

(2) 維持地方治安　接管期間、凡有軍警力量所未能達到的地方、臺灣靑年、應該盡其爲國爲鄉的本分、出來協助維持地方的治安、隨時顧全大體、安定地方秩序、這是責無旁貸的。

關於以上二點、我上月出發視察的時候、已經看到臺胞靑年有了很好的表現、實現感覺到非常的興奮、希望以後大家一齊努力。

（二）協助推行政令　蔣主席在中國之命運中說「建國是莊嚴的事業……而必須以神聖莊嚴的心理來接受法令、以自主自動的思想來執行法令」。推行政令、是每個國民應有的天職、在目前你們可以協助推行的、有下列重要幾種。

(1) 勸征粮食　徵購粮食爲　陳長官涖臺後第一次最重要的命令、非徹底執行不可、長官公署月前并組織勸徵隊到各處勸徵、希望大家都能體會政府的法令、自動出來協助勸徵、早日完成粮政工作。

(2) 禁絕鴉片　政府經已公布、自本年十二月起六個月內禁絕鴉片、鴉片的毒害、盡人皆知、大家要與政府下同樣的決心、把臺灣的鴉片完全禁絕、以洗滌日本留下來的污點。

(3) 整理人民團體　自日本投降後、臺胞到處都有人民團體的組織、名目雖有不同、其愛國愛鄉的情緒則一、這是一個很良好的現象。惟現在各地已先後接管、政府威信樹立、社會生活、日見安定、人民團體、應該予以整理、須知一個有組織的社會所有人民團體都有合法地位、嚴密組織和目的事業、長官公署所公佈的人民團體組織暫行辦法、正本此意來切實整理省內人民團體、欲使每一個團體的地位合法、組織嚴密、事業發展、作爲社會的一個單位、來協助政府推行政令。

以上三種、不過是較爲重要而已、其他政府頒佈的政令、大家亦應當出來協助推行、那才能算是盡了國民的職責。

(三) 踴躍參加地方行政幹部訓練團訓練　本省地方行政幹部訓練團的設立、目的在公開招致本省有志行政工作之優秀青年、及選調原在市縣以下各級行政幹部及學校教師加以訓練、受訓完畢後、依成績資歷、由長官公署分發各部門擔任各級行政職務、玆將舉辦訓練團的意志、撮要簡述如下。

(1) 吸收本省優秀青年參加行政工作　據統計、在昔日統治下、臺灣全省有簡任官十三人、臺胞僅一人、荐任官及荐任待遇在內計共二二七四人臺胞僅二十二人、佔總數百分之一强、委任官連委任待遇在內計共二九九〇四人、臺胞僅佔百分之二〇强、在這些數字中、可見昔日統治臺灣的政策。現臺灣光復了、所有日籍職員、除必需暫留供職者外、均已辭退、所有缺額、政府熱切的希望由本省的優秀青年來補充、同時、臺灣被日本統治了五十一年、臺灣青年、對國內情形和政府法令、不免隔閡生疏、應該借此訓練机會、時加講習、將來參加本省各部門的行政工作、才能勝任愉快。

(2) 給予本省青年表現能力的机會　從前專制時代、中國一般有才幹的人、總喜歡皇帝、或政府要員、能下顧草廬、重禮相聘、然後才肯出來帮助、這種態度、在現在民主時代、完全要不得、現在國家是我們自己國家、政府是我們的政府、做的是我們自己的事、所以凡是有幹才的人、都應該自動出來表現、貢獻能力、現在本省舉辦訓練團公開招致、正是給青年表現能力的机會、我希望我們的臺灣青年、能自動來參加這個攷試、入團受訓、作一個建設新臺灣的地方行的幹部。

四、臺灣青年的使命

總括以上所說、光復以後的新臺灣、是我們青年努力報國的新園地、建設新臺灣、是每一个臺灣青年應負的責任。我們希望臺灣青年充分認識民族與國家的關係、國民對國家的責任、培養新的服務精神、堅定革命建國的信仰、瞭解地方政治的任務、每一个人都要貢獻他的聰明才智爲地方工作、爲國家效命、在統一的步驟下、努力完成三民主義新臺灣的建設、這是每一个臺灣青年的重大使命。

八

中華民國公民應有的權利和義務

王 儀

（一）

中華民國有五千年最悠久的光榮歷史、一千多萬方公里的錦繡山河、佔世界人口四分之一的四萬萬五千餘萬同胞、就天時、地利、人和的各種條件來說、久居世界第一位。做中華民國的公民、該是何等的光榮！正是因爲光榮、所以責任也就重大、上有億萬世的祖宗、下有億萬世的後代、自己居在承先啓後的中間、如果不努力奮發、則已往的光輝無從發揚、未來的前途、無法開拓、所以做中華民國的公民、在德性上必須剛健篤實愛好和平、造福人類、在生活習慣上必須勤勞堅毅而自愛。

（二）

中華民國的公民、必須是中國人、中國人必須有中國正式的國籍、居在中國境內的外國人、或中華民國以外的任何人、都沒有中國公民的資格。外國人或國外人如果正式聲請加入中國國籍、經過政府的正式許可、取得中國國籍證、并且須在中國境內居住達一定的期間後、才能取得中國公民的資格。中國人的外國妻子、或中國女人的外國丈夫願意隨同加入中國國籍、經過一種法定手續後、亦可取得中國公民的資格。中國人在國外、在沒有依法取得他國的國籍前、也還是中國的公民、中國人在出生以後、經過一定時間的長成教育、在公開的場所、履行公民宣誓的儀式後、正式取得公民的資格。

（三）

中國公民每個人都有兩重身份、一是普通的人民、一是公務機關的候選人、所謂公民必同時是一般普通的人民、他經過選舉考試或甄拔以後、他又是政府機關的組成份子。他雖是政府機關的組成份子、他同時也是一個普通的人民。不過是以一個公民的身份被公民推舉或政府考試甄拔後執行其政府組成份子的職務罷了。中國的公民必須擁護中華民國、信仰三民主義、所以必須有一次公民宣誓的手續、中華民國的公民資格、不能給予反對中華民國的任何人、換言之、凡是反對中華民國的任何人、他都沒有中華民國公民的資格。如果他既沒有中華民國公民的資格、那麼他的政治上的地位、法律上的地位、都不能與公民有相同的待遇、就是說在政治上沒有選舉權・罷免權・創制權・複決權。在法律上他的各種權利及各種自由、都不能得到法律的保障。公民權是基於民主的要件、對於有國家構成民子資格的人而賦予的、倘因法定事由而褫奪公權的人、自不得爲公民（但有期褫奪公民權而復權時、不在此限）中華民國的公民、該時奉公守法、深身奮發的人民。因爲中華民國是三民主義民主國家、所以一般公民中沒有特殊階級或享有特殊利益的貴族或皇族、法律上一律平等、政治上一律平等、在三民主義的國度裏、受教育的機會一律平等、經濟生活的發展機會亦一律平等、在世界上所有的國家裏、中國的公民所佔的地位及其應享的權利、比較起來更自由些、更幸福些因此中國公民對於中華民國的責任更重大些。

（四）

以上是對中國公民的意義、略爲介紹、現在再將中國公民的權利和義務分述如左。

一、公民的權利

在國父孫中山先生手著的建國大綱十九條規定：「一完全自治之縣、其國民有直接選擧官員之權、有直接罷免官員之權、有直接創制法律之權、有直接複決法律之權」中央政府於二十八年九月十九日頒佈的縣各級綱要第六條即根據此條規定縣公民有依法行使選擧·罷免·創制·複決的四權、這四權可說是基本權利、也就是民治精神的條件、玆將其內容說明如次。

甲、選擧權…關於選擧的基本權、就是選擧縣自治員及被選擧爲自治員的權利。

(1) 縣長的選擧…査前頒縣組織法（十九年七月七日修正公佈）第十二條規定「籌備自治之縣已達建國大綱第八條規定之程度者、經中央査明合格後、其縣長應由民選」。及立法院的憲法章案第一百一十七條的規定「縣民……對於縣長……依法行施選擧之權」則公民有選擧縣長與被選擧縣長之權。不過縣長爲地方自治最高的領袖、賢能與否、關係自治單位發展的前途很大、在自治開始之時、人民對自治尙無深切認識、縣長若立卽民選、難免不爲惡勢操縱、所以縣各級組織綱要

第十六條規定、暫不選擧縣長、必須照中央地方自治計劃委員會所擬訂的地方自治法規原則（二十五年中央政治會議通過）等到地方自治完成時、才選擧縣長。不過依照縣各級組織綱要第十六條的規定、以後縣長不是由公民直接選擧、而是由縣參議會選擧出來是爲間接選擧。

(2) 縣參議員的選擧…縣參議會的議員依照以前頒佈的縣參議會組織法（二十一月八月十五日公佈）第四條規定是由公民直接選擧。立法院三讀通過的憲法草案第一百一十八條乃是縣民大會選擧、又前頒的縣參議員選擧法（二十一年八月十日公佈）規定公民年滿二十五歲、有被選爲縣參議員之權、惟須具有左列資格之一者。

A 曾在初級中學以上學校畢業有證書者

B 經自治訓練及格領有證書者

C 曾在職業團體任職一年以上者

D 曾辦地方公益公務著有成績者

二十八年七月十九日公佈的縣各級組織綱要第十五條規定、縣參議員是由鄉（鎭）民代表會選擧、每鄉（鎭）選擧一人、其依法成立的職業團體並得酌加代表爲縣參議員、但不得超過總額十分之三、按最近頒佈之縣參議員選擧條例（三十年八月九日國民政府公佈）第一條規定「縣公民年滿二十五歲、經縣參議員候選人試驗或檢覈及格者、得被選爲縣參議員」第二條規定消極之資格「左列各款人員停止其被選擧權。一、現任本縣區域城內之公務員、二、現役軍人或警察、三、現在學校之肄業生」縣參議會之議長則以該會自選爲原則。

(3) 鄉（鎭）長的選擧…依前頒縣組織法第四十二條的規定、公民有直接選擧鄉（鎭）長、副鄉（鎭）長之權。又前鄉（鎭）自治施行法（十九年七月七日修正公佈）第十一條的規定、公民年滿二十五歲、具有下列資

12

格之一者、得有被選爲鄉（鎮）長副鄉（鎮）長之權。

A　候選公務員考試或普通考試及格者。

B　曾服務中國國民黨者。

C　曾在國民政府統屬之機關任委任官以上者。

D　曾任小學以上教職員或在高級中學以上畢業者。

E　經自治訓練考試合格者。

F　曾辦地方公益有成績經區公所呈報縣政府核定者。

但依縣各級組織綱要第三十一條的規定、以後鄉（鎮）長副鄉（鎮）長不是公民直接選舉而是由鄉（鎮）民代表會、就公民中具有左列資格之一者、得有被選舉鄉鎮（長）副鄉（鎮）長、還與以前的辦法不同、正副鄉（鎮）長落任期二年之後、連選得連任之（縣各級組織綱要第三十三條規定）

A　經自治訓練及格者。

B　普通考試及格者。

C　曾任委任職以上者。

D　師範學校或初中以上學校畢業者。

E　曾辦地方公益事務著有成績者。

至其選舉實施日期、在同條未規定、另以命令行之。

(4)　鄉（鎮）民代表會選舉：依照縣各級組織綱要第三十八條的規定「鄉（鎮）民代表會之代表、由保民大會選舉之、每保代表二人」此是公民直接選舉。不過此權要做戶長的公民才有、不是每個公民都有。因爲保民大會、是以戶爲單位之故。代表被選舉資格、按鄉（鎮）民代表選舉條例（三十年八月九日國民政府公佈）第一、二兩條亦有積極兩種資格之規定：「縣公民年滿二十五歲經鄉（鎮）民代表候選人試驗或檢覈及格者、得被選爲鄉（鎮）民代表」。「左列各款人員停止其被選舉權、一、現任本鄉鎮區域內之公職人員。二、現役軍人或警察。三、現在學校肄業生」。

(5)　保長的選舉：保長選舉、依照縣各級組織綱要第四十七條的規定、與鄉（鎮）民代表會之代表選舉一樣、同爲戶長公民直接的選舉。在縣各級組織綱要實施法五六兩項的規定、等到鄉（鎮）長委定、分赴各保召集各戶長開保民大會時、才選舉的、在未選舉前、縣各級組織綱要第四十七條規定由鄉（鎮）公所推定正副保長、呈請縣政府委任、至正副保長於二年期滿後、亦得連選連任（綱要第四十八條規定）

乙、罷免權：建國大綱第三項、立法院三讀通過的憲法草案第一百十七條及縣各級組織綱要第六條均規定人民有罷免權。這種權是爲補助選舉權行使的工具、因爲人民選舉公務員或自治職員、原要能够代表民意爲社會謀福利、設若不能代表民意、人民又無權將其罷免、而任其在任內爲所欲爲、那麼人民就受害不淺了。所以爲貫徹選舉作用、實行「主權在民」起見便應該使人民有權。對於不稱職的公務員和自治職員、在其任期以內罷免他的職位。

丙、創制權：建國大綱第三項、立法院三讀通過的憲法草案第一百一十七條及縣各級組織綱要第六條。亦均規定有人民創制權。這種權是怎樣？國父已有說明「如果大家看到一種法律、以爲是很有利於人民、便要有一種權自已決定出來、交到政府去執行、關於這種權、叫做創制權」。我國國家的立法權、固然是操於立法院、而創制權依照憲法草案第三十二條規定、則屬於國民大會。關於縣以下各級創制權的規定、可於縣鄉民意機關條例中見到一部份。如縣參議會組織暫行條例第二條規定其職權「一、議決完成地方自治各事項。二、議決縣預算。三、審核縣決算事項。四、議決縣單行規章事項……」鄉鎮組織暫行條例第八條規定鄉鎮民代表會之職權「三、議決鄉鎮公約。四、議決本鄉鎮與他鄉鎮相互之公約」。保民大會職權也有同樣規定、這雖然不是公民直接創造國家法律之權、但至少可說是人民已有了創制權的雛形了。

丁、複決權：建國大綱第三項、立法院三讀通過的憲法草案第二百一十七條及縣各級組織綱要第六條皆規定人民有行施複決之權。複決權就是公民對於立法機關所議決的法律有最後的決定、換言之、即在複決制度之下、立法機關所議決的法律、要經過公民的明示或默許的批准、才有效力。因此複決權與創制權絕然不同、一則爲新創法律、一則爲修改或修改已成法律。一個是積極的作用、一個是消極的作用、都在防止立法機關之不法、以資保障民權。

公民的權利已略如上述、現在再談談公民對國家應盡的義務。權利和義務。是對等的名詞、要想享受權利、當然須盡義務、公民既願地方自治團體的存在、而獲得若干權利、所以對其盡義務亦爲理之必然。

(1) 服務的義務　公民對於國家及地方一切法令並自治法規等、都有服務的義務、否則自治事業、無法推進、國家基礎不能建立。

(2) 納稅的義務　無論中外各國、公民對於國家、均負有納稅的義務、因爲征稅是地方財政的大宗收入、亦是維持一個地方自治團體的最重要的元素。

(3) 服兵役的義務　公民與國家、猶細胞與身體不能分離、其爲存亡的。國家須設置强有力的軍隊以防侵略。國家是全國人民所有、故一國民、均有保護國家的義務、所以各國及我國的憲法草案及兵役法都規定人民服務兵役、爲國民應盡的義務、也是人民的天職。

(4) 勞役的義務　一個健全的地方自治團體、其最重要的是在建設。因爲建設得好、人民才能够直接享受物質上的幸福、如開發交通水利荒地增加生產。但是建設需要民力、因此　國父主張、政府并從規定人民勞動服務辦法、當籍農閒之時、每人每年需服工役三日至十日（以前規定十日、現改三日）其有不願出力者、可繳代役金。這種辦法是利用人民餘力、既不妨礙其生計、而地方建設又賴以推進、故身爲公民的、就不應若規避債事發生。

(5) 償還外債的義務　倘若國家爲了全體人民的利益而舉借外債、人民則有代爲償還的義務、不過我國以前的軍閥、爲了爭奪地盤製造內戰或個人享樂所借的外債、則人民可拒絕償還的責任。

(6) 擔任名譽公職的義務　公民受任公職、一面雖是權利、一面又是義務、絕不可因係名譽職務而任意去就。

14

中華民國成立紀念日

——一月一日——

本刊資料室

簡史

(1) 總理之提倡革命　自滿清以異族入中華、種族之見甚深、壓迫漢人、備極嚴酷、民族間不平之氣、抑鬱已久。清末葉、政治益趨腐敗、而鉗制漢人之術、亦日益加厲。加以海禁開後、復遭國際帝國主義政治的經濟的文化的侵略、創痛尤深。中華民族處此兩重壓迫之下、已陷於次殖民地位。孫中山先生、知非顚覆滿清、實末由改造中國、乃奮袂而起、糾合志士、組織革命團體、爲國民前驅。先後在廣州、惠州、潮州、欽廉、鎮南關、河口等處、領導同志、揭舉義旗、奮鬪不懈。尤以辛亥三月二十九日廣州之役、最爲慷慨悲壯、其激勵人心之力亦最大。故辛亥十月十日武昌起義之成功、實由　總理三十年艱苦奮鬪所獲得之效果。

(2) 各省之響應獨立　武昌首義後、各省紛起響應、初則湖南、江西、陝西、雲南、浙江、江蘇、廣西、安徽、福建、廣東等省、光復獨立。繼而貴州、山東、四川等省、亦起而反清。前後未逾一月、革命軍已光復十餘行省、滿清政府已呈根本動搖之勢。然清廷初猶恃漢口方面之小勝、預備頑抗、復袭以「速開國會由國民公決國體」之美名、和緩局勢、俾得苟延殘喘。迨各省響應獨立者繼續紛起、始知大勢已去、無可挽回、乃派遣代表、與民軍議和。至是革命之壁壘、益形堅固。

(3) 共和政府之成立　民軍既奄有全國三分之二、聲勢益盛。然省自爲政、無統一之機關、對內對外、均極不便。於是江浙兩省通電全國、請各派代表蒞滬、共商大政。各省代表先會集於武昌、議決臨時政府組織大綱二十一條、於民國紀元前一年（公歷一九一一年）十二月一日公布。旋復決定設臨時政府於南京、公舉黃興爲大元帥、暫攝大政。至十二月二十九日、各省代表齊集南京、開選舉總統會、到會者凡十七省、共投十七票、結果　總理孫中山先生得十六票、當選爲臨時大總統。總理乃於翌日（一九一二年元旦）在南京正式就職、申令採用陽歷、以是日爲中華民國元年一月一日。并着手組織臨時內閣、設陸軍・海軍・司法・財政・外交・內務・教育・交通等部、民主共和政府、遂正式成立。

(4) 總理就職後之施政方針　總理就共和政府臨時大總統職後、即頒發宣言、發表政見、其要點如下。「……屈勉從國民之後、能掃專制之流毒、確定共和、普利民生、以達革命之宗旨、完成國民之志願、端在今日。敢披肝瀝膽爲國民告、國家之本、在於人民、合漢・滿・蒙・回・藏諸地爲一國、如合漢・滿・蒙・回・藏諸族爲一家、是曰民族之統一。……行動已一、決無歧趨、樞機成於中央、斯經緯周於四至、是曰領土之統一。……擐甲帶戈之士、遍於十餘行省、……而目的所在、則無不同。由共同之目的、以爲共同之行動、是曰軍政之統一。……各省聯合、互謀自治、此後行政、期於中央政府與各省之關係、調劑得宜、……是曰內治之統一。……此後國家經費、取給於民、必期合於理財學理、而尤在改良社會組織、使人民知有生之樂、是曰財政之統一。……當盡文明國應盡之義務、期享文明國應享之權利。……持和平主義、與我友邦益增親睦、使中國見重於國際社會、且將使世界漸趨於大同、……對外方針、實在於是。……吾人惟保此革命之精神、一往無阻、必使中華民國基礎、確立於大地、此後臨時政府之職務始盡。……」

15

一年來的世界

梅　風

偉大的、轟烈的一九四五年過去了、在這一個年頭裏、它帶來了人類熱切企望的和平、驅散了十餘年瀰漫着這地球上的火藥氣味、我們幸運地親眼看到兩個魔窟崩塌、橫行這世界的野獸一個個跌落維護正義的法網、正在引頸聽候最後的宣判。一顆維護正義和平的巨星、離開了千萬仰愛他的人而殞落在美洲大陸喬治亞洲溫泉的邊緣。維繫着未來人類幸福的會議、分別在克里米亞、舊金山、波茨坦宮舉行。被侵略者壓榨的民族站起來了。尤其是我們這一支鮮麗的國旗、隨光榮勝利的降臨、從狹窄的高原伸展到太平洋上的高山島、鴨綠江邊、東緯十六度以北的遼闊廣大國土上。歷史告訴我們、這一連串的事實不是夢、是無數頭顱和鮮血所換取得來的代價。

卍旗被吹折了

混世魔王希特勒在歐洲所掀起的侵略戰、直到去年春間、該是它迴光反照的一剎了、前年聖誕前後所發動的阿登山「大反攻」、經過一個月的殘喘、終于擋不住東線蘇軍排山倒海的冬季攻勢、使他首尾不及兼顧的情況下、縮短了西線範圍將近二百哩的地區、躲在所謂「歐洲堡壘」中手忙足亂、從此…戈培爾的法螺被東西兩方面飛來的砲彈塞住了、希特勒也沒有氣力再振起嘶啞的嗓子、高呼日耳曼人繼續決戰的哀音、眼見着卍旗蒙上了一層滅亡的暗影、艾森豪威爾將軍和朱可夫元帥所統率的英美蘇軍、也乘這明媚的春光中、從奧河、東普魯士、波蘭西部、科隆平原、薩爾……等地向歐洲堡壘的核心——柏林邁進。無數的第三帝國兵士失掉了往日的傲慢、放下殺人的槍刀、揚起雙手向盟軍投降了、柏林外圍每一个要塞的城頭懸上白皚々的旗幟、在盟軍不停脚的前進中、在榴紅的五月七日、柏林廣播電臺站着一個滿面愁容愁色的德國統帥杜尼玆、向全世界播送德軍停止抵抗、並向盟國無條件投降的送葬曲。進行了五年八個月零四日（按希特勒係于一

九三九年九月一日進兵波蘭、掀起第二次世界大戰）的歐洲戰爭終于在這一天結束。

日本走上滅亡

在東方、去年的春間、太平洋上盟軍的蛙式進展、從菲律濱直搗硫磺島、把日寇建立的海上長城折得破碎零離、大陸上中國軍隊開始英勇的全面反攻、從桂西到浙東、粉碎了日寇企圖開闢大陸走廊的迷夢。同時由于日寇外圍防線的緊縮、島國愈受到空襲的威脅、自前年十一月以後、三島的領空早已在盟机控制之下、東京、名古屋、大阪、橫濱…無日不在熊々的火海中、貧弱的日本、自然經不起這種致命的打擊、然而、蠻橫的軍閥、至死不肯放鬆、勉力掙扎、直到德國無條件投降、它才恍悟這齣笨拙的侵略劇該急速收場、希望深陷泥沼的困境獲得改觀——退回本土再作困獸之鬬、可是時間來不及了、當盟軍正由西線開始東調、在桂花散香的八月、也是歷史上最熱鬧的八月、廣島、長崎相繼陸沉和蘇聯參戰的時候、它——日寇經不起接踵而來的威脅、也跟着德國的背後於八月十日宣告投降盟方。亞洲十四年來的漫天烽火、從此熄滅、代以和平正義的光芒。

一個良友溘逝

在美洲、一個反侵略者的火藥庫——美利堅

合衆國、雖然它未曾直接受到戰爭破壞的災害、燃而它參戰熱烈的情緒、是跟中國、蘇聯、英國……一樣地緊張、全國國民在畢身盡瘁世界和平偉業與人類幸福的羅斯福總統領導下、熱烈地參加戰時努力。不幸的是這位令千萬人仰愛的羅斯福總統竟于四月十二日下午三時以患強烈的大腦溢血、在他自稱為第二家庭的喬治亞州溫泉小白宮中與世長辭、傳自彼岸而來的噩耗、每個人都失神地面對着這一個噩耗、為這二十世紀的一代偉人溘逝而悲悼、羅斯福總統正當美國發生空前的經濟恐慌、銀行倒閉、工商破產、失業人數激增的一九三二年臨危受命、連任四屆總統、在任十二年又六個月的白宮主人過程中、他本着服務民衆、造福人類的誠意、施展才能實行新政、使美國走上繁榮安定的坦途、得到美國極大多數人民的擁護和愛戴、而當此次世界大戰開始以來、他以同情弱者反對侵略的素志、堅苦卓絕排除萬難的精神、毅然領導美國人民參加反侵略戰爭、在祖國抗戰八年中、無論精神物質政治軍事、他一直予以有力的援助、我們中國人民都在深々的領受着、尤其是他在開羅會議中、對于臺灣的重歸中國版圖和朝鮮獨立問題的決定、更是一個有力的贊助者、羅斯福總統的溘然逝世、不僅是美國人民失掉一個英明的領導者、而也是我們中國失掉一個誠摯的良友、世界和平前途一個損失。

三會議的收穫

正當歐洲戰場改觀、東線的蘇軍分三路向奧得河挨進、納粹德國死期指日的時候、美總統羅斯福、英首相邱吉爾、蘇統帥史達林、于二月五日至十二日舉行會議於蘇聯西部的一個軍港……克里米亞、經過一週的討論、商定了最後擊敗德國及戰後處置德國問題、歐洲解放各國政治經濟的重建問題、保障戰後世界和平及安全組織問題、蘇聯參加對日作戰問題、前二者獲得妥切而週密的協議、第三項則決定于舊金山舉行全體聯合國會議時依據頓巴敦橡樹會議的建議案詳加會商、而第四項雖未在三巨頭聲明中提及、但實際上曾經有非正式的討論過。

聯合國國際安全機構會議、是在去年四月二十五日在美國西部海濱大城舊金山舉行的、以四十六個聯合國家代表參加這一個會議、而經過整々八個星期（會議於六月二十六日閉幕）的會商時間、可以說是自一九四一年羅邱首次會談以來聯合國家一個最大的會議、雖然這一個會議中經多次的波折、引起不少爭執、但是各國於接受了這次戰爭慘痛的教訓為了達到未來和平安全的同一目標、對于那些片面意見、是在一個大前提下放棄了、而于六月二十七日簽訂了聯合國憲章、對于大會權力、安全理事會、區域組織和世界安全機構、五強否決權、國際託治制等是在和衷共濟、互信互諒下成立協議、舊金山會議並沒有使我們失望、而且已完成了它應完成的使命！

波茨坦宮會議是去年德國投降以後的七月十七日由美總統杜魯門、英首相邱吉爾、蘇聯人民委員會委員長史達林領銜在德京波茨坦宮附近的西席林霍夫地方舉行的、其中因為英國大選結果宣佈工黨獲勝、以新任首相阿特里代表英國出席會議四日、會期十七日（八月二日結束）中成立了四个議案、設立五國外長會議、由中美英蘇法五主要國家組成、協議中指明這一個機構是歐洲顧問委會的擴張、由這機構廣泛地討論有關歐戰結束時未決的領土問題及討論直接與各國有關之事項。管制德國初期處理政治、經濟原則、德國賠償條款、現有軍備之處置、戰犯之審判、協議中指明管制德國的目的、是要根除德國之軍國主義及納粹主義、採取其他確使德國永不再威脅其他盟邦或全球和平之必要措置、而盟方無毀滅或奴役德國人民之心意、同時盟方願使德人獲得機會、在民主及和平之基礎上建造其新生活。波蘭臨時政府及波蘭西部疆界問題、協議中指明、波蘭應該進行普選建立民主政權、三強願意予以政治經济上的協助、疆界問題留置和平會議時解決。三國共同議定準備于外長會議時與意、保、芬、匈、羅等國締結和平條約、並允許此等國家參加國際組織等、這些協議表面上只針對着僅及歐洲一隅、至于英美加强對日反攻、以及蘇聯參加對日作戰、原子彈在日本使用等問題、雖然未經波茨坦會議公報中敘及、但是三巨頭對上述問題確曾經過一番縝密的考慮與成立協議、而于會議前後即行付諸實施。

中國站起來了

再看看我們四萬萬五千萬同胞所立身的中華民國、十四年來(自九·一八事變開始)我們受到內外的交相煎迫、民族生命正如一葉孤舟飄流于驚濤駭浪中、幸賴我們有 國父遺下一部立國建國的寶典——三民主義做我們的指針、有英明偉大的領袖——蔣函長運籌帷幄領導全國上下堅持抗戰、以不變應萬變的立場、從艱危的困境走上獨立自由的康莊大道、雖然自九一八到七七抗戰、中間沒有正式與敵作戰、但我們備戰工作的緊張、並不減于戰時努力。自七七到一二·八(與英美兩國聯合對日宣戰)、中間雖然半壁河山遭敵蹂躪、但我們在軍事上能夠堅忍不拔自單獨抗戰進而與盟邦聯合對敵作戰、外交上取得世界上絕大多數的國家同情、並得到有力的援助、經濟上全國廣大後方在增加生產充實戰力的號召下獲得自給自足、自一二·八到日本投降——去年八月十日中間、我們國家的地位躋于四强之一、我們度過了五十年來僅有的大關、完成了歷史賦予我們這一輩子的偉大使命——民族戰爭獲得光榮勝利、而且收復了甲午以來的失地。八年的苦鬪、獲得如此輝煌的成果、在世界歷史上實在佔着重要的一頁、這不但是 國父立國 函長治國的勞蹟、而也是千百萬無名英雄黃帝子孫的至高光榮。

檢討、自勉、展望

從一九四五年到一九四六年、世界的歷史在急遽地轉變着、許多宏偉的場面和罕見的事件都發生在這一年、實在會使我們永世難忘、值得我們時刻回味。

第一：納粹德國窮兵黷武、免不了走上滅亡的坟墓、這是歷史的定律、許多戰犯的命運掌握在盟方手裡、失掉巢穴已經二年的野狼——墨索里尼、悄悄地躺在米蘭街頭的血泊中、也是他們惡貫滿盈應得的懲罰。然而二次世界大戰的罪魁、自命為歐洲的主宰——希特勒的生死至今還是一個謎、多數戰犯尚未予以閃電式的制決、大規模的根除納粹餘孽等未見採取斷然行動、實在

令人費解！假如納粹禍根不除、歐洲和平前途仍非樂觀、這是第一次世界大戰以後給予我們一個最深刻最寶貴的教訓。

第二：日本投降是由于軸心主要勢力的崩潰而引起的必然趨勢、這是盡人皆知的、然而日本的投降是和德國一樣無條件的、日皇裕仁的罪惡並不減于軍閥、我們不能以他為一個無能的傀儡相厚待、任其安居皇宮御座、必須同樣地列入戰犯名單、與所有日本軍伐(包括經人檢舉的戰犯)一網打盡、確定日本賠償條款、推翻日本皇室、在盟軍管制下由日本善良人民自建民主的日本政府、是目前急不容緩的步驟、唯有這樣才對得起盟國、尤其是中國數以千萬年的無名英雄和無辜被殘害的人民在天英靈！

第三：羅斯福總統於臨死前不久、曾在傑斐遜總部演講、他說：「吾人除終結戰爭之外、尚欲終結所有造成戰爭之起因、亦即終結各國政府間意見之殘酷、不人道與完全不切實際的方法。僅戰勝吾人之敵國、實感不足……」這是羅故總統最後對于世人的願望、今日歐亞戰爭已真正勝利結束、聯合國家對于領土問題、政治問題、往往不能協調、暗流如梭、這種事態如果不停息的發展下去、是會叫多少人不安寢食啊！

第四：仰賴會議來決定戰略、是這次大戰的

18

特色、我們可以說、克里米亞會議是三巨頭于前年暮冬在德黑蘭舉行會議的繼續、舊金山會議是頓巴敦橡樹會議的實行、波茨坦宮會議的召開、主要的是安定歐洲和擊敗日本的、從這幾個會的議決案上看、大多數而主要的都已付諸實行、這是我們引以安慰的一件事、至于戰後和平的實施則尚有待努力。

第五：　中國轉弱爲強、並不是一件奇蹟、而是從五十餘年來的忍辱、八年的苦鬪中所得到的勝利代價、假如沒有一貫的立國精神、一部完整的國父遺敎、一個英明的領袖、那麼老早不像樣了、話又說回來、我們用什麼與人家作爲比較强弱的標準？除了人多地大物博以外、實在是一無所有、尤其是抗戰以來、大部精華遭過空前浩刼的今日、所以今後我們全國上下應該怎樣珍惜這八年來的成果、發揚民族固有精神、以加倍的努力實現三民主義、在偉大崇高的元首領導下埋頭建設三民主義新中國、是要我們時刻警惕自勉勉人！

第六：　根据大西洋憲章、開羅會議的決定、各弱小民族在戰後是可以獲得自由獨立的、但今天我們還沒有看到正式的朝鮮政府出現、而印度尼西亞事件、越南人民反法運動、荷印人民的騷亂、又剛剛發生于戰事甫告結束之頃、造成此等事態之起因、自極鮮明。在和平第一的原則下、統治者應該予以合理解決、使弱小民族得到滿意的起碼要求、這該是全世界公正人士的意見。

一九四五年過去了、迎來的是一九四六年、歷史已展開新頁、如何在這新的一頁中寫下更輝煌的史實、這責任又落在我們的肩上！

關於中國的文學（續）

潘　虹

第三章　夏・商・周・秦的文學

（一）夏、商、的文學

文學和時代是互相爲因、互相爲果的、無論在那一時代的變遷、即在文學這一方面也就會隨着這個時代而轉移的、文學的思潮也因之跟着時代而產生了。

在唐、虞、以前的社會組織、還是部落的形式、所以人民的思想、也很簡單而純樸、除歌頌自然之外、就無所謂「阿諛」、「諂媚」。因此文學的成就、當然是富有一種平民的色彩啊。到了夏、禹時代、社會已經是由於部落時代而進爲國家時代了、故文學也漸漸地由平民文學而進入貴族文學、漸漸地由於歌頌自然而變爲諂媚君主了。所謂「祀六珍以警民、歌九德以叙功、禹無間然、有由來矣！」至如塗山、孔甲等歌詞、國風、周南、台南的雅調又何一不是同樣的嗎？以是帝、啓的音樂、便作後來楚辭、九歌、九辯的詞宗、而流風甚遠、也頗值得我們叙述的。有人批評五子之歌不是這個時代的作品、或爲後人的僞造、因爲他的歌詞和音調都比不上夏、桀時代人民的歌曲。這也許我們可以相信得過的。

夏、傳至桀暴虐無道、人民遭受塗炭、苦不勝言、故湯起而誅之、歷史上稱爲商、湯的革命、傳爲千古美談了。然而、在文學這一方面、也有很大的發展。例如盤銘就是厲日新的規矩、桑林就作禱祝天地歌詞、其文學未曾不震動一時而流傳千古的。及至商、紂時代、倣夏、桀的殘暴、設酒池、闢肉林、王綱因之日墜、國家繼之而衰微了。是故箕子有麥秀之悲歌、夷、齊有採薇的哀號、引起了這一個時代中的一般所謂賢人君子者的逃逸山林、或作生命謳歌、或作憤世疾俗的哀吟者甚衆。

故在商、代的文學、以其樂章確足以作夏代的繼

19

起者，若論其詩頌也足爲周代的先鋒。是以有娀爲北音的始祖，殷整是西晉的詞宗。上可以纂塗山破釜的歌調，下足以啓邶、鄘、衛、秦的風俗。而商的名頌十二篇，又爲周、魯二頌的起源。樂記一書中有說「商者五帝之遺聲也。商人志之、故爲之商」。又說「明乎商之詩者、臨事而愈斷」。然則所謂詩聲韻語、雖然傳自古初、實則到了有殷時代始有了發展。及至夏商才很興盛。蔣鑑章先生在中國文學史綱中有謂「孕雅育頌、甄風陶騷、在夏商之代矣。

（二）周秦文學

周既立國、崇尚文學、他以爲詩教是以攷政治得失，故沒有專官、以採取民間的歌謠。皇帝的巡狩、陳詩觀風、便知道了民間的好壞、而定政治的方針。所以在這一個時代中、一般所謂詩人的往往就借詩歌來作等情的工具、去博得了帝王的觀听。因此在孔子未刪詩以前、詩歌的數目、多至千餘首、這可見得當時一般文人爲詩的衆多了。

詩經一書爲中國的文學珍寶、這已成爲一般學者所公認、我們也自然不能否認的。不過因爲了時代太於久遠了、我們難於稽攷、且其編作的人、後人也多有懷疑。有人很懷疑詩經這部偉大的作品、並不是孔子所刪改的、但他們却也沒有多大的反證。

崔述以爲「文學一道、美斯愛、愛斯傳、故有作者、即有傳者、但近世則人多傳習、世遠則日近湮沒。其國崇尚文學、則少忌諱、而傳者多、反是、則傳者少。小國弱邦、偶逢文學之士、錄而傳之、也有行於世者、否則失傳耳」。這段學說已經記載於談風偶織的里面了。所以說若要靠住口頭的流傳、那里會得着久遠哩！

假如是沒有了編刪造定的人、然則傳經一書、那里能够流傳到了漢代、那麼、像這樣說來、在那個時代中能够刪詩經的人、除了孔先生之外、還有其他的人物嗎？因此我們可以說、詩經一書便是孔先生編的無疑了。

詩經這部偉大的作品、確是一部很富有地方色彩的名著，且其文學內容也較爲完備。全書總計三百五十篇、其中分爲風、雅、頌三種。所謂風者、就是專採取各國閭巷之間的歌謠。雅便是朝庭之中的樂歌、頌就是致祭鬼神的頌詞。這三者之間、自然是要以國風的價值較爲崇高了。至於各國的社會風俗、當時的政治狀況、可說是完全成爲國風中所獨占。有所謂「覽民風國勢者、觀風勝於觀雅也。」

孔子雖然不是一位純粹的文學家、然而他却很知道文學的重要。他曾對他的兒子孔鯉說「不學詩、無以言」、又說「小子何莫學乎詩！詩可以觀、可以興、可以群、可以怨」。這不是很明白的說出學文學和學詩的重要嗎？即以他在獲麟臨河一類的歌詩中、也是以顯示出他胸子里的抑鬱、滿肚皮的牢騷了。惟因爲他是一個心胸很濶達的人物、所以他寫出來的歌詩、大都請淡和平、雖有怨言、也沒有表示出若何的憤怒。

上面我們已經叙述過了詩經和孔子、在這里我們又不能不再叙述左氏和莊生了。因爲他們這兩个人物也和這個時代也有相當的關係的。

左丘明便以畢生的精力、著作左傳三十卷的名作、劉知机先生稱他「言簡而要、事詳而確」。這種批評是很對的。他除著作左傳之外、又作了一部國語。因爲左傳一書是春秋的內傳、國語一書可說是春秋的外傳。左傳的主要是記事、而國語的主要却是記言、沒有講求事實的聯絡。所以朱子對於國語一書的批評是「萎靡繁絮、真衰世之文也」。但我們更應該明白他之所以作同一類似的兩部作品的原因、無疑的、便是採取左傳所餘的材料、不甘把牠拋棄的原故啦。

所以左傳一書的本身、已經是一部成功的文學佳作、同時牠還能够保存其他的文學原料的地方也很多。

蔣鑑率先生說「一代的哲人、多爲文學家」。而我對莊周、愈相信說這句的眞是不錯。

莊周原是生於極紛亂的春秋時代、而且他具有一付乖僻的個性、他不甘爲世所迷、寧自潔其身、所以便境着一種「出世」的念頭。他對於現實社會的觀察、便以爲是等於一場全無意識的幻夢、所謂「忘物應化一是非而無差別」。這實是上古哲學的一大進境。至其所著作品、文字的奇幻、內容的豐富、再也沒有第二个人可來和他比較的。然其富有文學趣味的作品很多、而在諸子之中、僅是敘述南華一經、其他却被抹煞過去、確是可惜得很。

昔人以爲自孫卿子作賦、於是文學便從詩歌一變而爲賦體了。其實荀子的文章雖然以賦而得名、却與賦的體材不同、且乏文學意味。我以爲賦的作家除了屈原和宋玉兩人外、很是少得的。

屈原是具有很偉大的情感、而生逢君主昏庸、狼狗滿途、賢人退避的時代、雖每存憂國憂民的志念、無如時乖命舛、君主不信其言、加以一生又陷於幾忌之中、備嘗飄泊的滋味、時作生命的謳歌。此以「惓懷楚國、繫心懷王、冀幸君之一悟、而俗之一改」。終未能博得君歡、奈何！奈何！於是乎他披髮行吟、放蕩形體、借卜居以寄恨、問漁父而爲哀、隨投身汨羅、葬於江魚之腹、一代的文人、落得如此結果、寧無使人感慨涕零哩！

文學爲人生的記錄、有屈原的身無、才有了屈原的文學作品、後人以「人窮而後詩工」確也不錯。然而楚辭的雄偉綺麗、屈原實開其端。對於中國文學的影響、却也別開生面、我們是應該大書特書、給他以絕大的功績、絕對不能忽視的。

漢族的文明、原有發自黃河流域的沿岸、昔稱「中原之地、文教早開」。南方則因交通的不便、文化的輸入較遲、是以十五國風之中、便找不到楚國了。

屈原以曠代的逸才、上變國風的陳稽而開辟賦之祖。從此後、中國的文學不僅發展於北方、南方的文學、也能够「斐然成果」哩！

楚辭是本着詩經的六義而屬於賦體、根據了「比・興」而假以譬喻、以喜獻飛鳥和香草、配以忠貞的德性、以疾惡飛鳥和香草、來揭發讒妄的惡行。他以美人來比喻君子、又多引用神話的傳說、作粉飾揭發現社會的文字。其富於想像、巧於比喻、雖然與詩經的溫柔敦厚不同、然其幽遠瑰異的理想、雄大宏麗的詞藻、比之北方的古詩還稍勝一籌。

論其詞句原屬詩的形式、他每句的末字則配以「兮」字、句子的長短、較爲自在、韻律的和緩、與詩經的四字一句者的趣味、又大不相同了。這確是中國文學上的一大革命哩！

屈原之後、繼起的人、便要首推宋玉了。

據一船上的傳說、屈原曾做過宋玉的先生、他們倆是發生過很密切的師生關係。究竟屈原是否曾發生過了師生的關係、這也頗值得我們懷疑的地方。假如以宋玉的文學作品中的九辯、招魂來說、確是悲屈原而作的東西。文詞的悲壯宏麗、也足與屈原比美。

不過宋玉的作品、僅是學着屈原的從容詞令、若說時學他那諷喻的意義、過有不够的地方。例如屈原的賦美人、是用來比喻君子、然宋玉的高唐、神女、好色等賦、祇有極筆來描寫美人。故我們可以說說楚辭是後代一部戀愛文學、和神仙、怪異等小說的濫觴咧！

秦代的文學、却沒有多大可以記述的地方、秦以焚書坑儒的原故、且又年代較短促、所有著述也沒有可稱。惟李斯諫逐客一書的詞藻比較華麗。此外還有一些碑文刻石、其餘再也沒有一篇偉大文學作品的可言。不過還可以值得我們稱謂的、是李斯變大篆爲小篆、做了後人、更改字體的先聲、在文字的傳佈比便利、倘莫有一番功績而已。（未完待續）

旅臺印象拾遺（四）

覺　訓

「弱國無外交」、我們不大相信這個當時負政府外交責任的人、卸責而空洞的說法，而且也不贊成這論調、我們承認外交困難的事實、本着我們國民外交的活動、可以爭取一點便不放棄、「設校」事件我們決定仍繼續爭議下去、其他僑務事件、我們也是採取同樣態度、除非到我們整體被宣判解散爲止。至於內部的工作、我們大刀濶斧不顧一切的幹去、根據七全大會的決議、和修訂下去本會館總章的規定、分別實施。最初是改進各地中華會館、我們愼重派員去指導他們、替他們提拔新幹部、陶汰壞份子、以健全其本身組織、提高會員信仰情緒、這一工作、有劃時期的效果。接着我們就發行總會館頒發的統一會員證、團記、會旗等、我們逐漸把一切工作都正規化、紀律化了、例如文書、財務的措理、婚喪儀式的釐訂、宣傳方法方式的指導、訓練方案的編訂、以及會員入會移轉手續等、都有一致而劃一的辦理程序、而以總會館爲司令部。這時、不僅總會館的指導權威、達到了最頂點、而且上下之間很少隔膜和脫節的現象。

我們進行了這個健全和統一組織的改選運動中、很得力於各地的青年幹部、自然老幹部也是很贊同這樣改革的。這兒、我們對於宣傳技術、訓練方法、也跟着配合需要而改進了不少、雖然我們所提出的「恢復民族固有道德」等口號、被統治者加以修改、使我們關於「國民道德」的範圍而發揮理論、但是在生吞活剝的情形底下、僑胞誰都明白這苦衷絕不因理論缺乏周全而減低效力的。

總會館的幾位負責同志中、各有它的優點、而以共同的優點、尤其値得提出、就是我們彼此間不計較工作、不逃避責任、是非曲直、決之大多數的意見、沒有個人的私怨和私見。

然而當時我們最感痛苦的、除了種種外來的刺激外、便算精神粮食的供應問題了。書店裏的書、雖然不少、但都是日文、漢文的書祗有極少的經書和傳奇小說、我們不大懂日文、勉强落下去、不會引起興趣、漢文的什誌、從祖國寄來的、都接不到、並且尚有許多意外的麻煩、所以、我們惟有搜羅了幾部較好的舊小說、像紅樓夢、水滸、儒林外史、三國誌、和幾部說曲小說等、便變成了我們飢渴中的唯一精神粮食、我們開着便咀嚼它了。「長此下去、我們是不難變盲人的」我們不時叫苦般地這樣說着、實在沒有補充新智識、是很危險呵！

從祖國來的客人、我記得幾年來寥寥可以指數、最初是駐日蔣大使、接着是福建陳建設廳長、以後是福建省陳主席、中央社記者視察團、厦門江僑務局長都曾到過。學者方面有郁達夫先生、另一位是舊金山大學的教授、忘其姓名、他來視察茶業、給臺北便衣發探、纏得不住叫苦。音家有好幾位、都在臺島住了幾個月、厦門慈勤女學也有一隊巾幗英雄、到這裡來比賽球類、總之、失却了自由籠罩着煩厭氣氛的地帶、根本就不會有吸引遊旅的注意力……而他們統治者也不高興這裡和世界文明接近、反正他們都想盡法子、總得來這裡的人越少越好。

指導和救濟僑胞、不消說是我們僑務處理的中心工作、我們除設立經常出入口的指導机構、從事指導出入口僑胞各項應辦手續外、並曾劇烈地爭議過勞動照發給問題。至於僑胞救濟問題、我們各地中華會館都有固定或臨時募捐的救濟款，貧病的僑胞、不限會員、可以直接受救濟、失却工作能力的、沿途逐站供給旅費、至回祖國原籍爲止。總會館每年統計關於指導及救濟的各項用費、爲數不少、我們可以說、這項工作做得確寔和普遍、尤其對於維持國家風化的事項、像誘騙僑女充當娼妓的、我們採設法制止和護送回國辦法、不容有操皮肉生涯的僑女存在。

幾年來我們最引爲羞恥的、就是對祖國的貢獻、我們有着濃厚的愛國心、正像失去慈母眷養愈覺得慈母的可愛那樣的情緒、事實上願意貢獻其所有的，可謂大不乏人祇是統治者的壓力、來得比任何都厲害、不經「許可」手續的任何募捐、連被捐的都要受刑事處分、其負責經募的、自然是不用說了。秘密募捐、既有這樣危險、公開「許可」又爲鄙吝的統治者所不容、自是宣告沒有辦法。我們也曾申請過關於慈善性質的募捐、如黃河水災、華北獄災等的「許可」但結果不是被拒絕、便是遭無期的延宕、叫我們怎得不死了這個心呢！。

爲了會務僑務進行的關係、我遂暫去理解了這裡整個政治的內容、他們所宣傳的一切、分析起來、只是鎣露其對人民「奴役」設備的周密化和「奴役」手段的毒辣化而已。他們對人民既盡其窮兇極惡的經濟剝削、又像對付囚人似的那樣防範和鞭撻、而盡其慘酷橫妄的政治壓迫、以超過歐東全省行政經費的浪費、來喂養一班如狼似虎的警察、以欺侮人民、更以五百餘萬人的血汗所得、來豢養數十萬的高等人民、且多取得極優裕的生活、這樣的政治、還談到什麼建設！什麼文化？這都是一套手猛足快的幻術、祇可騙人吧了。然而非在這裡久居的人、或者沒有深入民間去理解實際狀況的人、常會給他們的表面現象所眩惑、這裡的同胞、個個心理都很明白、我也不想多說。

一個烟幕作用的座談會、却在我們的組織日益健全、會務日益開展的情況下、好像一固守身如玉的貞烈處女不願被汚那樣的作最後掙扎。什麼「日支親善」呀、「東亞共榮協會」呀、這些快動人的宣傳名詞、我們以事實的判斷、始終未敢表示意見、也不便遽置可否、可是、那拉拉扯扯的手腕、却來得欠高明、說他想誘惑、似欠認識、說他想欺騙、又缺技術、我們向有明確的表示過、我們絕對安份守己、不參加當地任何組織、不管眞的親善也好、假的親愛也好、我們聲明不能取銷這經表示過的意見、他們暫時也沒有辦法相强。後來爲他們想出一個「日華人士懇談會」的新名目來、硬指着我們幾個人去赴會、我們纔領會這又是一套烟幕作用、然在國民外交活動上、我們也不應示弱。這天余同志在大會席上滔滔不竭的說出僑胞所不敢說的話來、連日本人也瞪目而視呢。

他首先分析兩個民族向來一般個性上的優缺點…「日本人富有模仿性、知振作、這是好的、好誇大、胸懷狹小、這是壞的。中國人有寬大的氣量、有優美的道德、自是優點、但寬大太過了、變成空洞、道德太泥了、變成鄉頑、也是缺點。其次是」…「我們要自己發揚優點、克服缺點、以平等互惠的原則、互相諒解、才能談到眞正的親善。」末後强調我們的國家建設、顯示我們是藏着豐厚的潛在力、爲東亞平和的柱石、來完結他對中日親善的意見、接着我們自然也各有發揮、日本人呢、或許他們會認識我們是不識擡舉的笨貨、敢於和他們計較、但爲着要騙我們和他們發表共同宣言、也覺祇好隱忍把會議維持下去。最可惡的御用紳士辜顯榮、事後代替統治者再三對林同志提出警告、罵余同傲說日本人。

共同宣言第二天在報章上發表了、把我們在大會上所修改的…「以平等互惠的原則、共謀東亞的和平」等字句除去了。可憐得很、狹小終於是狹小、這樣掩耳盜鈴的技術、還配稱在所謂政府的指導下而採取的外交方式？更還配來和我我說話呢？我們除將當時經過情形報告僑委會外、對第二次召的集、我們決定不避任何犧牲的拒絕他們、獨脚戲終於宣告瓦解了。現在回憶起來、我覺得當時不但不會被汚、而且從掙扎歷程中取得了相當的代價、即是我們以平時不便說的話、來給他們一個警告和暴露。（未完）

怎樣研究時事（青年自學講座）

蕭凌

一、甚麽是時事？

我們要研究時事、首先必須要了解甚麽是時事、所謂「時事」、在字面上看、是指有時間性的事、牠是指世界上所發生而且能够影响當前環境的事情而言、用一種新的術語來說、我們可以說牠是「現代的活歷史」那末、歷史和時事究竟還有甚麽區別呢？、時事是現代活的歷史、而歷史是過去的時事、時事過去了。一切的影响也跟着成爲過去、成爲一種歷史的陳跡、然而時事就不然、時事是現代活的歷史、是現社會事物變動以及發展的現像、歷史和時事、本來不能絕對的區別、但爲了研究便利起見、把牠下一個說明是有必要的。

二、爲甚麽要研究時事？

人是一天天的成長、而社會亦是一天天的發展、社會發展是要經過許多的變動、而人的生存又是要依靠社會、人是社會的動物、人不僅是要依賴社會以生存、而且是要改造社會、因此、人和社會之間、就自然地繫着一條不可分離的紐帶、社會上一切事物的變化都直接間接的影响到我們的生活、比如生産少、米源缺乏、這就使一般物品價格增高、也就影响了我們的生活、所以、社會上的變動是對於我們是有很大關係的。尤其我們青年、我們是人類幸福的建造者、領袖說「舉凡社會的進化、政治的改革、莫不有賴於青年的策動以爲其主力……」我們青年負着改造舊世界與創造新社會的任務、因此、我們必須要懂得當前世界的動向、懂得我們週圍所發生的一切事情、因此、我們也就不能不研究時事、不懂得世界的動向不懂得我們週遭所發生的一切事情的原因和結果、我們就不能想改造社會。正如一個醫生不懂得病人的病源、不僅不能醫好病者、而且是對於病人有害的。

三、如何去研究時事？

我們懂得了時事的定義、那末、我們應該怎樣研究牠呢。舉凡國際國內一切經濟、文化、政治、科學的變動、都是我們研究的對象、研究的範圍既然是這麽廣泛我們應從甚麽地方去研究呢？研究時事最好的工具就是多閱讀報紙和雜誌、報紙雜誌雖然不是時事本身、但牠是俱有豐富的時事

二二

資料的、我們要閱讀報紙雜誌、還要有方法。沒有方法的「飢不擇食」態度、是無裨益我們研究的。

第一……我們閱讀報紙要先了解報紙和通訊社的背景及作用、每個報紙和通訊社都是有他的背景和立場的、如哈斯社是法國的、路透社是英國的、塔斯社是蘇聯的、海通社是納粹德國的、中央社是我們中國的、又如紐約時報是美國的機關報、倫敦泰晤士報是英國的機關報、眞理報是蘇聯的機關報、此外、我們還必須要了解那一種是商辦的、那一種是文化人辦的、那一種是某派的宣傳報紙、我們研讀報紙不獨要注意報紙的社論、就是編輯方法、標題、選稿我們都是要注意的。

第二……閱讀報紙雜誌要有選擇、因爲一個人的生活時間是有限的、以有限的時間來博覽一切、自然是不够的、所以、我們需要選擇一兩份好的有正確見解的報紙雜誌來閱讀、過去國內有名的報紙雜誌很不少、現在因爲交通不便、不能很快訂到、目前臺灣現成的報紙雜誌如新生報、臺灣青年等、也是要經常閱讀的。

第三……對於報紙雜誌要加以整理、如果有時間、我們要把報紙上好的地方剪貼起來、以備將來參考、不然的話、把所有的報章雜誌有次序有系統的安放起來、重要的地方再加紅色簽圈、這對於以後檢查參考有很大的利便。

第四……要用批評的態度來閱讀報紙雜誌書籍要重內容不可輕信形式、決不能以形式的是否美麗來做評價、應該以理論及內容來做評價、如果我們能够用批評的態度來閱讀、不僅不會受騙而且是有補助的。

回到故鄉的感想

孟北

這是臺灣少年團的小同志寫的稿。他們從祖國抗戰的時候開始離開臺灣、離別自己親摯的兄弟姐妹、投到祖國溫暖的懷抱中去、他們在祖國抗戰的過程中、擔任了不少的抗戰建國工作。他們是在祖國哺育下長大起來的孩子。現在、他們是回到久別的家鄉來了、他們是新臺灣的建設和創造者。

——編　者——

。　。　。　。

民國二十六年七七抗戰開始、我們因爲不願做日本統治下的臺灣順民、更不願受日本的奴化教育、這樣我們便離開了親愛的臺胞、和美麗的家鄉——臺灣、投到祖國的懷抱里、在祖國政府的領導下、在總隊長的教育下、我們在祖國的戰場、苦鬬了九年、今天我們終於看到了光明、法西斯侵略者是沒落了、同盟國獲得了偉大的勝利、在日本鐵蹄下的臺灣同胞超半世紀的奴隸生活、今天是解放了、我們回到了可愛的故鄉、和親密的父老兄弟姊妹見面、爲了臺灣的新生、爲了臺胞的重見天白、我們是多大的快樂和高興呵！

從祖國回來、在高雄屏東有三民主義青年團服務隊的同志來慰問我們、我們看到故鄉工作上的大哥哥、大姐姐、由於他們的熱忱、我們的心是跳躍着、這是過度興奮的情緒呵！在談話中、他們告訴我們、「臺灣的小朋友完全是日本化了、他們不懂得祖國的方言、不懂得祖國的文學、而祖國的歷史他們更是一點不懂……」聽了之後、眞使人一陣心酸、我們臺灣的兒女、我們中華民族的幼苗、被日本人摧殘得太可憐了、我想、我們是祖國戰鬬回來的少年、我們應該做一個勤勞的淸道夫、用我們的口、用我們的筆、替我們故鄉的小朋友、洗刷腦袋、掃淸日本人所灌注進去的一切毒素思想、使得每個臺灣小朋友都成爲建設新臺灣的先鋒！中華民族堅强的基幹！

高雄到臺北的路上、在鄉村、在山間、在廣大的田野、臺灣人的生活是痛苦到了極點、他們住的是低矮的破草屋、吃的是亂七八糟的雜粮、穿的是舊爛了的衣服、總之我們臺胞是過着十足奴隸的生活、而且這生活不是五天、五年、而是整整的五十一年了、想到我們的同胞整整度過這悠長的時日、不但心里萬分難受、而且我們想、我們應該集中力量、統一意志、爲臺胞今後的安樂生活而奮鬬、朝着三民主義的目標、齊一步伐、創造一个平等幸福新的樂園！

25

悼

—獻給一位不相識的志士王耀庭君—

追光

听說你還是一個年青的囚徒、
有熱的血、堅的心、
硬的頭顱、
七年前你被奪去了幸福、
八年後、你還不能得着自由。

你是中華會館的負責者、
你有無限愛國的熱情、
你是被敵人認爲反叛者啊、
在祖國响着砲火的一天、
你却被敵人捉去了。
給加上了無數次的刑㓰—
輕的、重的、毒的和辣的、
但一切的刑罰啊！
終不能掩蔽你心的堅强、腦的清醒！

你被囚落在活生生的地獄里、
你咬着牙根、
忍受着多少次恐嚇、
多少次的肉刑。

你心亦不酸、淚也不流
這遍體的鱗傷呀！
却不嘗屈服過你愛護祖國底心情！

在黑漆的獄中啊、
原不只你一個、
然而你却昂然地如屹立的山邱、
一切的苦和憤、
一切的悲和恨、
并不會碍得你底冥想、
你却會靜默地畫着腦海中的蜃樓！

除却了自己、
你是一無所有、
凄凉、孤獨、
一如水上的浮鷗、
獄中·你還有同鎖鍊的伙伴、
人間世、你永不會看見自由！

多麼長的、這八年呀！

這青春的埋葬、
只有死和病、準備着你的進途。
瀕死、你還說：
「被陷落在敵人底血海中的
臺灣的同胞、
年青的友人、
謹記着、
期待着吧！
好花不常開、
勝利的歡笑呀！
就在八個月後」！

這還不是今年的二月天、
你便擺脫了地獄里的鎖鍊、
忍心的、永別了伶仃的妻兒、
汚濁了人寰、
你捨棄了血海中的同志、
囚牢里的伙伴、
你頭也不回、眼也不望。
但你那裡曉得啊！
你的伙伴、你的同志、
他們都爲你哭泣、爲你悲慟。
但你那裡曉得、
如今啊！
你的兒子作了工廠的服役、
你的妻流落人間當女傭！
他們是嘗着辛和苦、
他們更忍着飢和寒、
他們儘有向人前哭泣、

在昏黃的燈光下涕谷！

你、不相識的死者—
　年青的友人啊！
你瀕死的言詞哪！
於今算已實現、
我們當眞是勝利了、
國土已受重光！
你的家—臺灣、
的確的歸回在慈母的溫懷。
然而、你啊！
你失去了的靈魂、
永不會再回到人間、
和這些年青的朋友們見面！

是禮拜日的一天、
我同着幾位同志們—
是幾位你往日的伙伴、
勤着十數隻不和諧的足步、
踏向了一條長的街、闊的市、
衝進了一列破落的民房。
信步到你這死者的家。
探探你的妻、
望望你的兒。
他們駆着黃的瞼、
他們穿着破的衣、
他們一聲一哭泣、
一語一悲啼！
這傷心的啼哭呀！

抹起我一陣離言的悲慟、
內心的淒共！
但你、不相識的死者—
　年靑友人啊！
在今夜、
在那迷人的、
五色的燈光底街頭啊、
你又那里曉得、
這里正站着一位遠隔千餘里的同胞、
是你陌生的同志、
　他却踽踽地、
　獨來向你悲悼！

卅四·十二·十八　於臺北宿舍中

啊·臺灣！我們奔向你

瑞　珠

（一）

你忍受了五十載的鞭撻、
你遭遇了半世紀的況宽、
你……
你在黑暗中生活、
你從兇餒中滋長、
你……
你受委曲、
你被侮辱、
你……
是滿庭、淸庭的官吏、
埋掉了你的靑春。

（二）

　瞧吧、
現在是、
你的孩子、孩子底友伴、
你的鄉親、鄉親的眷屬、
你的……
他們、他們啊、
都帶着無限熱的情感、
奔向你、
祝福你、

（三）

　啊！臺灣！
你雄偉、
你遼濶、
你……
你秀麗、
你豐裕、
你……
你是太平洋上的寶庫、
你是祖國東南海邊的屏障、
你是……

（四）

　啊！臺灣、
我們奔向你。

二五

臺灣青年半月刊徵稿簡約

一、本刊以宣揚主義國策、闡明祖國與臺灣歷史關係、及對臺灣復員工作之提供與貢獻、暨報導時事團務活動等、而堅定臺胞之信仰爲宗旨。

二、本刊除特約有專門研究、或熟悉臺灣問題之文化界人士長期撰稿外、並公開向各界徵稿。

三、本刊徵稿內容

1 特載：關於 國父遺教團長訓示、及主義國策等之宣揚。

2 論著：關於臺灣接管後復員工作問題之研究、及臺灣青年問題之探討、暨各項建設問題之提供等。

3 報導關於臺灣史地或臺灣文化資料之介紹。

4 文藝：凡有關臺灣問題及青年修養常識之敍述、傳記、散文、報告、特寫、詩歌、圖畫、小說等作品一律歡迎。

四、來稿力求簡練、字數以三千字左右爲限、如有特殊價値之論著、不在此限。

五、來稿不拘文言語體、但求繕寫清楚、並加新式標點符號。

六、譯稿請附寄原文、如原文不便附寄時、則須注明原文題目、作者姓名、刊物名稱、及出版年月與地點。

七、來稿請注明眞實姓名、略歷、住址、以便通訊聯絡。

八、來稿一經登載後、除贈送該期本刊外、並優致稿費、每千字暫定臺幣五十元、如有特殊意義稿件、另特優酬率、惟已在他處發表者、以却酬論。

九、本刊對來稿有修改權、如不願將刪者、則請預先聲明。

十、本刊來稿、除預先通知聲明、並附足郵票外、原稿概不退還。

十一、來稿請寄臺北市三民主義青年團中央直屬臺灣區團部籌備處第三科、並請在封上注明「臺灣青年」稿件。

編後話

本刊臺灣版第四期出版時恰逢三十五年元旦、我們特增加了一些關於新年的稿子。

本期文章中應特別推荐的是、臺灣省民政處處長周一鶚先生、爲我們寫一篇臺灣青年應如何參加地方政治工作的文章、裡面對於政治及臺灣青年應如何參加地方政治工作有了詳確的闡明。

關於時事方面本期把「半月天下」改爲「一年來的世界」把一年來世界的變動作一個概要的分析、同時本期青年自學講座一欄特別寫怎樣研究時事一文、這相信對於讀者自學方面是有幫助的。

28

徵求基本讀者一萬戶

本社爲激發青年對三民主義之加深認識、使具實現主義決心、並介紹優秀學術研究、文藝著作、及各種青年問題之研討、以加强新臺灣之建設、除普遍售閱送閱外、決擴大徵求基本讀者一萬戶、定期爲一年、其辦法規定如下……

一、凡中等以上學校之師生、各機關社團之純潔青年、以及愛護本刊之人士、均歡迎爲本刊基本讀者。

二、本刊基本讀者徵求期間、自本年十二月一日起、隨時均可定閱。

三、凡定閱本刊均以十二個月計算。

四、定閱本刊之定戶、須一次交足定金。

五、凡本刊基本讀者、得享受下列權益……

一、本刊自卅五年元旦起、每本實價二元、對基本讀者、一年僅收四十元（郵費在外）。

二、在定閱期間內、本刊基本讀者得享有購買本出版社各種刊物之優先權。

三、本社基本讀者之寫作、得優先選載本刊、並優酬稿費。

六、定戶須註明詳細住址、如有遷移、請隨時通知更改、以免誤投或遺失。

七、如因物價波動影響、本刊得隨時另改訂本刊定金。

八、本刊基本讀者除直接向臺北市榮町三民主義青年團中央直屬臺灣區團部本社辦理定閱手續外、可請本團各地分團代辦。或向臺北市京町臺灣青年出版社營業部定閱。

附說明……本刊徵求基本讀者啓事第二期因校對錯誤現從第三期起更正如右。

中華民國卅二年一月一日創刊
內政部登記證字第九二三一號

定價

6733

1-92

5

臺灣青年

三民主義青年團中央直屬臺灣區團部籌備處編

《台湾青年》第五期(台湾版)　　一九四六年

臺灣青年第五期目錄

領袖傳略

鄧文儀

一、幼年時期

領袖於民國紀元前二十五年，十月三十一日(舊曆九月十五日)誕生於浙江奉化之溪口鎮，其先出自周公第三子伯齡，先世多顯貴，明亡後始遷居武嶺之禽孝鄉（武嶺因在剡溪之口，故名溪口)。其地位於浙東，剡水鏡涵，武山枕藉，名山勝蹟，交相輝映，浙東一帶，自來在歷史上即多出賢哲英彥之士，如勾踐，戚繼光，王陽明，黃宗羲，朱舜水諸氏，或有奮鬪報國之精神，或有崇高卓越之思想， 領袖承繼遺風，宜其富於革命思想，有堅苦卓越之精神，成功今日救國救民震鑠古今之事業。

領袖不特秉賦超凡，且有賢良之家庭教育。 領袖之成功，實以家庭教育為其重要之基礎。

領袖之母王太夫人，女嫻儀，性聰容識見超倫，不囿於俗。 領袖幼年課讀，督導極嚴，然愛護殷摯期望遠大。當 領袖年十二，出外就學時，太夫人垂泣教之曰「自汝父歿後，吾辛辛苦苦，使汝讀書者，非欲汝攫顯貴，擁厚祿也，所望能為國自愛，以保先人之令名足矣」其賢明如此，以視一般為父母者，每望其子弟讀書以求顯貴，何可同日而語，而領袖立志報國，蓋於幼時已孕育之矣。

領袖秉質聰穎，思想銳敏，活潑勇毅，異於常人，以故未及學齡，即進私塾，八歲讀完大學中庸，九歲讀完四子書，十四十五讀畢易經左傳，十六歲批讀綱鑑。其戲嬉時，放而不縱，迨伏案讀書，或握管構思，雖百紛囂然於其側，若無所覺，一剎那間，靜躁儼如兩人，故塾師皆相讚嘆。十六歲時應童試，甚感場規苛辱，痛詆滿清賤士類，旋聞袁世凱奏廢科舉，興學校，則大快。十七歲入邑城鳳麓學堂，受新式教育。十八歲從鄞縣顧清廉先生游，顧深視 領袖器宇非凡，獎勉備至，日夕講經之餘，又以周秦諸子，及曾文正集授之，并勉 領袖讀孫子書，習學兵法，且鼓勵出國留學，努力求知，以為大業之基礎，每為縱談 國父事略， 領袖輒然神馳，益奮志於革命事業，此良師誘助，亦有助於領袖之成功者。

二、求學時期

領袖十九歲入邑城龍津中學，因受內外潮流之激盪，痛國族之陵夷，立志革命，四月東渡日本，志在學陸軍，以非本國陸軍部保送，改入清華學校，是年在東京識陳英士先生，廣交革命志士，是爲參加革命運動之始。二十歲進保定軍官學校，年終，陸軍部考選留日陸軍學生，領袖與焉，次年春赴日本，習陸軍，始得償素願。在東京振武學校時，由陳英士先生介紹，加入同盟會，即爲革命奔走，籌商革命機務。二十三歲時，升入日本高田野砲兵第十三聯隊，聯隊長甚爲優遇，領袖此時，刻苦勞作，鍛鍊體格，潛心學業，每試常列前茅，無落人後者。

領袖在國內時，深以甲午之戰敗爲恥，潛心向學，尤注意日文一科，欲藉以研究其致强之道，以爲攻錯之資，蓋矢志雪國恥也。既留學日本，除努力所學軍事教育以外，對日本內政外交工商實業，均隨時隨地留心考察，特別注意日本海陸軍之設施與改革，每於課餘或假期中，即至各大都市遊覽，參觀其各種社會情形，例如警察，行政，交通管理，街市建築，及重要之機關工廠，靡不詳細考察，所獲心得，錄之手簿，以備回國參考之用。領袖今日總攬萬機，負荷艱鉅，能得心應手，措置裕如者，皆得之平日之學問，非偶然也。

三、開始獻身革命

民國紀元前一年（宣統三年）夏　領袖由日歸國，與陳英士先生在滬密謀，規劃舉義江浙。至八月再回聯隊，未及一月，得武昌準備起義之報，乃微服走長崎，登輪回國主持浙事，到杭州運動新軍，募集敢死隊赴義。九月十三日，上海宣告獨立，次夜二時，杭城響應，敢死隊首先發難，毀撫署，虜巡撫，先後攻下軍械局及將軍署。浙省既下，又返滬助英士先生謀定全蘇，親練步兵一團，自任團長，並爲滬軍第五團，此　領袖第一次練軍，從事實際革命第一次之成功。

時陶成章回國，陰謀破壞同盟會，謀刺陳英士先生，走說　領袖，　領袖駭然，自度若陶計果售，則江浙復入混亂狀態，革命軍基礎動搖，熟權公私利害，決先除陶，安定全局，事後自承其罪，此爲辛亥革命最大關鍵，亦　領袖重要革命史之一頁。迨十月十日，武昌起義，各省響應，推翻滿清政府，創立中華民國，十一月　國父孫中山先生由法回國，十七省代表開會於南京，選舉　國父爲中華民國臨時大總統。民國元年春，　領袖復往日本，專習德文，創辦軍聲雜誌社，對於國政，每有所感，即撰爲專論，以剖析當時重要問題，蜚聲一時，向爲國人所傳誦。同年回國鄉居。

民國二年袁氏暗殺宋教仁，擅簽五國銀行大借款，國民黨不能忍，七月贛蘇二省首先聲討，皖粵湘川繼之，陳英士先生任駐滬討袁軍總司令，　領袖受英士先生命，收拾舊部，倉卒起事，終於軍備未整，且外商團體皆袒袁，事卒敗，中國革命運動，因此受一頓挫。其後袁氏舉動益乖，十一月袁氏解散國民黨，叛跡彰著，三年夏，　領袖受國父命，主持滬討袁軍事，兼任第一路司令，企圖舉事，謀洩事敗，乃再走東京。及歐洲大戰突起，　領袖時在東北，見俄國在中東路動員緊急，即上書　國父，陳述歐戰趨勢，並獻倒袁計畫。四年袁氏稱帝，國勢益迫，革命黨人分途運動討袁，設總機關於滬法租界，分擬應瑞肇和二艦，進攻警察總局，工程局，電燈電話局，以各部聯絡不周，未能同時響應，而袁軍四集，應瑞通濟二艦附敵，各路俱敗退，此次事雖不成，吾黨革命精神之表現實堪與黃花岡一役媲美矣。

4 –

民國四年五月十九日，袁氏爲實行帝制之故，接受日本二十一條件，十二月實行稱帝，同月二十五日，蔡鍔等組織護國軍，起義於雲南。五年春， 領袖率軍佔江陰要塞，不幸內部叛變，脫險回滬。五月陳英士先生被袁密探刺死， 領袖哭之至哀，蓋國喪賢良，黨失柱石，個人亦少一師承，內心悲痛，不可言喻。

四、韜養時期

民國六年， 領袖留滬，聯絡浙紹各地同志，圖消袁氏餘孽，曾擬就對北軍作戰計畫，及滇粵兩軍對於閩浙單獨作戰計畫，規劃極爲周詳。七年， 領袖居滬，惟以讀書自娛，繼而應 國父電召至粵，旋入閩，先後佐陳炯明許崇智治軍，翊贊戎機，獻助殊多，及去職，陳炯明派陳其尤齎函挽留，函有云：「粵軍可百敗，而不可無兄之一人」，可見 領袖對粵軍精劃贊助之功也。此三數年來， 領袖每喜靜坐，以修養身心，因得博覽中外冊籍，攻讀戰略等書。八年，初抵漳城，對舊部親自訓練，重加整理，並參與粵軍編制改進事宜。及南北護法軍興，閩粵局部議和，亟欲引退，赴歐留學， 國父以軍事需人，黽勉有加，不許遠離，乃赴日作短期遊歷。歸國後，常以靜敬澹一四字作座右銘，喜看曾文正家書，陸象山全集，並習讀英俄文，造詣甚深。

民國九年二月，應 國父電召，商閩粵軍事，由滬抵漳州籌定作戰計畫，八月與陳炯明商戰事，睹陳私自擁軍，厭抑異已，頗以爲慮。 國父一切治黨建國大計，必召 領袖計議，尤於行軍作戰計畫，幾皆出 領袖手，而 領袖每一策劃，必斟酌至當， 國父深爲契重，國父曾致書云：「……執信忽然殂折，使我如失左右手，計吾黨中知兵事，而又能肝胆照人者，今已不可多得，惟兄之勇敢誠篤可與執信比，而知兵則又過之。兄性剛而嫉俗過甚，故常齟齬難合，然爲黨負重大之責任，則勉強犧牲所見，而降格以求，所以爲黨，非爲個人也……」

民國十年 領袖居故鄉城舍，然於黨國大事，仍深思熟慮。如復胡漢民廖仲凱書，協商援桂軍事，并郵寄軍事意見書於 國父暨諸同志，致書陳炯明，縱論全局戰略，其他如致鄧鏗書及上 國父書，主張緩選總統，正言讜論，深中肯綮，尤以討伐莫榮新，削平桂亂，極得 國父嘉譽。六月十四日，王太夫人卒， 領袖哀痛逾恆，此後之所以報於賢母者，厥爲致力革命，獻身黨國而已。

民國十一年 領袖居桂林，籌議北伐，以見嫉小人辭歸，及 國父駐節韶關，誓師北伐之時，陳逆炯明變生肘腋，舉兵稱亂， 領袖急由滬赴難抵粵，侍 國父于永豐艦中，親隨月餘，履險如夷，卒賴宏謀碩劃，乃脫重圍。此際 領袖一切進止，均以佐 國父革命爲依歸，已充分表現其大智大仁大勇，堅苦卓絕之精神。 國父爲陳英士先生書聯曾集句云：「安危他日終須仗，甘苦來時要共嘗」，又自撰聯贈 領袖云：「養天地正氣，法古今完人」，于此足見當年 國父期望之重，寄託之殷，惟 領袖以英才煥發，忠貞爲國，勞怨不辭，反遭嫉忌，時有不爲人所諒者，去而走港，旋奉 國父命，赴俄考察焉。

民國十二年八月五日，領袖奉　國父命，約會蘇俄代表馬林及張繼，林業明諸先生籌組　孫逸仙博士代表團赴俄報聘，並考察政治及黨務。十六日率同沈定一，張太雷，王登雲諸先生由上海啓程前往。

領袖赴俄考察，爲時雖不久，但所得極多，對其以後所領導之革命大業，關係極大。在莫斯科往見共產黨書記長羅素達斯克氏，聽其談革命史況，約二小時餘，領袖記其革命成功三點：(一)工人知革命之必要(二)農人要求共產(三)准俄國一百五十民族自治，組織聯邦制。而其缺點亦有三(一)工廠充公後，無人管理，(二)小工廠盡歸國有，集中主義過甚，(三)利益分配困難。觀此即知　領袖對俄觀察之深。又曾往訪訓練總監彼得祿夫斯克，知俄國軍隊組織之內容，每團由黨部派一政治委員常駐，參與主要任務，命令經其署名，方能生效。黨員之爲將領士兵者，皆組有黨團，在部隊活動，作爲主幹。凡有困難勤務，必由共黨員負責辦理之。領袖以後歸國創造黨軍，樹國民革命最大基礎，得力于此種考察結果，實甚多也。

領袖在俄考察，感觸極多，當其參觀俄國新歷史館標榜共革命黨過去的倖跡血狀，會謂「惟此足怵目悚魂，殊令人興感」在俄京慶祝雙十節，領袖講演，越日有人譏其言有崇拜個人之弊，因以中國青年自大之心，及其願受外人支配，而不知尊重祖國　領袖，爲黨國憂。又　領袖曾往俄外交部，會猶霍夫斯基，得見　國父致列寧，托洛斯基，及齊采林之書，中多對巳推重語，爲之感涕。領袖在俄日習其語言，喜弄琵琶與琴，看馬克思學說上半部，頗厭倦欲中輟，至下半部則覺亦有至理。又嘗言遠羈異域，獨於　國父之起居，耿耿於寸心，此外非所顧問。更嘗夢身護　國父，夜驚起曰：「中師無恙耶？吾何以往時必欲負氣遠行耶？是亦不可以已乎」？

領袖在俄，與俄要人往還頗密，曾致俄外長齊采林函，有「那天你說蒙古人怕中國人這句話，要知蒙古人所怕的是中國北京政府的軍閥，決不是怕主張民族主義的國民黨……如果蘇聯有誠意，即應該使蒙古人免除怕的狀況」等語。又致托洛斯基函，大意謂此次負國民黨使命，代表　孫先生來此，關於華人懷疑俄國侵略蒙古一點，務望注意避免。見蘇維埃議長加列寧，曾評其爲一誠篤農民。會議雷文夫婦，謂俄國缺少中級人才，政府往往爲下級所蔽。會托洛斯基，爲言「革命黨之要素，忍耐與活動，二者不可缺一」。晤李維諾夫，謂其殊無振奮氣象，外强中乾。領袖歸國，輪次，聞留學生與　國父書，至「忠臣多而同志少」一語，瞿然曰：「青年見解謬誤若此，共信巳失，黨誼不敦，禍變將作矣，予欲無言」。

五、黃埔訓練時期

國父鑒於陳炯明之叛變，感覺今後革命非有眞正之革命軍不爲功，故先派　領袖赴俄報聘，並考察軍事，及歸。國父於民國十三年春，召開國民黨第一次全國代表大會時，決議創立軍官學校於黃埔，訓練黨軍，任　領袖爲校長，舉凡校事，鉅細躬親，千緒萬端，殫精擘劃。五月五日，第一期新生進校，六月十六日舉行開學典禮，學生四百九十九人。 領袖以此爲國民黨生命之所寄托，新中國之胚胎，謹愼將事，羅致俊彥，嚴施訓練，如黨國先進廖仲凱，胡漢民，戴季陶，鄧力子，邵元冲，何應欽，王柏齡，劉峙，嚴重，顧祝同，陳誠，蔣鼎文，皆在校任職，而於教育方針之確定，教材之選擇，靡不愼重考慮，務求實際，尤注意黨義之灌輸，精神之訓練，氣質之陶冶，體魄之訓練實爲黨國作育英才，以備後用。其後按期招生，名額激增，各兵種部門亦擴大，各兵種器材亦悉趨完備，於是首將敎導團擴編爲黨軍，以爲革命之基本武力，繼將軍校學生分發各軍，以作幹部，不一年中，革命軍相繼建立，雖編制之數量有限，而全體官兵皆受主義之陶發，能本親愛精誠之校訓，團結意志，共蹈艱難，奠定國民革命建設新國家之基石。是當時，假革命軍閥如陳炯明，楊希閔，劉震寰等，藉革命之名，行割据之實，勾結北方軍閥，摧殘本黨力量，希圖推翻革命政府，割据稱雄， 領袖爲鞏固革命政府，肅清革命根据地計，乃舉兵討之，於是有第一次第二次之東征，肅清楊劉，平定南粵等役。 領袖默察革命之成敗，係乎粵局之能否澄清，其關鍵又全在革命力量之培養，卽黃埔軍校之成功與發揚光大與否爲定，故苦心孤詣，以謀軍校之健全。此際 領袖一面肩負軍校健全與發展之責任，一面負綏靖百粵混亂局勢之全責，千辛萬苦，歷盡艱辛，始獲充實並發揚軍校之精神和力量，與廓淸革命策源地之效果。 領袖嘗云：「軍校成立於全國反革命空氣之中，黨軍組織於四周假革命環境之內。」可知當日處境之難。又云：「主義不行，黨員之罪，革命不成，本校之恥。」可知其對於黨國之誠，謂今日新中國爲疇昔， 領袖艱苦耕耘之收穫，誰曰不然。

六、北伐時期

革命之策源地—廣東，經 領袖數年來慘淡經營艱苦奮鬪之結果，已澄淸鞏固，十五年廣西來歸，兩廣統一，無復後顧之憂。此時 領袖爲繼承國父遺志，實現三民主義，完成國民革命，主張北伐，六月五日國民政府任爲國民革命軍總司令，七月一日下動員令，當時受命北上軍隊，共有八軍，第一軍軍長何應欽，第二軍軍長譚延闓，第三軍軍長朱培德，第四軍軍長李濟琛，第五軍軍長李福林，第六軍軍長程潛，第七軍軍長李宗仁，第八軍長唐生智，計十萬餘人，包括粵桂湘滇各省隊伍，內容複雜，亦未完全出發，國民革命之敵人固多，但依當時情形，則以雄據兩湖之吳佩孚爲最主要。 領袖於七月九日，在廣州誓師北伐，審察並運用當時環境，宣告國人三事：第一，與帝國主義者及其工具決戰，無妥協調和之餘地；第二，與全國軍人一致對外，共期革命成功，實現三民主義；第三，使我全軍與國民深相結合，以爲人民之軍隊，進而要求軍民共負革命之責任。故首揭討吳目標，對於其他意存觀望，態度不明之地方軍人，或與以羈縻，或宣以威德，或動以利害，一面減少反動力量，一面增加我之友軍，因是相繼懾服，來歸者甚多。同時以有組織有主義之革命軍，益以作戰計畫調度之恰當，運用指揮之巧妙，及黨務政治工作之得力，革命軍所至，皆受民衆之歡迎，確收軍民合作之效果，用能集中定量迅破強敵，一戰進據長沙，挫北軍之兇燄，再戰克復汀泗橋，吳軍乃告崩潰，旋卽進佔武漢，吳佩孚敗走北去，勁敵鏟除，是爲第一期北伐初步完成。當革命軍圍攻武昌緊迫之時，㓊佔東南五省之軍閥孫傳芳，欲襲湖南，江西，局勢頓形緊張， 領袖一面將武昌攻城之責交予唐生智，一面分兵四路，向江西進攻，并親入贛省督師，雙方交綏，戰爭激烈，南昌得而復失者數次，卒因 領袖指揮有方，將士用命，孫軍在贛省者乃全部潰滅，江西由是底定。繼而閩浙相繼收復，軍閥動搖，而革命軍主義之宣傳，尤能感動軍民，故易幟投誠者益衆。迨革命軍再分三路進攻京滬時， 領袖率領各軍，併力趨之，不及一月，即佔領京滬，孫部勢力全部瓦解，而第一期北伐工作遂告全部完成。

革命軍克復京滬後，即遵 國父遺旨，建都南京。此時形勢突轉，一方面革命軍之推展迅速，另一方面則內部糾紛叢生、共黨變亂，紛擾一時。但張宗昌及孫吳之殘餘軍閥勢力猶存， 領袖決計繼續北伐，以謀國家統一。十六年四月，南京國民政府成立，決議繼續北伐，何應欽，李宗仁，分任第一第三路總指揮， 領袖自任第二路總指揮，衆力併舉，各路齊攻，張宗昌力不能支，乃下令總退却，集中直魯軍十餘萬人於蚌埠，臨淮，同月下旬，三路大軍渡江，向北急進，臨淮，蚌埠，徐州，相繼克復，更進而迫殘敵退入山東境內，同時唐生智部及馮玉祥部之西北軍，亦先後克復開封鄭州等地。徐州會議之後，山東河南山西各處軍隊，均相率來歸，不料北伐軍勢進展迅速之際，忽然發生肘腋之變，武漢方面組織之所謂僞東征軍，由長江直下，已達九江，江浙局面，頓形嚴重，於是 領袖急令前敵北伐軍後撤，以鞏固首都，應付此嚴重之局勢，同時爲顧念黨國，犧牲個人，遂決心下野，於八月十四日辭職去京，旋即赴日。但另一方面，孫傳芳趁機派兵南下，徐州蚌埠等地相繼失守，因此北伐受挫，未竟全功。

當 領袖出國之際，中國國民黨因北伐不利，反革命勢力活躍，乃於十六年十二月十日中央執行委員會議，議決「請蔣中正同志繼續執行國民革命軍總司令職權」之議案，電促 領袖旋都復職，以竟革命全功。同時國內海陸軍將領，皆表示服從，敦促復職。 領袖遂於十七年一月四日，返抵南京，九日通電繼續行使國民革命軍總司令職權，旋赴徐州，部署一切，重定北伐計畫改編各路軍爲第四路集團軍，兵力達二十餘萬人。然此次戰爭，爲反革命軍閥之最後掙扎，故敵方包有奉孫直魯各軍，傾全力以相抗，人數在四十萬以上，四月九日，總攻擊令下、各路戰事，即同時發動，戰事進展迅速，旋佔領濟南，此次北伐計畫，已初步成功。濟南佔領之後，各帝國主義者群相疑懼，尤以日寇爲然，欲以高壓政策，阻我革命軍之發展，致發生五月三日之濟南慘案， 領袖以北伐爲重，乃忍痛退出濟南，急令各軍渡河北上，此時以各路軍將士之效忠用命，戰事推進，毫無阻滯，遂收復天津。 領袖一面派員勸張作霖退兵關外，一面用大軍分途急進，直趨北京，北京既定，大功告竟，繼而關外張學良通電歸順，於十二月十九日，實行易幟，服從國民政府，至是 國父寢饋不忘之北伐事業，於 領袖領導之下遂完全實現矣。

未完

新臺灣建設的意義與前途（新年廣播詞）

李友邦

親愛的青年兄弟姊妹，親愛的父老們：

今天是元旦過後的第四天，正値大家忙着恭賀新禧並且都充滿新希望的愉快情緒的當兒，我再度來和大家說話，眞覺得有無限的快慰，除了應對大家恭祝健康納福外：謹提出我們今後努力的方向和認識，來和大家相協勉。我這兒所講的題目是新臺灣建設的意義和前途。

首先：是應該說明「新」和「舊」的意義，和「新」「舊」在時間空間上的判別，我們所謂「舊」，其意義不僅限於這兒過去一切的東西和其現象，固然我們這時起有了「新」的努力方向，這「新」的努力是要求着我們將來所有的一切成就，會不斷的進步和發展；可是去年八月十五日以後，中華民族的解放，却是我們臺灣新生的開端，也卽是我們今後個人及事業進展的基礎，故我們不完全指明它是「舊」的界綫，惟作爲檢討既往，和策勵未來的階段分野，則倒無不可。所以我們毋庸諱言，這個接管初期，祇是我們工作的開始，應待努力及糾正的地方，自然很多很多；但我們千萬別忘記，我們確已獲得進步和發展的良好基礎，並且我們在這基礎上也已獲得「新」的前途，我們應認識「舊」的界綫是八月十五日以前的整部歷史—日本帝國主義者五十一年的殖民地統治政策的整個內容。

大家不會忘記吧，「新臺灣建設」的口號，日本統治者也曾不知羞恥的叫喊着，然我們祇要追溯事實，五十一年來的臺灣爲誰建設，享受這建設効果的是誰？我們的同胞得到了什麽，這些問題想誰都會答得出來的。以我們六百萬同胞的血汗，來支持和培植日本帝國主義者的國力，同時並以其特殊主人的位置來剝削和奴役我們的同胞，甚至畢其野蠻手段，來侵略和蹂躪我們的祖國，這是如何値得我們憤恨和痛心的事情啊！過去臺灣的建設事業，我也不敢否認其成就，然我們勞力勞心的結果，只有忍受統治者的搾取，忍受統治者的壓迫，統治者吞沒了我們全部的精力仍不够，而必要吞沒我們全部的元氣，要我們的生命交他去殺制，這樣的建設，可以說在我們是毫無意義的。

但是這裡必須聲明，我作上述的論斷，不是取銷我們同胞在現有物質建設上的功勞，而是本於人類爲社會服務，應享受社會權利的天定規律，以反證日本統治者的「慘無人道」的狼毒心肝；尤其是不知羞恥地敢於提出「建設新臺灣」的口號。因此，我們肯定的說，過去所謂臺灣建設，根本就是日本帝國主義者用以「救人」「自救」的技倆和宣傳，那無恥的所謂「皇民奉公運動」，也不過這一技倆的延續而已。他們既不承認我們是「人」，永遠剝奪我們「人」的應有意識活動，我們現在應該予以認識和淸算。

9

我們的祖國，是我們生存和發展的母體，它有着悠長的文化傳統，有着淳厚的德性素養，更有着和我們不可分離的血統關係，它不但承認我們是「人」而且它一向是主張着「人」應該有人的意識和活動，它始終本着忠孝仁愛信義和平的美德，以著稱於世界，它過去雖然因限於力量，阻於命運，未能很快的把我們從火坑裏迅速救出來，可是它始終是關心我們，愛護我們的。現在它不惜任何犧牲，以八年餘的喋血抗戰，而把我們共同的敵人打倒，把我們的枷鎖解除，這是怎樣值得我們感激，值得我們愛護的祖國呀！

臺灣是中華民國原有的國土，我們是中華民族的兒女，過去的五十一年可算是長時間的淪陷，我們被迫而爲日本統治者的服役，好像是牠們的俘虜，我們知道過去的血汗是白流的，爲牠們建設其所需要的東西，爲自己構成精神物質生活的牢獄，而窮死悶死，這慘痛的景況，只衆我們生受，我們實在是莫可如何的啊！但是現在我們已是宣告解放了，今後我們永遠與中華民族同生存、共命運，故臺灣重建不僅僅有新的模型，而且確有新的特質，爲自己的幸福享受，爲子孫的快樂締造，爲人生意義的驅使，我們都應責無旁貸的負起這新的特質所賦與的建設使命，因爲這和以前的建設，其意義是完全不同的。

同時我們又要警惕，過去中華民族慘痛命運的鑄成，固然由於清代政治的腐敗，和不平等條約的束縛與其對各方面影響的深刻化，但國民道德的墮落，社會風氣的汚濁，相襲相因而不改，也爲其重要原因。鑒於此，我們爲求國家民族命運的澈底改造，爲求自己子孫幸福的長久保持，更非「懲前毖後」而努力於建設事業不可。這又是我們最主要的建設意義。

現在我們應該來討論到建設新臺灣的前途問題了，我以爲這問題的前提，將離不了我們的建國目的，誰都明白，三民主義是我們立國的最高原則，同時也是我們建國的總目標，而當前建國的基本工作，尤其要求文化，軍事與經濟的合一，那末臺灣是整個建國机構中的一環，自然也是不能例外，換句話，說臺灣的建設前途，根本不能離開三民主義，也不能不致力於文化，軍事與經濟合一的基本工作，那是絕對沒有疑義的。現在是在於怎樣爭取這個建設前途中的各項工作，能够順利進展，和怎樣保證這一前途的完全實現與成功的問題了。

要爭取新臺灣建設工作的進展，我在「迎接建國的新年」一文中已着重的指出，我們每個人的心理和倫理建設，應爲各項建設的起點，這就是說，我們首先要改變心理和倫理上那些不正確的觀念，特別是自私心和自利心，才能談到意志集中，力量集中，以完成這艱鉅的建設工作。反之，人人仍自私自利，再像是一盤散沙，爭奪援攘尙且不暇，怎樣能够建設呢？這裏我更要提出的，由於心理倫理觀念的錯誤，常會使我們看不淸事物的發展前途，認不到事物的現有特質，以，失却改革和改造的決心與信念，這都對建設工作有很大障碍的。我們既承認自己是解放，且是國民革命勝利的產物，而同時又沒有勇氣負起革命建國的使命，不是自相矛盾嗎？因此，我們應提高信心決心，不爲一時的社會現象所眩惑，而致力爭取建設工作的進展，才是對的呀！

至於建設前途的能否實現與成功？其關鍵完全在於我們，以我們現有的技術能力，而把過去爲日本統治者服役被迫被動的氣習轉變爲建設家鄉，建設自己樂土的自發自覺精神和勇氣，那是可以保障一定會成功的。

今天是建國的新年，我們返視過去，遠察未來，認爲今後新臺灣的建設，將視全體同胞的努力如何爲斷，而其建設前途也將視全體同胞的認識如何爲斷，事實告訴我們，三民主義旣是「抗戰必勝」的鎖鑰，自是「建國必成」的寶典，時機不再，希望全體同胞及時努力！

10

三民主義的政治建設

民政處處長周一鶚先生

第四期幹部講習會講詞

一、政治的眞諦

政治是什麼？ 總理講得最明白，最透澈。 總理說：政是衆人事，治是管理，管理衆人的事，便是政治。所謂衆人的事，是包括經濟，教育，文化，軍事等部門。因此 總理所講的政治，是指廣義的政治，現在一般人所講的政治，却是狹義的政治，實在就是行政 (Ad mi nis tratron) ，含有管理，處理的意思，而不是 Polities。我們常聽人說，你學什麼的，甲說：我是學政治的，乙說：我是學經濟的，丙說：我是學教育的。如果拿 總理對於政治下的定義來解釋，那麼大衆都是學政治的了。不過，甲學的是政治的行政管理，乙學的是政治的經濟，丙學的是政治的教育罷了。所以我們無論是學行政也好，辦教育也好，從事經濟事業也好，總之，我們都有一個共同的目的，便是怎樣把衆人的事管理得好。

我們要把衆人的事管好，不是容易的事，必須具備兩個條件，第一個是衆人要我們管的是什麼?可以說這是政治的方針。方針不對，不拿衆人的需要，政治一定是失敗的，第二個就是有了方針，如果沒有管理的方法，還是不行，管理的方法至少包括科學的精神，科學的技術，和政策的配合這三點。我們有了正確的方針，高尙的精神，統一的政策，以及優良的技術，政治的成果一定是很美滿的，日本政府統治本省先後五十一年，時間不可說不久，從形式上看來，他的統治是相當成功的，譬如都市的規劃，農工業的發展，交通的普及，電力水利的擴大利用，以及許多教育文化機關的設立，無論誰看來，都覺得他完全走上了近代化的途徑，可是，從實質上研究，他的統治完全失敗了。他失敗在那裏呢?。日本統治者的確有其堅强的辦事精神，也有統一的政策，以及相當優良的技術，可是他一直採取帝國主義的政策，所以不能有適合衆人需要的政治方針。沒有正確的政治方針。縱使有很好的政治方法，也祇做到 總理說的「治」的一方面。日本人以優越的地位，壓榨我們臺胞，不顧到臺胞的需要，顯明的沒有顧到正確的「政」的方面，他祇做到了 總理所說的「管理」而沒有做到 總理所說的「管理衆人的事。」他的失敗是必然的，我們從這裡便可以知道「政治」的眞諦了。

依照上面解釋，完美的政治，必須在適合衆人要求的最高方針和政策之下，確實做到管理衆人的事，爲要達到管理衆人的事的順利推行和普蓋事功，又必須配合各部門工作齊期並進，才能收到圓滿的效果。

二、民政與政治的關係

民政是處理行政上的一般事務的工作，是政治部門中的一部分，因此，它本身沒有單獨的目的也不能和整个政治脫節而有單獨的計劃。民政假如沒有政治的方針，這民政便不成爲人民的行政了。同時，民政假如不同其他的技術行政，以及技術的業務配合，民政便只有軀殼，而沒有內容，因此，在民政的立場來看，如果教育文化，經濟建設不成功，民政也就是失敗，反之，如果民政辦得不好，教育文化，經濟建設也無法成功的，本省的民政工作，也同樣的不能和整个政治脫節。

本省自舊臺灣總督投降後，我們立卽開展的工作是接管工作，就是要把政權從日本統治者手裏轉移過來，地方接管方面，組織了八個接管委員會，辦理各州廳以下各級行政的接管工作。明年起，可以說是我們開始建設新臺灣的時候，遵照　長官的指示，我們建設臺灣的唯一目標，是在實行三民主義，因此本省的民政工作，也就是三民主義的民政工作。

三、三民主義與民政工作

三民主義是我們建國的最高方針，也就是政治建議的最高方針。它的要義是在求民族地位的增進，民權政治的樹立和民衆生活的改善，最後達到國家建設的完成，與世界大同的實現。民政工作，在這最高方針下面，它的中心要求，當然也離不了這幾個目標。

三民主義的政治建設，從民政立場來說，祇是其中一部門，但這一部門的工作，在整个政治建設上是有很重大的關係。

我們從三民主義的精義來研究民政工作的任務，就發現從事民政工作者的

使命重大，先從民族主義說，要求民族地位的增進，是有兩方面的意義：第一是對外在求國際地位的平等，對內在求國內各民族的平等，但兩者有密切關係，國內各民族平等，才能取得對外的平等，也惟有要求對外平等，更須促進對內平等，民族地位的增進，不僅在使形式上的平等，更須促進民族生活的改造，民族健康的保持，民族道德的發揚，和民族風氣的改良，才能從民族本質的提高，達到實際地位的增進從而確保對外平等的地位。這一切都是實行民族主義的必要條件，也就是民政工作的重大任務。

民權主義是求民權政治的樹立，這是很明顯的和民政工作關係最切，民權政治的樹立，是在完成地方自治，以達到實施憲政爲目的，所謂民權政治，也卽是近代的民主政治，地方自治是民主政治的基礎，也是促進憲政實施的橋樑。我們要達到這目的，必須一面樹立遵守法紀的風氣，以奠定實施憲政的基礎，一面扶植地方自治團體的健全：以促進地方自治事業的開展，但在地方自治團體未建立前，必須建立地方各級行政機關，培養地方行政幹部人才，訓練人民行使四權，　爲三民主義的地方自治團體，不僅是一政治組織，同時也是个經濟組織。這具有兩大任務的團體，應該有嚴密組織和力量，是毫無疑義的，這種組織和力量培養訓練，就是民政工作的最迫切而重大的使命。

再說民生主義，大家知道這是包括節制資本和平均地權的兩大問題，但精義所在，是謀民衆生活的改善。我們就平均地權來說，它的最後目的是在使耕者有其地，如果地權的分配能够普遍，就不會形成土地資本，壟斷一切，同時也可用平均地權的方法來輔助節制資本的實施，達成社會財富的均衡和民衆生活的改善，平均地權在行政上的直接工作，是地政業務，間接的工作，是水利業務，這兩大工作在本省都是由民政處主管的。輔助實施節制資本的另一方面，是要使消費分配的社會化，這便是合作事業的主要任務。至

12

如貧苦孤弱者的安養，慈善救護的舉辦，社會福利的實施，都是達到改善民衆生活的最要工作，也是實行民生主義的必要條件，無不在民政工作範圍之內。

三民主義的民政工作，雖然就三方面來分析，但有不可分的關係，正如三民主義理論完整性的一樣，它是相須相成，而有一个中心目標懸在前面的。再經整个政治建設來說，民政工作，是在整个政治建設中的一環，把各部門的環連結起來，才够推動整个的政治，促成三民主義的建設的實現。

四、三民主義民政工作的內容

上面所說，是三民主義和民政工作的關係，是偏重於原則的說明，現在就主管範圍內，具體的提出幾個問題來討論。先從民族主義方面來說，臺灣光復後，許多人就注意到高山族的待遇問題。高山族一向被日本統治者歧視，壓迫，雖然日本統治者給他辦了學校，設了醫所，傳授他新的生產方法，可是日本統治者的用心，無非是施些小惠，買好民心，不致出以反抗罷了。日本統治者是始終以野蠻民族落後民族看待高山族同胞的。我們却要本着民族平等的原則，在臺灣無論是平地的，山地的，任何角落的，都是一律平等待遇的，高山族同胞過去被封鎖在山內，對於政治的認識也許比較淺一點，我們也得要好好地輔導他們，本處正在擬訂對於高山族同胞的工作綱要，預定從行政設施，教育，生產，和生活風俗改良上，來指導他們，使他們得到進步。

關於民族生活的改造，我們必須要禁絕鴉片的毒害。日本統治者在臺灣以鴉片爲專賣品，是摧殘臺灣同胞最大的陰謀，也是他所在臺灣遺留下來的最大禍害。本處本着　長官的指示，擬定半年內禁絕煙毒的計劃，已開始實施。增進民族健康，目的是在減少死亡比率，如　總理所指出中國人口增加率很低的危險死亡率減少的反面，就是平均壽數的增加。要平均壽數的增加，必須充實衛生醫藥的設備積極提倡民族的健康。我們爲要實現　長官所指示的醫療機會平等，正在準備建立公醫制度，使人人不僅有學校讀書也要有醫院可以治病。一方面對於公共衛生力求改良，都市鄉村的規劃力求進步，環境美化，疫病防除，同時推廣衛生教育，使全省人民都保持康樂健全的生活。不過人多不一定就是國富民强，還要每一個人都有愛國熱誠民族精神。總理在民族主義方面一再提到恢復我們民族固有道德——忠、孝、仁、愛、信、義、和、平——便是這個道理。因此，我們要建設新臺灣，起頭便要提倡新風氣。從各部門的領導人起，一直到社會的各個階層，都自動的打破日本統治者所造成的淫靡奢侈的不良風氣，進而養成只盡義務不爭權利的風氣。那麼道德是固有的，而精神都是新生的，

以上所講的便是本處地方行政，社會，衛生，和都市營建這些部門的工作範圍。

其次講到民權主義我們第一要建立地方各級行政機關使政務的處理有條不紊，自明年起我們要依照原有州廳的區域設立八個縣另在原有市的區域除了宜蘭花蓮兩地外設立九個省轄市，郡役所改爲區署，街庄改爲鄉鎮，鄉鎮之下的編制爲村里，這種更改，完全是要使臺灣地方制度和中央符合成爲整个國家的一環。

建立地方各級行政機關，我們有三個原則。第一原則，是要組織業務配合。日本統治者把臺灣看做殖民地，所以不管業務是否需要，人員和機構總是設立起來。橫豎享受的是他們，流汗的是臺胞。我們對于日本統治者在臺灣的設施。曾作一種深入的研究，各州廳市郡方面，許多机構是過于龐大，人員幾乎可以減少一半，街庄方面也可以減少三分之一，這樣經費就可以節省很多了。第二個原則，是要由組織培養人才。本省過去受日本統治者的歧

視，沒有機會參加行政工作。根據我們最近的統計，在臺灣的日本人，每一四八人中就有一個荐任官，臺灣人却要二五六、五三九人中才有一個人當得上荐任官在這種情形之下，那裡能談得上政治地位呢！陳長官隨時指示我們，必須從組織中培養地方人才。我們臺籍的人才并不少，而在行政組織上有經驗的却很少，所以我們必須注意培養。第三個原則，是要體察全臺胞的需要，立定計劃講求效率。不過我們立定計劃必須有遠大的眼光，遠大的抱負，決不在攷慮一時的或一部份的利害，而是要在全民的福利上來設計，同時從方法方面，要講求科學的辦事方法，實行分層負責。一般工作人員又必須以作戰的精神，來辦理事務希望一個人做好兩個人的工作，一天做好兩天的事情。

建立了行政機關，以實行治權，只實行了民權主義的一部份，我們還要建立運用民權的機關，這就是各級民意機關，我們預定自明年起，分期成立村里民大會，鄉鎮民代表會，縣參議會，省參議會，使人民的公意能盡量發揮出來，作施政的準則，我們的民意機關，和日本統治者所御用的民意機關完全不同，第一我們要真正的由人民選出代表，而不是由官廳指派一部份，第二，我們對于選舉權并沒有不合理的限制。我們希望民權的運用，以及民權主義的實行，能在建設新臺灣的途徑中做個示範。

地方自治的眞正意義，是發揮人民組織的力量，也是遵守法紀精神的表現，民權主義中講平等，自由，說得很透徹，講平等是講眞平等，不是假平等，凡遵守法律，任何人都一律遵守，這是眞平等，講自由是講團體的自由組織的自由，而不是講個人的自由。總理在民族主義中，說我們中華民族是一盤散沙，就是個個人太自由了的緣故，自由不是放縱，平等不是紊亂。我們要在推行地方自治中，發揮整個組織的力量，表現守法的精神，才能稱爲三民主義的政治建設。

民族主義不過是我們的精神，民權主義不過是我們的制度，而民生主義才是我們革命的目的。縱使我們的行政辦得好，建設也够得上近代化，地方也很富足，而如果沒有實行民生主義，那麽我們的政治，還是失敗的。因此，我們一切的努力，在求民生主義的實現。

談到民生主義的民政，平均民權就是極鉅大的工作，我們當然要隨時遵照中央的指示，分期辦理。第一步對于土地區劃如何才是合理地價如何才算公允，地籍整理如何才算合理？這些都是本處地政局當前應該辦的事情。我們對于土地，還要加以合理的利用除了擴充面積，選擇品種，增加肥料，使用機器之外，還有一個很重要的工作，便是修整水利。河川水利，農田水利的利用，也是本處的業務，關于消費分配的社會化，這是合作事業的任務，正在積極規劃開展，貧苦孤弱如何使其安養，各種職業的生產者如何使其發揮最高度的效能，這是社會行政應盡的責任。如果這些事業能逐漸發展，民衆生活必能逐漸良善，社會福利事業也就一天一天的普遍了。

五、結　言

總括的說，三民主義的政治建設，是在適合群衆需要的最高政策和方針之下，確實的做到管理衆人的事，民政工作就是管理衆人的事的一部份重要工作，第一要使所管理的衆人，團結起來，從地位的平等，達到生活風氣的改造。第二要使所管理的衆人，組織起來，在守法負責的範圍內，充分發揮每一個人的聰明才智。第三是使衆人的生活安定起來，在享受大衆化的條件下，爲謀公共福利的完成。這一切都是實行三民主義的必要條件，但希望三民主義理想實現，還得要配合其他部門的技術行政和業務。如經濟，文化，軍事等各種事業設施。因此，三民主義的民政工作，是在一个大政治方針之下，以羣衆爲本位，運用科學技術，和其他有關行政，共同促成三民主義政治建設的一个偉大工作，這一點我們應該要充分認識的。國府 蔣主席說過，現在的時代是科學的羣衆時代。蔣主席訓示我們說：「所有的努力一定要爲羣衆而不能僅爲個人，一定要利他愛羣，而不能自私自利。」又說：「現代革命事業必須爲羣衆而奮鬬由羣衆來參加，一切都不能離開羣衆本位，這是不可忽略的時代特徵之一。」他又說：「現代之所以成爲現代一切都是科學知識發達，和科學精神普及的結果。」所以必須把羣衆本位，和科學精神結合起來，才能使事業有人類的價值。

三民主義政治建設的最重要的方法，就是要把羣衆本位和科學精神結合起來，充分發揮管理衆人的事的功能。我們從日本敗亡的事實來看，就可發現他們致病的根源，他們縱然有許多如三菱，三井，之類的財閥，也有許多科學家，而日本大衆的生活還是很苦，結局只有敗亡！，所以我希望建設新臺灣，必須站在羣衆的基礎上。然後我們的工作才有意義我們對以人羣才有貢獻。

我們從事民政工作的同志，必須要瞭解政治的眞諦，認識時代的需要，才能把各部份的知識各部份的技術統一聯繫，共求發展！， 陳長官常指示我們，全體大於局部，凡事要把眼光放在全體上，單求一部份的進步是不够的，這就是三民主義政治建設的基本態度，三民主義的民政工作者的態度，也不外如此。

建設年臺灣青年的任務

林紫貴

過去五六十年，是中華民族危急存亡險象環生的時期。我們青年由於世界潮流的啓示，覺悟了起來，衝出了封建的牢獄，從死的威脅中作生的奮鬬。然而適於這個時期，臺灣淪爲日本的殖民地。臺灣青年被踐踏在異族的鐵蹄之下，不能跟祖國青年並肩前進，迎上時代的光輝，只有以奴隸的身份，度着悠長而愁苦的歲月，這是何等的悲痛。

今天，我們戰勝了侵略者，收復臺灣，黑暗已經成爲陳迹，光明重新來臨。此時此地的臺灣青年，可以在祖國溫暖的懷抱裡，接受三民主義的愛撫，大家比起許多前輩來，幸與不幸，確有天淵之別。

爲了爭取臺灣青年的幸運，曾經洒過多少熱血，拋過多少頭顱，全民族用了多少力量來完成這一空前的事業。臺灣青年應當認識這幸運獲得的不易，珍視這幸運，努力保有這幸運所久遠。基於這個偉大的要求，臺灣青年要確立人生觀，相信自己的力量，善用自己的力量。緊記着 國父對青年的訓示「要立志做大事，不可存心做大官」。我們往往把青年稱爲國家的柱石，社會的中堅，便是指這立志做大事的青年而言。

什麼才叫做大事呢？關於這層，我們可以分爲空間和時間兩方面來加以解釋。就空間來說，青年必須瞭解「生活的目的，在增進人類全體的生活」，看

一三

15

輕小我，看重大我，完全以利他的精神，將個人的心思才力貢獻於大多數人，使大多數人獲得幸福，其次談到時間方面，青年應當瞭解「生命的意義，在創造宇宙繼起的生命」，不獨要立志爲此時的人羣造福，並且要立志使千年萬世的人羣受惠。總而言之，青年必須認識人生除了服務，便沒有其他的意義了。

基於這個立志做大事的前提，臺灣青年當前的任務又是什麼呢？，我們戰勝了侵略者後的工作，應當集中於建設三民主義的新臺灣，建設現代化的新中國這一課題之上。眞理告訴我們，唯有三民主義在臺灣全盤實現，臺灣的命運才算眞正改造，唯有使中國整個成爲現代化的國家，中國才算眞正得救，才能有富强康樂的一天。

今年，是建設新臺灣與新中國的開端，各方面都已對這偉大的工程奏出了前曲。臺灣青年面臨這個時代的要求，必須有何種的努力，來互相配合呢？我們認爲首要的工作，該是心理建設和物質建設。所謂心理建設的急務在於轉移風氣，物質建設的首要該是研求科學。這裡我們且就這兩方面的略加以說明：

一、轉移風氣　中國由於過去受列强不平等條約的束縛，影响一般社會風氣，日趨敗懷。而臺灣被日本統治了五十年，殖民地的奴隸生活，勢不免養成奔將諂佚，狂妄沮喪的種種習性，這些習性不澈底革除，不但要傷及自己新的身份之尊嚴，而且會阻碍一切建設工作之進行。因此臺灣青年應當以轉移風氣爲己任。根据歷史的事實，一種善良風氣之造成，往往是由於少數人的努力倡導。所謂「君子之德風，小人之德草，草上之風必偃」便是這個道理。希望臺灣青年人人都成爲草上之風，從本身做起，以感召全體臺胞，同向更新之路，並肩前進。

二、研求科學　二十世紀是科學時代，科學落沒的國家，自然不易立足於世界，作生存的競爭。所以我們談建國，便要做科學建設的工作。臺灣在科學方面，由於地理環境的優越，由於臺胞智識水準的整齊，已經有了良好的基礎，確是中國最堅强之一環。利用這一强點，臺灣青年應當以迎頭趕上的精神，努力研求科學，學習科學的應用技術，爲祖國建立健全的國防體系，爲中華民族改善生活，爭取更高的地位。

我們往往把青年時代稱爲黃金時代，這在此時此地的臺灣青年，更可以說名符其實。然而臺灣青年能不能永遠保有這個寶貴的時代，就要看大家能不能切實負起時代賦予的任務，對上述兩項工作集全力以赴之了。

本刊啓事

一、現因紙價飛漲本刊從本期起略予增價。

二、徵求基本讀者一萬戶定至二月十日截止。

16

學術研究

農村經濟講話

王儀

我國以農立國，農村是國家的基礎，農村經濟的破產，也就是國家經濟的破產，世界各國，除特別情形外，其迭次發生革命，大概都由於農民生活的不安定。而紛亂之起，幾無不以農民問題有關。農民爲組成農村的成員。我們在此處所用農村之名辭，是指生產方法以農業爲主體的區域，在今日世界上，一個純粹的農業區域很少，都有手工業或家庭工業和農業相互存在，但若這個區域的主要生產業是農業，則此區域就可稱之爲農村。近代有人主張將農業一個名稱，來指一切生產，比較的直接從自然取得者，除耕種蠶桑而外，再包括園藝，畜牧，林業，漁業，礦業等不爲無見。

農村經濟當然是指農村人民的生活活動，但不可和農業經濟相混。農業經濟是以農場爲對象，完全是一個耕殖方面的技巧問題，其研究之目的，是在佈置得宜的農場，以低廉的資本產生大量的收穫。研究農村經濟的目的，是不但要使農場的技術增進，且要使這種增進能和農人生活的一切條件相配合。譬如農產物增多之後，有時因市面上的不景氣，反而價格低落，或因國外來源之競爭劇烈，以致銷路阻滯，則對於農人生活並無利益可言，這些問題，就不是單靠農業經濟所能解決，而是農村經濟範圍以內的事。農村經濟的對象，是在使從事農業的人民增進生產，改良生活，同時其服務又能對國家與社會作爲一種有利的貢獻。

一、農村經濟的意義

農村經濟是經濟學的一個分枝，要明瞭農村經濟的意義，應先明瞭經濟學的內容。經濟學是研究經濟的，但經濟是什麼？簡單的說：經濟是人類從事物質的生產與分配過程中所發生的各種社會生產關係的總和。經濟學就是研究社會生產關係的科學。

什麼叫做社會生產關係？社會生產關係，是人類社會關係中最基本的一種。人類在共同生活中所發生的社會關係，不僅生產關係一種，還有種族關係，政治關係，法權關係等。不過生產關係是各種社會關係中最基本的一種。例如農業奴隸與他們所有者的關係，佃農與地主的關係，產業工人與僱主的關係，借貸關係，貿易關係等是。經濟學所研究的不是一切社會關係，而是基於物質的生產與分配而發生的社會關係，就是社會生產關係，簡稱爲生產關係。

人類社會生產關係的發展，由簡而繁，古代社會以農業爲主要生產方法，社會生產關係的發生，亦限於農業。現代社會進步，產業發達，社會生產關係亦隨而複雜。經濟學的研究對象是社會生產關係，農村經濟的研究對象爲經濟學研究對象中的一部份，就是農業的生產關係，說得精確些，就是農業生產的社會關係。

二、農業的起源與發展

原始社會的人類，以採集野菜，捞摸魚蝦鳥卵爲生活，即是所謂「採集經濟」時代。當時人類採集野菜不免有時遺落土中，經過相當時日。忽然發芽生長，這現象的反復出現，引起了原始人的注意，於是也開始有意的種植，這是農業萌芽時期。隨着畜牧的發展，飼料的種植亦感需要，於是常在一定的地方種植可以飼畜的植物，這時農業確已發生，但尚未成爲當時人類的主要生産方法。

人類進化的［illegible］大同小異，世界各種族農業起源情形亦大致類似。由於近百年來古物的發現，我國在新石器時代（殷代）已經有農業發生了。人類於是有五谷爲食，食料問題漸趨緩和，定居之家族社會亦由是而生矣。

人類進入農業時代以後，其生産方式亦可分爲六個階段。

1. 鋤耕時代：人類尚未知用犂及畜力以前，祇用人力以鋤或鍬，挖掘地下可供食用之植物，這個時期人類食物，多屬根類，落芋或豆及野菜，而谷物食少。

2. 燒野時代：人類將天然之林木及野草焚去而播種於上，取其自生，不知耕耘或施肥，年年繼續播種同一之植物，俟地力竭後乃焚燒他處草木，另行擇地播種，此時代之人類，同時尚兼營漁獵。

3. 二圃或三圃時代：此時期之農民將田劃分兩區，輪流休耕或種植春季或冬季穀物。三圃者與分田爲三區，其一休耕，其一種小麥，黑麥，其一種大麥，玉米及豆類，故此時期之糧食，變爲五谷及豆。

4. 牧草式農業：將田之一部植芻草作爲固定之牧場，故此時家畜肉類之供給，比較尚多。

5. 輪種時代：人類最初將地連續種同一作物，其後即知應用休耕以保地力，至此時期人類始知種植豆料植物以代耕，糧食生産大增。

6. 園藝時代：此乃人口密度繼續加增後，農業發達最集約之時，其糧食生産之種類無若何之變化，惟施肥灌溉及耕耘技術較前進步，故與土地單位之食糧生産效率較前大爲增加。

農業的發展與社會的發展相適應。人類社會由原始共産社會進入奴隸社會，再發展到封建社會，資本主義社會與社會主義社會。農業的形態亦由原始的共同勞働發展到奴隸制的農業，封建的農奴制與佃農制的農業，再發展到資本主義與社會主義的農業，資本主義的農業與社會主義的農業，在技術上亦許沒有什麽差異，但它們的生産關係却截然不同！前者是建築在搾取剩餘價值（農業資本家對農業勞動者的搾取）的基礎之上，而後者是建築在合理的生産分配基礎之上的。

到資本主義發展到帝國主義時，海外即産生了殖民地與半殖民地，殖民地與半殖民地是帝國主義國家的海外市場與原料供給地，亦就是它經濟侵略的對象。前者已喪失主權，由一宗主國來統治，後者雖名義上尚保持獨立，但受不平等條約的束縛，等於列强的公共殖民地。殖民地與半殖民地的經濟是帝國主義的附庸，處處受帝國主義者侵略的影響，因此農業的發展亦呈現特殊的形態了。

三、農業的特色及其要素

農業在生産事業中，具有一種特色，較之工業相差殊甚，農業界各種事情，較之其他産業所以有種種特異之點，即因農業在産業上有其特別色彩的緣故。欲明白農業的經濟現象與法則，與工商業所以相異者，必須先研究農業之特性。

(1) 經營農業以土地爲根本的基礎：凡經營生産事業，土地爲一要素自不待言。惟農業之利用土地之程度最深，故農業是以國家的領土，爲其生産的基本要素，由此意義說來，農業是一國的基本産業。

(2) 農業的生産力須受自然的支配：農業生産力的大小有許多條件來決定，如土壤的物理的化學的性質，以及日光，溫度，濕度，空氣，等來決定。然而這些狀況是與地理上的位置有關，所以不能任人類的意旨來改變的。再就土壤物理的化學的性質來說，雖然在相當程度內可以人力來改良，如施肥耨鋤。但是在現代農業技術情形之下以及經濟制度之下，還是不能脫離自然的支配，因之農業生産力，難免要受報酬漸減法則之支配。

(3) 農業的作業是季節的，分散的生産：農業的生産要受季節的支配，播種有播種的季節，收穫有收穫的季節，其外如除草，施肥也各有定時，這種季節的關係，不能以人意來改變，因爲農業生産是有機的，要受生物學法則的支配，它的生産過程，也不能由我們任意的縮短，因之農業勞働，就不能做緻密的分工，所以各季節的工作，便有忙閒之別，大概夏季較忙，冬季較閒。因爲這個緣故，農業勞働在各季節，就不能有平均的使用，以致往往在極忙時，難免有勞力供給不足，在閒時又有勞力供給過剩的情形。

(4) 農業作業是分散的，不能爲場所的集中，因爲農業主要生産手段是土地，不能因人力而集中，因之農業勞働者不能像工業勞働者一樣的集合工作，所以對於農業勞働者的監督是最困難的事。

農業生産不能充分利用機器：農業生産不能充分利用機器，機器要在相當的經營面積上才能作有效的施用，然而現在一般的農地因爲受了自然和社會的原因，大概是區劃過小，形狀不齊，因爲這個緣故，所以對機器的利用當然不大適宜。所謂自然的原因是指地勢的起伏的自然狀態而說。社會的原因是指土地所有權的移轉而漸漸的細分。自然的原因如用人力除去則很困難而社會的原因，則可因社會制度之變更而消滅。

(5) 農業生産不能適應市況：農業生産要受自然的支配，所以它的生産期間也不能不受自然的限制，就耕作上而言，普通作物從栽種起至收穫止，至少也需數月，多則需數年以上。生産期間在一年以上，其經營時間不消說也在一年以上，就是兩三個月可以收穫的作物，也因爲普通每年只能收穫一次，則其經營轉換期間也在一年，所以農業經營者很難因市場的需要情形，而適當的增減其生産物的供給量。

農業之經營，土地，資本，勞力三者不可缺一，故土地資本與勞力稱爲農業三要素。不過因爲農業依賴土地的程度較深，所以它在農業生産要素中佔到重要的地位。

以下將這三個要素分別加以說明。

(1) 土地與農業：生産要素中的所謂土地，不僅包括可耕的沃壤，凡泥沙，水分，空氣，日光，氣候等均包括在內，因爲這種自然物，都是生産上必不可少的東西，所以有許多經濟學者多以「自然」來包括「土地」如MARSHALL氏所謂「土地爲自然界在水陸空氣光熱中所自由助給人類之物質與熱力」即主此說。

土地對農業所生的效用，普通僅從它的自然性上去研究，還是十分不够的。土地的自然狀況固然有很大的差異，但它決不是左右農業發展的基本因素，因爲土地對農業生産所生的效用，除了它的自然狀況外，還有各種社會的因素，最重要的是土地所有權的問題。自耕農與佃農以同樣的資本與勞力去耕種同一自然狀況的土地，但所得的結果則大不相同。其次是農業技術問題。同樣一塊土地，用不同的技術去經營結果亦不相同。再其次是交通問題。交通的發達亦可變更土地對農業所生的效用。所以我們在研究農業生產要素的土地自然狀況外，決不可忽視了土地所有權，農業生產技術與交通諸問題。

(2) 勞力與農業：生產要素中的所謂勞力，是指人的勞力應用於生產而言，至於風力，水力及畜力，機器力等自不包括在內，因爲風力與水力是自然物，應歸入土地（自然要素）範圍以內，畜力與機器力是工具的應用，應歸入資本範圍以內。勞力效果的大小，主要的是因勞動制度的不同而有差異，勞動制度則因社會制度而不同。奴隷社會的勞動制度是強迫勞動，封建社會的勞動制度是自由勞動。後者的效力效果自比前者爲高，以搾取剩餘價值爲基礎的資本主義的勞動制度，與無階級無搾取的社會主義勞動制度，兩者的勞力效果，自然也大不相同。

(3) 資本與農業：生產要素中的資本有兩種，一是固定資本，一是流動資本。亦稱不變資本與可變資本。前者是房屋，機器，工具等比較固定不變的資本，後者是肥料種子，工業原料等須時時補充的資本。農業資本的運用，也和其他產業組織同一原理，固定資本不足，則設備不周，流通資本不足，則週轉困難，都足以使生產的效果減低。

四、農業的重要

人類的生存資料，必得之於物質，換言之，其生活資料最後必來自土地深水中，不過若不把人類作一整體，而僅將其組員分作各個人言時，則從表面看，某個私人，固能從另一私人身上求得自己的生存。所以人類求生之道，可分爲經濟的非經濟的，經濟的方法，個人生存的成功，對別人非特沒有傷害，而且還有利益。非經濟的方法，其個人生存的成功，則完全基於損害他人，在道德，在法律，在個人在團體社會皆所不取。經濟的方法則必須從事於產業，產業中初級產業爲基本產業，農業則爲初級產業中的最首要者，人類生存資料什九產自農業，故農業亦可謂人類生存的最基本之業也。

試錄表如左

- 人類求生之道
  - 經濟的
    - 初級產業
      - 採伐工業
        - 打捕魚
        - 牧草伐木開礦
      - 再生產業
        - 農業
        - 造林
        - 養魚
    - 次級產業
      - 製造（狹義工業）
      - 運
      - 販賣
    - 勞役
      - 醫學
      - 公務
      - 服役
  - 非經濟的
    - 破壞者
      - 戰爭
      - 掠奪
      - 詐
      - 壟斷
    - 非破壞者
      - 土地之增價
      - 結婚財產
      - 繼承財

吾人若進一步觀察，農業所貢獻於社會國家及國民經濟與其對於國家社會所負之責任，實不勝枚舉，茲舉其重要者如下：

1. 供給國民以直接生活的資料：國民生活中所必不可缺者是食糧，農業則負其最大供給的任務，亦即佔產業上重要的原因，蓋國民必要的食糧，其大部或全部能否在國內生產，與一國的獨立有莫大的關係，第一次大戰時，德，意，俄所遭遇的困難，雖各有不同，其缺乏食糧的教訓猶在，即在平時而論，一國的食糧不能自給，兇歉之歲自不待言，即使不遭荒旱之年，入超弱點的暴露，亦常使外交與貿易上處於不利的地位。

2. 供給工業的原料及其補助的原料：世界工業國產額最多者，如織維工業的棉布，毛織，糧食。製造業的製粉，精米以及皮革等，其主要原料，全部皆爲農業產品，故欲使工業隆盛，其原料及補助原料的供給安全與價廉，實爲必要。換言之，農產的供給豐富，即爲振興工業的基本條件。且工人食糧供給難易，亦大有關係，由此可知工業的生產與農業實有密切的關係。

3. 農業使人民强健人口增殖：農業經營者既利用廣大的自然力，則空氣陽光新鮮與充分，以及勞動之於身體各部均能致體力於强健，此爲都市人民所不及者一也。農村生活安閒平易，不如都市生活的刺激神經，故其生活雖屬粗衣惡食，衛生設備不甚發達，但流行病的損害，又較都會爲少，此爲都市人民所不及者二也。以康健身體，生活又復規律有序，所以人口的生殖率增高，都市居民常因生活困難而致晚婚且有礙風化之事盛行，所以人口的生殖率降低，此爲都市居民所不及者三也。

4. 農民思想穩健：農業隨季節而工作，其產業受自然的影響大，故農人多受自然的感化，而親於自然，且因散佈於廣大地域而營其生活之故，人與人的交涉少，而欺詐之風亦稀，天眞爛漫，崇尚秩序，生活的形式，大抵異於變化，雖易流於保守與因循，但篤實厚樸而無輕挑浮薄之俗，且鄉黨相互的社會制裁頗嚴，故能維持道德而促上進，且對鄉土觀念頗强。此所以爲一國國民的搖籃地而爲愛國心之源泉也。

5. 農業包容人口力大：農業組織是一種集約方式，故包容人口的力很大，蓋無適當職業，而生活艱難之處，人口決不能繁殖，雖近今商工業收養人口力增大，但亦即爲現代都市不景氣產生失業的嚴重問題，是則農村包容人口的功績，更不可漠視了。

6. 農村有支持都市繁榮的經濟能力：工業產品的原料或補助原料，大部皆爲農業產品，原料發生困難，工業自難發展，工業不發展，都市自然無從繁榮，且農業包容的人口既廣，對於商品的購買亦直接影響市場，故農村與都市的繁榮是相互而行。

繼承羅斯福的外交政策

波勒斯（BOLLE）作

譯自八月份美國外交政策報告

當七月份杜魯門總統和邱吉爾首相。史達林委員長參加波茨坦會議以後，杜魯門從前宣佈，美國必須繼續執行他從他的前任，今年四月十三日逝世的羅斯福總統繼承下來的外交政策，他這個意志首先表現在他對于舊金山聯合國會議所成立的國際組織的極力支持，使它實現了，已由羅斯福總統奠定好基礎的國際安全合作的綱領，杜魯門對于已由羅斯福在今年二月，克里米亞會議中，初步形成的歐洲問題解決方案，堅持美國的政策，廣泛地說來，主要地表現，在舊金山和波茨坦決議的政策，根據于一種觀念，僅在六年以前，這個政策，還是被拒棄的，在一九三九年，大多數的美國人，相信美國可以和世界上其他事件絕緣，這是保護美國幸福的一個最好的方法，但是在今天，由于一九四一年十二月七日，開始的長期而艱苦的戰爭，獲得的結果，大多數的美國人，已經相信，美國的幸福，是和世界上所有的其他國家的幸福，密切聯系着的了，世界上任何一地的戰爭，騷擾，都會威脅到美國，為了增進一般的幸福，和維持美國的和平，美國必須積極地參加到處置世界各洲的政治，和經濟問題中去。

羅斯福轉變了美國人民的觀念

美國進入這個狹實，為了它自身的幸福和安全，美國也必須在世界事件中，扮演一個負責的角色，是羅斯福執政十二年以來，最出色的一件大事，羅斯福外交政策的目的，是希望下面這個建議，能在國內和國外，得到擁護，這個建議就是依賴于一個以法律為基礎的世界秩序制度的世界安全，在羅斯福以前，亦曾有幾位總統，相信美國有國際的政治義務，但是這種信任，除掉被限制于西半球的汎美主義，和門羅主義，以外却從未獲得普遍的持久擁護，當新的觀念，已經被具體地採納時，即被狄奥多羅斯福（The Odore-Roose Verlt）在阿爾幾西拉斯會議運用時，政府仍然密切地執行，後來，當它被公開執行的時候，它常常只是有關于一般的形勢，而不需要美國放棄傳統的政策，即是不需要美國放棄「不侵入，不干涉，或不捲入任何外國的政治問題或內政」的政策，美國堅持着避免使用武力，支持政策的約束。

羅斯福做總統的時候，正值國際局勢處于嚴重的騷擾階段，這種騷擾，曾在一個時候，加强了美國「不侵入，不干涉，不捲入」的孤立政策，但是同時，羅斯福和他的第一任國務卿赫爾，却曾考慮到建立一個以法律為基礎的世界秩序制度，為了保持和平，有立即建立的必要，羅斯福政府，在一九三三年到一九三九年，正當德，義，日三國積極準備世界大戰，對于法律文明的國際習慣，和其他的列强，逐漸表示蔑視的時候，極想努力獲得對于負責政策的普遍支持，但是他的努力，徒然白費了，阻止採納實際負責政府的主要障礙，便是美國的孤立政策，和西歐國家的冷淡，那個時候，他們的利益，正在受着德，義的威脅，但是自一九三九年到一九四五年，美國人民的態度，便逐漸改變了，一直到美國準備接受負責的觀念爲止，同時其他的國家也爲生死鬬爭，這個可怕的眞實所迫，從冷淡中站起來了，一九四三年莫斯科會議，四大領導國家，中，美，英，蘇聯，聯合宣佈了合作的綱領。

羅斯福總統領導着一般人，對于外交事件態度的改變，使用着和平的方法，完成符合於美國的，政治習慣，以焦慮着國外戰爭所能給予美國的種種危險，企圖在人民準備擁護採取到的觀念以前，先就實行新的觀念，這樣的做法，可能損害國家的統一，並且嚴重地削弱他在被攻擊之下，保衛自己的能力，——也許同時使羅斯福總統在政治上遭到危機，——羅斯福的混合技巧，遠謀，堅決，和戰略佈置，終于獲得了美國人民對于他的國際主義立場的普遍擁護，在一九三九年，歐戰的爆發，和一九四一年日本向珍珠港的進攻，是使美國人民對於外交事件轉變態度的兩個主要因素，但是假使羅斯福沒有事先準備，使美國人民了解這兩個重大事件的教訓，態度的改變，一定會來的很慢，或者不會這樣完全，當他在外交事件中，採取每一個主要的步驟時，羅斯福除掉偶然地，很少錯誤以外，他總是非常敏捷地，接近人民的意見，最初他一點一點地指出，他覺得美國所應該採取的方針，然後當人民跟從了他所發出的號召以後，便叫人民做他的領導，這種號召，遠超過傳統的政策，而領導人民進入這樣一個廣泛的考慮，「只有運用我們的力量和影響，來實現我們所信仰的，和所奮鬬的原則，我們方才能够完成維持我們自己國家安全的責任」

生存之戰

美國外交政策的主要爭論，存在於孤立主義派，和國際主義派之間的爭論，直到一九四一年爲止，基本地是反映於下面這個問題上，美國和它的政治經濟制度，如何能面迎着一個國外戰爭，而繼續最好的生存，國際主義者的羅斯福，顯而易見地，他認爲唯一的解救方法，是積極反對侵略者，他們的目的，似乎是威脅美國的幸福，有一次在一個坦白的批評中，他曾經給這次戰爭下了一個定義，「生存之戰」，他認爲美國是否應該戰鬬，主要地，「殺人」，或者，「被殺人」的問題，美國的確曾經從戰爭中，將自己從外來的侵略和統治中，解救了出來，美國也的確防止了納粹主義，和法西斯主義的教條，對于美國和其他國家欺騙。

羅斯福不是一個理想主義者

這樣說來，美國打擊軸心份子，是爲了防止侵略國家危及他自身的生存，似乎比摧毀法西斯主義者，和獨裁者更爲重要了，在實際的外交政策中，羅斯福不是一個好戰的十字軍兵士，專心于將美國的民主，施行于缺乏的國家，在整個戰爭中間，和當德國威脅着地中海的時候，和以後羅斯福和不民主的領袖，諸如西班牙的佛朗哥談判，證明他的行動是有戰略需要，他有一個保守的思想，願意和現存政府商談，不論這個政府的性質如何，然而他常常希望民主能够廣佈予全世界，在他作公開的演講時，他常常比較喜歡用人民兩個字，而不喜歡用政府這兩個字。

從他的演講當中，羅斯福並不僅僅強調生存這一個問題，他常常鼓勵人民，從戰爭中去尋找一些特別適合于美國完善觀念的，對于世界事件；一種道又的和理念的調整的，具體的收獲，大西洋憲章，曾對這個懷抱了幻想，以後的事實，卻不能完全把它實踐，因爲羅斯福的話，和行動，似乎常常是矛盾的，他使一些支持他的人，和懷抱着許多希望的人們失望了，但是他對于民主的濃厚興趣，和對于人類的道義幸福的光輝，演說在世界上仍留下了標記，反映在他的言辭中的，對于問題的了解，和我們這個時代的精神，向其世界廣擴着，將來的希望，光陰一天天的渡過去，羅斯福亦逐漸深刻地了解存在于美國政策和美國理想之間，那些艱苦事實的距離，在他最後一次生病以前，羅斯福于一九四五年三月一日，對國會的演講中說，我們永遠不能以理想的解決，把國際弄得複雜，雖然我們將繼續不斷地，堅決地向我們的理想奮鬭，終于羅斯福政策領導了國際行動，在布里敦森林協定中，爲了改進世界的經濟和社會的條件，而決定了一個國際銀行，和國際基金，在大西洋城協定，決定了善後救濟，並且在溫泉協定，決定了一個糧食和農業組織，從這些行動，又導出了建立一個國際安全組織的計劃，在羅斯福看來，這個組織，是可以加強持久和平的前途的。

合作政策

美國不能希望世界各地都實現它自己的完善和正義的觀念，羅斯福計劃實現，美國新觀念的政策中心，應該是美國和其他國家，不論在西半球以內，或者以外的國家，一起合作保持和平，減少戰爭的原因，美國在歐洲緩慢地發展，這個合作政策，把他最先施之於英國，使一九三九年與德作戰的英國，獲得美國的保護，羅斯福與美國以外的國家，合作的第一個步驟，便是援助英國的政策，然後羅斯福總統表現了驚人的天才，使許多聯合國家，捐棄成見，而爲同一目標共同合作，他形成了聯合國戰時的同盟，然後使之强化，並使之成爲歷史上最堅固的交戰國聯盟，然後他準備把這個戰時同盟，過渡到平時的組織，這樣的一個合作政策，考驗着容忍和政治風度，

正加在美國政治生活中，它假定通過許多利害的諒解，國際問題是可以達到最健全的解決的，一九四五年，羅斯福在給佛羅里達民主黨參議員狄柏的信上寫道，我們不能跑到我們所想像的完善境界去，假若別的人還沒有走完整個的路程的話，上帝會覺得他的意見，和我們一樣的好，或者是比較我們的更其要好呢。

杜魯門所繼承的外交政策遺產

在羅斯福總統執政十二年期間，美國巳遂到了一個新的領悟，自覺到它的強大的軍事，和工業力量，以及需要發展一個適合於這種力量，和適合於美國在世界上領導地位的外交政策，在這十二年期間，美國的力量和影響，絕對地和相對地增加着，爲了應付迫切的兩洋戰爭，美國建立了，且在總統死的時候，巳經掌握了世界歷史上最大的海軍，僅僅這一個事實，就可以證明美國對於世界事件的直接興趣，爲了準備美國的安全，在羅斯福逝世以前，美國已經在這兩個海洋擴展了它的鞏固防綫，在大西洋，自一九四〇年，由英國租借的基地，擴充到葡萄牙的亞速爾群島，——美國在這裏的特權性質，尚待研究，——巴西和利比里亞，在太平洋，經過一連串的島嶼，美國的勢力，幾乎一直伸展到亞洲大陸了，在政治方面，美國加强了舊的，同時獲得了新的，特殊勢力範圍，由於今年三月，美洲各國在墨西哥城舉行的外長會議，所通過的查普爾特

三

貝克法案，美國爲了適合於未來和平的需要，調整了全美國的傳統政策，在蘇彝士運河以外的中東，主要地，由于美國在沙特阿剌伯的石油租借地，確定了美國的特殊的利益，在克里米亞會議以後，羅斯福和沙特阿剌伯國王伊本沙特，埃及國王法魯克，和阿比西尼亞國王塞拉西，在蘇彝士運河舉行了許多次會議，强調美國這些新的利益。

這次戰爭增加了美國的力量，同時也削弱了許多在一九三九年以前，爲一等國家的力量，顯著地削弱了，我們的盟友英國，以及我們的敵人——德，日，義國，在羅斯福臨死的時候，已很清楚地，美國和蘇聯，在戰爭結束時，將是兩個最强的國家，這個形勢更加顯明地，影響的形成，羅斯福所設計的外交政策，他的政策的重要關鍵，是和蘇聯建立一個滿足的友誼基礎的決心，一個民主黨的代表與特蘭德總結了今年的二月二十一日羅斯福向國會關於他如何努力於對蘇聯，和對全世界政策的演說，總而言之，我們主要地是對世界和平有興趣，和平是羅斯福做總統的時候，和對於前途的一個最主要的關心和平，現在仍然的杜魯門總統的主要關心，他在七月二十日，在柏林會做簡單的演講說，讓我們不要忘記我們所奮鬭的和平，和人類的幸福，我們不是爲征服而奮鬭，我們對於這次戰爭的要求，既不是一塊土地，也不是金錢性質的東西，我們需要的是和平，以及作爲整體的世界繁榮。

關於中國文學（續）

潘　虹

第四章　兩漢的文學

（一）帝王、賈誼和兩司馬的文學

漢代的帝王文學，蔣鑑璋先生對於他的批評是：「漢承秦弊，去周未遠」。現在我們可以姑勿論及。我們可以看看當漢高和項羽奪起山澤的時候吧：項羽有垓下的悲歌，漢高則有大風的和唱，其雄宕的氣概也可說是貫絕古今了：

到了武帝的時候，雖崇尚武功，而在文學方面，也多有可以稱述的地方。例如瓠子的歌聲，秋風的辭句，一則賦以悲天憫人的懷思，一則詠以樂極悲生的感慨。抑揚悲憤也足以惹人情牽。其他如栢梁的會群臣，作聯句的開始爲七言詩之宗。落葉哀蟬曲以纏綿的恩愛寫離割難捨的情懷，發出很悲惻的傷感，也可爲綺影繪心的絕妙底文學作品了。

賈誼以一個洛陽的少年，得漢文帝的器重，給他一個文學博士的官爵，他原具有絕大的口才，每與人辯論時事，無不應對滔滔，壓倒座上老生，漢文帝本很愛護他的才學，無如時乖命舛，不料一代才華，因遭物忌，備受小人的讒間，結果也只有落得身貶長沙，自悲自涼而走向了消極的途徑。他爲了懷才不遇，能不得展，故身臨洞庭，感念着屈原的飲恨汨羅，也自傷身世的悽涼，便寫了一篇憑弔屈原的賦，其實是在弔着自己的飄零吧了：

他住湘三年，每見不祥的飛鳥，就作了一首鵩鳥賦悲哭着生命的不長。他竟要做屈原的投身江流，了却這生命的柔絲。可是後來竟得漢文的恩詔，回朝復職。漢文因愛其才華後逸，乃以少子爲托，官拜梁王太傅，這還是漢朝的恩典哩！

他有上漢武帝的一篇治安策，和一篇過秦論，治亂條貫，都是兩篇很好的文學論著。其才思的俊拔，其文章的雄偉，却似孟子的深厚，爲宋代蘇洵所拜仰。他可說是北方派議論文的代表人物。

至於他的弔屈、鵩鳥、旱雲、惜誓等篇，則又傾於南方的厭世思想：故後代一般評論他的人，都說他不單是一位賦家，而且是一位不可多得的論文家了。

至於西漢的文學，原要推崇着司馬相如和司馬遷了，雖然在他們兩個的人格都各有不同的地方，要是說到他們倆的文學成就，可以說是同臻上軌，却不相上下的了。

司馬相如的爲人，也許我們可以在中國的歷史上和中國的女性文學史中得到了他的大概了：他本來就是一個潦倒的詩人，被卓文君見愛於風塵之中，他以抑揚而幽美的琴音去挑撥着少女的魂夢，寡婦的情懷：於是乎文君的柔情飄溢，愛火高燃，便跟着他星夜私奔，卿卿我我，暮暮朝朝，一朵既放的薔薇，隨爲採花的粉蝶所擷取，這已成爲千古的韻事了。

他倆自從私奔以後，倒也能夠同甘吃苦，雖家徒四壁，環睹蕭然，却也絕無怨聲。及至貧無立錐，米鹽瑣削，悽涼蓬蓽的時候，就在臨邛賣酒，文君當爐，相如洗盞，其伉儷之情篤，也終於恥煞了她的老子卓王孫，而博得了爸爸的憐愛，隨分給他們百萬的資財，百名的僕役，成全了相如的富足，無爲相如的風流性成，一朝得志，又向別一位女性尋求快樂去了。從此後，此朵臨風招展的薔薇，便被偷香的粉蝶所採樂，以至於不聞不問哩！

文君被棄之後，心里自然有萬分的悲感，於是作白頭吟以自感，相如竟爲之所動，即拋新好而重溫舊夢，這可見得文君的白頭吟底動人哪！

後人有評擊相如究竟不是一個意氣慷慨的人，而是一個浮華柔媚的尤物，這個批評我們自然是不能否認的他曾作了一篇子虛賦爲漢武帝所賞識，博得那皇帝的歡心，後來又作一篇上林賦、復來獻媚君主。他知道漢武帝喜歡神仙，故作大人賦，知武帝好虛榮，故作封禪書，其所作辭賦，大都不能表現他的個性，只專於堆砌詞藻，一味媚上，這在我們也很不取的。關於他的這些作品，我們可以說是：「阿諛文學」，「貴族文學」和「古典文學」的一派。他有一篇長門賦，是代陳皇后做的，還莫得悽淸動人，不像以上凡篇的那樣阿諛，獻媚了。

司馬遷的性格那就和司馬相如差得很遠了，他有着俠義的行爲，代李陵辯寃，以致身受極刑之苦。他在憤恨和悲感之餘，便以一生的精力，著成史記一書，他這一部偉大的作品，不單在中國的史學上是一部空前的傑作，即在中國的文學史上也有極大的價值。

他在年幼的時候，曾遊覽過名山大川，他每到了一個地方，必採風問俗，或是目所看得到的，或是耳所聽得見的，便記載下來，所以對於描寫的切當，敍述的眞實，絲毫沒有一些捏詞虛造的地方。在史記里面的項羽本紀，游俠列傳，雖然爲過去一般讀書人所深斥，但我們却不能不認牠是一部文學的佳作哩。

自從史記一書出世之後，記事的體裁便爲之一變了。蔣鑑璋先生曾說：「自史記出，體創記事本末，方之三傳，編年也已不同」。劉知機先生也有說：「史有三長，才，學，識兼之者，惟遷一人而已」。這的確是不錯的評語，我們是絕對不能否認的。

(二) 漢詩及其他

漢代的文學，不僅以賦爲特色，而詩體的變遷，也肇於這個時候了。古代的詩，其詩體大都是四言的，如五言和七言的詩體，就是到了這個時候才產生。在文章緣起一書中有記載着五言詩體是開始於蘇武和李陵的酬唱；玉臺新詠便說是開創於枚乘然以虞姬的漢軍略地的詩體，也是一首很完整的五言詩啊。

然枚乘固然是較之蘇武，李陵兩人爲先，而虞姬却又產生於枚乘之前，究竟誰是五言詩的首創者，這個問題，確是值得我們來研究的。五言詩的起源已經是肇於漢代，這已成爲一般學者所公認了；然在蘇武和李陵的酬作，後人便疑爲是一種僞托。至枚乘的作五言詩，這不過又是根據着徐陵的片面之辭。虞姬的漢軍略地詩也只見於史記的補註中，也不是司馬遷在史記的記載中有所說及。

究竟古詩十九首與蘇武，李陵的互相唱答等詩，是否是眞實的作品，抑也是後人的僞作，我們可以暫不計論，要是從他的詞字方面來說，其文采的婉轉華麗，韻調的自然幽美，確是能够令人喜歡誦讀的佳作。若論及蘇李兩人的情感方面，他們確是一對友情懇摯的良伴，後來，李陵因身囚匈奴，自悲着時運的不齊，生長在禮義的鄉邦，而走入了無知的蠻族；怨恨着漢帝的不加審察，以致無辜妻子遭受殺戮，釀成了莫大沉寃。於是乎李將軍便長作異鄉之客了；蘇李兩人旣感覺着生離的悲苦，因之一則深情款款，一則躊躇難忘，故各自心坎中而發出這種悲凉纏綿的歌詞，也不會寃枉的。若以他們倆者之間的作品，就我們所看得到的，雖然寥寥無多，但可說俱臻絕境，實在可以起發詩人的榮譽了；

再以漢代的婦女文學來說，也自有許多值得我們稱美的作品在；不過因爲在當時那個婦權沒落的制度下，婦女的位置被壓以致無法提高。她們往往爲着；「三從四德」，以至於「女子無才便是德」等壓力所限制了，所以從有許多偉大的女詩人，女文學家的作品的產生，也終于超不出了那專制魔王的壓力底政治範圍；於是乎那些女作家們的位置及作品，便不能給人們所重視以至於湮沒無聞了！

孫公主的悲秋，王昭君的怨詩，其描寫遠嫁的悲哀，離別的悽感，思鄉的深情，而文思的深切雋永，淒感動人，是夠令人讀之心酸而淚滴哪！

至於班婕妤的怨歌行，與卓文君的白頭吟也是當時兩首女性對于愛方面的代表作，她們的這兩件作品，一則和平，一則激越；以藝術方面說，均爲一代的絕妙作品。

東漢末年，有蔡邕的女兒蔡琰（即蔡文姬），她是一位很有名的文學女作者，她因感於時勢的紛亂，悲傷濟別離的悽楚，便作了一首悲憤詩及胡笳十八拍以寄慨，這兩件作品要算是女性文學作品中最悽婉旖旎的詩歌底代表作。

其他男性的作品如梁鴻的五憶，張衡的四愁，他的體格風調也別開生面。有人說過四愁是後來五更調的創始者，對於文學工具的變遷，關係極大。兩京賦也是張衡的作品，其文詞的雄瑋閎遠，也爲這時代中極偉大的文學佳著。

除此數人以外，就不能不推及楊雄了。楊雄生於漢朝末葉，當王莽篡漢的時候他因不能做夷齊的餓節而餓死首陽，又不能法「爲子死孝，爲臣死忠」的故事，以身殉國，而作了逆賊的臣子去博得一已的爵祿以爲榮，所以給人們的印象很差。即以他的文學作品來說，也大多爲模仿前人河東甘泉等作品，大都步趨相如，解嘲一篇，便是仿傚東方朔的客難，太玄又是學濟易經，法言則是仿於論語。他的確是一味仿古，絲毫沒有一點文學創作的技能。其他如劇秦，美新等作雖說沒有許多大的模仿，可惜太過阿諛，也無所取的地方。惟稍有可稱述的，就是反離騷一篇，其思想比較積極一點而已。

古人以劉向父子爲北方派的文學代表，楊雄，王褒爲南方派的文學領袖。劉向曾著烈女傳，有人說他是一部史書；其實與其說烈女傳，是一部史書，不如說他是一部較完整的文學創作。後代的戲劇，又多半是採用這部書來編作的。他還著有一部新序說苑，的確是有功於後世的考據，而且兼有文學的史料。劉向，死後，其子劉歆，繼起，其文學愈勝過他的父親了，他著有一部敍述七略的書，很有功績於文獻，實是值得我們去崇拜。

南方派的文學領袖王褒，他的作品中除一篇聖主得賢臣頌外，還有一篇洞簫賦，當時極得漢宣帝的欣賞，天天命令宮人傳誦，實在是漢代一部很好的純粹文學作品。僮約一篇是完全利用當時的土白而寫成的創作，雖流傳到了現在，也頗得一般研究方言的文人所重視。

半爲經師」若以純粹的文人來說，那便要首推班固了。班固是漢書的著作者，他也曾爲鄭德氏所譏評，實也斷代史的戎首。後人又批評班固：「史學馬遷，賦學相如」。根據這種說法，便是說他一味襲人，便沒有創作的可言了。但是我們可以說，他的作品，假如不是碰到了兩都賦，也可以豎立旗幟，自以爲美哩。

班固的妹子班昭，（即無稱爲曹大家的）她也是一位富有婦德的女性。她在宮里充當女傅。相傳班固死後，漢書未成，中的漢書八表，及天文志就是她的續作。烈女傳一書也是她所註解的，至於她的代表作便要推薦東征賦，爲兄上書等作品了，此外她還有女誡一篇，成功爲漢代女性文學史中的一位翹楚者。（未完待續）

歷史講座

中國歷史上的民族戰爭

蕭凌

一、光榮的歷史

中國的歷史，可以說是一部民族戰爭的歷史，我們綜合過去的事實，可以看到以下的結論：

〔一〕在過去五千年裏面，中國和外族的戰爭不知道經過幾千百次，結果中國都能獲得最後的勝利。

〔二〕歷史上凡是和中國競爭或是和中國爲敵的民族，無論它怎樣强悍優越，結果不是被中國征服，便是被中國同化。

〔三〕中國民族雖然愛好和平，但是內心深處隱藏着一種潛在的剛武的精神，每逢國家民族危急存亡的時候，這種精神就表露出來成爲極端的勇毅，遇堅必克，遇敵必勝。

〔四〕每經過一次民族戰爭，中國民族就有一次偉大的迅速的發展，在勝利的基礎上，確立起光輝燦爛的文化。

這裏我根據可靠的史料，考其本末，叙其臧否，對於中國歷史上的民族戰爭作一番簡括的追敘。

二、黃帝征蚩尤

在遠古的時候，亞洲東部住居着三種强大的民族。盤據在大戈壁沙漠一帶的是葷粥（就是後來的匈奴。獫狁，獯鬻，匈奴，皆一音之轉）；蕃殖在崐崙山以東，黃河兩岸的是華夏；生息在長江以南湖山地帶的，是相傳爲東亞土著的九黎（苗族），在距今四千六百多年以前，華夏和九黎發生劇烈的民族戰爭。

當時華夏雖是一族，然而因爲地域和生活方式的不同，似乎分爲兩支：一支是炎帝神農氏做元首，居在南方；一支是黃帝軒轅氏做領袖，居在北方。史記上說黃帝遷徙往來無常處，以兵師爲營衛；而炎帝敎民稼穡，有一定的地域，大概炎帝的氏族當時已經進入農業時代，進行初步的耕種事業；黃帝的氏族却仍舊滯留在游牧時代，經營慓悍的漁獵生活。這兩個氏族雖曾連年攻伐（史記稱黃帝與炎帝戰於阪泉之野，三戰而後得其志。）但是受到其他民族的侵陵，却能消除歷來的嫌怨，團結起來共同抵禦强寇。

本來，九黎的文化比較進步，當華夏還只知道使用石器的時候，它却早已使用銅器。九黎的酋長蚩尤，乘着炎帝榆罔的衰微，就率領南方矯捷的部族，帶着鋒利的銅鑄的兵器，向華夏所居住的地方進攻，夏華裏而首當其衝的是炎帝的氏族，石刀石斧抵擋不住銅製的戈矛，結果炎帝大敗，殘餘的人們向北流徙，於是中原一帶，完全被蚩尤佔領。蚩尤更以戰勝的威儀，追趕炎帝的餘衆，直到涿鹿山下，想一舉把華夏民族完全殲滅。

在這時候，華夏的命運眞是不絕如縷，幸好黃帝以曠世的睿智和沉雄的剛毅，糾合華夏各小部落一切的力量，同心協力，抵禦强寇，在涿鹿的原野裏追奔逐北，終于打退了九黎，把那個凶暴的幾乎佔有全部華夏領土『九隅無遺』的蚩尤殺死。華夏民族立國的基礎，就這樣奠定了！

關于這次民族戰爭的狀況，沒有可靠的歷史記載；不過就我們想像所及，當時的搏鬥一定非常猛烈，古人記載一件偉大的事業，往往加以奇異的附會，他們描述黃帝的戰功，也渲染着神話的色彩，例如：

『蚩尤作大霧，軍士皆迷，軒轅以指南車以示四方，遂擒蚩尤，殺之中冀，因名其地曰絕轡之

野。」（通鑑注）

「蚩尤作兵伐黃帝，黃帝乃命應龍攻之冀州之野。應龍畜水，蚩尤請風伯雨師，從大風雨，黃帝乃下天女曰魃，雨止，遂殺蚩尤。」（山海經）

「蚩尤威天下，殘詐無道，萬民殄命，黃帝不能禁止蚩尤，乃仰天而嘆，天遣玄女下授黃帝兵符，伏蚩尤。」（龍魚河圖）

以上各書的記載，當然都是荒誕不經的傳說，不過從這裏面，也可以見到一些歷史的影子，其實，黃帝之所以能够戰勝蚩尤，不是由于什麼旱魃玄女的幫助，而是由于華夏民族內部的精誠合作，加之那時黃帝的氏族已經發明弓矢（古稱揮作弓，棰之竹矢在西房，揮和棰都是黃帝的臣下。）製造戰車，站在戰車上用石箭遠遠的射殺，也可以使徒步短兵的九黎人的銅器失去效用，

蚩鹿之戰是華夏民族危亡存續的關鍵，假如這次黃帝失敗，那麼亞洲東部五千年的歷史，就沒有一樣和現在相同了；

黃帝征蚩尤是華夏民族威力之第一次的發揚，自此以後，華夏民族安如磐石，在勝利的基礎上建立起優美的文化，九黎的苗族則退居到長江以南，此後再經過舜和禹的流竄征討，便越發衰弱，退出東亞民族競爭的舞臺，只有北方的葷粥，還和華夏對峙。

三、化成時代的民族戰爭

自從黃帝奠定華夏立國的基礎，中經唐虞夏商，直到周朝末年，在這二千年裏面，華夏對於入侵的外族，不知道經過多少次惡戰，結果由競爭而融合，遂漸同化爲一個龐大的民族，所以春秋戰國時代，可以說是中國民族的「化成時代」。

當西周末年，玁狁之西方的部落犬戎勢力很強，周幽王時，犬戎率衆內侵，殺幽王於驪山（今陝西臨潼縣境）之下，把周朝的文物摧毀殆盡，周朝的王室爲着避讓犬戎的凶鋒，於是把國都遷到東方的雒邑，周室東遷以後，國力越發疲敝，四邊的蠻夷戎狄，更加猛烈的向內擾侵。

依據古書的記載，蠻夷戎狄也有許多類別；戎人裏面靠近魯國的叫己氏之戎，靠近燕國的叫山戎，靠近周室王畿的叫陸渾之戎，靠近秦的叫驪戎犬戎，蠻人裏面的群蠻和百濮，都鄰近楚國，夷人裏面的介萊和根牟都鄰接於齊，淮夷則介於與楚齊之間，以上的幾族雖然不時稱兵作亂，但是騷擾的範圍都不大，只有雄據在北方的赤狄，白狄，和長狄，爲患最深，它們貪婪無饜，屢次侵入晉國的邊境，所以終春秋之世，晉國朝夕不安汲汲以謀對付的，就是北方的狄人。

這時民族英雄管仲做齊桓公的宰相，對內定軍制，與魚鹽之利，齊國因之富強；對外樹立「尊王攘夷」的政策，糾合華夏民族的各個國家，組成鞏固的同盟，一時華夏民族抗敵的力量，都在齊國的周圍團結起來，山戎侵略燕國，齊桓公率兵往救，打敗山戎，一直追趕到孤竹，把所得的土地交給燕國治理；狄人滅邢，又滅衛，齊桓公復率諸侯趕走了狄人，遷邢於夷儀，封衛於楚丘，使兩個已經被狄滅掉的國家再行恢復，於是北方野蠻民族的凶鋒稍稍受挫，中原得以暫時安甯，孔子對于管仲攘夷的武功，曾經表示極度的贊揚，他說：「管仲相桓公，霸諸侯，一匡天下，民到如今受其賜，微管仲，吾其被髮左衽矣！」（論語）可見管仲的事業在中國歷史上的價值了。

之後晉襄公敗白狄，景公滅赤狄，悼公征服山戎，晉國北方的疆土大大的擴展，長狄侵齊，被齊，魯，晉合兵聚殲，遂亡。中原的陸渾之戎及其別部蠻氏，也被晉楚所滅。到了戰國初年，淮夷和南方的蠻族，都被吳國楚國所併吞。及至秦滅西戎，併巴蜀，趙武靈王破林胡，樓煩（趙武靈王易胡服，習騎射，是古代戰術的一大轉變。）燕將秦開卻東胡，中國四境的蠻族不是被華夏征服便是往邊遠的地方逃竄。直到秦朝統一天下，住在中國境內的蠻夷戎狄差不多已經和華夏完全混合，沒有絲毫可考的痕跡。

經過這次「化成時代」許多野蠻民族都像衆川匯流一樣，歸併到華夏裏面來。然而北方的匈奴，這時卻日漸強大，成爲華夏的勁敵。（未完待續）

旅臺印象拾遺（五）

覺訓

大概是一九三六年五月末，苗栗，大甲，新竹等地方，發生了空前地震，一時電話當報，宜告中斷。我們擔心着那兒的華僑，爲了責任心的驅使，易同志銜着總會的命令，踏着頹垣殘瓦辛勤地去慰問他們。雖然當時易同志僅帶着我們赤裸裸的一片誠心去，可是在這一影响之下，難胞的興奮和當地人士的重視，已是超越過物質安慰若干倍呢。

總會館發表了緊急文告，號召沒有被災的僑胞，自動捐助當地政府的緊急救濟，我們知道如果是把救濟捐欵區分起來，不僅有失慈善本意，而且自露門戶成見，於己於人，都不應該，所以，我們當時始終堅持救濟事業衝開國際界綫的論調。

這次地震，苗栗的住屋大多倒塌了，估極少數的華僑，已有幾個被壓斃命，而負傷的也有二十多個，這災情的嚴重，當可想像而知了。祖國慰問僑胞的電報，紛至沓來，僑委會竟爲我們滙來一筆賑款，交總會館分賑，其他機關則紛紛滙款給我領事館，結果，我領事館不知收到了幾多賑款，而交給總會館分賑的，却只有外交部的那一筆款，其餘的賑款我們當時自屬無權過問；但我們對政府和各機關關懷僑胞的美意，已够銘感五中了。

總會館的常務會議，爲了妥善而確實地分配這筆饒有意義的賑款，曾熱烈而詳密的討論着。名稱應定爲罹災華僑善後賑款，前提是這樣的決定了。接着是決定施賑原則和詳細辦法，記得我們當時是採取分類綜合的賑金累計制度，以便集中於貧窮僑胞的救濟，其項目則分爲慰問，撫卹，救濟，醫藥，遣送回國，建築臨時屋等六項，把金額作詳確的分配。

爲了達成這一任務，余易兩同志被派擔任調查工作，限二天內詳查具報，然而無情的雨，却似乎要和他們搗蛋，不住的落了兩個整晝夜，我們正憂慮他們的調查工作受着障礙，但是出我們意料之外的成就，余易兩同志冒雨像落湯雞似地帶着詳確的調查材料來獻給我們。听說這些材料都是他們協同當地會館同志冒雨涉水，挨戶調查和審密過的真確記載，并保障沒有遺漏。於是我趕着統計這些調查材料，和編造總分配預算表，忙得一個整夜沒有睡覺，救災如救火，我們由於良心的驅使，都樂意這樣幹的。

我們施賑的分配預算編好了，戶主那個？人口幾多？應得那幾項金？項項都詳列清楚，一面迅速地送請領事館審查，並請他派員和我們去監發；一面我們印就四聯收據，及鈔票封套，把預算上應發的款，放在封套裡，封面填寫領款人的名字，并分別標明某項金多少？合計多少。我們抱定分文都要到難胞手裡去的素願，連調查和發賑的人員旅費，都由總會館經費項下開支哩。

發賑那天，總會館派蕭易二同志帶款前往，領事館派張副領事監發，當地會館也有幾個負責同志在那邊帮忙。領款人有條不紊地看了信套封面的款額，把裏面的鈔票如數算過了，填寫四聯收據並蓋章，再由當地會館協蓋圖記，以存證實。

這樣一個一個的分發下去，可以說分文都不會浪費的。只是殘酷的太陽，把每個災僑炙得落湯雞般地滿臉淋着汗珠，有點兒使發賑的人難爲情；然而他們每戶至少得到了一二百元的賑款，在當時很可以做點小貢獻，於他們心理上不無微現踪光呢！

儘管求工作上的美滿，不計工力的做去，我們迄今於心無愧；而最使我們安慰的，是災地負責同志的忠誠服務，他們對自己的損失不但不會表示痛心灰心，而且都能代表總會館時常慰問當地災僑，并盡力為災僑服務，參加調查分賑等工作，其對總會館的分配和其實施計劃，也都無條件服從，絲毫沒有爭執和批評過，損失最大的陳景雲同志，祇受極少的慰問金，建築臨時屋他還虧蝕了兩三百元，沒有表示吝惜，難僑誰不說道

[illegible]

志，使他一病不起，拋了[illegible]遠浮現在我的腦海裏多麼深刻的印象呵！。

當我出發花蓮港工作的那天，正是蕭易兩同志發賑回來的時候，他們仍健康活潑地在談發賑的經過。惟蕭同志臉色焦赤，我們認為是他幾天來在外面晒太陽的關係，並沒有注意到他有別樣的病態。我到花蓮港後，因那裡的同志慇勤招待，公務辦完，仍不肯給我回來，不覺住了兩天。第三天早上，本要踐陳慶元蘇振華二同志之約，去逛一個勝蹟；可是，那時心裡很不舒服，並且不住地跳躍像是禍事到來的預兆，我終於堅決辭掉陳蘇二同志的約，而動程回來了。

顛簸的長途汽車，在那蜿蜒委曲的沿海山綫上跳躍着，不曾乘車的我，在平時每每靠着車窗看風景，幾個鐘頭坐着也不覺得長，這時却是十分煩躁，什麼東西都不願看，而路程也越覺得比平時長得多了。下午，車到宜蘭，我下了汽車，去找陳銀生同志，問總會館有沒有發生事情？因那裏較近臺北。陳同志意在挽留我住一宿，說總會館沒有事，並請張華水同志來共同挽留我。我勢不能却，給他們招待了一個晚餐，但我終于放心不下，搭晚上八時半的火車來臺北。

十時餘我到了總會館，上樓，周圍靜寂，沒有[illegible]

[illegible]

生病倒，住在醫院」我急劇的問：『蕭先生得什麼病？重不重？』，他說不出，繼後才說：『看病勢是不輕的。』我這時更煩躁了，蕭同志得什麼病？大概是傷暑吧，大熱的天氣，瘦削的身體，何必那樣死爭着要去施賑，橫豎總會館有其他的同志可派呢。我那時雖然是不住地在埋怨他；但終於為友情所動，使我不得不為其前途憂慮，我越想越煩躁，苦悶緊包裹我的周圍，輾轉反覆地睡不下去，庭外的晚風，飄動着花盆的落葉，帶給我無限的悲哀和恐怖。

第二天早上，沒吃過飯，找了林余二同志，坐着汽車到醫院去。看護婦告訴我們，說蕭同志患『腸熱病』，要我們帶防毒口罩，我的心已冷了一大半，偏是這危險的症候，怎麼會來纏住他？我們入了病室，那鐵床上的白被單，蒙着一具險已麻木了的軀體，瘦削而焦枯的臉龐，浮現在被窩的那邊，死寂的氣氛，並不因明亮的窗子而減低氣悶。蕭同志報我們以不會轉睛的瞪視，連頭也不會點，好像沒有動顫的氣力，口唇雖略有動，但沒有听到他些微的聲音，這時我們都不約而同的潸然撲下眼淚來，我們呆呆地站着注視蕭同志的神情。看護婦不大同情似的催我們出

[illegible]

鑽進了我的心窩，我頻用手巾拭眼淚，我們沒精打彩的乘車回來。

我們一上了總會館的樓梯，晉祿叫我們听電話，我心又一動，那兒來的電話？我急促問，『醫院打來的。』晉祿答。林同志匆匆地去拿電話機的听筒，我心裏好像有了負傷的小鹿，在那裏亂撞，而林同志接電中的神情，和其簡短的答話語音，已够先給我們凶訊來臨的啓示了。『醫院告訴我們收屍去。』林同志終拋下听筒，頹然坐下斜背椅，嘆氣說這句話『唉！剎那間的會面，蕭同志竟和人世長辭了，他的鬪志，他的事業，這樣

便完結了！……』我們不能自禁地哭說出來。「火葬了吧。』我們終於在悲痛中忍淚決定了。

蕭志仁同志於一九三〇年來臺，協助林同志，組織華僑青年團，號召各地青年，爲總會館灌輸新血液，揚棄那些僑選渣滓，把疲老的總會館恢復了原氣，他歸籍到第六屆的改選，使整個僑選又現着年青而活潑的氣象；而我能夠在這基礎上僅量發揮，有那麼差堪自慰的成績，也是蕭同志給我很大的帮手。他和我雖然祇有兩年多的同志關係，但在我們的生活中，已深植了蕭志情感的根苗，這無可補償的損失，和他早間好像不忍離開我們的睇視神情，叫我現在那得不引起這不可磨滅的同志愛的悲傷呢！

細竹蒙茸，倚山面河的臺北廣東山莊，有着總會館特建的西式墓地，蕭同志的骸骨便埋藏在這裡。它有「僑選鬪士」的特有碑記，聳立其上，有成千累百人祭掃的公坟，伴居其下，在當時有這領導十餘萬僑胞的各地領袖，舉行隆重的祭典，震撼了整個的山陵，它自然可告無憾。在今天它所期求的事業，已由抗戰的勝利而得獲了保障，它的摯友也將會伴着臺灣的改建而時常獻給它光榮美麗的鮮花呀！。

——（未完）——

喜訊

儀南

故鄉中有人來，帶來了三伯祖的信，據說端哥已經結婚了，而且新婦「貌端心慧，妝奩極多，」爸和媽聽了都很高興，忙着向那帶信的人問這問那，而後不被人提起的端哥，就成了說話的主題。

很自然的，端哥清癯的面貌就回到我的記憶中來了，我想像不出他那天該是個什麼樣子，或許依循着那副無可奈何的笑容在被大家鬧着玩笑吧！我想笑，但我笑不出來，我恨端哥。

我曾被戰爭的烽火驅逐着住居在那陌生的故鄉兩年多，在那裏認識了一些從未見過的本家伯叔弟兄，而其中給我印象最深，而且博得了我的關懷的就是端哥，這一半是爲了他溫和沉默的性格，愛讀書的習慣，和我的性情互相契合，最重要的還是由於他可悲的身世特別容易使人憐憫的原故。

端哥的祖父——三伯祖，是故鄉的一鄉之霸。自從清朝亡後，他就退居田園，三十多年不曾出門，而他的兒孫們也都按着他的家規，不離故鄉，橫豎他們有的是連阡連陌的田地，有的是滿篋的詩書，足够他們坐而論道，詩酒風流的消磨他們的閑暇，他們滿足，自尊，而且目空一切的生活着。

端哥却是唯一的例外，他是三伯祖的長孫，在家裏是承重孫的地位，但他又是一個孤兒，他的父親，在他剛四歲時，就生肺結核死了，沒有給他遺留下任何兄弟姐妹，只給了他一個先天孱弱的身體，和一個終於離他而走的母親。

父親死後不到半年，他的母親就離開了他和他的家庭偷跑了，在這樣的一個詩禮名家中這是如何羞恥的事啊！三伯祖爲這事聽說氣病了好幾天，最後在族譜上端哥的爸的名字下寫上了「妻×氏出」的字樣，從此，在祖父嚴厲的督促下，端哥懷着一顆受創的心寂寞而哀愁的長大了。

沒有人向他提起他的母親，這個爲家庭所不齒的女人，被人們像死了似的遺忘了，可是她却活在端哥的心裏，爲了她，他沉默着，他從每個人的眼光中看出了憐憫與鄙視，他甚至因此怕着任何女人，從她們總是引起了他的痛心，他怕想她，但他忘不了她，這個女人曾經愛過他，曾經做過他的母親，而且，最重要的，在他的記憶裏還保存着她的影子，她的容貌，她的美麗而熱情的面顏，他直覺的感到；她不是壞人啊！是你們，是你們迫了她走的，在你們這羣僞君子中間，她不能生活下去喲！」於是他想起了他的道貌岸然的叔叔們，愛說長道短的嬸嬸們，他眼中燃燒着怨恨的火光了，他願意避開一切人，獨自個生活在黑暗的角落裏，他恨他們。

我見到端哥時他已二十歲了，蒼白的臉，顴骨上露出不正常的紅潤，隔不了幾個月一定要嘔一次血，這表示，他從父親遺傳到的先天的肺病已因爲後天的憂鬱而進展到很可怕的時期了，他的眼光是冷的，但我總覺得他是個有着溫柔的感情的人，因此在那一些人中間，我只常常和他一同談話和飲酒。

我自以爲比別人更了解他些，我說：「他和他家裏其他的人都不同，他是個犧牲者，但我相信也該是個革命者，可惜的，是他的病，這病腐蝕了他的青春，終不免也要吞食了他的生命。

然要今天却傳來了他的喜訊，端哥結婚了，我懂得這事的原因，和他父親一樣，因爲他的病勢已經成了，他們怕絕了長房的一支後代，急於爲他娶一房媳婦，再替他留下一支病弱的種子。

我還能說我了解他嗎？我還敢說他能作一個革命者嗎？他同意了他的喜事，他同意了用他的垂死的身體再去犧牲一個無辜的女孩，他懂得這是不對的，但他不敢做一個革命者，他却寧願再找一個犧牲者來作他的陪伴。

這個被讚爲貌端心慧的新婦，是本地一個敗落鄉紳的十六歲的女兒。我記得那年夏天，曾在她家門口見過她，那時她還更小，完全是一個孩子，這孩子有一個渾圓的臉和一雙熱烈的大眼，想到她時，我同時就想到了端哥的母親，我從未見過她，但我相信她一定也正是這副樣子。

我只有咀咒了，我還能說什麼呢？在我自己的世界裏，我看到陽光，看到希望，我看到不合理的一切在時代的輪子下面碾碎，我看到合理的制度在新的世界裏建立起來，可是這封從故鄉來的信提醒了我說，在世界上還有無數的角落裏陳腐的歷史的悲劇還在循環着重現，那裏還有多少人脫離了時代而生活，那裏還有人作了無謂的犧牲品，那兒的喜樂聲還夾雜在喪鐘聲裏奏出。

我想哭，但是哭不出來，我想笑，但是我更笑不出來，我只能把我所知道的寫在這裏，不過我相信，生滿了細菌的食品，即使是要放冰箱裏着意的保存，到最終於也必然的要走上腐爛的道路。

草原的春天

王亞平

我要百倍的讚美，
　歡唱，
草原的春天來了，
火在田野燒，
力從谷頭響，
太陽走進了窰洞，
綠草舖滿了隴崗。

蓬隆…蓬隆…蓬隆…
化鐵爐的火焰
照亮了陰沉的黑夜，
膽小的農民
望着火花笑了，
山谷裡的草房
隨了動力的咆哮而搖動。
小孩子扯起喉嚨唱——
　我們有雙手
　萬事不求人

激揚的歌聲
劃破了山村的寧靜。
工人們
含着勝利歡悅
把溶液注進砂製的模型，
到明天
鐵變成了飛輪，
鐵變成了刨床，
鐵變成了一切動力的吼聲。
昨天，
這草原裡的女人，
還默對着窰洞的神像，
燃一束黄表
去祈求甜美的幻夢；
昨天
這山村裡的農民，
還啃住一隻煙槍，
在黑色的烟霧裡

三

消磨年青的生命；
昨天
這裡農家的兒女，
還纏着小脚，
或被豺狼咬去耳朵（註）
有幾個能活得很好；
就像荒山中的野草
生了死，死了又生。
而今天
他們穿上
可體的制服，
到新蓋的校舍裡
學軍訓，讀國語，
知道汪精衛賣國，
也知道「抗戰必勝，
　建國必成」。
女人們
拋掉了祖代留傳的破紡車，
到紡毛機前，
到織布房裡，
到一切生產的合作社，
駕駛着機器，
望着美麗的成品，
聽着馬達的吼聲

有時她們也揑緊拳頭吶喊——
　我們要墾荒，
　我們要完成百萬條軍毯運動，
在嘉陵江畔，
在秦嶺的脈流下，
男人們
搖起淘金的砂床，
　荷唷！荷唷！
　掘開山河找寶藏喲！
他們的汗水，
變成了黃金與煤礦。
思想家，革命家，
教授，畫家，詩人……
也都像覓食的家鴿
飛落在豐美的草原上。
爲了迎接春天，
他們越過
百代築成的鴻溝，
走進牛棚，
走進窰洞，
走進田埂與工廠。
握緊了黑手，

結成了力流，
在這東方的處女地上
去同建理想的天堂。
誰要再擺架子，
誰要空談理論，
誰要再裝模特兒，
誰要寫「自己讀不懂的詩」，
那便不是中華的子民。
他們誓爲民衆的伙伴，
在集體的工作下
洩盡血汗與力量，
有苦大家吃，
幸福共同享，
詩人們
不再粉飾自己，
要爲民衆的苦難而呼號！
要爲民衆的新生而歡唱！
　秦嶺高
　渭水長
　我們的意志比山高
　我們的氣力比水長
悲壯的音浪
隨了渭河的奔流而咆哮，

　　高揚。
走吧！走吧！
手扣着手，心連着心，
向着自由的春天，
向着光明的太陽。
——
我要百倍的讚美，
　歡唱！
草原的春天來了，
火在田野燒，
力從谷頭響，
太陽走進了窰洞，
綠草舖滿了山崗。

註：西北居民，多在山中，彼之兒女，因看顧不
到，常被豺狼銜去。

輓歌

——獻給林振初同志——

追光

是誰，
剝奪了你的靑春？
是誰，
刦掠了你的靈魂？
廿餘載的年華，
難道就消逝在
這島國的寒宵！
你那淸癯的瘦影呀！
再也無可追尋了，
如今，
我們爲你弔祭，
爲你哀悼，
爲你涕零！
誰能料到哩！
朋友！
在這短短的廿多天，
我還沒曾同你談過話，
訴過衷腸，
你便給病魔所侵食
斷喪了你的華年！

× × ×

難道你就這樣的
心也不酸，
淚也不流？
難道你就這樣的
拋棄了同鄉，
忍別了同志，
難道你就這樣的
不貪戀故鄉的和煦，
思念着白髮的爹娘！
如今，
我們爲你弔祭，
爲你哀悼，
爲你涕零！

× × ×

朋友，
你死了！
你可會再听見那海洋的狂嘯，
椰樹的風聲？
你可會再認得那茫茫的前路，
千里的途程？
如今哪！
卽使有荒村冷月，
午夜鷄聲，
或是在那瀟瀟的夜雨，
耿耿的孤燈，
再也不能動你故園的懷思了，
朋友！
我們爲你弔祭，
爲你哀悼，
爲你涕零！

× × ×

朋友，
這里站着的是
你的友人，
你的鄉親，
你怎不回頭來多看一眼，
難道你是嫌惡這塵寰的汚濁，
人世的虛榮？
然而，朋友，
我們曾不曉得；
那汚濁的塵寰哪，
總比不上野林的幽靜，
煩囂的叱咤，
那里勝過僧侶的梵音！
我更曉得；
上帝喜愛的，
還是那些强有臂力的人。
朋友！你難道這樣的死了！
在你未死之前啊！
誰不是把你看作一把花，

但不許發芽，
不許結實，
更不許在地上自由的生長，
時而想佩帶在胸前，
時而想供在案上，
待花瓣兒萎成落英，
便連枝莖被棄在路旁！

朋友！你難道就這樣死了？
在你未死之前啊！
誰不是把你看作
一隻美麗的鳥，
用銅墻鐵壁造成的籠，
再把天羅地網罩上，
甜言蜜語，
織成一首一首的歌，
唱着，
來追住你的歡笑。
朋友！
你莫不是發覺這兒
已沒有野林的自在淸幽，
憂慮使你失却美艷，
這時便沒有歌聲，
也再不見一副含笑的臉！
你便捨去了這人間。

× × ×

朋友，你難道這樣的死了嗎？
用青春去換食粮
不是可以得到暫時的豐滿。
難道你是怕青春的不長在，
難道你是怕
十七個春正像生命的少華，
時光是飛得起的，
再過十年，
不將又和老人們一樣，
唏噓着生命的老大嗎？
誰能把全身裝滿着金，
但，眼的燦爛，
能戰勝心的煩重嗎？
老躺在象牙的塔上，
不許你動彈的時候，
你不是覺得這種睡眠，
已不是休息的時候了，
你便捨棄了人間！

× × ×

如今哪！
朋友！
你死了，
我還是活着的一個啊！
雖說，「同是天涯淪落者」，
同樣是陷於不幸的一個，
但，我也得爲你弔祭，
爲你哀悼，
爲你涕零！

× × ×

朋友，
我再爲你歌唱吧！
你就接受我的祭禮，
接受我的慇懃，
更要接受我的心！

× × ×

在你的尸旁，
我爲你掉下几束鮮花，
在你的棚邊，
我爲你燒下几束紙錢！
悼席上，
我敬獻你的是
幾盞血淚調成的酒漿！
朋友！在異鄉死了的朋友！
飲吧！
請盡此三觴！

這一杯，
是送別你那美好的青春，
莫流暗淡的眼淚，
莫用枯萎的灰唇，
把這些殘留的表記，
永埋在忘却的土坟！

再一杯，
是送別你異鄉的靈魂。
當作破碎的花環，
已成幻焚的殘影，
請把這些不吝惜的遺棄吧！
爲像拂去衣上的征塵！

再此一杯，
是送別最後的一杯，
忘懷人間的虛僞，
擺脫此日的悲哀，
而今，你將無憂的睡倒，
願你脫去的靈魂，
永不再回！

三十五，一，七晚于宿舍中

編後話

本期因爲印刷的關係，使出版時間逾期了很久，這是應該向作者讀者表示歉意的，

本期文章中應特別推薦的是，民政處處長周一鶚先生的「三民主義的政治建設」和省黨部宣傳處處長林紫貴先生的「建設年臺灣青年的任務」兩篇文章，對于政治的眞諦和青年的任務有着明確的闡述。

關于「繼承羅斯福的外交政策」一文，係美國波勒斯(Bolles)作，翻譯出來可以使讀者對于過去羅斯福總統領導下的美國外交政策有一個概念。

最後，本期內容是照前定計劃增加講座闡述專門的問題，今後我們將更努力使本刊更充實起來。

6733

1-93

6

臺灣青年

三民主義青年團中央直屬臺灣區團部籌備處編

《台湾青年》第六期（台湾版）　　一九四六年三月一日

臺灣青年第六期目錄

中華民國三十五年三月一日 臺灣青年出版社出版

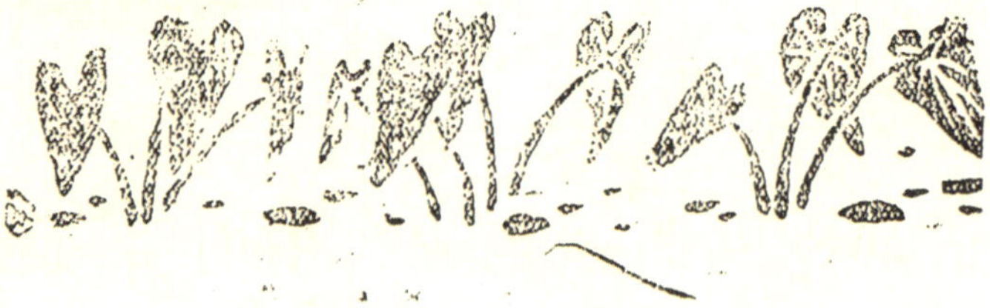

2

領袖傳略

鄧文儀

七、安內時期

我國近年來，外則強鄰侵略，內則禍亂頻仍，國勢顚危，大有朝不保夕之勢， 領袖領導中樞，審度國內外環境，決定國家大計，本安內攘外之原則，自力更生，埋頭苦幹，努力削平叛亂，統一國家，然自執政以來，對內主張和平統一，任何糾紛必於政治上尋求解決之途徑，非萬不得已，絕不輕用武力，玆約略摘記其大者如左：

(一)剿匪：十六年共產黨在各地實行暴動，極騷擾之能事，因懾於中央軍之剿捕，爲擴充實力虛張聲勢計，不惜收編匪寇綻假日大，禍延十數省，並正式編組軍隊，組織政府，至是已爲我國家心腹之隱患，禦侮救亡之障礙， 領袖乃本安內以攘外之國策，加以圍剿，自十九年冬開始圍剿，計圍攻五次，動員軍隊數十萬人，直至二十三年冬，始進入瑞金匪巢，而贛匪全部崩潰，其突圍逃出之一部，輾轉流亡邊省，直至二十六年冬，經中央收編後，乃在 領袖領導之下，實行抗日禦侮工作。

(二)平定內亂：北伐成功以後，不幸內部復因種種原因，發生許多戰爭，例如北伐告成，各地紛設政治分會，政治分會，無異是各派勢力及地盤之一種分劃， 領袖爲澈底完成國家統一，乃提議廢除政治分會，不幸××××××××等，當時不明 領袖謀國苦衷，致發生兩湖及河南戰爭。其後因 領袖召開編遣會議以期統一建編軍隊。復被誤會，又發生中原戰爭，幸因 領袖指揮有方，各部將士，尙明大義，禍患均能迅速結束。 領袖寬大爲懷，開誠佈公，故閻李馮諸將領，終能在 領袖領導之下共謀國是。

(三)削平閩變：二十二年冬，×××等在閩召開所謂全國人民臨時代表大會，組織人民政府，其性質廻非曩昔戰爭可比，故各地發電聲討者，不可勝計，惟値國難嚴重時期，不容禍患延長，乃幾經剴切曉諭，仍無悔悟，且進兵浙贛邊境，圖擾京畿，至是 領袖乃徇國人之請，派兵討伐，中央以優勢之兵力，分五路進擊，不旬日間佔領福州，旋泉州，漳州亦相繼收復，時彼等內部發生變化，一部將領悔悟投誠，禍首出走，中央收編十九路軍殘部，而曇花一現之閩變，乃告結束。

(四)解決粵變：二十五年夏，兩廣地方負責人×××等，因近幾年來，對中央治國方針發生隔膜，尤以對中樞謀國之苦心未能了解，遂以爲中樞當局所稱述之國是國策，係一種不兌現之支票徒託空言，對中央抗日之計劃和設施，尤表懷疑，益以少數投機份子之播弄，遂孟浪發生軍事行動，全國上下及海內外各界同胞，紛紛電請政府出師撻伐，削平叛逆，但　領袖因念外侮日急，國力應當保全，始終本和平統一精神，一再寬忍，一再精誠曉諭，於六月二十五日，對新聞記者發表處理時局方針有云：「中國應爲統一的國家……因此國家行政，必須統籌辦理，中央對各省政事，極願開誠商洽，但一切方針，當以整個國家之大局爲前提，決不容有個人私見混合其間」整飭軍紀，統一軍令，實爲民族生死，國家存亡之唯一關頭……但余深信，兩廣將士愛國心長，稍加考慮，必當尊重中央意志，特以此至誠坦白之心，徵求兩廣當局赤誠忠信之響應」，卒以　領袖之赤胆忠腸，照徹寰宇，感召一部將領自動來歸，率領空軍陸軍健兒，投向中央，雖有少數野心家，終不得不斂跡悄然遁去，而嚴重一時之漫天風雲，不血一刃，不費一彈，得以解決，非　領袖之寬仁大度，精誠感召，其孰能致此？二十六年夏，蘆溝橋事變發生，　領袖在廬山發表談話，指示國人，國難已到最後關頭，卽實行武力抗戰，登高一呼，振聾起聵，於是偏處廣西多年之白崇禧將軍，亦受　領袖精誠之感應，而入京參與國是，化除過去一切誤解，如是自民國以來，紛紛擾擾，分崩離析之局勢，頓告結束，四萬五千萬人殷殷渴望之全國統一局面，於焉實現。從此　領袖統一之功告成，中外一致愛戴，備極推崇，而我國家民族之地位，無意之中，提高多矣。

（五）要安事變：中華民族在近年來，遭遇不少險阻和困難。但皆能化險爲夷，平安度過，正可從此順利發展，達於富强之域，不料驚天動地，震盪中外之事件，竟於二十五年十二月十二日發生於西安，幾乎動搖國本，將整個中華民族永陷於悲傷之深淵，其影響之重大，無可諱言，誠如　領袖言「使中國復興工作，倒退三年」。

考此次事變原因，由於陝西交通不便，少數軍政人員，思想蔽塞，未脫離封建意識所致。　領袖原因，本在對於思想龐雜，言動奇異之東北軍剿匪部隊，剴切誥諭，以期統一軍心，使各將士幡然悔悟，完成最後之剿匪使命。　領袖由洛入陝，召集秦隴剿匪諸將領，面受機宜，乃張逆學良，突於十二日叛變，刼持領袖，興兵稱亂，時正清晨，叛部圍攻華清池行轅槍聲四起，彈如雨下，衛士多中彈以死，　領袖亦受跌傷，幸無大害。

領袖蒙難時，居西安綏署新城大樓，其他要員亦同被禁，張學良往見，　領袖痛責之，並曉以今日事態之嚴重，與影響所及，歷數其行動乖張，背叛負國。當時張等屢口申訴其各項主張及要求，　領袖唯以正義與正氣，糾正其錯誤，以至大至剛之精神，與崇高偉大之人格，以感化之。　領袖蒙難半月，鎭靜如常，絕無驚恐，同時各地輿論一致申斥，各人民團體，各軍隊部屬，紛紛電檄，一面告誡禍首，一面請政府出師戡亂。舉國人心憂驚惶恐，不可終日。中央乃於十二日晚，開會決定方策，推定中樞負責人，並調動大兵，包圍西安，促其覺悟，並派大員勸誡，曉以時局關鍵與國家安危，尤以全國青年將領之同聲憤慨，一致撻伐，足使叛逆喪胆，不知所措。及蔣鼎文由京入西安，竭力諫勸，張始誠意悔禍，二十五日下午，張楊同見，　領袖，　領袖在毫無條件，與張楊實際悔過之下，對彼等作精忠誠摯之訓話後，乃於四時登機離西安，張亦同行，五時抵洛陽，二十六日上午抵京。當二十五日夜，　領袖脫險消息傳出後，全國各地方，均歡呼若狂，爆竹之聲，通宵不絕，海外僑胞，慶祝尤烈，各友邦亦表欣慰。自經此次事變後，　領袖之偉大，更深入每一國民內心，整個國民對　領袖之愛護與信仰，益趨强固與堅定，各友邦朝野益倍致推崇與敬仰，卽吾人仇讎，亦

二

4

不得不起尊敬之心，中華民族復興大業上，更進一步。

在此次事變中，共產黨人，親見舉國上下對　領袖之危難，倍致關切，其愛戴之誠，無可動搖，知國民認識領袖之需要和熱忱，頓改舊態，傾誠國民政府，服膺三民主義，取消其向來主張，並改編紅軍，更易旗幟與番號，而十餘年來未得解決之內政問題，亦於茲解決。故西方事變，雖於國防建設上不無頓挫，然於國家統一，國民團結觀點上，則有顯著之良好結果也。

八、攘外時期

我中華民族，素來愛好和平，爲舉世所知。近世各帝國主義，挾其殘酷之手段，以相侵凌，於是發生中國革命運動，即對外須求得民族之自由平等，對內須求得國家之自立自強，國父創導於先，　領袖繼承於後，經數十年之奮鬪，始得到一綫曙光，走上復興之道，而東鄰強敵，謀我有素，利我危亂，阻我統一，繼而亡我國家，滅我種族，心至狠毒。　領袖不忍我優秀廣大之民族，立國五千餘年之國家，遭此厄運，不得不作自衛圖存，救國抗敵之計。自民國十七年五月三日，濟南慘案，日帝國主義武裝干涉我革命軍北伐時起，即忍辱負重致力於統一建設，爲攘外之積極準備。

（一）九一八事變之警鐘：民國二十年九月十八日晚，日本以陰險之預謀，藉口中村失踪事件，揑造我軍炸毀皇姑屯與瀋陽間之路軌，即用大兵襲取我北大營，翌日晨佔據瀋陽，繼由陸空軍力量，向我各地進攻，守土長官，毫無準備，致長春，營口，吉林等要地相繼失陷。此時　領袖已知敵人陰謀，體念到民族危機之嚴重，除一面指示當地駐軍及義勇軍，實行抗戰，予敵人以不斷之打擊，表示我民族之決心外，同時深切知道，現世各國，均以自己民族利益爲前提，絕不肯犧牲自己利益，以援助其他國家，故救國禦侮之道，惟在自力更生，努力於充實國力的準備工作。當時全國擾攘，高談抗日，　領袖表面上則絕口不言，實際上則從國力根本去實行，首先樹立安內攘外之原則，繼則用全力從事建設國防，復興民族，建設文化，提倡新生活，國民經濟建設等工作，作爲抗戰建國之準備。現今能與強敵抗衡支持至一年以上者，其力量之培成，即於深植其基，故九一八事件，實爲對我全民自覺自救之警鐘。

（二）一二八淞滬之役：敵人既佔據我東北，成立僞組織，更挾其亡我國家民族之毒念，又製造滬案，調動兵艦，武力威脅，提出要求，復於民國二十一年一月二十八日，向我淞滬天通庵車站進攻，當時我駐滬之十九路軍，不能容忍，奉命抵抗，我軍作戰部隊除十九路軍三師外，中央第五軍之八七，八八兩師亦先後參與壯烈之戰役。我軍本於愛國熱忱，熱血抗戰，爭先恐後，奮不顧身，予敵人以堅強之抵抗，至二月底，雙方犧牲重大，然我方實處劣勢，且以滬戰時期，距我國際戰爭準備完成之期尚遠，徒事犧牲，摧殘元氣，無所裨益，遂於三月四日協議停戰。

（三）長城抗戰：其後日本仍繼續其侵略熱狂，更轉向華北方面，進攻榆關，集兵熱河邊境，以援助僞滿爲名，復於民國二十二年二月十五日，總攻熱河。於是我　領袖乃命令二十九及二十五軍徐庭瑤，關麟徵部對敵展開血戰，　領袖且北上保定，指揮軍事，三月十日在喜峯口予敵人以痛擊，我大刀隊之名，使寇膽而喪胆，因而打破敵人欲一舉而下平津之夢想，但卒以我方器械稍遜，準備不充，政府瞻時勢演變之嚴重，求攘外必先安內國策之貫徹，遂忍辱負重，暫與妥協，加之江西匪禍猖狂，人心震動，爲謀攘外實力之準備，乃有五月三十一日，中日停戰協定，在塘沽簽字。

(四)綏遠抗戰：四年以來，寇散謀我，無時稍懈，在此疾風暴雨之中，我政府一方與敵週旋，以爭取時間之延長，一方作實力之準備，努力國防建設。故敵人予我以接二連三之創痛後，我已於各要地，作初步之必要佈置，時敵人亦感覺到我國家日漸統一，政府權力日趨鞏固，國力日益強大，嫉妒之念，又趨熾熱，再則爲其將來對俄對華之戰略計，必須攫取綏遠，遂於二十五年十一月，嗾使內蒙僞軍與王英等匪軍，向綏遠推進，十四日晚，犯紅格爾圖，綏遠省政府主席傅作義，以守土有責，奉令反擊，日寇明目張胆協助匪軍進攻，並有飛機及戰車助戰，我十三軍湯恩伯部，亦參加作戰，奮勇殺敵。當綏戰發動之初， 領袖赴太原洛陽坐鎮，指揮軍事。十七十八兩日，匪僞主力部隊進犯，均被我軍擊退。二十四日，我方反守爲攻，收復匪僞軍根據地百靈廟，奪獲戰利品無算，得到空前勝利。嗣後日寇再援助匪僞，補充實力，向我反攻，卒未得逞。十二月初，僞軍金憲章石玉山等，率部反正，我軍更乘勝收復大廟，匪軍經此大敗，一蹶不振，其後如無西安事變，綏察要地，必能相繼克復也。

(五)蘆溝橋事變：敵人深懼我於準備充實之後，則侵略更難，改變蠶食政策而爲急進之攻掠，二十六年七月七日，藉宛平日兵演習失蹤爲名，强欲搜城，要求不遂，戰釁遂開，時我領袖一面責令地方當局，愼重應付，一面動員大軍，北上參加抗戰， 領袖早已洞悉敵人之侵掠野心，故於七月七日在廬山發表談話有云：「蘆溝橋事變的推演，是關係中國國家整個的問題，此事能否結束，就是最後關頭境界……我們的立場，有極明瞭的四點：(一)任何解決，不得侵害中國主權與領土完整；(二)冀察行政組織，不容任何不合法之改變；(三)中央政府所派地方官吏，如冀察政務委員會委員長宋哲元等，不能任人要求撤換(四)第二十九軍現在所駐地區，不能受任何約束。還四點立場，是弱國外交的最低限度，我們希望和平，而不求苟安，準備應戰，而決不求戰。」不料敵人謀我甚亟，而我國一部地方負責人，則尚未切實覺悟，妄冀和平，受敵欺騙，懈於準備，又不願中央軍北上，佈防冀境，卒致敵人大兵齊集，一舉佔領平津。凡我同胞，至今猶痛定思痛，但其事態之演進，尚不止此，日軍閥之兇横，絕非尋常國際條約外交方式所可制止，於是平津之慘痛血跡未乾，上海悲壯之血戰重開，吾人亦惟有放棄和平願望，荷槍實彈，英勇抗戰，實際踏上保衛國家光榮之路。

(六)八一三抗戰開始：八月十三日，日兵闖入我虹口飛機場，不受勸止，發生衝突，雙方各有死傷，此係日寇欲發動全面戰爭，挑釁之預謀，復提出無理要求，我故府據理駁斥，日兵遂向我各地攻擊，戰幕益行開展，侵略者欲佔我國土，奴使中華，完成其大陸政策之夢想，自不惜傾全力來犯，在我則爲維護國家領土主權之完整，求民族之自由平等與獨立，不得不動員全國力量，以與日寇周旋，而爲全面之抗戰。 領袖於八月發表告抗戰全軍將士書，指示五點：

(一) 要有犧牲到底的決心；

(二) 相信最後勝利，一定屬於我們；

6

（三）要運用智能自動抗戰；

（四）要軍民團結一致，親愛精誠；

（五）要堅守陣地，有進無退。

復於九月二十一日答法報記者問有云：「如日本在中國境內，從事武力侵略一日不止，則中國抗倭之戰爭，一日不止，雖留一槍一彈，亦必堅持奮鬪，直至日本放棄其侵略政策，并撤回其侵略工具之武力之日爲止」。是即 領袖亦即政府對此次抗戰所持之態度，亦即我全民之意志也。

滬淞，閘北，大場，劉行，羅店等處之戰，持續三月，敵人傷亡慘重，隳毀無數，已打破敵人預算，幾次增兵和調動指揮官，皆足見敵人進退維谷，和騎虎難下之勢。

其後我軍由上海退出，守第一道國防線，再由第一道國防線退守南京，敵人再大舉圍攻南京，以爲佔我首都，即可迫我訂城下之盟，結束戰爭，乃我方因戰略關係，放棄南京，遷都重慶，仍繼續堅決奮鬪，抗戰到底，絕不動搖，并無妥協之可能，於是敵人速戰速決之計劃，全被打破。我國則一方取得各國輿論的同情和援助，同時全國眞正統一，徹底團結，不分東南西北，無論前方和後方，甚至淪陷地區，都發動了全體民族之力量，隨時隨地，與敵作殊死戰，我方既下如此最大之決心，敵寇之陰謀遂不獲逞，惱羞成怒之餘，仍積極進攻作孤注一擲，當南京失陷之後，吾人之決心固未稍減，然事實上國民之心理，不能不略受影響。 領袖抵漢口後，一面在軍事上作繼續抵抗之佈置，一面整飭軍律，並積極爲軍隊之補充與訓練，態度異常鎮靜；全國軍民心理，遂重趨安定，意志更轉堅强。二十七年四月一日，中國國民黨舉行臨時全國代表大會，決定抗戰建國綱領，益謀政治上進步的團結與統一， 領袖當被推爲全黨總裁，於玆抗戰形勢，益轉良好。 領袖之偉大，於抗戰時期，已臻最高之表現，全國國民一致團結在 領袖領導之下共同奮鬪，必能達成抗戰必勝建國必成之使命。

本文作者鄧文儀係第三戰區政治部主任，該文作于民國三十年九月，今轉載于此，以饗讀者。

本刊啓事

徵求基本讀者一萬戶從本期起截止各代徵求單位希將結果從速報告本社

青年與政治

劉建緒

一、政治的基本認識

講到政治，有兩種流行的錯誤觀念必須廓清。一是如 總裁所說的「國人往往拿「政治」當作「行政」來看，又拿「行政」當作「政治」來看。」因爲把行政當作政治看，便以爲不做官的就可不問政治：於是脫離政治，因而把政治當作行政看，便專門講究做官，變成新式的官僚，這兩種不良的傾向都足以阻礙政治的進步。其實政治並不等於行政，更不等於做官；政治乃是衆人的事，人人必須參加，必須過問。也只有人人積極參加政治，政治才會進步，才會光明。

另一種錯誤是以政治爲殘酷的鬪爭：民族的鬪爭，階級的鬪爭，黨派的鬪爭等等，這種錯誤，爲害尤深，他使許多青年誤入迷途，許多青年犧牲性命，尤其可慮的，是這種鬪爭的學說，深入青年心理，養成刻薄殘忍的性格，而社會風習，亦日漸澆漓，直將影響今後數十百年的治亂興衰，爲矯正這種錯誤，我們必須說明政治的基本目的究竟何在。

對於這個問題， 總裁於「政治的道理」一書講得最正確透徹：「中國政治哲學的最高目的，在使人盡其才，各得其所，各遂其生。中國的政治理想，是側重義務而不側重權利的，是主張服務和互助共濟的，是主張多所生產而少所消費的，是主張以能力强者的勞動，支持能力弱者的生存的；是着重人與天然爭而蔑視人與人爭的，總之，是主張不侵不奪的，安樂共存的。」「這種政治理想，實在是仁至義盡，極平易也極自然的理想，和歐洲國家以私人資本「佔有慾」來刺激生產，或是利用人類嫉忌爭奪的物慾來爭求「唯物史觀」和「社會革命」的方法相比較，眞有天淵之別了。」

由上述一段話可以明白，中國政治理想是反對人與人之爭，並且是要消弭人與人之爭的。人類是社會的動物，既不能離羣獨處，便須互助共濟，政治於是產生。可見政治的根源不是鬪爭而是仁愛。仁「親也，從二人」，孔子說「仁者愛人。」古代政治家多是「以不忍人之心，行不忍人之政」，因此特別注重於疾病痛苦困窮的救濟。所以 總裁又曾說：「我們中華民族幾千年來立國之道，完全在於仁愛的仁字。」我們要實現中國政治理想的最高目的，就須大家充分發揮我國固有的仁愛精神，克盡義務而不爭權利，使政治成爲公衆的福利事業。

如上所說，有人不免懷疑，我們不主張鬪爭，而事實上却有鬪爭，那該怎樣呢？爲解釋這個疑惑，我們首先必須認清，即是自來主張鬪爭，侵奪，壓制的强權者，都只是少數人，今日的軸心國家人民，何常願意侵略，還不是受了他本國政府的利用欺騙和强迫，强權者既只少數，那末，我們爲着愛護多數人的利益，便不能不與此少數人鬪爭，並且必須將此少數人消滅，尤其必須將此種侵略思想與侵略戰爭永久消滅。因此我們中國在此次戰爭中，從未主張對侵略國家的人民加以循環報復；相反的，我們自始至終，對俘虜很

8

優待，對日本人民的反戰運動盡力幫助，希望他們能與我們站在一條戰綫上，將日本軍閥消滅，建立東亞的眞正永久的自由和平。這種態度和主張，便是基於我國固有的政治哲學。

我們對於敵國尚且如此，對於本國的同胞自然更要寬宏博愛。除去少數的國賊民賊以外，一般人民尤其是青年如有什麼錯誤，我們都應使他有改正的機會。所以　總裁訓示大家出營以後對於那迷失正途的青年，是要感化，陶鑄而不是抑制和排除，前者出於愛，後者出於恨，這兩種態度，截然不同。

總結以上所說青年對於政治應有的認識，究竟是什麼呢？

第一、政治是衆人的事，政治的最高目的是使人人各得其所，各遂其生，我們青年既有愛人類愛國家的熱忱，便應該時時關懷政治，並且抱定服務的精神，參加政治。

第二、政治中的鬬爭，是不得已而爲之事，我們只對那殘害人類的獨夫，與殘害人類的黷武思想，作無情的堅決的鬬爭，至於那不幸迷失正途的青年，我們要用誠懇的同情的態度感化他，拯救他，陶鑄他。

二、青年參政的途徑

我國青年素來是革命的前鋒。　國父創導革命，　總裁參加革命，都是在二十歲前後，革命先烈，不少是在青年時期犧牲的。五四以後，學校青年更普遍的參加政治活動，抗戰中間，更有許多拋棄學業直接負起抗戰的重任。這種歷史現象，充分說明中國青年覺悟之早，熱情之澎湃，力量之雄偉。但在另一方面，由於政治學說之紛歧，社會環境之複雜，每使優秀青年誤入歧途，甚至無謂的犧牲了。就是幸而沒有誤入歧途的，也常常因爲早熟的關係，學術與修養多不免浮薄之弊，現在的政府既然是舉國一致擁護的革命政府，那末，除了在淪陷區的青年，必須不屈不撓的與敵僞鬬爭以外，大後方的青年，尤其是學校青年，就應該改換其參加政治的途徑，具體的說，就是不要具有封建時代的虛榮思想，而從組織與服務兩方面，在政府領導之下，協力完成當前的政治任務，并準備承繼已往開創未來的歷史。

先說組織，社會愈進化，組織愈嚴密，個人的力量也愈微渺，青年要把自己的力量充分貢獻給國家社會，而不以自了爲滿足，就必須參加廣大的群衆組織。在國家因爲重視青年的力量，也就不願意有一個青年站在組織之外，所以現代國家，無論其政體如何，無論是出自政府的强制或社會的發動與青年的自願，都有各種各樣的青年組織將廣大青年組織在政治的，軍事的，經濟的，與學術的活動之內，而蘊儲深厚的潛力。此次大戰中，各國青年組織，尤其蘇德兩國的，已充分表現其戰鬬力量，而成爲戰爭的重要支柱。青年組織對於我國，特別具有重大的意義，因爲我國目前正處在承先啓後的千載一時的機遇，三民主義青年團不僅要負起組織青年團結青年領導青年的義務，而且要在中國民族的血管中確確實實發揮「新血輪」的作用，所以　總裁於「中國之命運」中指示，全國青年都有入團的權利和義務。但是大家要認清楚，入團和入黨是不同的，後者以政治爲主要目標，前者以教育爲主要目標，　總裁曾說：「我們青年團的組織固然含有政治的意義，但青年團的工作，仍應以教育成份佔主要地位。」在參加組織的時候，還要認淸一點，即我們所以要參加組織，並不是形式上的，而是要在組織中實行集體生活。青年天性合群，又純潔坦率，本來最適於過集體生活，但因：

（一）青年每每自視太高，領袖慾强，因而在團體中常常鬧無謂的意氣。

（二）青年感情容易衝動，諸事常只就一方面着想，每每越出範圍，引起衝突。

（三）我國社會積習散漫，不講公德，在青年中亦有未能免此，因而妨害集

9

體生活的發展。

由於以上三點，我國青年，迄今還有少數仍不免於散漫頹唐放縱的積習，尤其智識青年，不脫孤高自賞的氣味，不能自視爲群衆的一員，與群衆共同生活，共同奮鬥，以致革命主義不能深徹下層。所以大家要參加組織，不是掛個名開個會，就算完事，也不是在這裏過了六個星期的集體生活，以後便再回到個人生活，要大家隨時隨地，都與組織共同呼吸，與群衆共同生活。

講到集體生活，我貢獻大家一點意見，那是行忠恕之道，盡己爲人之謂忠，推己及人之謂恕，大家在一起總難免有些小的爭執，但我們如能將心比心，事事設身處地替別人想，就可大事化小，小事化無，你若事事替人家想，人家也事事替你想，結果還是等於替自己打算，並無虧可吃。然而經過這麼一想之後，不但可以免去無益的憤慨和爭鬧，而且會不斷發現自己的缺點與錯誤，及時加以糾正。大家能够這樣，自能與人爲善，取人爲善，在集體生活中鍛鍊出健全的人格，而成爲國家有用之材，這乃是大家參加組織的第一要義。

其次說到服務。前面講過，中國政治理想是側重義務而不側重權利的。中國古代聖賢，也都是以己飢己溺的心腸，先憂後樂的抱負，爲人民服務的。國父與 總裁承繼這個偉大的傳統觀念，而得出「人生以服務爲目的」的光輝結論。我們作爲一個現代公民，一方面固不應放棄國家所賦予的權利，然而更要緊的，是不放棄我們的義務。這在消極的方面說來，即是守法重紀，在積極的方面說，便是要盡己負責，要能做到這一點，在青年時期，便應養成服務的興趣和習慣。國人因受士大夫教育的遺毒，從小就鄙視勞動，羨慕虛榮，社會上用以獎勵青年者，亦無非名利二字，以致青年所志所學，皆爲時尚左右，如大學生，前數年是投攷工科的居大半，這兩年是投攷經濟的居大半，聽說去年重慶各大學報考五千人中，竟無一投考生物學系者，生物學爲重要的基本科學，而竟被學生這樣忽略，無非是因爲個人出路不佳而已。假若大家都抱定爲國家社會服務的目的，就不會有這種現象。 總裁於中國之命運中，指示青年五種服務途徑，其中如小學教師，地方自治員，邊疆屯墾員，工程師，都是最艱苦的工作，飛行員亦是辛苦而危險性很大的工作，若是沒有自我犧牲的服務精神，便够不上接受 總裁這個指示。

在服務中間最要緊的，是應有遠大的眼光與實踐精神。我國近千年受科舉制義的束縛太深，雖與外國交通達百年之久，但是一般人的眼光仍如莊子寓言中的河伯一樣，所見甚小。在工作方面，又因襲專制時代的官僚政治，一以敷衍欺騙爲能事。青年雖有實心和勇氣去做事，但如果不能時時放大眼光，如果不能時時鞭策自己，就會與俗轉移。現在是各國在科學與組織兩方面作激烈競爭的時代，我們應該加緊努力，迎頭趕上，決不可有一絲懈怠，這主要就寄托在這一代青年身上。呂東萊說，『凡世俗所謂「不妨」，「有例」，「不見得」，「未必知」，「衆人都如此」，「也是常事」之類，皆不可聽』。青年爲社會國家服務，要能不聽這些話，多從學問與事業上用工夫，目標放到大處遠處，工作放到近處實處，自然會有成就，自然會盡到你對國家社會的責任。

各位學成以後，無論在那方面工作，教育也好，自治也好，工業也好，軍事也好，只要有益於國家社會，便要忍苦耐勞，全力以赴，以盡其責任心與義務感。青年都能如此，都能以革命的幹部自任，那末，社會一切不良風氣，因循敷衍推諉欺騙散漫虛浮等惡習，自可轉移過來。同時要以己立立人，已達達人的態度，對於迷途失路的青年，切實開導，切實勉勵，使皆納入正軌，一致在三民主義的大道上效忠於國家民族復興之大業，如此，健全幹部，領導青年，轉移風氣，復興民族的責任，都由各位來挺身擔承，這才不負青年團的使命，與今日夏令營集中訓練的期望。

10

擁護和平建國綱領

梅風

這一個月來，全世界的眼光都密切地注視着兩件喜事的同時到來。第一是在倫敦舉行的聯合國會議，第二是在重慶舉行的政治協商會議，這兩個會議關係着未來世界的幸福和中國復興的前途太大了，前者是爲着消弭世界大戰的再發生，奠定永久和平基礎，後者是爲了結束二十年來慘痛的中國內戰史，全國人民從此走上和平建國的坦途。聯合國會議尚未閉幕，多數重要問題仍在討論中，容後評敘，政治協商會議已是在各黨派代表與社會賢達支持着只許成功不許失敗和與會人員本着互尊互信互助合作的精神，民主融洽的空氣中圓滿閉幕了。

首先；我們必須了解的是這次舉行政治協商會議的意義：展開一部中國現代史，自滿淸末葉以迄抗戰勝利爲止的五十多年中，幅員廣大的中國，無日不處于內外交相煎迫，天災人禍的困境中求生存。尤以近八年來全國人民在　團長的領導下，渡過驚濤駭浪的苦海始得到達和平的彼岸，飽經憂患痛苦的人民，亟須休養生息，歷盡磋磨的民族元氣，正待重振恢復，假如抗拒外患慶獲勝利之餘，內部再動干戈，不惟見背於人民，抑且大失盟邦所望，所以；　團長於抗戰勝利不久，電邀共黨首領毛澤東赴渝共商國是，正在商討之際，不幸北方又傳警報，終至毫無結果，毛氏悄然而歸。但本黨仍以國家生命爲前提，開拓民族之光明前途爲職志，復于上月十日邀集各黨派首領與社會賢達舉行政治協商會議於陪都國府禮堂，因此；我們可以說這次舉行政治協商會議的意義。完全是建基于謀取中國統一民主和平團結的實現。而該會之圓滿結果，本黨因只重義務不重權利而作重大之讓步，當屬主因之一，這是我們全國人民所應反省而深切了解的。

第二和平建國綱領內容：政治協商會議二十二天中，主要的議題有；一，施政綱領，二，改組政府，三，軍隊問題，四，國民大會，五，憲法草案。若干問題除候三月一日舉行二中全會解決外，均經縝密討論成立協議，不過這次會議的收獲，最主要的應該是和平建國綱領的制定，綱領內容共分總則，人民權利，政治，軍事，外交，經濟及財政，教育及文化，善後救濟，僑務等九章茲分敘內容如次；

一，總則中規定了遵奉一個主義，服從一個領袖，擁護一個政府，保持國家和平發展，以政治方法解決政治糾紛，再不容許過去以武力解決政治問題的行爲。

二，人民權利方面確定了、國父在民權主義中所訂的範圍和民主國家人民的基本自由，取締警察與司法以外機關妨害人民身體自由，對于佔有人口半數的婦女，更予以政治，社會，教育，經濟各方面的平等，使全國男女均能向國家建設前途努力邁進。本來這些問題在一個民主國家裡是不成爲問題的，而今我們還在爭執討論，現在既已提出這個問題，那就非澈底執行不可。

三，政治方面實行民主政治，謀取平衡發展，選賢任能禁止私存，確保司法獨立不受政治干涉，澄清吏治嚴懲貪污，實行由下而上普選，建立各級民意機構，中央與地方採取均權制度等。掃除過去由上而下的政治組織秩序，特殊區域所倡某一階級專政制度的弊端，這是一個明智的措施。

四，軍事方面規定軍隊國家化，確保軍令統一，實行軍黨分立，提高軍中素質改進軍事教育以適合國防需要，改辦征兵制度厲行三平原則，縮編與整訓全國軍隊，保障榮軍與郎軍屬與收容游兵散勇。這是本次會議爭論的焦點之一，因爲過去中國的不統一造成內戰局面，純然是由于各

11

黨擁有龐大的黨軍，一旦政治糾紛到達尖銳化，武裝行動隨之展開，本黨于六全大會宣佈撤消軍隊黨部，即已深悵軍黨分立之卓見，惟中共遲遲未見諸實行，致使勝利後重見雙方軍事衝突的慘劇，現在和平建國綱領已經制定了，內戰完全停止了，即將實行大裁兵和實現軍隊國家化，今後軍隊除了保國衛民外，不作某一方面爭政的工具，老百姓可以減少生命的威脅，也可以減輕一部軍費的負擔。

五，外交方面確立親邦睦鄰政策，並與世界各國同守歷次宣言及聯合國憲章，共策世界和平與繁榮，暨本平等互惠原則，迅與各國訂立通商條約，以改善國際貿易和僑胞地位。中華民族對外的優良傳統就是講信修睦， 國父手著的三民主義終極目的就是世界大同，這是我們國人所熟稔所牢記的。然而我們國家今日地位躋于五强之一，對于世界要負起什麼責任，對于聯合國要處于何種地位，實在是值得我們每個國民所應時刻警惕自勉，同時中國經此八年浩劫，要從破碎的瓦礫中迎頭趕上，建立現代化國家，那麼對于與各國技術上的合作，原料的交換在在迫需。繼續與各國簽訂通商條約，尤屬當前急不容緩的要政。

六，經濟及財政方面規定遵照 國父實業計劃，重訂經濟建設計劃，澈底實施首期經濟建設原則，促進中國工業化，防止官僚資本發展，積極興修水利與陸上交通幹綫，實行減租減息，勵行造林奬助畜牧以發展農村經濟，制訂工業會法改訂工廠管理法規，財政絕對公開厲行預算決算制度，改革稅制根絕苛什等。我們認爲這幾个條目確已包括了建國初期的必取途徑，同時中國工業化與發展農村經濟更須相輔而行。不然；民生無從談起，如果偏于前者，可能促使中國重蹈資本主義的覆轍，偏于後者則形成生產銳減，人民生活水準無提高之日。

七，教育及文化方面確立保障學術自由，奬勵學術研究，普及國民教育，寬籌文化教育經費，奬助保育事業與私立學校興設，扶助文化事業機關等。我們深深地感到中國的貧與乏，並不是國家無財富可用，更不是國民才智的不及人，的確是因爲國民文化水準太低，國民教育的不普遍，以致文盲十佔七八，況且固有的文化不能綿互，現代的科學又跟不上人家，以致民生凋蔽國步維艱，而教育制度的朝訂夕改，教學兩方面無所適定，這一連串的教訓我們自不能漠然視之。

八，善後救濟方面決定迅速恢復收復區社會秩序，修復鐵路海航交通，善用救濟物資，修治黃汎及水利，切實執行停征兵役與豁免田賦一年法令。在戰時人民盡了最大作戰努力，含辛茹苦以求國家獲得獨立自由，在平時自然是要求得安居樂業，休養生息，尤其是陷區同胞生活上所受痛苦更非筆墨所能形容，若不迅予救濟改善，殊失人民殷切的期望。此次戰事結束之後，一切需要復員，如義民之返鄉，工廠之移動，莫不仰賴有便利的交通工具，復員一日不竣功，建設期間即須延長一日。

九，僑務方面規定協助受敵摧殘而失業之僑胞復業，輔助歸僑返鄉之生產事業，協助僑胞教育文化事業與奬助僑胞子女回國就業。這次大戰延

及全球，世界僅有一小角落廢獲無恙，散處各國尤以馬來一帶的我國僑胞損失慘重，他們當國家危難之秋，出過不少力量，今日抗戰勝利，國家對于此輩功臣以精神物質的資助自屬天經地義理所當然。陷區同胞需要善後，僑胞救濟亦不能忽視，再則我們過去因受不平等條約束縛，僑民教育不能發達，固受環境所迫，現在已與各國互訂平等新約，障碍早已消除，安得忍視僑民教育落後而獨厚于國內教育之普及？

我們詳細研究綱領全文，覺得內容非常完備，確實合乎時代與實際環境的要求，並且包括了統一，民主，與全國性。此後中國在政治上軍事上已展開新的一頁，不應再有中央政令不克貫徹地方，軍令不能統一的怪現象，而人民的自由亦得在任何地區同受法律保障，和平建國綱領實堪稱爲國家結束訓政走上憲政期中的一個最堅實的橋樑。

第三；要不負全國所望切實履行：內戰已是停止了，政治協商會議也由各黨派首領與社會賢達濟濟一堂在和諧的氣氛中圓滿閉幕了；而這次會議中更產生了一個共信互信的和平建國綱領，照理決不應再有使用武裝暴動或在各地秘密組織的行爲，任何黨派均應遵守現行法律，不能自認有特殊權利破壞政令，黨派競爭平等不應依借任何外力才算合法。可是制定綱領是一件事，徹底實行綱領又是一件事，所以我們的希望是在會議中辯論時盡可面紅耳赤，切勿出了議場外門私懷鬼胎再動刀槍，同時更盼望無論在朝在野政黨，必須事事以人民的利益爲前提，人民的希望什麼爲基礎，不打折扣的本着先國後黨以赤誠來實行綱領，才能取得人民的擁護與同情。

關於中國文學（續）

潘虹

第五章 魏晉的文學

（一） 曹氏父子及建安七子

東西漢的文學，到了建安時代便告一終束了。

東漢末年，曹操父子專政，挾天子而令諸侯，雖致身於戎馬之中，然也時常推獎於文學。故當時有鄴下的七子，盡爲曹氏所吸引羅致。文學的風氣爲所傳播的不能不說是極盛一時了。

所稱鄴下的七子，就是魯的孔融，廣陵的陳琳，山陽的王粲，北海的徐幹，陳留的阮瑀，汝南的應瑒，東平的劉楨。這七人的學問，的確是學無所遺，辭無所假，咸自以爲騁騏驥於千里，可以仰齊足而幷馳了。

孔融的文章，體氣高妙，其詩體尤爲高古，不在劉楨之下，故被稱爲揚班之儔。陳琳阮瑀的章，表，書，記也堪稱爲是當時的雋逸。其中尤以陳琳的討曹操檄一文爲最，其割辭的尖銳，語氣的激揚，刺駡的深刻，也可愈曹操的頭瘋。結果終爲之所羅致，而作了曹氏的幕賓。

王粲却長於辭賦，這七子之中，以他爲最負盛名。劉勰的文心雕龍有：「摘其詩賦，則七子之冠冕乎」？而在詩品中却以他爲「發愀愴之詞，異曹劉之體，方陳思不足，比魏文有餘」。而在東方樹竟以爲杜甫的詩是出於王粲，沈疎愚又評杜甫的無家別，垂老別等詩，又是仿王粲七哀詩的詩體。

至應瑒，劉楨，徐幹這三子的文學，却也有些高低了；故蔣鑑璋先生批評他們的作品說：「徐幹時有齊氣，應瑒和而不壯，劉楨壯而不和」。即在一般的典記上對他們的批評也是這樣。但他們却有許多作品收入古代文選的裏面。不過劉楨在詩品中却對他有很好的批評：「劉楨之詩眞骨凌霜，高風誇俗，但氣過其文，雕潤甚少，然自思王以下，楨稱獨步」

建安以後，蜀，魏，吳三國鼎立，這三者的中間，要以魏國的文學爲最盛。而蜀，吳的作家很少，無甚可以叙述的地方，現在姑把他丟開不論，來談談曹魏的文學吧。

曹操的文學在文心雕龍中有說：「魏武以相王之尊，推愛文章，文帝以副君之重，妙善詞賦；陳思以公子之豪，下筆琳瑯。」故曹氏父子和建安七子均得當時文學的榮譽。是以鄴下文章，盛極一時了！例如曹操的短歌行和苦寒行兩篇作品，實足以瓊絕千古而宏貫一時了。所以他這兩篇作品很博得古今一般學者的傳誦。他還有一位兒子曹丕，也可說是當時一位文學的翹楚者。他精深於詩論，曾致書於吳質，其情致的深密，頗引起人有恨不得和他作朋友的感慨哩！此外他還有一首很可勸人心脾的寡婦詩，其纏綿排惻，使惋動人；而描寫的深刻，足够令讀者流淚。他的典論論文，實開文藝批評的先河，洵足以博得中國文學史上最大的榮譽了。

曹丕還有一位弟弟曹植，也是一位天才的文學家，他所成就的作品很多，是不能一一舉出來敍述的。當曹氏篡漢之後，他雖身爲一個皇子，然以性近放逸，不甘有所拘束，偶心有所思，即發之爲文，終於遭受了爸爸和兄長們的猜忌，不加重用。所以他每日里除了作文，寫詩之外，再也沒有多大的希冀了！

曹操死後，他的兒子曹丕便正式篡了漢朝的天下，而自立爲魏文帝，於是乎曹植的不幸命運便跟着這個時候開始了。他所以會釀成了那種不幸的命運的原因，自然是給了天才所躭誤啊！因爲一個具有絕大天才的文人，他的生性自然是怪僻的，他的情感自然是不受拘束的。他對環境的不滿，便要攻擊；他對於人間的不平，便要發於詞章，以洩其憤懣的情緒，他對於一切是無所顧忌的。尤其在當時他不滿意於哥哥的那種行爲，而引了哥哥對他的懷恨。故曹操一死，骨肉的變由是而生了。

曹丕逼弟植以七步成詩的嚴令，而植則詠以煮豆燃萁的悲鳴，終也能使銅鐵成泥，使哥哥的天良發現，而恢復了兄弟間的情誼。他的作品，大多是有傷此志的鬱鬱，瞎人世的懨懨底寄慨。如果我們讀到了他的全集，便可以明白到了這都是出於他內心的刺激，對於環境的不滿，絕對不是無病呻吟者可比啊！

至於棄婦，七哀等篇是他抒情的詩選，美女，洛神等賦，是他描寫女性的美感，也極盡所要言，絕沒有矯柔造作的虛詞。

（二）正始、太康、永嘉的文學

東漢重儒，故所產生出來的文人，大都保守經文，而且極注重於禮教。及至曹氏父子，因專於文詞，而經術才漸漸地衰微。及至到了正始的時候，何晏和王弼這兩人，他却十分崇拜於老子和莊子，而引起當時的文人都傳爲習尚。所以正始時代對於玄學的風氣，流傳極大。那些文人們大都非薄儒術，蔑棄禮法，沉湎藥藥，幾乎完全流入請談一派。在此一派中要以竹林七賢爲其主要的代表人物了。

所謂竹林七賢的便是：阮籍，阮咸，山濤，劉伶，向秀，嵇康，王戎等這七個人物了。假爲我們若要明白這七人的行爲，那麼，我們便可以從一部世說新語中去得到了他的梗概了。至於這七人他對於那時候社會的懷疑觀念，便足以開中古時代思想界的先例了。

七賢的文學各有所長，阮籍，嵇康便是這一派中的領袖。

阮籍他便是漢末那位負有文學盛名的阮瑀底兒子，他的詩和賦等類的文學皆是發揮自己的個性，因爲他行爲的猖狂，才藻的艷麗，故其作品以詠懷詩廿八首爲最著名。其解旨的遙深，抒情的隱僻，實盡亂世的哀音。顏延年對他有一段批評是：「嗣宗身仕亂朝，常恐罹謗遇禍，因茲發詠，故每有憂生之嗟，雖事在譏刺，而多分隱僻。百世而下，難以情測」。

除此之外便要推及嵇康了，嵇康可以說是晉代的詩作者，他的詩清麗淡雅，以四言的爲多。他自從與呂安絕交後，儘量的發揮其人生的哲學，十足地表現其峭直的癖性，沈歸愚對他詩的批評是：「叔夜四言詩時多俊語。不摹三百篇，允爲晉人先聲」。他當十二分悲懷時所作的悲憤詩，將一腔幽怨，決然一吐無遺。根據齊晉書的本傳中有說：「康與呂安善，安後爲兄所枉訴，以事繫獄，詞相證引，遂收康，康乃作此詩」。

劉伶的酒德頌也能够很大膽的破壞俗禮，而表現他的「螺嬴之與螟蛉」的人生觀。他有了這个思想，都是因爲文學爲這個時代所轉變；文學家既然是不得志了，於是就起來反動。故其反對舊有的禮教，甚至於盜酒吃得酩酩大醉，而臥於女人的身傍，也不覺得以爲奇異。

其次就是山濤，向秀，王戎，阮咸這四人了，他們是只有一味的去破壞禮教，對舊禮教很有力的攻擊，影響於當時的思想界極大。至於文學的成就較之阮籍等凡人尤差。

自竹林七賢，極力破壞禮教之後，於是乎上至在朝的士大夫階級，中至一些文人，下至平民

14

們，大都鼓吹自由，標榜放任，攻擊禮教相沿成風。而老子，莊子的玄學風氣，風靡一時。不論是在政治和社會上，俱受其影響。國事既無可救藥，異族也隨着而來欺凌踩躪了！從此後，中原淪陷，典午南奔，宇宙腥羶，古今共慨，所以清談足以誤國的便是個原因了！

降至太康時代，玄學的風氣始衰，而文學之風才跟着滋長起來了。鍾嶸在詩品中有：「晉太康中，三張，二陸，二潘，一左勃爾復興，踵武奇王，風流未沫，亦文章之中興也」。文心雕龍明詩篇中也有說：「晉時群才，稍入輕倚。張，潘，左，陸比肩詩衢。采縟於正始，力柔於建安。或文挑以爲妙，或流靡以自研，此其大略也」。

所謂三張，就是張載，張華，張協，這三位詩人之中以張協爲最特出。他有一篇七命，雖然是摹仿前人的體裁，而行文的淵博，造句的工倘，確是他的特長。詩也詞采雅宜，音調鏗鏘，可惜造意未能臻於細膩之境，是其缺點。張華的詩，語雖濃艷，然也有淡薄的地方。至張載的作品，因流傳過少，無從把他下了怎樣的判斷。

其次是二陸，就是：陸机，陸雲的兩兄弟了，他們倆的文章，在當時可說是不相上下的。張華曾有稱陸机說：「人爲文恨才少，机爲文恨才多」。故富有學問的人其天才往往有不足以濟的地方。陸云在當時有聞一知十的稱謂，然以文章的成就方面，實在是比不上他的哥哥陸机了。他們兄弟間所產生的作品很多，流傳到了現在的有：散文數十篇，賦三十多篇，詩百餘章，連珠體的五十餘首：但其詩賦，沒有空靈矯捷的氣度，只有專注意於排偶，無以足稱。而在連珠體，則是開駢文的先鋒，古人有：「二陸入洛，三張減价」的稱謂，這也是兩句絕好的評語啊！

二潘便是：潘岳，潘泥這兩人了。

潘岳的文章頗多抒情的作品，他是一個很富於天才的作者，而且又是一個很美貌的人兒。當他幼年的時候，便給人們所重視了，而負有奇童的尊稱。故群嫗擲果，傳爲千秋佳話。他的秋興，閒居，寡婦，懷舊等賦，以及悼亡的詩歌，很得後人的稱頌。他所描寫的，大都詞氣悽惋，能夠使一般讀者心爲之惻然淚下，所以許多人都說他是一位寫情的老手。其所遺流於現在的作品，也純粹是眼淚的結晶啊！

潘泥是潘岳的從子，文章傳於世者甚少，但所作的詩却很多：那時候還有一部份摘錄於文選的里面，他也是一個不可多得的文學作者。

左思，一名太冲，以寫詩最爲特出。他的詠史詩，稱爲千秋的絕唱。招隱等作品，也甚雅麗，沈歸愚說他：「胸次高曠，而筆力又復雄邁，故是一代作手，豈潘，陸所能比歟」！詩品中却說他野於陸机，而深有潘岳，這幷不是一種確論。

世有稱太冲作三都賦，構思十載，門庭藩籬，俱放着紙筆，每遇到了很好的句子時，便把牠寫於紙上，及至三都賦成，洛陽的紙價大貴。不過，我們若以三都賦一篇來說，那不過是專於堆砌辭藻，絲毫沒有一點骨氣的可言。無怪古人要批評他的詩，是等於城廟的妓女，只裝着一些粉香的撲鼻，光寶的眩目，若把他的粧飾品完全去掉，把牠的粉香洗淨，則會使你覺得姿色全非，比不及像漢魏時候的詩有如鄉村的美女，風姿天然，服裝淡雅，極儘嫵媚的姿態了。道種說法，雖然是較爲刻薄一點，實也評得很是中肯哩。

除上面所述的那些人之外，還再有一些有關於歷史和小說的作家們，這兒又不得不來敘述一下。

晉朝一代的寫作者，頗有許多描寫有關於歷史材料的作家們。例如：陳壽的三國尤爲絕出。文心雕龍有說：「魏代之時，傳記互出，陽秋魏略之屬，江表吳錄之類，或激抗難徵，或疎潤寡安，惟陳壽之三國志文質辨洽，荀張比之於遷固，非妄譽也」。然以陳壽的三國志一書來說，確是一部很俱有文學趣味的文學作品，後人雖以

15

迂濶的正統觀念來責罵他，其實這種說法，只有值得我們後人一笑，也不能損於三國志的價值底絲毫啊。

陳壽以外還有欒峤，司馬彪，孫盛，習鑿齒，干寶，謝沈，袁宏這些小說人物。他們都很喜歡描寫史傳，或是記述前代的，或是務維當時的；也頗俱有一些文學意味。然而當時後漢書的作者很多，例如：穆天子傳便是當代的文學產品，做了後世描寫神仙小說的濫觴。

干寶，他著有一部晉紀，雖然能够很直截的把晉代的史跡敍述出來，却也不能抹煞了文學的姿婉。自從他這部書出世之後，一般讀者們都說是一部很好的史書。他又著了一部搜神記，後來一般描寫神仙怪異的作者們，都是採取這部作品作材料。乃至陶靜節時，又著了一部搜神後記。其餘如王嘉的拾遺記，附會了古代的故事，其性質也近於小說的體裁。

上面所述過的這些小說作品，後來的人，都說是一種僞托，這在我們可又不必去斤斤計較。然以其文筆的樸實，偶意的深遠，也自有其文學價值在。

再此外的，還有葛洪著的神仙傳，也是一部關於描寫神話的文學作品，我們是可以把牠列入了神話文學的里面。

到了永嘉時代，負有文學盛名的要推着劉琨和郭璞兩人了。文心雕龍才略篇中有：「劉琨雅壯而多風」；又有：「景純(即劉琨)艷逸，足貫中興。郊賦既穆穆以大觀，仙詩也飄々而凌雲」。

劉琨是一生慷慨而有大志的人，他因爲是生逢亂世，故其所作的詩，大多悲涼酸楚，抒情托意，且意又勝於詞。鍾嶸說他是一個很會描寫凄戾的詩人，也有清拔的氣魄。

可是我們又得明白了，這位偉大的詩人，他既是俱有很好的天才，然而他偏偏要碰着這個不幸的命運。他几次去和境環掙扎失敗了！他去和社會苦鬪，然而他那個偉大的志氣，終不能戰勝了亂離的侵襲。於是乎他只剩得一顆破碎的心房了！他有滿腹的憂憤，無從發洩，又不得不以詩歌來代替他的呻吟。所以他的善敍哀亂，多於感恨的詩句，可以說是坎壈詠壞的作品了！

郭璞好於經述，精於文學，是一個博學多聞的人。他的著作很多，流傳到了現在，還有他很多的作品。他作的江賦和南郊賦，沈博絕麗，實在不亞於漢代的作家們。可惜他終爲才誤，致遭時世的猜忌，結果；一條潔白的身軀，便爲佞臣王敦所謀害，寧不令我們唏噓涕泣哩！

及至晉末，便產生一位陶淵明，(即陶潛)先生了。他是一位千古聞名的詩人。他有一顆恬靜的個性，崇高的人格。他所作的詩歌，都是屬於田園一派的文學，而成爲一位田園派的詩人底領袖。他的命運也是同樣陷落於不幸的命運檻中，他生於亂世，備嘗顛沛的生活，歷遍風霜的滋味，而且又無意於功名，曾不以五斗米而折腰，去低首營眉事權貴，以致貧無立錐。他確曾自潔其身，不爲利慾所牽勸，故每放情於詩酒之中，倒也覺得自樂其樂。蕭統說他：「文章不群，辭采精拔，跌宕昭彰，獨超象類。抑揚爽朗，莫與之京。橫波素而傍流，干青雲而直上。語時事則指而可想，論懷抱則曠而且眞。加以貞志不休，安道苦節不以躬耕爲恥，不以無才爲病。自非大賢篤志，與道隆汚，孰能如此」。這段說話，的確對于陶先生是不會過譽啊。

桃花源記一文，是陶先生理想中的「烏托邦」。論其體裁，也是一篇絕好的短篇創作。他所作的詩，體裁省靜，沒有多長的語氣；篤意眞古，辭興婉愜。歸田園居，飲酒等篇，尤爲全集的代表。其文如：五柳先生傳，歸去來辭，也是我們所喜歡誦讀的作品。

（未完待續）

歷史講座

中國歷史上的民族戰爭（續）

蕭　凌

四、漢征匈奴

史記說匈奴是夏桀少子的後裔，很難使人相信。大概葷粥，玁狁，匈奴皆一音之轉，都是指當時住居在中國北部的一種民族。在周朝末年入擾華夏的戎狄，也是匈奴的支系，不過我們單獨把那處於北荒邊鄙的部落，特別叫做匈奴。

詩經小雅采薇篇上說：「靡室靡家，玁狁之故。」又說：「豈不日戒玁狁孔棘。」小雅六月篇云：「薄伐玁狁，至於太原，出車彭彭，城彼朔方。」這是周朝時候已經和匈奴交戰的明證。不過當時匈奴還沒有强大，所以沒有可考的傳記。匈奴之有可考的事跡，是從冒頓單于開始。

匈奴是一種慓悍的游牧民族，遠在戰國時代，就舉兵內侵，所以立國在北方的燕趙魏都築有長城來抵禦，及至秦始皇統一天下，派大將蒙恬領兵三十萬攻匈奴，奪回現今河套一帶地方。並且把各國的長城加以增修，從遼東到臨洮連成一線，作爲所禦匈奴的堡壘。秦始皇死，國內大亂，沒有力量顧到邊陲地方，於是匈奴乘机南下，越過長城，再把河套一帶沃腴的土地當做他們的牧場。之後匈奴冒頓單于在位，東滅東胡，西逐月氏，領土奄有現今靑海蒙古以及遼寗的一部，和中國的漢成爲對峙的局面。漢高祖將兵北伐，被冒頓單于圍於白登（今山西大同縣境），匈奴控弦之士三十二萬，所騎的馬按東西南北分成靑紅黑白四色，軍氣非常雄壯，結果漢高祖用陳平的計策，買通匈奴的閼氏，說匈奴縱使得到中國的土地，也絲毫沒有用處，冒頓單于才解圍。鑒于雙方實力的懸殊，漢朝向匈奴求和，以公主下嫁單于，每年餽贈金帛食物，用屈辱的「和親政策」來羈縻獷悍的匈奴。然而匈奴仍舊是年年入寇，肆意殺掠，漢朝北方的郡縣，經常被匈奴的鐵蹄蹂躪。

武帝卽位，漢朝的國力已經充實，於是把歷代以來含垢忍辱的「和親政策」變爲「撻伐」，在數十年裏面不斷的征討，給匈奴以嚴重的打擊，到宣帝以後，匈奴便降爲漢的屬國，總計漢武帝征匈奴前後共十餘次，現在把主要的史蹟依年代記在下面：

（一）漢武帝元光二年（公元前一三三年）夏六月，用王恢等爲將軍，帥車騎材官三十餘萬，匿馬邑旁谷中，使人誘匈奴入塞而襲擊之。謀洩，恢自殺。

（二）漢武帝元朔二年（公元一二七年），匈奴入寇上谷漁陽，漢遣將軍衞靑李息出雲中以西，擊走白羊樓煩王，取河南北（今河套一帶），立朔方郡，把黃河作爲邊塞，從此匈奴的勢力不能及到甘泉。

（三）漢武帝元朔五年（公元前一二四年）春，遣衞靑率六將軍之兵分路出擊，得匈奴右賢王裨將十餘人，虜人畜甚衆。

（四）漢武帝元朔六年（公元前一二三年），衞靑再率六將軍擊匈奴，前將軍趙信戰敗，降敵，而霍去病斬首捕虜過當，時年僅十八。

（五）漢武帝元狩二年（公元前一二一年），以霍去病爲驃騎將軍，兩出塞外，深入匈奴。自此去病名比衞靑而匈奴始懼。是年秋，渾邪王殺休屠王，偕其部衆降漢，漢爲置五屬國分處其衆，由是金城（今甘肅境），河西（黃河之西），西並南山（卽南祁連山）至鹽澤（羅布淖爾），完全沒有匈奴的蹤跡。漢置武威，張掖，酒泉，敦煌四郡。

（六）漢武帝元狩四年（公元前一一九年），乘匈奴勢衰，大發士卒粟馬十萬，令衛青霍去病分道窮征。衛青出定襄，知單于所居，自以精兵走圍之，單于夜遁，漢兵追至寘顏山（今外蒙古土謝圖左旗北，納拉特山）趙信城，燒其積粟而還。霍去病出代，與匈奴左賢王兵相遇，獲其將相等八十餘人，封狼居胥山（今察哈爾多倫縣北，德爾山），禪子姑衍，登臨瀚海（即大戈壁沙漠），這一役衛青斬首萬五千級，從此匈奴人口損耗過半，餘衆遠遁，漠南無王庭。

（七）漢武帝元封元年（公元前一一〇年），帝親率師，勒兵十八萬騎，巡邊歷五原（今綏遠五原縣），出長城，至歐胸（即外蒙古之肯特山），北登單于臺。遣使者告單于曰：「單于能戰，天子目將待邊。不能，亟來臣服。何但亡匿漠北苦寒之地爲！」匈奴震攝，乃盡歸漢使之不降者路充國等。帝還祭黃帝於橋山，乃釋兵。明年，漢亦歸匈奴使之在漢者，令蘇武送之，蘇武至，單于轉鷗，處武于北海（今貝加爾湖）上，武雖困，不失節，終使匈奴驚心碎膽，認識了漢人人格的偉大。

（八）漢武帝天漢二年（公元前九十九年），遣李廣利，李陵等將兵擊匈奴。五將失道，陵獨遇戰，結果矢盡援絕，李陵敗降。

（九）漢武帝天漢四年（公元前九十七年），李廣利征匈奴無功。

（十）漢武帝征和三年（公元前九十年），李廣利再擊匈奴，兵敗降敵。

武帝征服匈奴的願望，當他在世的期間並沒有全部實現，於是犂庭掃穴的肅清工作，便留給他的後人去完成了。總觀這十幾次的戰役，起初是匈奴入寇，漢朝應戰，繼之衛青，霍去病帶兵遠征，深入北荒，給匈奴以重重的膺懲；迨後則勝負迭見，甚至李陵，李廣利等名將，都不幸兵敗身降，但是經過這十幾次的撻伐，匈奴的力量消耗過半，此後退居到漠北一帶，不足以和漢朝抗衡了。

漢征匈奴，武力和外交是兼施並用的。當時西域諸國介在漢和匈奴之間，實在處於舉足輕重的地位。而葱嶺以東的三十六國，服屬匈奴，匈奴在那邊設官徵稅，大部分作戰資源都取於西域。

起初，武帝從俘虜的口裏得知月氏和匈奴有仇，想約月氏夾攻匈奴，於是派張騫出使西域。張騫經過匈奴的屬地，被匈奴捕獲，拘留了十多年，才得乘間逃脫，由大宛到康居，再轉往月氏，誰知月氏敗於匈奴以後，奪取大夏（Bactria）的故地，在阿（Amur）母河流域肥沃的原野裏生息蕃殖，已經沒有復仇的心。張騫在月氏留了一年多，得不到要領，於是繞道回來，歸在途中又被匈奴捕獲，適巧匈奴內亂，張騫才得返國，向武帝報告西域的狀況。

之後匈奴渾邪王降漢，從中國到西域的道路可以暢通。張騫向漢帝建議，說烏孫國（在今伊犂）王昆莫，本來不服從匈奴，假若聯合烏孫來招致西域諸國，那等於是斬斷匈奴的右臂。武帝於是再派張騫出使烏孫，起初烏孫的態度很猶疑，張騫分遣副使到大宛，康居，月氏，大夏，都能得到預期的結果。接着西域諸國先後通漢，烏孫向漢求婚，漢以江都王建的女兒飾做公主，下嫁給烏孫國王。

西域的道路既通，漢朝遣去聘問的使臣絡繹不絕。西域裏面的樓蘭車師隱隱的幫助匈奴，攻劫漢朝的使臣。武帝派趙破奴把它們擊潰，於是漢使西發，得以無阻，嗣後武帝所說大宛的貳師城有汗血馬，派人用黃金堆成一個金馬去交換，大宛不肯，並且把漢朝的使臣殺死。太初元年，武帝派李廣利領兵十餘萬征大宛，越過現今的新疆，圍攻大宛的都城。結果大宛的臣民殺其王，獻馬三千匹以降。從此漢朝的聲威遠播到葱嶺以西，許多小國都派遣子弟到長安來做質。

漢武帝死後五十多年，傳到他的曾孫宣帝，那時匈奴內亂五單于爭立，匈奴分爲南北兩部。南匈奴呼韓邪單于降漢，自請移居河套地方，替漢朝守邊。北匈奴郅支單于看到漢朝幫助呼韓邪，恐怕被夾攻，適巧烏孫起兵侵康居，康居迎郅支單于合力抵禦單于，郅支單于就率衆西遁。漢西域校尉陳湯和都護甘延壽矯制發諸國兵，進攻康居，襲殺郅支，傳首長安。陳湯的軍隊，最遠曾經到現今的裏海之濱。

王莽篡位以後，匈奴西域再度背叛。東漢初年，呼韓邪單于的後裔又分裂爲南北兩部，南匈奴仍舊內附中國，北匈奴則暗暗的和漢朝對抗。東漢明帝時，竇固耿忠等發兵擊北匈奴，一直追到蒲類海（新疆巴爾庫勒淖爾），取伊吾盧地；加之班超通西域，西域諸國又都內附，北匈奴的勢力格外衰落。和帝永元元年（公元八十九年），大將軍竇憲出擊匈奴，敗北單于於稽落山（稽落山疑今蒙古之晉諾顏，額布根山），出塞二千餘里，登燕然山（即今之杭愛山）勒石紀功而歸。明年，竇憲再出兵襲擊，大破北單于於金微山（据通鑑地理今釋，疑爲阿爾泰山）。北匈奴逃走，不知所終。於是猖獗二百多年的匈奴，終於被漢族平定。

竇憲打敗匈奴以後，曾經叫當時第一流的史家班固撰文紀功，勒石燕然山。那上面的詞句是：

「遂踰涿邪，跨安侯，乘燕然。躡冒頓之區落，焚老上之龍庭，上以攄高文之宿憤，光祖宗之玄靈。下以安固後嗣，恢拓境宇，振大漢之天聲，玆所謂一勞而久逸，暫費而永寧也。」

漢征匈奴的歷史意義，在這銘文裏完全剔抉出來了。和帝永元年間竇憲的勝利，一方面湔雪了高祖，文帝歷來的恥辱，使武帝的未竟之志得以完成；一方面掃蕩了匈奴殘餘的勢力，替後世漢族的安寧奠下鞏固的基礎。至於漢族之所以得勝的原因，推考起來不外乎下列四項：

（一）由於國家內部的統一：漢初鑒於秦因孤立而亡，兼行封建，中央直接統治的區域，不足全國三分之一。七國之亂以後，王室用了種種方法削弱諸侯的權勢和疆土，直到武帝初年，國內方才造成眞正的統一。於是集中一切的力量向外發展，通西域，把百粵，朝鮮，西南夷各地改爲郡縣，然後併力以擊匈奴，匈奴遂不能支。昭帝宣帝上承武帝的餘烈，統一格外鞏固，國力格外充實，乘着匈奴內亂，用威德並施的方法去招降征討。一個支離破碎的匈奴，在漢族統一的力量前面便日漸趨於瓦解崩潰。

（二）由于民族心身的健全：漢人本來是講文修武的民族，人民的體格和智力，都比其他的民族强健卓越。漢代行徵兵制，民年二十三爲正卒，服兵役兩年，習射御，馳戰陣。二十五歲以後，每年尙須戍邊三日。除掉常備軍役以外，國家因爲緊急的需要，還有各種臨時的徵發。一般受過訓練的軍隊，「輕車突騎」，「勁弩長戟」，「堅甲利刀」，「材官騶發」，遠非匈奴的軍隊所能及。隴西，天水，安定，北地，上郡，河西六郡的民兵，號稱六郡良家子，尤其是全國的精銳。西域校尉陳湯曾經說：「外夷兵刀朴鈍，胡兵五當兵一，今頗得漢巧，猶三當一。」漢兵之强可以想見了。當時的帝王文人學者，大都嫻於騎射，明悉戰略，例如雄才大略的武帝，曾經戎服鞍馬，親自率兵出塞；儒生朱買臣，將兵擊破東越；司馬相如也曾經做過中郎將，略定西南夷。他如立功西域的張騫，班超，傅介子，甘延壽，陳湯，馮奉世，或者是以單車使者斬名王，定屬國於萬里之外；或者是徵調屬國的軍隊，平數國之亂。這種歷史上光輝的奇蹟，都是民族心身健全的表現。

(三)由于民族精神的昂揚：中華民族雖愛好和平，但是內心深處隱藏着一種剛武的精神，每逢遇到國家民族危急存亡的時候，這種精神就表露出來成爲極端的勇毅。例如，漢武帝欲爲霍去病治第，去病辭曰：「匈奴未滅，何以家爲！」(史記卷百十一)馬援年邁力衰，對孟駿曰：『方今匈奴烏桓，尙擾北邊，欲自擊之。男兒要當死於邊野，以馬革裹尸還葬耳；何能臥床上在兒女手中耶？』駿曰：『諒爲列士當如此矣。』(後漢書五十四)有了這樣的民族精神當然可以克敵制勝。

(四)由于政府紀綱的嚴明：武帝時，王恢建議伐匈奴興師三十萬衆，匿在馬邑旁邊的山谷裏面，想誘匈奴入塞而把它殲滅。後被察覺，匈奴退走，王恢將兵三萬擊輜重，因爲匈奴逃遁出塞，無功引還。武帝認爲王恢首先建議討伐而作戰的時候畏縮不前，交給廷尉治罪，太后和丞相雖都替王恢緩頰，王恢終於畏罪自殺。宣帝時，匈奴侵烏孫，漢遣田廣明，范明友，韓增，趙充國，田順等將兵十五萬騎往救，匈奴听到漢軍出動，就引兵遠遁，田廣鮮有所獲，都是全師而歸。後來軍吏報告，說田順將軍出塞八百多里，沒有到達預定地點，就止兵不進，又謊報捕獲的數目；田廣明將軍出塞千六百里，知虜在前，逗留不進，結果都交有司治罪自殺。單單舉這兩件事，就可見漢朝的紀綱是嚴明到什麽程度了。

歷史上的成敗沒有一樣是偶然的；漢征匈奴，這裏面有許多事蹟和教訓，值得我們警惕，效法。

(未完待續)

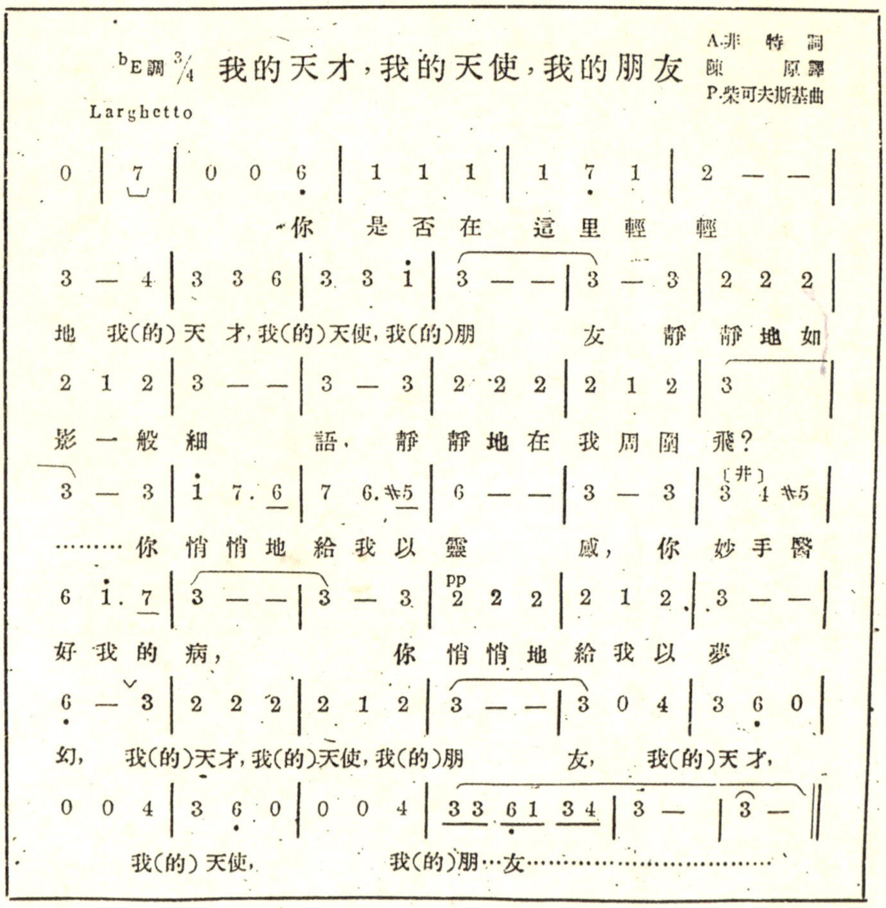

20

旅臺印象拾遺（六）

覺訓

我們向來所想像的國際風雲，年來吹煙似的瀰漫了幾個的宇宙「九一八」以後，被壓迫的祖國，發出掙扎的呼聲，使日本帝國主義者神經緊張起[illegible]，這些[illegible][illegible]局組織，[illegible]才[illegible]時我們[illegible]任[illegible]國力，[illegible]我們[illegible]守齊雖已上軌道了的僑運陣地，相反地我們的責任越發加重，難道眼睜睜地等候最後命運的來臨，把十餘萬僑胞的生命財產，給那假想的敵人來自由自在的蹂躪嗎？我們不會那樣傻，我們需要急速地轉變方針來幹的。

一九三六年三月，第九屆改選後，常委會新進兩位同志來，就是何再來和張月朝。何同志曾任[illegible]有工作經驗，約三十歲，業商。張同志在美時亦行醫[illegible]職務，通英文，熱情爽直，年三十餘。他們的性情和見解，都和我們舊有的常委合輸得來，只是他們有着自己的業務負累，未能和我們日常一夥兒工作，頗感缺憾啦。因此，我們幾位駐會的工作同志，一發煩忙了，特別是我。

以「西安事變」的和平解決爲樞紐，日本帝國[illegible]的[illegible]，他們都在[illegible]什麼所謂國防的，那換武官總督啦，某某師團來臺駐防啦，防空防毒演習啦，大有大雨欲來風滿樓的可怕倩勢，使我們每個孤島上的旅客，都感覺無窮的威脅和恐怖。這時我們對將來僑胞生命的安全，和僑資的內移，自不能不作「未雨綢繆」的計劃，於是鼓勵僑胞參加祖國墾荒，和實業公司組織，遂爲第九次全島代表大會討論問題的中心，而非辦不可的具體方案，也應這需要而產生出來了。

資本一百萬元的海南島墾殖公司，股金已募集充足，其他較小規模的公司組織，也像雨後春筍般的產生出來了。當時我們很嚴密地審査這些股東資格，絲毫的外資都不容許滲雜在這裡，海南島在軍事上國防上的價值，我們早存這戒心、以我們一貫對祖國的忠誠，對於足以貽同胞後患的任何未然事態，我們都會以遠大的眼光去防止的；何況日人覬覦海南島的野心日形暴露，在戰雲密佈的當時，我們怎會不注意呢！如果說我們是馬虎地來處理墾殖公司的股份和股資，不是老早就成功嗎？何須宣傳到兩三年後的今日，才會實現呢，我們那樣苦心孤詣的號召着，經營着，還是爲了誰呢？

我們的預計，以爲那不可避免的戰禍，最快要在一九三七年的冬天，根據某某師團來臺駐紮，和武官總督調換後的部署，與我國國民大會開幕前後，我們是怎樣判定的。就這一預計的時間加緊工作，到爆發戰爭爲止，至低可有千萬元以上的僑資內移，而僑胞的移殖，自然是不成問題的，我們這樣堅信着，然而出我們意料之外的蘆溝橋礮火，竟於這年七月七日開動了，全面抗戰的序幕既經展開，我們所處的環境，已急轉直下的深陷恐怖的淵藪，那打開出路的計劃和事業，到這時不得不宣告擱淺了，至今仍使我抱無窮的遺憾呀！

臺灣的統治者對我們計劃移墾的態度是怎樣呢？祇須回溯這年六月間，林同志領導墾殖公司董事長和幾個富有農業經驗的僑胞，回國去請領荒地的時候，前總督府機關報日日新聞，便有這樣的記載，「據悉，林梧村氏係奉南京國民黨部密令，活動僑資，捐助政府戰費，望華僑勿爲所誘」（該記事係用日文，大意是這樣，語句或有出入之處，合註明）等語句，便可瞭然了。而領荒地的交涉情形又怎樣呢，據林同志由香港來訊，謂廣東省政府懷疑我們有外資，採延宕辦法，以應付我們的請求，於是這富有僑運意義，同時又是僑族生存關鍵的墾殖事業，在外受破壞，內遭懷疑的情況下，以致功敗垂成。戰事爆發以後，荒地仍未請得，移資移殖問題的蒙受障碍，自屬必然的事，我想，假如你不會湮沒了民族意識，你一定會替我們大叫冤枉的！

戰局彤變下的臺灣，一切都不類平時了。單就警探和憲兵特務的活動來說，誰都會感覺駭然的，總會館的樓下，突然來了一大群便衣警探，日夜在騎樓下逡巡着，對面的芳春茶行樓上，也有好幾個警探，以離奇可怕的眼光，注視我們的行動，我們活像將被逮捕的人犯，在包圍圈裏連咳嗽都要被威脅的，所說各個地方會館，也都同樣的被監視，我們這班領導僑運的人，一跑動就有不少人跟踪了，盤查了。其對僑胞，雖沒有我們那樣特殊，然也並不放鬆，講故事的「許可」被停止了，普通幾個人圍坐着說話，也要被調查，指算着飛機出動的隻數，竟也被判罪；誰說話不慎，禍事便會立即來臨的。這樣佈下來的，隨處都是陷阱，隨時都有殺身的危險，假如我不是有着最後的任務，誰願意在這裡給他們這樣的佈擺呢？

戰事發生後不上一星期，我決心把眷屬遣回去。可憐得很，我連送眷屬下船的可能性也需要考慮的，最後服從同志的勸告，悄悄地由一位摯友帶她們下船，並托另一位朋友照顧她們回汕頭去。當着這個隔別了將近十年和我相聚才一年多的她，携着一個十二三歲的男孩，和抱着一個才生幾個月的女孩，和我袂別的時候，誰能抹煞人類應有的情感？然而我有最後的任務，我不能夠即時離開這崗位，理智命令我須立即捨棄這無裨益於事的傷感，沒有超越常情的勇氣，便不會有爲事業犧牲的決心，我硬着心腸給她們離開這可怕的環境了。但她們呢？小孩子縱不會嘗味到生離的苦趣，依依不捨的俗情是存在的，何況她始終不放心我在這兒再幹，死的可怕猛襲她那快要離別的心絃，她呆呆的瞪視着我，眼圈紅漲起來，悲傷帶淚地這樣說，「小心點，有機會就要離開，我在盼望你的消息呢！……」唉！我現在回想起來，不禁毛髮悚然！

儘管無限的恐怖在繼續，儘管我們的歸路將被切斷，而那些泥於「化險爲夷」的苟安心理，仍存在着廣大僑群的腦海中。他們不了解這次抗戰和「九一八」時代的不同點，更不認識抗戰時間的長久性，故多數仍採取觀望態度。這時我們既不能作公開的回國號召，我領事館也不敢下撤僑命令，眼看到外國的船隻，一天一天的減少，日籍輪船，又忙着載運日臺僑，而我國籍的汽輪，早已無法進來，其使我們這些負責人活像熱鍋盜上的螞蟻，不住的焦急呢。終於我們決定了冒險到各會館去秘密宣達我們撤退的主張，易同志負責由臺北至高雄沿綫的各會館，而東綫各會館，則由我負責，我們分途出發了。

我到了宜蘭會館，警探也像臺北那樣的監視它，警探們對我的來意再三駁向，絕不是任何外交詞令所能解得開的。他們表面上雖仍客氣，內心誰能盡知，末後，他們勸我回來，他們明白表示不同意我這時去和華僑談話，更不同意我到東部地方去，沒有辦法，我不得不折了回來。我才到了第一個會館，便碰了壁，透不過他們的防綫，第二天晚上，易同志也碰了壁折回，不過他幸已到達過兩三個會館，終於是遭受了和我同樣的理由而透不進去的。可惜我們這一計劃，收效很低，多數的會館仍沒有法子去傳達，那是多麽憾事呀！

—（未完）—

22

晴朗的早晨

速寫　沈笳

雞叫了，零落的啼唱，彷彿是根鬆弛了的金屬的弦線，在曉風裏顫動着；以悠長的調子，呼喚着沉睡的人了，天空是深藍色的，掛着個彎彎的弦月，寥寥的晨星，眨着惺忪的睡眼。

曙色從東方爬了起來，流過了山巒，流過了田野，流過汨汨的江水，奔向城市；騷醒了酣睡的城市，以江水汨汨的扭子，說着絮語，揉着眼，兀自不願離開甜蜜的夢的餘味。

江上的薄霧裏，送來了咿啞的櫓聲，船夫以健壯的臂力，送過了趕早市的菜擔子，雞擔子……長竹篙子緊搭着渡頭上的石塊的裂縫上，朝後一拉，船頭便爬上了塔石，船身一晃，人向後微微地一抑，船艙裏便起了騷動，販子用手摸摸腰帶，挑起擔子，邁開脚步，霧也似的流向微明的城市，夾着江水晝夜，停的絮語。

船夫把手臂環着站在水裏的長竹篙子，借曙色數着渡錢。他數了又數，看了又看，像是少了什麼似的，隨手把篙子向艙裏一招，跳過船頭，向岸上飛也似的奔去。

「少了渡錢！少了渡錢！」他抓住那被追上的擔子。

「誰少了你的渡錢？老子拿伍毛錢你找，就忘了？」

挑擔子的望着他，翻了幾眼，挑起擔子竟自去了。船夫怔住哪！望望前面，前面的擔子在漠漠的朦朧的曉霧裏，流過去了，只賸下些咿呀的擔子的歡快的絮語，他望望前面，又望望手上的鈔子，咕咳着嘴不作聲地回船去了。

大街上，是空落落的。楓樹葉子在清涼的曉風裏搖擺着，廣告牌上的大胖子，是不會說話的，祇是抽着烟。一條野狗，用鼻子嗅嗅牆脚，夾着尾巴，又悄悄地挨着牆脚溜走。學徒從半開的門縫裏，伸出半個腦売來，東張張，西望望，用手搓搓眼睛，又縮進去了。街角上賣豆腐漿的漢子，在撕牆頭上的標語，廣告，點燃他的爐子。

黃包車夫，拉着寂寞的車子，從街心踱過。

菜市上，三三兩兩的增加着賣菜的，買菜的男人女人，漸漸的喧鬧，擁擠。

肉店前圍成一道弧，人圍着人，人圍着肉案子，眼睛盯着大塊的猪肉，似乎是在選擇，屠夫拿起大砍刀，捲起袖子，拍拍的砍着。

「手拿開些！手拿開些！」他在警告着那些指着肉塊的貪饞的手指。

「老板！斫兩塊錢肉。」一個瘦個兒，送兩張法幣上來。

「兩塊錢不好斫！」屠夫把眼睛一翻，那拿着兩張法幣的手，縮了回去，又在解着扣子，似乎是想在內衣裏拿出點什麼來。

突破肉案的外圍，進來的是個黝黑的臉，伸出長長的手臂，把張十塊頭的鈔票，用勁地，平貼在肉塊上。

「老板！這兒來十塊錢肉！」

屠夫吊起三角眼，看看那張黝黑的臉，那張黝黑的臉下的三顆金星的領章，迅速地砍着。長長的手臂縮回去了，大家把視綫集中在那張已掉了轉去的臉上，驚羨似的。

太陽從成千的電綫桿子，成萬的屋頂，所構成的叢密的林叢裏爬出來了，潑在街道上。

店門開了，下掉了半邊舖板。老板把着光滑的小磁壺，呷着香茗，和個肥胖的臉孔，談昨夜的財氣，态意地笑着。驚愕了，掛在身旁街樹上的籠裏的畫眉鳥兒；

街上的脚步，是忙碌的。用各種的力量，各種的步度、量着街道。

小學生提着書袋子，往學校走，口裏嚷着什麼歌子，燒餅上的芝麻，還貼在嘴唇角上，隨着嘴唇的動作，一上一下的跳着。

一列出操的兵士過去了，挽着菜籃的女人，從衣襟裏拉出一方手帕，皺着眉頭，揮着身上的灰沙。

街口上站着個，穿嗶嘰長衫的，在喊黄包車。

「先生！到彭家壠弁五塊錢吧！」車子把車子放下來了。點點頭，提起長衫的後襟，跳上車子，飛似的走了。

旁邊有個人在想：彭家壠，五里路，一天作爲跑三趟，三五、十五。一個月起碼四五十塊。他伸伸舌頭，抓抓頭髮，挾着書本走了，那是個小學教員，

太陽爬高了，踏進店門，那店子眞太吝嗇了，連忙把下掉了半邊舖板，給它上上，讓陽光寂寞的照在剝落的舖板上。

喧閙漸漸地退了下去，街上有幾個人平排的走着。並沒有誰來突破。

兩個提着布袋的人在渡頭踱着了。

「天晴，說不定會有警報」。

「是呀！聽說昨天衢陽炸了！」

× ×

記臺灣醫院

是病人們的福地！

臺灣醫院在建陽成立已經一個月了，記者昨晚偶然往訪，欣逢該院工作同志舉行週月同樂會，覺得特別的高興。

提起臺灣醫院，這個名字在東南一般人士的心目中已經不是生疏的了，特別對於病人，這更是一個非常親切的名字。但是對該院的實際內容，恐怕還是不十分淸楚的吧。

臺灣醫院，這是軍事委員會政治部所屬臺灣義勇隊以下的一個工作機構。在二十八年的春天，該隊李友邦隊長在金華鑒於當地公立醫院缺乏，私立醫院診費過貴，一般病人頗有無處求診之苦，而該隊同志中過去多爲富有經驗的專門醫生，因特發起設立診療所及巡廻診療隊，免費替病人服務。這樣試辦了一個時間，因爲求診病人不斷增加，診療所已不能應付社會需要，該隊就決定創辦臺灣醫院，由原在閩南廈門、泉州、晉江一帶開設醫院的同志還來一批醫藥器材，並又新吸收了數位從事醫藥的同志，於是第一臺灣醫院卽告成立。以後，第二臺灣醫院接着於二十九年秋在衢州成立，第三臺灣醫院，相繼於三十年春在蘭溪成立。

這第一、第二、第三三個臺灣醫院，在組織上都屬於臺灣義勇隊第一區隊，區隊長兄總負責人，三個分隊長爲各院負責人，各院都設有內外科。醫院和編隊是打成一片的，而醫藥工作和政治工作又是打成一片的。

當臺灣醫院成立之初，經費的來源除政府撥給少數的津貼外，大部都由工作同志自已捐助，他們曾經實行提出全部生活費一月，以充醫院經費。而各院對於病人，祇收低廉藥費，不收診費，貧苦的病人，則連藥費都不收。這難怪求診的病人一天天地增加了。

在臺灣醫院成立三年餘來，據統計：三院每日求診病人平均不下五百人，東南人士受惠的是不計的。這中間，特別値得一提的是第二臺灣醫院在衢州協助掃除鼠疫工作，曾盡了最大的努力。

此次，浙贛戰事發生後，三院隨隊經江山，浦城，建陽向閩南集中，在途過江山時，因爲江山遭敵機濫炸，軍民傷者頗多，現在三院服務的工作同志，就決定留下一部分開辦臨時診療所，至江山吃緊時並帶重傷者兩人同時撤退。至建陽後又因爲鑒於病人過多，而醫院缺乏，臺灣醫院於是決定在建陽恢復工作。

現在的臺灣醫院開設在建陽城內獅子巷三十五號，負責人是臺灣義勇隊第一區隊長蔡人龍先生，工作同志共十二人，每日求醫的病人平均約在一百八十人左右，工作的緊張和忙碌，是可以想像的。記者對於他們這種服務的精神。表示無上的敬佩。

(記者)

三

24

壯麗的瓊宮

追光

是繁華壯麗的瓊宮，
不，是鮮血淋漓的屠森！
初次而來，
我的血流是充滿了熱情的歡愛，
現在，
你贈給我的是，
半腔憤激，
半腔悲哀！

雖然，
雖然這兒攸長的馬路，
印過我這浪人底瘦影；
雖然，
雖然這兒五色的灯光，
迷過我昏眩底眼睛。
但我，
我終未淪入這罪惡底淵海；
這罪惡底淵海呀！
祇令我靈魂底醉眼，
睜得更開，
睜得更開！

在祖國的山城，
我早頻听着，
讚頌你的歡聲；
說你是在代表着，
我們博大中華西南的寶庫，
因爲你，
你是西南一帶都市的明星。
因爲你，
正顯示着，
顯示着海疆資本社會的典型。

爲什麼這兒的情景，
和我底理想的完全不同，
完全不同？
我滿腔的熱情；
早換成了滿腔離言的悲慟；
這兒滿戶琳琅底盛況，
祇代表着高貴人底乳嗅肉香；
這兒到處的陳腐頹敗，
在象徵着貧苦者的啼飢號寒，
這兒我已住過多少昏晨，
從未有听過一句覺醒底喚聲，
湧滿街街的，
祇是醉生夢死的人們，
花裝淫蕩底女人。
無數的活尸般，
在臺灣的市上，
蠢動，蠢動，蠢動！
他們可哀的，
迷醉底靈魂，
只是，
一片朦朧，
一片朦朧！

這兒的高等國民，
只是，
一些醉漢，
一些嫖客，
一些窮奢的貪官；
這真個是在，

顯示着他們的繁華，
抑也是在，
顯示着他將臨敗亡？
茶樓，酒館，
妓院的窓隙，
溜出淫蕩底灯光，
淫蕩的灯光呀！
挾着淫蕩底歡笑，
呻吟，若斷若續！

深夜里，
憤慨的朔風，
雖在電桿，屋尖上，
不住地哀號，
應呼着這呼聲的，
只有那臺灣海峽上悲壯的狂濤！
但是這，
這似乎不曾敲破過這活尸們：
深長的夜夢；
因爲他們在，
太太，妓女的，
溫懷中睡得正朧，
睡得正朧！

儘管這兒有無數的窮人，
拖着帶哭的呻吟，
倒在路旁，
他們在思索着，
柴和米，
他們在思索着，
油和鹽；
他們屈着指：
計算着；
一斤的米，
從四元，五元，六元，
一直地漲到了十元和廿元，
但唱歌和猜拳的聲音，
却仍在寒風中搖蕩！

儘管這兒有無數的苦力們，
吞着血淚蹲在墻邊，
凄凉的眼睛，
遙望着路上的行人，
背招呼着，
他的車輛，
施給他幾塊文錢。
他們在默想着：
年輕的妻子，

白髮的爹娘，
那轆轆地飢腸呀！
已捱過了一天，二天，三天！
然而，
那些哥兒和濶少們，
却依舊地，
在芳香的跳舞場上，
眷戀流漣！

儘管這兒有無數的群衆，
呈着盼望的眼光，
中華民族的復活，
臺灣的重光，
他們才能自由的生長，
自由的解放，
他們呀！
才能永遠地，
脫去了這奴隸般的羈絆，
囚徒般的鎖鍊！
如今啊！
重光了的臺灣，
他們的生活還不是一樣，
正如啞子在吃着苦黃蓮！！

26

隆隆的車輪，
恍惚在輾轉，
那些高貴人底幽魂，
但這幽魂底哀叫，
却不曾擊破這，
昏朦的國民底瞌盹！
他們祇漫然地，
望着工廠的黑煙，
化作掩蔽臺島的烏雲。
他們祇漫然地，
望着飢寒交迫的人們，
不生絲毫的義憤；

啊；
這兒是代表着，
西南海疆都市的明星；
這西南海疆都市的明星呀！
染滿着，
這些哥兒濶少……們的，
肉臭血腥！
你忘記了，
這車水馬龍的太平路，
精英薈萃的榮町，
這兒曾經，

淪過了五十載的恥辱，
流過多少勞苦工人的血汗，
堆過多少愛國民衆底魂靈！

這兒到處是佈滿了，
無恥與荒淫，
肉的引誘，
酒的芳香，
姑娘們的花枝招展；
遊一個，
逛公園，
進戲院，
每晚化上千把元，
又算是什麼眼！
管什麼，
米成珠，
薪變桂，
菜像熊掌；
他只要，
荷包打開來，
餓也餓不了………；
管什麼，
………不准嫖妓女，
………不許進戲院，

管什麼，
等因與奉此，
奉此和等因，
他們還得樂一個終宵而達旦！

啊！臺灣，臺灣！
你歸來，你歸來，你歸來！
難道你往日的光明，
於今難再？
我祈禱這民族復活的靈輝，
會擊醒這些醉生夢死的人們底迷夢；
我更希望在不久的將來，
這兒已展開一個新的時代；

卅五，一，十六晚于宿舍中

27

遐思

鄭成渠

一 海洋底歌者

在寂寞的日子裡，我想起南國底海濱。那裡，鹹味的風一葉葉地吹拂過海面，浪舌輕吻着沙灘，迎着璀燦的旭日，陪伴着皎潔的夜月。

你神秘的海洋底歌者呵，永不疲倦地引吭高歌傾耳細聽—

彷彿迴盪在北國霜風中胡笳的悲鳴，有如懷春少女銀鈴似的歌韻，好像孩子們在縱情歡唱。是慈母底叮嚀？是愛人底祝福啊？

屹立在爬滿青苔的巉巖上，聆受着歌聲複雜變幻的旋律，輕快明亮的節奏。抖落滿身僕僕的風塵，忘情生活的煩憂，我勇敢地把理想寄予翱翔在遼濶海空中聖潔的沙鷗。

二 沙鷗

當我每一次從荒唐的噩夢中跌落在現實裡，像一朵小小的鈴蘭花開放在清朗的空氣中，晨雀已在簷前歌唱了。打開向海的窗子，立即嗅着了歌聲散發出來的一般清新的淡雅的芳香。極目遠望，點點的銀色的沙鷗已上下盤旋在美好的晨曦中。

是呵，勇敢的沙鷗，無論是在風雨晦明的險惡的日子，抑是陽光閃耀的良辰，她是首先以最活潑的姿態，張開了雪白的翅膀，敞開無邪的胸脯，熱烈地去迎接黎明的來臨。

洋溢着魔力的召喚呵，我急步走向海濱，讓充滿着豐富色彩的海上的朝暾，伸出情熱的手，撫模我疲倦的靈魂。於是我第一次領略光明的偉大，生活在光明中的一切都是如此明朗和純潔呵！

鼓一鼓雄健的膈肢，重新投入劇烈的鬪爭，尾隨着片片遠征的白帆。可愛的沙鷗呵，離開了安謐的港灣，追逐着向白浪滔天的遠方飛去。

被孤單地扔在沙灘，我開始感到寂寞寥落，向長天揚手高呼。我再一次呼喊你輝煌的稱號——可愛的沙鷗，你可否爲我停留一步？好讓我把過多的想念寄往海的彼岸。

三 南國底女郎

在那遙遠的海底彼岸，有一個生長在南國底海濱的樸質豪放的女郎。

我緊緊地繫念你那海洋般寬廣的胸懷。有一年多呵，我浴在你底夜樣黑，海樣深，燈樣明的眼光中。你碧綠的眼波呵，洗刷了沒有家的孩子常年底憂鬱，施給我以生命欣榮的雨露。當我不幸地被病仍在生死的邊緣上，對一個陌生的流浪者，你以溫馨的語言，燃燒的友情，細心爲我調護寒暖；忙碌地看守炭火旺盛的藥爐。你把我從死神底懷抱裡搶奪過來。從此愛的幼苗滋長在我磽薄的心田上。

你不但忠實生活，而且也有幻想。運用着海樣多豐富的語言，你對我咀咒過時代的罪惡。生長在愚昧的習俗的氛圍中，你常常爲自己單薄的力量傷心而流淚。

我以理想哺育着你底靈魂。貧窮的人就不該有理想，冬天和黑暗並不是專爲我們存在，誰說我們的理想不能開花？

爲着愛工作，愛更多的人類，我不得不割碎緋紅的夢，依舊繼續我飄泊的生涯。拉緊了心弦，毫無留戀地彈一曲驪歌，冒着生命的危險，我堅決地離開了你。

時間的溪流，並沒有沖淡我對你底懷慕，甚至更加的鮮明，而我留給你「戈樂迦」金色的火種，如今還照耀着蔓延在你青嫩未開花的理想？

四 遐思

離開了熟悉的地方；
離開了熟悉的友人。

把我底足跡帶到更多的地方，並不是對已逝日子的屍骸有過多的憑吊；然而在不眠的長夜中醒來，刺目的燈光照亮了我底記憶。我實在有太多的美麗的遐思。

三五，二，五，夜于臺北

28

聰明的牛

孟　南

過去你從峭嵜的山嶺被牽到了平原，
你從極度兇蠻的性情，
　變爲溫柔的馴性
這不能說是你的聰明。
現在你又終年的不顧辛勞，
　成全了主人的幸福。
在田裡，你拖着耙和犁，
在街道，你拖着車和物，
　讓汗珠流滿全背，
　讓主人對你的鞭策，
却仍沒聽見你的嗚咽。
看看你對人們的慇懃，
　你的確，
　　不愧是一隻靈性的動物。
但是，
　當你被牽向了屠場，
　却只見得你——
　　靈敏感的流着淚珠，
然而，
　你是不加如何的反抗？
聰明的，
　難道是你願意，
　或者是自以爲
　該走上的
　　自亡的小道？

——完——

于臺南北門區佳里鎮北門農業學校

一枝粗大的樹

一枝粗大的樹，
　直立在路邊，
　　牠歷盡了百年的歲月。
扶植的主人，
　只留下了二三代的子孫。
可是，
　這粗大的樹，
　　却仍是粗壯的一枝。

× × ×

這百年的時光，
　牠有意義的生活着——
在春天：
　牠的新生，
　啓發了人們新的意識。
　牠的新生，
　告訴人們：
　　要忍住勞苦，
　奈着艱辛，
　　才有生存，
　　才能發展；

× × ×

在夏天：
　牠給與足人舒適的休憩。

牠堅苦地，
頂着那炎熱的太陽，
擋住那狂暴的雷雨。
在秋天地又零不齊齒地，
施給人們的敗葉殘枝，
牠盡量地施給貧窮們許多燃燒的材料。
在冬天
教育人們走向堅貞。
牠將終夜不停地和雨雪風霜
奮鬪掙扎
暗示了人們：
惟有奮鬪才能生存。
牠給予人類這樣多的貢獻，
無如那些貪婪的人們呀，
還是要把牠連根帶葉的砍下。

× × ×

可是，
牠却仍舊是走上：
爲人類服務的途道。
走向另一新境地—
作交通的工具，
作學校的用品，
作日常的用具，
作…………，
牠仍舊是堅苦的爲人類服務。

× × ×

但牠
有時也會，
去當惡魔的幫手
變成了棍棒，
去痛打人類。
有時，
更會變作火焰
去燒死成百成千的無辜的人類。
有時也會給人當作：

枷鎖，牢獄，槍柄……
剝奪人們的自由與生命。

× × ×

牠的功勞雖多，
而罪惡却也不少。
好人，壞人，
時時刻刻都可把牠來使用；
爲善，爲惡，
爲惡，爲善，
牠時無主宰的勞勵不停。
牠不能自主地。
運用牠的才能，
永恆地去爲人類愛人類；

—完—

于臺南北門區佳里鎮北門農業學校

送

方然

（一）

深夜，
天空閃着幾顆寒星，
我送他到月台，
伸出熾熱的手，
輕輕說聲「再會」！
列車沿着夜的軌道。
去了，

× × ×

今夜，
他有遼的前程——
穿過黑的山洞，
越過長的鐵道；
渡過急的河流，
奔過大的平原；
投向祖國的溫懷。

（二）

峻偉的列車消失了，
我仍佇立黑暗中
聽着那逐漸微弱的車聲，
那微弱的吼聲呵，
沉響而寂寞，
像鐵錘敲着寒冰。

× × ×

遠了，遠了，
留在我耳邊的
祇有風吹落葉的聲音。

（三）

再望望天空，
星星像螢火，
「星呵，給他光明，
讓他認識路，
讓他辨別人。
星呵，再照他前行，
莫因黑暗誤前程」。

悼

力行之

我把自己思緒幽禁起來，隔絕了痛苦的世界，我希望在寫這篇東西的時候，你能够回來，即使是靈魂也好，只要能叫出我的名字。

當我踏進房子的時候，窗外是漆黑的一團，天正在下雨。燃起一粒豆大的燈光，昏黃的火燄跳動很利害，我默望放在桌子玻璃下的你底照片，穿着夏天的衣服，一個手放在背後，老拉開嘴笑着，可是為什麼不會說話？

默望又有什麼用呢？我提起筆，我要從筆尖上，寫出我們相聚的甜蜜的生活，和辛酸，苦，辣，我的手急劇地顫動着，眼淚模糊，我寫一句，抬頭望你一眼，你能够從我的筆底下活轉來？。

。。。

31

重大的一年

一九四五年大事記

一月六日—羅斯福對國會咨文，重申聯合國必須民主團結，警戒敵人挑撥盟國的宣傳，大西洋憲章須竭力實現，團結解放國人民，不容許强權政治。

一月八日—美駐華大使赫爾利呈遞國書。

一月九日—美軍在呂宋登陸。

一月十三日—波蘭南部蘇軍發動冬季攻勢。

一月二十日—羅斯福就任美國第一位連任四屆的總統。

二月三日—美國第六軍開入馬尼剌。（馬尼剌城敵軍三月二日完全肅清）

二月六日—世界職工會大會在倫敦開會。

二月十一日—羅斯福邱吉爾與史達林三巨頭於雅爾達會議後發表聯合聲明。

二月十三日—蘇軍解放匈牙利京城。

二月十九日—美國海軍陸戰隊在火山群島中之硫磺島登陸，該島在東京以南七百五十英哩。

三月七日—國軍克服臘戍。

三月二十日—英第十四軍克復緬甸之瓦城。

四月一日—美軍進攻琉球群島中最大之大琉球島。

四月五日—小磯內閣辭職。

四月七日—鈴木內閣就職。

四月十二日—羅斯福總統突然逝世，杜魯門總統宣誓就職，並保證「竭盡吾人所有之全部力量進行東西兩線之戰事，直至勝利結束之日為止。」

四月十九日—盟軍佔領緬甸最大之石油中心杳克。

四月二十日—英國艦隊襲擊蘇門答臘區。

四月二十四日—蘇軍攻進柏林。

四月二十五日—舊金山會議開幕。

四月三十日—麥師宣布敵軍在菲島之死亡總數為三十五萬人。

五月二日—英軍攻佔緬甸之庇古。盟國兩棲部隊在緬甸仰光以南登陸，翌日佔領該城。

五月四日—美軍解放明答那峨島之達佛，英軍攻克普羅姆，蒙巴頓源稱緬甸戰役共斃日軍九萬七千人。

五月七日—德國在艾森豪威爾總部簽署無條件投降，五月八日在柏林批准。

五月十日—超級空中堡壘四百架首次痛襲日本本部之本州島與四國島。

五月十一日—我國游擊隊進入福州，十八日解放該城。澳軍攻克新幾內亞之威瓦克。

五月十二至十四日—美國第五艦隊之航艦機群在九州及四國空襲時共毀日機一百七十六架。

五月十四日—超級空中堡壘五百架首次向名古屋投燃燒彈三千三百噸。

五月十七日—國軍克復南寧。

五月二十日—國軍克復廣西之河池。

五月二十三日—邱吉爾辭去英國聯合內閣首相職務，在總選以前暫任臨時內閣首相。

五月二十五日—五强同意接受雅爾達會議之託管計劃，希姆萊在隱名圖逃而被發現時自殺。

六月五日—盟方同意建立四主要區共同佔領德國，並由美英蘇法佔領柏林。

六月七日—巴西對日宣戰。

六月十日—盟方與南斯拉夫在的里雅斯德區成立協議。

六月十八日—國軍解放溫州。

六月二十一日—尼米兹元帥宣布大琉球島經八

防止日本再度侵略，互作軍事援助，蘇重申尊重中國在東三省之主權與領土，大連爲自由，港旅順共用等。

八月二十七日—國軍空運抵南京。

八月二十八日—毛澤東由延安飛渝，開始國共談判。

九月一日—蔣主席，史達林互電祝賀中蘇友好同盟條約批准。中共領袖毛澤東謁蔣主席會商加强團結。

九月二日—日降書於上午十時在美艦米蘇里號上簽字。

九月三日—蘇聯宣佈今日爲戰勝日本節，史達林發表告民衆書。國共談商進行中，中共提六項談商要點，國府令收復區田賦豁免一年。

九月六日—國軍空運抵滬。

九月八日—盟軍進駐東京。

九月九日—日對我降書在南京簽字。

九月十一日—五國外長會議在倫敦揭幕。

九月二十七日—外長會議宣告結束，國民參政會修正通過處置漢奸條例草案。

十月二日—外長會議發表公報，國府令龍雲免滇主席職。

十月五日—日內閣東久邇宮辭職，次日麥帥宣佈幣原任首相。

十月十日—賴代爾判死刑。

十月十一日—毛澤東飛返延安。

十月十二日—國共會談內容發表，美國試驗無線電五彩傳影成功。

十月十六日—世界糧食會議在魁北克開幕，二十七國國際勞工會在巴黎開幕。

十月十七日—美蘇簽訂貸款協定。

十月十八日—印度尼西亞向盟軍提六項要求，外蒙舉行公民投票。

十月二十日—美國務院遠東司司長范宣德闡明遠東政策。

十月二十三日—法國普選揭曉，共黨獲票最多。美總統在國會演說，提議實施普遍軍訓。

十月二十六日—杜魯門致函史達林。般尼西林發明人榮獲諾貝爾獎金。

十月三十日—遠東顧問委員會開幕，討論管制日本問題。

十一月七日—莫洛托夫發表演說，謂原子秘密不應獨覇。

十一月九日—美蘇加三巨頭會議在華府舉行。中國復員整軍會議開幕。

十一月十二日—英軍包圍泗水，東印人民死傷累累。

十一月十四日—美英加三國領袖同意原子彈由

國際共管。

十一月十五日—蘇宣佈發見宇宙綫。

十一月十九日—伊朗爆發革命。

十一月二十日—納粹戰犯在紐倫堡開審。

十一月二十一日—戴高樂重組聯合政府，發表政府要員名單。

十一月二十一日—馬歇爾辭陸軍參謀總長，由艾森豪威爾繼任。

十一月二十四日—聯合國籌委會大會在倫敦開幕。

十一月二十五日—昆明學生開始反內戰運動。

十一月二十七日—美駐華大使赫爾利辭職，並發表聲明。

十一月二十八日—馬歇爾繼任駐華特使。

十一月三十日—南斯拉夫聯邦共和國成立。

十二月十四日—日本前首相近衛畏罪自殺。

十二月十五日—杜魯門總統宣布對華政策，殷望中國成一强盛統一而民主的國家，迅速召開各黨派代表會議，以和平方式消弭國內紛爭。

十二月十六日—美英蘇外長會議在莫斯科開幕，中共出席政治協商會議代表由延飛渝。

十二月二十日—美駐華特使馬歇爾祗滬。

十二月二十三日—馬歇爾抵渝，與各方會晤。

十二月二十五日—美英蘇三國外長會議結束並定明年五月一日開和平會議。

33

十二日戰事後，敵方有組織抵抗區停止。敵方損失如次：陣亡一十萬〇一千八百五十三人，被俘九千四百九十八人，美方損失如次：陣亡一萬一千九百八十七，受傷三萬四千四百二十二人（其中包括太平洋美海軍損失）。澳軍在婆羅洲婆羅乃灣以南八十英里登陸，兩日內佔領米里與塞里亞等油田區。

六月二十二日—美任命史迪威將軍爲駐大琉球島第十軍軍長，呂宋與美菲律賓游擊隊佔領阿巴里港埠以北海岸。

六月二十五日—舊金山會議通過聯合國憲章。美海軍首次侵入千島群島與西伯利亞間的鄂霍次克海，沉敵輪三艘，另創一艘。

六月二十六日—美對外經濟處長克羅萊與衆院撥款委員會報告和租借物資運往西伯利亞並解釋蘇軍牽制甚多之敵軍。

六月二十八日—麥克阿瑟元帥宣布解放呂宋。

六月二十九日—華軍克復柳州。

七月一日—澳軍在婆羅洲以南馬加撒峽峇厘把板油田中心區登陸。

七月二日—超級空中堡壘約六百架猛襲日本本土。

七月三日—遠東航空隊飛機大由琉球島出襲日本。

七月五日—麥克阿瑟元帥宣布菲律賓戰事終止及該群島全部解放。

七月十日—第三艦隊航艦飛機襲東京區襲敵機三百二十四架。

七月十二日—斯特拉特梅耶被任爲中國戰區美陸軍航空隊總司令。

七月十四日—航艦飛機再襲日本本土。美艦首次砲轟日本本土，第十四航空隊司令陳納德宣布將返美並退伍。

七月十七日—杜魯門總統，邱吉爾首相，史達林委員長開始在波茨坦舉行會議。美機猛襲上海。

七月十九日—美英航艦飛機炸東京。

七月二十四日—航艦飛機襲本州之神戶海軍基地。

七月二十六日—中美英蘇發表波茨坦宣言促日本無條件投降，英邱吉爾保守黨政府於總選後爲工黨所敗，邱吉爾仍留任下院議員，阿特里就任英國首相。

七月二十八日—美參院批准舊金山世界安全機構憲章。華軍克復桂林，美機轟炸沉日戰鬥艦「榛名」，「伊勢」與「日向」號。

七月二十九日—日政府正式拒絕波茨坦宣言。王世杰繼宋子文爲中國外交部長，宋氏任政院行長。

八月二日—波茨坦會議正式結束。

八月三日—波茨坦公報發表擬定管制德國辦法與設立外長會議。

八月五日—杜魯門總統宣布首枚原子彈（美英雙方聯合研究結果）投落日本廣島城。

八月七日—宋子文院長偕王世杰外長抵莫斯科與蘇方重開談判。

八月八日—蘇聯對日宣戰，並進兵滿洲。

八月九日—蘇軍進入滿境十四英里並佔領滿洲里，第二枚原子彈投落長崎，杜魯門總統警告日人，原子彈將炸業目標，並促日本平民離開城市。

八月十日—日方廣播接受波茨坦最後通牒，但附有保持天皇爲最高統治者之條件。

八月十一日—美國務卿貝爾納斯代表盟方發出照會：如天皇聽命於盟方最高統帥則盟方將接受日方和平建議，並規定日本政府將來應由日本人民決定，盟方之建議由瑞士政府轉交日本。

八月十四日—日本同盟社廣播，預料日皇即可宣布接受波茨坦最後通牒。

八月十五日—日本接受盟方招降條件，盟方委派麥克阿瑟元帥代表受降。

八月二十五日—中蘇友好同盟條約公布，訂定

總代理上海十大名廠精良出品

▲臺灣唯一百貨大商場▼

新臺公司

新的精神
服務社會
新的物品
供給群衆

百貨總滙
盡善盡美

新貨歡迎
源源參觀
湧到選擇

地址 臺北市文武街三ノ十八（舊榮町）

7

臺灣青年

三民主義青年團中央直屬臺灣區團部籌備處編

《台湾青年》第七期（台湾版）　一九四六年三月二十日

臺灣青年第七期目錄

中華民國三十五年十二月二十日 臺灣青年出版社出版

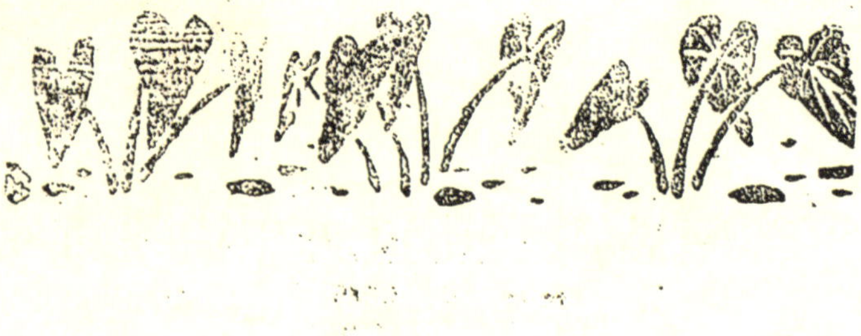

新生活運動十二週年紀念日

團長電告全國同胞

新生活運動促進總會並轉各省市分會，各機關團體暨全國同胞公鑒：新生活運動自倡導推引以來，於今十有二年，其主旨在衣食住行之整潔，簡樸，迅速，確實為起點，革新個人之生活，改造社會之風尚，進而求國家民族之進步。蓋為吾人全體有健全之身心，然後大本確立，乃能因應時代之演進，而不虞落後，面對複雜之事物，而肆應適當，此中樞不易者也。今當抗戰勝利之後，建國工作應即開始，我民族已步入另一偉大之新時代。瞻望將來，光明無限，而艱巨正殷，必須一致發揮堅毅宏偉之建國精神，就心理而言，則必須對建設三民主義新中國有崇高之信念，堅定之意志與熾盛之熱誠。就行動而言，尤應如中正去年双十節所言，務須日新又新，爭取時間，事事精確，步步踏實，以實現新運三大要求。而此種建國精神之養成，亦惟有每一國民均於日常生活之淺近處，亦即最根本處，隨時檢點，不斷改進。我同胞尤以篤實踐行，有秩序有規律之新生活，勉為有志氣，有精神之良好公民；勿苟且偷安，勿舍難就易，勿散漫自私，勿見利忘義；務使小而一家，大而全國，皆有蓬勃之氣象，力掃因循頹廢之積習；而後建國工作，乃能隨抗戰勝利復員完竣，而積極展開，以安慰為革命抗戰犧牲之先烈。更有進者，新生活運動之要義，不僅在求個人之自蘇自治，我國同胞彼此之間，尤須有廣泛而親切之合作，互相砥礪策勉，提攜共進，更應針對以往之失，特別着重於農村衛生條件之普及，與民族體質及生產能力之提高，然後表裏充實，根基鞏固，以往散漫貧弱之病態得以本根革除；而我同胞乃能具有堅強之精神力，物質力，與夫一體關係之團結力：以適應偉大之時代，負起建國之使命，乃能確保我國家民族之獨立自由，使我中華民國成為受人尊敬之現代國家。回溯抗戰八年，犧牲慘重，勝利成果得之不易。值此時機，正宜加緊奮發，明自助人助之理，植自力更生之基，國於大地，必有與立。立國之道，不外力行與自強。凡我同胞，應知新生活運動，實為民族復興之運動，建國一日未成，此義一日不廢。務必明禮義，知廉恥，負責任，守紀律，振衰起敝，貫徹始終。尤其各機關團體與社會領導人士，更須以身作則，推己及人，使此一運動，始終發揚光大，庶不負中正歷次諄諄之囑。望共勉之。

中華民國卅五年二月十八日　蔣中正

二

新生活運動綱要

甲、新生活運動的主旨

新生活運動，就是我們全體國民的生活革命。是要以最簡單最有效的方法，來掃除我們國民不合時代不適環境的習性，使大家都能過着適合時代的生活。明白點說，新生活運動就是要求我們國民生活的合理化，要求我們國民都能以中華民族固有的德性——禮、義、廉、恥爲生活的基準。

我們中華民族，本最重禮義，明廉恥的民族，這「禮、義、廉、恥」，在現在更是我們要建設國家復興民族所迫切需要而刻不容緩的精神。

我們中華民族有五千年的文化，一切衣食住行的法則，本極高尚。但到了今天，反而發生粗蠻，野蠻，卑劣，腐陋的狀態，且不免流爲非人的生活，這就是因爲禮、義、廉、恥的德性不能伸張的緣故，我們中華民國有一千二百萬平方公里的土地，一切衣、食、住、行的資源本極豐富。但到了今天，反而有許多爭搏、掠奪、盜竊與乞丐的現象，而不免流爲非人的生活，這就是因爲禮、義、廉、恥的德性不能伸張的緣故。我們中華民國有四萬萬五千萬的人民，一切衣、食、住、行的組織，本極鞏固。但到了今天，反而表現爲散亂、邪侈、昏昧、怯懦的現狀，而不免流爲非人的生活，這就是因爲禮、義、廉、恥的德性不能伸張的緣故。

我們現在要以優美的藝術，來改變粗野卑陋的習尙；要以固有的品德，來化除盜竊乞丐的行爲，這固然有待於「禮義廉恥」的恢復與發揚，但在此亂邪昏懦的狀態之下，社會秩序紛亂，邪說橫行，人心沉迷陷溺，莫知所從，以致施政施敎，都好比搏沙捕風，不容易收到效果。古人說：「振衣者必挈其領，提綱者必挈其綱」。我們現在如要改善國民的生活，就必須從糾正亂邪昏懦、陷溺沉迷的風氣開始。亦就是必須從實行新生活運動做起。新生活運動之所以成爲目前立國救民的唯一要道，其理由就是在此。

乙、新生活運動的認識

（一） 什麼是「生活」？

國父說：「民生就是人民的生活，社會生生存，國民的生計，羣衆的生命」。民生雖分爲這四個方面，而生活實爲其他三者的總表現：生存要有保障，生計要能發展，生命要能繁衍，而凡爲達成保障，發展與繁衍的種種行爲，就是生活。換句話說，生活就是人生一切活動的總稱。

（二） 什麼是「新生活」？

我們爲要繁衍生命、保障生存、發展生計而表現的一切行爲，因爲時代與環境的遞嬗變遷，而表現爲不同的形式，演化爲不同的方法，只有那「自强不息，日新又新」的人，纔能及時進步，暢遂其生。一個民族的生活，當他蘄求適合時代與環境的時候，必須補偏救弊，一變其生活的趨向。這就叫做「新」的生活。

（三） 什麼是新生活「運動」？

人民生活的滿足，固然依靠政治上管、敎、養、衞各種制度的整齊推行、但政治上各種制度的推進與社會風俗習慣的關係至爲密切，每當舊制度崩潰，新制度代之而興的時候，如果不知道提倡一種與新制度相適應的風氣來協助實施，那新制度往往爲舊社會所紆迴阻滯，不能發揮他的效能。故必須創造風氣，來改革社會，普及教育，來感化人心，然後政治纔容易治理，「水就淫」，「火就燥」，社會運動的效用，就在於「爲之淫爲之燥」而已。所以任何國家，當革故鼎新的時候，必須以「轉移風氣」爲先務。因爲這風氣的力量，比政敎還要宏大，其功效比政敎還要普遍，而其需要亦比政敎更要急切。這種轉移風氣的工作，就是我們今天所提倡的新生活「運動」。這種運動的進行，全靠國民個個人能自覺其需要，發乎己，應乎人，由近及遠，由淺入深。能修其身，就可以立一家之風，能治其家，就可以立一鄉之風。他是與政敎相輔而行，而當在政敎之先；與政敎相得益彰，而不必依靠政敎的力量，纔顯出其功效的。

丙、新生活運動的目的

（一）爲什麼需要「新生活」？

現在我國社會一般人的心理苟且萎靡，所表現于行爲的，不分善惡，不辨公私，不知本末。善惡不分，所以是非混淆；公私不辨，所以取予不當；本末不知，所以先後倒置。于是官吏則虛僞貪汚，人民則散漫麻木，青年則墮落放縱，成人則腐敗昏惰，富有的人則繁瑣浮華，貧窮的人則卑汚混亂，其結果將使國家紀綱廢弛，社會秩序破壞，天災不能防備，人禍不能消弭，內憂外患，紛至沓來，乃至個人社會國家與民族同受其害，如果長此下去，不加改變，雖然想要苟延其非人的生活，亦不可得，所以我們要繁衍我們羣衆的生命，保障我們社會的生存，發展我們國民的生計，就非將上面所說的各種病態，澈底掃除廓淸，從而實行合理的新生活不可。

（二）爲什麼需要「新生活運動」？

我們要建立人民現代的生活，造成一個新的社會，自然不能不需要政治，尤其是需要教育；但過去中國的敎育，乃至于一切的政治，都發生了虛僞的毛病，因其是虛僞所以法令無效，技術無用，機械無能，由是官守相同而效率不同，技術相同而成就不同，機械相同而功效不同。我們現在要求法令與技術有效，其關鍵不在法令與技術的本身，而在使用法令與技術的人，我們要求機械有效，其關鍵也不在機械的本身，而在運用機械的人的精神。一國國民的品性優劣，和其能力的强弱，固然與政敎有關係，但社會習尙所給予國民的薰陶鍛鍊，其效力更爲迅速而普遍，絕不是任何政敎制度所能比擬的。關于政敎制度各種問題，我們政府正從事于改造，此地不必詳說。當此國家存亡危急的時候，我們如果不願束手待斃，就應該不讓他長此自然推演下去，而必須用非常的手段，來謀社會的革新。扼要的說，就是要以「勁疾之風」來掃除社會上一切汚穢的惡習，更要以「薰和之風」，來培養社會的生機與正氣，要擔負起這個重大的責任，就只有提倡新生活運動。

丁、新生活運動的內容

（一）新生活運動的規律：

新生活運動就是提倡禮義廉恥的規律生活，是以禮義廉恥的素行表現于日常生活，——食衣住行四事之中，所以禮義廉恥乃是要發揚國民的德性，成就國民的事業，且要以此爲待人處事持躬接物的中心規律，如果違反了這個規律，那無論個人國家與民族沒有不敗亡的。但懷疑這個道理的有兩種人：一個人說「禮義廉恥」不過是一種美善的行爲，一般國民雖有了這種美善的行爲，如果他們的智識技術趕不上人家，那他的德行雖美也不足以救國，這種見解是因爲不知道事理的本末先後所發生的錯誤：要知道一個人正因爲要求行爲的完善，縱有智識技能的需要，否則就是有了智識技能，亦不過是濟惡作奸的工具。禮義廉恥本是爲社會謀福利，爲團體求發展，爲國家求生存唯一的規律，凡是違反禮義廉恥的行爲，他的知識技能適足以損人，而其結果亦必利于已，徒然敗壞綱紀，貽誤國家要事，所以禮義廉恥不但可以挽救國家，而且可以建立國家。

還有一種人說：「禮義廉恥，」不過是一種節文，一個人如果凍，餓沒有衣食，雖有節文有何用處？推究這一類說法的由來，可知他們是誤解了管子「衣食足而後知榮辱，倉廩實而後知禮義」兩句話的意義，殊不知「禮義廉恥」是做人的根本，不能做人，那裏能夠得到衣食？管子這兩句話的意思，僅是注重到足衣足食一方面來說的，綜合他治平的要義所在，仍是以「禮義廉恥」的四維為先務，因為在禮義廉恥的社會，衣食不足可以人力求其充實，倉廩不實，可以人力求其豐裕。反之如果社會喪失了禮義廉恥，則衣食不足，橫暴爭奪，仍然是不得富足，倉廩不實，偷盜求之，仍然是不得豐裕。禮義廉恥的行為，就是要糾正爭盜竊乞的行為，是要用正當的方法，來求得社會大衆的足衣足食，所以凡是反乎禮義廉恥的行為，衣食不足終歸是不得充足，倉廩不實終歸是不得豐裕。即令他衣食已足，倉廩已實，如果他是拿爭盜竊乞的行為，施之于人與人之間，則衣食雖足，亦不能安然利用，倉廩雖實，亦不能安然享受，世界上最繁華最富足的都市，往往盜匪最盛最多，就是這個道理。現在中國不免產生了許多漢奸、奴才、國賊、盜匪、以及貪官汚吏等等，他們之所以作惡的原因，難道真正是為了饑寒凍餓所驅使，只是因為他喪失了禮義廉恥的本性罷了。禮義廉恥之重要是如此，所以我們今後必須以禮義廉恥為生活的規律。

（二）「禮義廉恥」的解釋：

「禮義廉恥」是古今立國的常經，但其意義隨時間空間的不同，而有新的解釋。就我們現在修身待人處世接物來講，「禮」就是規規矩矩的態度，「義」就是正正當當的行為，「廉」就是清清白白的辨別，「恥」就是切切實實的覺悟。

所謂「禮」就是道理，自然界的道理叫做定律，人類社會的道理叫做規律

、國家的道理叫做法律，一個人的行為能夠以此三律為準繩，就叫做規矩，守規矩的行為的表現，就叫做規規矩矩的態度。

所謂「義」就是「適宜」的意思，凡是正當的行為合乎事理沒有不適宜的，叫做義。而且這種行為沒有不合乎禮的，即合乎自然定律，合乎社會規律，與合乎國家紀律的，就是正當的行為。如果行為不正當，或明知其正當而不去作，那就不合乎宜，就不得謂之義了。

所謂「廉」就是「明白」，亦就是辨別是非的意思，凡行為之合乎禮義的為「是」，反乎禮義的為「非」，知道「是」而取之，知道「非」而舍之，這就是清清白白的辨別，所以叫做「廉」。

所謂「恥」就是「智慧」，亦就是覺悟，也可以說知道有羞惡之心就叫做「恥」。一個人他自己的行為，如果不合乎禮義與廉明的德性，因而內心愧怍，覺得可恥，就叫做「羞」；看見他人的行為，不合乎禮義與廉明的德性，而心有不安，覺得可恥就叫做「惡」。推這種羞惡之心，就可以引起切實的覺悟，能夠切實知道「羞」，必力行上進，能夠切實知道「惡」，必力行湔雪，這樣纔叫做切切實實的覺悟。

以上是說明禮義廉恥的意義，可知「恥」是行為的動機，「廉」是行為的嚮導，「義」是行為的踐履，「禮」是行為的表現，四者是互相聯貫的，發于恥，明于廉，行于義，而現之于禮，相需相成，是缺一不可的。

（三）食衣住行的解釋：

食衣住行的條件有二，一是物質的資料，一是精神的表現，物質的資料，就是指食物，衣服，道路，車船等而言，精神的表現，就是指飲食，服飾，居住，行走等而言。但「行」這一個字，有廣義狹義兩種解釋：如行走的「行」，就是狹義的行。行動的「行」，就是廣義的行。就廣義來講：「食衣住行」的一切動作，無一不可包括在「行」的範圍之內，而狹義的行，祇是行動之

一端罷了。

由此，我們可以知道三民主義的食衣住行，是注重于物質資料的解釋，而「行」這個字亦是從這一方面的名辭來解釋。建國大綱中所規定「政府當與人民協力共謀農業之發展，以足民食，共謀織造之發展，以裕民衣，建築大規模之各式房屋，以樂民居，修治道路運河，以利民行」，看了這一段話，就可明白了，至於現在新生活運動中所說的「食衣住行」的「行」字，乃是包括廣狹兩種意義，我所主張的「行的哲學」其意義也就在此，而看了前面『新生活運動的內容』一章所說的，則其大意更可以了然了。

（四）「禮義廉恥」與食衣住行的關連：

食衣住行遂行的條件，有物質與行動兩方面，剛纔已經說過，而「行」字的解釋有廣狹兩種含義，廣義的行與「禮義廉恥」四維的關係，在前面「禮義廉恥的解釋」一節中，亦已大體可見，此地不必再說，現在要講的就是怎樣使「禮義廉恥」直接表現于食衣住行之中。

食衣住行的遂行，可分爲資料之獲得，物質之選擇，與方式之運用三方面。玆分別說明如下：

（一）資料之獲得，應該合乎廉，廉就是明白，就是要明白物我的分際，凡屬不是我們所應得的，就是一介不取。再具體一點的說，一個人所需食衣住行的資料，必須憑他自己的勞力得來，或者以正當的名份取得，爭奪依賴，固所不可，就是施讓贈予，亦不應輕易承受。古人所謂「失節事大，餓死事小，」就是這個道理。

（二）品質之選擇，應該合乎義，義就是適宜，一切食衣住行品質的選擇，都要因人制宜，因時制宜，因地制宜。與因位制宜。什麼叫做因人制宜，卽如年老的人，可以衣帛食肉，不再負戴於道路，是宜於飽暖舒閒的，而年少的人，只要能不凍不餓就够，是宜於刻苦鍛鍊的，這就是因人制宜；又如四季寒暖不同，衣食起居就要順時調節，以適宜於季候，這就叫做因時制宜；南北土壤，氣候各不相同，近山濱水，生活習慣亦各有異，我們居住就要擇地爲良，以與環境適應，就叫做應因地制宜，至於臨萬民以執法，或帥三軍以抗敵，必須有一定的體制，方足以表現儀節，履行號令，而達成任務，這就要不亢不卑，應泰應嗇，因其地位的高低而制宜了。

（三）方式之運用，應該合乎禮，禮就是道理，就是（一）要合乎自然的定律，（二）要合乎社會規律，（三）要合乎國家的紀律，其具體的解說，烈舉於「新生活須知」之中，此地不必詳說。

總之，禮義廉恥是互相連貫的，食衣住行應合乎禮義廉恥，其中的道理，亦是互相連貫的，所以無論是資料之獲得，品質之選擇，方式之運用，都有密切的關係，如果三項之中，有一項失禮亡義與寡廉的地方，就是生活的污點，就應引爲可恥之事，而要絕對的戒除。

戊、新生活運動的方法

（一）新生活運動推行的責任，

(1) 全部運動，應由新生活運動指導委員會主持，各省市縣如有發起同樣運動的，可設立分會，但縣會應受省會的指導，以免分歧。

(2) 省市縣會應由省市縣中最高行政長官主持之，以省（市縣）黨部、民政廳，教育廳（各市縣社會局、社會科、敎育科）、公安局及軍事機關，各派高級人員一名，社會各公私法團，亦各派負責人若干共同組織之，以資齊一。

(3) 鄉村及個人由區保甲長，工人由廠長或工會負責人，商人由各縣業商會負責人，學生由校長敎職員，軍隊由政訓處長與主管長官或軍隊黨部負責人員，公務員由各省市縣機關主管官，而尤其重要的是，家庭必須由父母家長對子女切實負責督促實行。

（二）運動工作，分調查、設計、推行三項。

（三）運動的費用，一切費用由省發給，或由當地政府籌給，但不得向外去募捐。

（四）運動的事項，由新生活運動指導委員會決定，分別先從規矩與清潔兩種運動開始進行。

（五）運動的程序，（一）由自己作起再推及他人，（二）由公務人員作起，再推及於民衆，（三）由簡要的事情作起，再推及其次，（四）由不費錢不費時不費力的事情作起，再作其餘的事情，（五）由機關團體，如學校、公署、車站、碼頭、戲館、公園、會場等作起，再求普及於全體社會。而最急要的，爲各人的家庭應首先實行。

（六）運動的方法，（一）先以教導，後以檢閱，教導是以身教口教，再以圖畫文字、戲劇、電影爲教，檢閱是由指導委員會派人查考或由其本處每年分季比賽，評定甲乙以獎勉之，（二）除原有隸屬的機關（如長官之於部下，父兄之於子弟，教師之於學生等）外，不得干涉，一般普通朋友性質者，祗可勸導而已。

（七）運動的時間，一切運動，只可在公餘及休假等閑暇之時間行之，不可就誤本業，但各人自修，則無時無地無不可實行，就是日用常行之間，都要不失新生活運動的規範，方能說是實行新生活。

己、結　論

總而言之，新生活運動就是要除去不合理的生活，代之以合理的生活，如何使國民的生活合理，就必須提倡以「禮義廉恥」爲日常生活的規律。

（一）提倡禮義廉恥，使反乎粗野卑陋的行爲，是要求國民生活藝術化。藝術並不是少數有產階級的裝飾品，實在是我們全體國民無分男女老幼貧富階級之別，——大衆生活的準繩，所謂人的生活與非人的生活，其分別就是在此，而一人要想盡到他做人的道理，亦除此之外，沒有其他的道路，所以必須是以藝術「持躬待人」的人，纔能盡到他互助的天職。我們中國古代「禮樂射御書數」的六藝教育，現在已成爲東西列强建國的主要藝術，而我們國民反不知道這就是我們中華民族持躬待人，修齊治平最優美的固有的藝術。現在社會上之所以充滿了猜忌嫉妬怨恩傾軋的現象，就是由於喪失了這個藝術的陶養而發生的病態。我們今後必須以藝術治事接物，纔能收到整齊完善利用厚生的功效，而其要訣即在格物致知，明辨本末，對於器物，則力求創造，對於技術，則崇尙精微。能够這樣，則一切粗野錯亂簡陋卑劣等弊病，自然可以消除了。

（二）提倡「禮義廉恥」，使反乎爭奪盜竊的行爲，是要求國民生活生產化。我們中國之所以貧困，是由於生產的人少而消費的人多，凡屬不事生產只知消費的人，他所消費的東西，不是由於刼奪而來，就是由於倚賴而得，這都是不知「禮義廉恥」的緣故，所以必須使國民生活生產化，然後勤以開源，儉以節流，使人人知道奢侈無度是不合「禮」的，不勞而獲是最可恥的。從前我們齊楚之所以弱，與漢唐之所以强，都是由此，我們現在要救中國的貧困，消弭中國的亂源，其要道亦在於此。

（三）提倡「禮義廉恥」，尤應要求國民生活軍事化。一個國家不能戰鬭，就不能立國，雖有厚土衆民，徒然以資寇盜。要救國家的弱，惟有尙武。現在各地盜匪充斥，社會不安，而倭寇侵略，失土未復，敵寇與漢奸內外勾結，挾其全力以壓迫我們民族，破壞我們國家，我們要挽救這個危機，完成安內攘外的目的，就非實行全國國民軍事化，決不足以圖存。軍事化的前提，就在於養成國民生活、整齊、清潔、簡單、樸素、迅速、樸實的性質，以求共同一致的做到守秩序、重組織、盡責任、尙紀律、而隨時能够爲國家爲民族同仇敵愾、捐軀犧牲，以達到盡忠報國的目的。

總括以上各章，歸納的說起來，國民生活要如何方得高尙，必須生活藝術化；國民生活要如何才得富足，必須生活生產化；國民生活要如何才得鞏固必須生活軍事化：這三件事都實現了，就叫做生活合理化。生活合理化所賴以實現的規律，就是「禮義廉恥」，「禮義廉恥」所賴以表現的事項，就是「食衣住行」，要使我們全國國民人人都以禮義廉恥爲規律，切實表現於「食衣住行」之中，那生活的內容充實了，條件具備了，這就是生活革命的完成。必須如此，我們中華民族復興的基礎，才能算是奠定了。

8

短論

原子彈秘密洩露

舉世矚目的原子炸彈秘密洩露以後，每個人的心中，都好像蒙上一層死亡恐怖的暗影，其實；英美加三國要想永久保持原子炸彈的秘密，就等于用紙包火絕不可能的事，秘密的洩露只是時間問題，因爲以一個高爾夫球大的東西，可以致六十萬人的生命以死亡，使相當於重慶大小之城市夷爲平地，並使半徑五十英里內之建築物完全破壞，誰也會感到驚奇，誰也希望知道構造的原理，何況世界永久和平尚未鞏固，戰後國際糾紛還不能徹底解決的今日！

現在；原子炸彈的秘密已經洩露了，我們認爲倒不如索與把全部秘密交由聯合國最高機構去管制，不爲少數國家所獨佔御用，廣攬專家繼續研究原子性能，變殺人的利器爲人類福利服役，而趁此時機趕快解決國際間的矛盾，大家至誠的道義的奠定國際安全，以實現戰後世界眞正和平！(浚)

東北地方是我們的

淪陷五十一個年頭的臺灣，在祖國抗戰勝利後的七十天內光復了，而別離祖國懷抱十四年的東北九省，距今已經六個月，還不能暖到祖國的溫情，我們雖然遠居南國的臺灣，但對於那卅六萬三千七百英方里的河山，和三千萬同胞在精神上所受的刺激，實寄予無限的眷念與同情！

記得蘇聯統帥史達林，在去年日本投降後不久，一再聲明進入東北蘇軍，決于三個月內撤退完畢，後又以我軍尚未準備接收爲藉口，約定二月一日撤退，事實上我國官員和軍隊早于三個月前聚集哈，瀋外圍。因爲未見蘇軍作撤退的準備與行動，所以不願遽行接收，誠恐引起誤會致碍邦誼。

現在爲期已屆半年，我們要去安慰三千萬同胞殷切的待望，我們要去進行東北的復員建設，東北地方是中國的，我們有去接收的權利，也有撫慰和建設的義務，同時我們希望友邦——蘇聯深切地認識，中國十四年來的含垢忍辱和八年的艱苦抗戰爲的是什麼？深切的反省；對于撤退東北駐軍的一再延宕，是不是一個民主而愛好和平國家所取的態度？深切地了解東北與中國政治上，經濟上，文化上的關係與整個性；自尊互尊！自重互重！(振)

和平支票必須兌現

政治協商會議閉幕以後，我們根据各方面消息的報導；共黨刈據地方的藩籬並未撤除，挑釁的槍聲依然疏密傳來，自「特區」逃出的無數難胞紛向當局哭訴遭害慘狀，我們對于這些不絕如縷的惡耗，深感不幸！

記得　國長在政治協商會議閉幕詞中，曾有剴切的訓示：「我們要把統一，民主，和平，團結四大原則，永遠奉爲信條，永遠爲着這個信條共同遵守，共同努力，才可安慰爲革命抗戰而犧牲的軍民先烈，才不至辜負全國人民的期望。」

現在；共黨造成這種不統一，不民主，不和平，不團結的局勢，不但違背了全民的期望，而且置國家民族利益於不顧，走着一貫錯誤的政治主張，我們認爲如果共黨還有意圖在中國政治上取得地位，在四萬五千萬人的心中留一點好印象，不忍重見廿年內戰慘劇的再爆發，只有趕速懸崖勒馬，徹底兌現和平建國支票之一途。(栫)

臺灣的衛生太差

凡是到臺灣來的人，都有一個共同的感覺；臺灣的衛生太差，白天呼吸着叫人作嘔的污氣和黃塵，晚上被蚊蚋擾得不能入睡，照理臺北應該要做全省清潔衛生的模範，可是實際情形却比其他地方更糟，最近流行全省的疫癘，相信每個人都會感到時刻有死亡的恐怖，如果再不迅採措施，那麼民族健康太無保障了；

怎樣防治呢？這裡因爲篇幅關係，恕不列舉詳細辦法，不過單靠預防注射，封鎖疫區交通，發動少數市民作一兩次清潔掃除工作，那只是消極的治標的應戰的辦法，並非澈底消滅疫癘的根本方策，我們認爲那些瓦礫土堆和盈溝污水必須立刻摒除得乾乾淨淨外，全省必需來一個國民義務勞動，廣泛的普遍的從室內到街道，曠野，陰溝，水道，舉行清除疏通工作，並定出工作競賽辦法獎優懲劣，使人人爲公共衛生爲自已健康而服務。

同時我們認爲衛生醫務當局，固然要負起最大責任，經常檢查時刻注意，但有恆的整潔工作還是寄托在全省居民身上，人人要以不清潔爲耻辱，不生病爲光榮！(朝)

關於中國文學（續）

潘虹

第六章　南北朝的文學

（一）南朝的文學

宋代的文學是極盛於元嘉的時候，在那個時期中的文人可以稱爲首座的要推讓於謝靈運其次便要算之顏延年了。過去有人對於謝靈運的文學下過這樣的批評：「靈運才高詞盛，富艷難縱，含跨劉郭，陵轢潘左」。然顏謝固然是這時代中兩個文學傑出的人物，而鮑照也可以和他們倆比肩爲美的。湯惠連有一段批評顏，謝，兩家的詩作有說：「謝詩如出水芙蓉，顏詩似縷金錯彩」。不過可見得他們倆人的詩都各有他的好處了；不過謝詩所以說「如出水芙蓉」的就是比之以時見其艷麗吧。

延年曾有問鮑照，「自己的詩和謝靈運的詩比較起來究竟孰優孰劣」？鮑照對他的回答是：「謝詩是像初發的芙蓉花，含葩待放，其美出自然是令人可愛而合於欣賞，你的詩則有如舖錦列繡，也雕繢滿眼，頗堪怡人」。從這一段批評中，我們便可以明白了顏的詩是專門於雕琢，比不上謝詩的出於自然了。

謝靈運的性情很喜愛山邱，那時候他雖然是身爲太守，却置訟獄於不問每日里常和惠連作山澤間的遊玩他每一登山則賦之以詩歌。他雖矧臂於編纂晉籍，却棄脩晉書而不修，便出廓遊行；自歷代以來，其文人的浪漫就沒有一個可以和他比較的了。

就是他因爲喜歡遊覽於山水之間，所以其結果，便能成就了一位很有名的山水詩人，做了一位山水詩的開闢老手。鍾嶸對於他的詩的批評是：「如脊松之拔灌木，白玉之映于塵沙」。這段評語確是不會過譽啊。

假如當我們讀完了他的遊覽詩時，那麼你的心里就會浮映上一種懷人的情結。蔣鑑章先說他是：「殆篤於友于，情深朋儕，宜乎共樂于乞疾東還，嘯詠遨遊者矣」！現在，我們讀到了他的；「懷人行千里，我勞盈十旬，別時花灼灼，別後葉蓁蓁」的詩，你就會覺得有一縷纏綿的情思，來繞着心頭哩！

顏延年和謝靈運雖然是有同樣的命運，同樣的遭遇被貶來永嘉做了太守，然而顏氏的詩作就遠不及謝靈運了。他的一生雖然是孤貧，但所有的書籍却無所不覽。他性極好酒，近於疎誕，而且不能酐酌當時，是一缺點。但他有一首五君的詩，略足以明其懷抱。惟居身淸約，布衣疏食，常獨飲於郊野之中，還算具有山林隱者的風度。

鮑照的文名，在那時候，固然是比不及於顏，謝兩人，但是到了後來，當謝，顏的詩歌遂漸衰落了，而他的詩作也獨能盛行一時。然在後來，駢體文的能够盛行，律詩的能够興起，鮑照實爲其中的一大關鍵的。

他能够以俊逸的筆寫出了豪壯的深情，其發唱的驚挺，操調的險急，雕藻淫艷，確能傾照心魂。行路難，和白頭吟兩首。爲其偉大的傑作。

永明末年；文學極盛於一時。與興，沈約，陳郡，謝朓等人物就是這個時候中的首要份子。沈約等辭識聲韻，其文章中多用「宮商」；以「平，上，去，入」定爲四聲，於是他們便以這些來製作韻律，不能增減；故成爲永明時代的一種文體。他們原是承接着元嘉之後，復研聲律，於是乎所謂「四聲」，「八病」的學說就由是而發生，豎立了駢體文的鴻軌，啓發了律詩的先路。當時竟陵五子良實有獎勵的功績。於是天下的詞人皆集其門，以竟陵八友中的沈約，謝朓兩人爲最負盛譽。

沈約在當時的文學史上的重要，并不是在其作品，而是在他所定的文學的格律。要是以現在的文學眼光來看，則沈約實是一位手創鎖架，鐐銬的罪首哩！若要以他所創的「八病」來說，其實又是文學進化過程中的致命傷。

他的六憶等詩的描寫却也婉轉如畫，後人便推他爲詞中的始祖。他所手著的書有晉書，宋書，齊紀，宋文章志及四聲譜等。

謝朓則以文芟約天才，識掌猾符約文能。也設年以來，就沒有一個會做得像謝朓這麼好的詩歌」。唐朝的大詩人李太白也曾說：「自從建安以來，綺麗不是珍」，而獨心服於謝朓的才思。故李太白集中對於謝朓多有思慕的作品。後人在讚美李白的詩中有：「一生低首謝宣城」（即謝朓）的詩句哩。

至梁代的帝王多喜歡於文學。梁武帝蕭衍，和沈約等七人原爲竟陵中的八友。當蕭衍受了齊禪之後，復有許多賢臣的康佐，文讌侍從，彬彬的極盛了一時。即以漢末的建安鄴下那些人，也不能與他作比了。

他們不但宏於文學，獎勵藝術，而且兼重儒釋。其所作的詩，賦，詔，銘，贊，誄，牋，記等體，皆能臻於絕境。他又著經子講疏共二百餘卷，文集百餘卷，的確是帝王中的一位多量作者了。

梁武帝的第三子簡文帝，幼時就很聰穎絕倫，詵目爲「東河」。他能賦詩千言，一揮立就；但喜作香艷的詞句，在當時而號之爲「宮體」。

元帝就是武帝的第七子，簡文帝的弟弟，他繼承著父兄的風流，年少的時候，常常和裴子野，蕭綱兩人作很好朋友；他的著作有金樓子，已並行於世了。

群書，過目而不會忘記。他建立「樂賢堂」，招集了天下的名士，商確了古人的編著，編成文選三十卷，便是現在已經刊行於世的昭明文選。可惜因爲他的天才發洩過盡，很早的就死了，我們怎不爲他這位天才的短命作者婉惜哩！

至如關於文藝的批評，雖說是萌始於魏文，其實則關大於劉勰和鍾嶸兩人了。故典論所及的地方，無過衡于當代。而劉勰和鍾嶸兩者的作品，則又適於古今。劉氏的著作文心雕龍一書，凡是古今文學的變遷及其短長，則能獨抒卓見，啓發了文學的鎖鑰，指出了藝苑的迷津；且其自身也是一部文學作作，由於這一點，已是足够傳之千古而垂不朽了。

鍾嶸著有詩品一書，來開發了後代詩話的風氣。他在詩品的序中有說：「至今吟咏情性，也何貴於用事，「思君如流水」，既是卽日；「高臺多悲風」，亦惟所見；「清晨登隴首」，羌無故實；「明月照積雪」，詎出經史；觀古今勝語，多非補假，皆由直尋」。從這段序中，我們就可以明白他是一個主張自然文學的人了。其所論詩，分爲上，中，下三品，頗具有卓著的見識，是與劉勰的詩文心雕龍比美了。

唱嘆，嬌娜宛轉，皆出于青年的呼聲。實是梁代的絕妙民間文學了。其他的，如讀曲歌，觀蹋歌，華山畿，石城謠，觀蹋蹬歌，前溪歌，那阿灘，蘇小小歌，子夜歌，青溪小姑曲等，大多是描寫兒女的歡情和別離的愁思；浪漫旖旎的情思，極纏能事。而其中的華山畿二十五首，尤爲名著，牠對於描寫被情人的見棄與盼望的心境，如刻如繪，確是悱惻動人。

及至到了陳代，文學尤盛；那時候的文人，頗具有盛名的，便要推之于徐陵爲這一時代中的宗匠了。

徐陵當梁代的時候，曾受簡文帝的命令，作玉臺集一書，就是將過去那些所稱爲「宮體」的把牠擴充，厥體乃大。這部書便是流傳到了現在的玉臺新咏，是一部極富有抒情總集。

庾信他本來是南朝的梁人，因被聘而入於東魏，及至梁亡之後，又轉入了西魏，後來又再仕于周。等至陳與周通好之後，那些住居於北方的南人，皆得重返故土，欣溫舊夢，惟有庾信却依舊的寄居北地，不能得歸；於是乎北寓南人，能無對景懷思，夢魂縈繞，時對南向而嘆息涕零哩！這也許就是他作哀江南賦的原因了。

世人往往以庾信和徐陵兩人的文學稱爲「徐，庾體」，其實徐陵的文章那里比得及庾信的宏麗哩！

陳後主性很喜觀文學，故靡靡之風，已勝於前代。他從宮人之中而具有文學的特長者，如袁大捨等，均封爲女學士；在當時的一般文臣們，皆侍宴後庭，共賦新詩，或互相贈答。後主則採其詞采的華麗者，錄而爲詞曲，被以新聲，即命宮女千百，習而歌唱；並分部選進，持以相與爲樂。在那些歌詞之中，間有璧月夜夜滿，瓊樹朝朝新」的詞句，故以後唐朝的梨園，宋，元的詞曲多有所因襲的地方。

後來唐朝有一位詩人的詩中有：「商女不知亡國恨，隔江猶唱後庭花」的詩句，這便是爲陳後主的亡國而吟的。

（二）北朝的文學

北朝的文學，在北史文苑傳序中說：「洛陽，江左，文雅尤盛，彼此好善，雅有異同。江左宮商發越，貴於清綺，河朔詞義貞剛，重於氣質。氣質則理勝詞，清綺則文過其意。勝理者便於時用，文筆者宜乎詠歌。此其南北文人得失之較也」。

北魏的文人有袁耀，溫子昇，刑藏，盧觀，封肅，裴敬憲等諸人；其中以溫子昇最爲顯著。梁武帝見其文章，曾稱其：「曹植，陸機復生北土」，其文章如何，我們便可想見了。

及至後來，邢劭，魏收相繼而起，元稱文雅大宗。最初是邢劭與子昇並稱；「溫，邢其文章具盛傳於世。及溫子昇死，則魏收又與邢劭並稱爲：「大邢，小魏」，蓋收因年小，而以年齡稱大小，並不是以才學來判高下的。其實收雖年幼，而文學則較之刑劭爲勝哩。

北齊的文人，據齊書文苑傳中有說：「祖鴻勳

書詞宛麗，顏之推文史與博」。但祖鴻勳的著作流傳到了現在，已經散失了；顏之推則僅有顏氏家訓一書流傳於世，餘的也未有所見。

然而以北國的文人來說，其最著名的，那我們就不能不推之蘇綽爲特出了。

自晉，宋兩代以來，所有的文章，競爲浮華。宇文泰患時文的纖弱，爲改革這個弊端，便命蘇綽擬周書大誥而作詔，以示朝中的群臣。並命令以後的文章必皆依其體裁。其文森嚴，深中時病。於是乎四六體的駢文，大受頓挫，古文便遂蒼復興了。在周書中有「粃糠魏晉，憲章虞夏」的便是。

當時，南方的文人，多有流寓北方的，如王褒，庾信，他們的作品中，文彩的綺艷，却也風靡一時，稱爲今文；互相非詆，因那時的古文還未盛行。

庾信本於江左，上面已經說過了，這里不再多述，其在江南，則與徐陵齊名，其在江北，則與王褒並譽。綜上所述，便是南北朝中的文學大概，以下再讓我略叙隋，唐，五代的文學吧；

（未完待續）

歷史講座

中國歷史上的民族戰爭(續)

蕭 凌

五、淝水之戰

自從北匈奴遠遁(流徙到歐洲，五世紀中葉侵擾羅馬帝國的阿狄那，就是他們的首領；現今匈牙利的馬扎爾人，相傳就是他們的後裔。)投降了漢朝的南匈奴便居在中國邊疆上，冒姓劉氏，自稱是漢朝的外甥。其他鮮卑氏，羌等野蠻民族，也雜居在中國北部。

這些南匈的蠻族，當中國統治力鞏固的時候，還能安分守已的听從官府的命令；一等到中國內亂，就乘隙伺便，蓄意向內地侵犯。東漢末年，中國內部的變亂很多，朝庭沒有餘力注意到邊疆，三國時代；魏蜀吳連年攻戰，更給蠻族以可乘的良機；晉朝上承三國的弊端，統治基礎本來很脆弱，加之有八王之亂，司馬氏骨肉相殘，北方民族的禍亂便由潛伏時期轉而大大的昌熾。郭欽、江統看到這個危機，著論勸朝廷把蠻族遷徙到國境以外，可惜當時沒有做到那一步！五種胡人以他們百多年來締結堅固的的勢力，率衆內犯，等到匈奴族的劉聰攻陽洛陽長安，擄走懷帝愍帝，晉朝的王室便被迫偏安在江南一帶。

還時中國的黄河流域完全成了血腥的屠場；匈奴，鮮，卑，氐，羯，羌五種蠻族互相殘殺，好像「走馬燈」一樣建立了許多王朝。漢族正統所寄的王室雖然僻處一隅但是民族意識非常昂揚。晉元帝時，祖逖進言北伐，以爲「晉室之亂，非上無道，而下怨叛也，由藩王爭權，自相誅滅，遂使戎狄乘隙，毒流中原。今遺黎既被殘酷，人有奮擊之志，大王誠能發威命將，使若逖等爲之統主，則郡國豪傑，必因風响赴，中國可復，國恥可雪」。元帝因以逖爲奮威將軍，使他自己招募士卒。逖渡江中流擊楫，用壯烈的辭色自己發誓：「祖逖不能濟中原而復渡者，有如大江！」他的朋友劉琨有縱横之才，听到逖被用，就寫信給親故說：「吾枕戈待旦，志梟逆虜，常恐祖生先我著鞭！」當時士氣的奮發可以想見了。又，南渡的士大夫每逢假日，相邀到新亭飲晏，有一次局頭中坐而歎：「風景不殊，擧目有江山之異！」同席的人都相視流涕，獨獨承相王導正言厲色的說：「當共戮力王室，克復神洲，何至作楚囚相對泣耶！」凡此種種，都是中華民族不亡的象徵。

混亂的北方，後來漸漸被氏族的前秦所統一。苻堅任用漢人王猛做宰相，官必當才，刑必當罪，加之勸課農桑，練習軍旅，所以國富兵强，戰無不勝，東夷西域，來朝貢的有六十二國。於是把侵略的目光注視在江南，想滅掉偏安的晉朝奪取正統的地位。本來，王猛臨終的時候曾經告誡苻堅，說「晉雖僻處江南，然正朔相承，上下安和。臣沒之後，願勿以晉爲圖。」苻堅不听王猛的遺言，常常派兵侵晉，偶然得到一點勝利，把晉朝的襄陽攻下，志氣格外驕横，他以爲自己的兵馬衆多，晉朝雖然有長江天險，但是投鞭足以斷流。就在晉孝武帝太元八年(公元三八三年)大舉攻晉，步卒六十多萬，騎兵二十七萬，連亙幾千里，分道向南方進逼。

晉朝聞知苻堅入寇，詔派謝石做征討大都督，謝玄做前鋒都督，帶兵八萬人去抵禦，晉軍的數目不及苻堅的十分之一，强弱之勢懸殊太甚了！前秦的將領苻融先進，攻陷壽春；苻堅把大軍屯紮在項城(今河南項城縣)，親自率領八千精兵

13

來會合。他一面想以迅雷不及掩耳的手段擊潰晉軍，一面又派晉的故臣朱序來誘降。朱序卻私自告訴謝石謝玄，說前秦的軍隊雖多，然而都是烏合之衆，假若能夠擊潰它的前鋒，全軍便會動搖。於是謝玄派劉牢之先帶兵五千猛攻洛澗（安徽定遠縣西），前秦的軍隊屯紮在洛澗的遇着陡然的襲擊，大潰，在淮水裏面淹死的有一萬五千人，接着謝玄統兵前進，和苻堅的軍隊隔水對峙，苻堅站在壽陽城樓上望見晉軍陣伍嚴整，氣勢很壯，隱隱的有點膽寒，又望見八公山上蓊翳的草木，也疑心那是晉兵，謝玄派人和苻堅的將領說：「移陣小卻，使我兵得渡以決勝負。」前秦的將領都說：「我衆彼寡，不如遏之，使不得上。」苻堅卻主張：「俾使半渡，我以鐵騎蹙而殺之，蔑不勝矣」苻融也以爲這樣很對，於是下令後退。前秦的軍隊人人都沒有作戰的心意，這一退便無法制止。朱序又在陣後大聲叫道：「我們敗了！」謝玄這時渡水急擊；苻融騎着馬往來奔馳，要制止後退的人，馬倒，跌在地上被晉兵所殺，前秦的軍隊失掉了統領，沒無目的的四向逃竄，自相踐踏而死的多得不能計算，於是勝利的榮冠便落在晉軍頭上。苻堅自己中了流矢，收集散亡的部隊狼狽北歸，路上聽到風聲鶴唳，都以爲是晉的追兵。之後北方大亂，前秦瓦解，那位曾經叱咤風雲，幾乎統一天下的苻堅，被他的部將姚萇縊死。

淝水之戰的勝利，在中國歷史上具有極大的意義。它阻遏了胡人南下的氣燄，使晉朝還能在江南一帶保持幾十年的政權；並且前秦瓦解以後，北方重新陷于混亂狀態，中華民族復興的機運，在這時候已經伏下了。

六、唐平突厥

匈奴敗亡以後，舊有的土地和殘餘的部衆都被東胡族的鮮卑人兼併，所以在漢魏之間，鮮卑最强，其後鮮卑屢次發生內亂，部衆離散，匈奴的故土便柔然佔住，到了北魏末年，柔然又被它的屬部突厥所滅。於是沙漠南北一帶地方，盡成爲突厥的領土。當時中國內部南北朝對峙，政治異常混亂，突厥的勢力便蒸蒸日上。

關於突厥的起源，歷來有許多神奇的傳說，依據北史的記載，突厥的起源若有三種不同的說法：

（一）其先在西海之右，獨爲部落，蓋匈奴之別種也。姓阿史那氏。後爲隣國所破，盡滅其族。有一兒，年且十歲，兵人見其小，不忍殺之，乃刖其足，斷其臂，棄草澤中。有牝狼，以肉餌之，及長，與狼交合，遂有孕焉。彼王聞此兒尚在，重遣殺之；使者見在狼側，並欲殺狼。於時若有神物，投狼於西海之東，落高昌國西北山，山有洞穴，內有平壤茂草，周圍數百里，四面俱山。狼匿其中，遂生十男，十男長，外託妻孕，其後各爲一姓，阿史那其一也。最賢，遂爲君長。故牙門建「狼頭纛」，示不忘本也。漸至數百家，經數世，有阿賢設者，率其部落，出於穴中，臣於蠕蠕（就是柔然）

（二）或曰：突厥本平涼雜胡，姓阿史那氏，魏太武皇帝滅沮渠氏，阿史那以五百家奔蠕蠕。世居金山之陽，爲蠕蠕鐵工。金山形似兜鍪，俗呼兜鍪爲突厥，因以爲號。

（三）又曰：突厥之先，出于索國；在匈奴之北。其部落大人曰阿謗步，兄弟七十人，其一曰伊質泥師都，狼所生也。阿謗步等性並愚癡，國遂被滅。泥師都既別感異氣，能徵召風雨。娶二妻，云是夏神冬之女，一孕而生四男；其一變爲白鴻，其一國于阿輔水，劍水之間（大概就是現今俄屬西北利亞的俄比河和蒙古唐努山烏梁海的謙河。）號爲契骨；其一國於處折水，其一居跋斯處折施山，即其大兒也，山上仍有阿謗步種類，並多寒露。大兒出爲火溫養之，咸得全濟。遂共奉大兒爲主，號爲突厥，即納都六設也。都六有十妻，所生子皆以母族姓，阿史那是其小妻之子也。都六死，十母子內欲擇立一人，乃相率於大樹下共爲約，曰：「向樹跳躍，能最高者，即推立之。」阿史那年幼，而跳最高，諸子遂奉以爲主，號阿賢設。

假如我們把這裏面神話的部份加以理性的推敲，也可以得到一些眞實的史料。就這幾種說法比較一下，其中有許多共同的地方：(一)突厥還滯留在氏族社會時代，用狼做「圖騰」的標幟；(二)突厥有十個部落，阿史那是其中之一；(三)突厥是匈奴的別種，它的先世被其他民族所滅，逃在一個山谷裏面，慢慢的再繁衍起來；(四)最初出那山谷的人，叫做阿賢設；(五)突厥長於鍛鐵，曾經一度做過柔然的臣屬。

突厥的强盛，起始於土門。土門攻柔然，柔然的可汗阿那瓌自殺，於是土門自立爲伊列可汗，佔有柔然的故地和餘衆。伊列可汗死，他的弟弟木杆可汗繼位，攻破嚈噠，征服結骨，靺鞨，寶帶以及鐵勒諸部。這樣，突厥的疆域，北包西伯利亞，東到現今的東三省，西接歐洲，包有中央亞細亞一帶地方，成爲一個龐大的國家哉。

(二)唐高祖武德七年(公元六二四年)，頡利突利二可汗舉國入寇，詔遣李世民將兵出幽州(陝西邠縣)禦之；李世民設計離間，二可汗漸不協，遂請和親。

(三)唐高祖武德九年(公元六二六年)，太宗李世民受禪，頡利，突利二可汗合兵十餘萬寇涇州，頡利進至渭水便橋(陝西咸陽縣西南)之北，李世民自與高士廉，房玄齡等六騎徑詣渭水上，與頡利隔水而語，責以負約。突厥大驚，皆下馬羅拜；俄而諸軍繼至，旌甲蔽野，頡利大懼，自請盟，二可汗引兵退。

(四)唐太宗貞觀二年(公元六二八年)，突利，怨頡利，表請入朝。本來，突厥人民的性質非常單純，頡利可汗利用漢人趙德言，双更舊俗，政令煩苛，失掉的部人信心。頡利又因用度不足，重斂諸部，由是內外咸怨，衆叛親離，薛延陀回紇等部都紛紛獨立。頡利見薛延陀降唐，也遣使稱臣。

(五)唐太宗貞觀四年(公元六三〇年)，李靖自馬邑進屯惡陽嶺(山西右玉縣)，夜襲定襄城(綏遠歸綏縣)，頡利驚擾，徙帳於磧口，餘衆降唐；頡利計窘，竄於鐵山，兵尚數萬，遣執失思力謝罪，請舉國內附。太宗遣唐儉等持節安撫之，並派李靖將兵往迎。頡利外爲卑詞，內實猶豫，謀走磧北。靖等謀曰：「頡利雖敗，其衆猶盛，走度。傳到佗鉢可汗的時候，中國北朝的周和齊互相爭戰，彼此都拉攏突厥做外援，「結婚姻，遺繒帛」做突厥可汗的女婿來博得它的歡心。所以佗鉢常常沾沾自喜的說：「只要我南邊兩個兒子能够孝順，我何必愁窮。」之後北周滅北齊、楊堅篡北周，突厥都曾乘機入寇。楊堅採取長孫晟的計劃，用婚姻關係煽動突厥內亂，北方的邊境才得安寧。接着突厥分爲東西兩部，東突厥據有沙漠南北以及河套一帶；西突厥據有中央亞細亞和現今的新疆，彼此互相攻伐，都受隋朝的羈縻。隋末中國內部大亂，邊境上避難的人民逃入突厥的很多，東突厥的勢力漸漸昂揚，控弦之士有幾十萬；當時中國起兵割據的人，都向突厥稱臣納賄，唐高祖李淵起兵太原，也曾經卑辭厚禮，想得到他的幫助。天下已定之後，唐朝對待突厥還是非常優厚，然而唐朝的卑屈，倒反養成突厥的驕态。當頡利可汗的時候，突厥沒有一年不入寇，中國北部幾千里的邊塞，沒有一處不被突厥蹂躪。及至唐太宗即位，以開國的威力和曠世的雄才，派遣李靖李世勣等名將迭次征討，直到唐高宗的時候，才把突厥完全平定。現在把幾次重要的戰役，按年代列在下面：

(一)唐高祖武德四年(公元六二一年)，突厥進寇汾陰，唐遣使與和，事情已經快平息了；頡利可汗又復入寇并州，唐遣師把他擊破，並且派使臣和他修好，而爲終不磧北，則難圖矣！」於是勒兵夜發。頡利聞警，策馬先奔，其衆遂潰。行軍副總管張寶相率衆奄至，生擒頡利，獻於京師；餘衆或北附薛延陀，或西奔西域。東突厥平。

(六)唐太宗貞觀十六年(公元六四二年)，西突厥寇伊州(今新疆哈密)，安西都護郭孝恪擊敗之。西突厥乙毗咄陸可汗爲其部下所逐，出奔吐少羅。其部下阿史那賀魯以衆內屬。

(七)唐太宗貞觀二十年(公元六四六年)，遣李世勣擊降薛延陀，鐵勒諸部回紇等十一姓，各遣使歸命，乞置官司。太宗遣使允納其請，把現今西伯利亞一帶地方置都督府，隸屬中國，並下詔云：「朕聊命偏師，遂擒頡利，始弘廟略，已滅延陀。鐵勒百餘萬戶，請爲州郡。混元以降，殊未前聞。宜備禮告廟，仍頒示普天。」太宗又勒石靈州，那上面的文句是：「雪恥酬百王，除凶報千古。」唐朝的聲威，這時可說是最盛了。

(八)唐高宗永徽元年(公元六五〇年)，右驍衛郎將高侃會回紇等部兵擊突厥別部車鼻可汗，車鼻以數百騎逃走，侃追獲之，送京師。於是突厥諸部，盡爲內臣。唐因分置單于瀚海二都護府，十都督，二十二州，分統之，各以其首領治事。

(九)唐高宗顯慶二年(公元六五七年)，以蘇定方爲行軍總管，出討沙鉢羅，至曳咥河(據讀史兵略，河在伊犁東北，今羅博搭拉河)西；沙鉢羅率師十萬拒戰，定方擊破之；又兼行至其牙帳，沙鉢羅亡走。定方追獲沙鉢羅，分西突厥地，置崐陵，濛池二都護府(崐陵居碎葉川東，濛池居碎葉川西，碎葉川就是現在的吹河。)，立興昔亡可汗，押五咄陸部落；立繼往絕可汗，押五失畢部落。西突厥平。其後西突厥餘衆再叛，唐遣裴行儉征討，兵力一直達到波斯。

總觀歷次的戰役：在南北朝對峙的時候，突厥的勢力坐大，北齊和北周無異是它的屬國。楊堅統一天下，還不敢和突厥正面相抗，只能利用它的弱點，用和親政策加强它的分裂，稍事羈縻。其後隋末群雄割據，起兵的竟沒有一個不向突厥稱臣乞援。當唐朝初年，突厥着着進逼，高祖雖然派兵抵禦，但都是作消極的防守。直到太宗即位，挾着開國的威勢用全力去對付，一方面離間突厥的部屬，分散它的力量；一方面派遣大將連續的征討，做犂庭掃穴的工作。高宗上承太宗的餘烈，奮力追擊，才把爲患一百多年的突厥完全戡定。

唐平突厥和漢伐匈奴在歷史上具有同樣重要的意義，它掃蕩了民族發展的阻碍，在勝利的基礎上把民族文化又推進了一步。至於唐朝之所以獲勝的原因，大概有下列兩點：

(一)突厥內部分崩折離：舊唐書突厥傳上說：「突厥之始也，貧蔚明而將士戳力，遇煬帝之亂，亡命者怨者既附之，其興也宜哉。頡利之衰也，兄弟構隙而部族離心；當太宗之理，謀臣猛將討逐之，其亡也宜哉。……理亂二道，華夷一途。」把突厥的興亡完全視爲由於政治的得失。

(二)唐人抗戰意識昂揚：當時抗戰情緒的激烈，可以從幾個邊塞詩人的詩句裏面看出來。高適燕歌行令：「漢家烟塵在東北。漢將辭家破殘賊。男兒本是重橫行，天子非常賜顏色……」李頎古從軍行云：「……胡雁哀鳴夜夜飛，胡兒眼淚双双落。聞道玉門猶被遮，應將性命遂輕車。」岑參句：「上將擁旄西出征，平明吹笛大軍行，四邊伐鼓雪海湧，三軍大呼陰山動。……亟相勸王甘苦辛，誓將報國靜邊塵」王維句：「少年十五二十時，步行奪得胡馬騎，一身轉戰三千里，一劍曾當百萬師。漢兵奮迅如霹靂，虜騎奔騰畏蒺藜。」王昌齡出塞詩云：「但使龍城飛將在，不教胡馬渡陰山。」這些慷慨悲壯的句子，都的民族精神的表現。

(未完待續)

夜車

黃遺

穿過黃昏，火車在夜的郊野上奔馳。

夜的中國的郊野，是多麼廣濶，而又多麼灰暗，悶熱，汚穢啊！

車頭，這以鋼鐵爲骨骼，以石油爲血液，以煤炭爲肌肉所構成的巨人，領着一長列的卡車，狂烈地，驕傲地駛向人們所渴望的地方。

它的電炬樣的眼光，撕開了濃厚的黑暗，給自己闢開路途。它的韻律的粗暴的，快速的脚步，踐着汚濁的土地而去，土地爲了害怕而顫抖，爲了被踐踏而苦痛的呻吟。它的鋼鐵的巨口呼喊着，長長的，無可比擬其宏大的喊聲，破裂了死寂的夜空，震動着無邊的黑暗，一直衝到極遼遠的地方，像耐不住走窒息似的氣氛，像要換醒整个天地，像要告訴人們，黑夜並沒有阻止它的行程，它正要駛過黑夜，向太陽照耀的，人們所渴望着的地方奔馳。

這電炬樣的眼光，這粗暴鳴响的脚步，這巨大的呼喊，像一支廣大强壯的隊伍，像浩浩蕩蕩的進軍，而土地、却被征服，被蹂躪，被遺棄的恐怖而顫抖了。

車廂裡載着各色各樣的人物；軍官，士兵，學生，老鄉，和不能判別屬於任何行當的青年男女，有些人在打瞌睡，有些人索性委曲自己的身體，倒在短短的長凳上睡覺，有些人無言的抽着煙，像陷入深沉的思索，有些人在作海濶天空之的漫淡，談物價，談戰爭，憶念過去，詛咒現在，幻想將來，而最多的是望着窗外，焦灼的眼光，向暗夜的探索着黎明是否就要到來。

然而，還早呢！車窗外依然是一片灰暗，沒有月亮，沒有星星，更沒有黎明的踪影，山陵，河流，屋舍，樹木，都因黑暗的壓抑而痛若地默沉着。

一個低沉的歌聲起來了——從一個少女的口唇飄流出來，這少女的頭髮和男人一樣的短，而且頗爲凌亂，用一口別針，就把那些亂髮扣挽在一起，她穿一條工人褲，一件短袖白襯衣，靠着窗門，把歌聲送進窗外的黑暗，這是一隻傷心的歌，她唱着這黑夜的苦悶，唱着期待的焦急，收尾，歌聲轉爲高亢，好像响着堅强的自信，也好像熱切地喚着黎明。

火車在每一個小站暫時停下來的時候，有許多人下車去了，沒入無邊的黑暗裡，各自去追求家庭或旅舍的舒適，他們像是耐不住在黑夜裡長遠奔波，像是耐不住車行的顛簸。也有許多人從黑暗中走上車來，浮着及時趕到，沒有脫班的喜悅。

而火車總是以自己的姿態，狂烈地，驕傲地向前奔馳，把山陵，河流，屋舍，樹木，那一切貪戀着自己的位置不肯向前的東西，都遠々地拋棄在後面。

不久，火車終於把黑夜掉在後面，來到照滿着黎明的清光的地方，這裡，鳥雀歡愉的歌唱着，槐樹因快樂而搖舞，晨風分送給萬物以清新喜悅的感覺，於是，乘客們；打盹，睡覺的醒了，沉思的站起來了，淸談的停止了，人們都像驟然洗去了疲勞，一齊向着窗外，他遇到渴望中的親人一樣地歡快的呼叫出來；

「呵！天亮了」

旅臺印象拾遺（七）

覺訓

沒有法子中想法子，這邊跑不通找那邊跑，那是千鈞一髮的時機，不容許我們不操心的，於是我們又想出一些法子來，一面請領事館辦發華僑歸國證明書，一面電請僑委會和外交部代僱外籍汽輪來臺，運載僑胞歸國，我們認定這項工作，不僅可以使我們歸路暫時不會中斷，而且可以刺激一般僑胞的苟安和觀望心理，不啻另一種撤僑的號召。但是，我們的領事館，祇是下了一道命令，要我們總會館來替它辦歸僑證，我們在這情勢下，自然是不能推諉呀，我們乃決定分區設立登記站，總站設臺北，分站設各個地方，均由總會館令行各地方會館辦理。嗣後僑胞下船和出口的手續，也大半係總會館辦理的呢。

辦歸僑登記證，本不算是什麼了不起的工作，可是我們當時既遭受各該地警探的監視和恐嚇，而我們本身又需要防止敵奸的潛入和混充，尤其是沒有不致遭受取締的良好秩序，這其間的意義似有一敘的價值。記得我們指示辦理的程序是：每登記所分設若干組，每組至少要三個人，第一個人負責收檢護照和核對照片，第二個人負責填寫證明書項目，第三個人負責貼各個申請人的照片並蓋截，若干組以上，並設維持秩序的人員及總監辦，藉以力求嚴密和妥善。臺北市由總會館聯合臺北會館舉辦，每天幾百個華僑來會登記，我們眞是忙個不了，我的任務是總監辦，易同志時常要到外面去交涉事項。

前面我已述過，僑運繁榮時代的堅強幹部，蕭志仁同志已死掉了，余思非同志亦已回國了，林梧村同志則因墾殖公司事滯留香港了，剩下的祇是易炳漢同志，王耀逆同志，張月朝同志，何再來同志和我這幾個，這裡的我們雖然還有一些幫手，像郭仰川，李洵明，嚴鋤非，林良德，林惠洲，與銓這些同志，然而現在要來應付這一廻異平常的嚴重局面，和希望挽救這危若纍卵的十多萬僑胞，我們却時時感到能力不够，覺得有顧此失彼之憾；但是，各地的歸僑證，都於不久的時開，紛紛報告辦理完竣，接着我們是幫着辦理歸僑出口手續和應接船運等問題了。可惜我政府當局代僱來的船，容量過小，以一千多人位置的船，竟擠至七八千人，連站的地位也沒有，還能談到行裝嗎？丟，顧生命要緊，這就可想見我們當時應付的窘狀了。

局面越來越嚴重，船運又遲緩不堪，祇連續運載了三趟，該船竟宣告不能再來了，多數待船回國的歸僑，眞是望眼將穿的情形，怕用了很多的形容詞還描寫不盡其悽憐焦急的苦況呢。然而這有什麼辦法，橫豎我們的歸路將絕，縱倘有其他客船，每個月中僅有不可預定的兩趟，而我們能不能買到船票，還是問題？總之這一最後任務的達成，不論其收效如何，我們手心可告無愧；而且我們的法子既已想盡，並已盡其超越常態的努力，其爲我們能力所不能解決的事情，我們也只有永遠地抱歉而已。

在這種環境底下而奮鬬的我們，雖不敢說大家都不怕死；但犧牲的決心，大家都是有的，日本帝國主義者的橫蠻和其手段的毒辣，我們平時已够體驗了，戰時他們可能發展的傾向，我們誰的腦海裏也曾考慮過，至少我們幾個總會的常委是明白考慮過的，死，爲了工作，爲了責任而死的表示，確從我們這幾個人的口裏流露過來。

一個靜寂的晚上，幾個總會館的常委都到齊，我們非正式的檢討戰局，檢討工作，最後討論到我們犧牲的價值與國族貢獻的問題時，大家都認爲在不能展開更有意義工作的時候，硬要犧牲是不對的，我們應以犧牲的代價求得至少相稱的收穫。這裡目前僑證已辦完，再僱船又絕對沒有可能，而我們的行動復遭受敵嚴格監視，除了等候敵人來宰割外，找不到更有意義的事情幹，與其作無益的犧牲，不如回祖國去參加抗戰，其犧牲代價或許此在這裡大些。於是我們乃決定分批撤退辦法，首批推舉我和王同志，我們的退路暫定香港。

跟着這一決定，我忙着應辦的事務和整行裝，林同志的家眷決定跟我走，我們都準備後天早上下船。第二天下午敵的憲兵特務到來，這個人不是我上面所說過的別府，他是別府換過後第三任的人，這人狡猾陰險，遠超普通日本人，我們從他面龐的結構和說話的表情上完全確定了的，他和我們認識和接觸的時間較短，故忘其姓名。自從前次我的家眷秘密撤退之日起，他迫我表示去留以後，對我何時要回的質問，竟致越出常例，差不多一見了面就詢問，而他也不是要立即迫我回去，弄得我狐疑莫釋。這時我心裡想，我是被注意的人物，根本瞞不了他，倒不和先說了爽快，吉凶由他們去安排；可不他听到我明天要回國的告訴，臉色陡然變化，現出很可怕的樣子，接着他似乎窺破我內心的警覺，突轉笑臉，說些餞行的客套話，最後他還迫着易同志爲我治酒餞行，他也陪着喝幾杯酒後，就匆忙告別，好像有什麼要事似的離開了我們。

「我們請放下酒杯，把總會館的公文草稿，通通都拿出來分頭檢查，有對他們不滿的文件，把宅撕掉，由祖國來的私人信件，也給宅焚燬，我們要有備無患。」我那時肯定而堅決的那樣號召着。幾個在席的同志，一齊動手起來，刹那間我們的任務就宣告完畢，我們仍舊繼續喝酒。「我想，晚上或許有不利我們的事情發生，然我們是避不了的，不如大家在這裡等，買多幾碗飯來吃算事，都不必回家。」易同志同意我的話去辦，大家也表示不移動。不到二十分鐘，我們吃完了飯在後廳喝茶，屋子裡的電燈都已亮了起來。

樓梯的木板，掩不住沉重的皮靴壓力，發出驚人的音響，接着是一陣皮靴觸地磚的響聲，也交相協奏着，我們誰都沉下臉色來，比听到空襲警報還要可怕。「陳××，陳××！」那個剛才陪着我們喝酒的特務！霹靂般的連聲叫着。我應聲出來，在大禮堂右邊，他們展開包圍的形勢，有好幾個帶着短槍，我鎮定問他要怎樣？他說「要來檢查。」那幾個狼虎般的憲兵，提着手槍來扭我們，要迫我們去暫時囚禁在我們什役的住房裏，我和他分辯說「在來判定我們是否犯法之前，我不應受任拘束的，你們可以監視我們在內廳裡坐，搜了以後再說。」我這合理的要求，幸而獲得他們許可了。

內廳是騎樓的上屋，緊靠街道，明亮的窗子，射進許多驚異的眼睛，凝視這電燈底下的一羣，尤其是我們外國緊握着槍具有特殊威風的日本憲兵，他我的心裡不知作何感想？當時我們雖各泰然接受命運的判決，只管坐着抽煙和喝茶；然有時偷眼看他們搜，看他們弄手槍，誰的心裡都會跳動，都會幻想到死的可怕的狀況。他們除了一批人監視我們外，二十多人分批搜查，從辦公廳，大禮堂，會客室，住室，厨房，天臺通過的後廳，以至厠所，沒有一個地方不細搜，沒有一件東西不被翻動過，可說是無微不至的了。最奇怪的，是我那間僅堪容膝的房子，三四個人竟搜了一個多鐘頭，不知他們在搞什麼鬼？

搜的時間太長了，我們剛才緊張的心絃，慢慢地弛了下來，如果他們是栽贓誣窃的做法，那便沒有話說，如果眞的要找到我們的犯法證据，我們確信是沒有問題的；不過我幾天前曾和朋友借了一本蔡鍔革命史，那是他們的禁書，好得我埋藏很穩，不容易被發覺，我最擔心的還是這一件。

悶坐了兩三個鐘頭，香煙已抽去了大半碟，突然那些監視我們的日本憲兵，都跑出大總堂去，他們說了幾句我所不懂的日本話後，便成群結隊的下樓去了。有急智的易同志，赶出去問他們：「陳先生明天可否回中國去？」經他們考慮後的答覆是「可以。」我們這時才覺得放下了心頭一塊大石，才各舒一舒沉悶的悶氣。我們知道普通事件，用不着憲兵來檢查，而這次動員憲兵之多，和携帶槍械，還是破題兒裡第一遭，現在雖平息的過去，誰都有不願說出的恐怖餘波，鎖住心頭呢！

—未　完—

給——一個自殺的朋友

——珠——

扁舟一葉
橫穿過太平洋底風浪
冒着生命的危險
你來自遙遠的彼岸
懷着滿腔的熱忱，拋妻別子，你離開了桔紅橄欖香的故鄉。在淪落五十一年的孤島上，你將為大衆建築理想的樂園。
然而，希望的花朵被暴風雨摧殘而凋謝了。
焦土廢墟瓦礫場，殘酷戰神底畫筆，粗野地勾出征戰後悽慘的情景。

貧困病魔永無休止地纏繞着，掙扎在飢餓線上人民錐心的哭泣，震斷了你緊張的心絃。從此，你底生命響亮的歌聲瘖啞了。

你看！赤手空拳的祖先，滿身瀝血，在荊棘叢生的荒野中，已為我們闢出路的開端。如今，雖然是沒有星和月的黑夜，或許是濃霧瀰漫的黎明。我們必須燃燒着青春的熱力，張開了腿弓彈上去，認明先烈鮮紅的血跡，正需要我們去掃清建國道上的障礙呵！絕不容我們逃避生活。

你看，螻蟻尚且貪生，艾灸屈頭瓜噴弃，一個垂死的病人都要想盡方法來延續他生命最後的片刻。死只有一回呵，生命是寶貴的。你為什麼要如此的浪費和輕生呢？

如今，這一串過時的話，我只能向幽暗的空靈控訴了。一根麻繩，了結你潦倒的一生。從此生死歧路，何時方能再親音容？

難道你是以殉道者的精神去向世間的罪惡挑戰；抑是你欲掙脫了人生的苦海去追求那虛無的西天極樂園！你死了，罪惡依舊張開噬人海口，可是你留給生者更多慘痛的記憶。

短暫會晤的情景，至今猶歷歷在目，飄泊異鄉的孤客，十分珍貴你給我溫暖的友情。是你被社會犧牲，抑是社會遺棄了你。我沒有力量將你拔出死亡的深淵，如今我只能醮着血和淚來寫這篇紀念的短文。

睜開了模糊的淚眼，我隱約看見遙方一間風雨飄搖的茅屋裡，昏黯跳動的燈光，依稀地描出二個零落形影。……

被生活鞭韃的未亡人，蓬頭散髮，滿身襤褸，無告地跪在那裡，幽咽淚泣，呼喚着你歸去。

輾轉在病榻上的孩子，二泓清淚，淒淒地從深陷的眼角流下來，微弱地叫着「爸爸」，爸爸……

鴨

牠慢慢地
搖動着牠的脚
從家里走到田里池沿
心里、
焦燥地恨着遲緩
心里
沉醉的追求着憧憬
他旅行過冰天雪地的嚴冬
他震碎了心靈的
听着雷轟
牠知道這
雷轟差快要過去了

追光

嚴寒的殘冬
也渡過了傷亡
一腔洋溢的熱望希冀
然而心里是
怯生生的祈待
並不是憎怨
並不是無理的
揣過未來是
失望恐怖與着
遲延綏望的
積集的
旅程里

也似是遙遠的
也似是多奇
有悲哀的離別的
歌唱也有
愉快的
隔膜着的
言笑歡談
悲傷儘讓他
深深嚼住心坎
愉快的煙影
是不住地繚繞
神話的奇樣
是一天天的變
綠髮是
一天天地脫落零亂
春天點綴在樹上

也在池邊
一片綠油油的水
一片美麗的
追求着憧憬的希望
牠走近那
漂亮的鴨群
柔和的迴旋

可是牠
碰了石子一樣的
悲傷流淚
可是心上的希望
依然是火樣的
希冀着牠們
可是牠却驕傲的
把牠拋却
「好吧趁你的慾望
我不留難
狹隘的人
有什麽偉大的將來
也沒有什麽可怕的
追求
夢想
可是我祇怕這
追求
夢想」

於是牠又在這
綠的水上蕩游
慢慢的
搖曳着
搖曳着過來
直到了牠
靠進野鴨的時候
便會愉快的
跟着牠們高叫
牠過去的苦悶

都完全忘掉
虛心下氣的
跟着牠們學習
爲的是
怕這流浪汗的鄙野
對那漂亮的
小姐們不尊敬

牠細心地工作
細心地忖量
膽怯的
走入了絕望的
麻煩着
悶火燒透心臟
熱淚流滿肚腔
隔膜的狰狂
盡呆板地
刻在臉上

卅五，二，廿六夜于宿舍

22

三民主義青年團中央直屬臺灣區團部籌備處青年節舉辦論文體育競賽辦法啓事

甲、論文競賽辦法

一、本處爲提高臺灣青年寫作興趣，並鼓勵研討臺灣諸問題，及祖國文獻，而助建設工作之參考，以發揮文字宣傳之性能，特舉辦青年節論文競賽，歡迎各界青年踴躍參加。

二、論文競賽題材以下列六項爲範圍：

（一）關於　國父遺教暨　團長言論之闡揚；（二）關於國策之宣傳；（三）關於三民主義文化及國防科學建設之研究；（四）關於臺灣建設及青年問題之探討；（五）關於開展臺灣團務問題之建議。

三、競賽分社會青年組：學校青年組：女青年組三組。

四、文稿字數不定，以稿紙抄寫，稿末並須寫明通訊處及現在服務機關或肄業學校暨簡歷。

五、應徵論文概用新式標點符號，各組各取甲等一名，乙等一名，丙等二名。甲等每名給獎臺幣貳千元，乙等每名給獎臺幣一千元，丙等每名給獎臺幣伍佰元。

六、參加論文競賽之優勝青年除由本處發給獎金或獎品外，其論文得在本團主辦之書刊發表，以示鼓勵，有特殊價值者，由本處專案報請中央團部優予獎勵。

七、民國卅五年三月二十九日起至四月卅日截稿。凡參加競賽論文均請掛號郵寄臺北市榮町本處收，並在信封上註明「青年節應徵論文」字樣。

乙、體育競賽辦法

一、本處爲提倡青年體育運動培植青年身心發展，特於本年三月廿九日青年節在臺北舉行籃排足球競賽。

二、時間依照青年節活動計劃之第二日，即三月三十日起至四月一日止三日。

三、分爲男子甲，男子乙女子三組。(1)男子甲組係一般社會青年(2)男子乙係一般學校青年(3)女子組不分社會學校。

四、比賽範圍爲全省性參加以市縣爲單位。

五、參加單位務先自組織籃排足三隊於三月廿五日以前向本處青年節球類競賽會報名、廿八日各位負責領隊人領隊來臺北本處報到集中，塡具參加單位選手報告表，以便抽簽列序比賽。

六、比賽辦法視參加單位之多寡採用，淘汰循環兩種方式。

七、一切比賽規約及運動場守則在比賽時由評判員當場規定之。

八、各類球隊以單位冠勝各單位之雄爲冠軍，次之爲亞軍，以各種比賽優勝分數合計最高者得總錦標。

九、（一）總錦標由本處電請　中央製設文白杯。（二）各類冠軍亞軍由本處函請各界首長撥贈銀杯或獎旗禮物。（三）未得優勝者統由本處製給紀念章以示鼓勵。

臺灣青年出版社發行

新書介紹

本社資料室編
原子彈

團長手著
行的道理

團長手著
三民主義的體系及其實施程序

社址：臺北市撫臺街（卽舊京町）

省內外各書局均有代售

$733

26

1-95

臺湾青年

青年節專號

第八·九期合刊

三民主義青年團中央直屬台湾區團部籌備處編

《台湾青年》第八、九期合刊（台湾版）　一九四六年

臺灣青年第八·九期目錄

2

第一届青年节
團長書告全國青年

（民國三十三年三月二十九日發表）

今天是我們革命先烈紀念日，也是我全國青年所應共同珍護的第一屆青年節，我們所以特地選定這一天爲青年節，就是因爲當年爲革命而成仁的黃花崗諸烈士年是二三十歲的青年，他們純潔熱烈的愛國精神，成仁取義的革命精神，正是今日青年所當效法的，先烈之血，國族之光，這光輝是照耀萬古的，是導引着我們青年向革命和建國成功之道路而前進的，我在今天特地要爲我全國青年簡要鄭重的說明我青年與革命建國的關係。

第一、我們全國青年要立志繼承我們革命的歷史

我們 國父號召有志青年組織興中會，正是在國家蒙受倭寇侵略奇恥大辱的甲午年，到如今正是五十年了，其間革命事業屢遭挫敗，百折不撓，終於有辛亥革命的成功，開中華民族五千年歷史未有的創局，大家要知道這個推翻五千年專制驅逐二百六十年滿室恢復中華創造民國的歷史，不是容易得來的，乃是革命先烈忍辱負重茹苦飲冤犧牲無數的生命而得來的，我們今天敵寇在境，建國未成，這一段歷史，就要你們青年來特別愛護求其發揚光大。

第二、我們全國青年要繼續達成我們革命先烈的目的

我們國民革命的目的在求中國之自由平等，這就是說，在求得中國整個國家的自由平等而後每個國民纔有平等自由之可言，所以 國父說，我們革命是要把我們國家自由恢復起來，決不是爲了個人自己來爭自由，像我們這樣革命尚未完成的國家，要求得國家的自由平等，非有堅固的團結和艱貞的奮鬪不可，所以 國父又說，「要國家能够自由，便要大家犧牲自由，當學生的能够犧牲自由，在學問上做工夫，便可以替國家做事，當軍人的能够犧牲自由，就能服從命令，忠心報國，使國家有自由」，此外 國父又說，「在今天自由這個名詞不可再用到個人上去，要用到國家上去，個人不可太過自由，國家要得完全自由」，從這幾段主要的遺教，可見 國父對於求得自由本末先後的解釋是何等明確而圓滿，所以我們今日要繼承革命的歷史，要達到革命的目的，就應該竭盡責任，遵守紀律，犧牲個人的自由而求取國家的自由，這樣我們纔能享受永久的自由，得到眞正的平等，而後乃能達成我們革命先烈的目的，安慰他們在天之靈。

第三、我們全國青年要切實負起革命的責任

國家興亡，匹夫有責，凡是中華民國的國民，不論男女老幼，人人皆有復興民族建設國家來完成他革命應有的責任，尤其是今日中國的青年，更是中華民族繼往開來的主人翁，更應該擔負這個革命成敗和國家存亡民族盛衰的責任，須知黃花崗革命諸先烈慷慨成仁的目的是什麼，七年來爲抗戰犧牲的軍民同胞所屬望於我們後繼青年再接再厲的是什麼，當然是要完成他們革命未竟之志，當然是要驅逐敵寇光復河山，掃除建國的障礙，建設我們中國爲一個現代的民主國家，這個工作，我全國青年若不踴躍擔當，還待誰來擔當，這個責任，我青年若不踴躍接受，還要誰來接受。

第四、我們全國青年要積極履行革命的義務來實現三民主義、而實行主義的入手方法、就是要完成心理、倫理、社會、政治、經濟五大建設

這五大建設的完成，當然有待於青年們充實知識，立定志氣，而尤其重要的則在於具備革命人格的修養，所謂革命人格的修養，亦就是在「中國之命運」第六章「革命建國的根本問題」所說的（一）建設與革命哲學之建立，（二）社會與學術風氣之改造，（三）自由與法治觀念之養成，舉其要點，

第一義，要服膺　國父知難行易的學說，要能眞知能力行，知識必有得於己，行爲必本於至誠，不深顧，不遲疑，勇往的來篤實踐履。

第二義，對一切事物要窮理研討，對一切學說要知言明察，不含糊虛僞，不模稜兩可，思想必切實際，生活必循紀律，任事必負責任，行動必守秩序，實事求是，精益求精，以樹立現代國家的基礎。

第三義，自由與法治不可分離，自由必須在法定的範圍之內，若越出了法定範圍以外，便是放縱恣肆，敗德行動，這種自由，就是野蠻民族的自由，決不是現代國民眞正的自由，所以要痛自反省，互相督勵，以守法爲國民的義務，以負責爲青年的天職，不以個人利益妨害國家的公益，不以個人自由侵犯他人的自由，必須如此，然後才能以堅強的組織，求得最後勝利，造成現代國家，而免除我們中國國民歷來所受一片散沙的譏刺。

這三大要義是我們求學爲人作事報國必要的基本修養，有了這個修養和認識，則學問智識乃能致用，一切工作乃能有裨於革命，而後三民主義乃能眞正的實現，這是我們青年所必須履行的革命的義務。

全國青年們！你們今天所處的時代是五千年來所未有的大時代，你們肩頭所負的責任亦是空前無比的大責任，今天我們中國在抗戰建國的大業中，着着有進步，但正有不少的落伍思想和種種邪說莠言與頹風惡習在阻止我們進步，因之我對於我第二生命的全國青年，不得不十分的關懷，你們必須認識今日的時代認識革命的環境，更要認識國民革命的歷史，要明察是非，辨別眞僞，洞識國家民族和個人成敗榮辱的前途，切莫因循迷惘，誤入岐路，作了革命先烈的叛徒和國家民族的罪人，你們是中國的青年，你們是黃帝的子孫，你們爲了要復興民族，爲了要建立國家，必須如我上面所言，負起革命的責任，繼承革命的歷史，達成革命的目的，履行革命的義務，所以又必須嚴守這個革命的紀律，你們是頂天立地繼往開來國民革命的繼承者，你們要以獨立自强的精神，滌蕩投機僥倖的惡習，要以磊落光明的行動，掃除鬼蜮卑劣的伎倆，務必立定脚跟，抱定決心，以自反守約持志養氣的精神，造成今日高尙堅毅的人格，以創造進取積極奮發的意志，完成將來建國復興的使命，發揚三月二十九日黃花崗革命先烈的芬芳，繼承　國父創立興中會五十年來國民革命的光榮歷史，完成我們抗戰建國的偉大事業，庶不媿爲黃帝的子孫，不失爲現代獨立國家的國民。

本團首次全代會宣言

（民國三十二年三月二十九日發表）

我們是中華民國的青年，我們是三民主義的青年。在中華民族遭遇空前艱辛的時候，在前線將士風餐露宿浴血苦戰，淪陷區父老兄弟受苦受難，掙扎奮鬬的時候，在我們這一代青年要負起空前的責任的時候，爲了主義的信仰，爲了時代的要求，爲了我們自己的責任與工作，以最熱烈誠摯的心情，於革命先烈紀念日舉行第一次全國代表大會於陪都：恭聆　團長訓示，對國家，對民族，對人類，也對自身，作一番忠實詳盡的檢討，以尋求未來努力的途徑現在我們已經確立了共同一致向前奮鬬的方針。

我們是青年，有純潔坦白的心靈，有勇往邁進的膽量。我們頂天立地的站着，崔巍浩瀚，引起我們悲歌與壯志的，是祖國的山河；燦爛光明，需要我們愛護與發揚的，是宗祖的遺業。我們不是沒有痛苦，但從不悲觀，我們更是有遠大的願望，但決不幻想，我們敬以至誠至正之心，陳述我們的認識與希望於我們全國青年與全體同胞之前。

我們相信歷史的車輪，自有其軌跡，而終必趨向光明。五千年的民族歷史，累積而遞到現在，遺留着多少慘濟艱辛的經驗與盤根錯節的問題，要我們來解決，來排除：展開多少光明的事業與燦爛的前途，要我們來創造，來完成。正在我們這一代，要用全民族的力量與敵人爭生存於俄傾之間；也正在我們這一代，要將一個次殖民的產業落後的國家造成爲一個獨立自由富强康樂的現代國家，我們有齊先聖昔賢堅貞宏毅的血液，而要傳諸活潑健全自由自强的子孫。我們的責任，比諸任何時期任何國家的國民都要重大。我們的成就，將使並世諸國數千百年所完成的，在短短數年內完成。只要能努力，沒有人可以阻礙我們的事業；只要能奮鬬，沒有人能危亡我們的國家。我們何幸而爲今日中國之青年，我們願意用我們的雙手，推動我們歷史的車輪，向着光明的大道前進。

我們相信眞理的基礎在科學。惟有從科學方可求得眞理，惟有從眞理方可得到信仰，亦惟有從信仰方可決定行動。根據科學的方法，分析人·事·時·地·物的各種客觀條件。此時此地，沒有比求得民族的獨立自由，進而謀全人類崇高幸福更重要的事情，沒有比從完成個人人格，進而謀全人類平等發展的圓滿的境界，也沒有比從困苦窮乏淩亂失調的社會中，改造而成爲三民主義富强康樂的國家更大的使命。我們用科學的方法與精神尋求眞理，從眞理中決定我們的信仰，使我們成爲生死不渝的三民主義的信徒。我們是青年，是三民主義的青年。我們要做天地間第一等人，要做天地間第一等事。我們要懲薪我們的信仰——三民主義，爲國家盡大忠，爲民族盡大孝，爲世界人類盡大仁大愛。只要我們信仰不移，沒有事業不能完成；只要主義存在，任何强敵亦不能毀滅我們的國家。我們爲自己能成爲三民主義的青年而慶幸！我們願意貢獻我們的生命，來發揚我們三民主義的光輝，實現我們三民主義的力量。

我們的責任至大，前途至遠，事業至艱鉅。但我們有領袖，有主義，祇要實踐力行，始終一貫，自能從一點一滴匯集爲長江大河，汪洋千頃；自能從一簣，摄積累爲崇山高岡，壁立千仭，我們樂爲我同胞，尤其我青年們說明的，便是　團長在「中國之命運」一書中，已爲我們指示出正確明白的途徑。團長著作「中國之命運」，不是普通的撰述，更不是尋常的書告。這一部著作的目的，乃是要我們從五千年民族歷史文化中，認識我們民族的特質；從百年來悲痛恥辱的史蹟和五十年來革命奮鬪的歷程中，體驗我們民族的前途，更從全世界變化動盪中，來確定我們民族的地位和責任，因而發現我們各人對於決定中國的命運，創造中國的命運所應盡的努力和任務。我們審愼的研究，細心的分析，認爲我們革命建國的方向，以至個人終身立業的大道，祇有從這一部著作中去體味，去認識，去實踐力行，纔不致徒勞無功；纔能無負於我們時代的使命。這一部著作已爲我們詳盡指示了應做的工作，應走的道路，應扣當的責任。其中最主要的一句話，就是要我們全國同胞尤其全國青年急起直追，共同努力，來建設國防·經濟·文化，三體合一的新國家。

我們是和平的民族；我們中國歷史上只有興廢繼絕的義戰，沒有窮兵黷武的侵略。我們反侵略，反黷武；但我們也不畏强暴，也絕不讓民族國家的生存受任何的威脅。因此，我們必竭全力於國防建設。現代國防爲科學與技術的結晶，無科學即無國防。我們青年，要在全中國的疆土中，用現代的方法，效法祖先堅毅的氣魄，偉大的規範。建造一座不可侵略的科學的萬里長城，來保障我綿延的文化與世代子孫的生命。這是我們的重大責任。我們一定要從每一門類的科學中，每一精巧的技術中，鍛鍊出成千成萬的工作者，做鑛工，做機匠做科學家，做發明家，做國防工人，做國防軍士，以奠定民族萬世獨立的基礎，我們現在以赤手空拳，抵抗敵人侵略武力的强暴襲擊；我們將來必須以堅甲利兵，迅速完成我們的金湯壁壘。我們是中國國民，是中國青年，就有這一分艱難，也一定要有這一分成就。

我們中國是生產落後的國家；缺乏鐵路，缺乏公路，缺乏工具，缺乏電力，水力，我們有資源而沒有開發；我們要煤，要鐵，要鋼，要石油。我們缺乏得太多，需要得太多。總之，我們缺乏工業，要生產。戰前我們受不平等條約的束縛，戰時也不免發生若干不自然不合理的現象。但我們一定要工業化。我們是中國青年，我們不忍見國家貧窮，也不希圖自身富足。我們要發展國家資本而不願自身做資本家。我們能做工，而且必須做工；我們要爲國家做工，而不爲個人做工。若干人以爲戰時偶有的現象：財富分配的不均，會在經濟進展的過程中發生紛歧；我們則認爲幾百萬前方節衣縮食的將士，與幾千萬後方生活刻苦的工作同胞，當然是爲國家犧牲以爭取勝利，同時亦即爲民生主義的經濟建設奠定甚礎。中國是三民主義的國家，中國有崇高偉大澈底革命的　領袖，以民生主義建國，爲必然之事實。少數缺乏國家民族觀念的戰時發利者，以及當前社會上生產偏枯分配失調的現象；終將爲民生主義工業化運動所淘汰所滌除。我們必須從生產的道路上，竭我們的力，流我們的汗，絞我們的腦汁，鋤地，拿鎚，管機械，入鑛山，到圖書館，進實驗室，在科學的

6

萬里長城中，一草一木的來培植我們富强康樂的園地。我們要一面從生產落後的現狀中，依照　國父實業計劃躍進而爲現代化的國家；一面以民生主義的領導避免資本主義的覆轍。我們是中國國民，是中國青年，就有這一分使命，也就有用一分自信。

我們祖先所傳遞累積的文化，是最崇高最切實以人爲本位的文化。宇宙間一切新的生命，皆要由人來創造，皆要由人來決定；而增進人類全體的生活；與創造宇宙繼起的生命，實爲人生最高的目的。因此，國防建設雖爲增進戰爭的技術，經濟建設雖爲增進生產的技術，我們祗認爲是當前救國的目標，而不是最後的目的。我們要用這些技術來爲人生服務，而不使之役使人生。我們中國再不能去走世界上一切已經走錯了的道路，我們要以人制物，而不爲物所役；要以人止戰，而不爲戰所毀。我們要接受先聖往哲優秀的傳統，並適應近代產業組織的文明，發揚創造，並完成三民主義的文化建設。我們青年從一己的人生觀上，必以自已的生命，創造宇宙繼起的生命，必以自已生活增進人類全體的生活；而從整個文化上，也必具有濟弱扶傾繼往開來的精神，以宏揚三民主義文化於世界，永垂不朽。我們是中國國民，是中國青年，有這一分願望，實也有這一分責任。

我們企望這樣一個國防經濟文化三體合一的新中國，這是我們　團長所手訂的建國方案，也就是我們靑年團惟一的志願。我們不妄自菲薄，但也決不妄自誇大，我們決不要再蹈從前的覆轍，寄希望於渺茫，縱空言而自誤。以流於虛浮淺薄放縱荒誕。只要我們能踐履篤實，始終如一，我們的志願必然實現。

痛下工夫，痛自悔悟，痛自湔滌，痛自振策。惟在「誠」，然後能踐履篤實，始終如一，[illegible]託使在最切近的行動中。我們要大處着眼，小處着手。因此，我們願各盡其能，各就所宜，根據「中國之命運」中所指示五項建設的需要，做小學教員，做飛行員，做工程師，做邊疆屯墾員，做鄉村自治員。我們認爲信仰以主義爲第一，人生以勞動爲第一，學問以科學爲第一，事業以建國爲第一，職業以工業爲第一，倫理以民族爲第一，立國以軍事爲第一，這七大認識應爲我們修身立業的具體信條，而實行勞動，尊敬長上，尊重婦女，尊重農工，服從政令，則爲我們行動基準。這就是我們　團長明確的指示。我們要將這信條與行動打成一片，首尾貫串，表裏透澈，深信必能完成我們青年的使命與責任。

我們是青年，我們要寫出我們國家未來光明的歷史，更必須認識我們過去光榮的歷史。我們回顧中華民族五千年立國的光榮歷史，我們有雍穆莊嚴萬古不滅的文明，有隧山闢險碩大堅貞的工程，有蘊蓄豐富造詣精微的學術，有抵抗侵略屹立不撓的精神。我們認爲這五千年來民族祖先遺留的光榮歷史，必須有人繼承；而繼承之者，應爲我們全國的青年。我們更回顧五十年來國民革命的光榮歷史，這其間有　國父與先烈多少的心血，有志士人犧牲了多少寶貴的生命，更有多少驚天地泣鬼神的艱難奮鬪。我們認爲這革命的偉業，更爲須有人繼承，而繼承之者，應爲我們全國的青年。我們更要知道　國父與先烈們含辛茹苦，冒險犯難，不惜犧牲，一切，來致力國民革命，其目的就在於發揚光大我們民族光榮的歷史。然而在國民革命奮鬪的過程中，曾經遭遇了多少的艱危挫折，忍受了多少的譏訕，毀謗，阻撓和恥辱。這種孤臣孽子忍辱負重的苦辛，不是通常的言詞所能紀述。革命建國的偉業一日未完成，便是我們後繼者的未盡其天職。怎樣達成前人未竟的志業，湔雪前人所忍受的恥辱，其責任又在於我們全國有志革命的青年。

我們要繼承民族的光榮歷史和革命的光榮歷史，來發揚先烈的遺緒，開闢未來的光明，我們必須認清自身所處的時代。我們要知道現在時代和從前完全不同，世界上產業革命的結果，早已使個人本位進而爲團體本位；而當前的民族戰爭，更不是個人的鬬爭而爲全民的鬬爭。我們中國青年此時如仍以個人爲本位而孤立奮鬬，即有豪情壯志，亦不能對國家作有價值的貢獻；如不幸而恃才恣肆，踏入落伍的英雄思想，則將防礙國家的發展，而成爲民族的罪人。所以今日的青年，斷不能再耽溺於氣息懨懨的病態生活，斷不可再苟安於冷酷的散漫狀態；應該發揚愛國熱情，認識革命意義，確立革命的人生觀，過有組織有訓練的生活，以貢獻於有價值有意義的事業。我們現代的青年，我們要鄙棄過去那些憤世嫉俗的觀念和名士高蹈的習氣。我們要以組織代散漫，以團體代個人，以整齊一致互助合作的集體奮鬬，來代替游離孤立，一盤散沙的現象，然後我們青年才能有力量，有前途。　團長組織本團的意義在此：我們獻身於本團的意義也在此。本團無時無刻不期待全國青年共同參加我們革命建國的工作。我們於此，願申　團長對全國青年們的呼召：「青年團是國家大動脈裏面的新血輪，凡是中國青年，都有入團的權利，也有入團的義務」。

我們認爲民衆如散沙，青年如水泥，國家如大厦。我們該深入民間，凝結我們全國同胞爲堅實的基石，以支持民族生命所託庇的大厦。我們認爲國家如機器，青年如燃料，如零件。我們願意做煤，粉骨碎身，拿我們的熱力來發動此機器。我們願意爲最小的零件，終年勞動，不銹不腐，發揮力量，以成就此機器之偉大的工作。我們更認爲今日中國，如在驚濤駭浪中鼓枻向萬里長途的一隻巨船，而我們青年應該作千辛萬苦推挽前進的舵工和牽手。我們要用血洗蕩我們國家的恥辱。要用汗來建造我們民族的前途。我們要負責任，而不爭事權；我們要創事業，而不爭名利。我們認識我們革命環境還有很多的障礙；我們更承認我們建國事業，必會遇到重重的荊棘。我們不但不怕危險，而且要迎接危險；不特不怕困難，而且決心克服一切的困難。我們的工作愈是危險，要愈能戒懼；愈是艱難，要愈能謹慎。惟有以戒愼恐懼的態度，抱堅定不移的決心，纔能保證我們的成功。我們已領受　團長的指導，我們已具有達到成功的勇氣與自信。我們遵照　團長的指示，根據工作的需要，已經分別議定了具體方案，並以最大的決心，實踐力行，貫澈到底。然而我們的任務異常重要，目標非常遠大。我們更希全國青年人人具有這一份勇氣與自信，共同參加這一個千載一時的偉大工作。全中國男女青年們，我們要堂堂正正的對一個中國的國民，做民族歷史和革命事業的繼承人，做我們　領袖領導下革命建國的幹部。

我們代表大會所最感覺欣奮的便是我們發現了中國的命運便是我們青年的命運。我們從此更充實了人生的意義，因爲我們獲得了　團長偉大的指示，已有正確健全的人生觀，也已有貢獻自己的光明途徑。瞻望錦繡山河，懷想祖宗基業，追念殉國死難同志同胞的無數英靈，省察我們青年所負的責任，我們不獨自己黽勉，更呼召我們同年齡同志節的全國青年，一致奮起；化熱情爲毅力，化孤立爲團結，和我們攜手奮鬬，共同邁進，追隨我們　領袖的導引，服從我們　領袖的革命的命令，貫澈我們　領袖的主張，爭取神聖抗戰的勝利，完成革命建國的大業，完成我們主義與時代的使命。

8

對臺灣青年的幾點希望

葛敬恩

今天是中華民國三十五年的青年節，也就是黃花崗七十二烈士爲國殉難的紀念日。緬懷三十五年前七十二位烈士慷慨赴義的大仁大勇，我想對今日的臺灣青年說幾點簡單的希望。

第一，我希望臺灣青年勤研國文、熟讀國史：中央政府定黃花崗烈士紀念日爲青年節，用意至爲深刻，蓋欲藉那七十二位青年烈士抛頭顱灑熱血的犧牲精神，來激發我們青年人的愛國熱忱。我們若要徹底瞭解七十二位烈士殉難的原因和經過，自非研讀國史不可。臺灣經過五十餘年的淪陷，今已重返祖國，我們要做一個熱血的愛國青年，更應通曉國語熟習國史。因爲民族情感與民族氣節的强弱，雖然和血統及風俗有關，但和語言文字及歷史素養更有密切的關係。

第二、我希望臺灣青年濶大胸襟，放遠理想：做一個現代的中國青年，實在是世界上最光榮最幸福的事。如果我們熟讀近代史，當知中國受了列强百餘年的壓迫，經過這次血肉抗戰的勝利，已經翻過身來，變成五强之一了。我們的國際地位已經提高，我們又有廣土衆民，建國前途，展開無窮希望。這一片錦繡河山，無處不是我青年一獻身手的場所。臺灣青年以往因受日人的桎梏，心力思維都被拘束，局限於臺灣的實用的一隅。今後我們臺灣青年應打破這種牢籠，擴大胸襟，放遠理想，到全國乃至全世界去做大事　創大業。

第三、我希望臺灣青年鍛鍊體格，增厚學問。我們青年要替國家做大事，創大業，先要培植自己穩健的根基。近來一般青年的通病，即在好高騖遠，不求實際。往往爲了採取遠處的薔薇，竟致殘踏了近處的玫瑰，不是一事無成，便是得不償失。我們臺灣青年突然從壓迫中解放出來，熱血沸騰，難免也患此病，應該特別警惕。要知道我們如無强健的體格淵博的學識，來充實自己，發展事業，則一切理想都是幻夢，永遠也無法實現的。

以上三點，雖是老生常談，但對今日的臺灣青年，仍是具有重要的意義。趁此青年令節，寫出來以勉我臺灣青年。

遙祭黃花崗與紀念青年節

柯遠芬

「黃花開黃花落花落花開年年在，斯人一去不復還」這是吳敬恒先生悼念黃花崗七十二烈士的史詩，在抗戰勝利後的今天，在重歸祖國懷抱的臺灣，我們讀了這一首悼念先烈的史詩，眞不禁感慨萬千，淚流滿面，由於黃花崗之役才有辛亥革命的成功才推翻了二百六十餘年的滿清統治，五千年來的專制政體。沒有黃花崗之役，則沒有辛亥革命，更沒有北伐和抗戰的勝利。五十年來的國民革命，多少花開花落，多少的革命青年，爲民族的解放，爲三民主義的革命，而一去不還。我們被解放而重歸祖國重獲自由的臺灣同胞，在今天偉大的黃花節，我們應該向天遙拜，以感謝一去不還的先烈們，告慰他們在天之靈，民族解放了，失土收復了，同時在今天偉大的青年節，我們臺灣的革命青年，要立下誓願，我們要效法先烈，在臺灣開遍美麗的黃花，繼承先烈未竟的工作，完成三民主義的國家建設。

三十五年前的今天，黃花崗烈士當日多半是二十幾歲的青年，他們在廣州起義的時候，慷慨起義，不計成敗，這悲壯的精神，和浩然之氣，終於燃起了革命的火花，所以三民主義青年團爲激發青年革命熱情，效法先烈革命精神， 蔣總團長特地核定今天爲青年節，如今已經是第三屆了青年是革命的先鋒隊，國家的新生命， 團長在「爲創立本團告全國青年書」中，開宗明義，便昭示我們，本團產生的意義，有三：第一，本團之產生，爲求抗戰建國之成功，第二，本團之產生，爲求國民革命新的力量之集中，第三，本團之產生，爲求三民主義之具體實現，這也就是說： 團長是將革命建國的大任，完全寄託在青年身上，也只有結合全國革命青年，爲革命建國而奮鬪，才能實現三民主義的理想。 團長說：「自從我們 總理組黨革命以來，五十餘年間，我們中國青年有三度偉大的結合，第一次是從興中會的成立，到同盟會統一全國革命的組織，這一次結合，經過多少失敗和挫折，終於創造了黃花崗轟轟烈烈光榮的歷史，接着辛亥革命，推翻了滿清二百餘年的專制，建立了五千年未有的民國，這是本黨第一次青年大結合光榮的成就，第二次全國青年大結合，是在民國十三年本黨舉行第一次全國代表大會之後， 總理一方面着手於健全黨的組織，一方面創辦黃埔軍校，使全國青年集中在黃埔的旗幟之下，共同奮鬪，這一次全國青年的大結合，肅淸了廣東省內一切反革命的叛逆，完成了北伐與全國統一，奠立了我們今日取消不平等條約的基礎，這是我們全國青年第二次大結合的最光榮最偉大成就，値得我們今天特別的珍重和感奮。我們青年團的組織，原是集中全國青年，完成國民革命就是要號召全國革命青年作第三次的結合：」這個偉大的號召得到全國青年熱烈的擁護與參加，所以抗戰勝利，實在就是第三次全國革命青年熱烈大結合所得來的結果，但是今後建國的艱鉅的工作，仍然還是困難重重，所以本團第一次全國代表大會，曾經通過發動青年建設新中國案，發動全國青年從事於三民主義文化建設，經濟建設，國防科學技術，地方自治，與新生活五項運動，以建立三民主義的新中國， 團長在「中國之命運」一書中，更有詳細的指示，這便是我全國青年今後唯一報國的大道！

革命的青年同志們：我們要認識三民主義青年團是革命青年們的大集團，我們要爲建設三民主義新中國而奮鬪，便要加入本團，我們更要勇敢地面對現實，接受一切艱難危險，爲國家永續無窮的生命去鬪爭，當茲春光明媚百花怒放的時節，一切都是欣欣向榮生氣蓬勃，我們來紀念革命先烈，同時慶祝青年節，我們必須踏着先烈的血跡前進，來完成先烈的遺志，實現歷史所賦予我們的偉大使命，將臺灣全中國開遍美麗的黃花。

悲壯永生的「三·二九」

—爲紀念第三屆青年節而作—

周一鶚

「黃花開，黃花落，斯人一去不復回！」

三十多年來，年年今天，我們是怎樣沉痛地緬懷着黃花崗上的革命先烈；又是怎樣嚴肅地紀念着悲壯永生的「三·二九」。

今年今天，我們却懷着解放了的心，在這重歸祖國的海疆上，遙獻香花去拂淨黃花崗上七年來的塵垢，來祝福青年中國的新生！

是南國春暖花開的時候，什麽巨靈令他們拾棄父母妻兒去擲頭顱流鮮血，黃花白骨，他們到底開創了什麽天地？

歷史是這樣告訴我們， 國父精神的感召；三民主義的力量，和民族的自由解放，是烈士們捨身取義求仁得仁的原動力，碧血忠魂，他們畢竟掀動了一世紀來歷史的轉機。這是一段驚天動地的革命史實啊！

三十五年前的今天，黃克强受 國父之命，率領百餘個二三十歲的革命青年，在廣州轟轟烈烈和滿清官兵作一場生死的大搏鬥，他們缺乏槍械和款項，只具有嚇不走不怕死的一股革命熱誠，他們有的陣亡，有的下獄，結果大都就義，黃花崗七十二烈士的英名，代表了當時全體死難的同志，他們視死如歸，從容就義，留下來的是千古正氣足爲後世青年效法的大無畏精神。從民國三十三年起，「三·二九」已經定爲「青年節」，這正如 蔣主席說：「我們所以特別選定這一天爲青年節，就是因爲當年爲革命而成仁的黃花崗諸烈士，大半是二三十歲的青年，他們純潔熱烈的愛國精神，成仁取義的革命精神，正是今日青年所當效法的」。

這段革命史實，表現了三項意義：

第一是 國父至誠的精神和三民主義革命力量的偉大： 國父說：「主義是一種思想，一種信仰，一種力量」，三民主義乃是「順乎天理，應乎人情，適乎世界之潮流，合乎人群之需要」。國父一生革命，毅然世界大勢，熟慮中國前途，手創三民主義領導同志，共同集結在三民主義旗幟下，不顧死生，不計成敗，前仆後繼，勇往直前，爲三民主義實現而奮鬪，這正充分表現 國父至誠精神和三民主義革命力量的偉大。

第二是中國近代史上一個大轉機：一部中國近代史，是帝國主義壓迫中華民族的歷史，亦是中華民族覺醒爭取國家獨立民族生存的歷史，在這段歷史過程中，我們發現一個大變局，就是推倒滿清創建民國以後，壯大了三民主義的革命力量，開闢民族解放運動的坦途，而「三·二九」，廣州悲壯的一役，又是傾覆滿清建立民國的基礎，所以，沒有「三·二九」，便沒有辛亥革命，國父說：「是役也，集各省革命精英，與彼虜爲最後的一搏，事雖不成，而黃花崗七十二烈士轟轟烈烈之慨，已震動全球，而國內革命時勢，實以造成矣」。這正說明「三·二九」一役關係重大，實在是中國近代史上一個大轉機。

第三是激發以後革命階段的動力： 國父自「三·二九」之役至民國成立以後，常常對同志說：「革命尚未成功，我們永遠不能忘記了許多先烈的犧牲精神，決不可因爲革命上多少有了一點進步，便以爲有成可守，停頓不進，革命者只有終身努力，終身奮鬪，不能有一毫苟安或自私自利的心，不管在做事或讀書，都要保持勿失革命的精神，如此，雖然後死，也有以對諸先烈」。民國十年 國父爲黃花崗先烈士傳作序，大意說：「我們革命了這麽久，我們的主義依舊未得實行，以後大衆要以先烈的犧牲精神，去努力奮鬪，使後死者無愧」，這深深激發後死同志效法先烈革命犧牲精神，二十年來 蔣主席領導同志北伐，打倒軍閥統一全國，以至堅持抗戰，千百萬的軍民同志，忠勇死難，正是受先烈犧牲精神所激發的象徵。

今天，我們在這新光復的國土，初次紀念「青年節」，我們回想悲壯永生的「三·二九」，認識這段慘烈史實所具的意義，我們應該慶幸從日本壓迫荼毒下解脫，更要珍貴祖國抗戰勝利索還光復的成果，在今日建國運動的革命道途上，我們應遵行 蔣主席訓示：「以創造進取積極奮發的意志，完成建國復興的使命，發揚三月二十九日黃花崗革命先烈的芬芳，繼承 國父創立興中會五十年來國民革命的光榮歷史」，願全國青年手携手，肩並肩，共同努力，負起革命的責任，實現三民主義新中國的建設。

革命的人生觀與誠敬的修養

周漢儀

臺灣光復迄今，已有五個月了！臺灣青年本其熱烈的愛祖國，極力鼓吹同胞信仰三民主義，擁護最高　領袖，服從政府法令，這實在是值得我們欣慰的事情，但是，因爲在此過渡草創的時期，一切設施，不免有令人不滿之處，青年們不知道這時期是一個過渡，在這裡還停留不得脚步，安頓不下心神，所以過渡決不是了局，我們得耐煩，得忍勞，得苦幹，得高瞻遠矚，換言之，我們要達到我們理想中的境界，我們還需要繼續努力，建立將來成功的基礎。

今日中國青年，首先要立下一個人生觀，以爲做人處世爲學的一個基準，如果我們沒有人生觀，就同在大海中航行船隻失了指針一樣，必然行無方向，隨波逐流，終身一無成就。尤其青年們都是革命的戰士，所擔負的是偉大的革命事業，若沒有一個確定的人生觀，不但貽害了自己一生，而且辜負了國家對於青年的期望。現在青年的人生觀，最好要效法我們最高領袖　蔣主席的革命人生觀，所謂革命人生觀，是利他的，創造的，進取的，奮鬥的，也就是犧牲小我，成全大我。　蔣主席告訴我們說：「宇宙是無窮大的空間與無限長的時間之結構，而我們個人的生命却渺小如滄海之一粟，短促如曇花之一現，然而無窮大的空間，却是我們的舞臺，無限長的時間，却是我們的旅程，宇宙萬物，都是爲我們而生，待我們而用，所以我們就是宇宙的主宰，我們要征服自然利用萬物來增益人類的生活。」這就是認識個人對於宇宙所處之地位而言的；　主席又嘗說：「生活的目的，在增進人類全體之生活，生命的意義，在創造宇宙繼起之生命。」這是以羣己的關係之分際而言的。這便是　主席的革命人生觀，這種人生觀，是我們青年所應該慕效的，要知道青年是國家大動脈，社會的新血輪，他關係於國家民族很大，應該立定志向，認識人生之眞諦，以導引我們趨向於成功的大路。

然而我們青年如果只是認識人生，確定目標，而不去力行，而求實現人生之理想，則人生觀雖有確立，而不澈底，對於國家民族，仍無裨補。所以今日青年，不在乎多發言論，而在乎埋頭實幹，不在乎好高騖遠，而在乎篤實踐履。我國古代聖賢相傳立身處世之法，首在誠敬，所謂誠，便是不欺，不欺有兩方面，一是不欺人，一是不自欺。相傳宋朝劉安世從司馬光學，凡五年，得一語曰誠，誠，是司馬光一生得力處，劉漫堂說：「溫公(司馬光)之學始於不妄語，而成於脚踏實地，」不妄語，即是不欺人，脚踏實地，即便是不自欺，於中庸說，「至誠無息」，又云：「誠者天之道也，誠之者人之道也。」又云：「誠者物之終始，不誠無物。」　蔣主席說：「惟有至誠，始可以無妄而達於眞知，惟有至誠，始可以不息而見諸力行，惟有眞知力行，始可以不瞻顧，不遲疑，勇往直前，篤實踐履。國民的心理，社會的風氣，不返於樸實誠篤，建國復興事業，斷沒有成功的可能。」誠的另外一個意思，便是眞，眞誠二字，往往是連用的，劉蕺山說得好：「古人一言一動，凡可信之當時，傳之後世者，莫不有一段眞至精神在內，此一段精神，所謂誠也。惟誠故能建立，故足不朽，稍涉名心，便是虛假，便是不誠，不誠則無

12

物，何從生出事業來？」譬如一篇文藝作品，雖作者已逝，而千載之下，猶之令人不厭，他的內容，永遠是真的意味；又如一個大政治家的政策政績，一個大軍事家的軍略戰績，無論在什麽時候去看，總覺有一種力量，即是大工業家，或大商業家之創造事業，亦莫不然：這種以全副精神，以全副力量去追求事業的成就，便是誠的作用。

與誠有連帶關係的便是敬，所謂敬，便是用心的意思。程伊川說：「誠然後敬，未及誠時，卻須敬而後誠。」一個人對他所作底事，如有一段真至精神，他當然能專心致志，聚精會神於那一件事上，故對於一事有誠，即自然能敬，因爲對一件事能敬，不怠慢，不放蕩，作大事如此，作小事亦如此；「獅子捕兔亦用全力，」處處認真，事事踏實，提起精神，奮發有爲，則無論做什麼事，總會達到成功的目的，更簡明的說：敬，可以說是一個人的「精神總動員，」集合全國人民的敬，便是「全國國民精神總動員，」蔣主席說：「要中國能够自立自强，必須全國上下，共同一致，痛切覺悟，激底革新，祛除虛浮，務求篤實，力戒因循，崇尚果敢，思想必切實際，生活必循紀律，任事必負責任，行動必守秩序，實事求是，精益求精，而後乃能樹立現代化國家的基礎。」這一段話，就是敬字的最好的闡釋。

團長語錄

1 人生以勞動爲第一；
2 學問以科學爲第一；
3 事業以建國爲第一；
4 職業以工業爲第一；
5 倫理以民族爲第一；
6 信仰以主義爲第一；
7 立國以軍事爲第一。

現代中國之青年，再不能忽視本身之基本工作，忘卻自身對於革命與社會所負之責任與義務，甚至爲虛榮所炫耀，以名利爲目的，而存依賴僥倖之心理。現代中國，抗戰雖已勝利，而環顧國勢，則內憂外患，遍地荊棘，所謂建國的理想工作，正受着意外的種種阻礙與打擊，青年們如果對於現在環境並無真切的認識，而徒懷忿恨與怨望，形成一種偏激操切的偏見，而青年的前途，必無成功的希望。

所以今日青年，應痛自反省，從根本上去下一番鍛鍊的工夫，本吾國先聖所啓示的優良德性—誠敬，爲自强自主的修養，以勞動與服務爲生活之對象，以創造與自强爲人生之基礎，奮發有爲，持之以恒！則青年事業之前途，國家民族之建設復興，必有完成之一日。

況且臺灣久受日人統治，青年思想與行動，已受到極端的統制與束縛，現在臺灣光復，青年已到了新生之途，自然要格外珍視這千載一時的機會，保持這歷史上無比的光榮，臺灣青年不僅要與全國青年打成一片，精誠團結，以從事革命事業，努力建國的工作；且更要負起解放日帝國主義統治時代所受思想上的毒素，不斷的檢討與反省，把握時代，堅定信仰，確立革命的人生觀，努力誠敬的修養，爲建設新臺灣新中國而奮鬥。

（完）

敬告本省青年

范壽康

臺灣淪陷五十載，受日本文化侵略之毒甚深。據余所知，在清末民初本省同胞，精神完全傾向祖國，屢起民族革命與日軍相抗，文字文學猶爲純粹漢族固有之物。報章所載，有日文版，有臺文版（所謂臺文者卽漢文）本省青年猶僅知用漢文而不熟習日文日語。其他衣冠文物，猶爲漢制。直至民國二十年頃，中國新興文學，戲劇，電影，音樂頗有輸入臺灣者，亦爲本省男女青年所愛好。日本帝國大學某教授歸國報告，謂：「臺灣絕難被日本同化、自文字文化方面言之，臺灣猶全爲中國之物」。以此言之，本省同胞民族精神之堅強不拔，固足爲漢族放光彩、大可告慰祖國。乃在民國二十年「九一八事變」（日本稱爲「滿洲事變」）後，日本北進稍告成功，隨卽轉鋒南下，對我臺灣文化教育，加緊統制，厲行「同化政策」在此次中日戰爭過程中，日本此種政策竟大收效，一面徵用臺胞入伍，使其攻打祖國，一面對本省青年加緊文化教育上之麻醉與壓迫，遂使我臺灣在精神方面漸與祖國分隔。就中有不少頑劣份子竟致爲虎作倀，助紂爲虐，而本省多數青年男女，亦竟對祖國文字言語歷史文化完全隔膜，甚至家庭中全用日語，書信中全用日文，漢文報章書籍或盡不能解讀，中國服裝習俗多被禁止，致使我國此次接收人員東來，有如身入異邦，每須用日文日語爲文字語言之媒介，而本省青年當中，直至現在，猶樂讀日文書籍報紙喜作日語，對祖國歷史爲何，文化爲何，又每多誤解，良可慨也！

在於本省專門技術人才衆多，教育普及，自係事實。然專門技術並非卽文化，教育普及並非卽教育發達。日本竊在臺灣所採教育政策，蓋偏於專門技術方面，其用意不過欲製造多數技術人才，供其御用，使臺灣愈益殖民地化，至其普及教育則僅注重「量」的方面，而未注重「質」的方面，僅教臺灣人做「[illegible]事」，未教臺灣人做「人」，更欲盡使臺灣同胞尊重其國之國體，崇拜其國之神佛，而忘其本身之所自，祖先之所有，此非「愚民政策」而何！此非「奴化教育」而何？今臺灣本省賴祖國長期艱辛之抗戰，業告光復，凡我本省同胞均爲我中華民國國民一份子，均爲我國政權之主人翁，自消極方面言之，則各享自由平等之幸福，重歸祖國懷抱，自積極方面言之，則不但臺灣本省之治權，卽中國全國之治權，今後亦須臺灣同胞共負政治責任，因此，本省青年今後應遵循三百年前祖先鄭成功先生忠勇正大之精神，愛護祖國，自動學習本國語言文字歷史，俾與全國同胞精神合一，文化合流，共負建國艱鉅之重責，自不待言。

竊以爲臺灣本省在今後數年期間之教育政策，應偏重國文，國語，國史，俾本省同胞得在最短期間，恢復五十年前之本來面目，澈底肅清所有「奴化教育」「愚民政策」之一切毒素。爲提高本省民族精神，灌輸本國制度思想起見，尤須多多講解三民主義，國父　總裁言論，及現代國民革命史。質之本省有識人士，當不以余言爲無病呻吟也。

迎接第三屆青年節

盧冠羣

今天是革命先烈紀念日，也是全國青年所共同熱烈紀念的青年節（今年是[illegible]一次。臺灣省青年在青天白日的旗幟下首次與全國青年一致來分享這份快樂與光榮。

蔣主席的所以選定「三，二九」這一天爲青年節，是鑒於當年爲革命而成仁的黃花崗諸烈士，大半是二三十歲的青年，先烈之血，國族之光，這種轟轟烈烈的革命精神，實在是以引導繼起的青年踏上他們的血跡，來肩負起革命建國的大業。

在歷史上，中國革命青年曾經有過三度的大結合：第一度是由興中會同盟會以至於辛亥革命，推翻滿清，建立民國。第二度是民國十三年，總理改組本黨，創立黃埔軍校，以迄肅清反革命勢力，誓師北伐，剷除了軍閥的割據，完成了統一的局面。而第三度的大結合，就是對日的神聖抗戰，中華民族的存亡，和五千年歷史文化的絕續，全決定於這一次的結合，幸賴　領袖的英睿堅毅的領導與全國青年的蓬勃奮勇，卒獲得光榮的戰果，把國家在國際上地位大大的提高，革命很少是不流血，回憶是辛酸多於甜蜜，我們知道在抗戰過程中各戰區所遭受破壞是何等的慘重，不幸戰後又受不顧國家利益希圖擴張割據政權者的阻撓復員，擾亂社會秩序，再加上世界上「新帝國主義」的野心勃勃，虎視眈眈，使渴望和平，急待建設的中國，又陷於困難重重，危機未完全消逝的局勢。爲了確保以血肉爭得的勝利，建設一個富强康樂的三民主義的新中國，全國的青年朋友們，仍須保持着在第三度大結合中，所表現的堅毅不拔的精神，繼續苦鬬。

蔣主席昭示我們：「青年是革命的先鋒隊；是國家的新生命」。而在國家新生命中又輸進了一份富有活力的新血液，革命的先鋒隊裏，又增加了一批眼看這些優秀有爲的青年，將爲新臺灣的建設而大顯其身手，貢献其熱忱與智慧，使我們對新臺灣的建設，表示無限樂觀，亦使我們對整個國家的建設具有充分的信心。我們除對新臺灣與新中國的建設表示樂觀與自信外，我們也有無限的警惕，我們深知空洞的樂觀實等於一紙空頭的支票，要完成革命建國的偉業，非有堅固的團結與堅貞的奮鬬不可，三民主義青年團就是全國青年的大本營，只有在這大本營內全國青年才能够有堅固的團結。

蔣主席在「中國之命運」第六章「革命建國的根本問題」中所指示的：一，建設與革命哲學之建立。二，社會風氣之改造。三，自由與法治觀念之養成。這牢牢三大要義，就是青年求學，爲人，作事，報國的必要修養，有了這種修養和認識，則學問智識方能致用，一切工作才能有益於革命，而後三民主義乃能眞正實現。

今天是中國青年的光榮節日，黃花崗七十二烈士的悲壯燦爛的史實，正待我們去效法和發揚；五十二年來本黨的先烈未竟志業，正待我們去繼續奮鬬，時代的要求，革命的演進，均需要青年大家親密的團結，刻苦與努力，誰不願受時代的淘汰，誰不願自棄和自暴：那麼誰就要脚踏實地去力行，這樣才可不愧做個獨立自由的新中國的青年，做個有守有爲的黃帝的子孫。

（完）

現階段青年的大責任

——爲慶祝青年節而作

林紫貴

今天爲青年節，同時亦是黃花崗七十二烈士殉國的紀念日。此兩個偉大的節日並爲來臨，互相輝映，其意義之重大與深長，實值得吾人深加體會。中國歷史演變至滿清末葉，已陷入存亡絕續的關頭。由於 國父的奔走呼號，使一般青年，明白了要挽救這個厄運，惟有從事革命，以個人的生命，換取國族的生存。這一認識是齊一的，因此當時的行動才能爲如堅決壯烈，刀鋸不辭，鼎鑊自甘，終於這些青年血肉之軀，鋪成國族生存之路。

吾人回顧三十六年以前青年的這種捨生取義精神，應接受感召，益自淬厲奮勉，立志做革命者，將整個的生命獻給偉大的革命事業。尤其臺灣青年在此空前變革的時代中，尤宜如何應運而起，繼承先業，啓發成功。

然而所謂「革命」，除衝鋒犯陣之外，尚另有一層更基本的意義，即建設現代化的國家。現在抗戰雖已勝利，三民主義之實現却百未及一，爲貫澈 國父倡導革命之目的，青年的責任正甚艱鉅，要獲致國家富强與民族繁衍，正需要於建國工作作積極的努力。但是努力的方向何在呢？筆者不敏，敢略陳三端：

一，光大民族的文化建設 中國以固有道德，構成完整的民族文化體系，此體系充沛不可摇撼之潛在力量，曾多次使國族得免於危亡。吾人認清這個關鍵，非獨要承其遺緒，並且要擴其領域。此民族文化體系即是民族 主義之產生基礎，青年應以民族主義爲最高指導原則，從事物的變動中 不斷獲取智識，組織思想。而通過智識，將思想具體表現在行動上，務求表裡一致。同時對全國人民，亦須設法納諸同一的軌範，此則需要青年負起推進鄉村教育，傳播一般文化之責任。

二，發揮民權的政治建設 年來要求實施民主政治之呼聲，風起雲湧。然而殊不知談民主政治，如果離開了民權主義，儘管談得如何炫人，終於都是歪曲的。眞正的民主政治，乃人民自己管理自己的事，不容任何人假借，這即是全民政治，全民政治爲民權主義之整個內容。因此現階段青年應深入基層擔任政治工作，訓練人民運用四權。抑惟有如是，然後民主政治才能澈底實現。

三，暢遂民生的經濟建設 總裁曾經訓示，要以「計劃經濟與社會立法，達成資本國家化，享受大衆化」的目的，這個目的，乃民生主義的最高理想，亦是當前國家經濟建設必須努力之目標。吾人尤宜協助政府，完成此種經濟建設。 國父的「實業計劃」， 總裁手訂的「經濟建設十年計劃」，均是此一理想逐步完成之綱領，青年要不斷研究，尤其要不斷參加其實際工作。爲國營事業之發展，工業建設之推進，都需要廣大青年置身於其間。

今天是臺灣第一屆青年節，希望臺灣青年，以三十六年前英勇爲國捐軀的黃花崗七十二烈士爲榜樣，發揚其爲國家民族效忠之精神，努力上述另一階段之革命工作。筆者在此預祝臺灣青年前途的成功和光明！

一四

16

青年節勉告青年

李友邦

今天是埋骨黄花崗上的七十二位烈士，遠在三十五年前的革命策源地—廣州，對專制的滿清政府作偉大的搏鬭而壯烈犧牲的日子；也是我們全國青年所應共同珍護的第三屆青年節。新經光復的臺灣，臨此紀念還算是首次，我們面對着這可歌可泣有熱有光的令節，緬懷過去先烈忠貞的精神，瞻望當前吾儕應負的責任，眞是感奮萬端的啊！

引爲我們光榮與興奮的，是我們青年會以純潔的熱誠，殷紅的熱血，寫下一部光耀千古而不朽的中國革命史。自 國父組織興中會到現在五十二年來，中華民族的命運無日不在風雨飄搖之中，而每次排狂瀾挽頹勢的行動，無一不是我們青年站在前鋒的地位。我們更可以說：今日巍然獨立於世界的中國，其基礎實爲我無數青年的頭顱血肉所砌成。然而；先烈的偉蹟，先烈的精神，尤其他們所遺下的未竟事業，那遼濶廣大的山河與光明燦爛的民族前途，正有待我們去拓殖去創造呢！中央特地選定今天爲青年節，寓意深長，爲的是崇古勵今，繼往開來，要今日的中國青年繼承先烈純潔誠摯的愛國精神，成仁取義的革命勇氣，來完成建國偉業的！ 國父說：「倘國人皆以諸先烈之犧牲精神爲國奮鬭，實現吾人理想之眞正中華民國，則一部開國血史，可傳世而不朽！否則不能繼述先烈遺志，且光大之，而徒感慨於其遺事，斯誠後死者之羞也。」這一段沉痛的警語，我們必須時刻牢記，反省，檢討，從此下決心立大志，應竟不游移彷徨悲觀，憑着 國父整部遺教確定人生觀與世界觀，做大地間第一等事，做天地間第一等人來紀念這偉烈的節日，才能安慰先烈的忠魂！

我們的國家今日雖已安然渡過五千年來未有的難關，從八年的艱苦抗戰中，獲得光榮勝利與永生不滅的保證。但是；這一段不易得來的光榮歷史，祇是我們工作的開端，擺在我們眼前的是經此罕世浩刼的破碎山河，急待復員建設，經此八年流離失所的同胞，正需休養生息，我們必須高度發揚服務精神，爲國家復員建設而效勞，爲人民生活安定而流汗，我們更深認中央所訂的和平建國方針，是復興民族過程中必循的途經，也是全國同胞所一致期待的願望！我們除了竭誠的擁護以外，更須每個有勇氣有臂力的優秀青年篤實踐履，群策群力，使其具體實現！唯有眞正的和平，國家建設基礎始克堅實，唯有眞正統一，人民生活才能安定，這是顛撲不破的至理。雖然當前復員建設千頭萬緒，可是提綱絜領，自可按步實現。我們承認生產落後的中國，缺乏交通工具，缺乏動力機器，但我們有的是龐大的力量，無盡的寶藏，只要我們能團結，背出力，任何困難都不難克服的。我們既已以身相許爲國宜勞，不忍見國家貧窮，人民痛苦，就必須依照 國父實業計劃和 團長手訂經濟建設計劃，分頭去精研各種工程學術以應國家建設需要，開發資源以增加國家財富，推行義務勞動以增加物資生產，舉辦合作事業以發展民生主義經濟，組織儲蓄保險機構，以吸收民間游資轉充生產資本，提倡節約運動以減少一切廢費，研究三民主義經濟理論，以協助政府經濟政策之推行等等；都是朝向經濟建設運動的程途，分工合作的必要步驟，祇要有信念，沒有畏縮和落伍，那是絕對可以達到的。我們要上報　團長培養的厚恩，中慰全國人民殷切的待望，下爲子孫締造萬世的幸福。才不辜負我們生在這大時代裡的中國青年！

我們是青年，青年的特點是求知勇爲，我們處在這時代，雖然我們有良好的三民主義，憧憬着前途的光輝；但沒有統一的組織和訓練，力量依然渙散，縱有熱情，自不能儘量發揮對國家爲有計劃的貢獻，仁慈偉大的　團長，爲了全國青年的前途，爲了全國青年的進步，早已爲我們全國青年手創了統一組訓的機構——三民主義青年團，作爲我們集中才智集中力量的家庭，修身養性的學校。在這家庭裡有親如兄弟的同志，仁慈和藹的家長，我們可以盡量發揮所有技能才幹；在這學校裡有何止千萬的良師益友，互相切磋，導我們的思想於正統，不致爲謬論邪說所迷惘。我們是青年，我們對于這個自己家庭和學校，自應倍加愛護，並應服從團的領導，服從　團長的訓示，達成現代化國家的基礎！

最後我們必須鄭重申述的，臺灣僻處海疆一隅，是祖國的觸角，也是國防的前哨，在整部國家建設計劃中佔着重要的一環，故無論心理，倫理，經濟，社會，政治五項建設中一項脫節或落後，可能直接影響到全盤計劃，我們懇切的希望青年寶胞，學習先烈精神排除一切困難，以銳敏的眼光正視現實，不辭勞瘁的埋頭苦幹，辛勤不息的共謀建設事業的成功，才不辜負今天的紀念意義！

紀念青年節

余　陽

中華民族的新生，是我們個人新生的起點，誰都不敢共然這一眞理的。爲了要求個人天賦自由的合理享受，在次殖民地的國際地位下，數十年來，有認識，有志氣的青年，都前仆後繼的參加國民革命工作，不惜任何犧牲來爭取整個民族的生存和解放，這光輝燦爛，可歌可泣的奮鬭史蹟，我們今天不僅應該發揚；尤其値得自勵和自省！

在這新生的臺灣，舉行第一次的青年節，其意義的深重，無須我們來伸述；但我們不喜歡用傳道式的頌贊祈禱，來表示這一紀念的形式。我們應該把握在我們當前的時代任務，忠誠地實踐着實實在在地肩負起來，那末，確立建設新臺灣與建設新中國的信念和力量，正是我們紀念中的主要題材，也正是我們紀念精神的具體表現，沒有這一信念和力量，空洞的紀念是沒有意義的。

這兒，我們必須忠誠的檢討過去，因爲過去的檢討正是未來事業眞實的根據，諱疾忌醫，是我們青年人應反對的惡習，今天我們起碼要先做到剷除諱言的惡習。五十一年來，日本帝國主義者不惜竭其精神財力，處心積慮以麻醉和蒙蔽我們青年的視听思想爲能事，就現在的事實判斷，他們並不曾完全白費和徒勞：在我們廣大青年中，除了一些能夠理解中華民族生存奮鬭的整部歷史和其所具有的優缺點以外；很多尚因隔膜而自陷於莫知所擇，因循苟

18

活的苦悶的深淵，這是很可惜的。一個人如果對於自己和其民族的關係，以及對自己的利益與國家的利益沒有充份認識和理解時，其結果一定會有錯亂的錯誤思想產生。舉例來說，帝國主義統治臺灣時代的革命對象及其理論，自然是以民族解放運動爲前提，進而推翻其反動統治，和我們整個國家的革命戰略戰術是一致的。現在呢？我們國民革命力量已逐步進展到由剷除革命障碍而踏入革命建設的時期了；而且由於本國國民革命力量的發展，已替臺灣趕走了日本帝國主義者，使臺灣能够和本國同樣的進入革命建國的現階段了。總之，臺灣是整個中國生存鬪爭的一部，也即是三民主義革命建設中的一環，那是沒有疑義的。然而理解這理論，同時並爲這理論而努力的，我們實在感覺則大大的不够。

讓我們靜默地再來反省一下，我們已經得到利光榮的解放，我們已經得到珍貴的自由，今天我願就我們的心理上所有的缺點，擇要的檢討一下：

第一是量度上的不够：所謂量度，是包括對人，對事的見解和表示，那些犧牲小我，顧全大局；遠瞻前途，克服現狀；量己達人，不事苛責；容納他意見，擇善而從的種種精神，都是我們民族優良德性，含蓄蘊蓄，而發爲對人對事美滿的固有風度。我們想想自己，會不會有這量度？我以爲我們青年人，有無限的前途，如果任偏狹，自私，短視，自滿，和失却恕道的心理，繼續滋長，則我們將來的成就，一定是很有問題的。嚴格的說，個人的量度不好，小之影响個人的成就，大之是影响整個民族的氣魄。

第二是自尊心和有恆心不够：自尊的界說，不是驕傲或自大，而是尊重自己的品格，尊重自己的言行，所謂「非禮勿動」，「非禮勿言」，「非禮勿聽」的純潔自愛的意思。這樣自愛自尊的表現，完全要靠住其充滿理智，把握現實的健全的心理常態，才能如此的。有恆心的解釋，是指要有經常不斷而且不避困難的心理常態，且能够以不屈不撓的精神去從事事業而言，也即是我前上面所說的信念的延續和擴大。此兩種心理，在現在我們青年的表現上看起來，不能諱言有很多不够的地方。例如處事待人的傲慢，言論行爲的誑妄，畏難苟安的傾向，以及工作上不計效率，不擇取經驗等等，在在都是表現自尊和有恆心的缺少和不够，這於個人修養和集團事業也很有防碍呢！

我們作了上述的檢討，正是我們清算日本統治者所給予我們教養的手段的狼毒；同時也是證明着善於造成我們缺點日本帝國主義者必然會在正義的怒潮下覆沒的。我們從八年餘的抗戰中，得到寶貴的教訓，中華民族潛在的力量，並不是單靠武器，主要還是靠住對正確的三民主義的信仰，這信仰是民族文化長期陶養的產物，也是民族精神純潔眞摯的表現，誰都不能戰勝，誰也不能制服的。現在繼承民族道德傳統，把握建國法則的三民主義，經過那不斷的磨折陶鍛與競賽，已是日益輝煌的宏揚於中國及全世界了。

我們現在要拿出信念，拿出力量來紀念這個青年節，最好是先把我們上面所檢討出來的缺點，澈底加以克服和改正。但是如果我們沒有研討主義，認識國家和世界大勢，激發人類服務觀念，熟諳工作技術，仍不能堅實我們的信念來克服心理的缺點，更不能充實我們的信念以致力於建國工作。所以，我們青年必須熱烈加入青年團，接受團的教育和訓練，使我們在這建設新臺灣的工作中，有組織，有訓練，有程序的，成爲民衆的先鋒，支撑建國的柱石，我們才會有把握的呀！

今天可以使我們鼓舞奮發的，不僅是當前的時代任務，尤其先烈振作民族靈魂的氣魄，先烈給予我們的奮鬪教訓，使我們更增長了擔任時代任務成功的信念，讓我們動員起來，以行動紀念青年節，以事實闡揚青年節！

時代女性應具備的條件

嚴秀峯

臺灣的婦女同胞，還有她們過去與日本帝國主義始終抗鬬的民族精神，及光復後對建設新臺灣而尤其是對臺灣婦運工作的關懷熱忱，這些過去和現在的現象及期求更良好的未來，都是證明着臺灣婦運前途的光明與燦爛。

時代的女性，並不是像一般怪腔論調者所指的即所謂摩登女性，也不是在演講臺上唱唱幾句婦女解放的高調，在大會中出出風頭而已。時代的女性，她是要配合時代的需要，她的脚步必需緊緊地配合着時代的輪子，拖着人類向歷史必然發展的進化程中，永遠邁進，為人群而生，為人群而作，為人群而死，這是一個新女性的一生，因為她是永遠朝着正義與真理的目標，為人類與大衆的福利奮鬬到底的。

關於一個時代女性應具備的條件—現在簡單的提出三方面以貢大家的一點參攷。

第一方面是「三新」，即新思想，新行動，新生活。

一，新思想—歷史所賜于婦女的命運，把婦女限制在家庭的小天地中，馴養成婦女只知道「坐井觀天」，不知道世間大事，只知有丈夫好兒女，不知有民族與國家，文化水準和政治認識，自然因而較低落，意識也較為落後。

現在是一個偉大的時代，我們要在這個時代裡來創造起一個新的偉大的中國和美滿的社會，就必需要根據新思想的立場，去動員一切的物資與人力，男子要動員，女子亦要動員，在這個動員工作的行進中，同時所有一切舊的，污腐的，從此要澈底的淘汰，新的，進步的從此要被創造，並且要繼續不斷的去發現，去實行。

新的思想，是要站在客觀的立場，對歷史事物的發展，國際間的演變，要經過科學的整理，在整個動的旋律中去認識世界，認識自己的國家，認識一己的能力與責任，這種新思想的實踐，就是一個真理，也一定是有益於大衆的利益的。

二，「新行動」—時代女性不僅要有新的思想而且還應具有新的行動，新的行動要。

(1)從狹小到廣大—過去婦女服務的圈子僅限於家庭的範疇她的一生精力是消磨在侍候丈夫，教養兒女，整理家務之中，她的「愛」也僅限於家庭，丈夫與兒女，現在要把這個小的範圍擴大到服務整個人類的大範圍裡去，要把私有的「愛」，推廣到愛人類的「博愛」。但這並不是叫所有的婦女都跑出家庭婦女始得解放，這是非常錯誤的觀念，我的意思就是說凡是儘可能離開家庭的多多參加社會運動，而在客觀條件尚不久離開家庭的婦女，就應如何站在社會的觀點，把家庭整理成合理化，在家庭中夫婦的關係，該是互敬互助，對孩子的教養，家務的整理也都要合乎科學的方法，新生活的規條。

(2)從上層到下層—擴大領域，普及階層，婦女運動不應僅限於上層的知識婦女，我們切不可忽略了廣大的婦女群衆，她們是生活在各階層的廣大區域裡，她們尤其需要解放，而她們的力量才是龐大無比的，因此，婦女運動要從上層而下層，普遍而深入，更要注意的是發動青年婦女，因爲青年婦女是整个婦運動中的有力的一環。

(3) 行動要組織化—沒有組織的行動是盲動，行動組織化，行動始有目的，組織行動化，組織始有力量，知通了這點，第一步就必需要參加合理正當的集團生活，同時組織要有系統，有聯繫，則整个的婦運工作始能展開，臺灣的婦運工作，目前是在創始之中，我們希望善良的臺灣婦女同胞，爲了臺灣婦運的前途，都能本着這个原則去努力。

三，新生活—總裁說：「生活的目的是促進全人類的生活，生命意義是創造宇宙間繼起的生命，過去一般婦女的生活，因經濟倚賴着男子，於在生活上產生了兩个大的缺點，一个是貪閑逸，愛享受，一个是重虛榮，喜裝飾，到對着這兩點，我們所提出的新生活，首先要做到。

(1) 刻苦耐勞—一个婦運工作者，如果吃不起苦，耐不起勞，她是不配做一个時代的女性的，因爲她敵不住困難的磨折，抹不了事物的引誘，她一定會向現實妥協以致於屈服，至於刻苦耐勞的形式表現就是勞働，做人的目的，原來就是爲社會而勞働的，以勞働結果貢獻於社會，以勞働的代價來獨立個人的生活，基於勞働神聖的名論和自立立人的道理，我們應立卽改變那些偷惰，苟安，倚賴，奴役等不正確的心理，以勞働樹立自己的人生意義。

(2) 生活要簡單撲素—普通一般所謂「美」的觀點，是注重在形式上之「美」，而「美」之表現是在化裝與修飾，其實眞正的「美」是要內心有「誠」，外表有「儉」，而尤其是內心的「美」要做到「至誠」，大學謂「意誠而后心正」就是這個眞理，在外表要務求撲素，衣，食，住，的目的，主要是保護身體的健康，增强工作的精力，因此除了清潔與整齊以外，一切均宜以撲素着手，避免耗費，節省時間，應能做到內心至誠外表撲素，這才是眞正的「美」

(3) 生活要大衆化—有一部份人，因爲有些知識，自以爲屬於知識階級，如果，與無知識的人親近，就會損失體面，還有一些太太小姐們，憑了自己的地位高，命運好，時有擺起架子，目中無人，這亦是要不得的，一個從事婦運工作者，她要談婦女解放，必須要和大衆的生活打成一片，從大衆生活中去了解去研究她們的習慣和需求，好像一篇有價值的文章，是反映着大衆的生活事實，啓導大衆的生活方向，同樣的婦女運動只僅在書本上探求理論還是不够的，而是要與大衆共相聚共努力，才能得到眞實的結果。

第二方面是三大，—大胆，大量，大方。

(一)大胆—由於歷史與環境的關係，婦女一向處附庸的地位，在本性上，充分養成了胆小與懦弱，這種所提出的大胆，卽是要有魄力，有氣概，遇事不厭難，不怕阻撓的意思，臨到四面楚歌而不頹志，碰到滿目瘡痍而不灰心，要有這種勇氣與胆量，就能完成我們所應負的任務，然而，這大胆的養成，却有賴於我們對事物理解力的增强與信心上的堅定，更需要的是自己不斷地的鍛鍊不斷地充實才能達到的。

(二)大量—一个人對事對人的表示，不管是意識形態，或行動表現，都有他一定的氣量，這種氣量的大小是事業成敗的關鍵，也是人與人之間關係好壞的歸趨，因此每个人應該有雍容大度以處事接物，才有偉大的成就，一般人常批評我們女人器量小，我們不必和人家討論，我們認爲凡事斤斤較量，不能容人的也不只僅都是女人，然我們必須時時警惕這些短處，更要誓必克服，尤其是如：嫉忌，仇視，浮躁，狹隘的心理，要以澈底的剷除。

(三)大方—大方的對而是小氣，小氣的表現是在態度上的鬼鬼祟祟或忸忸怩怩，要做到大方，先要確定其正確的人生觀，人生觀好像一根指南針，它指示着我們終生努力的目標，它堅定我們思想上的信仰，有了目標，有了信

71

仰，我們的心境自然是坦白而且愉快的，因而表現在表面的態度是「落落大方」「朗爽明快」，不裝做，循自然，不輕浮，循穩重，密事待人，容易與人親近更容易爲人尊敬。

第三方面是三能—能說能寫，能幹能爲，能立能强。

(一)能說能寫—一個主義要得到群衆的信仰，一件事物要表達給人知道，第一步的工作便是宣傳，宣傳需要用「口」與「筆」，我們婦女，有口不常用，不敢在男人面前，大衆面前敢說敢話，這樣不但失却了口的作用，而且還埋沒了許多寶貴的意見；以後，我們儘量要抓住說話的機會，從個別的與親戚朋友，到集體的座談會，與各種集會，隨時表達我們的意見，練習我們講話的機會。

不但要能說：同時要能寫，但如何來運用我們的伴侶筆頭，就是要從多寫起，說了的能寫出來，做了的也能寫出來，平時要多寫日記，隨筆，會場摘錄等，多寫了，自然熟能生巧。

(二)能幹能爲— 總裁勉勵大家說：「要實幹，硬幹，苦幹」，這充分的昭示了，我們對「幹」的精神與原則，如果一件事我們認爲是對就得要幹，而幹必定有困難，但若怕困唯而不幹，則世間沒有一件事業可以成功，既然要幹，就得要幹到底，並且能敢視現實，面向困難，歡迎困難，克服困難。

在幹的以前要週密計劃，以減少困難的發生，幹的當中，要沈着，冷靜，本着原則不出軌，幹了以後要檢討，好的要發揚，缺點要糾正，如此的幹必有成就，而幹與爲的關係，幹是起始，爲是目的，澈底幹的結果就表現出具體的有形之爲。

(三)能立能强—婦女問題的癥結，既是因爲社會問題的關係，經濟的主權建築在男性的中心社會，針對着這點，我們要有自立自强的精神，能立始能强。

首先自己的事自己處理，有氣勇，不懶惰，自己有主意，有思想，自己的事自己當，其次經濟能獨立，生活的問題自己來解決，不依靠別人，不倚求別人，我們要有獨立的人格，要做一個獨立的人。

基於上述，我們既認清了時代，認清了我們在這個時代中的任務，我們應該怎樣來自勉自勵，迎頭趕上，做一個時代的新女性，讓我們携手來互相砥礪吧！

團長語錄

以仁愛代殘酷，以利他代自私。
以積極代消極，以建設代破壞。
以具體代空泛，以力行代空論。
以堅定代徬徨，以謹嚴代放縱。
以遠大代淺薄，以自治自强代依賴盲從。

國父與致公堂

紆　生

（一）

「致公堂」又名「義興公司」或「義興會」，是「天地會」——「三合會」（亦名「三點會」）份子在美洲建立的一個團體，故又通稱「洪門」。當太平天國革命運動先後，清廷厲行普遍的政治壓迫，三合會原是「反滿復明」的一種組織，也是太平軍的友黨，故同在捕殺之列。時海禁已開，廣東便有許多三合會的人物，亡命海外，以爲托身。初有舊金山組織致公堂總堂，繼在全美各埠組織分堂，凡華僑所到之地，無不有其組織，旅美華僑不加入者極少，直至後年亦如是；故洪門在美勢力甚大。

（二）

國父一八九六年第一次到美洲，因早知洪門會黨是一種革命力量，同具反滿復漢的思想；所以一到美，就進行聯絡致公堂份子的工作；不過因爲日久境遷，大多數人都忘了洪門的政治宗旨，「反滿復明」的口號僅見於入會儀式宣誓詞中；會務的中心和一般人入會的目的不過爲了患難相助而已；所以一時未能喚起洪門人的政治熱情，聯絡工作沒有多大成績，僅僅做了一般的宣傳工作（國父每至一埠卽集合致公堂會員作講演，宣傳民族革命要旨），沒有建立什麽組織，但也結識了些致公堂的重要份子，如唐瓊昌何柏如等人，對於日後工作的發展，也算打下了一點基礎。工作三月有餘，同年八月離美去英。

（三）

到一九〇四年，國父二次渡美，環境上却起了很大的變化。原來在戊戌政變之後，一八九九年有康有爲流亡到美，在各地先後成立保皇會組織，積極聯絡洪門人士，一面遣人投身洪門，一面引洪門份子加入各地保皇會，初創「文興報」爲宣傳機關，繼更運動致公堂重要職員朱三進唐瓊昌等，創辦「大同報」於舊金山，名爲洪門機關報，實則爲保皇黨所把持，宣傳保皇主義，反對革命主張，影響力很大。就這樣從組織和宣傳兩方面，把全美洲的洪門——也就是把全美洲的華僑幾乎全置保皇黨勢力之下了。

國父這次渡美，是先至檀香山。其時夏威夷羣島各地也同樣爲保皇黨勢力所籠罩，有保皇會組織，有宣傳機關——「新中國報」，和洪門聯絡得也很好。國父旣鑒於前次來美時的無所成就，而現在保皇黨反革命派的勢力又瀰漫了全美華僑界；所以非採新的辦法以進行工作不可。因爲國父知道洪門之宗派觀念很深，排外性很大，要想和洪門密切合作，只有加入其組織，於是國父到檀島後第一步就率領一部份興中會的盟員加入了致公堂。因國父的聲望很大，所以立時得到洪門人的很大尊重，以洪門的高級職銜畀於國父。於是工作順利展開，到處講演，組織工作也很有成績；同時接辦「檀山新報」爲黨報，又創「民生日報」，和保皇黨的「新中國報」作激烈的鬪爭。這樣有半年，就把檀香山等埠的空氣轉變了，保皇黨勢力漸殺，革命運動有進展。

隨後國父就到了美國；因爲國父已入洪門，故於抵舊金山時，頗受洪門各領袖歡迎與敬重，與前次大不相同了，但保皇黨却大與國父爲雖，初陰謀設計，使 國父被拘，旋爲致公黨首領所營救；繼又在大同報上抨擊 國父，並責洪門招待 國父爲不當。兩事均招致公黨領袖不滿，遂將大同報主筆政的保皇黨份子歐榘甲革職，另請 國父推荐繼任人物。大同報遂爲革命派所用，以後由劉成禺主筆，大同報一變而爲革命的武器，奮起了極大的宣傳作用。但這還不是 國父對於洪門工作的眞正開始。對於洪門工作的眞正開始是重訂致公黨新章及發起致公黨會員重新總註冊兩件事情。

因爲(一)洪門人多已忘記反清宗旨，(二)經保皇黨的反動宣傳更模糊和混亂了民族革命的意識，(三)即使還有不忘反清宗旨的，但那種原來的狹隘的反清思想，已不足以應付新時代的要求，已不足以指導近代的中國革命運動了：所以爲了喚醒洪門人士的反清傳統精神，爲了清洗保皇黨的毒素，爲了把洪門變成一個新時代的革命團體，能够擔負近代中國民族革命的任務，就必須給洪門擬訂一個新的政治綱領，以作行動的指導。在這種認識之下，在這種重大意義之下，就產生了 國父的重訂「致公黨新章」。

致公黨新章開首有一篇序言，可以說是對內的一篇宣言書，內容分五點：首述致公黨本來宗旨是「興漢復仇」，惟原章已舊，多不合時，組織亦散漫，團結不够，「日有背盟負義，趨入岐途，倒戈相向者」，「若不亟圖振作」，「洪門大義必將淪陷」，故宜「重訂新章」，「以整頓堂務」：次述僑居異邦，患難須相扶，爲相扶，須團結：再次述「天下列强高唱帝國主義，莫不以開闢疆土爲心」，滿清政府喪權辱國，革命風潮已起，光復時機已至，亟當團結，奮起而圖之：第四述中國亡於滿清，是「因有漢奸以作虎倀，殘同胞而媚異種」，並不是滿人有特殊力量；「今又有所謂倡維新談立憲之漢奸」，尊滿抑漢，阻礙革命，急當團結「以先清內奸而後除異種」；末述舉行會員總註冊的必要，號召大家實行註冊。(引號內文字均致公黨新章序言原句)

序言後是章程，分八章六十七條（或謂八十條者，惟所見各出版物中之此項文獻，均未佈全文，只有第一章之前十七條。）其第一章名爲「綱領」，第二條是「本黨以驅除韃虜，恢復中華，創立民國，平均地權爲宗旨」；第三條是：「本黨當協力助成祖國同志施行宗旨爲目的」；第四條是：「凡國人所立各會黨，其宗旨與本黨相同者，本黨要認作益友，互相提携：其宗旨與本黨相反者，本黨當視爲公敵不得附和」。

這個文獻含有很大的意義和極珍貴的思想：第一，明確的提出了中國革命的鬥爭綱領，具體的

二二

第一次表現了 國父三民主義的基本思想，這就是「驅除韃虜，恢復中華，創立民國，平均地權」四大口號之提出。直至這時， 國父的「三民主義」這一主義的名詞還沒有提出來，但是在這里已經具體的提出了三民主義的根本內容：「驅除韃虜恢復中華」這是民族主義的主要內容之一；「創立民國」，這是民權主義的主要內容；「平均地權」這是民生主義的主要內容之一。這一革命目標的提出在那時是十分必要的。大家都知道那四個口號是一九〇五年成立同盟會發表宣言時提出來的，明白確定了革命的目標，其實早在前一年的這個致公黨章程裏就提出來了，不過沒有引起大家的注意。）第二，强調團結一切革命力量的重要，在序言裏一再說「聯合大羣，團集大力」是「光復祖國」，「清內奸」的必要辦法；在綱領裏的第四條裏特別提出凡宗旨相同的團體，都應當聯合爲友互相幫助，無不是號召大家要團結力量以進行革命的意思，本來團結一切革命力量是中國革命的眞理，而 國父在這時已輕認識十分清楚了。第三，强調指出反對反革命派的必要，指出忠奸不兩立的眞理，在綱領中說「其宗旨與本黨相反者，本黨當視爲公敵」，這樣立場堅定，態度坦率，已反映出 國父在早年就具有了偉大革命家的堅貞不妥協的精神，在當時

反滿與不反滿是革命與反革命的唯一標識，就像今天抗日與不抗日是革命與反革命的唯一標識一樣，那時康梁之徒儘管說許多維新的話，但實際是滿清統治的擁護人，保衛者，所以 國父提出「清內奸」的任務，是十分必要的。

國父把致公堂的新章訂好，建立了一個奮鬥的新綱領之後，就開始了總註冊的工作。當時這一工作的意義，主要的有兩個：一是致公堂既定了新的政治鬥爭綱領，就是重新把致公堂的會員做一次登記，使其明瞭新的綱領新的任務，在這一新認識之下，做一個與往日不同的新的洪門會員，新的革命黨員，好爲民族革命而奮鬥，這一方面是宣傳工作，一方面也是組織工作，在當時是十分必要的舉措；二是因爲致公堂原來會員極衆，據說當時全美有十五萬多人，註冊時須繳費美金二元，想藉此籌一筆鉅款，以作革命運動之用。註冊的事，當時很得致公堂的各位領袖贊同，並推 國父和總堂的領袖黃三德兩人往全美各埠，進行註冊工作。 國父每到一處即集衆講演；黃則開會拜盟。歷時半載有餘，註冊成績雖不甚好，但宣傳影響甚大，對於保皇黨的打擊尤其不小。

（四）

一九〇九年秋間 國父三次渡美時，已在紐約芝加哥舊金山各地創立同盟分會。至一九一一年四次渡美，見各地黨務雖有發展，但同盟會與洪門之間不能通力合作，尚有門戶之見；致使當時籌餉工作不能順利進行，沒有多大成績，（其時正當三月二十九日黃花崗之役之後，國內革命運動普遍高漲，大規模軍事行動亟待發動，籌款孔急， 國父當時在美，主要工作即爲籌募款項，致公堂曾有反對同盟會籌款事，見一九一一年七月十八日 國父致鄧澤書。） 國父鑒於這種情形極不利於革命，遂與致公堂領袖黃三德唐瓊昌等商量如何使兩會精誠團結。 國父建議令同盟會會員全體加入致公堂，以促進兩會人士進一步的合作關係。經黃唐等贊成，並特爲同盟會員開一未有之先例，免除繁複的入會手續。當時兩方各有文告公告，同時登載在大同日報（致公堂機關報）和少年中國晨報（同盟會的機關報）上。這兩個文件很有價值，很可見出當時兩會團結的誠懇，合作的親密，茲引錄於後：

「洪門爲中國提倡排滿革命之元祖，而大埠致公總堂之改良新章，更與本會三民宗旨相合，原可互相提携，共圖進取；惟洪門內容含有秘密性質，而本會會員尚多未入洪門者，故不免窒礙。今得 孫總理駕抵金山，主張聯合，而致公總堂專開特別會，以招納本會會員之未入洪門者。本會集議，全體贊成；特此佈告各埠會員一體遵照，以成大羣合大力，而共圖光復之大業，是爲厚望！天運辛亥年五月二十二日三藩市中國同盟會啓」。

「孫文大哥痛祖國沉淪，抱革命眞理，遍游五洲，駕抵金門，與衆義兄聚集，倡議與同盟會聯合，結大團體，匡扶革命事業。同盟會會員熱心祖國，全體公認其未進洪門者一律入團，聯成一氣。本總堂叔父大佬義兄等，備極歡迎，開特別招賢之禮，以示優遇，盡釋從前門戶之分別，翼贊將來光復之偉業，掃虜廷專制惡毒，復漢家自由幸福。仰我洪門人士，一體知悉：須知招納天下英才，本總堂之主義。特此佈告，統爲鑒照。天運辛亥年五月二十二日美洲大埠致公總堂啓」。

接着 國父就發起組織「洪門籌餉局」，手擬「洪門籌餉局緣起」及章程十二條，以致公總堂名義發表；又擬「革命軍籌餉約章」四款，以「中國革命軍發起人孫文」名義發表。在「洪門籌餉局緣起」中說：「……我洪門創設於美洲已數十年矣；本爲合大羣集大力，以待時機，而圖光復也；所謂「反清復明」者此也。今時機已至，風雲亦急，失此不圖，則瓜分之禍立見矣。本總堂承 孫大哥指示，設立籌餉局於金山大埠，妥訂章程，務祈完善無弊，以收效果，捐冊寄到之日，切望各埠手足，竭力向前，踴躍捐資，以助成革命大業；則洪門幸甚，中國幸甚。」

嗣經籌餉局決議，派 國父及張靄蘊等，分兩大隊，遍歷全美，進行勸募。結果尚好。對於當時國內風起雲湧的革命怒潮頗有幫助與推動。

不久武昌起義，辛亥革命成功。中國革命至此告一段落， 國父與洪門的關係也告一段落。

（五）

綜觀 國父與致公堂在辛亥前的關係，其演進的經過，給我們最大的一個教訓，就是「團結革命的力量」。美洲的洪門，從量和質兩方面說，都是一支不可忽視的革命力量， 國父看清這一點；所以始終不放鬆它，總想把它組織起來，團結起來，採取種種辦法，以求和它親密合作，使之成為一支有力量的革命隊伍。 國父初不惜以個人資格率領一部同志加入洪門；後更不惜使全美的同志以同盟會會員資格加入洪門；而洪門的領袖人物也那樣眼光遠大，全以革命利益為重，破除門戶之見，容納同盟會會員；兩方發表文告，開誠布公，說明合作。在在表現了精誠團結的精神，真是兩無猜忌，推誠合作。因為歷史條件的限制，兩黨的合作，雖沒有表現什麼特殊的成績，但這種團結精神，這種合作辦法，在中國革命運動史上，卻留下了光輝的一頁，成為後來民族團結的最好榜範。而後來 國父也確曾不止保存了這種精神，並且發展了這種精神，同盟會時期的大團結，國民黨改組後的大團結到七七抗日戰爭起來， 蔣委員長領導國民黨和全國人民，也發揚了這一傳統精神，建立了全國大團結的局面，就都是很好的證明。在洪門領袖方面呢，也很好的保存下來了，對抗戰中祖國內的團結問題，他密切的關懷着關望着和推動着，也是證明。只是在今天的我們還應該更珍視它，更發展它；並且不止在當前抗戰的時候，還要在將來建國的時候，都保持着發展着 國父這一偉大的精神，這一珍貴的遺訓——團結一切革命的力量直到三民主義完全實現。

短論

迎第三屆青年節

第三屆青年節，終於臨到人間，三百萬青年發胞之有自己的節日，是五十一年來的第一次，今天我們看到充滿整個世界的喜氣，心中由然有一種興奮的神情，回頭再想當年七十二位青年烈士在廣州血濺黃花的偉烈行動，又必肅然起敬。這是中國青年革命奮鬪的一頁光榮史，我們應該珍惜這歷史，發揚這歷史。

中國有今日的成就，是有無數勇於犧牲的先烈和軍民，在三民主義最高原則下奮鬪，打出這一條光明壯莊的坦途，五十餘年來的每一段歷史，都是血與火的結晶，記着；用血與火作鬪爭工具的時代雖然過去了，但迎來新的任務，是要以汗珠和力氣來完成的！

今天：我們高舉着熾烈的火炬，高唱着雄壯的歌聲，滙成一條汹湧的洪流來慶祝這盛節，可是別忘記那些彷徨徘徊的青年，還在苦悶焦慮，我們要揚起熱情的手招引他們，赤誠的心結合他們，朝向建國的道路邁進。（浚）

如此民主

關于上月十日在陪都較場口召開之慶祝政治協商會議成功大會，引起騷亂一事，各報頗多論列，不明內情者莫衷一是。站在國民立場，為了民主政治實行得更順利，我們願申數語以澄淸社會輿論。一，大會既以各界名義，何以正式人民團體，事前未得通知是否合法？二，主席團及總主席在開會前私自內定是否民主？三，由民衆推舉之總主席于致開會詞時，某方面根據什麼理由奪取播音機橫加干涉，破壞會場程序！這種粗野行為不是強姦民意，歪曲民主還是什麼？民主化在今日正如黃河一樣，無論如何曲折終是水向東流，任何阻撓徒費心機。為了防範以後再發生此種類似事件，我們更主張：一，一切民衆集會必須公開，不能任少數人在幕後操縱。二，尊重民衆意志樹立民主楷摸，不能任少數人把持干涉。三，任何集會如有黨派性者，應公開宣佈其黨派關係，不得假借民衆民意，招搖生事。（木）

斥共黨主張東北特殊化

東北是中國的生命線，那裡有豐富的食糧，無盡的蘊藏，滿山遍野的森林，這是誰都知道的，對這些資源垂涎欲滴的共產黨，近更不顧全國輿情，胆敢提出「東北特殊化」的荒謬主張，甚且還恬不知耻；要求中央承認它在東北的三十萬軍隊，和非法樹立的地方政權，在日本投降前後，我們並沒听到東北有共黨活動的消息，互商停止衝突辦法時亦許明東北由國軍接收。詎知為期不過一月；即自食言，並強調「倘不用協商方式解決，祇有戰爭與混亂」相威脅，冀能遂其企圖。

廿年來，共黨在國內所造成的混亂，割据局面，破壞燒殺行為罄竹難書，吾人一本寬大不究往事，期于戰後集結全國力量，在和平中建國。不期共黨復不悔悟，倘圖支解國家破壞統一製造內戰。我們深認東北是中國的地方，應該屬于全民一致擁護的國民政府，絕不容為某一黨派所割据或提出特殊化的要求！所有軍隊必須立即交出！堅持軍令政令統一與和平建國方案的尊嚴！蘇軍延宕撤出東北駐軍，為一外交問題，共黨企圖轉化為內政問題，冀以淆亂國際視听，須係故意違背和平建國方案。我們更警告世人；誰對東北有野心，有企圖，誰就倒霉！過去北方軍伐割据東北結果如何？日本造成的「九·一八」事件結果如何？前車可鑒，誰願毀滅，誰就去步其後塵！（風）

團長語錄

1 青年必須勞動化；
2 青年必須尊敬長上；
3 青年必須尊重婦女；
4 青年必須尊重農工；
5 青年必須服從政令。

交通第一安全第一

本省火車票價增加五倍，社會並無不良反响，旅客依然擁擠，這是因為大家體諒到鐵路員工生活須要安定，才能安心工作。燃料和機件與一般物價俱漲，當局自然無法支付一筆巨款彌補虧蝕，可是票價增加五倍了，至少在交通措施上應有一個改善辦法，交通安全方面應予旅客一個有力的保障。但事實給我們的答復，距離我們的理想太遠！許多超齡軌道枕木，仍未修繕或新換，一任枯朽遺蝕。車廂座位不僅未加鋪設，反且穢物果皮滿堆，簡直比垃圾箱還不如。開出到達時間不遵規定，固可賴以管制得宜，不致釀成互撞巨禍但此次萬華發生越軌翻車慘劇，實在太不應該，不知負責鐵路交通人員深夜捫心自問，作何感想？按一般交通管制，尤其是鐵路交通，局方時刻派有專人沿線檢查，不知主持臺灣鐵路交通當局有無與此業務的誠意，或舉辦了沒有成績！其次；我們附帶說句痛心話：在戰時我國仰自外來許多重要物資，從印度運到內地，要經越世界的屋脊喜馬拉雅山駝峰，倘且不致發生危險，難道越軌翻車慘事是於勝利以後應有的？我們謹向交通當局作懇切的呼籲，「交通第一，安全第一」。如果再不注意改善，縱使免費旅客總以性命為重，不敢問津！（長）

趕速清除社會敗類

戰爭經過八年，時間可謂悠長，戰後的人民惟一的希望是安居樂業。唯如此；社會才談得上休養生息，國家才能欣欣向榮，本省接管伊始，憲警力量不够分配，致使社會治安未臻至善情有可原。然而；我們認為社會治安專靠憲警維持，這是最消極最不得以的辦法，一個文明國家的國民，應該是人人安分守己，自動自覺，以不犯法為無上光榮，但照目前情形看來，倒是愈弄愈糟，由竊偷進而刼掠，由偷偷換換進而明目張胆，此風實不可長！本來人民是管理政府的，現在倒是相反過來，人民要受政府管理，甚且有若干要為民表率的官吏，貪污中飽，招搖撞騙，暢所欲為，這樣成何體統！然而我們若以冷靜的頭腦思索一下，社會上良善的人總多於莠民貪官，如果對于社會調查能作進一步的詳細，並鼓勵檢舉莠民，對于政府用人能够品德兼顧和嚴密的考核，發現不端行為繩以法律，情形總比較良好。倘使一味姑息放縱，憲警力量又不補充，治安前途不堪設想，同時我們還主張，那些匪性難移怙惡不悛者更不惜殺一儆百！（辰）

27

第八期

紀念三八國際婦女節

秀鋒

今天是三月八日，是國際婦女節，我們臺灣的婦女同胞，對於這個名字是生疏的，或者可以說還是初次的見聞，自臺灣有史以來，我們婦女同胞，還是第一次遇到這樣一個婦女自己的節日，因此，我相信每一個臺灣的女同胞的內心，都有說不盡的歡欣與感想，

三八國際婦女節產生的時代背景，是在二十世紀初葉，那時，正當世界上的資本主義國家發展到帝國主義的階段時，資本主義國家的婦女，還是受着社會上不平等的待遇，封建的禮教，依舊策束着婦女，因此在一九〇九年三月八日，美國芝加哥的婦女，爲要求男女平等，舉引了一個擴大的婦女運動聯合會，次年，即一九一〇年，國際社會主義婦女在丹麥開會，由德國女革命家蔡特金女士提議，規定三月八日爲國際婦女節，經大會議決通過，於一九一一年三月八日，全世界婦女都舉行了盛大的熱烈慶祝，中國是在一九一二年才開始舉行紀念的，

三八婦女節，是全世界婦運史上一個劃時代的產物，它的特徵不僅是全世界婦女力量大聯合的團結表現，也同時是全世界婦女用集體的行動去鬪爭而爭取做人應有的權利，地位，自由的一個光榮的節日，在三八節以前的婦女運動，是分散的，局部的，力量是微弱的爲德國法國等的婦女運動，三八節後，婦運由分散而統一，局部而整個，全世界男婦女大聯合的力量，她們緊緊的團結在一起，她們曾發出過堅强的吼聲，她們也貢獻過偉大的力量，

由於歷史的證實，三八婦女節，對世界的婦女運動，有着不可磨滅的推動性與啓導作用，

紀念三八婦女節，一方面是要慶祝，一方面是要檢討，慶祝的是從一九〇九年乞今，我們婦女運動究竟成功了多少？檢討的是還有多少尚未做到以後應該怎樣來做，而最重要的是要以行動效果紀念，更要行動來作爲今後努力的目標，

第一參加建國工作：國家是我們大家的，也因爲我們都是國家的主人，所以每一個人都應該負起國民的天責與義務，當然婦女同胞也不能例外，

在三民主義的新中國裡，權利和義務是均等的誰在建設中多盡了一分義務，誰就多享受一分權利，爲了國民的義務，他爲了本身的權利，婦女除了和男子們並駕齊驅共同擔負起建國的責任外，再沒有第二條路可走，

由於婦女的天賦能力與德性，除了積極參加復員工作外我認爲對教育，救濟，生產等事業尤應普撰與視重，

今日中國的勝利，是基於中國民族精神教育的成功，日本的失敗，是因於民族精神道德教育的破產，因此，我認爲當前的教育特性，必需是應該建國性的，民主性的，不管是家教，學教與社教，都應該本着這兩個原則爲目標，而救濟事業如果善恰施行，在消極方面至少直接間接能帮助解決部份之民生問題，至於生產事業，實爲當前最適切主要的課題，當饑餓之慌，普遍侵

28

入到全世界的每一角碼時，爲了保障人類的生命不被剝奪，生産事業，實在是唯一戰鬭的武器，而且，又僅要注重一般社會需要的生産，更要着重於食糧的生産，要把已有的未墾的慌蕪的都加以改良與墾植，俾使中國的原野無寸地之荒，不僅男子要下田畯，女子也同樣要下田畯，我們今後的口號，應該要做到「婦女下田畯去」

第二，實施憲政運動：欲建國成功，一定要全民總動員，要全民總動員，就應實施民主政治，要奠定民主政治，唯有實施憲政，

憲政，是國家根據一種憲法，實行民主政治，憲政運動是發動全國的人民，一致來推行民主的政治的一種運動，憲政中的憲法，是根據三民主義的理論，全國人民的生活要求而訂定的，所以在其本質上也一定是保障男女在政治，經濟，法律，生活上一律平等的，

實施憲政，利益既是屬於全國的人民，當然婦女也不能例外，但是我們如何來爭得這些應得的權利，首先應該先支出我們應盡的義務，我們佔有全人數二分之一的婦女，必需要和男子同樣的成爲憲政運動中主要的骨幹，

我們婦女，過去很少關懷國家大事，尤其很少關心政治問題，簡直可以說對政治不感興趣，怕談政治，不愛談政治，卽使有，也是不多，而至這不多的裡面，還有一部份人，往往在幹的起頭是轟轟烈烈，但到了某一個階段，卽是自己的地位有了，權利得了，以後便無下文，因此，在整個婦女運動中，少數的婦女似乎是解放了成功了，而多數的—廣大的婦女群衆，却依舊在水深火坑中，這種以職業性作出發點的工作者，實在是錯誤的，

中國的婦運歷史，一大半是爲參政運動而鬭爭，但現在實施憲政，正是完成參政運動的最好良機，我們切不可輕易的放棄這個機會，要緊緊地抓住宅，不僅是知識婦女，更尤其是勞動婦女大衆，抓住還不够，更要脚踏實施的去實踐，要切實，要正面，因爲這不是賺「名」賺「利」的職業，而是一件應該要做偉大的事業，也是與我們切身利益相關的事業，

我們不僅要創造起一個民主自强的新中國，並且更要促進世界民主，和平的大同，

第三，協力同心團結一致，「團結卽力重，分散卽滅亡，」這是一句至理名言，我們應該深深的愼記着，這次世界大戰民主國的勝利，是因爲民主同盟團結的××縮小來講，我們婦女，如果要求眞正的解放，不落後在時代的後面，就應要加强本身的力量，促進相互團結的必要，因爲個別的力量是有限的，在集體的場合下才能充分地發揮出各人的特長，才能共策共勵收到充實本身的效果，如何來鞏固團結，持久團結我認爲首先每一個人應該要有「捨己爲群」的精神，做事要抱非爲個人而爲大衆的福利，因爲這是一件事業，我們要把「愛事業的心」勝過於「愛自己的心，」其次要「去虛爲實」凡事少求表面注重實際，要實幹硬幹與苦幹，實事求是安步就排，如果誰能本着這個原則去做，誰就是對婦運工作，建設工作貢獻最大，功勞也最大，也就是說，誰做了實際的工作，誰就盡了國民的義務，最後一點是「力量集中」，工作的意志要集中，力量也要集中，三八婦女節是因爲全世界婦女力量的大聯合，大集中，然後才使全世界的婦女運動，有了飛速的進步，我們必須接受她們的寶貴經驗，繼續她們的精神更發揚光大，同時不僅是臺灣的婦女要團結，中國的婦女要團結，更要是促進全世界婦女的大團結，

爲了我們祖國的幸福自由，爲了全世界人民的幸福自由，讓我們向着我們的主義—三民主義與世界民主和平的目標，永遠邁進，

碧血忠魂••昭垂千古

三·二九舉義經過

▲本刊資料室▼

我國之國民革命火花，在 國父之精神灌溉之下，不斷怒放，而滿清之壓抑，也與日俱厲。然革命黨人，愈挫愈奮，最足以激起中國革命之高潮，形成武昌起義之成功者。民元前一年三月二十九日廣州之役，最足激起中國革命高潮，造成武昌起義的勝利。

決圖再舉

本來在民元前二年廣州新軍舉義失敗後，本黨同志，決圖再舉。是年十月 國父在英屬庇能召集黃克强，趙伯先，胡漢民，鄧澤如等，密商再舉計劃，決議要在廣州作破釜沉舟之舉。廣州一下，即以黃克强率一軍出湖南，向湖北進取，趙伯先統一軍出江西，直趨南京，餘均留粵作後援。待南京武漢攻破後，即會師北上，直搗幽燕。

大計既定，即設統籌部於香港跑馬地，主持一切。廣州方面，也分設機關。仙湖街治平醫院，及小東營蓮塘街，均與舉事之目的地接近，都設有秘密機關。此外如槍彈之調配，同志之招集，也朝夕經營，定期大舉。

直撲督署

發難的日期，原定於三月十五日，後因軍械款項，一時未能到齊，加以溫生才刺孚琦事件，適於此時暴發，清吏戒備，異常嚴密，要等其防備稍懈，俾易着手，故展期至二十九日。到了那一天，由黃克强負責指揮，令姚雨平率衆攻小北門，佔飛來廟，延綏防營及新軍進城；陳炯明攻巡警教練所，胡毅生以廿餘人把守大南門，克强自已則率衆進攻兩廣總督署。當出發前，黃招集同志，慷慨陳詞，衆益鼓舞，當時朱執信本任他務，聽說要起事就剪去長衫下截，爭先加入，不聽別人的阻止：白髮蒼蒼之譚人鳳，也鼓其餘勇，以殺賊爲快。至下午五時三十分，黃率百餘健兒，在角聲嗚嗚中，出小東營直撲督署。

防營誤會

戰幕既開，黨人以一當百，勇猛直前銳不可當

，既入督署，大事搜索，祇以清吏有備，早已跑開，乃火焚督署而出。在督署死難者有杜鳳書，黃鶴明，徐廣滔，徐禮明，諸列士。出督署轅門，遇李準大隊，林時爽劉元棟林尹民等先後犧牲；黃亦負傷，斷兩指。黃乃就所部分爲三路，以徐維揚率數十人出小北門，擬與新軍接應：以川閩及南洋同志往攻督練公所，自率方聲洞，羅仲霍與朱執信等出大南門，擬與防營接應。調遣既定，分途應敵。黃所部行至雙門底，即遇溫帶雄所領之防營數百人，溫部本係响應黨人的，其任務係直趨水師行營活擒李準。但欲避免入城及進攻提署之阻礙，在未至水師行營前。決定不掛白布。時黃與方聲洞行最先，見該部無暗號，即舉槍相向，聲洞一槍先把哨官溫帶雄打死，隊兵死亡十餘人：防營還擊，方亦殉難。黃且戰且前，四顧所部，不見一人，乃破門入一洋貨店，從店內出兩槍，左右射擊，復斃防營七八人後，改裝他逝。

往攻督練公所之同志，爲劉梅卿，馬侶，及川閩志士。行至蓮塘街發現負責進攻督練公所及堵截觀音山防營之饒國樑，熊克武，但懋辛，羅允等同志，正與防軍酣戰也就加入廝殺戰況激烈，相持至深夜，革命同志終以衆寡不敵，且戰且走，馬侶陣亡，饒國樑迷途被執，餘衆也就失去聯

絡，無法支持。至擔任進攻小北門任務的同志，退至高陽里口一間米店，以米袋作壘，與敵作殊死戰，竟支持一日夜之久，可是結果也因爲衆寡懸殊，外援斷絕，先後潰敗。

九死一生

此役因姚，陳，胡等三路未能如期發動，而進攻督署之同志，又與防營發生誤會，自相殺傷，以致慘淡經營之舉義計劃，功敗垂成。綜計此次死難同志，計有方聲洞，杜鳳書，林尹民，徐培添，劉元棟，徐東雄，石德寬等數十人，同志被捕者，有饒國樑，宋玉琳，林覺民，李德三，陳更生，劉亦符，徐廉耀，李雁南等數十人。生還者，爲數甚少。黃克强，朱執信等，雖獲脫險，但也滿身創痕九死一生了。

從容就義

同志既繫獄，淸吏嚴厲鞫訊，以期一網打盡。但是出於意外的是諸烈士皆慨慷自承，高譚革命，力祇淸室，慷慨激昂之氣象，雖喪心病狂之淸吏，也多爲之動容。就義時，諸烈士皆言笑自若，引頸就戮。李雁南烈士於臨刑之際，且請求劊兵彈從口下，張口飲彈而死，其視死如歸從容就義的精神，足與日月爭光，永垂不朽。

這一次的失敗，是因事前守密，各自部署，不相告聞，故死難同志的確數也就無從知道。事後潘達微同志始檢收諸先烈遺骸，得七十二具，叢葬於黃花崗上，從此黃花崗上，永爲諸先烈埋骨之所，碧血忠魂，與民國史乘，昭垂千古。

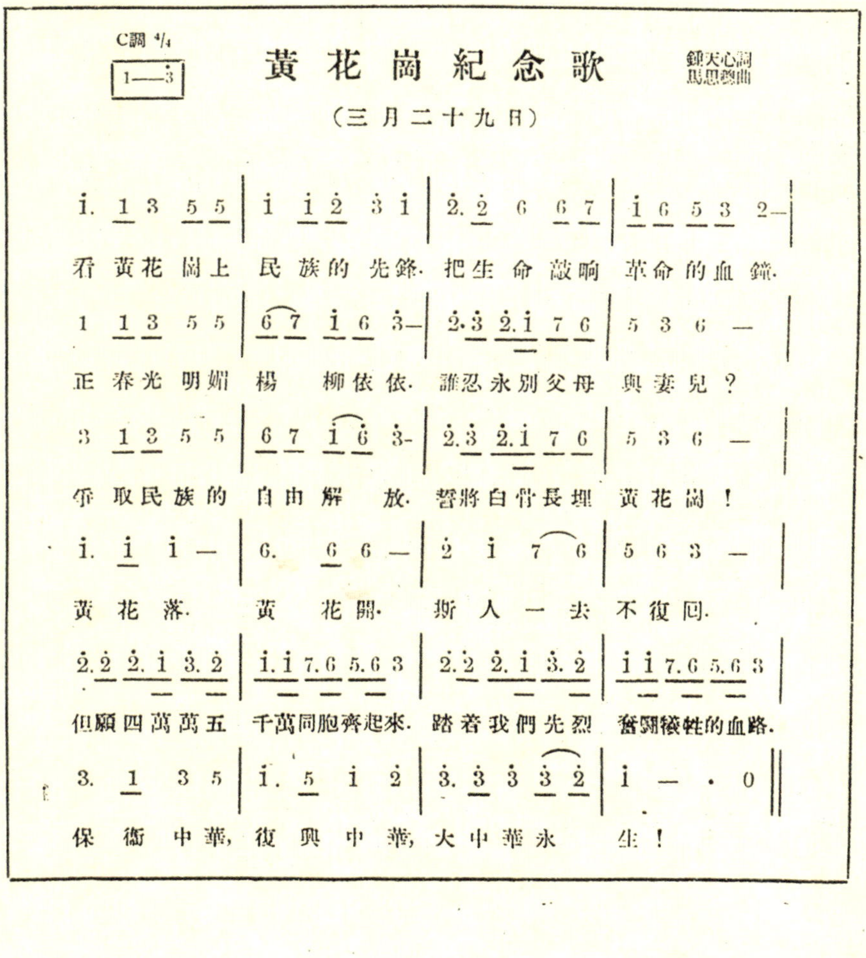

黨義淺說

關於三民主義的原理

瑞成

我們知道三民主義是 國父孫中山先生所手著， 國父在三民主義第一講中開宗明義的就說：「主義是一種思想；一種信仰；和一種力量」。又說：「大凡人類對於一件事情，研究其中的道理，最初先發生思想，思想貫通以後，才起了信仰，有了信仰，便會生出力量。……」根據以上這幾句話，我們要徹底明瞭三民主義，必先尋覓出 國父思想的出發點是什麼？換句話說：就是尋覓出三民主義的「原理」或其哲學基礎。什麼是三民主義的原理或哲學基礎呢？是所謂「民生哲學」。我們大家要知道，無論什麼主義，都有一種哲學思想做基礎。而三民主義的哲學基礎爲「民生哲學」。我們可以參考戴季陶先生有一本專著，闡明的很是詳細，凡是親承 國父教訓的人，都承認他這本著作能眞實表達 國父思想學說的全部精義，對於這一點， 國父遺教本子文中，也有很多次的指示。他說：「民生爲歷史的中心」；又說：「社會問題是歷史的重心，而社會問題又以人類生存問題爲重心，民生問題就是生存問題」。又說：「民生爲社會進化的重心」。又說：「建設之首要在民生」。所謂「民生」，依 國父的解釋就是：「人民的生活，社會的生存，國民的生計，羣衆的生命」，這比我國通常所說的國計民生的「民生」要廣義得多哪，所以 國父研究社會進化的定律，認定人類求生存的意志和努力足以推動社會的進化，而中外古今所有的革命事業，唯有依於人類求生存的天性而出發，才能够解決當前的問題，增進人羣幸福，促進世界大同。 國父革命的動機，是不但在救中國，還要救全世界人類，他是要根本除去足以妨礙人類生存的一切不良勢力和現象，要剷除社會上的不平，要建設民有民治民享的新國家，進而建立和平共存的大同世界。

中外哲學史中，有兩個最重要而最有力的學派，其一是唯心史觀，其二是唯物史觀。持唯心史觀的以爲歷史爲人類有意識的一種精神創造。一部歷史，就是精神活動史。持唯物史觀的意見，恰好相反，以爲一部歷史的變遷演進，完全依經濟的生產方式而轉移，某一時代的經濟制度變更，或生產方式變更，歷史亦隨之而變，人類的活動，完全受經濟的支配。這兩種學說，都可說是一偏之見，不能够概括人類全部歷史的眞實的意義。因爲人類全部歷史卽是人類爲生存而活動的記載，不僅是物質，也不僅僅是精神，所以惟有以「民生哲學」爲基礎的民生史觀，或以民生史觀爲出發點的民生哲學不偏於精神，亦不偏於物質，唯有精神與物質求並存，才能說明人生的全部與歷史的眞實意義。 國父的民生哲學就是認定「人類求生存」爲社會進化的根原；換句話說就是「民生爲歷史的中心」。

我們更要知道： 國父的基本思想，是淵源於中國正統的政治思想和倫理思想。 國父旣認定了「民生爲歷史的中心」，便根據這個思想指出我國固有的「天下爲公」的思想爲改造社會的基本法則，與實行革命的最高思想。因爲人類的生存最大的保障，是在全體的生存，不在部份的或個人的發展。 國父承繼了中國固有的正統思想，認定利他是革命的本務；仁愛是救世界的基本。利他和仁愛的極則，無這於天下爲公。我們看禮運大同篇說：「大道之行也，天下爲公，選賢與能……是謂大同」。這實在是我們中國一種最完美的最高尙的政治思想和倫理思想， 國父生平遇到有什麼人請他題字的時候，一提起筆總是寫這幾句話。可以說：這幾句話，就是 國父在實行革命中的最高理想。惟其如此，所以他創造三民主義，是以民生哲學爲基礎，是以人類全體幸福爲依歸，而終結理想，是「世界大同」。我曾聽說於民國十年 國父在桂林時，共產黨第三國際有個代表叫做馬林先生，曾經問過 國父：「孫先生的革命思想基礎是什麼？」 國父答覆他說：「中國有一個道統，堯、舜、禹、湯、文、武、周公、孔子相繼不絕，我的思想基礎，就是這個道統；我的革命就是繼承這個正統思想，來加以發揚光大的」。那位馬林先生不明中國政治思想的歷史，自然不大明白 國父答語的意義，馬先生再問 國父， 國父仍然是這樣答覆他，實則 國父當時的意思就是說：三民主義是以我中華民國固有的「天下爲公，世界大同」的倫理思想與政治思想做基礎的。

歷史講座

中國歷史上的民族戰爭（續完）

蕭　凌

七、中倭第一次戰爭

日本開國的歷史，沒有可靠的記載。不過它在文化上是中國的子邦，它的開化完全是由于中國文明的輸入。最明顯的例子，就是日本人進化歷程裏面缺少銅器時代。那是因爲他們滯留在石器時代，已經從中國輸入鐵器了。東漢光武帝中元二年（公元五十七年），日本遣使來獻方物，光武帝封它的酋長爲「委奴國王」，是爲日本和中國直接交通之始。中國和日本第一次武力接觸，却是唐高宗龍朔三年，公元六百三十六年的白江口之役。

本來，朝鮮半島上高麗，新羅，百濟三國鼎立，高麗，百濟連兵侵略新羅，新羅向唐朝求救，高宗詔遣蘇定方，薛仁貴率兵攻高麗，擊潰高麗的軍隊，又轉師攻百濟，百濟王義慈降，唐朝把百濟的故地改爲熊津都督府。

百濟被滅以後，它的舊將福信和僧人道深密謀復國，起兵據周留城，把故王的兒子丰璋從日本迎回來即位，並且向日本乞援。日本齊明天皇以阿曇比羅夫爲大將軍，阿部比良夫副之，率船師百艘，兵五千，渡海救百濟；齊明天皇自己帶兵駐屯在筑紫，遙爲聲援。福信帶着百濟和日本的聯軍，把唐將劉仁願圍困在熊津；唐以劉仁軌爲帶方州刺史，發新羅兵救仁願，破百濟兵，解熊津圍。之後福信的軍隊轉移陣地，勢力格外猖獗。唐朝更調動登，萊，青，淄等州的軍隊，浮海增援。恰巧福信專權殺道深，丰璋怕福信反叛，又殺福信。劉仁軌乘百濟內亂，擊敗它的軍隊。丰璋再請救於日本，日本派前將軍上毛野稚子，後將軍阿部比羅夫率二萬七千人赴之。唐軍和新羅合師，分水陸兩路迎擊。劉仁軌率水師自熊津入白江（今忠淸南道錦江），遇日本兵於白江口，四戰皆捷，焚其船舶，烟燄灼天，海水皆赤。百濟王丰璋脫身奔高麗，餘衆皆降。唐朝詔派仁軌爲檢校熊津都督，守百濟；仁願等班師還朝。仁軌撫循勞徠，流亡皆集，百濟於是完全平定。

白江口之役是中國民族史上光榮的一頁，自此以後，日本有九百多年不敢對朝鮮懷什麼野心。而且懾于唐代的聲威，連年派「遣唐使」朝貢。帶着學生和僧侶到中國來學習，之後模仿唐朝的文物制度，造成文化革新。這樣，一個猿猴樣樣的日本，才濡染到優美的文化。

八、南宋抗金

宋朝一代，是和外患相始終的，當北宋興盛之世，遼和西夏就掘起在北方。宋朝因爲厲行中央集權，地方兵力很弱，不足以抵禦強寇，終於締結屈辱的和約，每年輸納多量的絹銀給遼和西夏；然而遼和西夏還是不斷的來侵擾，宋神宗鑒於國家積弊的深厚，任用王安石做宰相，變更法制，希望用新政來達到富國强兵的目的，但是舊黨多方阻撓，王安石的政治理想不能實現，國家越發衰頹。之後宋朝雖然用『以夷制夷』的政策，聯金滅遼，但是這種形勢不能『操之在我』，結果遼被滅，而代替遼和中國接壤的，却是更殘暴更貪婪的金。接着金兵南寇，奪取黃河下游，擄走徽宗，欽宗，樹立傀儡組織，先後立張邦昌，劉豫爲帝。康王構棲皇皇的避兵南下，在臨安即位，宋代僅能保持偏安的局勢。

南宋抗金，有許多可歌可泣的事蹟，在民族史上足以光輝百代，値得我們唏噓感歎：

(一) 宋高宗建炎四年（公元一一三〇年），金兵渡江南寇，屠明州（今寧波縣），高宗奔溫州避難，兀朮自率兵焚掠臨安（今杭州），連破平江（今吳縣），擄獲金帛子女無數，因輜重不便遵陸，乃由大湖趨鎮江，時韓世忠方在鎮江駐紮，金師至江上，世忠先以八千人屯焦山寺，兀朮欲濟江，先遣師通問，且約戰期，世忠許之，遣兵伏金山，俟兀朮至覘形勢而執之。兀朮至，伏起，跳而免，乃與世忠接戰江中，韓夫人梁紅玉親執桴鼓助戰，敵終不能濟。兀朮懼，請盡歸所掠以借道，不許：世忠循此岸，兀朮循南岸，且戰且行，兀朮偷挖老鸛河以通秦淮，遂趨建康，（今南京），又被岳飛邀擊大敗，復謀北渡，與世忠相持於黃天蕩。時金援將搭葉至，軍江北，兀朮壁勢漸固；而世忠以海艦泊金山下，監視金兵，兀朮窮蹙，祈請甚哀，世忠曰：『還我兩宮，復我疆土，則可以相全！』兀朮不得已，乃募人獻破船之策，有奸民閩人王姓者，教以破之法，兀朮俟風止時，以小船出江，世忠絕流擊之，海船無風不能動，兀朮令善射者以火箭射世忠海船，烟燄蔽天，宋師大潰，兀朮得以逃去，此役韓世忠以八千人拒兀朮十萬之衆，凡四十八日而敗，然而金人從此不敢再渡長江。

(二) 關陝一帶，久爲金人所注意。金人擬由陝入蜀，扼長江上游，使建康，臨安失其所以爲固，而宋將自亡。初，高宗以張浚爲川陝宣撫處置使，治兵興元，（今陝西南鄭縣）以圖中原，建炎四年，張浚使部將劉錫，劉錡，吳玠等率兵四十萬與金人決戰於富平（陝西富平縣），敗績。金師乘勝而進，關陝大震。張浚退兵，遣吳玠守和尙原（在陝西寶雞縣西南，大散關之東）。以拒金，吳玠積粟繕兵，列栅爲死守計。金將默呼等攻之不克，於是兀朮會諸帥師，率兵十餘萬進攻和尙原。玠和弟璘選强弩，命諸將分番迭射，連發不絕，繁如雨注，叫做「駐隊矢」。金人稍却，則以奇兵旁擊，絕其粮道，兀朮大敗，中二流矢，剃鬚而遁。吳玠慮金人必復深入，且其地去蜀遠，餽餉不繼，乃命璘別營壘於仙人關右，（在陝西鳳縣西南），名殺金平。紹興四年，兀朮果率步騎十萬，由和尙原攻仙人關，吳玠派萬人守殺金平以當敵衝，吳璘自別路入援，致書謂『宜修第二隘，示必死戰，然後可以必勝！』抵禦頗力。兀朮攻戰不利，率師宵遁，中途遇伏，又大敗，此役金人自兀朮以下，皆携妻孥來，以爲仙人關破而蜀地可圖，想長久住居，幸虧吳玠，吳璘極力扞衛，蜀地才免被金人蹂躪。

(三) 宋高宗紹興六年（公元一一三六年），岳飛進軍河南，敗僞齊劉豫的兵，恢復襄陽一帶地方，因上奏：『金人所愛，惟子女玉帛，志已驕惰，劉豫僭僞，人心終不忘宋。如以精兵二十萬，直搗中原，恢復故疆，誠易爲力』。之後岳飛親見高宗，陳述恢復的策略：『金人所以立劉豫，蓋欲荼毒中原，以中國攻中國，彼得以休息觀釁。臣願陛下假臣日月，提兵趨京洛，據河陽陝府潼關，以號召五路叛將，叛將既還，遣王師前進，豫必棄汴而走河北，京畿，陝石，可以盡復，然後分兵濬滑，經略兩河，如此則逆豫成擒，金人可滅』。高宗面諭道：『中興之事，一以委卿』。不久，劉豫爲金人所廢，岳飛和韓世忠奏請乘機恢復中原，高宗掯拒其議，擬與金人媾和。紹興十四年，和議決裂，金兀朮自黎陽趨河南，薩里干出河中趨陝西。兀朮既入汴，連下諸郡，河南州縣全史；而陝西州縣亦多迎附於薩里干。未幾，薩里干爲吳璘所敗，而劉錡亦大敗兀朮兵於順昌（今安徽阜陽縣）。金兵有「拐子馬」，三騎並馳，専以攻堅，戰酣然後用，至是亦爲劉錡所破，兀朮平日所恃以爲强者，十損七八，急還守汴京，岳飛平素本以恢復中原自任，此時遂大舉北上，敗金人於京西，蔡州一帶州縣，於此盡復，捷報日數至，宋人氣勢大振，岳飛自駐偃城，命諸將分道出戰，兀朮以「拐子馬」萬五千來，岳飛設計破之，兀朮合師十二萬，次於臨

34

穎，又爲張憲所破，兀朮夜遁。遂連敗金兵。懷衞諸州恭復，岳飛進軍朱仙鎭，距汴京四十五里；兩河豪傑，亦率衆歸附。兀朮欲斂軍以抗飛，河北無一人應者，金兵多欲投誠。飛大喜，諭其下曰：『直抵黃龍府，與諸君痛飲爾！』方指日渡河，而秦檜欲劃淮水以北地與金和，乃先調回張俊，楊沂中，而後上言飛孤軍不可久留，飛一日奉十二金牌，乃憤惋泣下，東面再拜曰：『十年之功，廢於一旦！』自偃城引兵而還。

（四）高宗用秦檜主和，以爲半壁東南，可以長玆無事，不謂完顏亮即位，銳意南侵，昔日和議，全不可恃，紹興三十一年（公元一一六一年），金主亮發兵汴京，衆六十萬，號百萬，氈帳相望，聲勢絕盛，金兵既渡淮，劉錡扼之，其將王權軍潰，錡引還揚州，金兵破揚州，將渡江，錡敗之於皁角林（今江都縣南），金兵轉趨瓜州，亮築臺江上，自披金甲登臺，殺黑馬至，誓以明日渡江，先進者與黃金一兩，先是宋聞王權之敗，御駕親征，詔葉義問督視江淮軍馬，虞允文參謀軍事。允文奉命犒師，至采石（今安徽當塗縣西北），見敵騎充斥，軍士星散，允文遂立召諸將，勉以忠義，諸將願決死戰，允文乃命諸將列陣，伏船七寶山後以待金師；亮遣戰艇數百艘渡江而來，宋軍力戰，以「霹靂炮」射敵，砲以紙爲之，而實以石灰硫黃，墜水中，硫黃得水，火自跳出，其聲如雷；紙裂而石灰散爲烟霧，眯其人馬之目，遂壓虜船，人馬皆溺，大敗之。其後金之內訌又起，江南始告安綏。

在「采石之捷」以後的一百多年，南宋終於滅亡，可是這些轟烈烈的戰績，永遠活在我們民族的心靈裏面，鼓勵它，振奮它，使它能夠秉承這種精神，向着復興之途邁進。

九、明倭朝鮮之役

倭寇之亂，在明朝初年就已經猖獗；日本自從和元交兵以後，禁止人民和中國交通，於是本來以海上貿易爲生的高賈，就流爲海盜。接着日本國內有南北朝的對峙，北朝并南朝，南朝的遺臣也流亡出來和海盜會合。他們以中國海面上的島嶼的根據地，「飢則入掠，飽則遠颺」，中國沿海的奸民，又假冒他們的旗幟，到處刧掠，當時明朝邊防廢弛，「船敝伍虛」，意使倭寇縱橫千里，如入無人之境，沿海各地，沒有一處不被它蹂躪。倭寇甚至溯江西上，直抵南京近郊，明朝也無可奈何。直到胡宗憲總督浙江軍務，捕殺奸民徐海，汪直，倭寇失掉了內應的耳目，勢力才漸漸衰微，於是轉掠閩廣。其後俞大猷，戚繼光連年征剿，爲患二十多年的倭寇終於蕩平。

倭寇侵擾原只是一種盜賊行爲，算不得是日本國家的舉動。明神宗萬歷二十年（公元一五九二年），日本豐臣秀吉已經征服國內的六十六洲，遂促令朝鮮入貢，而且使之爲伐明的嚮導，朝鮮不從，秀吉見朝鮮無備，就起兵入寇，以加籐淸正，小西行長爲前鋒，由對馬島渡海逼釜山鎭。當時朝鮮承平日久，兵不習戰，都望風奔潰，國王李昭也放棄了京城逃亡到平壤。

朝鮮本是明朝的外藩，這次遭受日本的侵略，就急急的向明朝請救。明朝的廷議以爲『朝鮮爲國藩蔽，在所必爭』。先遣游擊史儒等率兵救朝鮮，儒戰死；副總兵祖承訓出援，又敗；明朝乃以宋應昌爲經略，遣李成梁之子如松，如柏，如梅並率師援勦。如松督諸軍進戰，大捷於平壤，淸正，行長先後遁，朝鮮所失反的四道完全恢復。既而明軍輕進遇伏，大敗於碧蹄館（朝鮮漢城西）。這時雙方疲竭，日本的士氣尤其沮喪，明朝差人招撫，封秀吉爲日本國王。秀吉不受，反而派淸正，行長再發兵十四萬攻朝鮮，明神宗萬歷二十五年（公元一五九七年），再以尙書邢玠總督薊遼，麻貴爲備倭大將軍，發兵救朝鮮，明軍先勝後敗，還漢江而守，次年豐臣秀吉死，日本兵歸必甚切，加籐正淸發船先走，明將鄧子龍陳璘乘勢邀擊，焚其船，大勝；劉綖又大破小西行長，於是朝鮮境內的日本兵全數敗退。

神宗萬歷二十七年，明朝以平倭詔告天下，又敕諭朝鮮王李昭：『惟王雖還舊物，實同新造，振凋起敝，為力倍艱；倭雖遁歸，族類尚在，玆命邢玠振旅歸京，量留萬世德等分布戍守，王宜臥薪嘗膽，無忘前恥』。這次明朝援助朝鮮，前後七年，喪師糜餉，終於獲得最後的勝利，保全了朝鮮的獨立。從此朝鮮深深的感激中國，其後雖然受滿清的兵力挾制，朝鮮的人心始終是向着明朝，滿淸入關，朝鮮還「訓卒萬兵，欲伺其後；」建造「大報壇」，以太牢之禮祭明神宗。終李氏一朝，沒有奉用滿淸的正朔，中國民族的厚澤深仁，永遠留存在朝鮮民族的記憶裏面。目前朝鮮雖然擺脫了日本的統治，我們堅信朝鮮一定能夠站在平等的基礎上和中國民族互相提携，而這種歷史的事蹟，將成為兩個民族合作的基礎。

十、結　語

孔子說：「告諸往而知來者」我們廻憶過去的史實，越發增加我們的信心。中華民族八年來艱苦漫長的抗爭而獲得最後的勝利，這正證明中國歷史上歷次正義的抗爭一定得到勝利一樣，今後中國仍須要建設，需要建設一個三民主義的新國家，循着歷史的軌道，我們堅信中國的前途是輝煌燦爛的。(完)

「現代青年」觀後感

力行之

假使「忠言是順耳，良藥是適口」的話，那麼，一切魔惡當會容易的消逝。

在陌落的陷井中，常常張佈着美麗的僞架，裝映着極大的迷力。一個青年如果缺少了堅强的理智，往往會被誘引入「花天酒地，醉生夢死」的深淵，以至把整個人生極埋了悲恨的根苗。

社會上有為子兒的前途而晝夜變成牛馬苦力着的父母，不僅周世良。而一般求上進的青年，受到環境魔惡之迷惑，粉碎意志，違背了一切的願望，讓成了慘痛的結局的也不但周計春。

記得二月十九日夜晚，新民戲院放映着一段愛情的大悲劇「現代青年」，我看完了這一幕劇，心里却受了熱力的感動，他的內容是說明了周計春為前途懷着滿腔熱血，得到校長馮子雲之援助，苦口婆心爭取了父親之許可，痛別了未婚妻菊芬，到了繁華的北平去求學，他的父親周世良拼着殘軀餘力，終夜辛苦磨豆腐，把血汗換來的代價去給兒子求深造，他雖然感覺的風燭殘年，但為着兒子前途，他不得不稍儘父母培養的責職。

可是，周計春到了北平之後，却受到了外物的引誘，和肉的煽動，於是乎拋棄了未婚的妻子，忘記了父親的勞苦，便戀上了一個妖冶迷人的女子鳳儀小姐了。鳳儀小姐生性妖媚，而且因家教放縱所以行為浪漫，本着經濟能力，向周計春私情勾引，周計春因情感衝動，便沉落在狹女的愛情範子，雖經馮子雲的警告，但終遏制不了鳳儀的誘惑，把校長之忠言認為逆耳，終致父親之慘死，菊芬的自盡，及自投感化院的終結。

這故事給我流下心酸的眼淚，給上了深刻的印象，雖然故事中的構造，有似乎沒有怎樣接近事實，但是，在現實社會中，一般從家庭中奮鬪出來，眞正為前途為上進而抱着滿腔熱血的青年，可是受着惡劣社會的支配，環境的驅策，結果其理智終不能克復情感，不但不能爭取原目標去奮鬪，反而沉醉在婪淫的客地，任憑醜的播弄，墮落到懊恨的深淵，這是多麼地令人悲痛呀！

三，十，于區團部

36

關於中國文學（六續）

潘虹

第七章 隋、唐、五代的文學

（一）隋唐的文學

隋文帝纔周滅陳，統一了南北朝而爲君主；他因爲鑒於那個時候所有文章的淫靡，便想急圖改革。開皇（文帝的年號）四年，以詔命令那些在朝的或在野的文人們，應摒去淫靡的詞藻，宜求實用。故當時有泗州的一位刺史（姓名已不能記了）因上書過於華麗，因之而致獲罪。而李諤便稟承着文帝的意旨，力斥浮麗的文章，致受重用。他有一段排斥浮文的大略是說：「魏之三祖崇尚文辭，遂成風俗。江左齊，梁，其弊彌甚。競一韻之奇，爭一字之巧；連篇累牘，不出月露之形。積案盈箱，惟是風雲之狀，世俗以之相高，朝廷以之擢士；故其文日繁，其政日亂。良由棄大聖之規模，構無用以爲用也」。這一段說話是主張文求實用，已衝破了純文學的範圍以外。

與李諤同時的還有一位儒者王通，他篤守儒術，敎學於河汾地方。其著作的東西，多依照着經典，曾作中說一書，其中對於六朝一般文人們的批評很多，他有這麼一段批評說：「子謂荀悅史乎！史乎！陸機文乎！文乎！皆思過半矣。文爲文士之行可見。謝靈運小人哉，其文傲。沈體文小人哉，其文冶；君子則典。鮑照，江淹，古之狷者也，其文急以怨。吳均，孔奎古之狂者也，其文怪以怒。謝莊，王融，古之纖人也，其文碎。徐陵，庾信，古之夸人也，其文誕。或問孝綽兄弟，子曰：鄙人也，其文淫。或問湘東王兄弟，子曰：貪人也，其文繁。謝眺淺人也，其文捷。江總詭人也，其文虛；皆古之不利也。子謂顏延之，王儉，任昉有君子心焉，其文約以則。房玄齡問文子曰：古之文也約以達，今之文也繁以塞」。我們從這一段立論中便可以明白他是一反六朝。故隋初的文學，經過了這些人的提倡，似乎是可以矯正了以前缺點。

及至文帝的兒子煬帝弑其父而自立之後，矯淫日甚，流連於聲伎之中，一時的文人，於是乎又喜作艷詞，又何異於六朝時候哩！如煬帝的春江花月夜，又何異於陳後主的玉樹庭花。是以其淫亂的達於極點又一反六朝的面目了！

煬帝既喜於聲色，廣製艷曲，大開戲場；伶人的衣服皆爲錦繡，唱歌跳舞，多用着女人。那時候伶人的數目，多至三萬餘人；而善於管樂的約一萬八千餘人，徹夜的弦歌，聲聞於數十里。且張燈列炬，光燭天地，實亘古以來未有的奇劇，爲後世戲曲的先導。

律詩的體制是肇於沈約，然自陳以至於隋而薛，盧，孫，王等四人的製作更工。他們的作品，上則近于徐陵和庾信，下則可以開發於沈佺期與宋之問，故詩學的變遷，已稱紐於這個時代了。

王勃，楊炯，盧照鄰，駱賓王等四人，號稱爲唐初時的四傑，其實他們的作品，雖說是文學的傑出者，但還未能眞正的脫去了六朝纖靡的風氣。除了這四人以外，還有兩位齊名的作者沈佺期和宋之問。然以他們作品的風格來說，均不如陳子昂的卓然特出，玆再將上列這些人略述如下；

王勃六歲的時候，便能夠寫文章了，其構思絕無停滯，而且詞情爽適。他每當寫作的時候，必先之以狂飲，後則繼之以酣睡，酒醒則殿，故其寫出來的文章，不易一字，時人稱之為腹稿。他才十餘歲，便於朝中做了朝散的官，因回家省親，半途溺海而死。其所作的詩，大多近於樂府，其文則抗於六朝。滕王閣序是他的一篇名作，尤以最末的那首詩為最佳，可惜一代的才華，因遭物忌，他還不到了二十歲便死了，我們是應該來向這位唐代的短命詩人唏噓啊！

楊炯的文章，喜歡連用着古人的姓名，我們可以從他的作品中去舉出了一些例子來證明；例如：「張平子之談略，陸士衡之所記」；「潘安仁宜其陋矣，張長就何以知」？故在那個時代中他的作品却被一般人稱之為「點鬼簿」。

有一次，他听說有人號他為四傑之一，他便說：我愧在盧（即盧照鄰）前，恥居王（即王勃）後」，這可以證實他對於王勃的不服了。其實，若論及他的作品，的確是較之王勃為差哩！

盧照鄰的官爵，初拜新都尉，後則因為身罹疾病，便辭去了官職，休養於太白山中。及至病況日甚，又徙居於陽翟，這時他的手足攣曲，感到了萬分痛苦。他有一篇釋疾文序中有一段記載着：「余羸臥不起，行已十年。宛轉匡牀，婆娑小室，未攀偃蹇，掛一臂連蹉；不學邯鄲，步兩足蒲萄；寸步十里，咫尺山河。每至冬謝春來，暑蘭秋至，雲壑改色，烟郊變容，輒輿出戶庭，悠然一望，覆燾雖廣，嗟不容於此生！亭育雖繁，思以絕於後代！賦命如此，幾何可憑？」這不是他感到了病況的抑鬱，因睹物而興悲嗎？

他的結果終以不堪了疾病的痛苦，自投向潁水而死了，嗟嗟！曠代的逸才，天竟不假以康健的身軀，以致葬於江魚之腹，寧不令我們哀傷！他所寫的詩，宗於漢，魏，意象老境，實有超過的地方。

駱賓王的討武曌檄，大概我們多已讀過了；他這篇檄文是為徐敬業而作的。其文詞的華麗，為千古不朽的名著。當武氏讀完了這一篇檄文之後，她却不去多大的怪責，惟責以宰相不能攏為羅致的罪，深為咄咄不已。

後來，敬業因勤王兵敗，賓王也亡命他方，結果如何，我們更無從知曉。

唐初的文人，除了上面舉出的四傑之外，其次便要推之沈佺期和宋之問這兩人了。他們倆都工於詩歌，所以在那時候中的人都把他並稱為沈，宋。藝苑卮言中有說：「五言詩至沈，宋，始可稱律。律為音律法律，天下無敢於是者。知虛實平仄，不得任情，而法度明矣；二君正是敵乎。排律用韻穩妥，事不旁引，情無奈合，當為最勝。」

及到了唐玄宗的時侯，便產生了一位千古知名

的大詩人李白（即世稱為詩仙的李謫仙），他十歲時已通詩書，且性極倜儻，而又兼有俠義的行為。他在未遇的時候，很喜歡遊覽名山大川，流落於楚，漢之間，足跡所至，幾遍全國。他性好飲酒，常和朋友們縱酒酣歌，大有睥睨一世之概。

天寶（即唐玄宗年號）初年，因遊覽而至長安，與賀知章結識，因結為良友；知章見了他的文章，極為嘆賞，曾說他是一位仙才者。便想要把他荐給玄宗賜以官爵；於是奏於皇帝，得玄宗的同意，召命入宮暢論當世事，無不應對滔滔，深中時弊；玄宗也十分欽佩，曾親自調羹賜食，並詔命為供奉翰林學士。

但白雖然是得到了玄宗的恩遇，終因疎蕩性成，却不願以此自由的身軀，受到了那種官爵的羈絆，終日仍與那些酒友們，狂飲於長安的市上。

在一天的上午，是沉香亭畔牡丹盛開的時候吧唐玄宗正和他的愛妃楊玉環（楊貴妃）步履園中，覽賞牡丹的嬌艷，覺無以為樂，便召命翰林學士李白進園賦詩，時白因酒後醉臥花陰，為左右們所尋得，呼之不醒，乃以冷水澆其面始甦。左右們便把他扶至沉香亭畔見帝，帝命賦新詩以為樂。白即執筆立賦清平調三章以獻，帝和楊妃均皆稱賞。

玄宗見其才華如此，愈加寵愛，心想要給他一

個較大的爵位，卒因高力士(玄宗太監)要報脫靴的仇，楊國忠(玉環兄)爲復磨墨的恨，乃讒於楊妃，屢阻而不召見。這還是李白的時運不齊，抑也是他的不過明主？這確是值得我們代他惋惜啊！

從此以後，他愈日益狂放起來，和賀知章等八人，每日里沉於醉鄉之中，號稱酒中八仙。他們或遊遨於四方，絲毫沒有一些牽累，倒也快樂逍遙，不顧去受那頂汗臭的烏紗帽子所束縛。後來他因助永王璘事，以犯罪而長流夜朗。幸郭子儀以其官爵而贖其罪。他遇赦得還之後，這位千古聞名的大詩人便病死在途中了，怎不叫我們感慨唏噓！

後人有說他因老境的顛沛，不堪其痛苦，而自殺於江中，這是多麼荒唐的說法，其實以李白的那種豪放的個性，磊落的胸懷，曠達的人生觀，是絕不會因憂抑而自殺的。

如果我們談到了他的作品時，那麼我們就可以見出了他的爲人是多麼的豪放，多麼的不受羈束，胸襟又是多麼的空濶，多麼的轄達。其語氣的宏壯，實在是曠代無匹了。現在請看他的將進酒，短歌行，司馬將軍歌，憶舊遊等篇，便可以略見其「天馬行空」的大概了！

這里，我們再來談談關於他的寫詩的藝術吧！

他所具有的天才，正正有如他的性情一樣的放浪不羈。那些什麼音律呀，法度呀，一切都不能限制了他那枝豪放的筆尖，他運用了他的神力，摒絕去了一切的覊絆，御風而行，所以較之別的詩作家們遠勝一籌。因爲別的詩作家們的感情都沒有像他這樣的解放自由，故其詩作也就沒有他的生動活潑了。他的詩尤以描寫山水的爲最細緻。

他對於描寫山水方面的詩，都挾有一種變化神秘的境界，我們再看看他的：「孤舟一去迷歸年」，及「幾時可則三山巔」等詩句，和夢遊天姥吟留別一篇，也就是他用這種神秘變幻，煙濛微薄的筆法來寫，所以他寫詩的藝術，在唐代的詩人中，他却是首居第一了。

李白他不單是一位偉大的詩人，他對於論文的眼光也是很高。他對於辭賦派文學底批評從屈、宋，揚，馬四人起一直到了六朝爲止，都極力加以評擊。他竟以「清眞」兩字包括了唐代的文學。他的「清眞」也就是說：「明瞭」和「忠實」吧了。他的作品，的確是可以做唐朝文學中的代表了。

他的論詩有：「寄興深緻，五言不如四言，七言又其靡也」。然看到了他的作品，則又適得其相反。要是說到他的古詩則以憶舊遊爲最佳，五絕詩則以夜思及敬亭獨坐爲代表，七絕詩則以下江陵爲動人。

與李白同時的便是那位鼎鼎大名而被稱詩聖的杜甫了。

杜甫(卽杜工部一名杜少陵)年幼的時候，家很貧困，寄食於別人的家中，及長舉進士又不第，於是他的生活愈陷入於困頓顚連了！後來雖然献賦，而爲玄宗所器重，詔使待制集賢院，不久又遭到了安，史(卽安祿山，史思明)的亂變，逃走三川。他因終年奔波，幾歷險阻，嘗儘艱辛，以致家人星散，骨肉分離。隻影凄凉，弔者其誰。其處境如此，所以他的詩作，大都是描寫一生的遭遇，及當時那種兵慌馬亂的情形。

他的三吏，三別等詩，便是描寫戰時人民的痛苦，驚心動魄，眞够令人讀之淚下。兵車行一詩是揭發了戰爭的罪惡，我們讀他的：「生女猶得嫁比鄰，生男埋沒隨百草」。及「君不聞青海頭，古來白骨無人收，新鬼煩寃舊鬼哭，天陰雨濕聲啾啾」等詩句，的確是一首絕好的非戰文學作品了。

除此以外還有北征，羌村，前出塞等詩，都是一些充滿着反戰思想。尤其是他對當時的階級制度，深表不滿，我們再從他的一首率先詠懷詩中，就可以略見一斑了。

他的詩以格律來說，較之李白爲嚴；惟律詩的虛實平仄，尙有不調的地方，還算是仍有一小部份的缺點。

歷代以來，許多文人們往往都把他和李白並稱爲李，杜，其實這兩位偉大的作品，都各有異其趣的地方。現在還有人批評說：杜甫是具有北方文學的特性，李白則具有南方文學的特質；李白是一個富於才的人，而杜甫則富於學。李白是一位篤於倘者，而杜甫却篤性性，杜甫本着儒家的見地，李白則受着道家的影响；杜甫是具有入世的思想，而李白則抱着出世的胸懷。杜甫的作品是聖品，而李白的作品是仙才。杜甫的詩近於寫實，而李白的詩則近於浪漫。然篤實是注於時事，而浪漫便是樂於自然。所以他們倆的作品，都各有各人的特長。

然而在唐代的詩人中，能够描寫現實社會的情況，而注意到窮苦階級的民衆們，除了杜甫以外，那便要讓之於那位平民詩人白居易了。

白居易（即白樂天）是生長於山西的太原，官至左贊善大天，後因獲罪君主被貶至江州爲司馬，廬山的寄興草堂便是他隱居的地方。他所做的詩，明白如說話，老嫗都能理解。初期和元稹很好，每日里互相唱酬，那時候的人都稱他倆爲元，白；後來元稹死了，又和劉禹錫齊名，又被稱爲劉，白。其所作的詩多至數千首，是唐代以來所未有的多產作者。但他自從長安到了江西這三四千里的途程中，不論在鄉校，逆旅，行舟之中，往往都有他題的詩句。因之那時候中，不論是做官的，和那些平民們或是孩婦婦人，女子的口里都能吟誦着他的詩歌。

白居易的文學主張，我們可以從他與元九的書中略得到了他的端倪。他曾說：「國風變爲騷詞，五言始於蘇，李，蘇，李騷人，皆不過者，各繫其志，發而爲文。故河梁之曰，止於傷別；澤畔之吟，歸於怨思，彷徨抑鬱，不暇及也。然去時未遠，梗槪尙存。故無離別，引鳧一雁爲喻；諷君子小人則引香草惡鳥爲比。雖義類不具，猶得風人之什二三焉！於時六義始決矣！晉宋以還，及其益寡，以康樂之奥傳，多溺於山水；以淵明之高古，偏放之田園。江，鮑之流，又狹於世，於是六義浸矣！陵夷至於梁，隋之間，率不過嘲風雪，弄花草而已。噫！風，花，雪，月之物，三百篇之中，豈捨之賦？顧所用如何耳。設如：「北風其凉」，假風以刺威虐也。「雨雪霏霏」，因雪以愍征役也。「棠棣之花」，感花以諷兄弟也。「采々芣苢」，美草以樂有子也。皆興發於此，而義歸於彼，反是者何乎哉？唐與二百年，詩之衆者稱李，杜，李之作才已奇矣，人不逮矣！索其風，雅，比，興，十無一焉。杜詩最多，可傳者千餘篇，然撮其石壕吏，新安吏，潼關吏，塞蘆子，留花門，「朱門酒肉臭，路有凍死骨」之句亦不過十三四，杜尙如此，況不逮杜者乎？」

我們讀到了他這段說話，便可以明白到白樂天是一個爲人生而藝術的作家，故其所作詩，多爲社會鳴不平，爲一般勞苦的大衆們呼寃枉，他的作品有秦中吟中的輕肥，買花，新樂府中的賣炭翁，縛戎人，繚綾，杜陵叟等篇，都是代人家鳴不平的作品。如新豐折臂翁一篇却是描寫那些黷武主義者的卑劣，也是一種反戰思想的表現。所以現在有人說：他是一位偉大的社會詩人，足以和俄國的托爾斯泰比美了。

唐代是以詩而取士的，故詩人很多，分道揚鑣，各臻其極。而且還有專學陶淵明的田園派一類的人，先則有王維，孟浩然兩人，後則有韋應物和柳宗元玆再分述於下。

王維（即王摩詰）他也是生於山西省的太原中。他不但會寫很好的詩，而且也會繪很好的畫，一般的人都說他：「詩中有畫，畫中有詩」。他的詩以寫景的爲最佳，尤以所著輞川集爲其代表作。

他的詩集中大部是屬於騷人的高歌，少女的低吟；或則是描寫煙，雲，花，鳥，極盡能事，實在是一位東方的泰谷兒了。

要是我們讀到了他的渭川，田家寫詩作時，那麼我們一定不能辨別出這究竟是王維的作品呢？抑也是陶潛（即陶淵明）的作品了。其餘如山居秋興，春中田園，新晴晚望，山居即事，終南別業，輞川閒居等等，就沒有一首不臻於上乘。

的確的，每當我們讀到了他的詩集，只覺得有如清風的拂臉，香櫞的裊烟，足以沁人心脾，操釋矜平了。

孟浩然襄陽人，隱居在鹿門山，年至四十始游歷而到了京師，得以和王維交善，邀遊禁林，而與玄宗相遇。因為他的詩作中有：「不才明主棄」，玄宗聞後十分不滿，所以終未走仕途；去混得一個官場飯碗。

他的生性本來就很曠達了，他不以為沒有做得官為痛苦，倒以為還是：「沒官一身輕」的落無所掛念。他的確是一個無意於功名利祿的超人。他的詩意清和雅談。從他的許多作品中，我們就可以明白他確是一個富有田園樂趣的人；我們看他的：「我愛陶家趣，林園無俗情」以及：「開軒面南圃，把酒話桑麻，待到重陽日，還來就菊花」。等詩句時，那麼你就會覺到了身入蓬萊，絲毫沒有人間的塵濁氣了。

韋應物性很高潔，當他為官的時候，很喜歡和那些賓客們互相唱酬。其詩閒淡簡遠，所以有人把他來比之陶潛。他的全集中多是寄贈或則酬答等作品。他和陶潛類似的詩，如燕居即事，始夏南園思故里，又對新篁等作品。

柳宗元（即柳子厚）河東人，初為禮部官，後因犯罪，被貶為永州司馬，及後又移來柳州做刺史，他是一位陶派的田園詩人。韓文公（即韓昌黎一名愈）曾有說：「子厚斥不久，窮不極，雖有出於人，其文學辭章必傳於後世無疑也」他的描寫關於田園一派的詩，大都在永州時候所作；所謂永州八記，也是在這個時候。其作品簡潔嚴緊，為後世一般學者所宗。其有學於陶潛的詩，如：獨覺，溪居等篇，皆高雅淡

我們再讀他的：「曉畊翻露草，夜榜響溪石，來往不逢人，長歌楚天碧」時，也許你就會懷疑到是陶潛先生的作品哩！

此外，在唐代中還有被稱為邊塞詩人的高適，岑參，王昌齡等三人了。

高適（即達夫）生於滄州的渤海。起初的時候，曾在哥舒翰的軍中充任書記，過了幾年軍營中的生活，因之他的詩多是描寫關於邊塞這一方面的吟咏。如果我們讀到了他的：「校尉羽書飛瀚海，單于獵火照狼山」時，那麼你就會覺得這是多麼慷慨激昂的一位戰爭詩人啊！其他的古大梁行，薊門行，營州歌，送渾將軍出塞，登百丈峯等皆是他絕妙的代表作。其中尤以登百丈峯一首為特出。

岑參的邊塞詩較之高適為多。他曾做過了嘉州的刺史，後來辭了職隱居在杜陵的山中。當時因為中原大亂，況又久在西域一帶居住，所以他的詩都是吟着邊塞的情形。他對於寫詩的特長地方，就是詩骨的蒼老，才思的縱橫。其邊塞詩，對於時事，地理，人情，風俗都能够很忠實的描寫出來，假如我們若讀到了他的詩，那麼你就會覺得是身臨其境。

至於他的玉門關，函谷關歌，走馬川行，使交河郡，熱海行，輪臺詩，蓋將軍歌，赤驃馬歌等作，都寫得十分蒼勁，而其中則以走馬川行為最著，不愧是唐代亢高的戰爭文學了。

唐代的詩人，其姓名不大顯著的，前則有孟浩然，後則有王昌齡，他倆對於描寫邊塞的詩如：塞上曲，從軍行，及出塞等，也是幾首不可磨滅的佳作。

其次還有李頎，王翰，王之渙等，他們也是描寫邊塞詩的作者。因為他在當時的詩壇上並不佔重要的位置，且其作品又不多，故無復多述。

中唐時候的詩人，有一生潦倒，而形之於詩的苦吟詩人如：劉長卿，韓愈，孟郊，賈島諸人了。

劉長卿在兩唐書中俱無傳，及至明朝湯鐵題劉海洲（即劉長卿）的詩集序中有說：「凡其寫懷遺興，寄友送別，登眺山水，蕩泊客旅，罔不詩，詩罔不自悒悒者爲之」。又說：「長卿嘵世不如意，不覺過傷，猶屈平之離騷者歟乎

從這一段序中，就是訂明他確是一位苦吟詩人了。我們再讀他的：「啼猿客散暮江頭，人自傷心水自流；同作逐臣君更迅，青山萬里一孤舟」等詩句，這是多麼的傷感，多麼的酸楚。而我們又不能不驚嘆爲一首很自然很和諧的哀歌了！

韓愈則以寫文章的筆法來寫詩，所以他的詩都不爲一般人所歸讚。但他一生的處境與遭遇的窮苦，却也值得了我們的同情。他爲了上諫迎佛骨而被貶到潮洲爲刺史之後，愈時作哀聲；送窮一文這不過是一種假笑，其實他的悲哀已達到了極點了。

他的詩爲了文名所掩蔽，且他的道學氣重，因之缺乏閒散的趣味。其所作的詩多描寫陰濕之景，例如山石等篇類於苦雨淒風，有陰霾蔽天的氣慨。

孟郊是一位不遇的詩人，家里既很窮苦，老親又很高邁，所以多有咏歎命途多舛詩作。我們要是讀到他的：「影孤別據月，衣破道路風」的詩句時，也許你就會代他感慨唏噓，明白到他的痛苦是怎樣了。

明朝的錫滾庵把他的詩集編成十六類，關於他的詠懷一類的詩如：落第，失意歸吳，商州客舍，長安旅情，秋夕，貧居述懷，下第，東南行等篇，是描寫得多麼淒涼悲苦；讀之也會心酸淚滴。

他死後極爲蕭條，家無所有，看賈島哭他的：「寡婦無子媳，破宅帶林泉」的詩，我們便可知到了他的一生了。嘵嘵！一代詩人，落如此結局，怎不令人心酸哩。

賈島起初居住在法乾寺中做和尚，終日無可唱和的人，很感寂寞，及至後來，得和韓愈結識，乃還俗而舉進士第，一時的文名宏動京師。他的詩極寒苦，善以感情移人，且喜歡用「寒」字入詩，惟用法各有不同。例如：「斜日下寒天」是描寫天寒；「寒草煙藏虎」是描寫草寒。「寒衕陂水路」是描寫人寒，「悠悠帶月寒」是描寫水寒，「寒泉無定陌」是描寫泉寒。這都是叙述其身世的淒涼而苦吟的。

臨溪隱居詩話中有載着：「獨行潭影底，數息樹邊身」兩句。他的自註中有說：「二句三年得，一吟淚双流，知音如不賞，歸臥故山秋」。賈島眞世間的一位潦倒詩人啊。

唐代的唯美詩人在中唐則有李賀，在晚唐則有溫庭筠及李商隱。

李賀是中唐時候一位短命的唯美詩人，據傳中的記載大意是說：他的身體很瘦弱，指甲也留得很長。他不單會寫詩，而且也會寫很快的字；不過，因爲他的性情太過孤僻冷淡了，所以落落寡居，不能融合於那些庸俗的人們。然而他神經的敏銳更有異於常人。他又善感多愁，即是一件極平常的事，碰到了他却認爲是多麼了不起的事情；一件極平常的東西，他必認爲這中間含着幾許

淒涼的滋味。所以他對於宇宙間不論是一花，一草，一磚，一瓦，沒有一件不使他悽愴流淚，而發生了無窮的傷感！

他天才過人，七歲時便能寫詩，惟一生終未得志，故其詩中有：「我生二十不得志，一心愁謝如枯蘭」的詩句。

李賀的唯美詩，可說是李憑箜篌引爲代表，其中的：「江娥啼竹素女愁，李憑中國彈箜篌，崑山玉醉鳳凰叫，芙蓉泣露香蘭笑」等句爲最妙。

他因慣於吟咏美人，故趣於幻想天上的樂園。例如：仙人曲，神仙曲，夢天，天上謠等篇皆是天國的幻想。根据稗野史中有一段記載，其大意是說：當他臨死的時候，忽從白日之中看見一位緋衣的仙女，跡赤虬，持一版書，像古篆而成霹靂文：「當召長吉」（李賀名）長吉不能夠讀，乃下榻叩頭說：「家有老母，今且病」，不肯去；緋衣仙女笑着說：「上帝築成白玉樓，立召君爲樂，天上差樂而不苦也」。於是乎這位詩人便永遠的離開了這污濁的人寰，走向天國尋求快樂去了。

溫庭筠通曉奇律，喜歡寫華麗的詩句；他的行爲很浪漫，性又喜於冶遊，而且恃才傲物，故流落終身。但他的才思極盡綺艷，長於樂府，其詞句不分風雅，接軌齊景。所作的詩，多是描寫婦人閨女。我們從他寫的樂府綺曲卅三篇中，便可見其一斑了。其中以蘭塘，三洲詞，題分水嶺等爲最著。

李商隱的詩，每以花草來比喻女子，例如附荷。

42

花的詩中有：「此花此葉長相映，翠減紅衰愁殺人」又詠柳詩中的：「解有相思否，應無不舞時」。其在花下醉中則有：「尋芳不覺醉流霞，倚樹沉眠日已斜；客散酒醒深夜後，更持紅燭賞殘花」這些詩中可說是極盡綺麗綿密，淫艷輕浮的能事了。

他那些描寫戀愛的詩，大都標爲「無題」他能够從無中生有，虛妄造作，雖縮出女人的心里。現在且再出舉他的無題詩一首，便可以明白到了他的作風了。

「相見時難別也難，東風無力百花殘；春蠶到死絲方盡，蠟炬成灰淚始乾。曉鏡但愁雲鬢改，夜吟應覺月光寒；蓬萊此去無多路，青鳥慇勤爲探看」這是他描寫暮春的閨思，又是多麼的綺麗啊！

唐代的文學除了詩之外，就是小說了；（即所傳奇的）其體裁及形式，大部份是屬於短篇的創作，內容極爲豐富，後世的各種雜劇都有採取作材料。現在以蔣鑑璋先生在中國的文學史綱中一段關於叙述唐人小說來作參攷吧：

「陳鴻的長恨歌傳爲淸朝洪昇的長生殿傳奇所本。元朝的會眞記爲金董解元的弦索西廂，及元朝王實甫的西廂記，關漢卿的續西廂，明朝李日華的南西廂，陸采的南西廂等所本。白行簡的李娃傳爲元曲江池，明朝薛近袞的綉襦記所本。李朝威柳毅傳爲元尙中賢的柳毅傳書，及淸李漁的蜃中樓所本。蔣防的霍小玉傳爲紫玉釵所本。虬髯客傳爲明凌初成虬髯翁，及張鳳翼、張太和的紅拂記所本。此外尙多，不及枚舉。就中以長恨歌傳，會眞記，霍小玉傳，虬髯客傳爲最精采。近代的劇本多有取資。近人周樹人（即魯迅先生）有唐代傳奇集之編輯，以上所引，大都見於是集之中，可參覽焉」。

從上面所舉的這一段中，我們便可見得唐代小說的一大概了。

（二）五代的文學

本來詞的發展可以說是到了宋代，始造其極。然而在殘唐五代的時候如唐的溫庭筠以及南唐的李後主，兩人的詞，已成爲千古的絕唱了！所以我們確認爲殘唐五代中的詞，的爲宋詞中的先驅者了。

菩薩蠻，憶秦娥這兩首詞的作者是什麼人，到了現在仍是成爲一個疑問，然而無論牠是作於唐朝的李謫仙，抑也是作於溫飛卿（即庭筠），但我們可以決定這都是這個時代中的作品。

這兩首詞的格式和語調，長短都很自由，簡古可愛，堪稱妙作。

菩薩蠻一詞是描寫空虛的閨情，憶秦娥一詞却是描寫蕭條的愁思，是兩首誰都愛誦的作品。

五代中的文學，我們應大書特書的是南唐的李後主了。李後主是一位亡國的君王，爲一代的詞宗；他在中國的文學史上，已建築了不朽的偉業了。他的詞可以分成兩個時期。當地在來未亡國的時期中，我們讀到了他在宮庭的艷樂，和愛妃們在：「綉牀斜倚嬌無娜，爛嚼紅絨，笑向檀郎唾」的那種愉快生活，是多麼的婉麗多情，幾乎不覺得世間有悲苦事哩！

及至國亡被俘之後，其哀痛傷感，到也令人淚注了。我們如果讀到了他的：「獨自莫憑欄，無限江山，別時容易見時難，流水落花春去也，天上，人間」那種懷念故國的傷感，以及：「三十年來家國，五千里地山河」的憑吊，和：「如今歸爲桼虜，沈腰潘鬢銷磨，最是恰惶辭廟日，教坊猶唱別離歌，垂淚對宮娥」時的那種悲哀。從他的這些字里行間，我們便可以看出完全是充滿着淚和血了！

現在，我們要是讀到了他的全集，如：相見歡，子夜，臨江仙，浪淘沙，淸平調等的凄凉哀怨時，我們便會不忍再卒讀下去。王國維說：「尼采曾謂一切的文學予愛以血書者，後主之詞，眞所謂以血書者也」。

馮延已在南唐中主時官爲左僕射，陽春錄就是他的詞集。其詞細膩宛約，稱爲詞中的能手。所作蝶戀花，羅敷艷歌，虞美人，長命女等詞，尤艷麗動人。王國維曾有說他：「堂廡特大，開有宋一代風氣」。其價值如何，我們便可想見了！

其他則如韋莊的詞，昔人曾以他來比之初日的芙蓉，春日柳，我們便可以明白到了的風度了。馮延已和韋莊兩人較之後主爲先，而與後主同時的，則有顧敻，歐陽炯，毛熙震，李珣孫光向等詞人，他們的作品雖較之後主爲差，但我們却也不能不說他都是五代中的詞人啊！

（未完待續）

旅臺印象拾遺（八）

覺　訓

忠實勇敢的張華水同志，因他發現總會館被檢要拼上樓來，故先被監視於樓下，這時他也獲解脫鐵起來和我們湊熱鬧，充實我們受驚過的空虛心靈，他就要一直陪伴我到下船爲止，表示他對同志的懇切和誠意。我心感了他，同時對剛才這一夥兒受驚的同志，也起了無限的感激，要像我們這樣一條心共患難的同志，實在是不可多得的啊。「夜深了，你們回家吧。」我提醒了他們，并覺得不好意思讓他們再陪伴下去。「這一別，我們不知什麼時候再會見面？……」他們都戀戀地不大願意回去，最後還是我決意攆他們走。

晉祿把樓梯門關起來，空洞而靜寂的整座樓子裡，燃着二十幾盞明亮的電燈，還覺得處處有些陰影，尤其是會客室，晉祿索性把那最多光的一盞電燈，換進那不大寬敞的會客室裡去，讓我和張同志躺在沙發撓上談天。張華水同志，雖係打石匠出身，說話很有見解，認識也很堅定，他完全同意我們常委的決定，他對我首先回國，尤其抱着同情和熱望；我也告訴他關於宜蘭會館的處置問題，並陳銀生同志和他的回國問題，我們談話很投機，誰都不覺得疲倦。

心緒一靜，問題就衝上了來，王同志和林同志的脊骼，會不會受到和剛才這裡那樣的騷動？他們的結果怎樣？覺得非查詢不可。晉祿自告奮勇地去調查，我們仍舊坐談，「這個晉祿實在是我們的好對手，他年紀雖小，忠實，有膽量，做事敏捷機警，他在臺人中，算是不可多得的兒童，我們看待他像小弟弟，從沒有歧視他，他對我們也很尊敬，我們的話，我們的動作，他沒有絲毫宣洩出去，你想這難得不難得呢？」我把晉祿的優點，告訴了張同志，張同志也替我們感激他，並敘述過去總會館壞什麼的故事給我聽，我只是感嘆。「陳先生，事情壞了，王先生給他們提了去，聽說是搜出一張由中國寄來的什麼信；林先生娘那邊也給他們搜過，却沒有事。」晉祿匆匆地報告他調查所得的消息，衝破我們的寂寞。我們再繼續討論王耀廷同志的問題，怎麼會有不妥當的信件存在那邊？他會不會犯着重大的案情而把技節的話供出來？我明天會不會遭受陂阻？這些一連串的問題，經我們詳密研討後，認爲無論怎樣，王同志決不致犯重大案情的，我也無須等他，我應斷然明天走。

晉祿問我們餓不餓！自己煮或者外邊買？這時大家既不會睡，需要多挨時間，我主張自己煮。

我和張同志仍舊繼續談話，從戰局以至個人出路，以及趣事等，都拉雜無序的談，當我們談戰局時，晉祿似乎很留意，他不時插口問，雖然他所知道的不多，但他很不相信三個月會滅亡中國的誑語，他無條件的希望中國勝利，他對我的回國，表示萬分惋惜；可惜我當時不能夠給他以詳細的解釋和充分的安慰，實在抱歉得很。吃了飯，時鐘已响了三點，他們都不願睡，挨到四點，晉祿爲我挑行裝，張同志伴我行，我們一夥兒來林同志住家，她們整晚也沒睡，我們搭了早晨四點半的火車赴基隆。

天才亮，我們便到了基隆，在基隆會館休息，當地警察署的特務，沒有吃早飯就跑來囉唣，除了一些煩厭了的搔不痛癢的盤問以外，他很注意我們回國後的動向，我哄他要由香港赴南洋群島。接着水上警察署的特務也來了，他再是那樣嘮叨的問，他還把我所答的話，記在日誌簿裡，並去囉唣林太太，詢問了一些話。他們這樣的嘮叨，實使我們討厭，這樣的偵探技術，我覺得可氣又可笑。

十時餘，我們入海關，行裝逐次檢査過，張同志不得進去，在栅欄外瞧，鬧了許多時間，我們才可以上船，我來栅欄邊辭了張同志，基隆會館也有兩三個同志來送行，我很感激地都和他們握手，我們的情感可謂「盡在不言中。」登上了跳板，照例又須檢查護照和船票，臺北州的高等特務，和我有點兒認識，他眼瞧護照，口頭和我打招呼，我順利的上了船，夥計引我去找席位，我選定船內吊床的最上層，把林太太和三個男女孩子安頓好。

本來身子十分疲倦，無奈關心着王同志，聽說他今天早上可以釋放出來，怎麽這時還沒有趕上船？我憑船裡的圓窗，不住地把眼睛向海關那邊瞧：可是一夥夥來的，都不是我意想中的人，使我眞覺失望。開船的鑼响了，我雖躺下去休息，愁緒却沒有絲毫解除，我心愛的同志——易炳淡，王燿廷，張月朝，何再來，張華水，陳銀生，還有許多許多，——他們第二批同來，會不會受打擊？這航綫能够維持多少時間？廣大僑胞失去了我們的領導後怎樣生活？我越想越悽楚，我們這夥人多少年費的心血，現在就這樣的白丟了，同志愛和同胞愛，迫使我當時心靈爲之粉碎。林太太似乎不大理解我的情緒，以爲我身子不舒服，只給奈萬金油八卦丹給我，我們整半天沒有說句話，各自沉默的躺着。

下午船到高雄，我們這船新下來幾個熟客，是鄭品聰陳慶元和幾位忘記名了的僑胞，我們祇默默地點點頭示意，日本憲兵荷枪邊巡船上，比基隆的氣氛更來得嚴肅，旅客們誰都若有顧忌的靜默蜷伏或躺着，誰也不願作無意識的舉動以干犯他們，死寂的空氣，眞悶煞了人；惟有無知的孩子，在吊床上或船窗下噪着玩着，給他慈愛的母親淘氣。第二天早晨，這船從高雄港口開出，大家却鬆了一口氣，我們像出了籠的鳥，從此可以高飛遠颺於自由的世界了。鄭品聰和陳慶元二同志，悄悄地走到我這邊來，互告訴退出時各人所遭遇的苦況和恐怖，大家都爲這個暗無天日的孤島上幾萬被困的僑胞和五百餘萬的臺人，發出了同情的呼籲！

我自從踏上了臺灣島以至離開，整整的住了四年多，我忍受了壓迫，欺侮，在這毫沒人生趣味的環境裡，活了許久，假如沒有民族靈魂的維繫，和有了這够上一談的僑運活動，那我簡直是失去了人性，而有意把自己的青春白丟的。我整部的旅居印象，除了僑運活動的情形以外，差不多都是壞的評述，日本帝國主義者既不會把我消滅，又不會把我的心理改變，那我怎會對他有好的印象可以拿出來報導呢　　（完）

作者附誌：作者於回國後，即參加衞鄉抗戰工作，無暇執筆，迨民國三十二年因時間上的許可，乃把旅臺的殘存印象，加以整理，從事試寫，費半個月工夫，才把它寫完，原作有臺灣行政機構，政治設施經濟，交通，商工，農業，文化，敎育，衞生，警政及社會風俗，男女關係，民衆運動等項目的叙述，並於各要項之前，標明題目，迄今尙未被報章雜誌刊登過。本篇係摘錄其中一部份，並加修改，殘缺之處，實所難免，作者不避謭陋，錄此以作旅臺之紀念。謹誌。

（三十五年三月五日完稿於旅舍）

嬰

莊　瑞　源

現在，她走着展開在她前面的一條路，雖然並不回頭，可是她正耽心着自己揀錯了一個方向。時常有一個疑問襲上了她：是不是自己正在幹着一件不體面的事，一種鬼祟的行徑？

吃過晚飯，那個男人站起來慷慨地付了錢，這行為已經使她意味到一種超出友誼的尋常關係；[illegible]着她抱孩子呢。這是被她拒絕了。因為[illegible]一個剛生下三個月的孩子並不可愛，而他也不是喜歡孩子的男人，像她自己所知道是一樣。

走到街上來，兩條影子拖在路上，情形就更忸怩不安了，她總不好意思跟他並着肩走吧，他是[illegible]一起，雖然並不需要走得很貼近，不過，至少也要在兩碼以內才能算是友誼的距離。

結果，她只好跟在他的後面，抱着孩子，脚步顯有得點踉蹌。

談話自然是沒有的。她只管走着擺在自己前面的路跟隨着他。情形彷彿就是走在人生的路上，她現在已經是孤伶無依的人，她只好跟隨着他，而她所惴惴不安的就是為着這個決定：她又要跟一個男人開始同居的生活，帶着她自己的可憐的孩子。

「我來換一換手吧。」他忽然又想起應該替她抱一抱孩子，這在他只覺得是一種陪伴女人的責任。

她把孩子遞了過去。現在，情形就更變了。男的抱着孩子走在前面，她卻空着兩隻手跟着他走、在人家看起來，她們簡直就是一個親愛的小家庭，除了那些認識她們一個寡婦和認識他是一個獨身者的朋友以外。

在這個地方，她有着不少的朋友；所以這件事情在她無論如何是苦惱的：她要跟一個男人同居[illegible]了。

[illegible]個佈置得極簡單的房間，似乎除開一些簡陋的家具和桌上的幾本破書以外，什麼都沒有。一個獨身者的宿舍在戰時的貧窮情況下，更顯得分外寒傖。

「房子就是這麼一間，小好像小一點。並且地板也沒有」。他說着，隨手把孩子遞給了她。當她從他手裏接過了孩子，她覺得手心上來了一陣熱氣，原來孩子撒了尿。

這真的太　湊巧了，真的抱歉得很。當時她並沒有聲張，原是希望他的衣服還沒有被溺濕。可是捉弄得很，當他把油燈點起來的時候，她發現他的衣服給打濕了一大片。

她恨不得要打自己的孩子，那是剛生下三個月的可憐的孩子。自然她並沒有動手去打：那個男的知道她歉仄的心情，故意又轉回到剛才的話題上。

「不過門外的那塊地方，我看可以隔起來，當作廚房。這裏伙食太壞，有時候我們得自己燒點菜」。

「唔。」她想這樣是好的，這樣才有點像個家庭，於是答應了一聲。

暫時不再有誰說話，房間裏沉默着。兩個人似乎都正在咀嚼着這種生疏而却又甜蜜的意味，低垂着頭，只有時抬起臉來望一望對面的人。

很顯然地，他故意拿沉默來壓迫她，要她先開口說話，對於這種終身大事的決定，她總也得有[illegible]

但是她始終沒有說什麼，倒是孩子突然有意[illegible]似地哭了，作為對於那種協議的唯一控訴。

兩個人都同樣地感到掃興和失望。在她們之間，在她們即將實行的同居生活中，這個孩子完全是多餘的，不能給她們添加什麼快樂，甚至還將破壞她們的生活的清靜。

「有這麼一個孩子真是麻煩。」他漫不經意地說了這句話：「要是沒有孩子的話，你也可以在這裏找點書教，將來，我想有我們兩個人就不難包辦這個小學校的。」

她一時不知道應該說些什麼才好，索性又不開口了。人家已經在嫌惡她的孩子，她能說些什麼呢？

「你會教些什麼？會彈風琴嗎？」他問。

「小學教員我當過的，都可以教吧。」雖然很好地回答了，可是她竟又想起剛才那回事：孩子在他的身上撒了尿。

「那好極了……」

雖是稱讚，在這種情形下却不是一句好聽的話。他說着，又立刻意識到這句話的語病，只好廢然停住——打了一個呵欠。

她從暗黃的燈光裏望着他。高大得很瀟洒的身材，缺乏營養的蒼黃的臉，眉宇間的一派淸秀，却配合着時代靑年的灰白的憂鬱。他也許屬於自己所歡喜的一類男人，她望着他而多了喜悅。

由於喜悅她變得較爲活潑了。

「你沒有砂眼？」她忽然問着他。

「沒有。我想不會有吧，你怎麼想起這個？」

「因爲我有這個毛病，是突然想起的。」

「砂眼好像是會傳染的吧？」

「自然，我們要把洗臉手巾分開。」她說着，但是忽然又想起剛才那回事：孩子在他的身上撒了尿。他一定會很懊惱的吧，因爲據她所知道，他很不喜歡孩子，尤其是這麼幼小的孩子。

總之，除開這點失意的穿插，她們私心喜悅着，談着話，並且一步一步地顯得更其接近，近於一種情緒的調協。她們就把孩子丟在床上，兩個人坐得很接近，即使不談話也已够甜蜜的了。

孩子在哭着，像是餓了似地在哭着，

她正在憧憬着即將到來的新的日子，一個疑問又襲上了她，彷彿正在追問着自己是不是在幹一件不體面的事，一種不可告人的秘密。她感到一種不可排遣的煩躁，一種極其複雜的情緒。她粗暴地喊了起來：

「哭什麼，哭什麼？」

在這個時候，那個男人緊緊地握着她的手，誰都沒有說話，摒住呼息。她也沒有把手縮了回去。

在這個晚上，她在他那裏坐得很久。直到工役催着要關門的時候，她才抱着孩子走出來。在臨走的時候，她答應第二天晚上再來找他，要談的問題還是那一個：她們要怎樣地實行同居。

走出來，她立刻埋怨自己是一個沒出息的女人，的確有許多重要的問題應該提出來的，可是她却只想起了砂眼。想起來該多麼好笑。

人們慣常能够操縱自己感情，而生活得很好，但在很少的時候，也會出點毛病，先前的顧慮也少了，她變得無比地兇悍，眼睛裏含滿着紅絲：……

……

第二天的晚上她就對她的房東說，

「我要退租了，曉得嗎我要退租了，」

她去看他，她在一隻椅子上坐下來，喝着茶，她跟他談着話。之後，她猛然氣憤地站起身來，問着他：

「你沒有看出我今天有什麼不同嗎？」

「沒有。唔，不是頭髮剪短了些？」男的端詳了一回，實在並沒有發現什麼異處，只好隨便湊一句。

「頭髮嗎。你以爲我的頭髮剪短了嗎？」她更氣憤了，並且同時覺得有一陣悲哀掩上了她的心。

那個男人無論如何也看不出她今天有什麼跟昨天不同的地方來，就只好硬着頭皮說。

「沒有就沒有，乾脆就沒有！」

「唉，我爲你而犧牲自己，難道你一點也不關心到我嗎？我把孩子丟了。」原來她今天少帶了一個孩子。

「什麼，你把孩子丟了？」

她驕傲地自個子哼着氣。

「這是怎麼一回事？」

「我不知道，是你叫我丟的。」

「我沒有那個意思，我沒有那樣忍心。早點去找回來。」

「連我都找不回來了！」

「什麼？丟在什麼地方？」

「水裏！」

她想，這該是最偉大的犧牲了吧。她挺直地站着，繼續驕傲地用鼻子哼着氣。從什麼時候起，她的眼睛又恢復了可怕的殘忍佈滿着殷紅的血絲。

但是，這些並不能够支持得長久，只在頃刻之間，她又變了，從殘忍到了傷悲，伏在一張桌子上嗚咽地哭了起來。自從丈夫死後，所有的悲哀和委屈此刻完全壓在她的身上。

向太陽

鄭成渠

(一) 向太陽

幽寂而深邃的墓穴裡，傳來了一片隆隆震天的吼聲，一輪金色的火球從遙遠的黑暗的地方扶着光彩炫耀的翅膀，向着空間飛來了。

掙扎在夢的懸崖上，遍身流透冷汗，吐出了滿肚子的汚氣，踢開夢魔，迎着新生的朝陽，我甦醒了。

睜開惺忪的睡眼，拭乾殘餘在眼角底淚痕，浸淫在希望的光海裡，掃蕩低壓在心坎上的陰翳，如今，我底心有如深秋底藍空一般的開朗。

昨天，那不堪回首的昨天呵！我好比一隻受傷垂死的野獸，呻吟輾轉在暴風雨的林藪裡，聽風在泣訴，雨在嚎啕。我底心像北國飄飛在風沙中的雪花；我底血脈如冬天凍結的小河，再也不能涓涓地歌唱了。

養活我們黑色的土地，祖國錦繡般豐庾的原野呵！被猙獰惡獸底利爪抓爛了。牲畜牛羊，在我們生活中最親密的友伴呵！它們都在惡獸血盆似的巨口中，送掉了一世勞苦的生命。

吞下了生離死別的淚水，搖動着無力的足，是一錢漂流在激湍中底浮萍嗎？隨着廣大的人流，離開了幾千年前祖先留給我們居住的小屋，留給我們耕作的田地，我們開始了悽慘流亡的生活。

受不住鄰害飢寒不斷地躲聲，當不了餐風露宿流亡生活地磨折，龍鍾衰慢年老一代的，和疼愛我的斑白髮發的爸媽，一個個在漫長無盡的道路上倒下了。許多年青的小夥子，和我親愛的雄壯的哥哥呵！他們把生命交給祖國，他們要爲一切受難的同胞復仇，他們要從敵人底手中奪回自己熟稔的土地。子彈在他底胸膛怒放了朶朶血紅的花，他們先後地在戰鬪中光榮的犧牲了。

而我，生長在這劇烈動盪的大時代，歷經了一切我所不能忍受的悲哀。一串快樂富有幻想的童年，都隨着裊裊的烽烟飄渺了。

白日，我也曾緊閉着痛楚記憶的門扉，讓孱弱的身子投在緊張的學習裡，埋在繁重的工作中，從同志的愛裡，去尋覓早已失落了家庭底溫暖。

可是在異鄉夜晚底夢的國度裡：我又看見故鄉依稀的景物。那低矮的茅舍，茅舍前面綠草如茵的小坡，小坡下潺湲的小河，小河邊隨風飄搖的柳絲呵！和那一同嬉遊，一同放牛牧羊的孩子們。多麼誘惑着我再奔向故鄉美好園林的懷抱。

然而，在我底腦海裡又浮起了血腥的記憶。滾滾狼烟裡故鄉已變成瓦礫殘場了。綠草枯萎，小河底歌聲已由輕快轉爲重濁嗚咽的悲調了，青青楊柳也只能保留着頹禿的枝椏。那兒時的友伴也都臥在血泊中瞑目了。爸和媽悽愁的病容，哥哥從傷口中滴下來的鮮血，又牢牢地擒住了我底思念，於是我在號哭中醒來了。我害怕惡夢，因此我也害怕睡眠，我只能綣縮在不够溫暖的被窩中，逼視着無邊的黑暗，默默地等待着天明。我變得格外的憂悒了。枯黃的臉龐，臃腫的雙眼，浮雕着我不幸的遭遇。

八年多苦難的累積，八年多努力的代價，無數戰士們和老百姓的熱血，滙成自由的江河。而今，我浴在雷雨新晴的陽光中，撫摸着久經流浪的稜稜的瘦骨，展開常年緊蹙的眉頭，我再不揷手在褲袋裡，吹着寂寞的口哨，徘徊在沒有人跡的角落。喜悅地高唱着凱旋之歌，收拾起破舊衣履的行囊，向太陽升起的地方，我要奔向故鄉，奔向久別了夢想中的故鄉呵！

(二) 在濃霧中

從東北，那災難深重的遠方呵！捲來了一陣狂飆，乳白色的晨霧好像一條灰慘的屍衣立即掩沒了天末璀燦的朝霞。

霧粒窒住了我自由的呼吸，濃密的霧屏遮斷了我底視線，嘹喨而輕快的勝利歌聲啼啞了。無限的惶惑呵！我迷失了歸途！

多年流離的苦楚，我已經流枯了眼淚，再不是哭泣的年代了，生活使我底脆弱變質，渾身充滿着堅强的力量。怒火在我底胸膛燃燒，握緊了歲月磨練的拳頭，我只能說出我熱切的要求，也是無數流亡的人所冀望的：「我要回到故鄉，而且要趕快回到故鄉！流汗流血，從廢墟中去重建美麗的家園；把握犂耙，揮動鋤頭，在荒蕪了的田地裡，去播下永遠和平自由的種子」。

是誰告訴我？江河一定流歸大海，濃霧後的陽光更是熱烈。如今，已不是萬人屍骨上舞蹈者的世界；已不是戴着血腥冠冕的劊子手逞兇的時候了。這鋼鐵般堅定的語言呵！使我重燃起信心。

我將在濃霧中去探索歸家的道路，不顧一切地去迎向新生的太陽。

三五，三，十，于臺北

春天·生長的季節

追光

（一）

時間
像一條溪流。
淌往在那
險惡的急灘，
亂石
截斷了水流；
舊夢
已經隔絕了，
忘記了平靜的水波。
潮平的兩岸，
江上的青山，
波頭的恬寂！
耳邊
喧囂着灘頭的急响：
那里是
拔地千尋的山崖，
砌成了絕壁，
隔絕了陽光。
四顧是
蒼茫的霧靄沉沉。
難道已
禁錮在黑暗底深潭中。
來自「昔日」
也還粘着
滑逝的波痕。
用疑問的手撫摩：
黑暗的急灘流
乃牢牢地
封鎖着這一葉輕船。
幽悶，
黑暗，
難道是
永遠的麼？

（二）

「沒有連續不斷的急灘，
沒有永遠的險惡，
更沒有長終的幽囚！」
彷彿是
湊脊障的蒼蒼，
有人整在提示。
彷徨於
一絕緣的境域，
界於一洋海中；
三個半月
這島國的生活，
像黃昏時
褪於航影的落日。
乘一葉輕船，
停滯在
急的灘頭，
有突出的礁石，
星羅棋布；
隔絕了
舊日的流水，

失却了
溫暖的回憶。
即使於
這險惡的急灘流，
容與也不可能了嗎？
我仍感受着
雙鎖的威脅——
時間與
空間的幽囚！

（三）

悄悄地
隱忍着，
看落葉
躲藏在泥中；
尋溫暖
躲藏在被窩中，
很明顯的季節，
又告訴了我們：
時候是變更了。
枯萎的枝頭，
萌芽一二新綠。
「該是生長的
春天了啊！」

衝開輕寒的鎖，
拓開生命的活力。
「春天，
生長的季節！」
不能再
默默的躲藏，
禁錮於幽囚，
侷促於轅下，
委身於枷鎖，
受困於圈套，
听命於鞭笞，
隱忍於……
…………

（四）

「春天，
生長的季節！」
蠕動着
每一根骨骼，
像蠶兒在桑葉上爬。
…………
漸漸地
我感對內蘊的精力

有發作的必要。
黑色的風，
黑色的山，
黑色的天，
黑色的水，
在四周圍繞着，
勢不可能；
於是將覓一葉輕船，
衝破這險急的灘頭。
從礁石中，
從嗚咽的波濤中，
從猿啼的兩岸中，
從……
…………

（五）

誰能忍奈呢？
這慘酷底幽囚！
沒有徜徉，
沒有哭笑，
沒有太陽，
沒有溫暖，
沒有自由，

沒有生長，
更沒有……
…………

（六）

野哭千家，
夷歌幾處，
生命的脚跡，
輾轉在
數尺方的土垣；
緊接着
死亡的邊緣，
是那麼近且簡便！

赭衣兒鉗的
囚徒們，
給黑暗
飢寒封鎖着，
雙眼澄明，
身體
也失常地癱瘓！

時間
封鎖着舊日，
時間
也復斷絕了遠方！

（七）

醒來的殘夢，
往往不能
憑信於枕頭。
漏下的
一段春光，
從石壁的綠天。

我記了：
湖上的輕煙，
江城的柳絮，
花木深深的禪房，
採茶時
山中的「谷雨」
…………

「沒有連續不斷的急灘，
沒有永遠的險惡，
更沒有長終的幽囚，」
徜徉於
美好時，
耳邊
復有人在提示。

（八）

「春天，
生長的季節」！
渡過險惡的灘，
渡過湍急的水，
渡過深深的潭，
更渡過……
…………
黑色的風，
黑色的山，
黑色的天，
黑色的水，
擦過兩耳，
退向後身。

試一移步換形，
乃豁然於
翠影與紅霞；
朝嵐與旭日！
「春天
生長的季節！」

卌五，三，七，于宿舍中稿

奮興吧·年青的戰鬥員，

蘇烽

把身心鍛鍊，
由軟弱到堅强；
偶然一段憂鬱，
且盡情歌唱。
一陣夏風，

霧的黎明

詩……麟
畫……鶴

大地在黎明裡蘇醒，
黑暗被曉風吹走了。
可是，原野上
瀰漫着溷濁的大霧，
那茫茫而憂鬱的灰色喲！
遮去了黎明的光輝。

人們拭去了心頭的暗影，
開始了一天的工作，
在戰地，在工廠，在農場……
在他們自己的崗位上。

看楊柳在妙舞搖曳，
嫛嫛知了，
牠歌頌偉大的自然。
讓身心呼息在遼濶的天空，

莫儘甘侷促在狹窄的心房。
輕輕地接近自然，
默默地了解現實，
珍惜——旅途的疲勞。

新中國在成長：
祖國正需要你。
莫浪費一絲兒的心力，
奮興吧，靑年的戰鬪員！

霧是要散去的，
人們深深地確信。
太陽將衝出他的封鎖，
把光明和溫暖，
撒給勞動的人群。

寫在編後

正當春光明媚，楊柳依依的時候，一年一度的革命先烈紀念日和青年節同時來臨，我們欣逢着這個偉大的有双重意義的盛節，該應如何興奮與鼓舞呀！

三，二九的意義，本期介紹得很多，恕不饒舌，不過我們認爲古今中外，任何革命事業，無不以青年爲其中堅。革命是什麼？最簡單的定義，就是以一種力量，作除舊佈新的過程。革命能否成功，那就要取決于這力量的大小。在人生的過程中，唯有青年時代最富有血性，最有朝氣，這些條件，正是革命力量的主要源泉，所以青年必須是革命的中堅，而革命精神通常也就是青年精神的轉化物。我們更大胆說：革命不以青年爲中堅是不能想像的，青年沒有革命精神也同樣是不堪想像的。

中國的國民革命，當然不能例外，國民革命始終以青年爲其中堅，而他的革命精神最典型的表現，應推民國紀元前一年「三，二九」廣州起義一役，黨史記稱：「當時廣州黨人所組成的「先鋒隊」不過八百人，而廣州督署所掌握的「新軍」「防營」則多至數萬人……」，從而看來，防禦既極森嚴，衆寡尤其懸殊，然而在這一天，黨人仍不顧一切敢冒大險發難，其勇毅精神實在值得萬世景仰，此役雖然不獲成功，但從此却在全國普遍地激起了革命的高潮，而奠定同年武昌起義成功的基礎，黃花崗七十二烈士的英名，適足與日月爭光，永垂不朽！

今天，中國雖然走完了八年艱苦抗戰的歷程，獲得光榮勝利，然而；建國大業還需要無數的青年繼續不懈的以一種堅苦卓絕的姿態來完成。我們希望每個青年義胞，能把這一個節日偉大的意義烙印在心頭，大家胼手胝足從事心理的，倫理的，經濟的，政治的，社會的建設工作，我們必須深刻地認識這是我們這一代應盡的義務，也是國家民族對于我們這一代的唯一希望！

臺灣首次紀念青年節，社會上非常注目，足見大家對于青年的寄望殷切，同時還承黨政名流紛賜鴻文，更徵愛護青年的至意，謹致無限謝忱，並盼讀者手此一冊，對諸問題廣泛地展開討論與研究，篤實力行，以符各界首長於公務忙迫中爲本刊撰稿的苦心！

最後；編者必須聲明一句：在臺灣辦什誌刊物，真是困難重重，印刷工作效率太差，是最傷腦筋的一椿事，我們爲了顧全不脫期，曾經費盡力發，先後出版了七期，這一期因爲稿擠，出版日期迫屆，同時欣逢第三屆青年節，根據本處所訂辦法——出版臺灣青年半月刊青年節專號，不得已將八，九兩期合刊，爲的是儘使能够如期出版，謹此向讀者們致歉意，並祈原諒！（編者）

53

三民主義青年團中央直屬臺灣區團部籌備處青年節舉辦論文體育競賽辦法啓事

甲、論文競賽辦法

一、本處爲提高臺灣青年寫作興趣，並鼓勵研討臺灣諸問題，及祖國文献，而助建設工作之參考，以發揮文字宣傳之性能，特舉辦青年節論文競賽，歡迎各界青年踴躍參加。

二、論文競賽題材以下列六項爲範圍：

（一）關於 國父遺教暨 團長言論之闡揚；（二）關於國策之宣傳；（三）關於三民主義文化及國防科學建設之研究；（四）關於臺灣建設及青年問題之探討；（五）關於開展臺灣團務問題之建議。

三、競賽分社會青年組：學校青年組：女青年組三組。

四、文稿字數不定，以稿紙抄寫，稿末並須寫明通訊處及現在服務機關或肄業學校暨簡歷。

五、應徵論文應用新式標點符號，各組各取甲等一名，乙等一名，丙等二名。甲等每名給獎臺幣一千元，乙等每名給獎臺幣八百元，丙等每名給獎臺幣伍佰元。

六、參加論文競賽之優勝青年除由本處發給獎金或獎品外，其論文得在本團主辦之書刊發表，以示鼓勵，有特殊價值者，由本處專案報請中央團部優予獎勵。

七、民國卅五年三月二十九日起至四月卅日截稿。凡參加競賽論文均請掛號郵寄臺北市榮町本處收，並在信封上註明「青年節應徵論文」字樣。

乙、體育競賽辦法

一、本處爲提倡青年體育運動培植青年身心發展，特於本年三月卅日起至四月一日止在各分團所在地舉行籃，排，足球競賽。然後擇優勝隊另定時間舉行全省制競賽。

二、組別：分爲男甲，男乙，女子，三組。(1)男甲組係一般社會青年(2)男乙組係一般學校青年(3)女子組不分社會學校。

三、比賽範圍爲全省性，以市縣爲單位。（臺北市各機關社會青年隊不在此限）

四、比賽辦法視參加單位之多寡採用淘汰循環兩種方式。

五、一切比賽規約及運動場守則在比賽時由評判員當場規定之。

六、各類球隊獲得冠勝者爲冠軍，次者爲亞軍，以各種比賽優勝分數合計最高者得總錦標。

七、（一）總錦標由本處電請 中央製「文白杯」。（二）各類冠軍亞軍由本處函請各界首長發贈銀杯或獎旗獎品。（三）未得優勝者統由本處製給紀念章以示鼓勵。

6733

54

《台湾青年》第十期(台湾版)　　一九四六年七月九日

青年對團慶應有之認識與努力

李翼中

七月九日是三民主義青年團團慶的紀念日，我們紀念團慶，應先下一番認識的功夫，使這熱烈的慶祝不流於表面化，而符合紀念慶祝的真實意義。

團長選擇今天爲團慶，實有深長而重大的意義，記得廿多年前國內軍閥割據，內戰頻仍的混亂情形，國父認爲長此以往，國家民族之前途實不堪設想，乃毅然改組本黨，肅清黨內腐敗份子，再度結合純潔青年，創設黃埔軍官學校，培育國民革命軍之戰鬥幹部，冀以武力掃清國內軍閥割據之局面。

不幸國父於民國十四年三月十二日逝世，我賢明團長乃於萬分悲痛之餘，繼承國父遺志，掃清革命發源地之一切反動勢力，奠定統一中國之軍事基礎。至二十年前之今天，團長乃就任國民革命軍北伐軍總司令，率領革命青年在廣東誓師北伐。當時北方軍閥地盤廣大，兵力雄厚，且有日本帝國主義爲其後臺，然我純潔之革命青年，在團長領導之下，不顧惡勢力之兇焰，無不抱爲救國救民而犧牲之堅決意志，與之作殊死戰，故我國民革命軍卒能以寡勝衆，終於達成國父遺志，實現統一中國之歷史使命。此種青年集團獻身報國之英勇精神，實爲青年精神本質之流露，堪稱史之首頁！

團長冀全體同志率能以此爲法，效命國家民族，造福人類社會，故特選定今日爲團慶以繼往開來，爲全體同志勉！

在本省公開舉行團慶這是第一次，所以我希望青年對今日之偉大歷史事實，作進一步之認識，更希望青年能本純潔的熱情，爲國家民族努力奮鬥！廿年前國內的情形，足以令人悲痛髮指，但今日國內的情形，更尤是令人悲憤痛恨。每日的新聞幾乎都有中共部隊攻城略地等不法行動的紀導，按抗戰初期，中國共產黨曾宣言擁護國民政府，共同抵抗日本帝國主義，並確切申述四項諾言：「爲三民主義的實現而奮鬥，取消暴動政

> 臺灣光復了，臺灣青年實負有双重使命。你們一方面要負起建設臺灣的責任，同時對於整個的中國建設也應分擔一部分責任。你們如何才能負起這種責任，達成使命呢？就是要信仰三民主義，服從團長的領導，增强學識，鍛鍊身心，先把自己造成一個不折不扣的革命青年！
>
> 陳儀

臺灣青年第十期目錄

中華民國三十五年七月九日出版

策及赤化運動，停止以暴力沒收土地的政策；取消蘇維埃政府，以期全國統一，取消紅軍名義及番號，改編爲國民革命軍，受國民政府軍事委員會的統轄，待命出動，擔任抗戰前線的責任。」當時由軍事委員會派員按紅軍之實際名額，編爲第八路軍，該軍自平型關一役之後，則一變諸言之初衷，極少與敵接觸，而從事擴充隊伍，潛據地盤，且不惜襲擊友軍，劫械搶彈，此等喪心病狂之痛心事蹟，抗戰期間實罄竹難書。然我賢明 團長素以寬大爲懷，無日不望其懸崖勒馬，一本初衷完成抗建大業，但中共部隊，自始冥頑不特毫無悔過之意，抑且變本加厲；而延安邊區政府更違反道義，揑造事實，虛事宣傳，發惑國際視聽，以遂共割據分化之詭謀陰計，至日本帝國主義投降，潛據敵後之中共部隊，又違反同盟國中國戰區受降最高統師之命令，擅自冒稱接收部隊，收繳日軍武器，侵據地盤，且更進而利用接收軍器，驅迫日俘，在東北及魯，冀，晉，蘇，各地，圍攻政府已接收完竣之各大城市，破壞線路橋樑，殺害政府接收人員，圍繳政府接收部隊。非法殘暴行爲舉國愛好和平統一之國民，無不以中共自絕。國民于斯長期抗戰之後，艱鉅之建國工作亟待展開，人民咸盼國內黨派，能團結一致，共赴事功，而中共意圖假政黨之名，而行武力佔據地盤之實，其破壞國家政權之統一，塗炭生靈，梗阻建國，實爲國人所共棄。然我賢明 團長軫念人民已飽嘗兵燹之苦痛，仍以寬大爲懷一再容忍，冀與延安當局覓取和平解決途徑；「爰有政治協商之議」，繼以三人小組，綜合小組會議，則能達成和平團結。然中共方面對協議各案，仍未能誠意履行，繼續攻佔各地大城市。基此：吾人對今日國家之情勢與中共之行爲，當更不能不有一番之新認識，同時我青年同志於此慶祝團慶之餘，尤須效法當年國民革命軍誓師北伐時代，青年熱烈報國之英勇精神，益加淬勵奮發，決心效命黨國，爲眞理正氣而奮鬪，爲國家民族之利益而犧牲！參與比抗戰尤艱鉅之建國工作，達成 團長號召全國革命青年，作第三次大結合（註）之要求，完成國民革命之最高理想。因此我對青年同志有兩次之希望：

（一） 團長曾云：「生活的目的，在增進人類全體之生活；生命的意義，在創造宇宙繼起之生命」。我們應該本此格言，把握現實，立定人生之理想目標，各守崗位，進德修業，勤勉工作，以求個人學識技能與日俱進，然後才能擔負起歷史所給予吾人之偉大使命，達到人生的目的。

（二） 希望本省青年努力學習國文，國史，確保國粹之傳衍，發揚民族文化！澈底研討 國父遺教之深奧原理，窮其所以特別適合我國情需求之所在，與祇有實行三民主義始能救中國，和永奠世界和平達於大同之始的不二法寶，進而爲一般社會之倡，領導督率群衆，爲主義之實行，要不惜任何犧牲，爲完成國家之統一建設，與眞理所在要奮鬪到底。

（三） 本省光復伊始，一切政令皆屬革故鼎新，一般人民又格以文字與生活習慣，故在推行上，時感困難，盼我青年能引爲己責，從事探討，隨時隨地廣爲宣傳，俾政府施行之各項政策，能在民衆熱烈協助下進行無阻，則新臺灣之建設才能指日而待。

附註：團長說：「自從我們 總理組黨革命以來，五十餘年間，我們中國青年有三度偉大的結合，第一次是從興中會的成立，到同盟會統一全國革命的組織？這一次結合經過多少失敗和挫折，終於創造了黃花崗轟々烈々光榮的歷史，接着辛亥革命，推翻了滿清二百餘年的專制，建立了五千年未有的民國，這是本黨第一次青年大結合光榮的成就，第二次全國青年大結合，是在民國十三年，本黨舉行第一次全國代表大會之後，總理一方面着手於健全黨的組織，一方面創設黃埔軍校，使全國青年的大結合，肅清了廣東省內一切反革命的叛逆！完成了北伐與全國統一，奠立了我們今日取消不平等條約的基礎！這是我們全國青年第二次大結合的最光榮最偉大成就，值得我們今天特別的珍重和感奮。我們青年團的組織，原是集中全國青年完成國民革命，就是要號召全國革命青年作第三次的結合」

今日中國青年之路

——柯　遠　芬——

中國青年是無限豐富的寶藏，像中國其他的寶藏一樣，還沒有完全被開發。怎樣使這些寶藏完全變成我們的財富？怎樣使我們的青年完全變成建國的幹部？　蔣兼團長在「告全國青年書」中已經昭示我們：

「使此為行三民主義之青年，組成國家之新細胞，擔任建設新中國之先鋒，並為國家社會一般民眾之模範。且進而使全國青年在三民主義的思想體系之中，受嚴格的組織與訓練，發生無限之活力。誠使吾中國革命青年，盡成為三民主義之篤信力行者，則三民主義之具體實現，如操左券。」

由此，我們就可以知道，全國的青年都應該接受三民主義青年團的「嚴格的組織與訓練」，而成為三民主義的忠實的信徒與戰士。同時，我們應該導青年於正軌——使全國的男女青年踴躍加入三民主義青年團，經過「嚴格的組織與訓練」之後而成為建國的基本幹部。

八年來，中國青年走上了民族解放的大路，雖然這條路是這樣的迂迴曲折，艱難險阻。但是因為有無數的青年不惜任何犧牲，我們才獲得了最後的勝利。在抗戰以前，中國的青年亦曾經做了「革命的先鋒隊，」而且推翻專制政體，打倒封建軍閥。雖然在這中間已經有不少英勇的青年，在鬪爭中壯烈犧牲了，但青年們仍然是「前仆後繼」地，更英勇地踏着先烈的血跡前進。這種大無畏的精神，是天地的正氣，是民族的靈魂。是國家的至寶，是歷史的光輝！中國青年有了這樣的大無畏的精神，不但民族的生命將賴以延續不斷，即我們所期待的三民主義的新中國，亦定可因青年們的努力而建設完成。把這些三民主義的新中國的建設者，加以「嚴格的組織與訓練」，不但是絕對的必要，而且是刻不容緩的當務之急。

每一個中華民族的優秀兒女，都應當是一個三民主義青年團的團員。只有加入三民主義青年團，才是中國青年的正當的出路——光明之路。因為三民

二

主義青年團產生的意義是：「一、求抗戰建國的成功，二、求國民革命新力量之集中，三、求三民主義之具體實現。」而且是要把「無量數之革命青年，結合而成一偉大的力量，力行主義，捍衛國家，復興民族，以達成國民革命之最後目的。」每一個三民主義青年團員，都應當牢記　總理「人生以服務為目的」的遺訓，以服務為目的去學習，以學習的態度去服務。

只有三民主義青年團才能集中全國的優秀的青年，予以「嚴格的組織與訓練」，使他們由「明禮義，知廉恥」而具備現代青年所應具備的條件，進而「負責任，守紀律」，方能擔負起建設三民主義的新中國的艱鉅的任務。三民主義青年團固然是適應着時代與環境的需要而產生的，但同時也是建設國家與社會的基本組織。所以，三民主義青年團又是中國的長期的青年運動。中國現階段的青年運動，仍然應該以「五四」運動的精神為精神而提倡科學，爭取民主。不提倡科學，則無以建國；不爭取民主，則國家沒有前途。三民主義青年團應該以這種精神為訓練綱要。只有經過這樣的「嚴格組織訓練」的團員，才是真正的建國的幹部。也只有這樣去訓練團員，才能使團員為實現三民主義的新中國而努力，奮鬥。

編後

這一期因為種種原因，脫期了很久，直到今天才與愛好本刊的讀者們見面，我們除了表示無限的歉意外，還請諸位原諒！

承本省名流為本刊團慶專號撰文，謹此致以誠摯的謝意，同時我們更希望全省的青年如陳長官所說在　團長的領導下，自覺地做個不折不扣的革命青年，效忠國族，服務鄉邦！

「臺灣青年」自下期起準備改出月刊，內容方面決定革新，我們謹以至誠希望各界先進及青年臺胞給我們以寶貴的意見，作為改進的指針！

（編者）

4

把握時代負起任務

——爲三民主義青年團團慶紀念作

張兆煥

今天是中國青年的日子。這不單是說，作爲全國青年大結合的開始的三民主義青年團誕生於九年前的今天，也是說今日的時代是青年的時代。

是的，這一時代是屬於中國青年的。回溯八年神聖抗戰期中，我青年同志流血前線，流汗後方，奔危赴難，奮不顧身，曾經造成了多少豐功偉績，寫下了輝煌千古的史詩！今後的和平建國工作，更無一不需我青年同志繼續貢獻其最大能力與忠誠，使三民主義的新中國得提早實現，世界和平萬載不拔的基礎永遠奠立。我青年同志今天於慶祝這一自己的日子之餘，必須對抗戰殉難的烈士深致悼念之忱，并凜於後死者任務之彌鉅，立誓繼承他們的志，發揚自己的宏願，群策群力，再接再厲，以竟國民革命的全功，完成時代所賦予的使命。

本省青年同志，在淪陷的五十一年間，曾經不斷的從事反抗日本侵略者的鬬爭，此忠貞壯烈的事蹟，可歌可泣，實不讓內地同志專美於前，抗戰期中，我臺灣青年同志奮起奔赴祖國，參與殺敵衛國工作，拋頭顱，排熱血者，也大有人在。不過當時限於環境和種々客觀條件，許多工作無法大規模的開展，許多同志都感覺心有餘而力不足；現在臺灣已經光復，過去的束縛障碍全告消除，我青年同志之宿願已經實現，抱負自可發揮，而今而後，急起直追，與全國青年齊一步伐，向前邁進，則民族的復興，建國的完成，必可計日而得。於此，本人願以二事與我臺灣青年同志共勉：

一、努力國防建設　臺灣位於中國國防最前線，進可以攻，退可以守，軍略形勢之重要，亦所週知，和平時期，可作海上的瞭望哨，戰爭時期，更可阻侵略者的深入。現在戰爭的行動雖已結束，但戰爭的種子尚未剷除，我們爲防衛獨立和平的再被侵害，必須鞏固國防，作中流之砥柱。我們不需要戰爭，但我們要爲應付戰爭而準備。我青年同志，愛國絕不後人，義務所在，也絕不退避，今後對於國防建設，自必全力以赴。要確保世界的和平安全，須先充實自己國家的力量，要確保國家的自由獨立，須先鞏固首當戰爭之衝的臺灣。護國衛鄉，我青年同志正肩負着這兩重任務，不可有一刻的疏息和懈怠！

二、徹底奉行主義　信奉主義，不能只在思想上，更絕不是只在口頭上的。必須身體力行，躬履實踐，方克有濟。三民主義博大崇深，包羅萬象，救國救民，諸義俱備，要徹底實行，并非旦夕可以爲功。不過我們已有　國父創述指示於前，　總裁闡揚領導於後，今後只要立下決心，分工合作，必底於成。我青年同志久受主義的薰陶，此後的最主要課題便是如何把理論化爲實際，如何使全國人民以至寰球人類均得蒙受主義之福。且我臺灣久遭敵人蹂躪，民困待蘇，整治尤切，民氣發揚，民權伸張，民族工業之規模亦已粗具，今後能好自爲之，行將在光榮的建國史中，添上更光榮燦爛的一頁，早日完成民權主義的政治建設，民族主義的文化建設，和民生主義的經濟建設。

總之，建國工作需要和平安定的社會秩序，也需要精勤篤實的幹部人才。我青年同志，各須緊々把握住這屬於自己的時代，以此二者引爲己任，始不至使臺灣的光復，不但不能有所貢獻於國家，而反只加重了國家的負荷，也才不至使先烈仁人志士爲爭取中國和臺灣自由解放所流的血汗，成爲虛擲！

學習　總理的偉大精神

——祝三民主義青年團成立八週年——

周一鶚

四

三民主義青年團成立到今天，已經整整八個年頭了。在這八年的歷程中，應抗戰的需要而產生，也隨抗戰的孕育而成長。這一股抗戰的烈火，在這八年中，精鍊出成千成萬沉着，堅强，奮發，有爲的青年。三民主義青年團團結了全國的革命青年，在這一次神聖抗戰中的偉大貢獻，是有目共覩的。在今天，我要提出一句話，作爲今天我對青年團成立八週年的祝詞，那就是：「學習　總理的偉大精神」。

總理孫中山先生的崇高偉大，不但我們中國人個個崇拜，就是外國人，他們一提到「孫逸仙博士」，他無不同聲贊佩。三民主義青年團以實行　總理的三民主義爲職志，因此，在今天我願意寫下幾點總理的偉大精神，來勉勵青年的同志們。

第一，我以爲　總理偉大的地方，是在他的無我精神，當他二十歲，開始革命工作時，他明知道「革命」在清廷官吏看來，簡直就是「造反」，而造反的結果，是要殺頭正法，甚至要禍親滅族的。可是他既認定滿清政府腐敗，要救國救民，非推翻滿清不可，他就毅然決然的幹了。他根本沒有攷慮到個人的生死，更沒有想到推翻了滿清朝廷以後，他可以做到大總統的。中國歷史上漢高帝明太祖都以布衣得天下，但當他們起義的時候，他們的腦子裡，都已有了一幅「南面而王的」遠景，他們的打天下，完全是爲了自己的地位和野心而已，　總理呢？他却沒有這個自私的出發點，他的革命，的確是爲革命而革命，當他發動革命時，決沒有想到這一件艱巨的革命工作，會在他的生前成功，他在孫文學說第七章寫道：「自革命同盟會成立之後，予之希望則爲之開一新紀元，蓋前此雖身當百難之衝，爲舉世所非笑唾罵，一敗再敗，而獲冒險猛進者，仍未排命敢望革滿事業，能及吾身而成者也，其所以百折不回者，不過欲有以振起旣死之人心，昭蘇將盡之國魂，期有繼我而起者成之耳。及乙巳之秋，集合全國之英俊而成立革命同盟會于東京之日，吾始信革命大業可及而成矣」。其無我偉大，眞够令人拜倒。

第二，我以爲　總理偉大的地方，是在他的革命精神，當他初在廣東兩次起義失敗以後，清廷已經知道革命黨的首魁是孫文了，所以請求日本和英法政府放逐他

祝三民主義青年團團慶

葛敬恩

三民主義青年團成立於抗戰方酣之時。當時全國優秀青年受　蔣團長的精誠感召，齊集於三民主義青年團團旗之下，匯成一股巨大的洪流，分向抗戰工作的各部門，奮鬪犧牲，埋頭苦幹，拋頭顱，灑熱血，積多少可歌可泣的故事，纔贏得今日光榮的勝利。

現在抗戰勝利了，迎面而來的，就是建國的重任。因爲抗戰有賴於青年，建國更非青年不可。因爲青年有熱情，有朝氣，不畏艱苦，富正義感，能够排除萬難，開闢無限前途。青年眞是國家的命脈所寄，惟有青年們積極努力，才能建設富强康樂的國家，甚至造成和平友善的世界。

臺灣光復不久，臺灣青年正從日本帝國主義的壓迫下解放出來，重新投入祖國的懷抱，熱情洋溢，豪氣冲天，這滿腔愛國熱誠，更應該團結起來，以建設三民主義的新臺灣。

獨木難支，衆擎易舉，我們要談建設，就要講效率，就要講組織。希望臺灣的優秀青年，都能參加三民主義青年團，來研究三民主義，實行三民主義，共負建設三民主義新中國的神聖使命。

敬祝三民主義青年團在建國時期，愈益發揚光大。

，不許他在中國鄰近的外國地方居住。

他那時到處被放逐，眞是無處容身，但他仍舊東奔西走，策劃舉義，等到辛亥年三月二十九日第十次革命失敗以後，一般黨人以爲經過這次大失敗後，黨內精英喪盡，恐已無法再舉，當時，整個革命大業幾乎功虧一簣，但 總理仍極力激勵同志再起，一面募集捐款，維持黨人生活，一面四出號召，邀集革命幹部，終有辛亥革命的成功。當武昌起義成功時， 總理在美國得到這個喜訊，當時，他并不立刻從美洲趕回國來爭大總統，而繞道歐洲，去停止英法對滿廷的借款。回到上海時，多少人都以爲 總理這次歸國，一定是帶了大批的錢回來，誰知他說他這次帶回來的只有一樣東西，那就是「革命精神」。偉大人物所說的話，也是偉大的。

第三，我以爲 總理偉大的地方，是在他的爲國精神， 總理自從二十歲開始革命，直到六十歲逝世爲止，四十三年間無時不爲國事奔走焦思。他國對事有看法，也有辦法。他革命成功以後，不像歷代開國君主的坐龍庭，做皇帝，他要把專制改爲共和，把君主革爲民主，以杜絕五千年來爲爭帝位而紛爭戰亂的局面。同時，他既不固執于中國禹湯文武周公孔子以來的一套傳統家法，也不迷醉于西洋自由民權社會共產的時髦學說，他能融會中外學說，貫通東西思想，創造三民主義，拿出建國的具體辦法來。這一點，是古今中外偉大人物中很少有的。此外，他對國事，只要于國有利，於民有益，他就毫無成見的做去。民國元年的時候，他覺得把大總統讓給袁世凱，國內可以太平，他就讓了。民國十三年，北方曹吳既倒，段祺瑞電邀北上，共商國是，那時， 總理明知北上并不能保證實現他的理想和原則，但他如北上，全國就可以不再兵爭，他就北上了。不幸肝病復發，終至不起，直到彌留時分，他還喊着「和平，奮鬥，救中國」，爲國苦心，眞太感人。

現在抗戰雖已勝利，建國猶多困難，正待我們這一代的青年，人人效法 總理的精神，奉行 總理的主義，來建國興國，一椿絕代偉大功業的成就，都由一代的偉大人物無我爲國的精神完成的。我們爲 總理信徒，我們決不能規避這項榮譽的使命，且讓我們學習 總理的偉大精神，來完成我們這一份榮譽的事業。

七月九日爲三民主義青年團團慶的佳辰，本人以眞誠和快樂的心情，敬向臺灣青年中致祝詞：

親愛的臺灣青年諸同志：

青年要有定志，有定志然後有定行；

青年要有定行，有定行然後有定力；

青年要有定力，有定力然後主義可以成功。

希望臺灣青年諸同志，體會「定志」「定行」「定力」的眞諦，來建設我們三民主義的新臺灣，建設我們三民主義的新中國。

黄朝琴

7

怎樣做新的臺灣青年

林 忠

翻開中華民國締造的歷史來看，我們可以發現青年在這個偉大的任務中，所完成的不可磨滅的功勳：在辛亥革命，在北伐時代，多少有熱血有前途的青年，爲了國家的前途，爲了民族的光榮，毫不吝嗇地把他們寶貴的性命貢獻出來。這種富有正義感和肯爲大我而犧牲自己的精神是足令人感佩的。而這也是青年們的特質，青年們的至寶。這不僅能使青年的生命充滿了活力和臨事不懼，見義勇爲的精神，還能使青年有勇敢進取的力量，更是社會進步的原動力，一個國家或民族興盛强大主要的原因。青年和國家民族的關係那麼巨大，而世界上無論在那一個國家，青年們所完成的任務也都是最艱巨最光榮的。歷史上每一個民族國家的發達，何嘗不是賴于青年的發奮有爲，努力推動的結果，中國的青年在革命的時代已表現了他們偉大的力量。臺灣的青年却也在幾次反抗壓制的熱潮中，充分表現了青年特有的精神。雖然他們的行動被鎗口刺刀勉强壓住了，可見他們的精神，他們的祖國熱，却驅使他們離開這被壓迫的地方，大批的逃到祖國。他們到處所遇到的是苦難，是打擊，可是他們却不灰心。

他們特有的性質仍然被保存得完整無瑕，一有機會，這特質發揚出來，便是臺灣新生的原動力，臺灣社會中最偉大的力量！青年既是這樣寶貴，他們的力量，又是推動社會進步的原動力，這力量用得對，便是造福人群，裨益社會的寶貝。可是如果用錯了，便將使整個社會陷入混亂甚至于不可收拾。所以青年們應更加警惕，應該明白他們在社會中所處的地位，隨時注意自己策勵自己。對於這個，我個人希望于我們臺灣青年的有下列幾點！

（一）要認識國家！臺灣是光復了，臺灣人民也已由被壓迫者轉而變爲主人翁了。這個轉變，大部份還要歸功于八年苦戰的祖國的軍民。他們在强弱懸殊，物質極端缺乏的環境下，忍受了一切苦難，在八年的苦鬪中，負起了而且光榮地完成了一個極艱巨，而偉大的任務。這種精神是很值得我們臺灣青年去體驗去效尤的。況且現在臺灣是中國的一部分，我們更是中華民國的國民，對於我們自己的國家應有效忠的志願，對予自己的國民更應有深確的認識和了解，這點是需要我們强調提出來的。

（二） 努力學習祖國的語言文字！臺灣雖然被强迫接受了日本殖民地式的教育達五十一年之久，可是臺灣人民却頑强地保留了原有的語言。這是很值得驕傲的。可是，一個國家的形成必須有共同的語言，文字。雖然臺灣人民的堅强的民族意識使他們保留了原有的方言，可是他們却沒有機會學習祖國共同的語言文字。於是他們對祖國的文化當然會比較缺少認識。至少在目前，這種現象很普遍尤是其青年們，而且有許多誤解，也是由于語言文字的隔閡而發生的。所以青年應該在這一方面多多努力，使臺灣與祖國間的文化得以涌暢地交流，使我們更容易認識國家，認識我們的民族。

（三）要有負起建設新臺灣新中國的志願！現在臺灣青年的生活已不是過去奴隸的生活。我們青年的幸福或災禍和全國任何一地的青年一樣和國家是攸戚相關的。我們青年的努力便是國家的幸福。我們的頹廢將是民族衰敗的原因。我國經過了八年的苦戰，國力的消耗已達到極點，加以戰後的不可避免的世界不安定，給予我國的阻碍也不少。于是難免有些地方不能盡如人意，但如果我們細心的看一下，可說現在的中國是百廢待興，建國的工作是千頭萬緒，談何容易。政府對建國大業已下了絕大的決心。青年既是推動社會進步的原動力，我們臺灣青年更不應對未盡如人意的地方只作消極的批評，而應積極的起來加以改革，把自己的力量貢獻出來，勇敢地負起建設新臺灣新中國的任務，才能使我們保持這次勝利的光榮，才能對得起八年來爲民族自由解放鬪爭而犧牲的千百萬的生命！

（四）發揚民族精神！臺灣曾經一度是被全中國景仰的地方。鄭成功把民族意識的種籽帶到了臺灣，一而着就被臺灣人民堅定地保持着。臺灣民主國的出現以及在日人統治後的幾次革命，甚至於大批的臺灣青年逃向祖國的行動，都是臺灣人民族强烈的民族意識的表現。這種立國的精神基礎，我們臺灣青年更應該將其加以發揚光大，使我們民族的地位能更加鞏固，國家更加强盛！

我愛我們的臺灣青年，我更佩服他們的勤學求眞，勇敢進取的精神，我希望他們個個都能做到上述的四點，把眼光從臺灣放大到全中國以至於全世界，才不愧是一個新生的臺灣青年！

今日中國的青年應該怎樣的奮勉

曾今可

中國的青年，在民國以前是蟄伏於專制與壓迫的勢力之下，更前則沉迷於科舉事業，社會亦視其有無功名而定其身份之高下。有功名者固不甚能認識社會，更不甚能爲社會負責。而一得功名便做官，所謂「學而優則仕」，青導年於仕途，實爲大謬。金榜題名，即成新貴，親民主政，焉能勝任？故民國以前之中國青年未有功勳，實環境使然。自辛亥　總理創導革命，建立民國，中國青年方從科舉之牢籠中解放，飛翔於革命與科學之新世界。民國八年之「五四運動」，爲中國青年運動之開始，遂使全世界對中國青年刮目相看。但「五四」運動之成功，僅限於新文化方面，青年運動旋即銷沉。蓋因當時之青年，僅有熱情，缺乏組織與訓練。但後來大多數被異黨麻醉利用，而誤入歧途。「至七七」抗戰，中國的青年才紛紛獻身於神聖偉大之民族鬥爭。

三民主義青年團　蔣兼團長說：「一般領導青年的知識份子，不問其何黨何派，苟眞正爲國家民族着想者，亦必當珍愛青年之前途，相率而集合於本團旗幟之下，爲作育青年而努力，爲完成革命而努力。」我們可以知道，吸收廣大的青年以爲本黨新的血液，是絕對的需要；但如果腐化惡化的不良不穩的份子，也讓他們混入；其危險是等於讓細菌潛伏於我們的身體之內。這是不能不愼重注意的。青年大多數都是純潔而眞誠的，即使資質稍遜，學力稍差，只要領導，組織，訓練得當，在集體的生活中，可能而且容易把他們鍛鍊成一個勇敢前進的新的戰士。只要是眞正對國家民族，有效忠盡孝的決心與熱忱的純潔青年，縱或他是有着某一部份的缺點，也不妨允許他加入，在經過了相當的組織與訓練之後，他的進步也許會使人驚異。即對於精明強幹的青年，如果領導，組織，訓練得不當，結果也恐怕只能看到他的成功的反面。只有用積極的領導去克服青年的弱點，用嚴格的組織與訓練去使青年成長或健全。自然，對於組織與訓練甚至對於領導，僅僅是在表面上，形式上頭上去表示接受，那樣的青年是「不足爲訓」，「不堪造就」的，事實上，往往是從這樣積極的領導，嚴格的組織與訓練當中，造就或發現理想的幹部。這樣的幹部被提拔以後，他一定會加倍地努力，他一定會努力在實際的工作上建立起他自己在群衆面前的威信。因爲他是從群衆來的，所以他去領導群衆，也比較方便。向有一件青年萬不能忽略的事，就是「精誠團結」——縱然遇到有不能避免的小糾紛，應當立即使這種糾紛消滅，絕對不能讓這種糾紛繼續存在或擴大，更不能使這種糾紛發現於比較重要的問題上面。無論甚麼糾紛，都是由於一方或雙方的誤會而發生的，如果都能平心靜氣地以誠相見，則一切誤會無從發生，發生了也容易解釋。也許不免有不良份子混入我們的團體，用挑撥離間的手段來分化我們的團結，這一點更其要特別注意防範。

三民主義青年團雖然是一個鑄造幹部的熔爐，但三民主義青年團的工作本身，却是一個長期的有組織與訓練的青年運動。這是中國青年運動的一個新的階段。這一偉大的運動，雖然是長期的，有組織，有訓練的，但如果要希望收到我們所預期的效果，一定要使這運動更普遍而且更深入，普遍到每一個鄉村的每一個人民，而且深入到他們的心裡。假使只在各城市去展開這運動，將來收到的效果一定是有限的。三民主義青年團現在已經是一個廣大的組織，我盼望而且相信它在不久的將來一定可以完成它的使命。蔣兼團長於「告全國青年書」中早已說過：「社會之進化、政治之改革，莫不有賴於青年之策動，以爲其主力」。可見最高領袖是怎樣的重視青年，怎樣的厚望青年。因爲「必有無量數之青年結合而成一偉大力量，而後始可力行主義，捍衛國家，復興民族」，今日中國的青年們更應該怎樣的奮勉！

檢討和希望

——七月九日在臺灣廣播電臺播講詞——

李友邦

親愛的青年同志和同胞們：民國廿七年七月九日是本團中央團部在武昌正式成立的日子：本團創立的歷史意義，正如我們　團長在其告全國青年書中所揭櫫的：『第一，爲求國民革命新的力量集中；第二，爲求抗戰建國的成功；第三，爲求三民主義具體的實現』。那樣的重大的。

在被壓迫被侵略國度里的中國青年，由於　國父革命主義的教育和影响，數十年來早已覺悟國家民族的延續，生存，解放，和建設，與自己的生命及人類的生活，有不可分離的聯繫，且都富有自我奮鬪與團結奮鬪的責任抱負，故自辛亥革命前後，直至北伐，以迄抗戰，無不表示着青年爭取國族生存解放的決心和勇氣；而前二次青年大結合中所遺留下的輝煌的革命史料，正象徵着青年前途的遠大和地位的重要。這些値得追念，繼承和發揚的偉績，於國家民族危機空前嚴重的關頭產生了青年第三次的大結合，自然不是偶然的事情，它一方面是中國青年忠誠國族勇於負責的觀念的延續和擴大，另方面是三民主義適合救國要求的感化和號召。而本團便在這基礎上建樹起來了。

八年餘艱鉅的抗戰，除了我們偉大賢明的　團長主持國家軍政大計，辛勤盡瘁以爭取今天的勝利外，我們的團在其躬自領導和正確指示之下，於前綫，於後方，都盡了對國家對民族的神聖任務。過去我們反敵僞的鬪爭配合着勝利目標的爭取，不論是軍事上或政治上，都有了很顯著卓越的成績；是以我們團的組織，也就跟着發展起來而佈滿了全國的每一角落了。

本省光復以前，中央團部感覺本省青年要求解放的迫切，與瓦解敵人統治整個策略配合的需要，乃籌建本區團於福建龍岩。本區團成立以來，就時間論，祇是十四個月，這短促的時間中，有了甚麼的成就？我們除了應該時時自檢自勵努力奮鬪以外；玆値紀念本團成立八週年的慶典，爰舉本區年來對臺灣團務措理的概要和希望，提出來和大家報告：第一，我們在祖國時期的工作方針，是根據着動搖及瓦解敵方統治的總戰略的，例如建立沿海各淪陷地區和本島的秘密組織，便是執行這一工作方針的基本內容；而運用宣傳方法和領導民衆積極反抗，尤爲瓦解敵人統治的具體表現；至於配合登陸作戰的準備和計劃，雖未見之表現，也不離於若干軍事性的跡象上可以略得端倪，這是我們的主要工作之一。第二，號召國內外臺籍籍年的團結，在國內外臺胞後日鬪爭的每一表現中，對於戰略戰術的商榷，意志行動的集中，本處莫不盡其或明或晦的努力，使其團結堅固，並導入整個戰略的範疇。總之，我們當時的希望，厥在培養光復本省驅逐日敵的基本力量，使本國與臺灣同時得獲解放，而共收抗戰勝利的效果。迨敵無條件投降後，光榮復土的福音，降臨到我們跟前，我們的工作，乃由與敵直接鬪爭的險惡過程，轉變自我奮鬪的艱鉅建設，環境雖各不同，我們的任務仍是絲毫沒有減輕呢！所以，這時我們在組織上就着重於整編和訓練，以求細胞結構的充實，並求質量發展的均衡；在宣傳上便注重於社會教育和勞働服務，儘量使我們的言論與實踐配合；而青年身心的鍛鍊和陶養，社會工作技能的提高，也列爲我們工作的主要部門。此外對沿海地區臺胞的聲援與救濟，本省青年有關的各項調查與輔導等事業的舉辦，在都是說明這一時期的工作概要。我們對這時期的希望可以說是在提供革命建國的意識和基本因素，同時號召青年達成參加新國家建設的初步任務。

本團是青年的革命集團，同時也是青年參加建國事業的學校，從創立本團的歷史意義來說，從八年來我們的鬪爭事實來說，團的革命性誰也不能抹煞的。然而全國的青年，旣有參加本團的權利和義務，故本團不能不站在救國建國的目標下，依据三民主義的理論和實踐，來糾正或教育意識行動不正確的青年，並指示他們應走的道路和應具備的技術能力，組織他們，訓練他們，這就是團成爲學校的必然歸趨。本區團在臺灣的表現，由於時間空間的限制，自檢起來，成就似乎太嫌渺小，但團的任務，團在臺灣的組織力，我們不僅要繼續努力，且要急起直追。今後我們的希望和對青年男女們的要求是：

一，國家的建設，不僅在於物質，尤其端賴精神，三民主義的政治設施，是兩者並重的具體建設方案，加之 國父豐富宏遠的實業計劃， 團長對建國基本工作的賢明指示，都是我們今後建國必成的保證。但是，建設不是單靠理論，而是靠之實踐。更不容抹煞客觀所具有的環境，我們國家近百年來學術文化的衰落，社會風氣的萎靡，國民經濟的貧乏，在在都是說明改建工作的艱鉅，而且證實不是小數人的努力所能挽救的。然而從抗戰的動員表現和勝利的成果來論斷，祗要全國青年有着堅確的信念，不徬徨，不埋怨，以不怕不懈的精神，站緊崗位，埋頭苦幹，怎有不可克服的困難？和不可改變的事物呢？我們認識了建國的艱鉅，已不容接推諉地領導所有幹部及團員，始終站在建國洪流中，從本省着手做起了。這里我們希望全省的青年，爲家鄉，爲國族，踴躍參加我們的隊伍，共同肩負起時代所課予我們的偉大任務。

二，爲了要提高建國效果，擴大青年的團結，提高青年的意識，是我們在領導過程中不可忽視的事情，故我們必須向大家要求的：首先是對人對事的態度的修養，我們以爲和氣和有恒，謙恕和樸實，整齊和規測，都是成人成事的基本條件，這些態度的修養，於負起建國工作的時候，尤爲需要；其次是學識的修養，我們以爲不理解自己民族的文化，不認識世界的大勢，縱有了科學素養，實難免有機械之嫌，換句話說：有善用科學的智慧，才能使科學所創造出來的東西，合於人類生活」的支配；否則徒爲科學的奴隸而已。故學問的修養，在淪陷半世紀的臺灣，更屬需要，國文，國語的自修與力求深造，應爲本省每個青年當前的主要信念，那些眩於現有智慧充足的青年，我們替他前途擔憂，他們將在「學無止境」的潮流下遭受了淘汰的；最後是勞働服務，這項的提出，或許大家會認爲是多餘，因爲本省早有這項習慣；但是日人統治時代好多出於被迫和被動，根本是缺乏了勞働服務的認識，我們應以自助助人，共同締造享樂環境，來提高服務的精神，增進服務的興趣。上面所述，都是我們很懇切的要求。

今天我們在紀念本團創立的慶典中，回顧青年三次大結合的光榮成就，盱衡當前任務的艱鉅，自本團中央以至各級團隊的幹部和團員，都自覺不願放鬆責任；而本區團在今天的檢討和希望，正是反映着我們革命建國意識的强固，和躬踐力行的決心。總之，時代的任務是付給全中國青年的，爲着任務，青年應該進團來，我們永遠和大家站在一起，爲着任務，團永遠和青年共同努力！共同奮鬪！

短論

中國並沒有內戰

近來在報紙上很常看到「反內戰」請願，「反內戰」遊行的消息報導，姑不論它後臺策動的是誰，但這個名詞，其實就用錯了，因為中國並沒有兩個政府，除了國民政府外，沒有其他的政府被世界各國所承認，因此，「內戰」這名詞自然不能成立。如果說，共產黨的為非作歹，那只要大家稍動腦筋，冷靜地去思慮一下，它在東北，中原，蘇北，山東等地的舉動，再衡諸地方上土匪流氓的行為，又有什麼兩樣，不過大股和零星的差別而已，所以只能說是反內亂，而這亂是終將敉平的，希望大家提高警覺性，別上人家的當，中了奸人的詭。（梅）

不容再拖下去了

自一月政協會議到現在的半年中，作亂邦國二十餘年的共產黨，怎樣地從東北到中原，蘇北和山東，荼毒人民，焚掠劫殺，已是有目皆見，政府不惜讓步委曲求全斡旋和平統一，而冥頑不悟的共產黨卻不顧一切蠻幹下去，也有事實證明，最近，　蔣主席宣佈十五日的停戰令，共產黨在三小時後又再挑戰，而于期限屆臨時，共黨再請第三方面，提出展期八天的要求，政府為了找求全面解決俾予遷就。本來十五天的時間是很足夠解決一切懸案，何以它還提出再請展期呢？這明明是共產黨妄冀利用拖延政策製造機械，叛亂政權的惡毒陰謀。

半年來，國事給予我們精神上的刺激真夠受了，站在望治心切的人民立場上，我們堅決主張不容再拖下去，這八天是共產黨對于和平有無誠意的試金石，也就是共產黨抉擇再生和滅亡的最後階段。（逵）

制裁奸商操縱物價

近來臺灣的物價，直與流光競賽，不但早晚時價不同，甚至一日數漲。最吃虧的莫過於薪水階層，一日所得不足裹腹，當局雖曾一度平抑，但漲風並未遏止還且變本加厲。物價高漲原因，固與交通困難，生產呆滯有關，但影響最大莫過于奸商作祟，例如有許多非操本業商人，持其握有巨額游資，競購僅有的外來貨物，故意造成市場物資枯缺，而後高價待沽，致使小商無法抬頭，民生無由解決，當局倘不速謀解決，將來情形怎樣，實在叫人煞費腦筋！我們認為澈底解決物價問題，固不能三言兩話或短期間內所能收效，但制裁奸商和調查主要物資供求情形以調節盈缺與嚴格執行平抑物價，實為當務之急。此外，官僚資本充斥，他們利用權勢營商走私，暢所欲為，造成你們所無唯我獨有的現象，更令人深惡痛絕，在制裁奸商時，對于此輩尤不可徇情忽略，必須嚴予懲辦以保證合法商人之利益！（弓）

漫罵無濟於事

由於行政效率緩慢，人民待望殷切的結果，社會輿論也變了。自清談到批評，自批評到漫罵，自漫罵到詆毀攻訐，假如長此相持下去，官民之間各抱極端，豈不是這裂痕永無彌補的一日？我們認為目前行政效率緩慢，不能饜滿人意固是實情，但人民對于政治設施失當，總不能抱隔岸觀火的態度，相反的還應該渡河拯救才是，漫罵攻訐不僅不能促使行政效率加速，反而徒增雙方惡感，祇要大家反省一下，一個政治發生重大變化的時候，在習慣上自然有些格格不入，何況是慘遭破壞萬事待舉的臺灣，不如人意的地方在所難免，為了臺灣重建前途，希望有識見的臺胞勿燥勿急，站在主人翁的地位上，多對政府作建設性的建議和監督，對家鄉作有效的積極的貢獻，樹立沉着苦幹的新民風！（胡）

擠不是國粹

當我們初踏上臺島時，雖然目擊炸後慘狀，但一切秩序井然，無論上下火車，進出娛樂場所，排成隊列無慮先後，可是「好景」不常，不知是誰把「擠」搬來代替秩序，于是乎越擠越兇，現在無論什麼地方，都看不見禮讓互尊，令人不無今昔之感！敬告「擠」士！「擠」在內地固然流行一時，但並不是「國粹」，發揚固有文化，固是國民義務，可是也不能盲目把這些壞習慣搬來臺灣逞威風，做破壞社會秩序的禍首，告訴你，禮讓互尊才是中國人的美德！（辰）

豎洋行招牌用意何在

在過去中國遭受不平等條約的重重束縛，帝國主義嗾使它的「臣民」利用「洋行」招牌，在沿海和內地作經濟侵略的幌子，現在，不平等條約取消了，抗戰勝利了，中國的國際地位也一躍而登四強之一的寶座，全國國民正在頂首膜拜，以後再也不願意看這不順眼的招牌，可是我們偏偏在這新生的臺灣發現這種怪現象，×記洋行，××洋行，觸目皆是，但店員和老板卻都是中國人，找不出一點「洋」氣派，使人莫明其妙的是這些豎「洋行」招牌的老板們，是不是還想可以憑藉「洋行」牌免繳捐稅，還是寧願放棄做中國人的地位，權利，義務和別有企圖！希望當局趕速調查他們的國籍，請他們答覆豎「洋行」招牌的動機和目的！（風）

最後的瞬間

追光

（一）

晴朗的早朝，
向那繁華的城市。
「嗳喲啊！
嗳喲啊」的呼聲，
像出林的猢猻般在狂噪着。
成千成百的群衆，
—苦力的工人，
把和鋤，
銃和鍬、
肩着在他們的身上，
他們擁護着，
一位年老的工人，
—林明！
望着宏偉的城門，
前進着……………
林明
這年老的工人，
在乾痩的臉上，
露出仁慈的笑容。
那微笑里，
他記憶起，
昨天
在那廣大的工場上，
當場上的主人
抽出牛尾般的皮鞭，
鞭撻着
一位同是苦力的工人時，
他反對了。
恨恨地，
他說：
「你，勢利的威權者啊，
你還好無忌憚的混眼！
「誰肯把熱力的生命
認作罪惡的虛空，
你，貪婪無饜的魔王啊！
我們是貧的，窮的，
以至是勞苦的工人，
我們總莫
也是一個人。
你別要把人類塗灰，
你別裝些潤人的氣燄！
你們的醜態，
已完全被人認淸，
甜言蜜語，
從此還能引起誰的同情？
威嚇，欺詐的老玩藝，
更失去了效能！
現在
讓你想一想、
過去的耀武揚威吧，
幾多年來，
我們喘着氣
匍匐在地下；
如今
我們要衝破地殼，
來和你爭奪
晒在地上的太陽！」

（二）

再回頭，
他望着
一群苦力的工友們，
他說：
「年靑的工友們呀！
別畏怯
上前去，
我們要反對，
請他到廣場，
有靑天作證，
我們和他來決鬪」！

（三）

廣大的工場，
激起了驚天的騷動，
人們的心
擁着壯烈的霹靂。
誰都着透了現實的重心，
誰的心尖上
能克取一朶歡笑，
憎惡和怨恨的火燄，
燃燒着
飢餓之群的思潮。
他們說：
「是的，

關於中國文學（續）

潘虹

第八章 兩宋的文學

（一）北宋的文學

宋朝是詞的黃金時代，這是無可否認的，但在這個時候的詩却是承接着唐朝的遺緒，學李義山（商隱）的體裁，而自成爲另一種特殊的作風。故詩人之多，比較唐朝尤盛。這原因也許是由於宋代帝王的酷好於詩歌所鼓勵罷了。如『江東三虎，漁獵掇拾，僞花剽果，嫣然華美，氣骨不存』。這便是蔣鑑璋先生對於宋詩的批評。

宋初的詩，原是推崇於李義山，故當時有楊億的作俑，劉筠，錢惟演等的互相酬唱，他們把所有的詩編成一部詩集爲西崑酬唱集，後來一般宋流的作家們多來仿倣這種體裁去專事雕琢。他們喜歡用典，重於形式方面，而不注意到了內容，以致失去了本眞。直至祥符時代，才詔禁絕浮文艷語，於是西崑的體制才漸漸衰落。

自唐李商隱以四六文得名之後，爲宋初楊億、錢惟演等所宗，詞尚密致；及後再有一般仿倣的人，多病於對偶。雖然那時徐鉉的文章，比之五代爲振作，然也是沿用着四六的體裁。及至柳開便追宗着韓愈和柳宗元而倡古文，他雖倘有天才，但也沒有多大的成就，不過以宋代創始散文的功力，我們却也不能抹煞。此外如劉穆修，蘇舜欽也是提倡古文而得名。王禹稱詩文的簡雅古淡，尤爲一時的能手了。

北宋的詞雖兆端於晚唐，確也十分發展，故後人都稱詞爲宋詞。因爲詞是宋代文學的代表，在當時。上自帝王大臣，下至武夫釋道等人物，多能曉得音律，製作詞調；朝廷之中，又採爲樂府，專聘一些有名的詞作家們製作詞調，而各種詞譜的成就，便在這個時候了。

北宋的詞人，是晏殊和他的兒子晏幾道，以及張先，柳永，秦觀，歐陽修，蘇東坡，周淸眞等

二

我們死也死得個痛快，
我們要反對，
爲了自由
正義而犧牲」！

（四）

年老的林明
仲出臂
激昂地：
「苦力的兄弟，
掙扎在鐵蹄下的罪人，
此刻正是
犧牲奮鬪的時辰！
「偸生怕死，
才是人類的奇恥大辱，
一刻偸存，
怎能放棄
做人的責任」！

（五）

誰說人生是一胸幻夢，
期望着的火筏，
已瀰漫了天空，
熱烈的電紅，
閃閃地
震動了大地了。

（六）

在工人中間的
微笑的
被歡呼而擁護的
年老的林明，
已知道了，
他自己在這世界上的
生命之最後底價格。

（七）

在反抗的那天的晚上，
在歡騰的餐席中，
當那場主

作些艷麗的詩詞，我們從這一方面看來，愈信眞正的文藝，必能冲破了舊禮教的王冠了。他作西湖詞十首，以及漁家傲十二首，里面是描寫西湖的山光水色，其處處動人，沒有一首不引人入勝。關於他的抒情一類的作品很多，他的長相思、南歌子等詞，其婉約艷麗，實在也不失是一位南派的正宗。

蘇東坡的詞，意極豪放，是一位北派的健將，過去有人拿着他的詞去和耆卿相比較，他們曾說；柳郎中的詞只合十七八歲女孩兒，按執紅牙版，歌「楊柳岸曉風殘月」；東坡的詞，須關西大漢，執鐵綽版唱「大江東去」。然而我們讀他的赤壁懷古一首，便可以想見他的：「雄姿英發了」。但他的婉約綺麗的詞也很多，故王漁洋曾評他；「柳上枝綿，恐屯田緣情綺靡，未必能過，孰謂坡但解作大江東去耶」？

周美成的詞，人多說他精深華麗，體兼有蘇東坡和秦少遊。其長調又善於鋪叙，最好的是他善於用唐人詩句；如天衣無縫，倒像自己作的無異，這便是他能夠融合南北兩派而自成一體的地方。其實他的詞要是嚴格一點來說缺乏自然，且也過於造作。所以王國維說他；「深遠之致，不及於歐，秦，創調之才多，創意之才少」了。

李清照（即易安居士）是宋代的女詞作者，要是我們要明白她的性格，那麼便可以從金石錄後序和中國女性文學史中去得到了她的大概，這兒可不必贅述。她是一個弱質的女孩兒，為了環境的逼迫便隻身奔走，到處為家；她和趙明誠結婚後雖然曾過了一個短時間的綺麗閒情，可惜才多命舛，那不幸的命運是會落到這位可怜的才女底身上的。

她自從丈夫死後，避難各地，足跡所到幾遍浙省，但她的不自以為苦，這自然是她的人生觀較為積極一點。她的藝術表現又很眞摯，修辭也無所苟且的地方。她的學問，環境，性格等等都是以使她成就為一個宋代的偉大的女詞人。其所作的詞，我們可以從漱玉詞中得到，其中尤以；「莫道不銷魂，簾捲西風，人比黃花瘦」等句為千古的佳唱了。

現在再讓我們來談一談宋代的散文吧。

五代的文弊，澳認不張，自從宋朝開國百年以來，都是因陋就簡。及至歐陽修出，始學韓文，學方漸開新體，於是南豐的曾鞏，眉山的蘇洵及他的兒子蘇軾，臨安的王安石等三人皆聞風興起。這五人的文學，大都勁盪排幕，才氣發揚。從此以後，那些文章的宗匠們，悉推崇於歐蘇兩人了。

然蘇洵一派的文章，縱橫之習，論策之風，那

「勞苦的兄弟們，
沿着我的預言生活去」！

（八）

穿過黑色的夜，
和一群敬慕他們的工友們，
從破落的村庄，
經過了冷靜的荒園，
進入那
慣常聚集的森林。
看到了
從山徑的那邊，
閃着燈籠和火把的光，
警兵，
場主，
和那些幫着
為富不仁的差役們，
隨着一位中年的警長，
向這邊走來。
「……
反對場主，
鼓動工人的
年老的林明
在那里」？
——他看到
那些幫着
為富不仁的差役們，
在暗中
向他固執的窺視！
他上前去，
以手指着
自己的胸膛，
他說：
「是我」！

（九）

第二天的黎明，
他被拉至審判者的面前，
受着審問，
那審判者
摸着鬍子，
翻弄着官腔；
「你是被場主

不過是便於科舉制度的作品，也往往家尸戶祝。歐陽修，曾鞏皆推崇韓文，各成了一個體裁；故後世法韓的人都以歐、蘇、王，曾和韓，柳並稱爲古文學的八大家。那些自稱學韓文的人，其實是仿於歐陽氏罷了。故唐，宋兩代的文學其分疆的樞扭實在於此了；而散文的日見衰落，又何待多言哩！及至南宋的朱子(憙)其文章雖說祖韓宗曾，頗不囿於時習，迨其末流，又形之萎靡了？

宋代的詩人歐陽修的作品，是推宗於韓愈，七古的仿傚較爲相似。王安石的詩則學於杜甫，這不過僅是摹得其大概而已；又其蘇軾，黃庭堅兩人方能够出自己意以爲詩，故學唐人的作風便從此改變了。後來有些學於宋詩的人都把蘇，黃兩看作唐的李白和杜甫了。元祐以後，詩人愈多，他們都逃不出了蘇，黃兩人的體裁。而其中尤以江西一派的詩人爲最多。

高宗南渡的初期陳與義的詩便說是學於唐的杜甫，其實還是襲於蘇，黃的作風。以後的還有尤袤，范大成，陸遊，楊萬里這些人繼起之後，便自稱詩人。而陸遊的詩，每飯都忘不了君主和國家，博得後來一班忠君愛國者的推崇。但他們這一派的詩作者們，其作品都屬於黃庭堅這一派。

自永嘉四靈出，便宗法於賈島和姚合了，他們以野逸清苦的作風，矯正了江西末派的粗獷；約性斂情，以求合於唐代的作風。江湖派的詩人多法做了這一體。故南宋的詩，以江西，江湖兩派爲最盛。

宋代除了詩之外，理學也極興盛，蔣鑑璋先生有；『濂，洛，關，閩闡嘘其燄』。語錄的傳習都用當時的白話，其意思不過是爲要便於隨手的抄錄而已；以後却漸漸地成爲風氣，而對於文體的改革頗有關係。因之宋朝一代平話傳奇，創作很多。平話大都是用民間的土語，其作家的姓名，至今已無從查攷。宋代的平話，流傳到了現在的有；五代史平話及那些通俗小說的殘本。其次是大宋宣和遺事，傳本最多爲水滸傳的寫作資料。

（二）南宋的文學

南宋的詞人比不上北宋的多，其中比較著名的便要推之辛棄疾，劉過，陸遊等幾人的詞爲豪放，姜夔，吳文英等的詞爲華麗，其餘却不足稱道。

宋室南渡後，國事日見蜩螗，汴京淪入異族，美麗的河山於是變了顏色；一般有志的人都攘臂疾呼。咸思挽救臨倒的狂瀾而光我山河。所以辛棄疾一派的詞人其作風的豪放吐出了慷慨而悲壯的詞宗，也許這是環境的使然罷。及至偏安的

場里的差役們
所控告的，
你誘惑良民，
你反對場主，
不服命令，
鼓動工人；
『你是作亂的魁首，
匪徒的領袖。
『你更說
『要和他
爭奪晒在地上的太陽』！
又什麼：
『決鬧到廣場』！
你還—
爲什麼不則聲呢？
哎—！

（十）

經過了苦刑的拷問，
年老的林明，
堅定的說；
『勝利呵！
終於屬於我們的』！
這時候，
無數的那些獄宿
爲富不仁的差役
和警兵，
和場主，
像野犬般嘶叫着；
『把他打死！
媽的』！
『把他打死！
媽的』！

（十一）

他被帶進黑漆的牢中，
那里
警兵們

局面已成，因得苟延殘喘，遂置國事於不顧；於是乎歌舞昇平，醉生夢死，是以姜，吳的詞，其雕築的華麗便所以勝於南宋的原因了。

辛棄疾是一位富於血性的男兒，也可以說是一位愛國的詞人，蔣鑑章先生說他；『喜談兵事。少年殺義端。豪俠有足多者』的評語。他的詞大多是憶古興懷，其雄心一片，終不能發展，反而退隱閑居，深引爲遺憾。要是我們讀到了他的詞，就可以明白他是借別人的盅筷以洗刷胸中的塊壘；間或具有豪放的情懷或隱着幽默的相思。

南卿子是他登京口北固亭的作品，爲我們所樂誦，若把他來比之蘇東坡是可以無愧的。還有人對他的批評說；『才氣橫溢奇恣，橫絕六合，掃空萬古，而其濃豔綿密者也不在小晏，秦郎下，婀娜豪健兼而有之』。

劉過是辛棄疾一派的詞人，曾爲辛氏的幕賓。他的詞中有『古豈無人，可以似若稼軒者誰』？從這些中我們便可以明白他對於辛棄疾的崇拜是怎樣了。他有一部詞集叫龍洲詞集，其氣宇的雄潤，時々在詞中表現出他的個性；所以在那個時代中的人們都把他看做一位了不起的天下底奇男子哩，

陸遊寫詩的夕足以橫絕古今。其作詞頗多有與疾同樣的僻性的，現在所存的有劍南詞集一卷和劍南詩抄等著作。

姜夔善於吹簫，他自己制作許多曲調，大多是吟詠着孤山的梅花。他的詞格調很高，惟語多堆砌與雕築；王國維先生評他關於寫景方面的詞中有說；『雖格韵高絕，然而霧里看花，終隔一層也』。但戚高師却說；『詞中之有姜白石，猶文中之有韓昌黎也』。宋翔鳳也說；詞家之有姜石猶詩家之有杜少陵』，就是朱竹詞也以爲；詞莫善於姜夔之語』，那麼姜白石的詞，究竟是怎樣了不起的作品呢？我却以寫白石的詞，這不過是因爲他曉得音律，同時再以典雅來相號召，故容易博得了一般文人們的同情罷了！但他仿傚了別人的地方正很多哩，要是除了格調和音律以外，如果說到了他的詞底意境，那麼就無怪王國維先生說他『終隔一層』了。

吳文英的詞也是喜歡從事於雕築，和姜白石一樣。紀曉嵐先生說；『詞家之有吳文英，猶詩家之有李商隱』，這不和張炎之評其；『如七寶樓臺，眩人耳目，折碎下來，不成片段』的又迴然不同了。客觀的說吧，吳文英的詞或不免有堆砌的地方，但他的描寫也有許多活潑的。他的詞集有夢窗四稿，其中也有許多好的作品，我們自然不能一概抹煞。

把他的衣服剝去，
給他換上了
黑色的
破的
編列着號碼的短袴；
戴上了一頂
破舊的氈帽。
把唾液
吐在他的臉上，
用鞭子
策着他的肩膀
大笑的
喊着；
『恭喜你啊！
匪徒的王』！

（十二）

在要往刑場的道上，
警兵們
把沉重的鐵鍊
套在他的肩膀，
—創傷的肩膀—
苦苦地
硬迫着
他套上。
用苦腦調和的酒
強灌他去嘗！

（十三）

在他的後面，
跟着一大隊的群衆，
一半是懷着好奇，
一半是具着同情，
有敬慕着他的工友們
爲他痛苦號啕！
於是，
他回過頭來，
斷斷續續的說；
『可怜的勞苦的兄弟們，

17

第九章 遼、金、元的文學

（一）遼金的文學

遼國的文學極爲簡陋，他自從入了汴京之後，剩據了別人的土地，盜竊了宋室的山河，且享國的時間很短，所以在文學方面，流傳很少。他仿傚着唐朝的故技，設立科舉來收取天下的賢士，然而胡兒的性情終屬剛勁，什麼文章典物，進步的很少。雖然在遼史中有他的文學傳，還不過僅留消一個姓名，其著作還未能流傳到了現在哩！

金章宗時，有一位董解元，他依照了會眞記的事實製成一種弦索調，定名爲西廂彈詞，後人便稱他叫弦索西廂，裏面有對白的，也有可以歌唱的曲調，是後世彈詞的始祖，所稱弦索調就是用一人來彈琵琶而口中來歌唱的。

到了元朝才有雜劇的作者王實甫本着董解元的弦索西廂，而著成一部很偉大而且具有文學價值的西廂記，就是現在所稱爲王西廂，他和明朝初期高明所著的琵琶記稱爲南北二曲的雙璧。

其實西廂記是傳奇體，因雜劇是北曲，而傳奇則是南曲。雜劇每劇都有四折，而傳奇則沒有限制，雜劇始終是一人唱，而傳奇又沒有人數的限制。要是論到他的內容，那麼北曲多是敍述那些英雄武將的故事，而南曲則又是多於描寫兒女的柔情，從這點說起來，那麼王實甫的西廂記其內容和體裁已不是純粹的北曲了，有人說王實甫作西廂記僅至驚夢爲止，而驚夢以下的爲關漢卿所續的，故稱爲續西廂，還有人以爲西廂記是關漢卿所著，而王實甫則續之。有人說王實甫作西廂寫至「碧雲天，黃花地，西風緊，北雁南飛」等句時便嘔血而死了，其後關汗卿便和他續完，故後人都說西廂記是王實甫所作。

金初的文人雖然有韓昉，吳激等數人，但沒有什麼可以稱述的地方。及至元遺山出，方可稱爲金代唯一的詩人。遺山名好問，別字裕之，年幼的時候作箕山，琴台等詩爲當時的詩人趙秉文所稱許，號之爲元才子。官至翰林，及金亡後他就不再做官而事二主了。其詩悲壯激越，可追杜工部他的七言古詩「專以單行，絕無偶句。愈折愈深，愈深愈雋，律詩對仗精而疏暢，可以直追老杜矣」，這是蔣鑒章先生對於他的批評。

他的絕句尤寄托遙深，因爲他是生長於漠北，豁於豪放，所以慷慨悲歌，出自至情。壬辰雜編及中州集是他的名作，現仍有傳於世的。

請不要爲我哭泣，
爲我涕零！
我將孤單的回到
我所從來的地方！
……………」
他被拉進了陰鬱的刑場，
跪在刑場的草原，
他微笑着，
不流淚，
也不懊喪！
「砰」的，
一拉子彈
穿過了他的胸膛，
觸犧他倒了，
警兵們
再按住着槍實，[illegible]
第二粒
穿進入他的背上。

（十四）

他的尸首
被丟進了山凹；
從他的腿和背，
從他的首和胸
已被穿洞了四顆子彈，
再把刺刀切開了頭顱。
黑色的袄子，
被剝了下來，
撕成了數片，
像黑旗子似的
在微風中飄蕩。
衆人站在遠處觀望，
有的在悲痛，
有的在笑他荒唐；
有的在搖首冷嘲。
「會鼓動工人的
如今却丟掉了自己的生命」！

（二）元代的文學

元代的雜劇可說是純粹的北曲，至明初的傳奇便可稱為南曲，因之講中國文學史的人往往說：元的北曲和明的南曲，其北曲是有對白和曲唱科等，而體制全備；凡是登場的人或優伶必自唱曲和念白，繼之以演其所作。不過唱曲僅限於一人。

元朝以雜劇取士，故雜劇之盛，震乎一代。相傳當時的士大夫階級們，都粉墨登場，以冀去取得較高的功名，其實在的事實却沒有正史可稽，恐不成確論，但我們攷究雜劇勃興的原因，大概是因為中華的漢族，不屑在異族的統治下，才作了新奇的雜劇借古人的喜笑怒罵，以發洩心中的不平和牢騷，同時有一二天才的作者出於其間，以巧詞妙曲，聳動人的耳目，遂使天下的人都靡然從之。

元曲的作者很多，關漢卿，馬致遠，鄭德輝，白仁甫便是這時代雜曲的代表作者，再加上了一位王實甫合稱為五大元曲家。

關漢卿的著作有望江亭，竇娥寃，救風塵等劇，馬致遠著有漢宮秋，鄭德輝則著有倩女離魂曲，白仁甫作了秋夜梧桐雨，王實甫除著作西廂記外還寫了一部麗春堂都是很好的劇作。

世有稱：關漢卿如瓊筵的醉客，馬致遠如朝陽鳴鳳，鄭德輝如九天珠玉，白仁甫如鵬搏九霄，王實甫如花間的美人，這五人是元代的曲作代表。

此外還有張小山則如瑤天笙鶴，李壽卿如洞天春晚，唐費卿如三峽波濤，喬孟符如神鰲鼓浪，宮大用如西風鵰鶚。其他的還有很多，不能一一舉出。

喬夢符著有揚州夢及金錢記，楊顯之作瀟湘雨及酷寒亭，均見元曲百種中，也極有名，要是和關，馬等五人比較起來，那就差得遠了。

元代的詩人要推趙子昂，趙氏本來是宋朝的宗室，及宋亡後，走入元朝，所以他的詩清奇流逸，為後世一般人所評許。

除趙子昂之外便要推之虞集，楊載，范梈，揭傒斯等四人為最著。

虞集的詩權奇飛動，栩々有生氣，著有道園全集，楊載的詩則風規雅贍，其音節多類於唐人，范梈的家境很貧窮，而且很早就死了父母；其為人則清癯不勝其衣，其寫的詩正有如其人，所謂踔宕逸，而具有遠情。揭傒斯的詩，清麗婉轉，有如美女的簪花，這些人的作品。都能博得當時一般文人們的器重。

（未完待續）

（十五）

落日照着崎嶇的山坡，
大地無言的沉默，
只有原野的遠處，
傳來颶風的叫囂！

（十六）

整個的蒼穹下，
聚集着恐怖的雲霓！

（十七）

白日喲，
將要去了！

在這最後的瞬間，
從地平綫的後方，
射出一道巨光。

巨光里，
映出了山坡上
三堆黑漆的東西
二堆荒塚相伴着，
中間的那堆
頭上釘着一塊牌子，
那上面
用墨汁寫着
一列黑色的罪狀。
『朴明，
反對場主
匪徒的王』

三十五年六月二十五日脫完稿
於本處職員宿舍中

村里的孩子

——都市被迫害的女性之一——

海燕

你是從荒遠的村野來的，雖然你有一蔭盤結在腦後象徵着都市浮華的髮髻，但並不會掩沒你一股濃重的村里人爽伶的氣息。

你是村里的孩子，大地的主人；你培養着土地，土地哺育着你，從出生到如今胸脯豐滿的年華。

沒有應播穀鳥急切地催喚，及時到田地裡去杖犂，播種，灌溉，施肥，耕草；……那有秋天滿倉黃金般的穀子。長期用忙碌去換取安適的休憩和豐盛的報酬，你有一身操作不倦的筋肉；因而你也深切地瞭解勞働的意義。烈日下暴風雨中掙扎過來的你，是爲了旱魃作祟，村里鬧着嚴重的飢荒；抑是心嚮往着紅燈綠酒，輕歌漫舞到都市來。而今，你做着這一份和自己絕不相稱的擦地板，煮飯，洗碗的下女工作，然而是感到異樣的輕鬆而能勝任愉快，你心中一定想這無風暴的日子一定是很長久的。可是事實和想像永遠走着二條相反的路。光怪陸離的都市裡，勞力的價值遠不及狐媚的色相，充滿着狡滑伎倆的現實，坦眞率直的情愫，不但會被抹煞，而且會可怕地被虐殺。

祝福你呵，村里的孩子。你始終沒有改變一顆赤子純樸的心，把無瑕的白璧上塗上一層荒淫。

可是，一株脫離了土地的小草，掉落在滾滾的黑流中，不隨波逐流，也只有捲沒在激湍的漩渦裡。你辛勞的汗珠並不會贏得市儈們對你樸實，不！寧願說對你醜陋的寬恕，而今，你不幸被人們無情地趺開工作的崗位，扔出都市的懷抱，藏着一肚子憤懣和落寞的心情，挾着簡陋的行囊，仍舊踏着昔日的來路歸去。

逆風倒流的人寰裡，這一切的發生是很必然的，這場輕微的風波，對於你如果說是孽命，勿寧說是幸運。你流淚嗎？痛恨嗎？可憐的村里的孩子呵，你難道還留戀着這珧表象炫耀遍身糜爛的地方？備嘗這一次挫折，假着你從此對黑暗的人間撒下了一顆憎恨的種子；那麼你對人間光明的一面也就有更深刻的執看的愛。

拭乾游泳在圓突眼睛中的淚水，回去吧！還給你自由的身子，田隴中孕滿着稻穗的春禾，正在向你頷首微笑。唯有在荒遠的村里，勞力才眞正是生活的源泉。

風鈴

孤鴻

在灰淡的穹宇下，
在灰淡的故宮的角隅，
蒼老的風鈴過着寂寞的日子；
問誰記取他的前歷，
却祇有繾綣的夕照。
正當晉樂風悠悠飄來，
你說他是欣然起舞嗎？
可是他爲瘖啞而煩惱了！
儘有風籟琴奏起自豪之歌，
我說：「我獨愛這瘖啞的風鈴」，
我心里的風鈴也是瘖啞的。
一旦罡風從天上飛來，
風鈴會迫作羞澀的復鳴了。
我擔心永久了心的寧靜。

五月二十九日夜于宿舍。

20

晋江县政府关于台湾义勇队队员黄坚家属请求救济抚恤与福建省政府的来往文电

一九四六年四月—五月

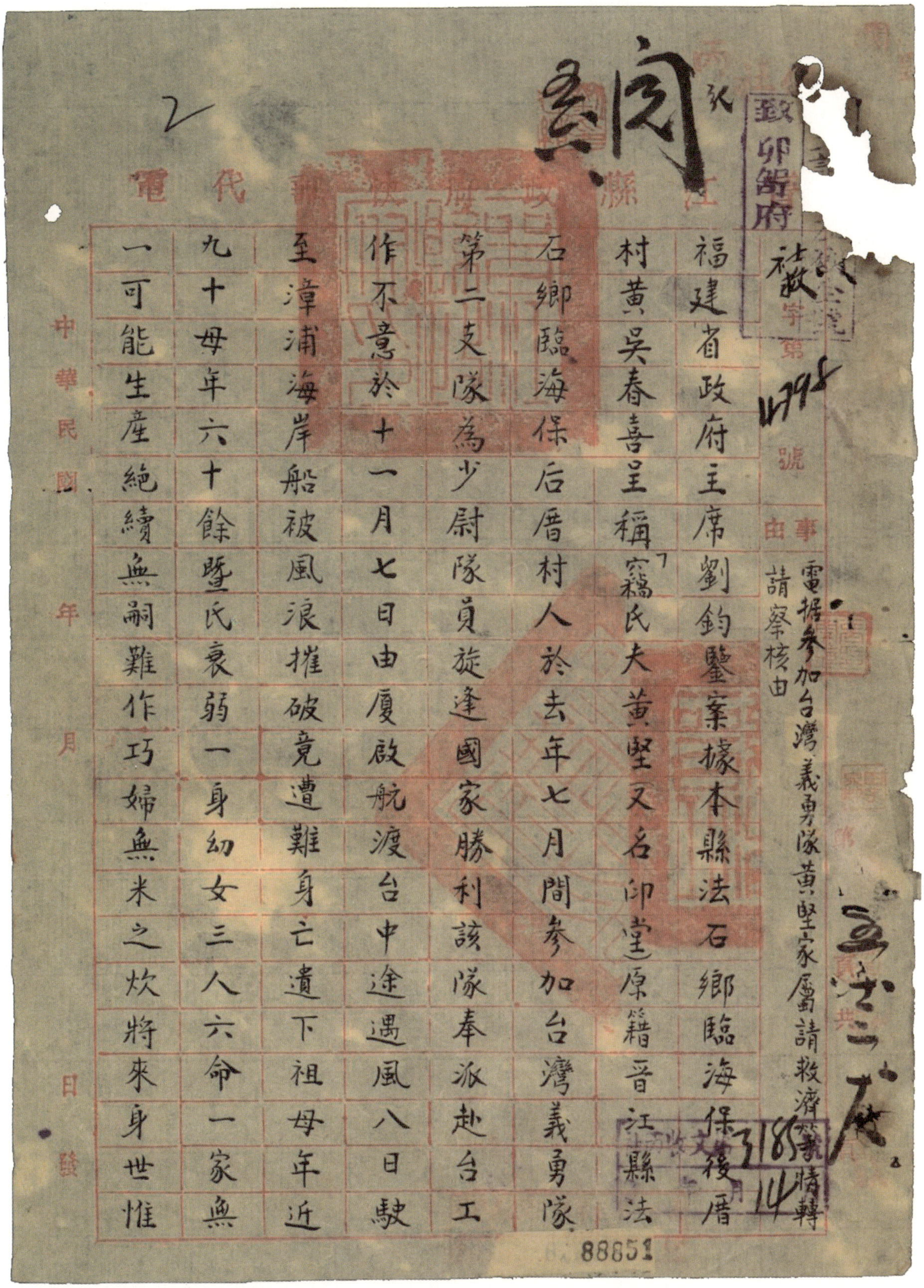

江縣政府代電

字第1798號

事由：電據參加台灣義勇隊黃堅家屬請救濟撫卹情轉請察核由

福建省政府主席劉鈞鑒案據本縣法石鄉臨海保後厝
村黃吳春喜呈稱「竊氏夫黃堅（又名印堂）原籍晉江縣法
石鄉臨海保后厝村人於去年七月間參加台灣義勇隊
第二支隊為少尉隊員旋逢國家勝利該隊奉派赴台工
作不意於十一月七日由廈啟航渡台中途遇風八日駛
至漳浦海岸船被風浪摧破竟遭難身亡遺下祖母年近
九十毋年六十餘暨氏衰弱一身幼女三人六命一家無
一可能生產絕續無嗣難作巧婦無米之炊將來身世惟

中華民國　年　月　日發

88851

晋江县政府关于台湾义勇队队员黄坚家属请求救济抚恤给福建省政府的代电

一九四六年四月二十日

晉江縣政府快郵代電

字第　號

事由

第一頁　共　頁

有陷於絕境聞之傷心見者無不下淚誰無、窮困無如氏之生以待斃者矣所望吾政府能得優卹賜予救濟或免一家同歸於盡并望迅予轉咨台灣義勇總隊部將氏夫八至十一月份未領薪給儘先發放一面層轉依例從厚撫卹賜予逐月救濟以維全家生命臨呈哀號不勝迫切待命之至」等情據此理合電請察核晉江縣縣長吳德露

社救

中華民國三十五年四月　日發

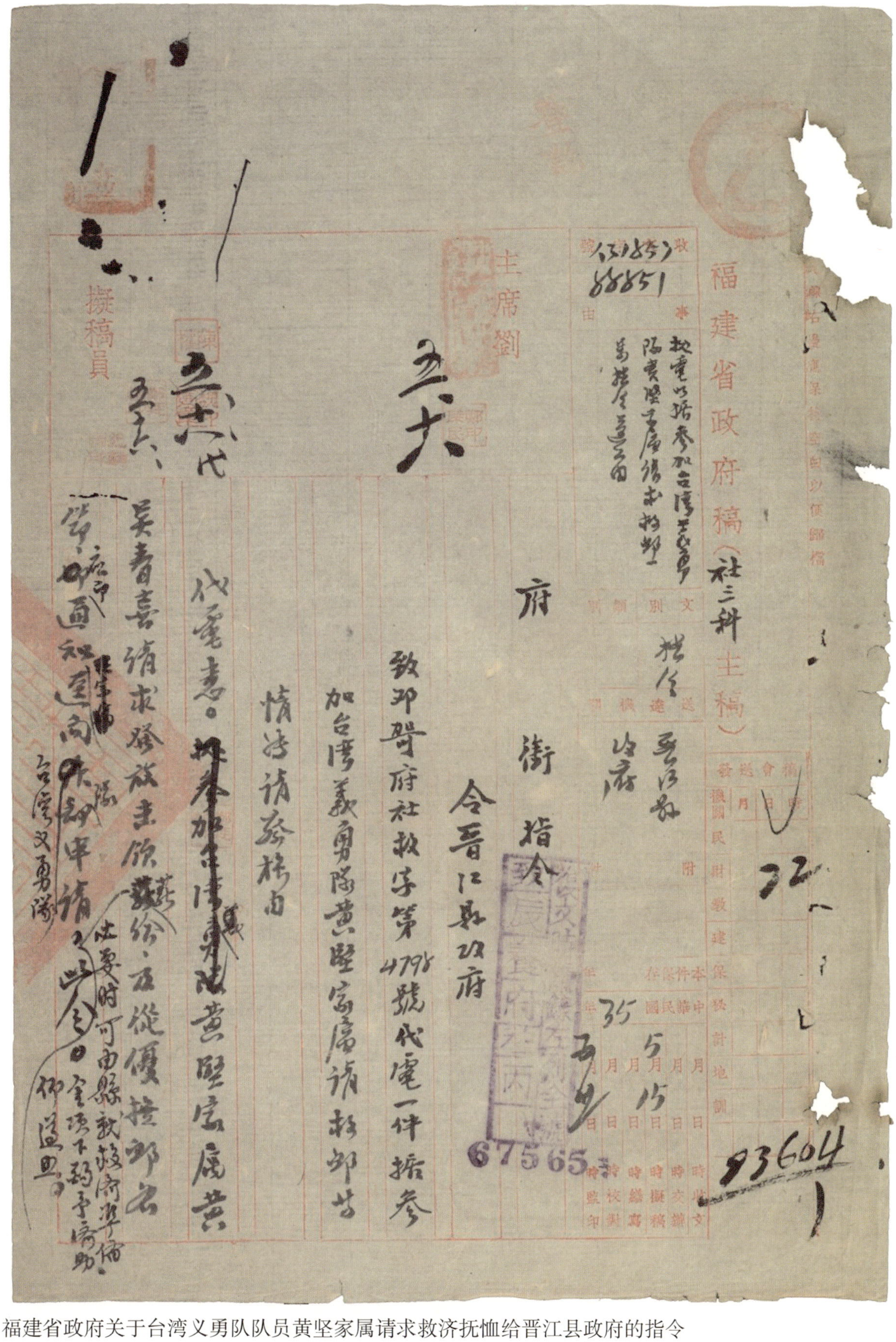
福建省政府稿（社三科主稿）

主席劉

擬稿員

文別：指令

送達機關：晉江縣政府

府衛指令

令晉江縣政府

卯晉府社救字第4798號代電一件據參加台灣義勇隊黃堅家屬請救卹等情

代電悉。

67565

93604

福建省政府关于台湾义勇队队员黄坚家属请求救济抚恤给晋江县政府的指令

一九四六年五月二十二日

台湾区团部关于设法输送台湾义勇队队员来台与厦门市政府的来往函电

一九四六年六月—七月

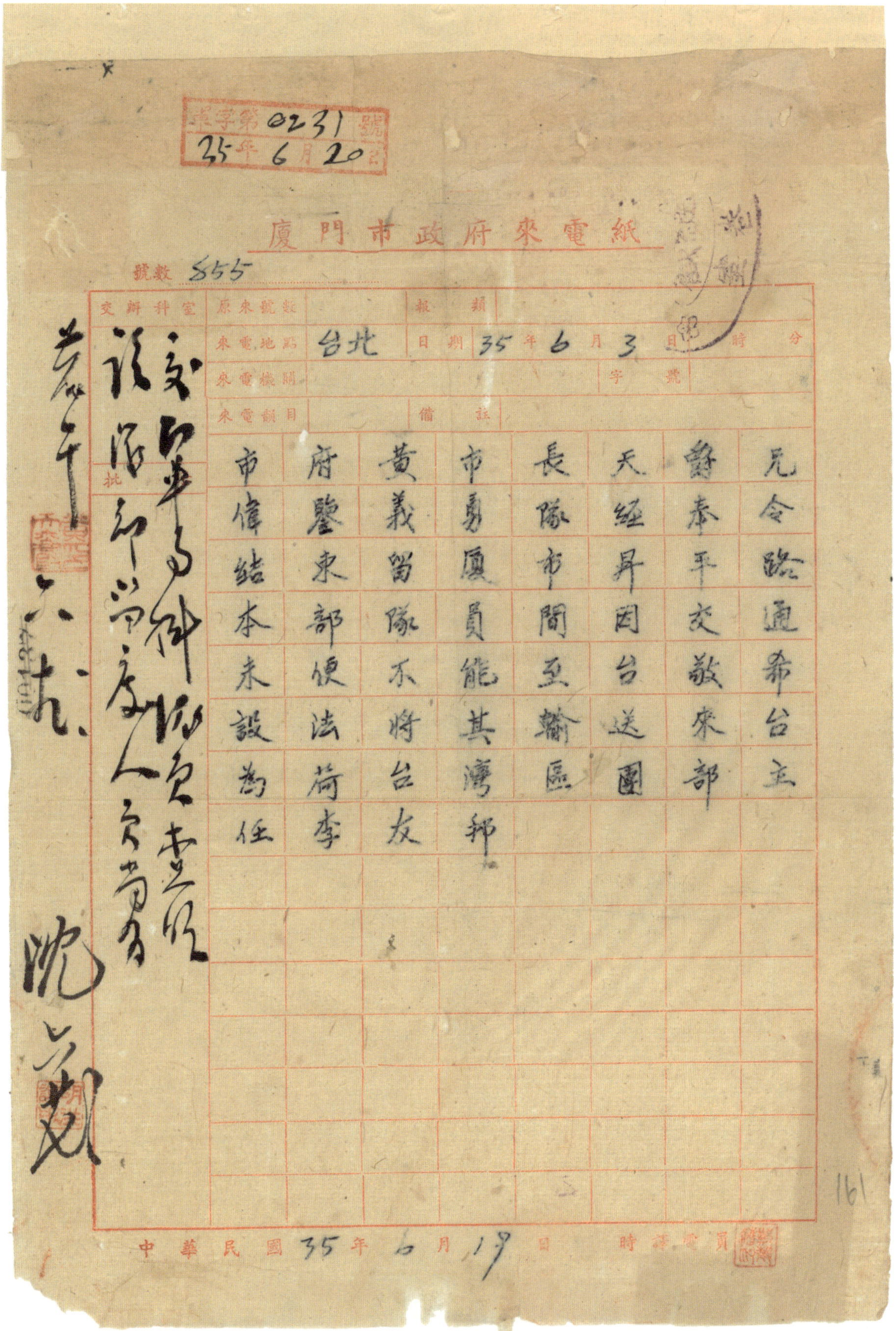

字第0231號
35年6月20日

厦門市政府來電紙

號數 855

交辦科室	原來號數		報類	
	來電地點	台北	日期	35年6月3日 時 分
	來電機關		字號	
	來電類目		備註	
批				

市府黃市長天爵兄偉鑒：義勇隊經奉令結東留廈市昇平路本部隊員間因交通來便不能至台敬希設法將其輸送來台為荷台灣區團部主任李友邦

中華民國35年6月19日 時 譯電員

台湾区团部关于设法输送台湾义勇队队员来台给厦门市政府的电　　一九四六年六月三日

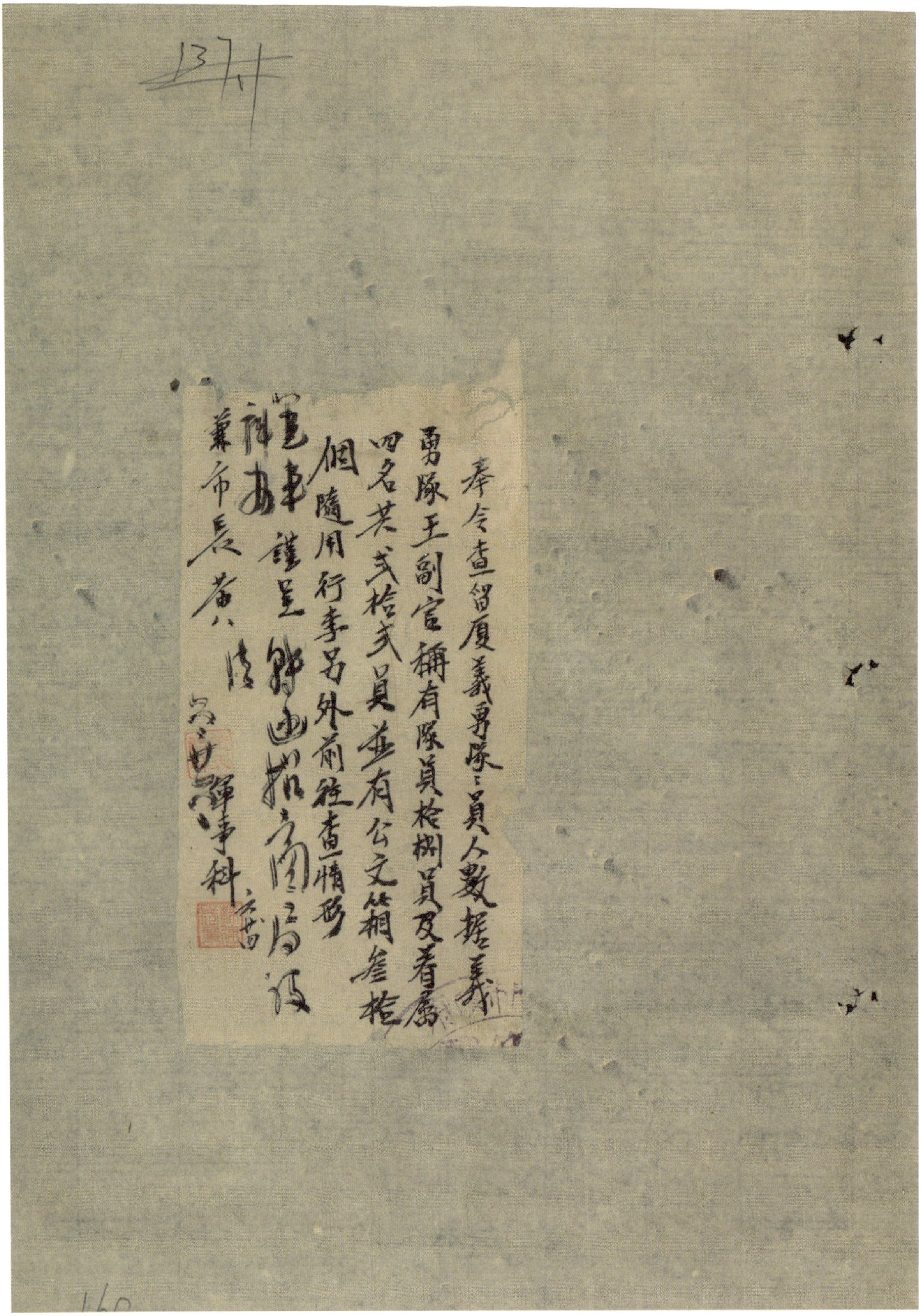
137

奉令查留厦義勇隊〻員人數據義
勇隊王副官稱有隊員枪械員及眷屬
四名共弍拾弍員並有公文箱叁拾
個隨用行李另外前往查情形
理合謹呈鈞座指示祗遵
秘書
兼市長黃
卅五 軍事科 六廿四

厦门市政府军事科关于查复留厦台湾义勇队队员人数及行李情形给厦门市政府的签条

一九四六年六月二十四日

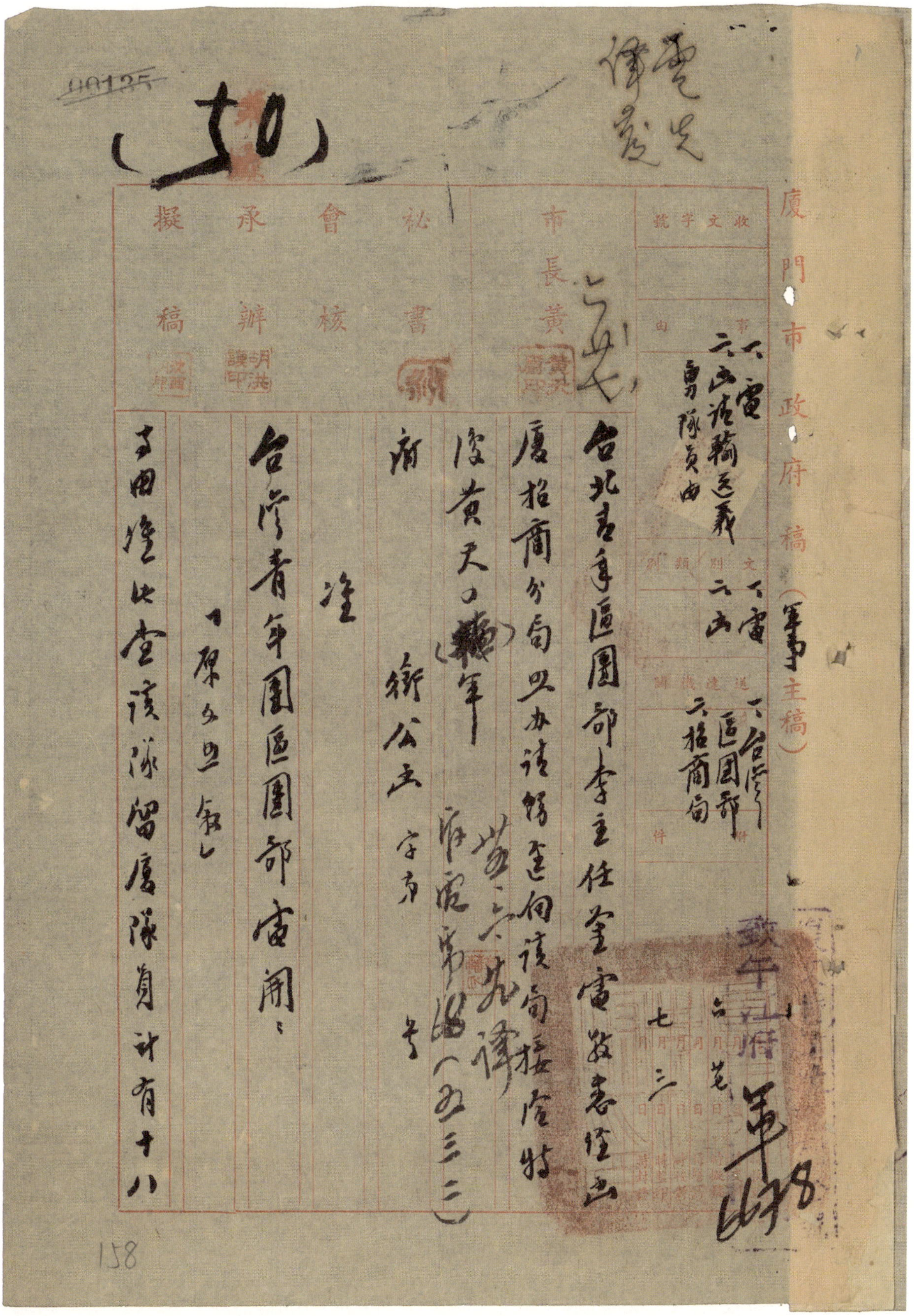

厦门市政府关于由厦门招商分局运送台湾义勇队队员赴台给台湾区团部及厦门招商局的电、函

一九四六年七月三日

員眷屬四名共二十二員名及隨用行李等件隨電
復查詢
貴局接洽外相應函達
查照為荷
此致
國營招商局廈門分局
署市長黃天爵

国民党中央直属台湾党部

福建省政府、厦门市政府关于翁俊明呈请恢复中华民国国籍的相关文电

一九三七年五月—九月

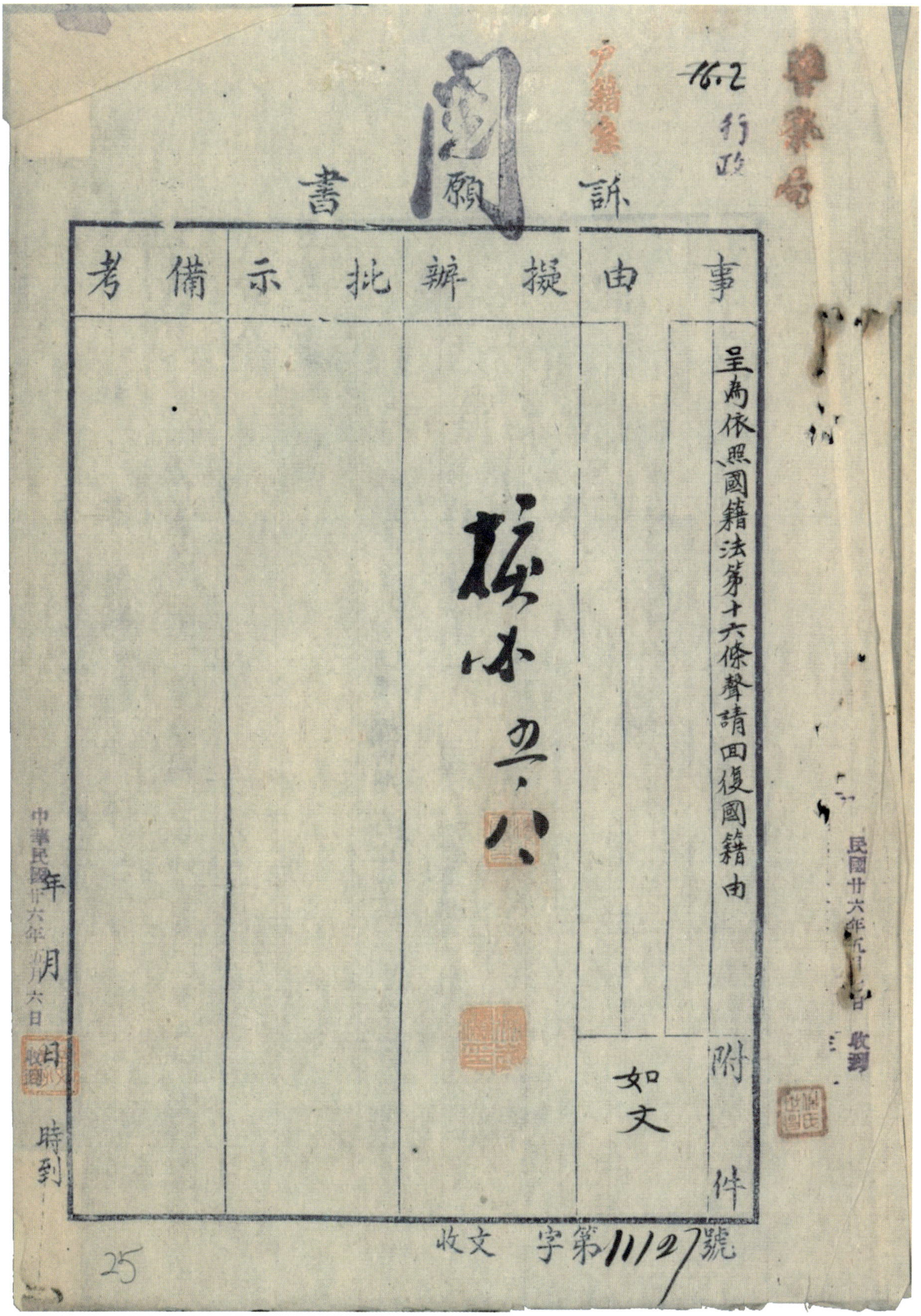

户籍条

16.2

行政

警察局

呈

訴願書

事由	擬辦	批示	備考
呈為依照國籍法第十六條聲請回復國籍由			

附件：如文

收文 字第11127號

中華民國廿六年五月六日收到

年 月 日 時到

民國廿六年五月六日收到

25

翁俊明为申请恢复中华民国国籍给厦门市政府的呈　　一九三七年五月五日

（字第）132號

復台市政府批答僑明呈

發行944 五月十八日

呈件均悉，仰候呈轉核示可也。

此批。

行

五月十四日

校對陳振勳

監印葉[illegible]

26

16.2

行政

警察局

事由：呈爲依照國籍法第十六條聲請回復國籍由

附件

號

民國廿六年五月[illegible]日收到

	姓名	年齡	性別	籍貫	職業	住所
再訴願人	翁俊明	四十六歲	男	廣東省澄海縣	西醫師	廈門市大字酒三十四號
代理人						
原處分決定官署						

附記

一、訴願者應於再訴願人欄內將「再」字塗去並於原處分官署欄內將「決定」二字塗去再訴願人將原處分官署欄內「處分」二字塗去

二、法人提起訴願或再訴願者其名稱及代表人應於再訴願人欄內分別載明

三、事實及理由應分述於後

呈為依照國籍法第十六條聲請回復國籍懇請察核轉呈事竊俊明

27

祖籍廣東省澄海縣清光緒十八年在台灣出生是時台灣尚係中國領土因清政不修甲午戰敗於清光緒二十一年將台灣割與日本時後明年纔四歲以致喪失國籍茲依中華民國國籍法第十六條之規定填明回復國籍應行呈報事項聲請書并出具願書及保證書等各三份連同相片十八張具文呈請

鈞府察核俯賜轉呈

內政部准予回復國籍實為公便謹呈

厦門市政府市長李

附呈回復國籍聲請書四份願書四份保證書四份相片十四張手續費六元印花費二元

0A 48

附呈證據文件應記明於此

訴願人翁俊明簽名蓋章

代表人簽名蓋章

代理人簽名蓋章

保人維鈞醫務局簽名蓋章

住霞漢路維鈞醫務局

29

中華民國二十六年五月五日

廈門洛陽紙號

30

0081800

事由	擬辦	批示	備考
翁俊明聲請回復國籍由			

附件

收文第　字　號

星　字第　號　年　月　日　時到

31

為聲請許可回復國籍事茲依中華民國國籍法第十六條呈請
許可回復中華民國理合另具願書及保證書并開明應行呈
報事項謹呈
厦門市政府轉呈
内政部鑒核施行
謹將應行呈報事項開明如左
一回復國籍人姓名　翁俊明
二性別　男
三年歲　四十六歲
四籍貫　日本台灣台南市
中國祖籍廣東省澄海縣蓬州漁舟鄉

32

清光緒十八年在台灣出生清光緒二十一年台灣割讓日本因而喪失國籍

五 住所 厦門市大字酒街三十四號

六 住居年限 自民國四年六月十日住厦門山仔頂九號時起繼續不斷在厦門住居二十三年

七 職業 西醫師 俊明醫院院長
曾領有日本内務大臣所頒醫師免許證
民國十六年蒙衛生部發給行醫執照（醫字一三七五號）

八 財產 約二萬元

九 品行 自信端正

十 藝能 除西醫學理外兼有國醫學之科學的智識

十一 隨同回復國籍人取得國籍者
妻 吴氏湘蘋 年四十四歲
長男 武烈 年十六歲
次男 炳榮 年十五歲
三男 赫曦 年六歲

33

長女　鏡清　年二十歲
次女　鏘鏘　年十三歲
三女　錚錚　年三歲
四女　濱濱　年二歲

十二　其他事項

俊明出生台灣時台灣尚係中國領土清政不修甲午戰敗割地求和以致俊明喪失國籍

具聲請書人　翁俊明

34

中華民國二十六年五月五日

厦門洛陽社製

35

事由	擬辦	批示	備考
回復國籍保證書			
附件			

呈 字第 號 年 月 日 時刻

收文 字第 號

36

為出具保證書事茲因日本國台灣人翁俊明願依中華民國
國籍法第十六條規定聲請回復中華民國國籍并遵守中華
民國一切法令委無欺偽情弊甘願出具保證書此證

年四十二歲

譚培榮　廣東省陽江縣人

職業　律師

住廈門公園西路九號

具保證書人

年五十歲

陳瑞清　福建省廈門市人

37

008 ~~227~~

職業　厦門總商會執行委員

住厦門市大中路六十號

38

中華民國二十六年五月五日

厦门路陽社製

008: ~~24~~

事由	擬辦	批示	備考
聲請回復國籍具願書			

附件

呈　字第　號　年　月　日　時到

收文　字第　號

40

為出具願書請許可回復國籍事茲依中華民國國籍法第十
六條規定願面復中華民國國籍并遵守中華民國一切法令
理合出具願書謹呈
厦門市政府轉送
内政部

具願書人 翁俊明

41

中華民國二十六年五月五日

42

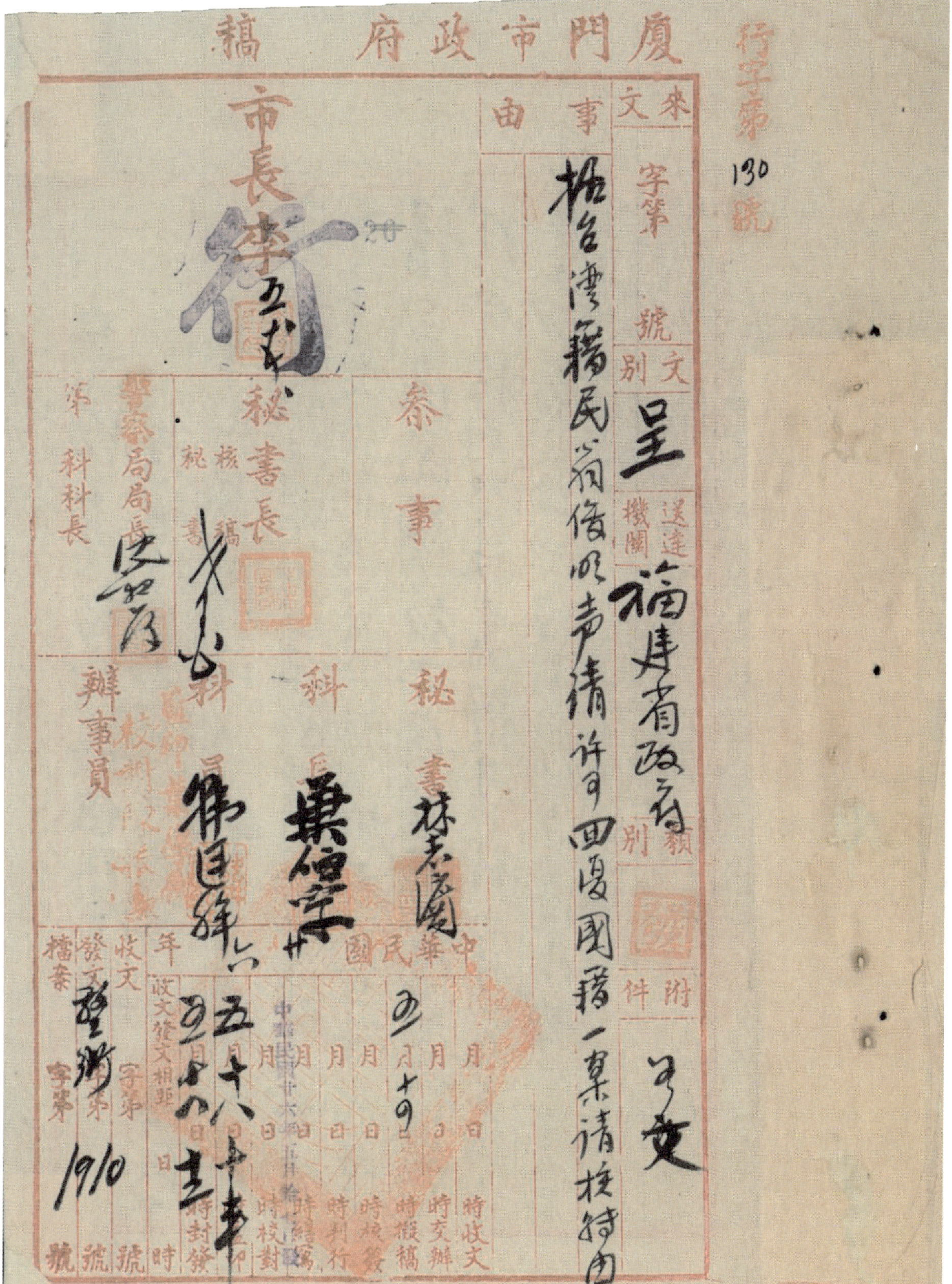
厦門市政府稿

行字第130號

來文 字第 號

文別：呈

送達機關：福建省政府

事由：據台灣籍民翁俊明聲請許可回復國籍一案請核轉由

附件：另文

市長

秘書長

參事

警察局局長

秘書

科長

辦事員

中華民國 年 月 日

厦门市政府关于翁俊明申请恢复中华民国国籍给福建省政府的呈　　一九三七年五月十八日

案据台湾籍民翁俊明呈称：

「为声请许可回复国籍事，兹依中

华民国国籍法六之叙出，暨按施行规

等情，附呈声请书、愿书、保证书及相片

手续费、印花费等件，据此，查该民声

请回复国籍，核与国籍法，尚无抵触，

理合检同声请书、愿书、保证书各三份，相

片十四张，并手续费（十分之三）国币三元六角，

印花税国币二元，备文呈请

钧座察核咨行。

44

~~27~~

謹呈

福建省政府主席陳

附呈逆聲請書九冊、桐尾十四張、國幣五元六角

全衛名具

45

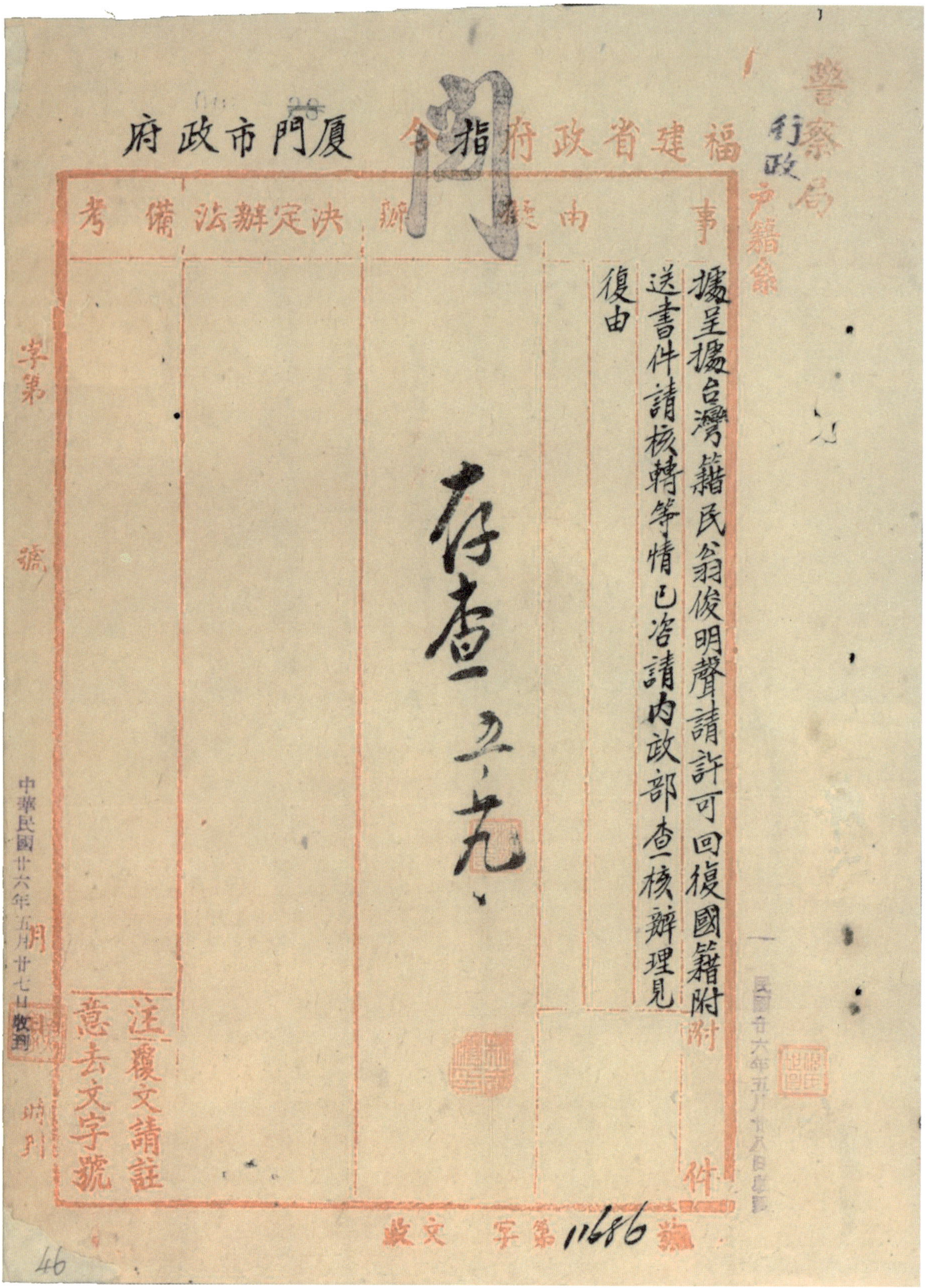

福建省政府指令　廈門市政府

事由	擬辦	決定辦法	備考
據呈據台灣籍民翁俊明聲請許可回復國籍附送書件請核轉等情已咨請內政部查核辦理見復由		存查　五、廿九	

附件

注覆文請註意去文字號

警察局　行政　户籍系

中華民國廿六年五月廿七日收到

民國廿六年五月廿八日發

發文　字第11686號

46

福建省政府关于翁俊明申请恢复中华民国国籍已咨请内政部办理给厦门市政府的指令

一九三七年五月二十四日

福建省政府 指令

令厦門市政府

二十六年五月十七日警行字第一九一零號呈一件為據台灣籍民翁俊明聲請許可回復國籍附送聲請書願書保證書及手續費印花費相片等請咨轉核辦由

呈及附件均悉。已咨請内政部查核辦理見復矣。此令。

徐辰敬

府秘乙字第40458號

47

中華民國二十六年五月廿四日

主席陳儀

福建省政府之印

監印何鍵仁
校對魏逸民
林沆睦

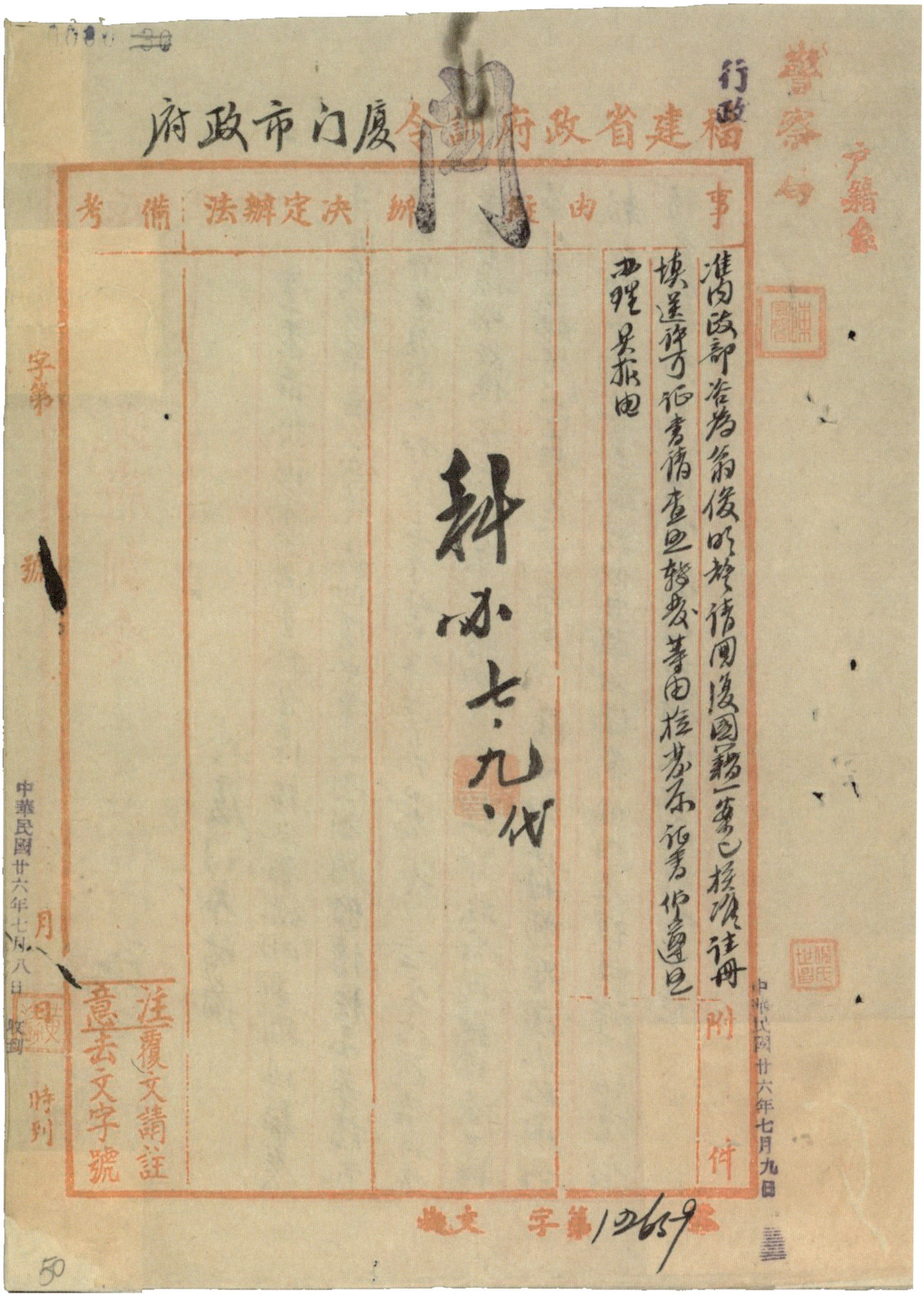

福建省政府关于内政部核准翁俊明恢复中华民国国籍给厦门市政府的训令

一九三七年七月三日

福建省政府训令

令厦门市政府

案查前据该市政府呈据台湾籍民翁俊明呈称祖籍广东陆海，现率妻子女移，请回复中华民国国籍，转请核示等情，并经本府咨准内政部民十三年廿八年六月九日发零二三零六号咨开：查该翁俊明既系祖籍广东，兹请回复国籍一节，核与国籍法第十六条第八条之规定尚无不合，应予照准，除由部注册刊登国民政府公报公布并转饬其原籍地方政府备案外，相应填送许可证书，咨请查照转发并请指令厦门市新闻纸两种饬由该翁俊明将

51

回復國籍事實登載後再將許可證書交其收執並將該登報紙送部存查為荷等由附送許可證書一紙准此合行檢發原證書令仰該市政府遵照辦理具報此令

附發許可證書一紙

52

中華民國三十六年七月三日

主席陳儀

監印何佐松 校對魏遂良 林元睦

53

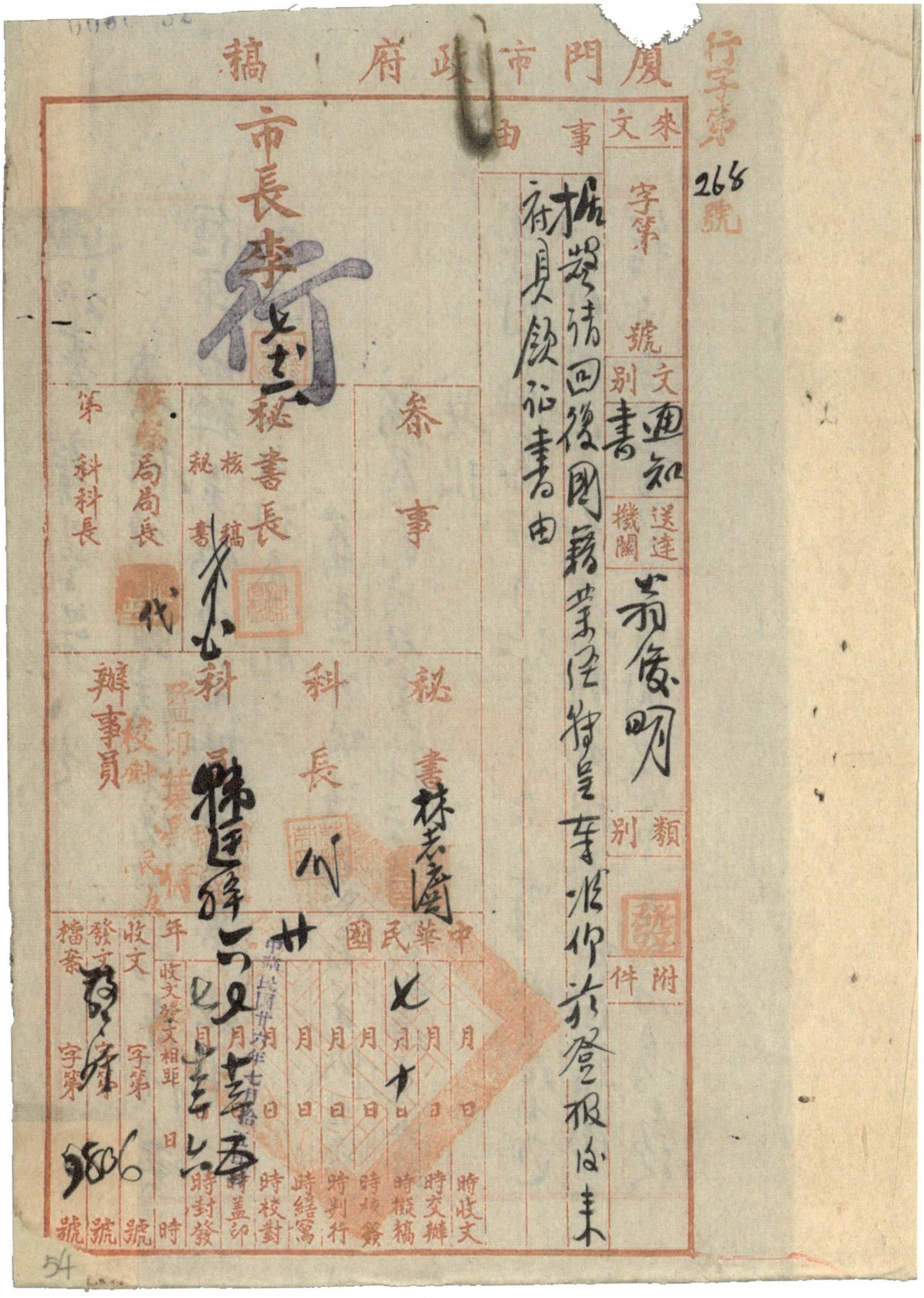
厦門市政府稿

行字第268號

來文字第　號

事由：據翁請回復國籍業經轉呈等准仰於登報後來府具領許可書由

文別：通知書

送達機關：翁俊明

市長李

秘書長

參事

秘書

科長

局長

辦事員

中華民國廿六年七月十　日

厦门市政府关于饬翁俊明登报恢复中华民国国籍后具领许可证书的通知书

一九三七年七月十五日

通知書 警川字第 號

案據旅民黃請回復國籍等情，業經本府轉呈核示，并批示在案，茲奉

福建省政府訓令開：

「案查前據旅臺灣籍民黃前僑呢呈稱云云，敘至道並辦理具報。」

等因，附發許可證書一紙，奉此，合行通知仰該黃完華僑兩相登載回復國籍之實，三日以內，前同報帶來府具領。

55

詔書，特此通知。

右通知蔡明淺收

56

34.2

閱

行政

户籍系

訴願書

事由	擬辦	批示	備考
奉通知書遵繳呈充華僑兩報，登載回復國籍祈察核，准予具領証書由。	核示 公册		
附件：如文			

中華民國廿六年八月廿八日 時到

收文 字第13818號

58

翁俊明为请准具领恢复中华民国国籍许可证给厦门市政府的呈　　一九三七年八月二十八日

	姓名	年齡	性別	籍貫	職業	住所
再訴願人	翁俊明	四十六歲	男	廣東	醫	大宇酒 二十五號
代理人						
原處分官署決定						

附記

一、訴願者應於再訴願人欄內將『再』字塗去並於原處分官署欄內將『決定』二字塗去再訴願人將原處分官署欄內『處分』二字塗去

二、法人提起訴願或再訴願者其名稱及代表人應於再訴願人欄內分別載明

三、事實及理由應分述於後

竊奉

鈞府警行字第二八〇六號通知書畧開：

「關於俊民聲請回復國籍業經轉呈奉准，仰於星光華僑兩報登載回復國籍事實三日後，剪同報紙來府具領証書」

奉此，遵即登載星光華僑兩報，聲明俊明回復國籍，奉令前因，理合具文將星光華僑兩報附呈

察核，准予具領，實為公便。

謹呈。

厦門市政府市長李

附呈星光華僑兩報登載俊明回復國籍啟事二則計二份

附呈證據文件應記明於此

訴願人翁俊明（簽名蓋章）

代表人（簽名蓋章）

代理人（簽名蓋章）

保人陳維鈞（簽名蓋章）

住霞漳路維鈞医务所

61

中華民國廿六年八月廿八日

厦門粉竹齋製

62

許願書

事由	擬辦	批示	備考
奉通知書遵繳星光華僑兩報、登載回復國籍、仰祈審核、准予具領証書由。			

附　件

副

年　月　日　時到

63　收文　字第　號

	姓名	年龄	性别	籍贯	职业	住所
再訴願人	翁俊明	四十六歲	男	廣東	醫	大字酒二十五號
代理人						
原處分官署決定						

附記

一、訴願者應於再訴願人欄內將「再」字塗去並於原處分官署欄內將「決定」二字塗去再訴願人將原處分官署欄內「處分」二字塗去

二、法人提起訴願或再訴願者其名稱及代表人應於再訴願人欄內分別載明

三、事實及理由應分述於後

竊奉

64

鈞府警行字第二八〇六號通知書內畧開：

「關於俊民聲請回復國籍業經轉呈奉准，仰於星光華僑兩報登載回復國籍事實三日後，剪同報紙來府具領證書」

奉此，遵即登載星光華僑兩報，聲明俊明回復國籍，奉令前因，理合具文將星光華僑兩報附呈

察核，准予具領，實為公便。

謹呈：

厦門市政府市長李

附呈星光華僑兩報，登載俊明回復國籍啟事二則，計二份，

65

附呈證據文件應記明於此

訴願人翁俊民簽名蓋章

代表人簽名蓋章

代理人簽名蓋章

保人陳維鈞簽名蓋章

66

中華民國卄六年八月卄八日

廈門粉竹齋製

67

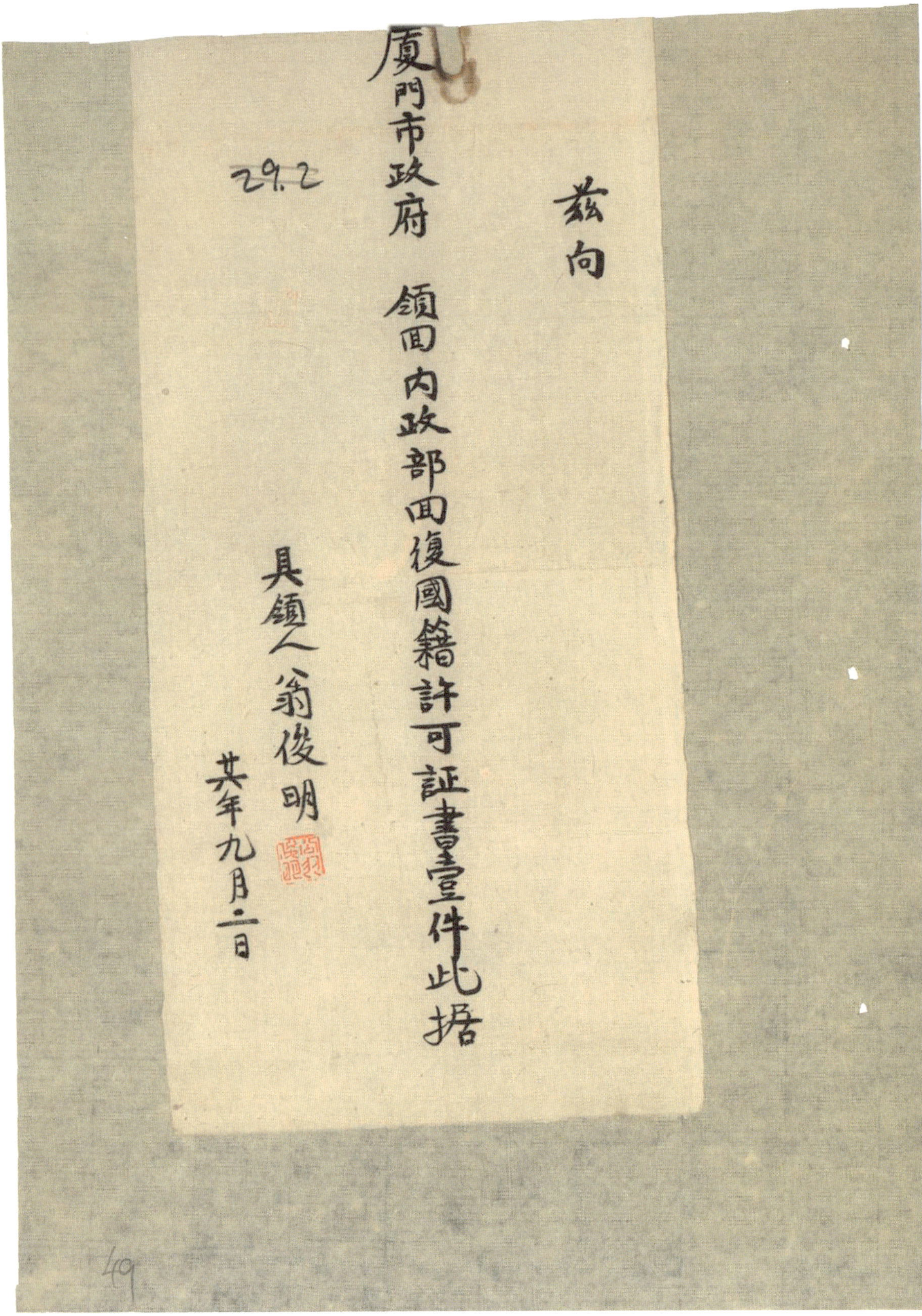

茲向

廈門市政府領回內政部回復國籍許可証書壹件此据

29.2

具領人翁俊明

廿六年九月二日

49

翁俊明领取恢复中华民国国籍许可证书的领据　　一九三七年九月二日

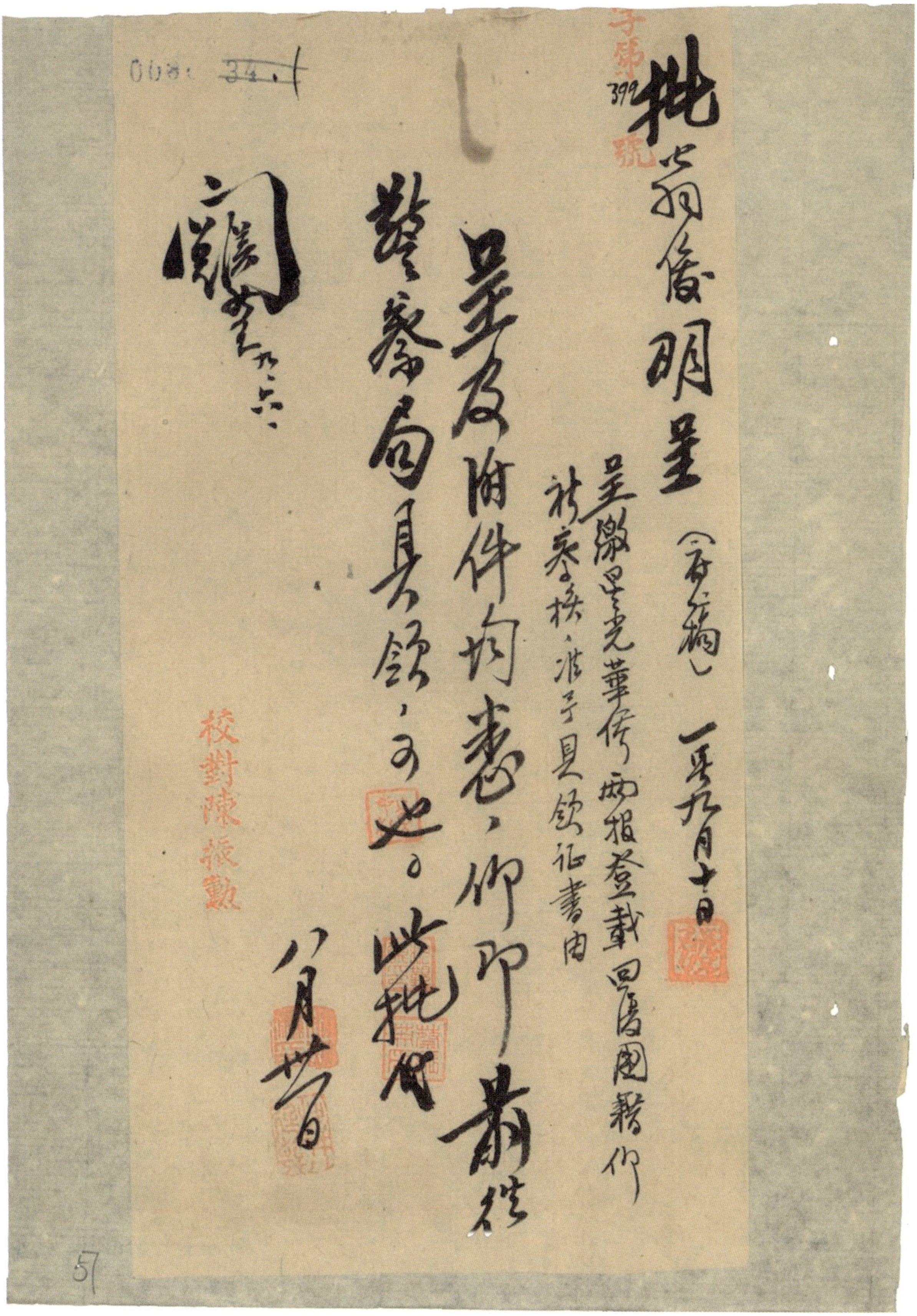

厦门市政府关于准予翁俊明具领恢复中华民国国籍许可证书的批　　一九三七年九月十日

国民政府、国防最高委员会秘书厅等关于设置直属台湾党部筹备处追加一九四一年度党费概算的来往文书

一九四一年三月

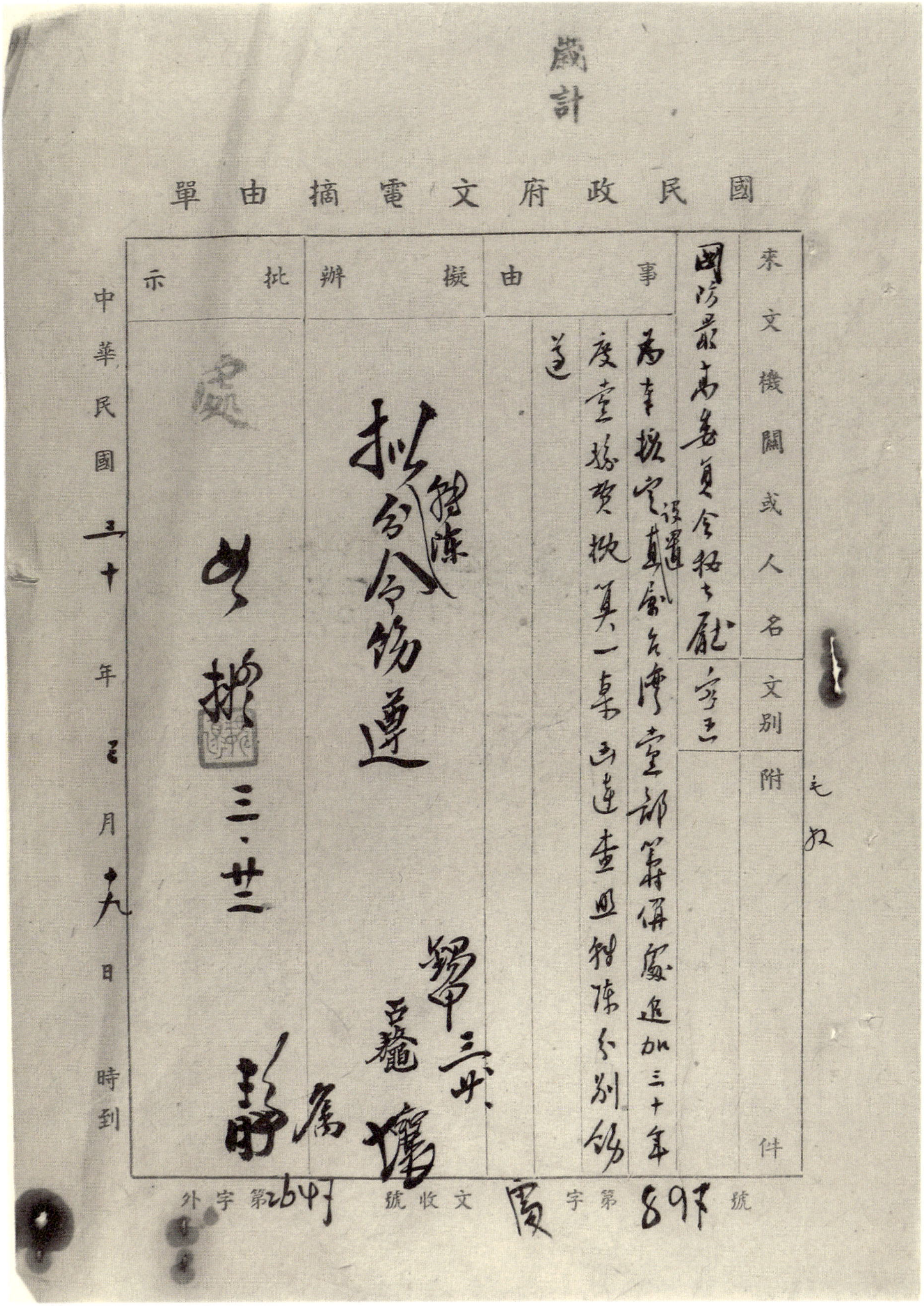

歲計

國民政府文電摘由單

來文機關或人名	國防最高委員會秘書廳
文別	密函
附件	
事由	為奉核定設置直屬台灣黨部籌備處追加三十年度黨務費概算一案函達查照轉陳分別飭遵
擬辦	擬簽陳分令飭遵 三、廿
批示	如擬 三、廿三

中華民國三十年三月十九日　時到

外字第2647號　收文寅字第898號

国防最高委员会秘书厅关于核定设置直属台湾党部筹备处追加一九四一年度党务费概算给国民政府文官处的密函

一九四一年三月十九日

復文希註
發文字號

事由　密

擬辦

批示

國防最高委員會秘書廳密函

准中央執行委員會秘書處密函為中央常會議決設置直屬台灣黨部籌
備處希轉陳追加三十年度黨務費概算一案，經陳奉 核交財政部簽核具

國紀 字第 16201 號
中華民國三十年三月十九日收

收文 字第 號
二十 年 月 日收到

會審查，據報告稱，

「本案審查結果，認為籌設台灣黨部係推進海外黨務之重要措施，所需經常費用，擬請依照中央常會通過之數核定，自三月份起月列六千元，本年度十個月共列六萬元，在總預算第二預備金項下移撥，并依原函請求准以法價購買外匯」等語，提經 國防最高委員會第五十四次常務會議決議「照審查意見通過」。除函覆外，相應函達，即希查照轉陳，分別飭遵為荷。此致

國民政府文官處

監印廖會鄉
校對張述禾

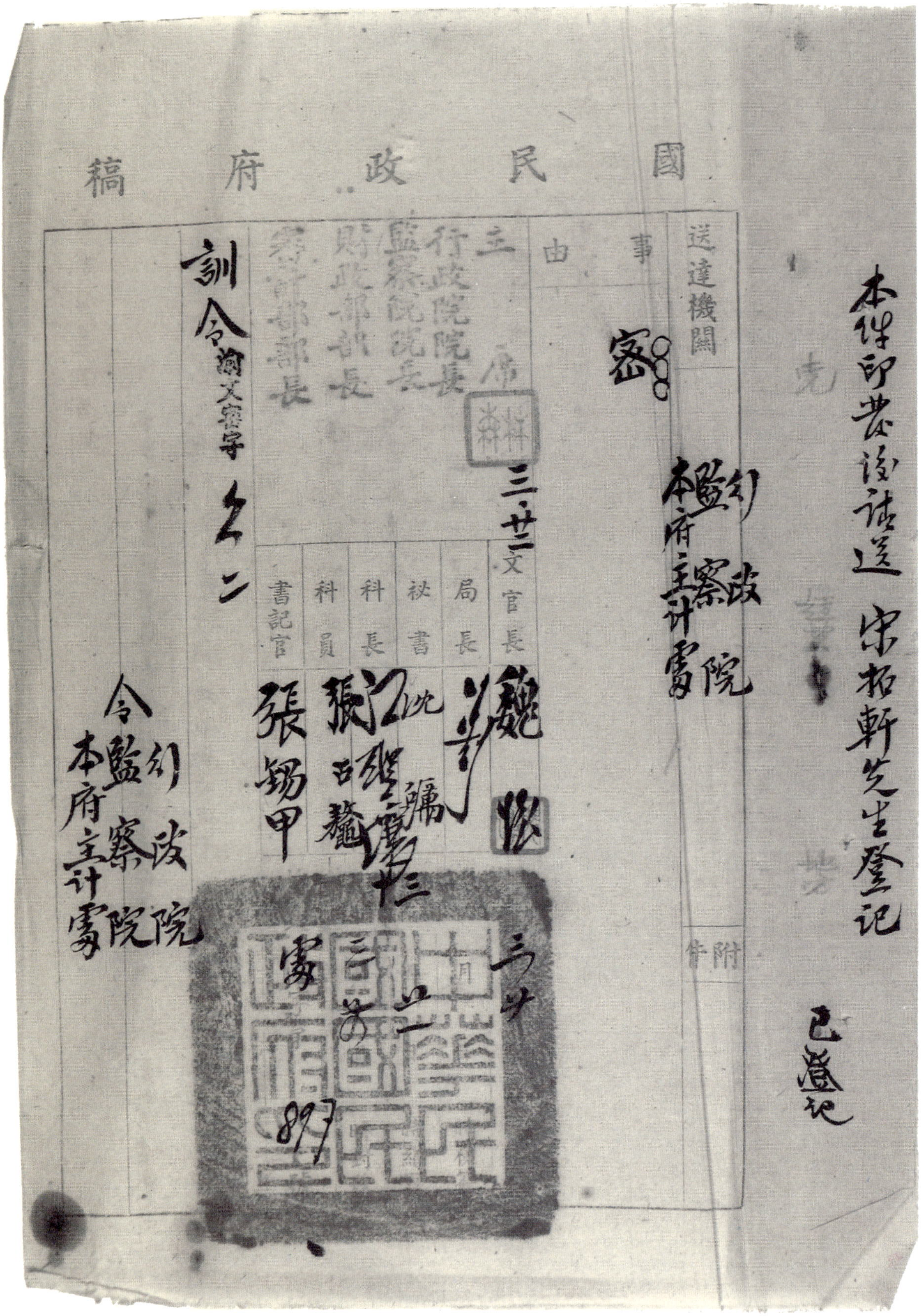

國民政府稿

送達機關 密

事由

主席

行政院院長
監察院院長
財政部部長
審計部部長

三、廿二

文官長	局長	秘書	科長	科員	書記官
魏懷					張錫甲

訓令 渝文字第 號

令 本府主計處 監察院 行政院

本件印發後送宋柏軒先生登記

已登記

国民政府关于核定设置直属台湾党部筹备处追加一九四一年度党务费概算给行政院、监察院、国民政府主计处的训令

一九四一年三月二十四日

為令飭事，據本府文官處簽呈稱，「准國防最高委員會秘書廳三十年三月十九日國紀字第一六二〇一號密函開，『准中央執行委員会秘書處密函，云相應函達查照，轉飭分別飭遵』等由，理合簽請鑒核」等情，據此，應即照辦。除飭復並分行外，合行令仰該院轉飭財政部遵照、審計部查照知照。

此令。

監印陳光遠

校對曾伯[illegible]

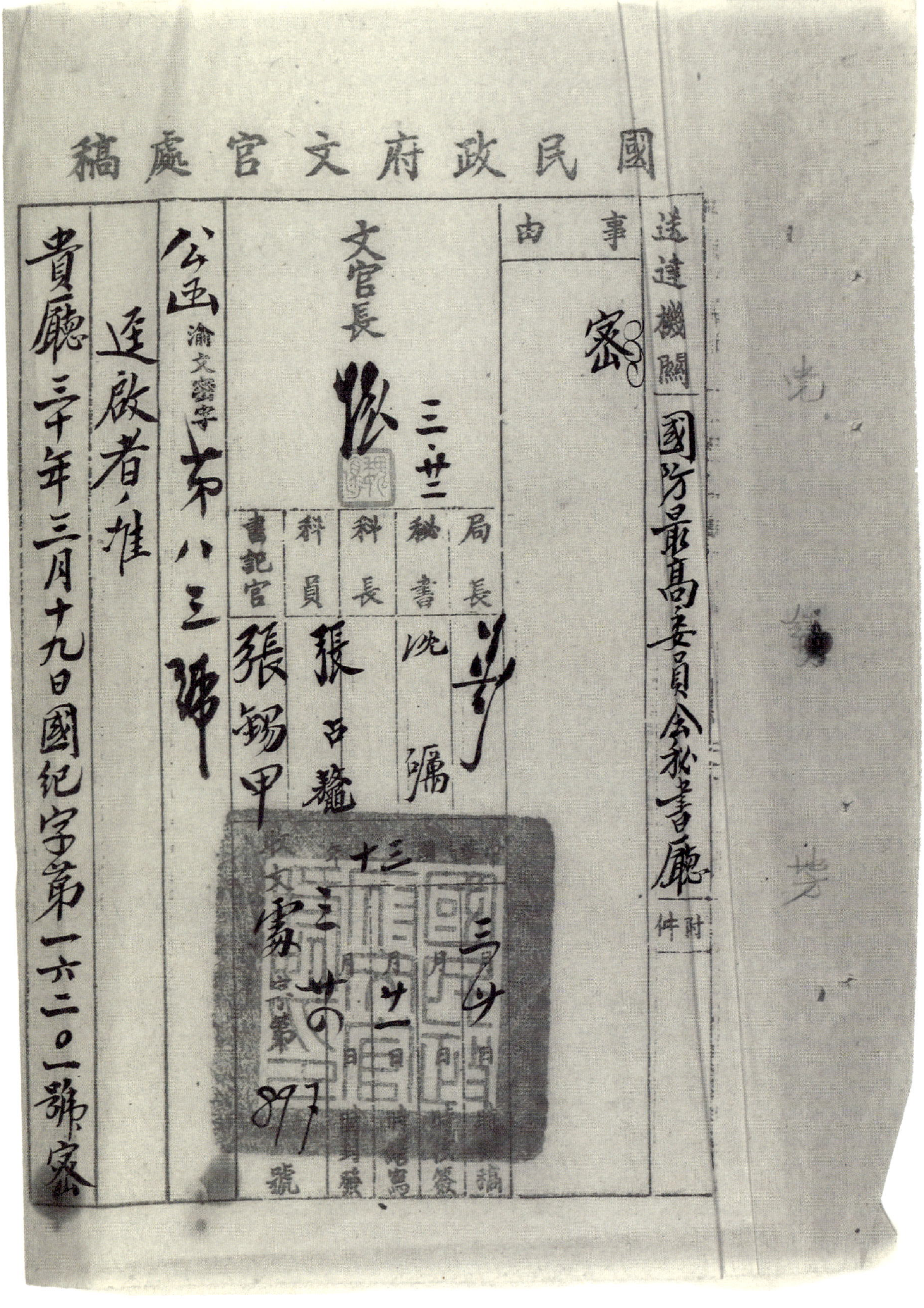
國民政府文官處稿

送達機關：國防最高委員會秘書廳

附件

事由：密

文官長 三、廿二

局長 秘書 科長 科員 書記官

張錫甲

公函 渝文密字第八三號

逕啟者，准

貴廳三十年三月十九日國紀字第一六二〇一號密函

国民政府文官处关于核定设置直属台湾党部筹备处追加一九四一年度党务费概算给国防最高委员会的函

一九四一年三月二十四日

函為本年核定直屬台灣党部籌備處追加三十年度党務費概算，請轉陳飭遵並由，准此業經陳奉
國民政府令飭遵矣。相應函復
查照轉陳為荷。此致
國防最高委員會秘書廳

監印陳光遠
校對覃公右

国民党中央组织部、国民党福建省执委会等关于协助台湾党部驻漳事宜的来往文电

一九四三年一月—四月

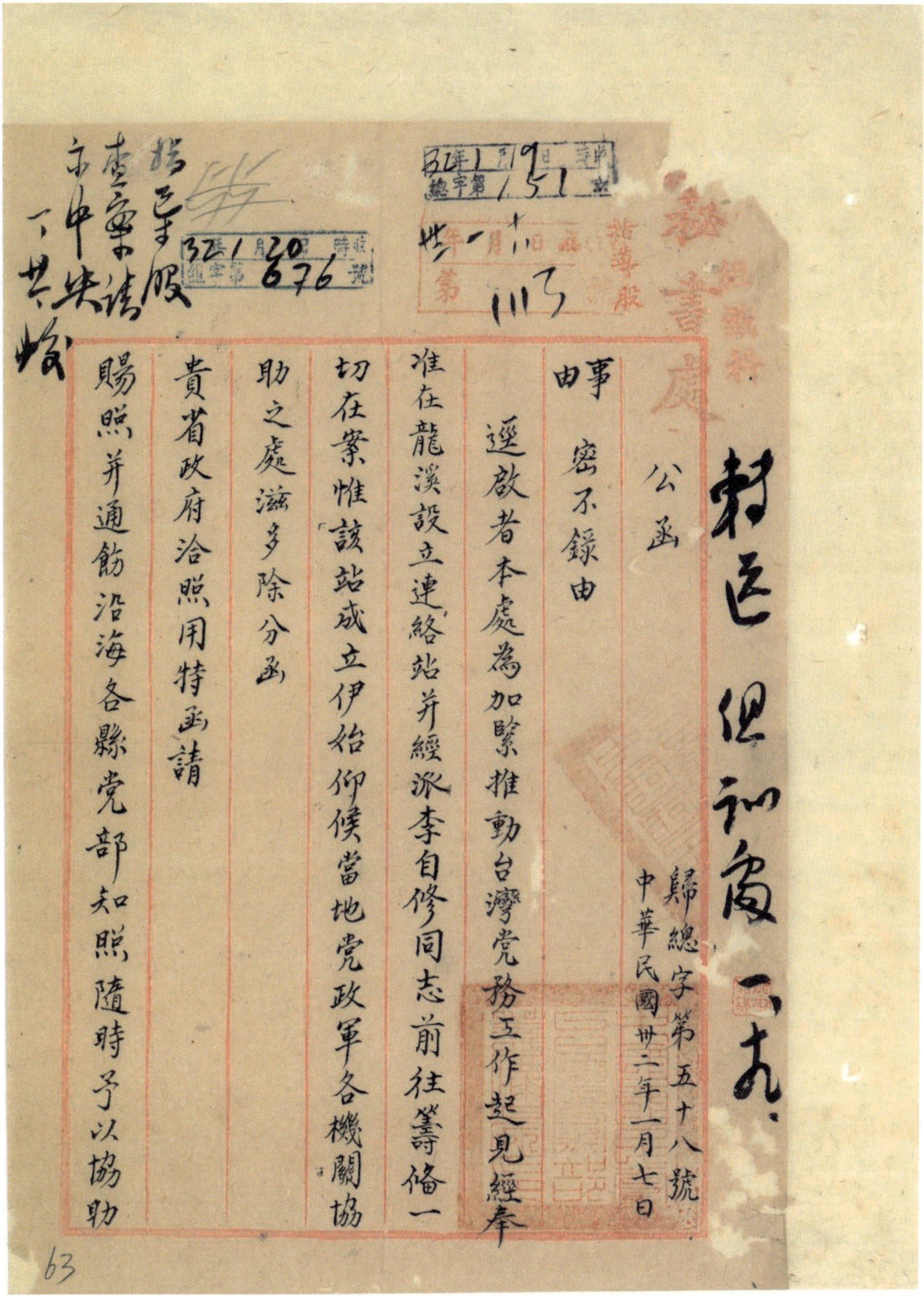

公函

事由　密不錄由

逕啟者本處為加緊推動台灣党務工作起見經奉准在龍溪設立連絡站并經派李自修同志前往籌備一切在案惟該站成立伊始仰候當地党政軍各機關協助之處滋多除分函

貴省政府洽照用特函請

賜照并通飭沿海各縣党部知照隨時予以協助

歸總字第五十八號

中華民國卅二年一月七日

台湾党部筹备处关于在龙溪设立联络站请通令沿海各县党部知照并协助给国民党福建省执委会的函

一九四三年一月七日

56

實為公便

此致

福建省黨部

中國國民党台湾党部籌備處主任翁俊明

64

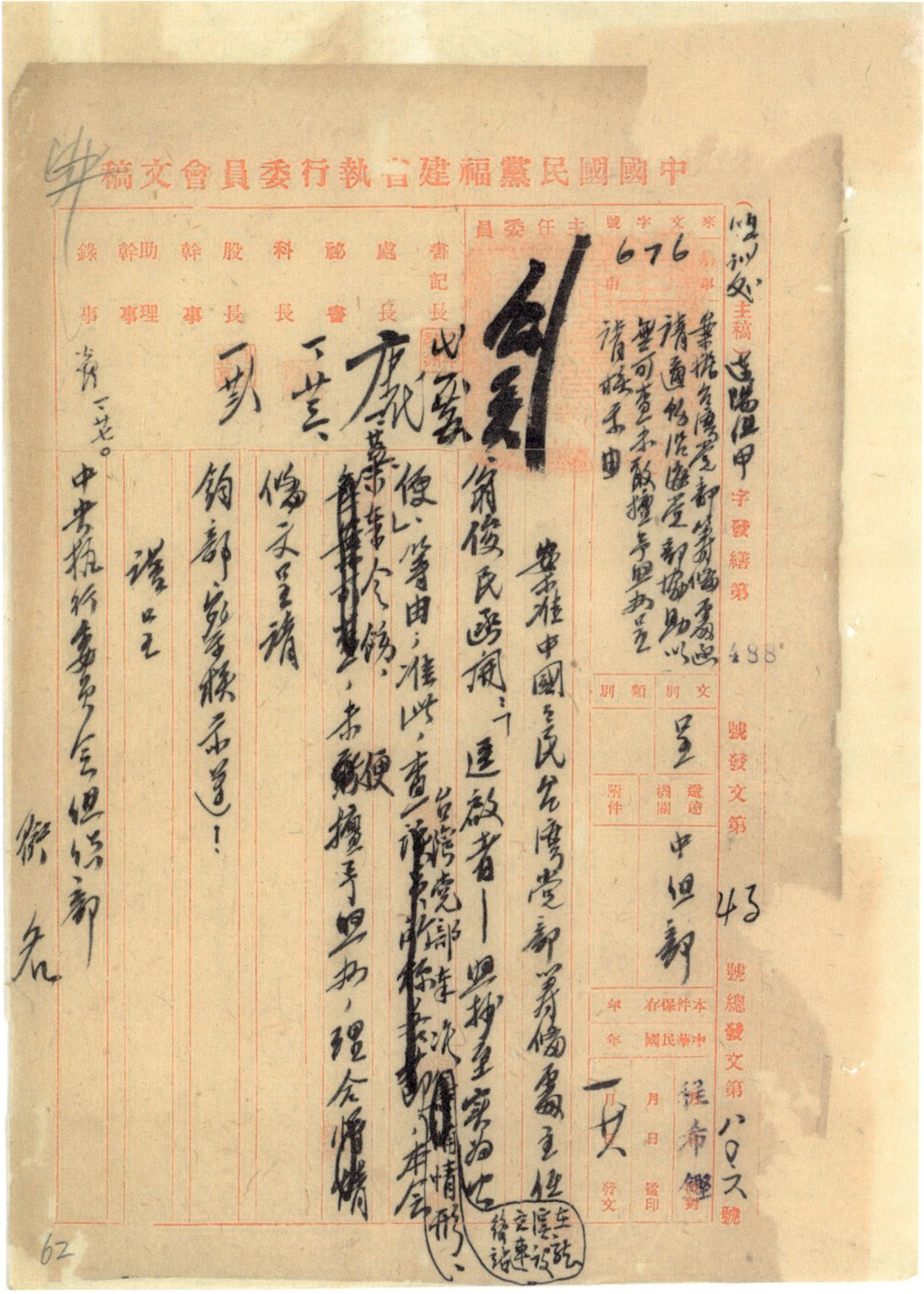
中國國民黨福建省執行委員會文稿

事由：業據台灣黨部籌備處[illegible]請准[illegible]無可查考，未敢擅專，理合呈請核示由

案准中國國民黨台灣黨部籌備處主任翁俊明函開：「逕啟者：[illegible]」等由；准此，查[illegible]未敢擅專，理合備文呈請

鈞部鑒核示遵！

謹呈

中央執行委員會組織部

國民党福建省执委会关于台湾党部筹备处在龙溪设立联络站给国民党中央组织部的呈

一九四三年一月二十八日

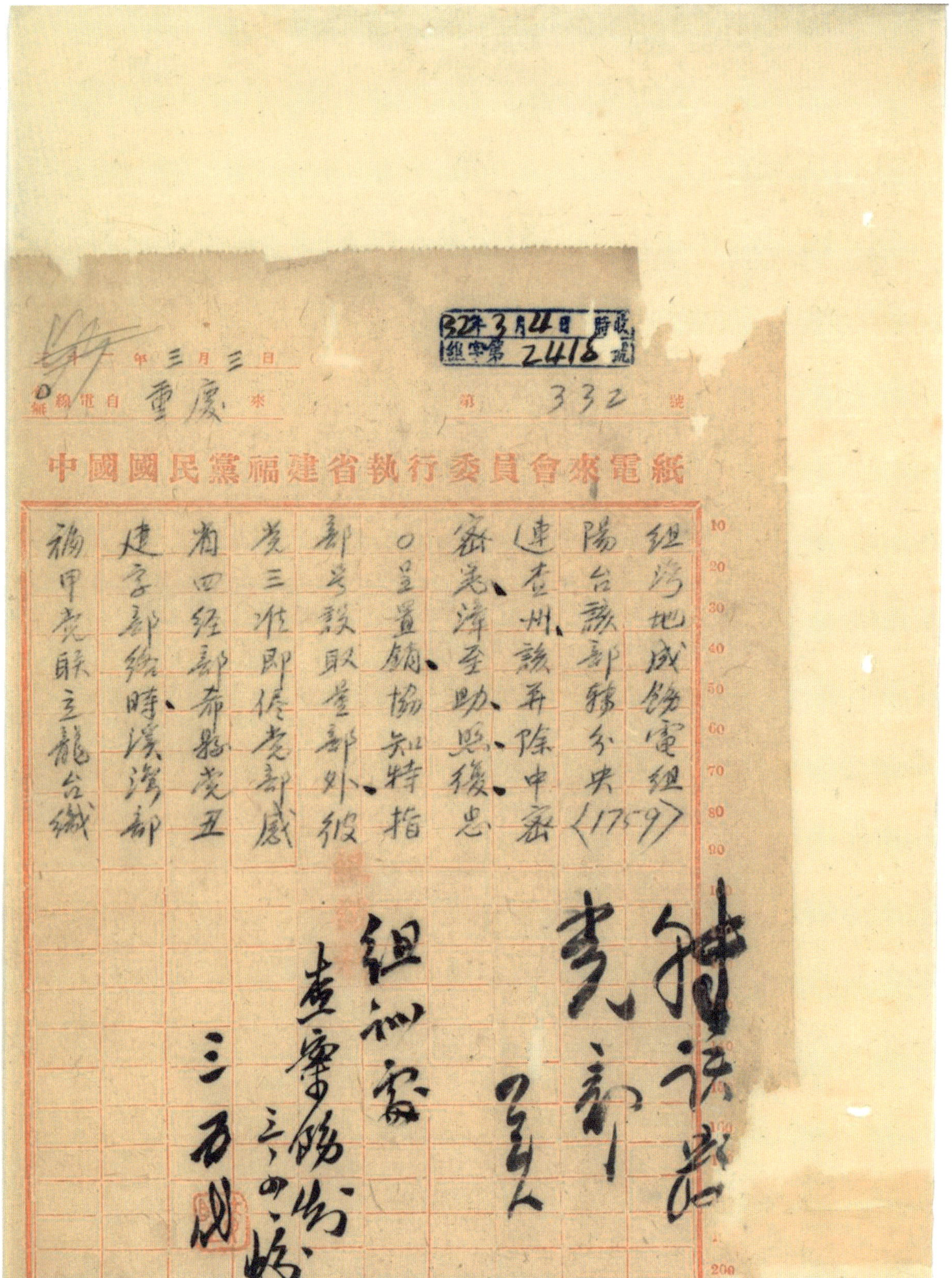

中國國民黨福建省執行委員會來電紙

三十二年三月三日

自電線 重慶 來 第332號

32年3月4日 時收 組字第2415號

福建省党部〇密。速。甲字四三号呈悉。查台灣党部經准設置漳州，該地聯絡部即取銷，至該部成立時，希儘量協助，并轉飭龍溪縣党部知照。除分電台灣党部外，特復。中央組織部。五感。彼指忠密〈1759〉

国民党中央组织部关于台湾党部准设漳州请尽量予以协助给国民党福建省执委会的电

一九四三年二月二十七日

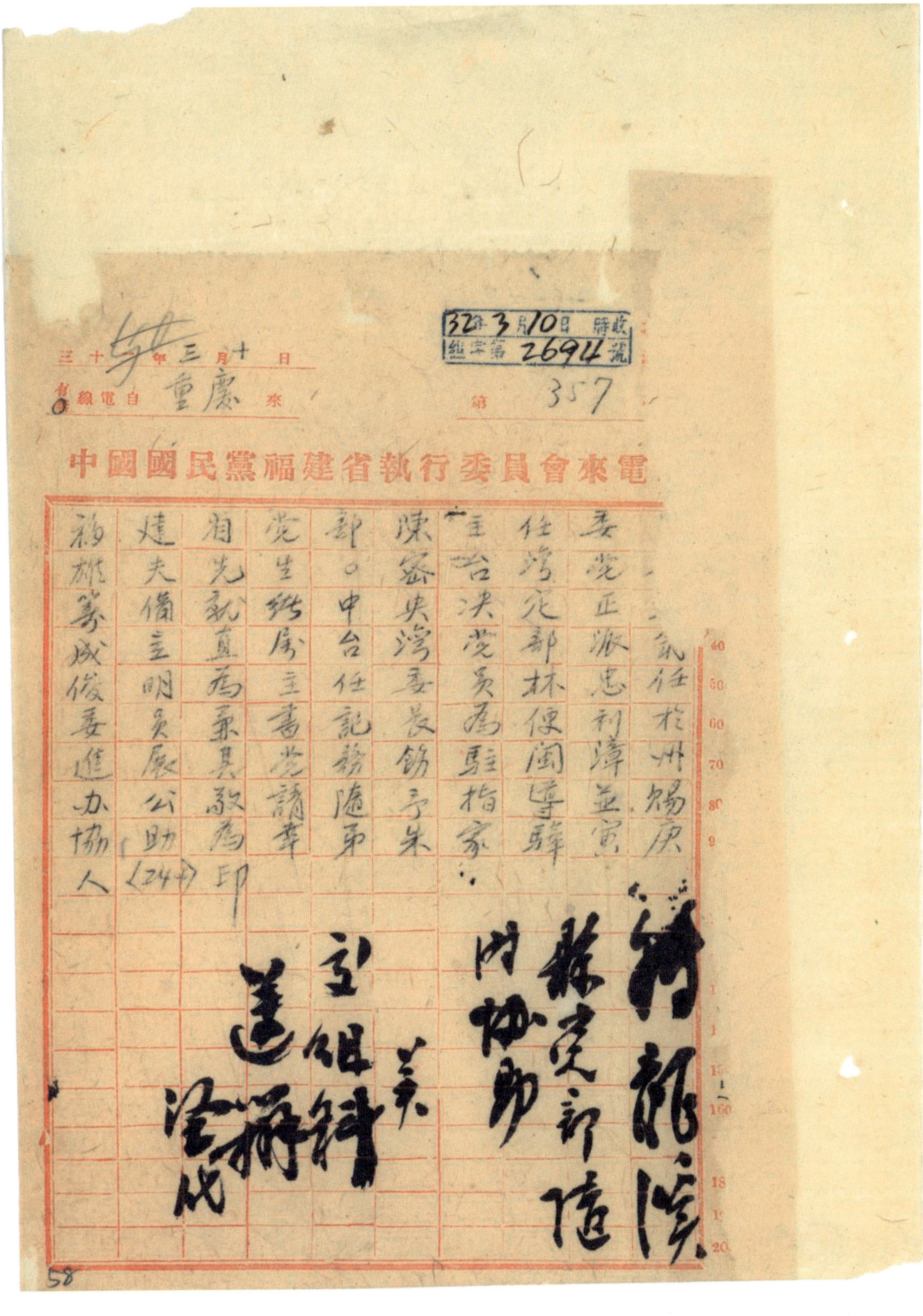

国民党中央组织部长朱家骅关于台湾党部正式成立驻漳办公请予指导协助给国民党福建省执委会主委陈雄夫的电

一九四三年三月八日

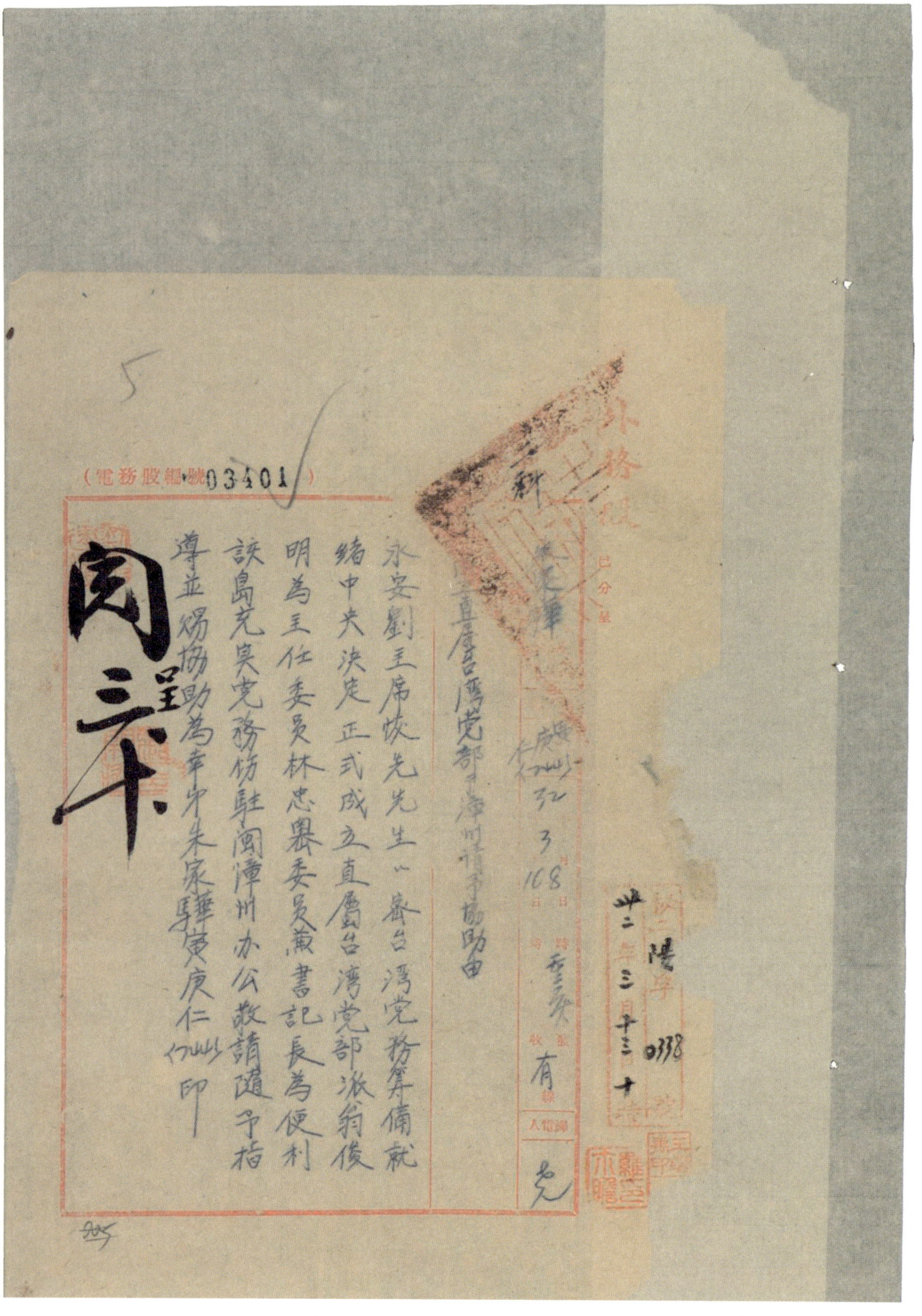

国民党中央组织部长朱家骅关于台湾党部准设漳州请予协助给福建省政府主席刘建绪的电

一九四三年三月八日

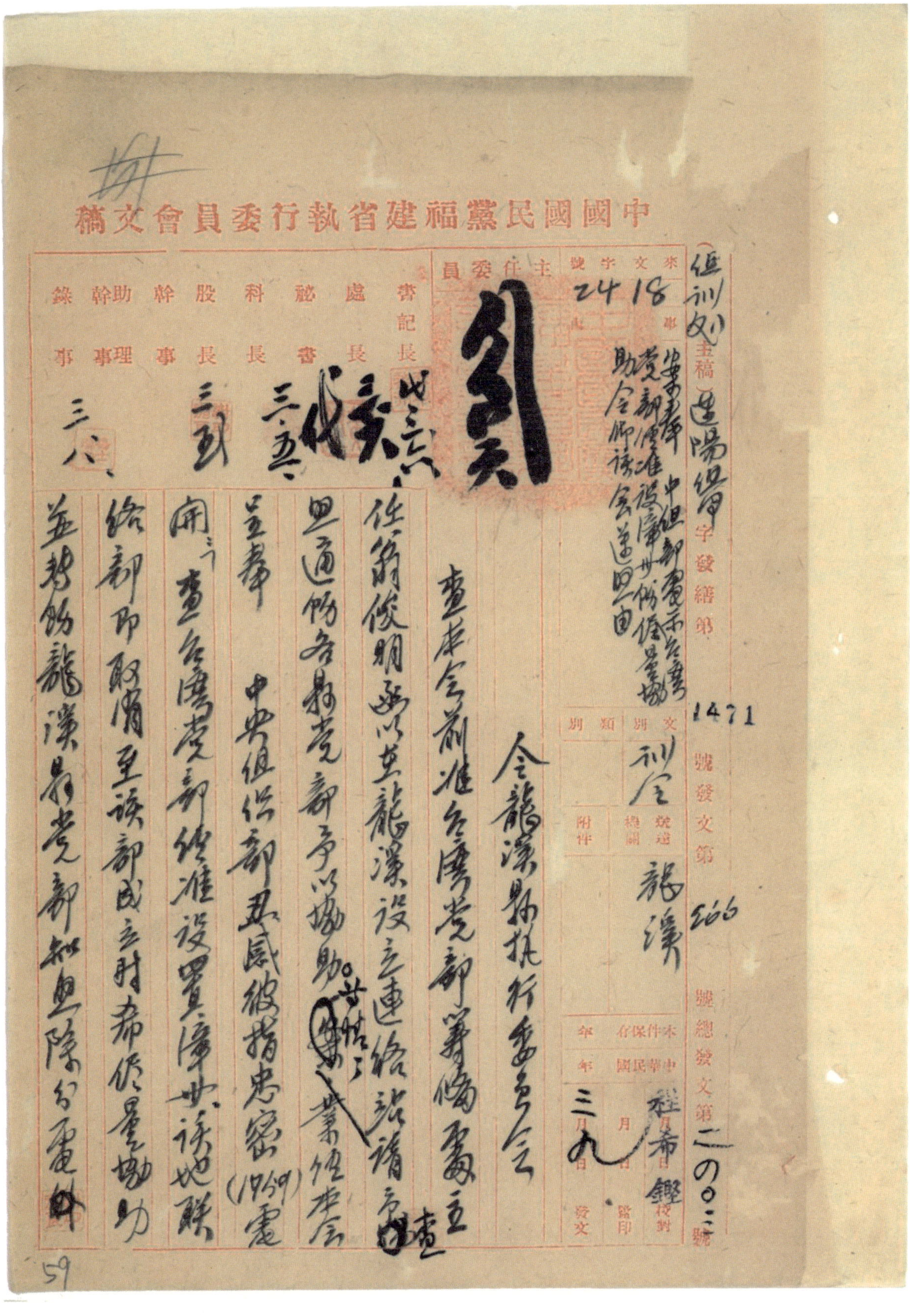
中國國民黨福建省執行委員會文稿

令龍溪縣執行委員會

查本會前准台灣黨部籌備處主任翁俊明函以在龍溪設立連絡站請予協助，當通飭各縣黨部予以協助。並業經呈奉中央組織部丑感組指忠密(1959)電開：「查台灣黨部經准設置漳州，該地聯絡部即取消，至該部成立時希仍予協助，並轉飭龍溪縣黨部知照」，除分電外

国民党福建省执委会关于台湾党部准设漳州请予协助给龙溪县执委会的训令

一九四三年三月九日

台湾党部外，特令仰该会知照！此令。

中國國民黨福建省執行委員會文稿

60

（電務股編號 03546）

來電人：顧祝同

劉主席恢先兄。○朱部長騮先兄寅庚人電稱：台灣黨部早已就緒，定正式成立直屬台灣黨部，派翁俊明為主任委員，林忠任委員兼書記長，駐閩漳州，請隨予指導並賜協助等語，請就近予以協助為盼。弟顧祝同寅真機

閱 三十二、

電第三區長官及省府等處 三十二

第三战区司令长官顾祝同关于台湾党部正式成立驻漳办公请予指导协助给福建省政府主席刘建绪的电

一九四三年三月十一日

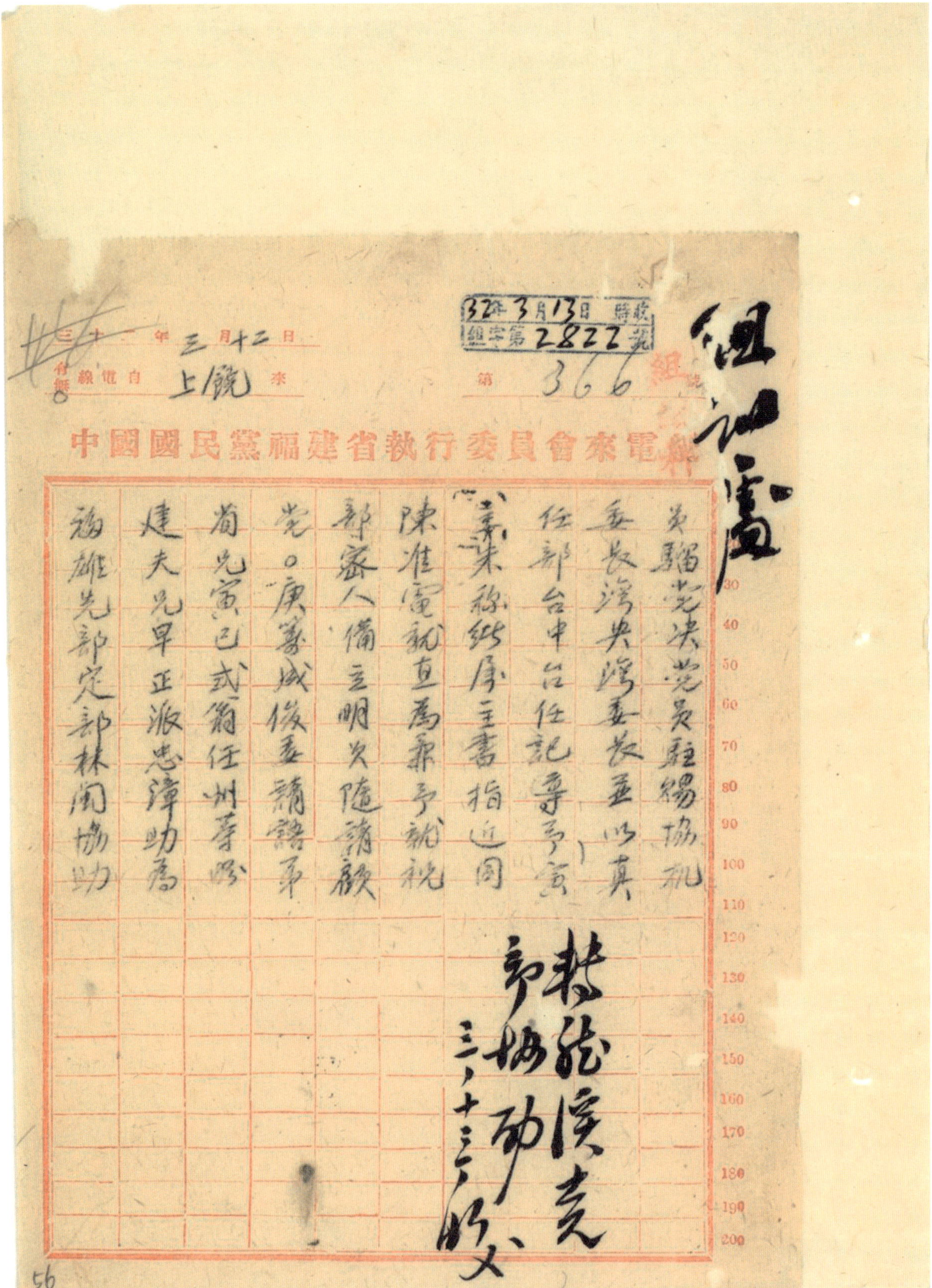

第三战区司令长官顾祝同关于台湾党部正式成立驻漳办公请予指导协助给国民党福建省执委会主委陈雄夫的电

一九四三年三月十一日

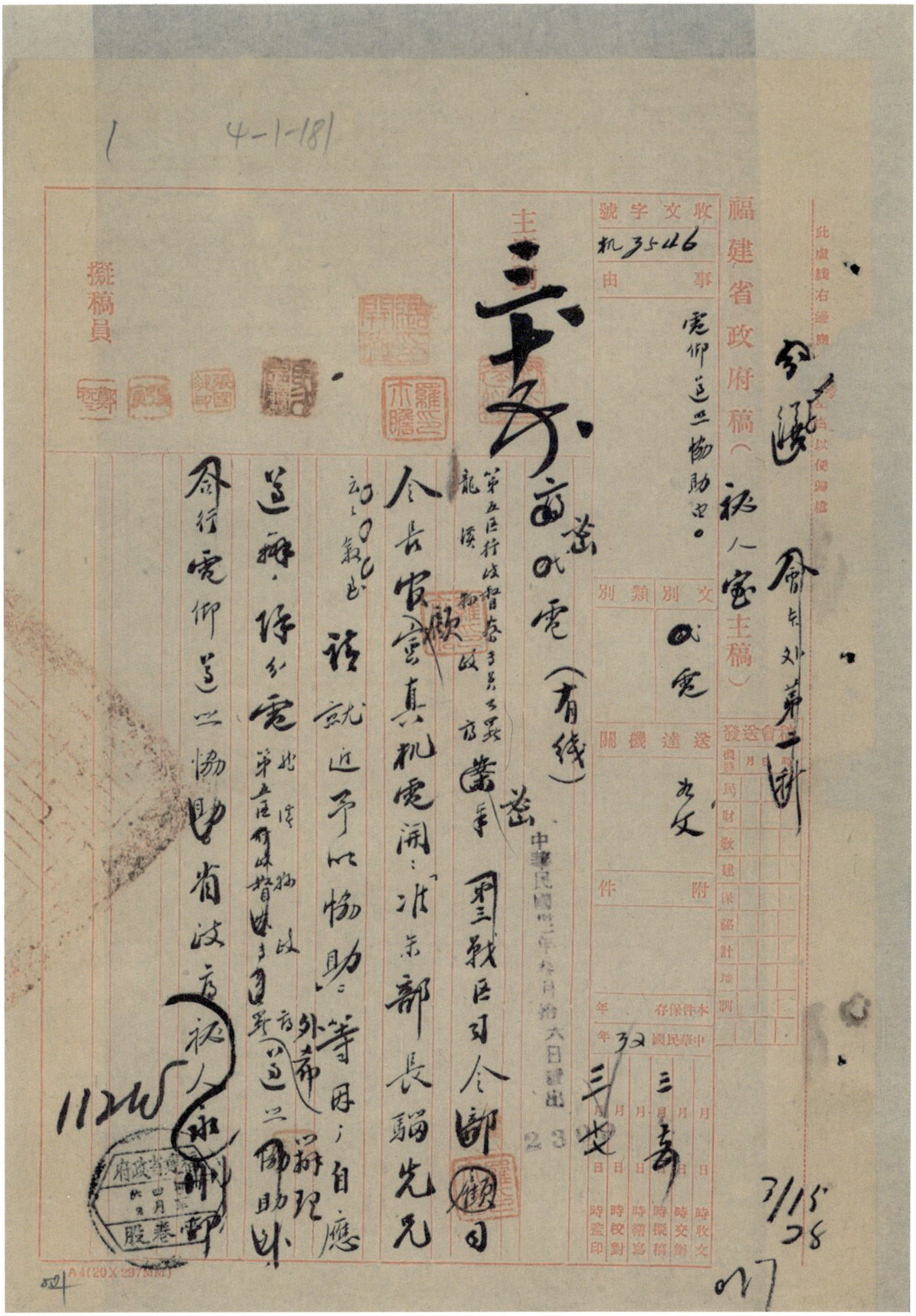

福建省政府关于台湾党部在漳州成立请就近予以指导协助给第五区行政督察专署、龙溪县政府的电

一九四三年三月十七日

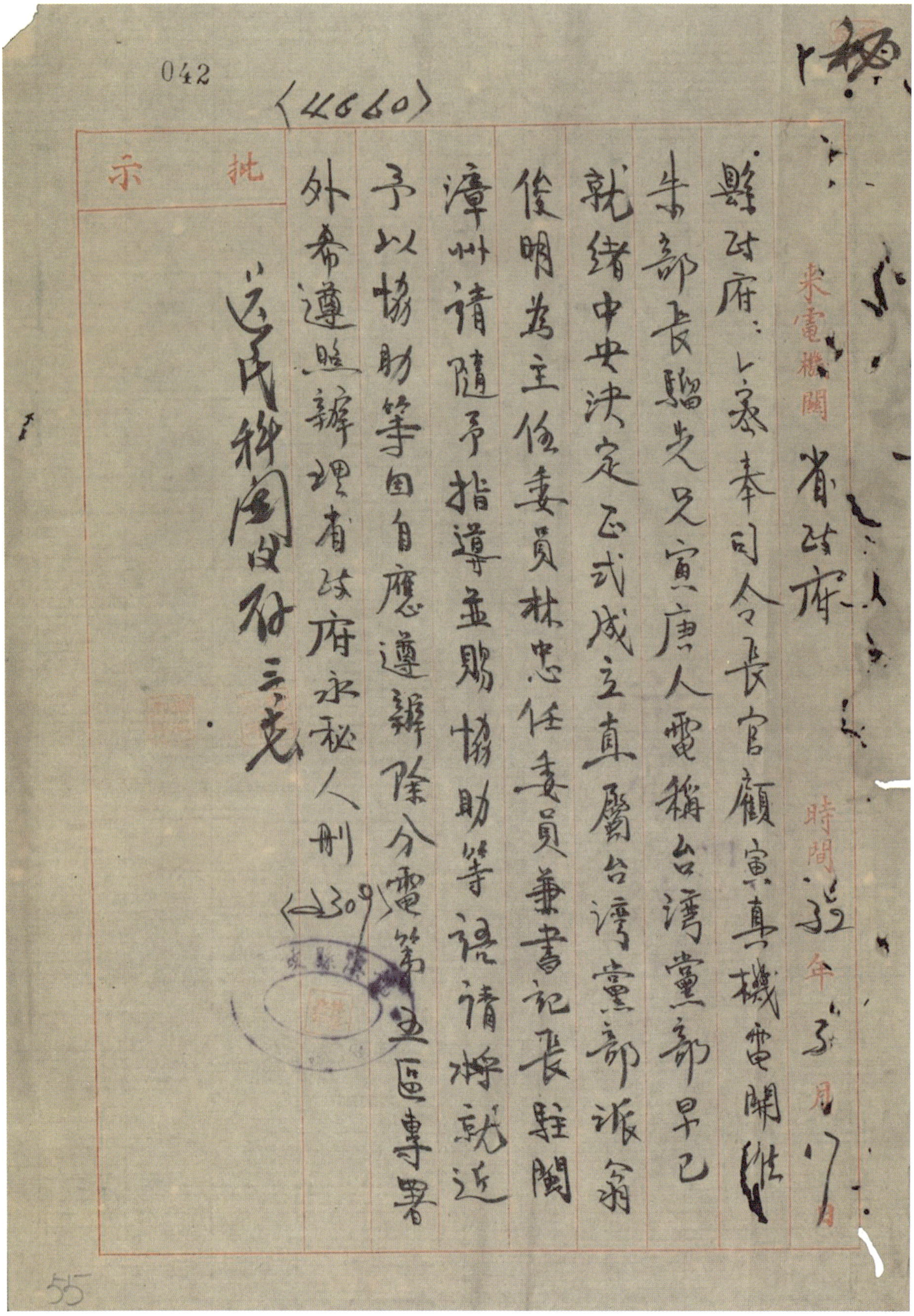
042

〈4660〉

批示

來電機關 省政府

時間 卅二年三月十七日

縣政府：奉司令長官顧寅真機電開：朱部長騮先兄寅唐人電稱台灣黨部早已就緒中央決定正式成立直屬台灣黨部派翁俊明為主任委員林忠任委員兼書記長駐閩漳州請隨予指導並賜協助等語請將就近予以協助等因自應遵辦除分電第五區專署外希遵照辦理省政府丞秘人删

〈4309〉

送民科閱後存 三、廿

55

福建省政府关于台湾党部在漳州成立请随予指导协助给龙溪县政府的电

一九四三年三月十七日

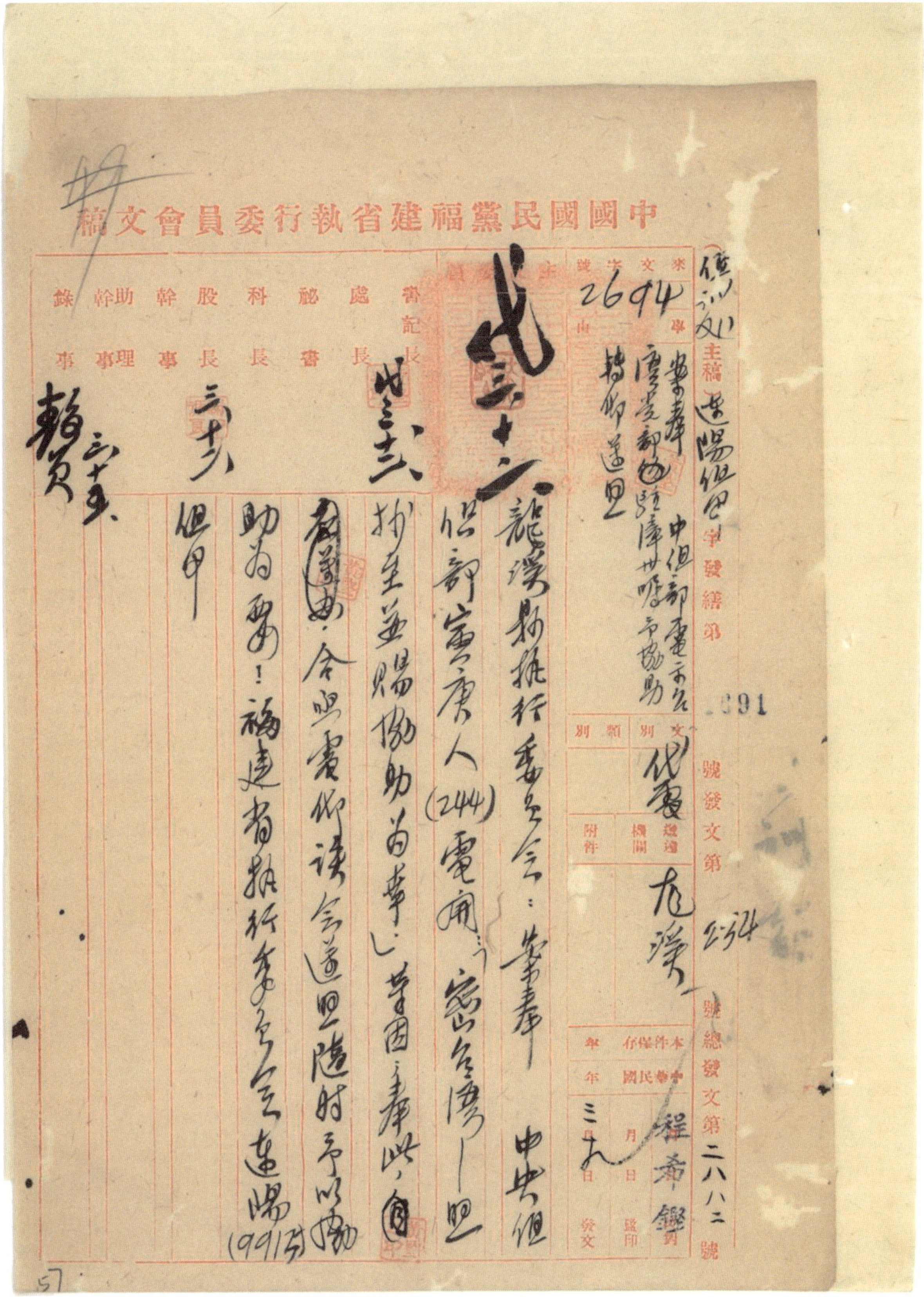
中國國民黨福建省執行委員會文稿

龍溪縣執行委員會：案奉中央組織部寅庚人（244）電開：「密。台灣黨部駐漳辦事處……希轉飭協助為要。」等因，奉此，合行電仰該會遵照隨時予以協助為要！福建省執行委員會寅皓（1991）

国民党福建省执委会关于台湾党部驻漳随时予以协助给龙溪县执委会的代电

一九四三年三月十九日

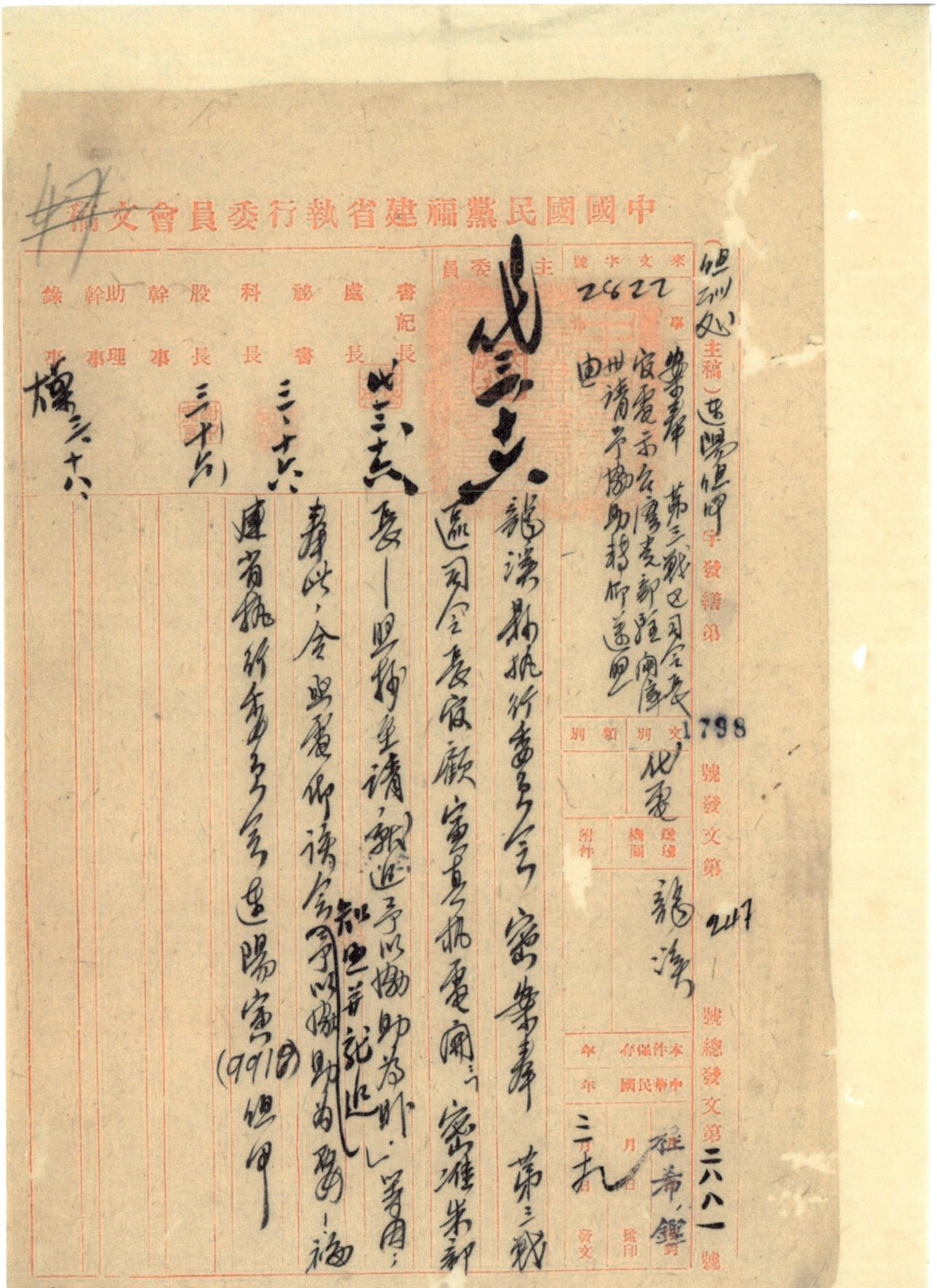
中國國民黨福建省執行委員會文稿

国民党福建省执委会关于协助台湾党部办理驻漳事宜给龙溪县执委会的代电

一九四三年三月十九日

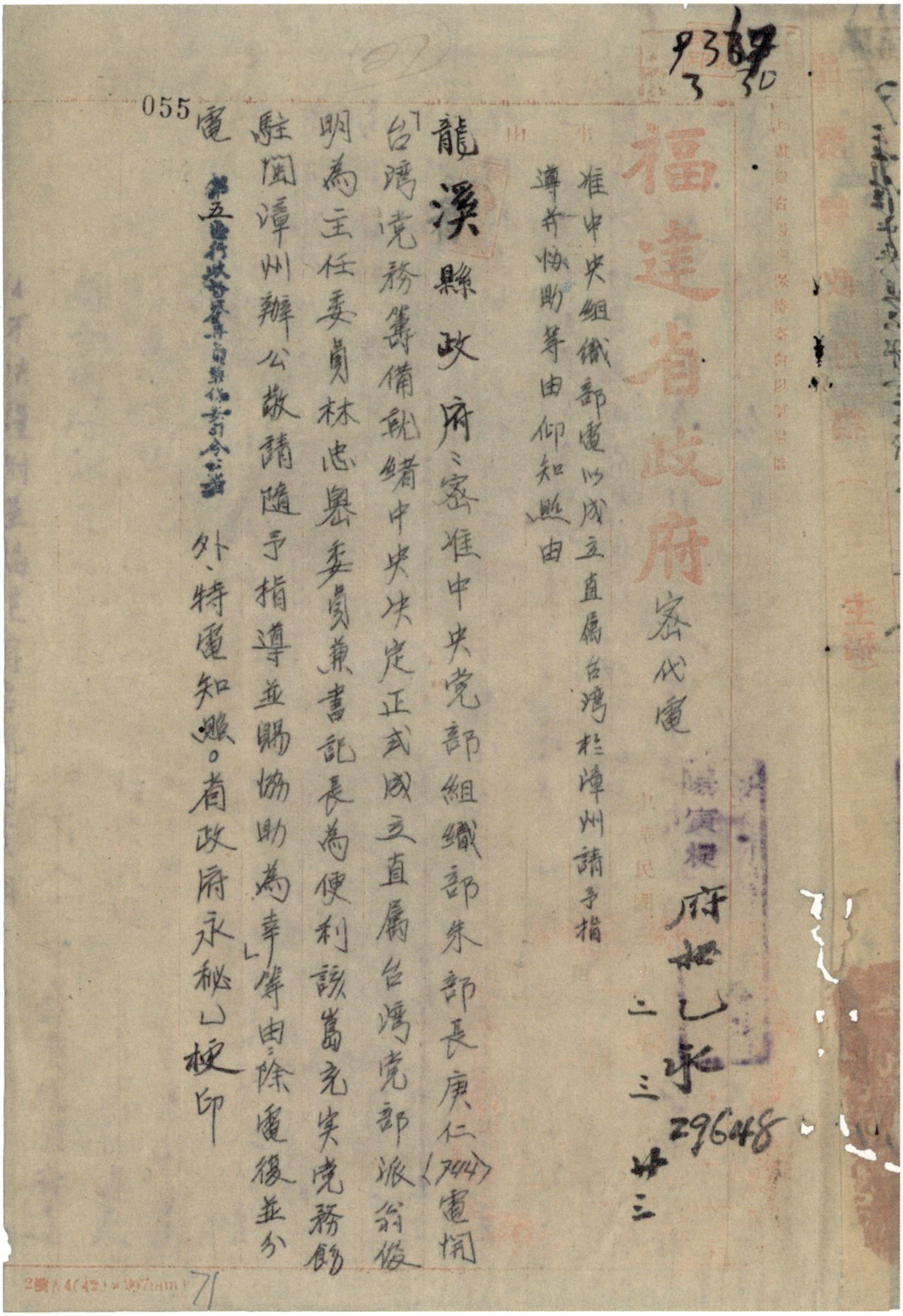
055

福建省政府代電

事由：准中央組織部電以成立直屬台灣党部於漳州請予指導并協助等由仰知照由

龍溪縣政府：案准中央党部組織部朱部長庚仁（744）電開「台灣党務籌備就緒，中央決定正式成立直屬台灣党部，派翁俊明為主任委員，林忠兼委員兼書記長，為便利該區充實党務，飭駐閩漳州辦公，敬請隨予指導並賜協助為幸」等由，除電復並分電外，特電知照。省政府永秘山梗印

府秘乙永 二 三 廿三

29648

福建省政府关于台湾党部在漳州成立随时予以协助给龙溪县政府的代电

一九四三年三月二十三日

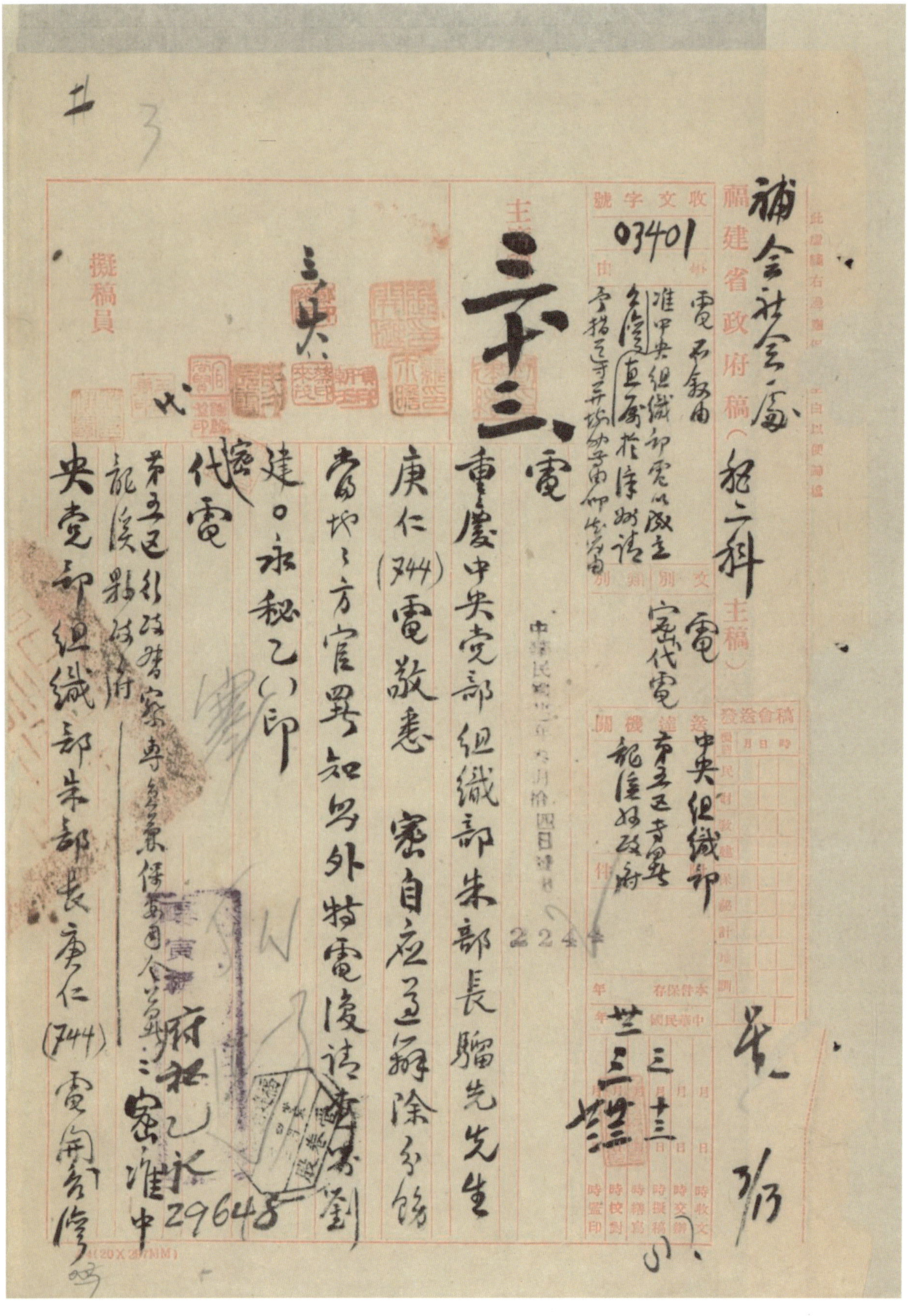
福建省政府稿（秘二科主稿）

電

重慶中央党部組織部朱部長騮先先生：庚仁（744）電敬悉。密。自應遵辦，除分飭當地方官署知照外，特電復，請查照。劉建〇永秘乙（1）印

密代電

福建省政府关于指导协助台湾党部成立给国民党中央执委会组织部、龙溪县政府的电、密代电

一九四三年三月二十三日

4

党務籌備就緒，云云。敘至並賜協助為幸等由。除電復並分電新竹縣政府、第五區行政督察專員兼保安司令公署外，特電仰知照。市政府亥秘乙[illegible]印

204

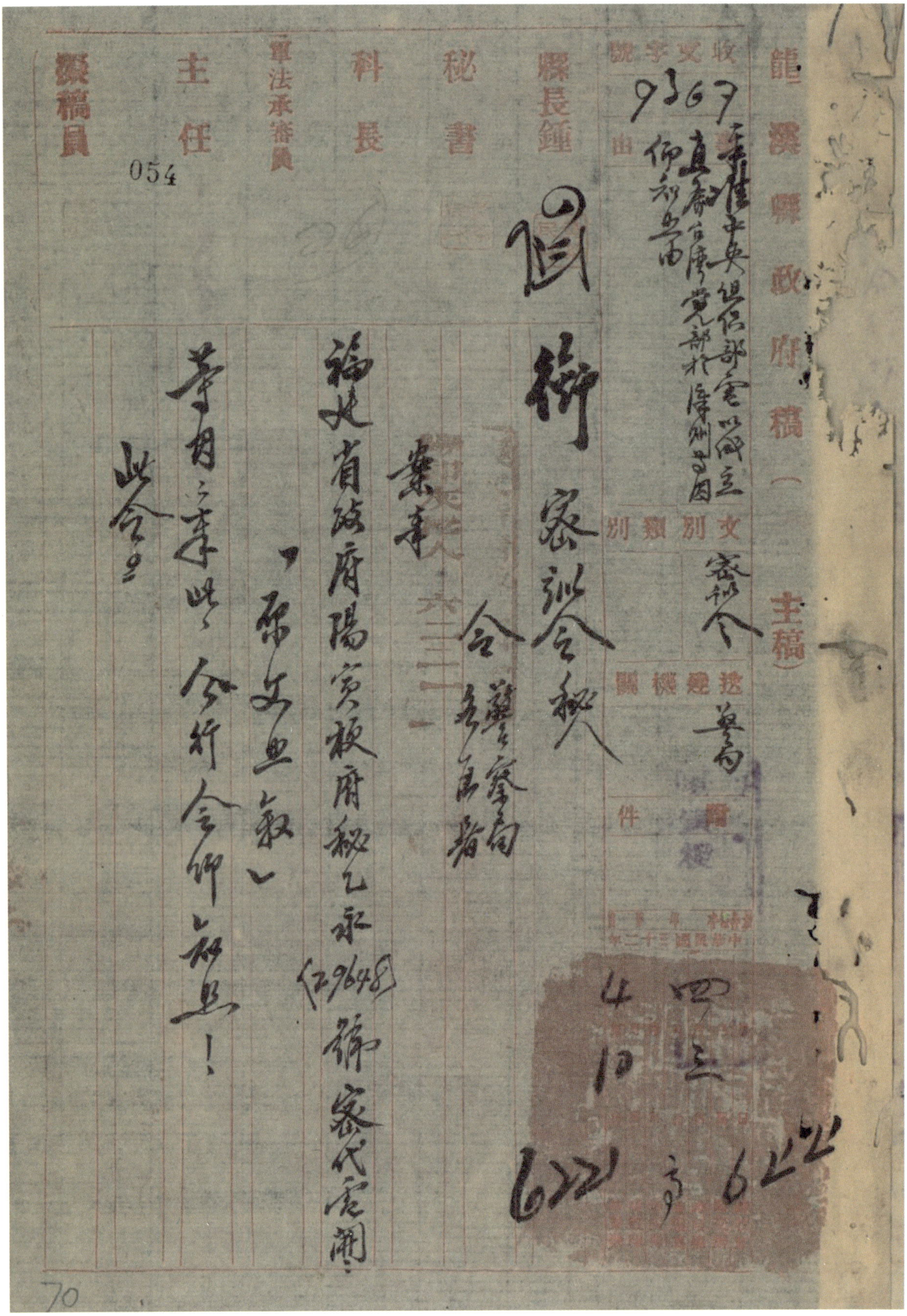

龍溪縣政府稿（主稿）

收文字號：9367

事由：准中央組織部電以直屬臺灣黨部於漳州[illegible]成立，仰知照由

文別：密訓令

送達機關：警局

縣長鍾　秘書　科長　主任　軍法承審員　擬稿員

054

令

密訓令　秘

令各區署、警察局

案奉

福建省政府陽寅府秘乙永仁9648號密代電開：「……原文照敘……」

等因，奉此，合行令仰知照！

此令。

中華民國三十二年四月十日

70

龙溪县政府关于台湾党部在漳州成立请随予指导协助给各区属、警察局的密训令

一九四三年四月十日

国民党中央组织部、国民党福建省执委会等关于台湾党部委员宣誓就职的来往函电

一九四三年七月—十二月

中國國民黨福建省執行委員會用牋

報告 七月廿六日於龍溪

竊瑚於本月二十一日抵達龍溪督導黨務，旋由縣黨部轉來蔡丞電囑於台灣黨部委員宣誓就職時前往監誓。當於次日會晤該部主任委員翁俊明，據云該部成立於本年四月，係戰時黨部，秘密性質，委員共十人，但在龍溪者僅四人，即主任委員翁俊明、委員林忠（兼書記長）、郭天乙（兼組訓科長）、謝東閔（兼宣傳科長），其餘五人在台灣，一人在廣東。遂定本月廿六日（星期一）在該部組訓科舉行　總理紀念週後，補行宣誓就職典禮，由瑚監誓，并到有一〇七師軍隊特別黨部書記長周漢儀、五區行政專員撲展豫、龍溪縣黨部書記長盧德明、縣長鍾日興等十餘來賓，行禮宣誓如儀，瑚及來賓均

中華民國　年　月　日　第　頁

51

国民党福建省执委会第五区督导员王成瑚关于台湾党部委员就职监誓的报告

一九四三年七月二十六日

中國國民黨福建省執行委員會用箋

有致詞，歷一時三十分禮成，茲將誓詞四份隨呈

鑒察示轉。

謹呈

代書記長李　轉呈

主任委員陳

附呈誓詞四份

第五區督導員王成瑚（王成瑚印）

謹呈

中華民國　年　月　日

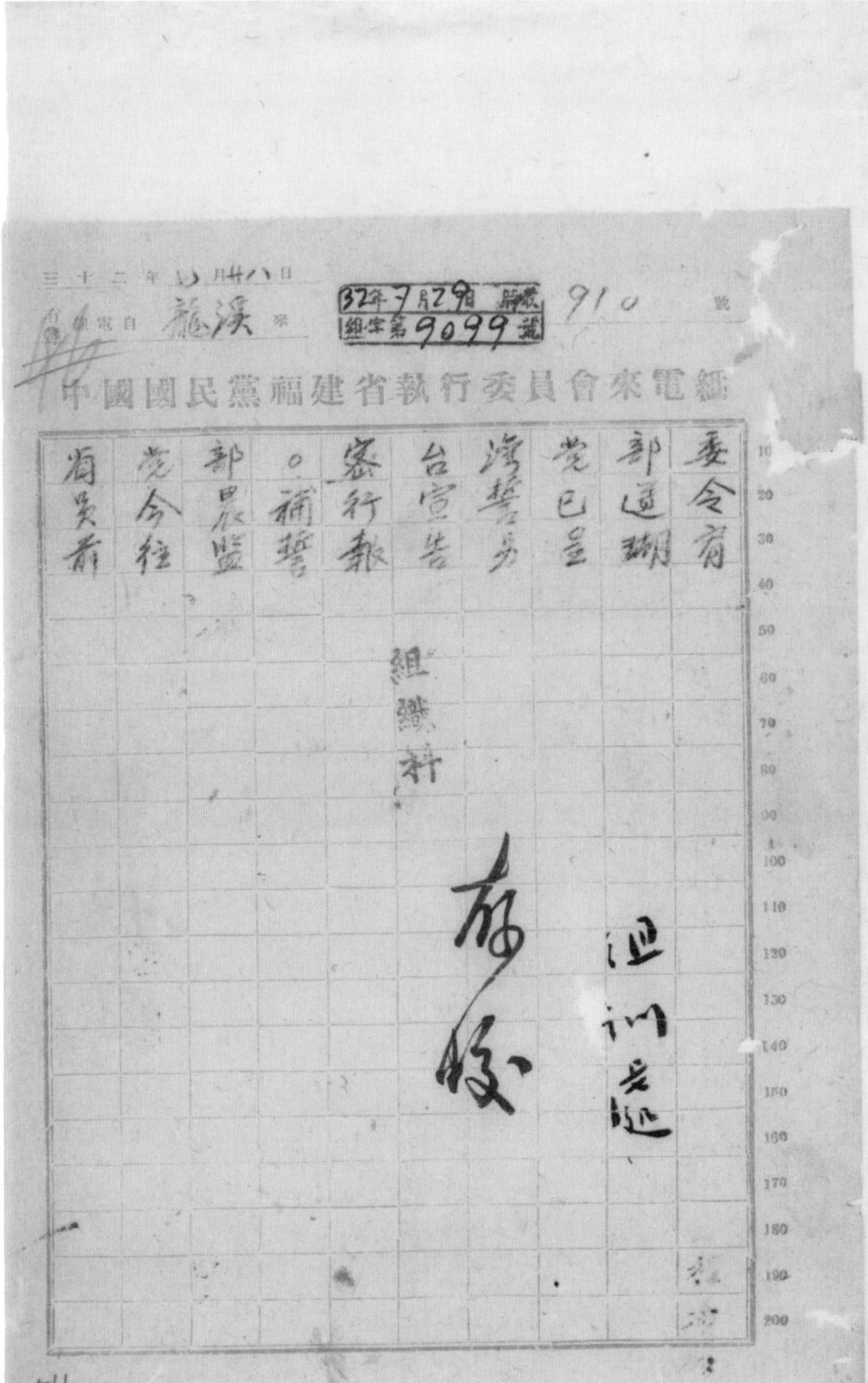

三十二年7月2?日

電自 龍溪 來

32年7月29日 收 組字第9099號

910 號

中國國民黨福建省執行委員會來電紙

省党部〇密。台湾党部委员会晨补行宣誓，已遵令前往监誓，特呈。瑚宥

组织科

54

第五区督导员王成瑚关于已前往监誓给国民党福建省执委会的电

一九四三年七月二十六日

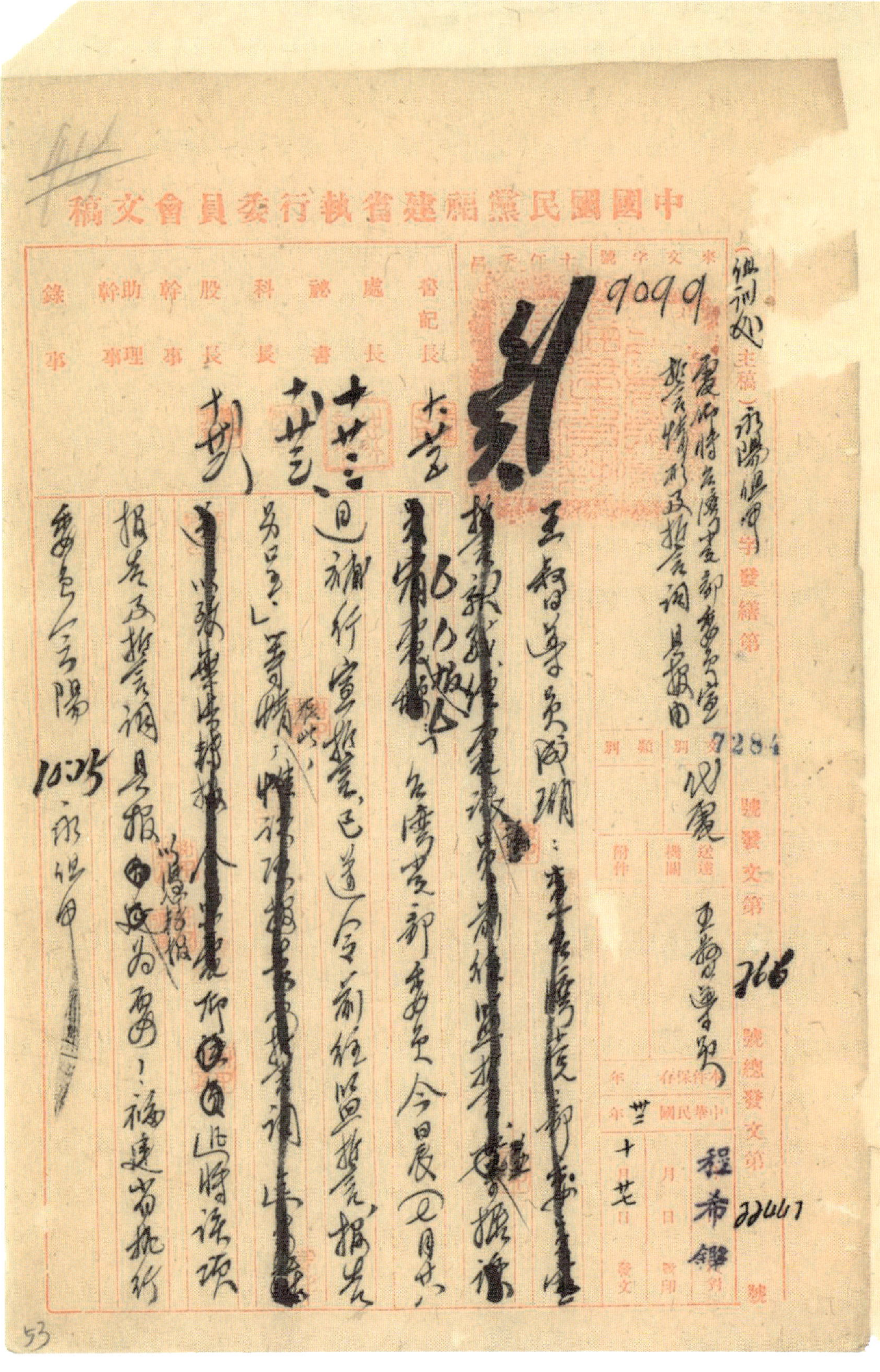

国民党福建省执委会关于具报台湾党部委员宣誓情形及誓词给王成瑚的代电

一九四三年十月二十七日

中國國民黨福建省執行委員會用牋

台灣黨部委員誓詞，據
貴黨王成瑚同志稱早經
報部，惟迄未收到，請催寄
逕送來，即代電該部補寄，
并附誓詞，[illegible]
[illegible]

[illegible]
十一、二

国民党福建省执委会关于补送台湾党部委员就职誓词的函　　一九四三年十一月二日

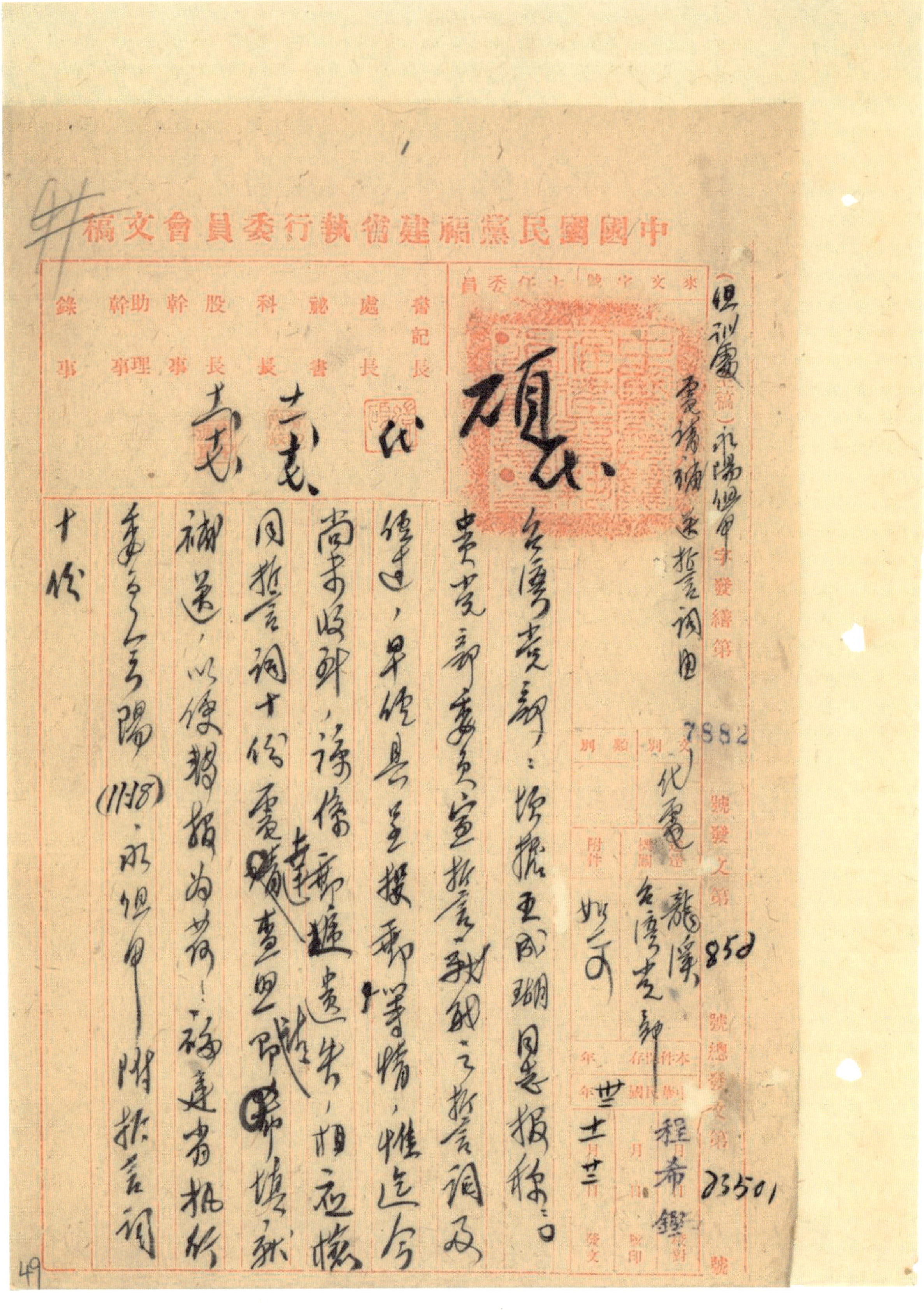
中國國民黨福建省執行委員會文稿

国民党福建省执委会关于补送委员宣誓就职誓词给台湾党部的代电

一九四三年十一月二十二日

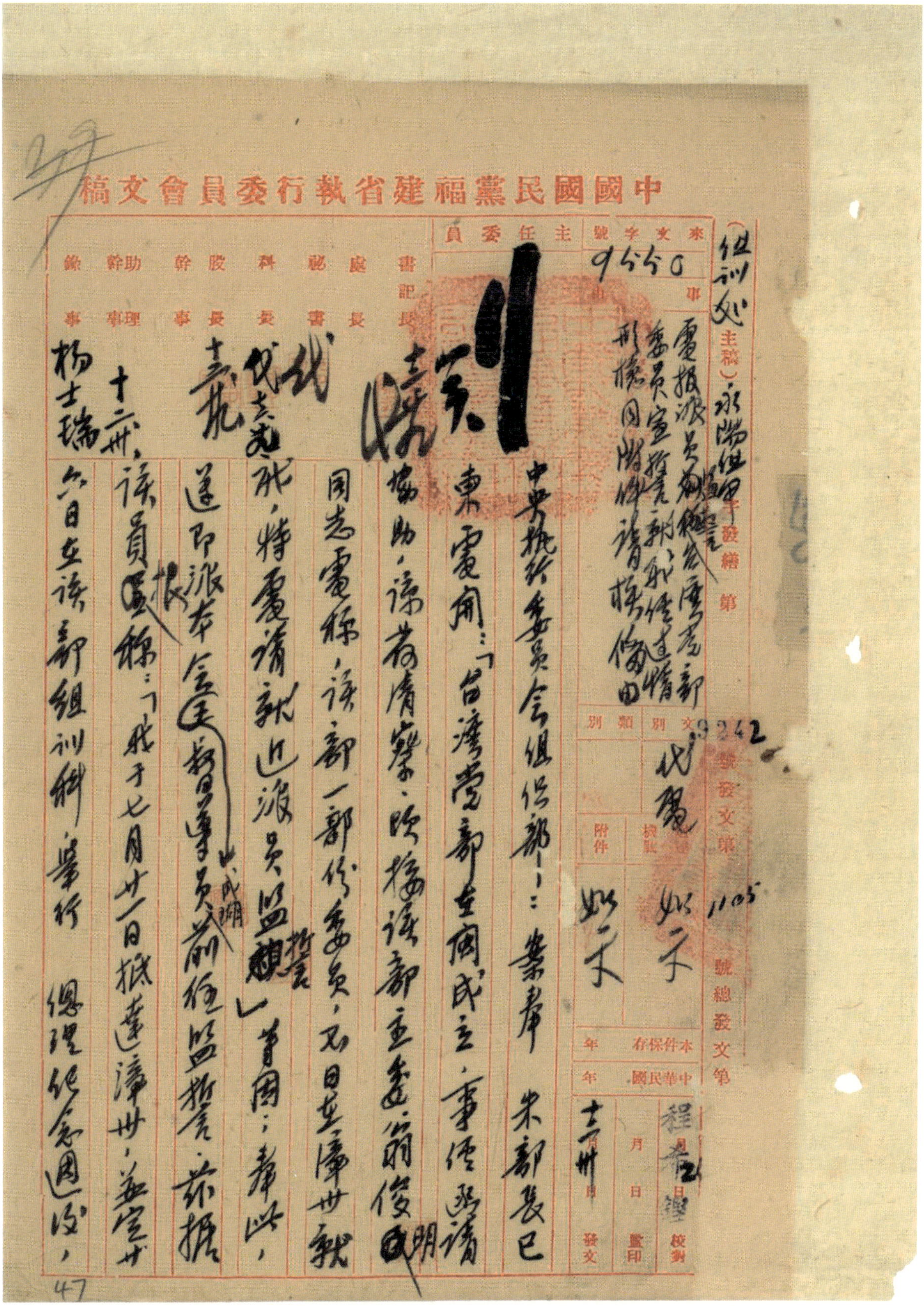
中國國民黨福建省執行委員會文稿

国民党福建省执委会关于报送台湾党部委员宣誓就职经过给国民党中央执委会组织部的代电

一九四三年十二月三十日

~~48~~

補行宣誓就職典禮，該部委員共計十人，內含宣誓
就職者有該部主委翁俊明，委員林忠，郭天乙，
謝東閔等四人，其餘五人在台灣，一人在廣東，參加
典禮各界來賓六十餘人，會場空氣嚴肅，歷一時卅分
鐘禮成，理合將經過情形，檢同誓詞四份，報請鑒核，
等情，據此，理合檢同原誓詞電請鑒核備查，
福建省執行委員會主任委員陳〇〇陽(12:30)永印
甲附件如文

中國國民黨福建省執行委員會文稿

48

国民党直属台湾党部编《台湾参考资料》第七至十辑

一九四三年十二月—一九四四年五月

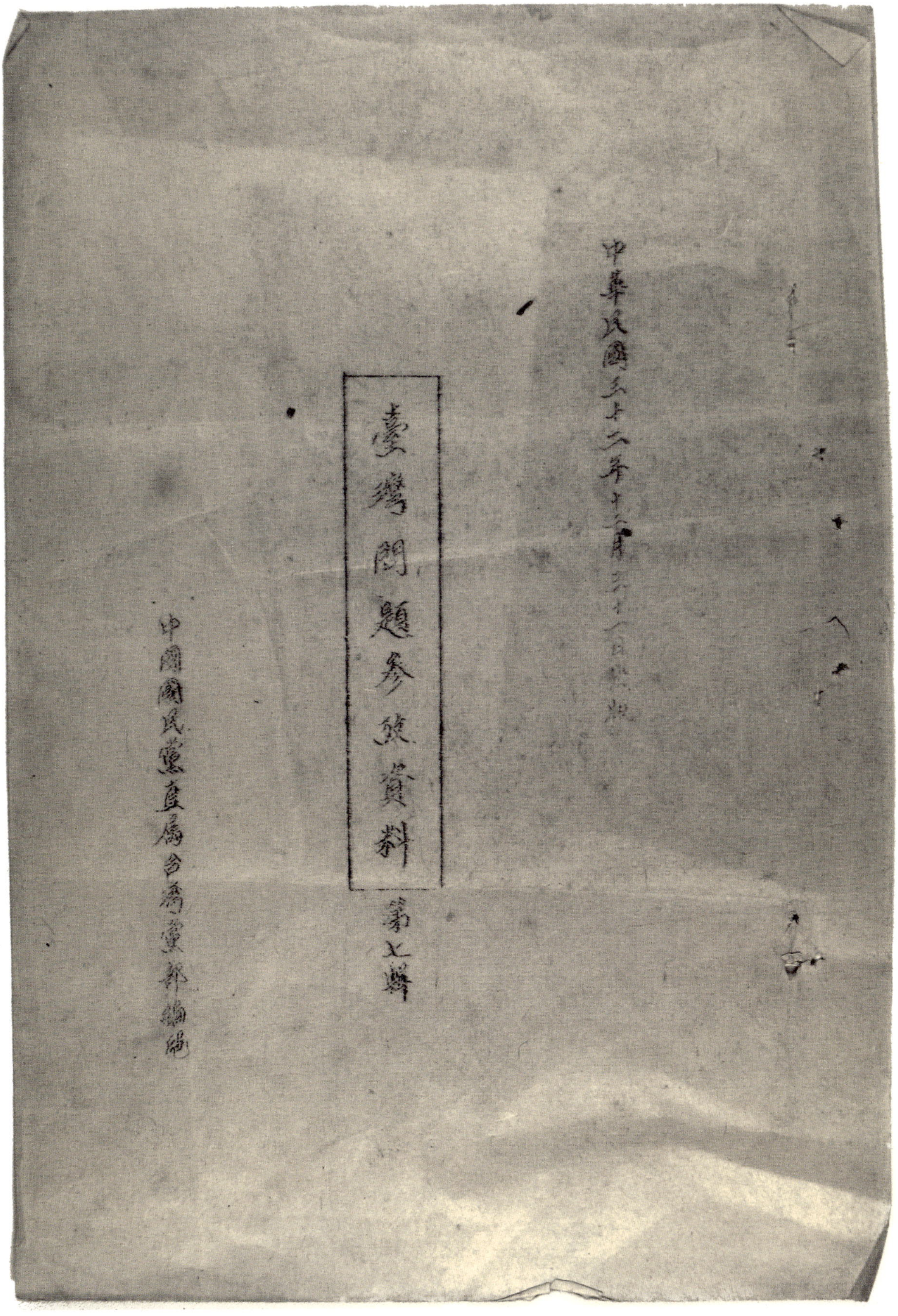

中華民國三十二年十二月三十一日出版

臺灣問題參考資料

第七輯

中國國民黨直屬台灣黨部編

《台湾参考资料》第七辑　　一九四三年十二月三十一日

本輯目錄

台灣的發現

謝東閔

一 我國人最初發現台灣

台灣於何時為何國所發現？對此問題，歐美人士必毫無猶豫底答稱，台灣是在公元一五五七年為葡萄牙人所發現的。歐人中第一次發現台灣的，就是葡萄牙人。據日本人稻葉君山在其所著「清朝全史第二十一章台灣入清領」一章裡所記載，「西曆一五一〇年……歐人始發見太平洋之大海乃在印度北方。翌年葡萄牙王伊曼馬努伊爾一世遣安篤賚得為使者，向支那出發，一千五百五十七年，得占廣東河口一要港之許可，遂稱是地曰澳門（Macao）。彼等往來於中國海口之間，遙望台灣，稱之曰「Ilha Formosa」。大（Formosa）者，歎賞其美麗之謂也。至此而後，初以琉球著，繼以北港著，旋以東番著之島嶼乃以摩汝摩沙（Formosa）之名介紹於天下。」（原文引用鄭登城著「中國通史」下冊九三〇頁）

但如果說全世界中葡萄牙人最初發現台灣，那就大錯特錯的了。然而事實上在現在誤認葡人為台灣之最初發現者，不僅是歐美一般人士，就是我國人，尤其是青年學生，具有此種錯誤觀念的亦不少。殊不知我漢人之發現台灣竟遠甚於葡萄牙人。

二、秦時代發現台灣？

據許地山先生在他所作「窺園先生詩傳」（窺園先生諱南英，地山先生之父）一文裡說「華人移居台灣最早的，據日本所傳，有秦始皇二十八年（公元二一九年——著者註）徐福率童男女移住夷州和亶州底事情。夷州是台灣，亶州是小呂宋。」此說如確則遠在公元前二百十九年（秦始皇二十八年），徐福所率之我國人為發現台灣的第一人。但根据我國及日本一般的傳說，却只說徐福到過日本而沒有提及台灣。日本熊野山現在尚有徐福之碑墓存在，似是為徐福到過日本的說明。又我國宋朝歐陽修所作「日本刀歌，也明白說徐福到日本，且運書到日本。該篇歌詞如左：

「昆夷道遠不復通，世傳切玉誰能窮。寶刀近出日本國，越賈得之滄海東。魚皮裝貼香木鞘，黃白閒雜鍮與銅。百金傳入好事手，佩服可以禳妖凶。傳聞其國居大島，土壤沃饒風俗好。其先徐福詐秦民，採藥淹留丱童老。百工五種與之居，至今器玩皆精巧。前朝貢獻屢往來，士人往往工詞藻。徐福行時書未焚，逸書百篇今尚存。令嚴不許傳中國，舉世無人識古文。先王大典藏夷貊，蒼波浩蕩無通津。令人感激坐流涕，鏽澀短刀何足云。」（引用林聲茀編著中日關係史第六頁至七頁原文）

然而徐福的故事都是根據司馬遷的史記和班固的前漢書兩枝的記載而來的。史記「秦始皇本紀」內稱：「齊人徐市（即徐福——編者註）等上書言：海中有三神山，名曰：蓬萊、方丈、瀛洲，仙人居之。請得齋戒，與童男女求之。於是遣徐市，發童男女數千人，入海求仙人。

又漢書「郊祀志」載「秦始皇初併天下，甘心於神僊之道，遣徐福韓終之屬多齎童男女，入海求神采藥，因逃不還。」由上可見史記漢書僅說徐福奉秦始皇之命入海求仙藥，並無明顯說到日本，所以事實上徐福究竟是到日本或到台灣抑到其他地方，確是無法証實的了。

這裡值得吾人研究的就是史記秦始皇本紀所述之「蓬萊」「方丈」「瀛洲」究指何地？或說「蓬萊」「方丈」是日本與琉球，而瀛洲為台灣。話雖鑿空，但言頗道理，並以當時航術未精，又少探險海外，飄渺虛無，致為仙境也是很自然的。況且台灣與日本琉球聳立東海，氣候溫和，山川美秀，草木茂盛，方士認為仙境也是極有道理的。徐福有無到過台灣，現在雖不能……

誑異。但如他所率之童男女確有抵達日本琉球諸島其居住，則他們在秦時代已有扶來台灣，也是很可能的事情。

或說：澎湖為古之「方壺」，而台灣為「岱輿」與「員嶠」。此說是根據列子之記載而來的，茲抄錄如左：

「渤海之東，不知幾億萬里，有大壑焉。實維無底之谷，其下無底，名曰歸虛。其中有五山焉：一曰岱輿，二曰員嶠，三曰方壺，四曰瀛洲，五曰蓬萊。其山高下周旋三萬里，其頂平處九千里。山之中相去七萬里，而五山之根無所連著，常隨波上下往還，不得暫峙焉。仙聖毒之，訴之於帝，帝恐流於西極，失群聖之所居，乃命禺疆，使巨鼇十五，舉首而戴之，迭為三番，六萬歲一交焉。五山始峙」

上篇雖近神話，但所稱五山，似指聳列東海中諸島，如日本、琉球、澎湖、台灣等。就字音而言，則其中「方壺」與現在「澎湖」

之音相同，而合「岱輿」「員嶠」二者之「岱員」又與「台灣」之音一致。又後漢書東夷傳曰：「會稽海外有東鯷人，分為二十餘國」，故或說台灣就是古代的「東鯷」。

三、三國時代發現台灣？

據三國志吳志孫權黃龍（孫權年號）二年（公元二百三十年）正月，孫權遣將軍衛溫、諸葛直率將士萬人，浮海求夷州及亶州，但結果僅到夷州，虜夷州人數千人而還。這是周婺棠所主張的一說，他在其所著「台灣郡縣建置志」裡說道：「台灣何時為中國人所發現，昔人多謂始於明中葉以後，宋元以前，並無人知（趙翼平定台灣述略及藍鼎元平台紀略總論暨制軍台疆經理書，皆持此說——原書附註第十二）近代學者則謂始於隋，距今千數百年矣（福建通志海防篇及文獻通考地理志皆謂隋開皇中遣虎賁陳稜略澎湖三十大島、澎湖即為台灣。蕭一山、袁克吾等主此說。蕭氏謂「在大業中。案大業當即開皇之誤。隋書琉球謂：大業三年，令羽騎朱寬入海，求訪異俗，因到琉球。其後（琉球傳亦載年數，據煬帝紀在六年）遣虎賁郎將陳稜，曾破琉球。或又以當時之琉球即為台灣。」泰東書局出版之台灣革命史，即主此說。唐韋莊送日本國僧敬龍歸詩云「扶桑已在渺茫中，家在扶桑東更東」，此則稱台灣為扶桑矣。而文獻通考云「泉州之東有島曰澎湖，澎湖旁有毘舍耶國」，是宋元時有稱台灣為毘舍耶國，蓋緣昔時海上地理智識之不充分，故名稱俱多歧異也。（原書附錄十三）實則遠在三國時，孫權已遣將軍衛溫、諸葛直浮海求夷州，得其民數千以還，夷州即今台灣也。（台灣省通志總敘第八頁至第三頁）

以上是根據清代以前文籍之史記、三國志吳志、漢書、隋載及傳說敘述我國與台灣的歷史關係，如秦時發現台灣係事實，則漢人早在公元前二百十九年，即較葡萄牙人公元一五五七年發現台灣（註）一千七百七十六年。如三國時發現台灣係事實，則較葡萄牙人早一千三百八十七年，就已經發現台灣了。

四、隋時發現台灣？

除上述各說外，尚有一說為連雅堂氏所主張者。連氏在其所著「台灣通史」殊「仁壽二年（隋文帝時即公元五八二年——編者註）八月，商人歐良暉歸自日本，與使僧圓珍同船，為北風飄至琉球，見岸上數十人各執刀戈。良暉大驚，圓珍力祈不動尊。既而風回，亦至福建。」是為華人發現台灣之始，而早於陳稜征伐者四年，其後遂不復來也。（開闢紀第七頁）

上面所述之「琉球」爲台灣的舊名，隋書以至宋元時所言之琉球，概指台灣的緣故。

欽良暉之發現台灣係在公元五百八十三年，現在即使假定此年爲我漢人發現台灣之年，也比葡萄牙人要爲賚得之發現台灣早過九百七十四年。

五　三國時爲台灣的史序幕

根據上面各說而加以研究，則我國人之赴夷州（即台灣）在我國歷史上有記載的爲秦時代與三國時代，而秦時代徐福所率童男女有無抵達尚屬疑問，不能斷定；是則三國時代孫權黃龍二年，即公元二三〇年遣將軍衛溫諸葛直來夷州，似可斷定爲我國最初發現台灣的時期，故編者同意周蔭棠氏之說，而以三國時爲台灣史的序幕。就台灣與我國蘇浙閩粵僅一衣帶水之隔，由閩海道則一葦可航，朝發多案乎。是以我國人必早就發現台灣、這是通情通理的事實無容懷疑。但最可痛心者現在我國一般人竟忘記此歷史矣，而錯認荷蘭人為發現台灣的第一人。台灣之稱為"Formosa"國人知之甚多，而其古稱為「夷州」「東鯷」（漢代）、為「琉求」（隋至宋元）、為「流鬼」（唐代）、為「貓奈」（元代）、為「東番」（明代）等，知之者究有幾人？

暴日統治下的台灣

——譯自美國太平洋季刊——

原著者 A. J. Grajdanzev
王清澍 譯

台灣，為一面積達一萬三千八百〇七平方英里的海島，與福建省一衣帶水，僑居於此的漢人達六百餘萬人，在日本侵據的殖民地中，其居民尚未與日本同化者，殆以此為最老。自暴日在該島建立統治以來，迄今已四十七年（今年四十八年——編者註）。現在東部及東南部亞洲各民族被暴日鐵蹄所踐躪所支配已不下數百萬人，倘不及時努力驅逐倭寇，恢復山河，則在暴日統治下的台灣人之痛苦經驗，便是他們的前車之鑑。本篇所討論的中心問題，乃是：暴日對於台灣的經濟掠奪與剝削，究竟成功到那樣的程度。不過首先我們要知道的，即台灣是如何為暴日所侵據以及日本人在此得到了什麼。

西方人一般的認識都不為台灣之割歸日本版圖是在一八九五年四月十七日中日簽訂馬關條約時繼續的中國把台灣和澎湖列島割讓給日本的。但實際上滿清政府之割讓此島並不足以使日本即為該島主人。一八九五年五月廿三日台灣宣佈共和，由台灣總督唐景崧充任第一大總統，並曾召集立憲會議，準備起草憲法。日本歷史學家多把台灣的宣布獨立看作滿清政府的一種拙策的策略，其目的是要引起西方列強的注意，以使干涉日本的侵佔此島。假如事實果然如此，則西方列強顯然不曾明白台灣的割讓會危及中國海岸、西洋的交通。在目前的戰爭中同盟國所以深切感到「通中國之路」之成為問題，便遺端於一八九五年日本合併台灣時、列強的漠不關心。

新成立的台灣共和國不承認滿清政府把台灣割讓給

日本的舉動，負責以武力保衛台灣的獨立。滿清政府的代表李鴻章不能把台灣視爲讓給日本。因爲在日軍尚未佔領該島以前，島上居民不承認滿清政府的這種舉動（只有澎湖列島是在中日戰爭時由日本以武力佔領）所以台灣島割讓的儀式不是在島上而是在泊於遼海的日本旗艦中舉行的。台灣島的本身尚待日軍武力的征服，才能由她割據。

台灣共和政府是在該島北部成立的，其壽命不到五星期之久，便告完結。是年六月十一日，在台灣軍隊第一次敗績之後，大總統唐景崧就帶子女平常逃走了，遺下的軍隊因群龍無首潰不成軍。繼此，將軍劉永福在南部宣布就任大總統，但不久亦即離去。但到日本軍隊完全佔領該島時，共計費了五個月的時光。因爲總統（和將軍們均被逃，但共女和人民還是繼續抵抗的。直到一八九五年十一月十八日當時的台灣首都台南城才由日軍正式佔領。此後日本又費了四年的時光才肅清當地的游擊隊。一位日本官員這樣描繪當時情形「只要我們的軍隊一經打敗、四周鄉村中的居民無論老少，都變成了我們的敵人，甚至連年青的女人也武裝起來、婦如不民軍、人賊殺敵」。據此、則當時台民族抗侵略者如何的勇敢，便不難瞭然了。

所以事實上台灣之割歸日本並非於一八九五年時作「為中日戰爭的戰利品而從中國割的，乃在台民抵抗之下和反乎台民的意志、用暴力征服而據他的。即此後在日本統治下若干年間，亦時常發生騷動和革命的行為。

然則在日軍侵據台灣時當地經濟情形如何？鐵路和電報都剛剛出現，農業情況亦中國大陸相似、但居民生活卻較隣近省份優裕得多。雖然耕作技術和人總相差極微、為就方法也同樣幼稚、但按人口總數計算、平均每人的耕地面積卻遠較大陸為多、所以農產品本人有輸出餘裕。當時的輸出物品有米、糖、茶和樟腦等、直到一九三八年時、此類農產品在輸出總額中尚佔百分之七十五。換言之、台灣在日本統治下五十年左右、其輸出品的「構成各部」並無多大的變化。所變者不過貿易的「方向」而已。

台灣未被侵據以前、其對外貿易的主要對手方是中國其次香港、英國、美國、和日本、來的甚活躍。西洋人居該島者數目亦相當多。他們的業務是經商、傳教、並時常要求開礦築鐵路、和其他種種權益。有些西洋人因不滿中國官吏的保守頑固、而歡迎日本人佔領該島。他們的心理原希望一個善良統治的新時代到來、以期企業的日漸繁榮。因為當

時島上的政治情形不適於經濟發展、島上的行政極其腐
滿清官吏、只有他們、不甚注意島民的福利、又且言語懸殊、
官民甚為隔閡、官吏說官話、島民多操福建語、廣東語、土地
關係是封建制度的、又時常發生農民和生番的騷動。雖然
當時的滿清政府亦曾多少企圖作現代的改革與發展、但
因與日作戰的關係、此項計劃或功敗垂成、或方興旋廢。不
過進步多少亦是有的：耕地面積增加了、港灣改良了、鐵路
和電報建立起來了。

　誰知日本佔據該島以後、不久即對該島的經濟生活開
始作嚴格的統制。日本的關稅系統之中。但因僅此不足以
排除外國的商業勢力、所以還需要其他的特殊手段。例如、
過去英國對該島的輸出、大部分為鴉片、于是日本便宣
布鴉片由政府專賣、其後、有利的買賣如樟腦、鹽、菸草亦相

縱實行專賣。外國人進入該島限制極嚴，日政府不輕易許可，且以極少數人為限。甚至在此經商的外國人，進僱用店員的自由都被凌奪。其員被強迫僱用日籍和華籍的店員，因此，任何外國公司的內幕，日政府無不瞭若指掌，絲毫無秘密餘地。此外，尚施用種々歧視的手段，例如稅率負担的不平等，對於向外國商店購物的島民加以恫嚇，以及日本輪船公司向外商索取特高的運費等々，而外商經營的輪船公司原佔支配地位的，不久亦即被擠倒。

這種々設施，結果十分有效。當一八九六——一九〇〇年日本佔領該島的最初，在台湾的輸入總額中，英國部分本原佔百分之七三．三，但到一九三九年時，即化為烏有。於相同期間，英國在台湾輸入總額中所佔的比例，亦由百分之五．三減到百分之〇．四，中國所佔比例，則由百分之二七．四減到百分之〇•五（一九三八年）；唯有日本所佔比例由百分之二七增加到百分之八九•四，計增三•倍有餘。一八九六——一九〇〇年，台灣對中國的輸出在該島輸出總額中原佔百分之六三•一，但至一九三八年竟減為百分之一•七。一九三九年整個日圓集團區域在台灣對外貿易中所佔比例，輸入為百分之九九•六，輸出為百分之九八•三。如是於四十三年之中日本對於台灣的經濟侵吞，大概已告完成，外國人的勢力可謂全部排除，台灣已成為日本工商業家的專利品了。”

以日人傳統的聲勢與強有力的海軍為後盾的日籍人尚且覺到如此的待遇，則華籍僑民的經濟情形如何便可想而知了。首先他們被強迫於日籍之間必須自行選擇，凡願保留華籍者，既無強有力的政府為其奥援，又無強有力的海軍加以保護、其受盡日人的苛待與剝削自不待言。只有該島經濟情形的遲滯不是當中國人留下些許經商的餘地，那主要是由中國供給的若干種商品。

但日人須待解決的不只是商業問題。島上的居民，大部分是中國人，才遺的土著番族居於深山茂林之中，而且為數甚少。中國人與福建、廣東兩省始終保持着密切關係。如果任聽此種關係延續下去，那便不啻加強台民對於祖國的民族意識。因此，日政府嚴禁中國人的移出移入，這種政策的另一目的亦是為了替日本的僑民多留繁殖的餘地。

但不久便發覺島上要季節性的勞工，於是每年核許中國苦力一萬人的移入。此項中國苦力的人數及其所賺工資數目可由每年進出的郵政匯款總額加以推測。由一九二八至一九三七十年中平均每年進出此項郵政匯款的次為一萬三千五百八十次。每次的進出，數每均為三十圓（日金）。實際上，台灣與中國的連繫，日本人許可其持續者，恐只有此項苦力的移入而已。凡許可入境之苦力，於入境之先須經嚴密的考查，既入境之後又須受嚴格的監視。

在日本當前的主要問題乃是如何處置島上寄居的華籍僑民。在日本侵據該島時，此項僑民人數共達二百六十萬到一九三九年已增至五百五十萬。起初政府並無決定的政策。一般的觀念是任聽中國人的自生自滅，而於不久將來把日本大量移住島內。規定的官話是日語，但居民得用其原有的語言信奉其原有的宗教。當然居民要受嚴厲的監視，並為此採用了連帶負責和互相偵查的保甲制度。於一八九八年八月實施。規定以十家為一保，十保為一甲。保甲組織均自行選舉其首長，而保甲長不曾警察局、特別是有生人未到或發生什麼可疑事件、保甲中每個份子亦須負同樣的責任。保甲區域中發生何意外、須由全甲負保負責、每個人民都須受連坐的處罰。

後來、中國的民族運動第一次發現於台灣海峽的沿岸、日本的殖民政策便轉變方向了。警察的壓服政策愈益加强了。此外、並有計劃的排除了中國人在文化方面的勢力。初等教育被日政府用作達成民族意識及推行同化政策的主要手段。

如上文所述、日政府是希望轉讓島嶼部份給日本、移民居住。想到此種希望似乎已經達到。一八九八年至一九〇〇年之間、日本的移民由一萬六千人陡增至六萬一千人。但此種移民是希望在台灣謀到一些半職俸。一旦政府中的位置已告人滿、移民的数目便降低了、因不得意而離去该岛者反而日益增多。一九〇〇年以後平均每年移入的日本移民不过四五千人，其原因是不难解释的。官府中位置有限，而劳工和农人的工作又须和生活程度甚低的华侨相竞争，当然不足以吸收大量的日本人来此。一九三八年时，寄居该岛的日本人不过三十万〇九十人，只及全部人口百分之五。而。但此数几与寄居印度的英国侨民人数不相上下，而印度的人口总数则为台湾的六十倍。盖因日本人的生活程度较英国人为低，而其开拓的手段又较强，当然使得日本人在本岛人口中佔更大的比例。但这不过是日本如何使台湾牺牲的那个较大问题之一部分而已。

目前日本在台湾的投资额，公私合计共达数百万万日圆。有许多替日本帝国主义辩护的人常说这数百万万日圆都是取之於日本本国而投资於此的，事实却完全相反，此項投資都是在本灣島創造出來的，下面的事实與數字，便是證明：

假定有一中國（指台灣）既無外人在此歸化，她本身亦無移殖海外的移民，又假定她一切國際金融上的關係都只與一國一國往來，那末倘無資金輸入甲國，一定會表現為逆勢（即入超的）的貿易平衡。當日本佔領台灣的最初十三年之中，台灣的國外貿易平衡為逆勢，其入超的總值為三一，六五五，〇〇〇圓（日金）。但自一九〇九年起，台灣的貿易平衡忽一變而為順勢，計自一九〇九年至一九三九年三十餘年之間，其出超總值為一，八〇九，六六三，〇〇〇圓（日金）可見自一九〇九年起，台灣已開始償付日本了。入超之千八百萬與出超一十八萬萬〇九百萬的對照——這明明表現台灣島上的日本資金非由日本輸入，而是在島上創是由來的。然則此項資金是怎樣創造出來的呢？以下所述便是幾個主要的事實：

(一)該島政府機關中(如薪金優厚的地位)自總督以下，都給日本人，台灣人且只有日本人能得到此項肥缺。低級日本官吏每年所獲薪金在(一千一百圓至一千五百圓之間。他們薪金中所餘的儲蓄，一部份存在台灣銀行(或在島上郵局)，一部份匯回日本。在台灣售出的國內(指日本)匯票金額與在此付款的國內匯票金額——(二者間的差數即代表低級官吏與小商人每年匯回日本的儲蓄的概數(收入較高的人們多利用銀行劃撥的辦法)。一八九六——一九三八年之間，此項匯回日本款項平均每年達一千二百六十萬圓(日金)。一九三八年時，日本人在台灣(合作社及郵局的存款總數達二萬萬日圓。此項事實證明在日本官吏和商人的儲蓄已達相當鉅額。

(二)台灣總督府每年的租税收入達五千多又千萬日圓之鉅。由以下與英屬印度的大略比較，便可見日本政府加於台民的租税負担是如何奇重。一九三九年印度中央及地方政府的收入達六十億九千六百萬日圓，即平均每人的税負為十圓日金，但同年台灣中央及地方政府的預算數則達六億四千三百萬日圓，即平均每人的税負為廿二圓日金。固然，要比較兩國人民的租税負担總是很難，因為租税制度與分類不同，会計制度亦不同的緣故，然而平均税負的差異那様顯著，而兩個殖民地政府的職能又極近似，所以我們判斷台民的租税負担較印民為重是合理的。試再把台灣的租税制度與各種專賣的收入加以分析，更可明瞭此項財政負担主要是加諸台灣人民的身上說到此項收入的用途，一部分固然用於教育、衛生、灌溉以及其他公用事業，但更大部分是用以支持政府機構，而最大部分則用於軍備建設。日政府以台民的血汗收入將台灣建設成第一流的兵站基地，俾以此為征服東南亞洲的據點。精密設計鐵路、公路網、電話及無線電訊網，其全部修繕便利的軍港，具有一切必需設備的飛機場——凡此舉是由台民的汗血白骨鑄成的。這就是日本在該島的投資。

（三）當日人最初統治此島時，曾舉行土地登記以調查居民的產權。蓋因舊有的土地所有制度甚為紛亂，許多產權未行登記，而今以風俗習慣為根據，日本政府對此是不予承認的。日本政府用此種登記辦法，而獲得大量土地所有權，凡生番所居的地區，其全部面積頗闊廣，或直接由政府分學校、寺廟、鑛、其他等，及租與日人組織之公司，如採木及礦產等業。日本政府及企業家就是如此兩手空空毫無代價的「投資」於台灣。到今日台灣島全部面積約三分之二已為日政府的所有，礦、鹽，此項產權之中包括一部山地及其林地，至其耕地約三分之一之中，有其一大部分為日本僑民及日本公司所有。

（四）幾乎台灣的全部經濟組織都已是封建寡頭獨佔制度，因此替日政府造出取得莫大收入的機會。凡新的經濟企業，非經日政府特為證明，批准便不能舉辦。即以甘蔗業而言，甘蔗生產者大都是華籍農民，而非日本公司。（雖然大部為田屬日本公司財產而租給農民的）。但每個農民所產的甘蔗都須指定必須售予某家糖廠，而不准其任意售予他家。在這種情形之下，台灣的各大公司所獲利潤率都極多，而且不足，據統計一九三九年恩蔗竟（譯音）製糖公司公布的利潤率為百分之六〇・六、明治公司為百分之四〇・〇、大日本公司為百分之四・五、台灣公司為百分之四四・六(這數字乃證明最大製糖公司)不過此項特殊數字是不足以十分重視。日政府固曾用種種政策替日本的大商企業家造成獨佔的局面；但這並非說每家公司都可獲得高額利潤。(事實上、非法律上)是給予全體而非給予任何一家的。也許此家或彼家公司不單不能獲利、反而虧折也未可知、但這並非證明獨佔的果實、正如有些家公司(雖獲高額利潤、但仍不足以證明該屬日本經濟的獨佔性一樣、我們必須觀察全部經濟動態以發現台島經濟的真相。由以下的統計數字、亦難明瞭台島的經濟被迫替日本服務到了如何的程度：

生產總值與輸出之比較

年度	生產總值（百萬日圓）	輸出（百萬日圓）	輸出在生產總值中所佔比例
一九〇五年	八四·五	二〇·七	二四·五
一九二二年	三五四·二	一五八·四	四四·七
一九二九年	五九八·六	二七六·〇	四六·三
一九三七年	八九〇·五	四四〇·二	四九·四

來源：據輸統計與台灣事情

如果考慮一下：此處的生產總值高過生產淨值頗多（例如蔗糖一項，於計入農業價值之後，繼又計入工業價值，其數字顯係重複的），我們便很有把握說：該島生產淨值之中大約有四分之三是輸出給日本的。當然，這並不等於說台灣國民所得中的四分之三為日本掠去，因為：一則台灣也曾輸入日本物資，二則台灣國民所得的一大部分是日本人在當地消費的、或投資於鐵路、港灣的。但無論如何，上表大體足以表示「日本帝國主義者們在把該島經濟資源之開發到了如何的程度。」

有些研究日本帝國主義的作家、往往以為日本殖民地政策的目的是發展殖民地人力物力資源或改進當地大人的生活程度。但事實上、台灣的日本當局決未把這種工作引為己任。他們所時時留心的乃是如何使台灣適于日本政府的目的和日本經濟上的需要。直到一九三八年時、食料類在工業生產總值中所佔的比例尚有百分〤十〥之多、此項食糧料類之中、尤以糖及其副產品為最大宗。農業生產總值之中、糖和米兩項即佔百分之六五—七〇。這兩種物產的各別歷史足以說明日政府對該島經濟政策的真相。

當佔領時、台灣的食米產量約達四百萬石。經過二十五

許之久、到一九二〇年時、雖然人口已漸激增、但食米產量
年逾四、八四二、〇〇〇石、幾乎毫未增加。但由一九六〇年
到一九三六年其產量便緊增加到九、五五八、〇〇〇石、即
幾乎增加一倍。為什麼起初會甚進步、其後卻突然改變態
度、而關心台民的福利、卻因一九一九——一九二〇年間、日
本發生米荒、民間發生搶米騷動、因此、日政府才設法增加
台灣和朝鮮的食米產量、以彌補其本國需求、如發給
補助金、舉辦農貸、以及完成大規模灌溉設備等、數年下來
結果、一九三五——一九三九年間、收穫乃增至九百
五十萬石。但同時、台灣的農業消費量卻由一九〇五年的
平均每人一·六八石減至一九三八年的每人〇·八三
石。顯然、食米產量的增加不但與台民福利無關、而且
背道而馳。

關於糖類一項，我們却由日本官方文獻中得悉日政府
所以要獎勵發展臺糖工業的動機。蓋本紀初葉，日本
的國外貿易平衡是逆勢的，且有急激的改變。其後發
現假如國民對食糖的需要，仍由國內來繼續供應，逆勢的貿
易平衡便可能改變。結果設關稅制度，禁絕外糖的輸
入，督製糖業保留本國的市場。根食糖的增產，亦要台民熱
閱試看一九三三—一九三七年五年之間，日本平均每年
每人的食糖消費量為三六、九斤。但為日本製糖業中心的
台灣，平均每年每人的食糖消費量却只有一四、九斤。
由於日政府績籌考慮的殖民政策之結果，除食料類之
外，台灣的工業發展是非常之滯的。一九三七年時，紡織工
業的生產總值為五百萬圓，金屬工業一千八百萬台圓，机
器工業（連同机器修理在內）八百萬日圓，採木工業五百五

千萬日圓，印刷裝訂工業五百萬日圓，化學工業五豐豪飼料五千三百七十萬日圓。日本及美國的若干作壟斷資本各殖民地的工業發展比較日本本國為迅速，這種意見看起很據讚論似以下由大日本帝國資本和勞動計劃得的統計數字比較一下便可瞭然：

日本與台灣工業生產額之比較

	金額（單位百萬日圓）		指數	
	台灣	日本	台灣	日本
一九二九年	二六三·八	七七一六·八	一〇〇	一〇〇
一九三七年	三六〇·二	一六四一七·五	一三七	二一五
一九三八年	三八六·六	二九六六七·四	一四六	三五二

上表中僅表現的進步、大部是物質環境的好景、但這一對於我們現在所討論的問題、與國際資本為日本卻台灣

而地物價昇漲的步調是一致的。我們試看日本和台灣工業生產總值按人口總數平均每人的數額比較如何？就整體而言，則價格均數額，一九二九年為五六、八八圓，一九三八年為六六、七七圓。就同期間日本情形而言，則為八五、五五圓和六七、七五圓。換言之，一九二九年時日本國的數額為台灣的六、一倍，一九三八年時，却縮為一倍。由此看來，在本時台灣的工業政策並無根本的變化。這個結論，與那些對日本殖民地政策抱嚴厲態度的學者之意見當然不同。例如，查理士波斯教授（[illegible]）在一九四〇年時曾於他的大著日本政府論中這樣說「日本殖民……其各殖民地的統治及日本本國間，聯繫一種同化政策。他雖看來是遠離政策，對於殖民地的利益影響更大，給日本本身經濟也給台灣的資源而在，開始促進……的發展甚為

將其單純補給本國工業所需原料的供應未發而加以擴
發展開發。又從政治上看來，這種計劃如果成功，則偽稱
與日本關係亦無可言，因為每一新的步驟都會使兩地間
的經濟的合作更加緊密。我們如果瞭然於台灣的真相，則
其情調合作者究為何種「合作」，便不辯而自明了。

在過去四年中，台灣的工業雖有某種的發展，不過那是屬於特殊性的。日本的陸海軍當局知道在西南太平洋上的作戰必須將距離本國不遠的各軍事基地大為發展才行。在此項軍事基地之中，最重要的即是台灣。一個大的軍事基地並非只有港灣與鐵路就算完成，此外還必須有適當的修繕及製造上的種種設備。日本的軍事設計家又看然之要建立此項設備必須應用台灣工業上所需更多數男工，但工人必須懂得日籍工頭的命令，又須會看設計藍圖

圖以及以前的書，因此他們必須多少懂得日語，所以台籍初等教育的設施一部分還是由於軍事上的需要。

台灣是日本所侵佔的一塊殖民地，其經濟發展完全以日本帝國的經濟上的需要及日本在此所建「南進基地」之軍事上的需要為轉移。台民絕享受不到此項經濟發展的利益。他們對於日本人的「合作」，對於一個因徒對於獄吏間的「合作」一樣，完全以武力為後盾的。自從台灣被日本征服以來，她已變成一個世界典型的警察國。一九三七年時，台灣的警察數，較各級學校教員的總數還多。同年，在日本本國，平均每一〇五二人有一名警察，但在台灣每五八〇人即有一名警察。台民的生活，各方面都受嚴厲限制，甚至連華僑舉行宗教儀式，都須經總督許可，掙扎生活於社會階層的最下層。一切中國的文化與思想均無表現的自由，纔使是台民由日本政制所受的唯一賞賜。如果這次戰爭結果、日本終於吃敗仗、台灣與日本本國的連繫一日告急、台民一定是額首稱慶、一致奮起而驅逐倭寇的。

游臺灣追懷劉壯肅　梁啟超

憶昨甲申之役有國兵、南來馳羽檄鼓鳴、旌旗樹堡持寨內、詔起將軍返故廬、將軍須旅辭文吏、高蹈久鬱慮則樊、國難多艱敢自逸、笑指蛟鰐鼠內外、半天波赤驅長鯨、跨鼇出入白刀相、酒半騎鷹鵝高女、將軍飛下萬人驚、鼻息吹龍先兵卒、尾發蹤噴血雨、其時馬紅色白斜、黑雲夢也豁然燭、義願死齊五千女、誓與將軍同死生、手捷千城終不停、異時勞樹茂公鄉、獨未組零千里奔。暴也紅日冥無耕、桑麻荊棘出無米、蒼茫神州淒其名、將軍釋泵處國無謂是能尊前所然、稱家縣根宜置郵、開綸大驅轉換旗、鑿山治鐵作馳道、宿迤列砲護塞、宮中發餉籌府、坐鎮南北如其願、料民度地正疆界、以到肩開齒兼肩、與參對治匪患有、下為承籍然數千年蟲負弱

之曲蓋庭、奥林鹿豕麟出雲、舒漢事々孝序亂、使功臣々宇安[illegible]、中朝大官施
用火、納蜀岩咏關嶽瓊、司君武納名劍寸、貢歐[illegible]鮮[illegible]與用、編臺已開四[illegible]
政議、鬼方蟲負棄青蚨、明晝是[illegible]華者大懸、調摩頂踵翻觸者、軒車一去留
不得、[illegible]錄夏嘯驚[illegible]、大霧出下官焦積、公青天猶不看[illegible]承啖有署、千由[illegible]序陪襄
殺某早日已長 有時南[illegible]嶽原[illegible]山[illegible]有[illegible]使茶、發[illegible]成功[illegible]圖[illegible]長城[illegible]已[illegible]他[illegible]龍[illegible]中[illegible]鶴[illegible]參[illegible]憑
鐵蹄、大相猖蔓、城下[illegible]、真雲[illegible]有、珠庭[illegible]猖[illegible]竟[illegible]將軍臥大
樹、眼中槿々有鬼[illegible]、無憂蠶[illegible]月暖[illegible]、鹿耳[illegible]山[illegible]青、[illegible]、現根關九
京、嶋夷不近餘[illegible]、[illegible]大[illegible]、西[illegible]三明、執今[illegible]又夜冷
東者手驕[illegible]、[illegible]早歲、竟有賢[illegible]名繼盛、山河[illegible]亦增舊、
独情花[illegible]長[illegible]、[illegible]手[illegible]人[illegible]、[illegible]命[illegible]、貫[illegible]歌[illegible]
臨[illegible]幸鼇[illegible]教[illegible]、[illegible]之[illegible]、[illegible]掌[illegible]人與、
力[illegible]續[illegible]大[illegible]、[illegible]大[illegible]功[illegible]、[illegible]以[illegible]、[illegible]、天地[illegible]才
亦匪易、[illegible]令[illegible]衿。

費之無業而年壯者悉召募之，日給鹽米，使為壯丁。大社四十人，中社三十，小社二十，分為兩班，每夜一班，巡社防守。一人執鑼不鳴，一人擊柝，餘執大棍，不許持刀鎗鳥銃，自三更起繞行社外，伺明而止。見賊則鳴鑼大呼。一社之人群起攻之。賊必不敢入社。一社鳴鑼則鄰社皆應。不追賊者罰之。賊既走，不可遠追，遠追恐其窮迫傷人。此法一行，則各社貧者有以自養，皆自保其社。不但不通賊，亦不復出而為外盜矣。姚前道任內，各社遵行，立見安謐。至隆冬以備，平日各須妥議章程，以期閭里益臻清靜。凡子弟為非，父兄同罪，務綢繆於未雨，期係鄉之可風。各社內一人興訟，眾人牽連，一家滋事，大家破費。官兵至則妻孥移散，役差來則家人皆驚。與田鬻產，為無益之費，廢積怨深仇，遺子孫以禍患。與其

為懲於事後，何如早籌於事前。人無愚智，各具天良，境
處飢寒，易成地棍。各社家道殷實者，公議捐地若
干。各家分收近支族中貧苦孤獨子孫若干人，或借給
粿食，傭工出力，授年抵租，或支付銅錢，小本營生，藉利
歸還，或祠堂公項生息，或本社捐置贍田。幼而慧者設
義塾，以免游閒。壯而鈍者習技藝，以防奸宄。如怙惡不
悛，公請族長責罰逐出，本支房各送官究處，不准回社。
如改過自新，或保送衙門，充當壯勇。爾等同心協力，庶
幾有安享太平之日，其各勉旃。

道光十八年（公元一八三八年）淡水同知婁雲鑒於閩粤兩族械鬥
之風不可長，乃立莊規四條，禁約八條，飭民嚴守，以防械鬥
之再起。又澎湖為海中群島，島民好訟好賭，其時亦立鄉約
曰：毋非時而賭，以新春六日為限，毋為窃盗，毋放牛踐人之

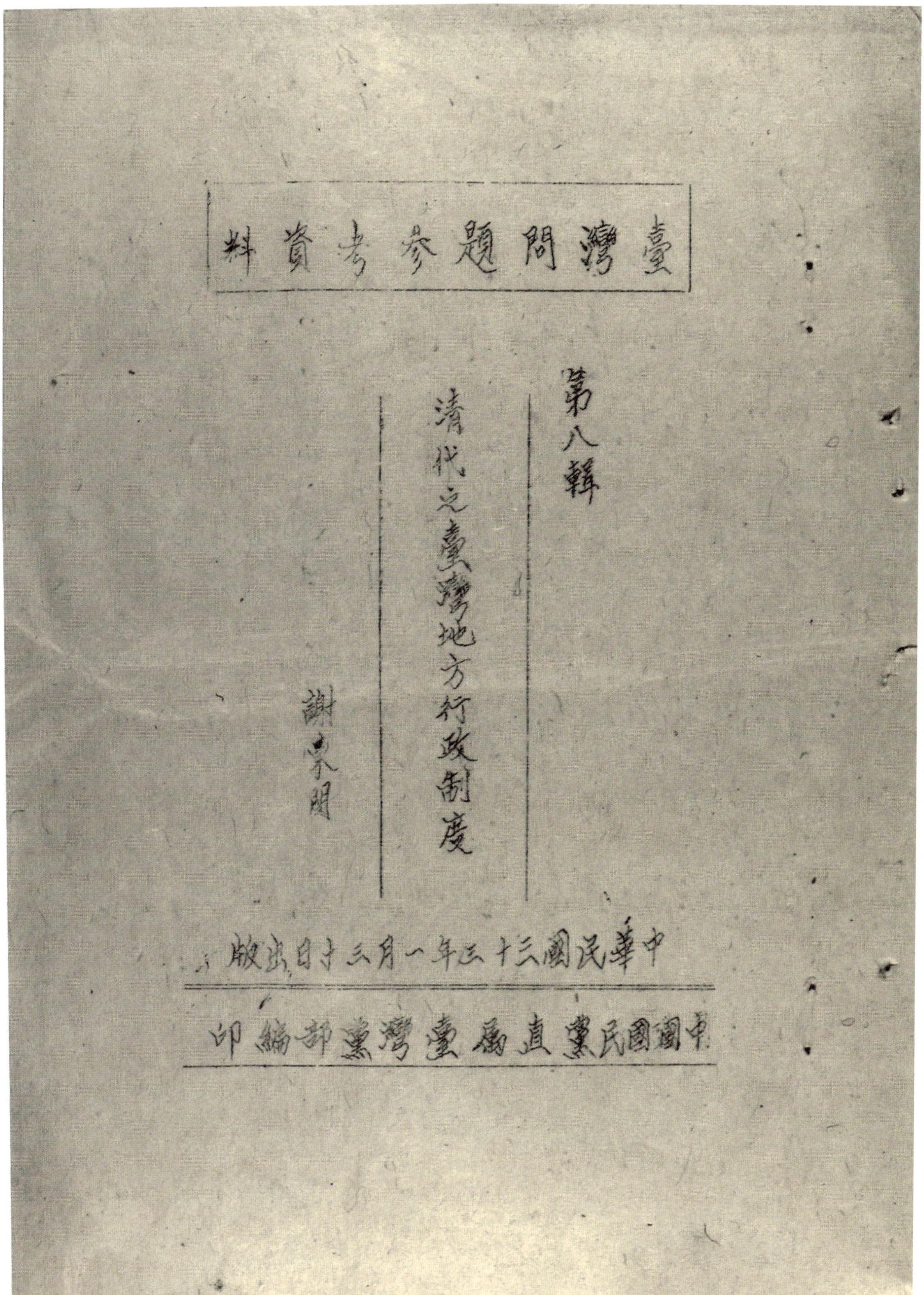

臺灣問題參考資料

第八輯

清代之臺灣地方行政制度

謝東閔

中華民國三十三年一月三十日出版

中國國民黨直屬臺灣黨部編印

《台湾参考资料》第八辑　　一九四四年一月三十一日

清代之台灣地方行政制度

一、郡縣建置之沿革

謝東閔

綜觀清朝治台二百餘年對於地方政制前後有五次的沿革。第一次在鄭氏平定後，第二次在朱一貴之變亂後，第三次在林爽文之事變後，第四次在日本侵畧台番社後，第五次在中法之役、法軍犯台後，而每次的沿革皆受環境的刺激使然，莫非清廷真有決心為理台而治台的。茲將清代二百餘年間台灣地方政制沿革分為五個時期敘述之：

（A）第一期：台灣平定之翌年（即康熙二十三年公元一六八四年）四月清廷接納蘇拜施琅等建議，台灣之地方行政劃設為府一、縣三，即臺灣府下設台灣、鳳山、諸羅三縣，隸屬福建省台灣廈門巡道，在行政區域上說，台灣為福建省之一部分，而由福建省的台灣廈門巡道統轄之。茲將清代第一期的台灣地方行政系統圖示于如下：

福建省台灣廈門道——台灣府——台灣縣
　　　　　　　　　　　　　　　鳳山縣
　　　　　　　　　　　　　　　諸羅縣

(3)第三期：康熙六十年（公元一七二一年）朱一貴亂平定後，藍鼎元（按鼎元為此次平定台灣南澳鎮總兵藍廷珍之族弟，隨廷珍征台）建議於諸羅地方遼闊，轄長千里，應劃虎尾溪以上另設一縣、駐劄半線六七百里（覆制軍台疆經理書——編者按此書為鼎元代廷珍所作者）。乃建議劃諸羅縣地為二，以虎尾溪北另設一縣，駐劄六百里，並於淡水設巡檢（一員），以佐半線縣令之不及等。至雍正元年（公元一七二三年）巡視台灣御史吳達禮奏請分諸羅縣北半線地方另設知縣（一、典史一），並以淡水為海岸要口，請設捕盜同知一員。是此清廷乃增設彰化一縣及淡水一廳。雍正五年澎湖改廳，添設台灣府通判一駐澎，裁澎湖巡檢。

雍正六年（公元一七二八年）改台廈道為台灣道。乾隆三十一年（公元一七六六年）勦撫生番後、總督蘇昌奏准將諸羅、彰化、淡水二縣一廳所屬之番社，設立鹿港同知（即後鹿港廳），辦理彰化縣之民番交涉事件悉歸管理。乾隆五十二年（公元一七八七年）林爽文亂平後，清廷以林爽文攻據諸羅城時，城內民眾協助清軍守禦有功，特將諸羅縣易名嘉義縣，以資激勵。這是第一期的地方行政系統，茲圖示如左：

福建省台灣道—台灣府
- 台灣縣
- 鳳山縣
- 嘉義縣（由諸羅縣改名者）
- 彰化縣
- 鹿港廳
- 淡水廳
- 澎湖廳

（5）第三期：此期的地方行政區域，僅增加噶瑪蘭廳一廳（噶
瑪蘭初稱蛤仔難，最後改爲噶瑪蘭，位於台灣的東北部，淡水
的背後，土地肥沃，爲番人所盤踞。自從漢人佔據台灣北部時，曾
欲征服該地而終告失敗。蛤仔難之名雖存，實際尚未開，自有，很多
寬大，自台灣開通以來，已漸爲內地人所注意且已有往來。當
時台灣沿海居民人煙稠密，與番人之民爭赴該地墾田甚廣。至
乾隆間漳州人吳沙始在該地作大規模之開墾，於是趨之者愈
衆。至嘉慶八年（公元一八〇三年）人口增至六萬人，儼然成爲一富庶之
地區，然仍未設官統治。嘉慶十一年（公元一八〇六年）至十四年間海
寇蔡牽及朱濆先後進攻蛤仔難與蘇澳均爲其
掠奪耕民害退。當時蔡牽及朱濆被擊竄逃時，該地民衆均
希望清廷在該區設官統治。閩浙總督金榮更爲文請論蛤仔
難不可不設官。嘉慶十四年（公元一八〇九年）督臣阿林保等巡視

蛤仔難地勢番情後，向清廷秉奏中亦有：「居民數萬，協力備禦外賊，同殺賊，是深明大義，自應收入版圖，況其地膏腴，素為賊匪覬覦」等語。清廷乃令總督撥議設官之制，到嘉慶十五年（公元一八一〇年）乃以蛤仔難蘇澳至一百三十里、設噶瑪蘭廳、（據劉錦藻皇朝續文獻通考謂為嘉慶十五年闢自吳化就歸於總督方維甸轉奏纂入版圖。越二年設噶瑪蘭通判，則噶瑪蘭廳之設置是於嘉慶十七年，但據袁克吉台灣一書中歷年大事記及嘉慶一統志則均以十五年設置噶瑪蘭廳，故以以十五年之說為是）。從此政令始普及山後。（台灣從前分為山前山後，諱言之則以中央山脈以西為山前，以東為山後）。茲將第八期的地方行政系統圖示如后：

台灣縣
鳳山縣
嘉義縣

福建省台湾道—台湾府—

- 彰化縣
- 鹿港廳
- 淡水廳
- 澎湖廳
- 噶瑪蘭廳

(4) 第四期：第四期係由道光経咸豐同治至光緒初止。這一時期為我國外患內亂交織的時代，台灣表面上似為沉寂，但實則已成為列強企圖吞噬的一塊肥肉了。如道光二十一年（公元一八四一年）英艦之窺伺雞籠及二十二年（公元一八四二年）之進犯大安港；咸豐八年（公元一八五八年）天津條約成立後之開滬尾、雞籠、安平、旗後等為商埠；咸豐十年（一八六〇年）德國兵艦愛爾比號之擾琅璚；同治八年（公元一八六九年）英艦之襲擊安平等皆為大禍將降臨於此孤島之先兆耳。

到同治十三年（公元一八七四年）日本藉口台灣生番劫殺漂流至台灣之琉球人、遣軍進犯台灣東部番社、並揚言欲窺台西部。西部為台灣府城所在地、清廷頗為震驚、乃急命總理船政大臣沈葆楨為欽差大臣辦理台灣等處海防、兼理各國事務、但不久中日議和、日本兵退出台灣、而琉球已非我有矣。清廷經此刺激、始決意海防、銳意治台。然而治台之要、首在撫番、撫番之要、首在開山路之開闢、於是台東之卑南等處亦同時開放矣。

到光緒元年（公元一八七五年）沈葆楨乃奏准於南部番界琅嶠域增設一縣、名曰恆春縣。又以北部之設置尚未完備、則北部之發達、與後[illegible]、[illegible]台灣北部之繁榮、又為[illegible]劃定、非建分三縣治之、則難以專其責成、非設府治以統轄之、則難以聯其聲氣、於是向清廷奏准於台北創設一府三縣、三縣者淡水

同知，就其廳治改設一縣，名曰新竹縣；就噶瑪蘭廳之舊治設
城改設一縣，名曰宜蘭縣，而改噶瑪蘭通判為台北府分防通判，
移駐雞籠，因改名基隆廳。此外更於台東地方設卑南廳，置南
路通知駐紮，以辦撫番，仍歸隸台北府。迄光緒十年，閩浙總
督何璟、福建巡撫張兆棟奏請設立埔里社廳為隸台灣府。台
灣至此已由一府而增為二府，於全劃台北台南兩府所轄縣八、廳四，

政制已較前完備矣。

上述為第四期的台灣地方政制改革，但當時清廷對台灣
政制的改革所抱的計劃，實不止於此。依原議台灣另立一
行省，但一因時機未熟，二因閩省須賴台灣協餉，彼此相
依，不能分離為二，所以暫不參議，兼立行省，僅請照江蘇
巡撫分駐蘇州之例，移福建巡撫駐台，兼總其務者，
不如巡撫移駐之便。後清廷議著採取折中辦法，以福建巡

巡撫行署於台灣，以半歲駐台灣，如直隸總督兼天津例。清廷之措於巨大變更，採取折中辦法，不敢澈底改革，實失機宜，其影響台灣之大，可想而知。其後岑毓英之撫閩，尤積極佈置，其規模勘彰縣爲建省城之地，欲興建城垣衙署等，但終因種々困難，未能告成而去。其後台灣建省經緯，波折甚多也。茲將第四期台灣地方行政系統列表如下：

福建省台灣道（設福建巡撫行署，福建巡撫半歲駐台灣）

- 台灣府
  - 台灣縣
  - 鳳山縣
  - 彰化縣
  - 嘉義縣
  - 恆春縣
  - 鹿港廳
  - 澎湖廳
  - 埔里社廳
- 台北府
  - 淡水縣
  - 新竹縣
  - 宜蘭縣
  - 卑南廳
  - 基隆廳

（E）第五期：建省期（光緒十一年起），爲台灣實行劃時代之地方政劃改革的一期。

光緒十一年（公元一八八五年）六月初八日欽差大臣左宗棠奏請台灣建省，旨下軍機大臣總理各國事務大臣六部九卿會同各省督撫議奏。九月初五日，軍機大臣醇親王奕譞等乃奏准改福建巡撫為台灣巡撫，並任命劉銘傳為台灣巡撫。光緒十二年（公元一八八六年）三月清廷又諭曰：「閩台防務關係緊要，該督撫等尚須一切，務當和衷共濟，不分畛域，力顧大局。上年諭令該督撫等會議改設各事宜，並著一併妥議，毋稍遲延」。光緒十三年（公元一八八七年）台灣巡撫劉銘傳會同閩浙總督楊昌濬會奏籌議台灣郡縣分別添改裁撤，以資治理。其奏疏曰：

「台灣疆域南北相距七百餘里，東西近者二百餘里，遠或三、四百里，崇山大溪，鈎連高下，從前所治不過山前近南一帶，故僅設三縣而有餘，自後墾荒日闢，故屢次廳治而猶不足。光緒元年，沈葆楨請設台北府縣，以固北路，又將同知移治卑南，以顧後山。今台灣制，粗有規模，然彼時局勢未開，撫番修壘，非一勞永逸之計也。臣等公同商酌，審諦建置之法，恃險與勢，分治之道貴得其平。台省治地，視內地為狹，而各縣幅員反較多於內地。如彰化、嘉義、鳳山、新竹、淡水等縣，縱橫二三百里至三百里不等，倉卒有事，鞭長莫及。且佐雜為治，當要領轄疆太廣，則耳目難周，控制太寬則聲氣多阻。至山後中北兩路，延袤三四百里，僅卑南設碉堡，多兵專轄，少理之員。前寄清廳亦嫌遙遠，撫番設施伊始，百廢具興，若不予變通，何以兌善後而策久遠。臣銘傳於上年九月親赴中路，督飭各府治文察審地勢，並飭各地方官將境內撫番自山海繪圖貼說，呈送前來。臣撫據着清賦各員并將經歷地段修繪圖說。謹就山前後通商籌款、各處添設者、應改設者、應裁撤者、查彰化橋仔頭地方，山環水複、中開平原、氣象宏開、又當全台適中之地，擬照前撫臣岑毓英議、就該處建立省城、分彰化東北之境、設首府曰台灣府、附郭首縣曰台灣縣、將原有之台灣府縣改為台南府安平縣、嘉義之東、彰化之南、自濁水溪始、石圭溪止、截長補短、方長約百餘里、擬添設一縣曰雲林縣。新竹苗栗街一帶，扼內山之衝、東連大湖、沿山新墾荒地甚多、擬分新竹西南各境添設一縣曰苗栗縣，合原有之彰化及埔里社通判一廳、四縣、改隸台灣府屬。其鹿港同知一缺、應即裁撤。淡水之北、東控三貂、嶺番社歧出、距縣太遠、基隆為台北第一門戶、[illegible]、[illegible]、開採煤礦、修造鐵路、商民麕集，尤須撫綏，擬分淡水東北四堡之地，以撥歸基隆廳管轄，將原設通判改為撫民理番同知，以重事權。此前路添改之大略也。後山形勢，北以蘇澳為總隘，南以卑南為要區，控扼中權，厥惟水尾，其地與擬設之雲林縣東西相直。現開路八百九十餘里，由牡丹社嶺集集街徑達彰化。將來省城建立，中路前後脈絡呼吸相通，實為台東鎖鑰，擬添設直隸州知州一員，曰台東直隸州。左界宜蘭，右界恆春，計長五百餘里，寬三四十里、十餘里不等，統歸該州管轄，仍隸台灣兵備道。其卑南廳舊治，擬請改設直隸同知一員。水尾迤北改為花蓮港廳，舊熟田約數千畝，其外海口水深數丈，稽查商船，彈壓民番，擬請添設直隸州判一員，常川駐紮，均歸[illegible]台東直隸州屬。此後路添改之大略也。謹擬台灣擬大能役，日增月廣，而舊時籌察適宜情形迥不相同，因地制宜，似難再緩。況年來生番歸化，雜處之性，初就範圍，尤須分遣撫循，藉收實效。良以身在局中，既不敢畏事紛更，以蹈無章之弊，亦不敢因循苟簡，以貽當局之憂，損益酌中，期歸妥協。

清廷採納刘銘傳之議，於是台灣政制遂定為三府一直隸州、十一縣、三廳，以台灣府為省會，駐巡撫，但因設備未周，仍暫駐台北。

光緒十五年（公元一八八九年）八月，命台灣知縣黃承乙、中路統領林朝棟在彰化橋仔頭地建築省城，以為中樞之地，但光緒十七年（公元一八九一年）五月，劉銘傳辭職離台，清廷任命邵友濂為台灣巡撫。邵友濂為人更無遠略，主張減政，致劉手創事業乃因之停頓，而台北亦萎靡不振。地方極損的莫一着便是奏請移設台灣省會，略謂："前已定有城之地，雖當中樞，控制南北，而山多田少，周匝距台南台北府各四五日程，其間溪水暴漲，交通頻煩，兼以沿海水淺，輪船難以駛入，南北有事，援濟遲延，又有城必須建築，壇廟衙署，費鉅浩繁，無由籌办。伏思台北為台灣之門戶，衙署、壇廟略已成立，商民輻輳，鐵路亦通，具軍之利用便，就勢以設省城為宜灣省會。"光緒十八年(公元一八九二年)先停止城工，而台灣省會遂移到台北了。

光緒二十年(公元一八九四年)又於淡水縣屬增置南雅廳，隸台北府。是年我國因朝鮮內亂與日本開戰，台灣戒嚴，邵友濂調後唐景崧為台灣巡撫。茲將清代最後台灣地方行政區域圖示如左：

- 台灣省
  - 台灣道
    - 台北府
      - 淡水縣
      - 新竹縣
      - 宜蘭縣
      - 基隆廳
      - 南雅廳
    - 台灣府
      - 台灣縣
      - 雲林縣
      - 苗栗縣
      - 彰化縣
      - 埔里社廳
    - 台南府
      - 安平縣
      - 嘉義縣
      - 鳳山縣
      - 恆春縣
      - 澎湖廳
    - 台東直隸州
      - 卑南廳
      - 花蓮港廳

二、官制之沿革

清代的一般地方行政是分行政區為四級，最大者曰省，道次之、府又次之、直隸州縣為最下。至其官制則縣上有府，府上有道，道上有司，司上有總督或巡撫，凡五等。總督為地方最高級長官，職權最廣泛；巡撫除指定特具之事項外，其職務亦略同總督，而權力則較小。又總督得管一省至三省，巡撫例管一省，這是兩者顯異的地方。但直隸省中或僅有巡撫而無總督，或僅有總督而無巡撫，或以巡撫兼總督。司有布政司及按察使司兩種，每省例各一人，此外尚有提督學政，督掌教育及文化事宜，每省一人，但閩省因地廣人衆、政務繁多，而於一省設兩巡撫兩布政使司，另究為破例。道亦一般說是負有分守之專責，但亦有專負事項特殊任務，如督粮、鹽法也，因其道是也。

以上是清代一般的地方官制。至於台灣的官制，在清平台初時當然與上述無異，但自光緒以後便逐漸演變，而漸趨一致矣。茲將台灣官制之沿革分為下列三期敘述之：

〈A〉第一期：清平台初時，台灣僅設一府三縣，且隸屬福建省，故此期之地方官制系統甚為簡單。其最高地方行政長官當然是總督(閩浙)與巡撫(福建)，其次便是道台(台廈)、知府次之，知縣又次之。

康熙六十年(公元一七二一年)，繼朱一貴之亂後，台灣亦行設上之新措置為增設巡視台灣監察御使滿漢各一人，每年自京師派出一員前往，負監察行政及糾劾地方官吏之責。雍正五年(公元一七二七年)，以道員管理地方學務，又兼學政，未免稍繁，乃將學政改由派往巡察之漢御使管理。乾隆十七年(公元一七五二年)因彰化縣叢生殺兵民案發生後，巡察御使亦粒錢琦未奏、及傳旨詢問，覆奏又屬枝梧，乃怒將二人交部議處，而改為三年簡派一次，事竣即回，不必留駐候代。三十年，又改為嗣後屆三年請派之期，該衙門仍照例奏請，或暫停派往，或數次後派員一往巡查，由清帝隨時酌量办理。五十三年，正式撤裁，令將軍、督撫、水師陸路提督每年輪值一人渡台稽查。

(B)第二期、此期可說是台灣建省之醞釀時期。同治十三年(公元一八七四年)欽差大臣沈葆楨視師台灣，觀察時勢，認為台灣有設重臣坐鎮之必要，乃於牡丹之役(日本藉口琉球人遭風漂流至台灣之琅𤩝為生番所殺，日將西鄉從道同治十三年(日明治十三年公元一八七四年)三月率師侵犯牡丹社生番，是謂牡丹之役)事平後之同治十三年十一月奏請移福建巡撫於台灣。其奏疏略謂：

台灣洋務稍鬆，即善後不容稍緩，惟此次之善後，與往時亦同。台灣之所謂善後者，即台灣之所謂創始也。顧善後難以創始，而善後則尤難。臣等彙為海防亂壓，一面撫番，一面開路，以絕彼族（指日本——編者註）覬覦之心，以消目前肘腋之患，固未遑為經久之謀。數月以來，南北諸路，縋幽鑿險，斬棘披荊，雖各著成效，卑南奇萊各處，雖分列營也，祇有端倪，尚無綱紀，若不悉心籌劃，詳定規模，路非不已開也，謂一開之不塞則不敢知；番非不已撫也，謂一撫之不復疑則不敢必。何也，台地延袤千有餘里，官（吏）治所祇海濱平原三分之一，餘皆番社耳。國家養育番黎，但令薄輸土貢，永禁侵凌，意至厚也。而奸民積匪，久已越界潛蹤，驅番佔地，而成巢窟，則有官未闢而民先闢者，入山既深，人跡罕到，野番穴處，涵育孳生，則有番已闢而民

未開者，蘇澳外包、平埔中猴底、水沙連、叢草、未裹等，地
廣番稀、叢雜而弗處。則有民未開而番亦未開者。是但
言開山而山之不同已若此。生番種類數十，大概有
三：牡丹等社恃其悍暴，劫殺為生，懸不畏死，若是曰
兇番。卑南埔里一帶，番近漢民，略通人性，若是者曰
良番。台北斗史等社，雕題鑿齒，尚不外通，屯聚無常，
種族雖惡，獵人如獸，雖社番亦懼之，若是者曰王字
番。是但言撫番而番之不同又若此矣。欲開山而不
先撫番，則開山無從下手；欲撫番而不先開山，則撫
番仍屬空談。今欲開山，則曰屯兵衛、曰刊林木、曰焚
草萊、曰通水道、曰定壤則、曰招墾戶、曰給牛種、曰立
村堡、曰設隘碉、曰致工商、曰設官吏、曰建城郭、曰置
郵驛、曰建廨署。此數者孰非開山之後必須遞設者？

今欲撫番、則曰設土目、曰查番戶、曰定番業、曰通語言、曰禁仇殺、曰教耕稼、曰修道塗、曰給茶鹽、曰易冠服、曰設番學、曰變風俗、此數者又孰非撫番之時必須并行者、雖然此猶言後山、其緊要已若此。前山之入版圖也、自有設官、一切規制、亦皆具備。就目前之積弊而論、班兵之惰窳也、蠹吏之盤踞也、土匪之橫恣也、民俗之浮淫也、海防陸守之俱虛也、械鬥紮厝之迭見也、學術之不明、庠序以容濫、禁令之不守、煙賭以為饕殘。宜斯出也、亦有振作有為、正己率屬之員、始苦於事權之專制、繼苦於毀譽之混淆、救過不遑、計功何日。使不力加整頓、一洗浮澆、但以目下山前之規模、推而為山後之風氣、雖多一新闢之區、適多一藏奸之藪。臣竊以為未可也。緣前後之

幅員計之，可設郡者三，可設縣者十，固非一府所能
轄。欲別建一省，又苦器局之未成，而閩省向需臺米
接濟，臺餉向由省城轉輸，彼此相依，不能離而為二。
環海口岸，處處資防，洋務繁重，漸漸分撥，兵勇何有
澤籌防籌餉之分。番族又有生番、熟番、化番之異。
氣數既殊，撫馭亦易，況以創始之事，為善後之謀，統
轄鎮之非宜，欲循例而舉，便宜行事，可專勿令可
常。欲責效於朝夕，來民有五日京兆之意，循遷時常
久。駮文武有兩姑為婦之嫌，庶籌局因恐[illegible]情況
蘇巡撫分駐蘇州之例，移福建巡撫駐臺，而後一舉
而數善備。何以言之？臺洋遠隔，文報稽遲，率意逕行，
又嫌專擅，駮巡撫則有事可以立斷，其便一。鎮道兵
責治民，本兩相轄，轉而相妨，職分不相統攝，意見不

兇悍處，上各有欽頒，下各有訓條，不賢者以為羈御
地步，賢者亦時々稱形迹於其間。故巡撫則號為
文武總轄（兼鎮道），亦敢不各修其職，其便一。鎮道
有節制文武之責，而無通達文武之權。文官之貪殘，
武弁之畏怯，皆擬於閩與鎮道欲見，時或無矣。縣自
則不待探訪而身自勘閱，黜陟可以立定，其便三。城
社之巨數，民間之冤抑，難聞難詳，諸令易於達進，
俾人心貼服，其便也。台民獷驁，季夏，台灣為甚。海疆
官制久壞，台灣為尤。良以其素習蠻獷，提標殺以
來各有犄角李帥之心，鎮撫議法羈縻，然未其不生
意外之事。是以此戶驛騰，如實之於市，驅之於目。有
巡撫則為察各地聽從訓練，力有實際，其便五。福建
地遼，歷以州縣事多，繁劇慢視台地，為調濟之區。不

商者亂法取巧，往往不免。有巡撫以臨之，貪饕之風得以漸戢，其便六。向來各員不得赴於鎮道，及其由後每造蜚語中傷之。鎮道或時為所挾。有巡撫則此挾悉窮，其便七。台民游惰可惡，而戇直實可憐，所以常鬧釁動者，始由官以吏役為爪牙，吏役以人民為魚肉，雖則人民以官吏為仇讎，詞訟不清而械鬥繁啟之端起，奸宄得恣而豎旗聚眾之勢成，有巡撫則撫綏撥亂，本而塞禍源，其便八。況開山伊始，地勢殊異，成法難拘，可以因心裁酌，其便九。新建郡邑，亟當選賢能，不需人才。丞　倅將領，可以隨時札調，其便十。設官分邑，有宜遠久者，有屬權宜者，隨時增革，不至廩食之虛糜，其便十有一。開煤煉鐵，消鑛資民力者，有宜參用洋機者，就近察勘，可以擇地而興利，其便十有八。尤以台地向稱饒沃，久為一地殊特發達。今雖外患警眾，方入阽阽，稍視無綢繆之計，正在斯時。查山前山後，其當發業甚其當創建者，非數十年不能成功。因化舊為民，先多漸積，優柔有能渾然無間。若其轉民會、茲流弊，不如先得一主持大局者，事事得以綱舉目張，為我國家億萬年之計。況年來洋務日繁，備重界開，今台灣孤懸海外，又有以為門戶、閩浙唇齒。欲固地險，在得民心；欲得民心，先修吏治營制，而整頓吏治營制之權，操於督撫。總督兼轄浙江，移駐不如巡撫之便。臣等明知離封疆、時閩吏制非鄰民劑之才，故應趨陳，而反復深思，為台民計、為閩省計、為海防計，有不得不出於此者。敢不據實上陳，以為芻蕘之獻。

[illegible]命福建督撫議奏。總督李鴻章，巡撫丁日昌奏奏言：閩台關係甚巨，彼此相依，未可遽分為二，擬援照江蘇辦法，請以福建巡撫冬春駐台，夏秋駐省。清廷遂接納之，於是諭福建巡撫行署於台北，福建巡撫半年駐台灣視政。

（C）第三期、台灣建省之醞釀始自同治十三年沈葆楨視師台灣時，但終因朝臣[illegible]之昧於時勢而未能實現；已如上述，然而時勢之要求，終難避免，到光緒年間，這個問題又再提起了。如光緒八年六月江南道御史林拔[illegible]之奏言，以及十八月刑部左侍郎袁保恆更進一步建議改福建巡撫為台灣巡撫，常川駐守，辦理全台，福建全省事宜歸總督兼理。又巡撫丁日昌亦以一駐兩地往來不便奏請簡派重臣，專辦數年，而後建省等語，但仍無結果，而延到光緒十一年，這個問題始具體化。

光緒十一年（公元一八八五年）七月欽差大臣左宗棠向清廷奏請建省之要，其奏書如下：

「今日之事勢，以海防為要圖；而閩省之籌防，以台灣為重地。台雖設有鎮道，一切政事，必稟承督撫。重洋隔越，文報往來，平時且不免稽遲，有事則更虞阻塞，如前次法人之變，海道不同，諸多阻隔，其已事也。臣愚同光之前亦擬台防大臣，統攝鎮道，節制全台，綜核利害，實有移駐巡撫于八閩之議。此雖更張舊章，亦未為過臣奉准巡撫兼顧，仍以巡撫兼顧兩地為奏。光緒八年，傅部臣察核，請將福建巡撫改為台灣巡撫，其福建全省事宜，歸總督兼管。奉部議，以該撫前奏，台灣則建一省，尚於閩省未成，地勢相依，不能離而為二，奏覓奉旨允行。厥後撫臣亦只是以冬春駐台，夏秋駐省，往来不便，因有奏调重臣暂办数年之请。臣合观前后奏摺。督抚大臣谋虑虽周，未免各存意见。盖王凯泰因该地瘴疠时行，心怀不却，故沈葆桢循其意而设为分驻之议，丁日昌亦请专臣督办，亦非久远之图，皆不如袁葆恒事外旁观，识议较为切当。夫台湾虽僻处岛屿，绵亘亦八千余里，旧制设官之地，只滨海三分之一，每年物产关税、较之广西贵州等省，有盈无绌。倘抚番之政，果能切实推行，自然之利，不为因循废弃，隐然海外一大都会也。且以形势言，孤峙大洋，为七省门户，关系全局，其非浅鲜。其中如请求军备，整顿吏治，培养风气，疏浚利源，在在均关紧要，非有重臣以专驻之，则亦难必有济手。以臣愚见，惟有如袁葆恒所请，将福建巡抚改为台湾巡抚，所有台澎一切应办事宜，概归该抚经理，庶事有專責於台防善後大有裨益。至論地處米甚富，內地來爲相繫若協濟餉項，各省相通有無，亦萬無不爲籌辦之理。至用官員請照江蘇成例，各官到閩之後，量缺多少簽分發往。學政亦宜歸巡撫兼管。勘傳命業即歸台灣道就近辦理。其餘一切建置分隸各部之政，從前已有成議，毋庸更張。奉候諭旨定奪，即飭次第舉行。

當時朝內大臣以及地方督撫之向清廷建議台灣善後者凡十數起，如貴州按察使司李元度亦請以福建巡撫專駐台灣兼理學政，並主張學中樞重寧少，總撫均須在台籌辦善後，不得如前之專仰給福建。清廷經數次之集議，遂決設台灣巡撫，而以當時視師台灣之劉銘傳爲台灣第一任巡撫。是時廷議又以台灣南北袤延甚遠，擬設台北道以分管理。銘傳奏後添設台北道，不如添設藩司。詔曰可。往沈應奎為台灣布政使，而兵備道仍兼按察使。又以澎湖為閩台門户，非設重鎮不足以資控制，乃以澎湖副將與海壇鎮對調，台灣鎮總兵銷去掛印二字，均歸巡撫節制。又光緒十二年，設幫办台灣撫墾大臣，以在籍太僕寺正卿林維源為幫办兼團練大臣。至是台灣官制大備，與他省大同少異矣。

三、鄉治制度之沿革

台灣鄉治制度創自鄭氏時代。清人得台後的鄉治仍沿用鄭制，但有司奉行不謹，就漸行廢弛。朱一貴反清運動被平定之後，地方未靖，總兵藍廷珍上書總督滿保，請行保甲，其办法是：一、就各縣選舉一幹練勤謹家殷品端者，使為鄉長，就其近鄰數鄉，以聯守望相助之心。給以游兵，以供奔走使令之役。如有一家被盜，則前後左右齊出救援，堵截要處協力稽撥，又設大鄉總一二人以統轄之，督率稽查，專其責成。鄉長如有失事擾民，縱容奸匪，而大鄉總不報者，則罪同。是雖無鄉兵之名，而不害有鄉兵之實。今台灣中路，擬設鄉長六名，南路鳳山八名，各立大鄉總一名；北路諸羅十六名，分立大鄉總二名，以統率之。鄉長准給養贍兵四名，其大鄉總共以外委千把總銜，准給養贍兵十名。每兵月給銀一兩，米三斗，就地派交之。而鄉長大鄉總則酌量給之。凡地方有竊劫之[illegible]，則飭鄉長限期辦獲。初限不獲，比贍兵；再限不獲，罰其[illegible]；三限不獲，革懲之。凡三次不獲者革之，而大鄉總銷其職。在勤謹辦公，三年無過者，量行擢用，以示鼓勵。總之，係接納受琛的建議，於是設大鄉總四名，鄉長二十六名。此外又舉行團練，訓練鄉壯，以補兵力之不足，實行無事則農，有事則兵的制度。這種民眾武力，不僅足以防賊，尤足以禦外。如道光二十八年及二十二年由姚瑩之役，英艦窺伺台灣海口時，台人大憤，鼓動各鄉壯丁與之開戰。後和約成，清廷諭開台灣及滬口通商，台灣民眾遂倡攘夷之論，一時排外空氣極為濃厚。那時各鄉為貫徹排外政策，乃共立公約，以資遵守。該公約略曰：

「……台灣非英人寄寓之地。我等知朝廷寬大，許其和約，不與抗拒，非畏之也。彼既俯首恭順，我等豈敢生事。且所謂和者，但見之不殺爾，非聽彼之使令也。彼先侮我，我豈讓彼。我百姓如為所用，是逆犯也，是犬羊之奴也。餓死亦不肯為。我百姓皆為義民報國，地方官亦不得牽制。如彼萃集異心，而奸徒從中指引，則我等不殺其人，而殺勾通之人，於攘洋之道，固該行而可據也。竊聞英人欲於台地賃居。如果成事，貽禍無窮。着教愚眾，

十七

是子弟罹其害也。占地蓋房，是居民遭其殃也。霸攬貨稅，是商賈絕其生計也。買同男婦，是子女受其荼毒也。台地孤懸海外，最可徙避，亟宜趁早圖之。一曰勤瞭望，沿海城鄉居民隨時於高處瞭望，但見洋船蹤影，即飛報該管文武衙門。一曰探其駛何口，再行限截，不得專恃口岸吏胥。一曰聯聲勢，洋船如來停泊，據險遏強情形，我百姓多至千人，少數百人，暗藏刀械，排立海岸，阻其深入，不與門粮，靜以待之，久則自退。一曰虔奸細，洋人不足慮，慮大股勾結窩。如有私與交接者，公同拿送文武衙門。若查出確有通敵嫌或造謠惑眾、搶奪、密報地方官嚴懲。一曰選壯丁，戰事之時，各鄉除鰥寡孤獨及家無次丁外，每家各出一人，年齡在五十以下二十以上。殷實紳商各自籌備，不拘定數，先造名冊，存於各義首處。一旦有事，呼之即集，違者公罰。且有事動支口粮，或由官給，或由民捐，臨時定議，量從優厚。即有一二死傷，定邀褒卹。一曰籌經費，防堵軍需，自有常項。我百姓仍須備儲，同係身家，每街鄉公議以公正紳耆為義首。查民現在經商及由農致多者，每家每日捐錢數百文或數十文。一月一支，零星積存，俟有成數，再議生息。除辦防洋，不准動用。一曰備器械，刀槍牌銃，家家俱有。人執一器，即成勁旅。所慮者洋人之砲甚利。然彼砲在船，遠不能及我。我砲在岸，近乃易攻。但令大炮不能登岸，則其技已窮，我不必用砲。惟禦彼之砲而其技亦窮。每家或三兩家，各置遮牌一面，以木做高與身齊，或編竹為之，內安鼻紐，外釘牛皮，舖棉紙或加網絲，或塗黃糖。此台灣所易辦者。得此七千百人，持此為前，則砲火不斷傷、人人胆壯、有進無退、則一鼓而殲之矣。

當時徐宗幹任巡道、对排外尤為獎勵、故一般民眾的敵愾心愈為高漲。宗幹以為欲禦外侮須先清內奸、於以通告各縣九州官莊內、向來為匪之人、如能改悔者准其將功贖罪、如獲匪線捕解即赴附近分防衙門代為稟請、願立軍功者、其技藝嫻熟强壯勇敢、願在鄉者、記其姓名、派守村莊、酌給口糧、俾資贍養。其有怙惡不悛者、即率眾捕拿解送、俾充獎勵。又以書諭各社家長曰、

查姚前道任內、諭各社家長以各莊丁口萬人千人、最少數百人。賊雖多不過數十步、僅十餘人。爾族丁十倍於賊。賊雖強、為敵伺夜深入、此必有奸賊通者。通賊者非他、即本族本莊貧乏之人爾。若輩無業忍飢、富者不肯贍給、故怨而通賊。爾社內富家可出公款若干、將社中

万一五号

送資料室

中華民國三十三年四月 日出版

二十二

臺灣問題參考資料

第玖輯

中國國民黨直屬台灣黨部編印

機密

贈閱

《台湾参考资料》第九辑 一九四四年四月

台湾施行省制，仅為八年之短期間，但数百万台胞，不願接受異族之统治，除建立台湾民主國發動对日自衛战外，且年年進行反抗日本之革命行動，未尝中輟。至民國廿六年我祖國發動全面抗日战争後，台湾革命团体及全体同胞，無不興奮，并且認為光復祖國之良机已到，於是一面以公開或非公開方式極奮勇地，一面參加抗建工作，一面請求中央宣佈台湾為我省區，台湾同胞即我中華民國國民，因此中央曾詳加考慮，參政会亦時有提案，當時中央因顧及國際環境關係，尚未正式宣佈台湾為我舊領土之一部份，台胞為我國民之一份子。但我 總理曾有收復高台之主張，總裁亦曾屢公開地表示中國必須收復台湾，至民國卅一年十一月三日宋外長始正式宣佈我國於戰後必須收復台湾琉球之偉大國策，迨 總裁於「中國之命運」偉大著作中，更於第一章第八頁指出本輯目錄：

2-4-2

論台灣復省問題

林忠

甲 应否復省？

関於台灣設省問題，是今日関懷台灣人士所注意的一個課題，其實這個問題早在清朝同治光緒年代已經議論紛紛，莫衷一是的了。有一部份認為政治尚未上軌道、行政机構未臻健全而反对設省者；但另一部份却認清台灣在國防上所佔地位異常重要，物產十分豐富，如積極開發，不僅可自給自足，且可撥一部份糧米等項供給國内，故積極主張設省。查台灣開始改設行省制度，係議決于光緒十一年，而實現於光緒十三年，即西一八八七年。当時巡撫為劉銘傳，他是個良吏，任職時期努力並推行開發工作。一八九五年中日戰後，因腐敗的清政府將富麗的台灣割讓於倭寇，於是在

「台湾澎湖列岛本是漢人開發的區域，屹峙東南，久為我們中國的屏藩，迄至明末乃為荷蘭人所侵據，而終為我鄭成功所復，其事实真可歌可泣」。又同書第一章第六及第七頁内指出：「以國防的需要上述的完整山河系統，如有一個區域受異族的佔據，則全民族全國家即失其自衛上天然的屏障，河淮江漢之間無一处可以作鞏固的邊防，所以台湾澎湖東北四省内外蒙古新疆西藏無一处不是保衛民族生存的要塞，這些地方的割裂，即為中國國防的撤除」。又從第二章第二节第二十九頁內指示「琉球台湾澎湖安南緬甸朝鮮淪亡的慘劇尚在眼前，領土全部瓜分的大禍復迫於眉睫」云云。由此足証我英明　領袖甚為重視台湾之舊領土及國防上之重要性，並很顯明地訓示我們：台湾不收復，中國則無國防可言！此次中英美三國領袖：　蔣主席羅斯福總統及邱吉爾首相在開羅舉行重要會議時，已決定將台灣澎湖島歸還中國，因此台灣之收復，已得到確实的保証，我們盟軍之戰勝亦已有絕對的把握，故我們現在應該加緊進行收復之一切準備工作。

这裡我們要研究的，是台灣是否應該復省，即恢復清末所設之一行省問題。對此或有人以為台灣自古以來與閩省有傳統密切關係，台灣島內人口大半為閩省，尤其閩南漳泉屬之後代，且地形上隔我大陸閩省僅一衣帶水，風俗習慣、語言與閩南相同，而主張台灣應併入閩省，但是我們要反对此說而主張台灣應設一独立行省，我們現在由史地、政治、經濟、軍事各部门加以檢討一下：

第一在歷史方面 台灣設省雖為時甚暫，但形成独立一行政机構早已開始於鄭成功時代，其後雖時有變化，但一省之行政要員如近接等大員在未設省前，亦時坐鎮於台灣。

第二在地理方面　　完全與海南島同樣地和大陸接近，但是台灣是個孤島，且很靠近日本，與日本容易發生利害衝突，又過去五十年來受了倭寇的暴力統治之下，風俗習慣，思想不無略有變化，文化教育方面受了多少影響。

在經濟方面　　人口之密度雖然有相当高（接近年之統計平均每一方公里為一七〇人）但因土地肥沃，物產豐富，不但在經濟財政方面，可自供自給且可得多餘的許多物資供給於沿海各省之需要。

在軍事方面　　台灣與海南島被稱為我國國防綫之一，对照我們，總裁亦已明白表示称，「沒有台灣則沒有國防可言」，我們為了建設強大的海空軍根据地起見又為了行政上及需要根本整理起見台灣実有另設省政机構之必要的。中央对此已有初步之决定—即先設省政府籌備机構了。

乙、省会应設何处？

台湾省会应設在何处，現在我們要研究的是省会地址問題。我們經过此次大战之後，不但都被迫遷移，且有許多省会亦有所他遷，因此全國輿論不但对建都問題時加討論，即对省会地址問題，亦曾加以檢討。台灣雖然收復後还沒有正式建省的時候，但諺云：「一日之計在於晨，一年之計在於春」，吾人对台灣建省問題，事前不可沒有詳細的規劃。如果台灣能建省，其省会应設何处。据一般人研究，要选省会所在地，必須首先考慮許多有関條件，这些條件約而舉之，不外是史地、經濟和軍事的四個因素，而历史的條件多半乃強調的「史迹」、地理方面當然要求在中心，經濟方面注重資源，尤其是粮食之豐富，軍事方當然要求其安全為要点。

根据上述條件来檢討一下，先由历史观点言，異族荷蘭首佔台灣時，曾將政治中心設於台南，鄭成功收復台灣時，亦將政治中心承天府設於台南，滿清佔領台灣後，亦首次設台灣府於台南，但光緒十三年台灣設省時，因考慮到台南不適中，省会有建立在台灣中部之必要，於是台灣省府終遷移於台中，此為台灣省会之正式地点，後来卻遷移到台北，至甲午战後，台胞因不願接受倭寇之統治，而自立台灣民主共和國，其首都仍設在台北，又倭寇佔領台灣後，其政治中心——即台灣総督府亦設於台北，因此在历史上观之，可成為省会地址者，不外為台北、台中、台南三城市，但成為政治中心最長者為台南，其次為台北，因此如以历史上的條件来決定，应指定台南。台北在地理上过於偏北，容受倭敵之侵佔；台南即偏於南部；台中則為台灣之中心，在地理的條件上言，应以台中最為適宜。

其次由經濟方面來檢討一下　台北之物產如礦物尤其煤炭方面產量最多，糧食方面則以台中產量為最多，台南次之。在軍事方面經此次世界大戰後，一般人士已公認如能控制空权者則能控制一切，換言之，現在已是空权之世界，將來當然更是空权之世界，因此以為預防倭寇之侵台計，又考慮到空权比較強者，应指出台灣中部之台中較為適宜。

講到交通方面，海上交通，現在因北部有基隆之良港，自以台北比較便利了，台南雖有安平之舊港口，但因河沙之堆積，現已失去往昔之面目，然其附近有高雄之良港，中部現在雖沒有良港，但梧棲—即新高港，經修建開闢後，可以成為一個良好港口。

在陸上方面，三城市之陸上交通，均非常便利，但台中可能成為將來台灣交通中心點，因為台灣西部與東部之交通，現在台中與花蓮港之橫斷公路已開通，將來更可完成橫斷鐵道。在空中方面言，三城市郊有飛机場，設航空交通均有同樣之條件，以上由交通之條件來決定，或以台中較為適宜。

就上述各種條件觀之，因為各有所長，难以遽然判斷何為最適宜，但在這裡我們須要考慮者尚有下列兩點：

其一，如果我們為便利起見—即能利用台灣總督府原有之建設物，充為省府地址，考慮台北為政治中心，則以台北作為省會較為適宜。

五

其六、如果我們為期面目之一新，又考慮到軍事上之比較完全（避免遷移省会）及地理上交通之優越條件計，則以台中為適合。

總而言之，我們几經研究結果可以断言台湾將来省会不是建在台北，則在台中。

丙、行政机構问題

中央已宣佈战後一年内決定召開國民大会，並製定憲法而実行憲政，那么台湾收復後一年是否可以実施憲政、而行政机構採取憲政時期之省府組織呢？此种問題実值得檢討一下。

台湾虽然多年受了日本帝國主義暴力之統治，但台湾之政治可謂比較上軌道，実行一种畸形的憲政，地方均有自治机構，因此如果台湾沒有被日本大事破壞而稍為完整地被我們接收过來時，台灣之政治或較容易上軌道，但我們要考慮到將來台灣美有変成戰場之可能，屆時日本会破坏軍事設施，我們為了驅逐敵人，各种設施將損害，又收復時因軍事之破坏及金融上之变化，台灣將有混乱之時期，在此時期必需有個軍政時期的过程，這個時期將與破坏之程度成為一個正比例，即如果破坏的程度愈得利害，金融及其他問題整理時間需要長久，軍政時期必然的会多延一兩年，如果破坏程度小甚至很完成的被收復時，台灣或經过兩三年的訓政時期則可進入憲政時期，因此在軍政時期 中央應派有資望之軍政大員來主持，在訓政時期亦可採取現有各省之省府机構，憲政時期應由台灣島內來選舉行政參政人員去实施地方的自治。

總之，台灣问題如收復方式及收復時之救濟建設等等，

需要事前有一個統籌完善的計劃與研究。甚望各界對此
問題時有討論，对將來之收復及建設新台灣多所裨益。

台灣革命先烈羅福星絕命詞

独標彩色漢旗黃。十萬橫磨劍吐光。齊唱從軍新樂府。戰雲開處陣堂堂。
離鄉背井赴戰山。掃穴犁庭指顧間。世界骷髏血滌盡。男兒不識大刀還。
彈丸如雨砲如雷。喇叭聲聲戰鼓吹。大好头顱誰收去。何須馬革裹尸回。

編者按：羅氏原籍廣東梅縣人，因鑒於辛亥革命成功，遂在台灣發起
宣言唱導革命起義，遂為日警所捕，與張火爐李阿齊等同被
絞死。党人被逮捕者達五百七十八人，戰死及徒刑者數千人。

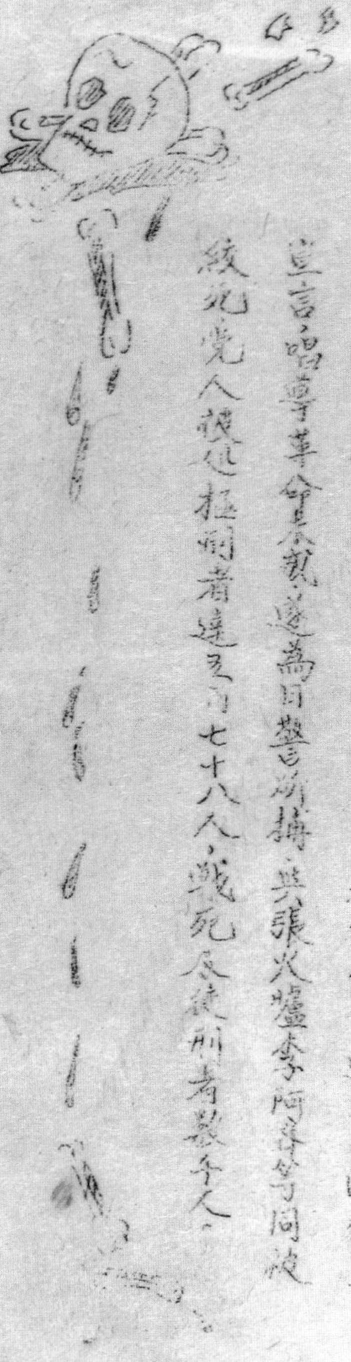

臺灣党部成立週年紀念招待永安各界座談会紀要

蕭道𠾈
劉建緒 等講
李　雄

陳錫鵬
周召南 筆記

甲　會中概況

本部于卅三年四月二日下午三時在永安福建社会服務社交大會堂舉行本部成立週年紀念招待永安各界交換各方对台灣问題之意見，当時閩省各机関首長及文化新聞各界領導人，踴躍冒雨蒞会，冠盖齊集，歡談所見，計出席者有劉建緒（閩省政府主席）、李雄（省党部主任委員）、程星齡、丘漢平（閩省府委員）、高廷梓（民政廳長）、梁龍光（省党部書記長）、陳联芬（教苑）、鄭愷碩、曹挺光（省党部執委）、林學淵（省党監委）、蕭棻（第六区行政督察专員）、林炳康（中央日報社長）、黄謙若（省参議員）、廖可楨（永安縣党部書記長）、朱樾心祺（文化筆壇

永安办事处主任）、某道渊（農林公司总經理）、陳遠晷（中宣部
永安書刊供应处主任）、薛散平（中央福建廣播電台電臺監
澄世（中央社）、蔣海澄、姚勇來、沈頌璋（中央日報）、顏學回（民主
報）、宣永久（社会服務处主任）等暨本部委員蕭宜增、林忠、丘
念台、秘書居[illegible]、科長陳[illegible]鵬、幹事卓柏輝等五十餘人，首
由本部[illegible]任書記長兼代主任委員蕭宜增致詞，報告本部
籌設經过、工作概況、將來進行方針與希望。
繼由刘主席及新任省党部主任委員李雄等相繼演講，
情緒熱烈、態度懇切，同一論調的各抒所見，最後由蕭代主任
委代表本部对各來賓所貢献之珍貴意見，誠懇接受，並致
謝忱。

乙、關於台灣問題講詞

一、本部蕭代主任委員致詞

各位先生，昨天是本部正式成立一週年紀念，本部係民國卅年三月一日開始籌備，若照此時算起，本部已有三年零一月的歷史了。昨日曾在部內舉紀念典禮，多以部址初遷，且地方偏僻，不敢恭請各位蒞臨指導，今天改在此地舉行簡單茶會，承各位先生冒雨參加，共策進行，本人覺得非常榮幸及欣感。

回溯本部在卅年以秘密方式在香港開始活動以來，經翁故主任委員及一班工作同志种种努力，对於吸收党員及建立据点各种工作，已有头緒，正待開展，适值太平洋战事爆發，本部香港指揮机構遂被迫遷入內地，工作頓為甚影响。

近来，中央对台湾工作考驗結果，咸感覺幹部太少，因為台湾被日人統治已有四十九年，一向实行其奴化政策，共分

八

化策略，欲打破此种困难與展开新的局面，必須從培植幹部入手。卅一年本部筹備处遂奉令在泰和开办党務幹部訓練班，中央并令贛省党部協助办理，畢業学員六十餘人，大部為台籍與島内有関係者，此批学員現尚多在指定潜伏工作。至民国卅二年中央又感覺到台湾党務[illegible]过去已具端倪，現在又有一批幹部，亟应加強領導机構，乃又將筹備处改為正式党部，並派筹備主任翁俊明為主任委員，部址由泰和遷往漳州，分島内島外發展工作，一年來，虽經各同志努力推進，終因島内外种种困难并連年[illegible]沉旋，实存不妥，重影响，此為三年來大概情形，其他有関秘密恐不能詳告了。

台湾無論在地理上，历史上，都是我国的領土，台胞几乎全為我們閩粤遷去的同胞，过去國際间亦有若干誤解，自開羅会議後，經世界三領袖之明定，台灣問題已明朗化，我們應該把握時机，協同盟軍復我國土，拯救台胞於水深火热之中。本党係直接負荷此种艰鉅任務者，今後仍將依照中央收復台灣國策及各种指示，積極去做收復台灣國策及各种指示，積極去做收復興建設台灣的任務。

今天在這簡薄的茶会当中，我們万分誠懇希望各位先生給我們多多的指導！尤望今後給我們多多的協助，以促成早日收復台灣的使命。

最後本人要提到目前台胞在福建方面兩個問題，即崇安台胞集中營與台胞產業没收二事。關於這兩案过去中央已有指示，希望在座各位先生能就便交換解決意見。

二、閩省府劉主席（建緒）講詞：

今天為台灣省党部成立一週年紀念招待各界，剛才蕭同志对党部工作已詳明報告，從訓練幹部做起是很切实的，我們知道台湾和我們是一家人，積壤相閔，收復台湾的工作我們必須完成。

我現在向各位宣佈請各位注意的就是在開羅会議之前，中央已決定收復台湾的國策，不过在開羅会議之後，才公開宣佈，本党自推倒滿清，打倒軍閥，以至抗戰建國革命的精神是一貫的，本党的政策是前進的，我們堅信一定可以收復台湾，我們有这种信心，無論何种困難都可克服，以達到本党抗戰建國的使命，祝各位努力而成功。

提到榮安日胞集中營可移到台湾省党部办理，戰後台胞產業由政府管理，並非沒收，亦可遵照 中央办理。

三、閩省党部李主任委員雄講詞：

今天台湾省党部在永安招待各界，報告過去工作及將來方針，台灣與福建，地理、血統、風俗習慣都有傳統的密切関係，不用說，我們福建同胞，應該設法幫助收復台灣工作，解除台胞痛苦，時常與台灣党部密切联繫，協同推行。從前福建沿海对台灣認識多不準確，鄙視台胞，這种錯誤影响工作極大，最近对台島觀念已逐漸改正，因為從前敵人利用台胞滋擾沿海各地，因此沿海人民以為台灣人就是浪人，就是日人，所以对台胞發生極不好的印象，其实多数台胞都是很純良的，其所以有這种誤解，一部的原因，是因為過去党的工作还没有貫徹，对台胞缺乏联繫，所以今後應該時刻加強联繫，認清台灣是我們的，台胞是我們自己人，然後才能順利進行工作，好在台灣党部與本省党部比鄰，我們已擬有閩台党部務联繫辦法，今後可以隨時联繫，互相研究，共同工作，以完成我們應尽的責任。

四、閩省農林公司葉總經理（道淵）講詞

閩於台胞在國內的產業問題，過去有不少人爭論过，其实这是很簡单的事，台胞已取得國籍，又非通敵，自可建置產業而受國家法律的保障，就以農林公司講，有人說我們接收了台人的農場，其实我們僅是代管，何嘗宣佈沒收，將來依法辦理，物还故主，已是不成問題的了。目前我們所要注意的是台灣收復時，我們如何去接管？人才夠不夠，例如警衛、稅收，会不会發生問題，光以几千間的小学講，教員就要多少？、縣區鄉的行政幹部人員又要多少？這些人材是從那里來？自非從訓練方面着手不可，这是党及政府尤其是在台灣最有関切的人士所要首先注意到的，不此之圖，而要談什么建設台灣，恐怕連維持都維持不了，还談上什么建設呢？——倫理建設、心理建設等当然重要，不过那还是次要的目前还是先要选賢與能化私為公意志集中力量集中否則就給他接管亦接管不來至於閩粤沿海的許多台胞應加緊施以組織訓練以為我用這是目前党務工作最迫切不過的。

五、閩省府丘委員（漢平）講詞

本人十六年曾到台北基隆当時聽到極多台胞講福建話親熱地招待我們簡直如一家人使我印象極深無時或忘廿年刘主席主持省政對抗戰方面注重治安邊防救僑與收復失地對建國方面注重生產國民教育三年來本省得與安然度過各方面都有相当成就現在本人提出兩点意見第一台灣與福建是兄弟之省但福建人對台灣認識不大清楚今後要加強互相認識共同提供各種資料使大家深刻認識共同去做第二台灣現在建設已有相當進步，

但日人对台能積極施行奴化教育，所以我们应訓練各种人才以便將來恢復工作能夠順利進展。

六、閩省府黃參議員謙恭之講詞

今天很难得地参加台湾党部招待会。兄弟有几点意見提供出來：第一、要認清台灣人和日本人的分別。台灣人本來就是中國人的子孫，並不是日本人的支派，有的原來的中國人為行動安全求日人的保護加入台灣籍；有的在台出生的中國人被日人同化利用來到國內為非作歹，這种人我們应予懲处。其次要認清台灣人財產和中國人財產的分別。有的真正日本人、台灣人他們用自己資本力量得來的財產；有些是國內的中國人辛苦經營的財產，因為受人侵佔，用台人名义為求得到保障的；又有坏的台灣人和不肖的中國人利用日本勢力侵佔他人得來的財產。第三、对台灣人意識问題：以前福建人以為在廈门的台灣人都是男盗女娼，对其印象極壞，其实，向内的台人，並不是通通這樣，我们以後应設法改正这种錯誤观念，壞的台灣人也应当矯正他的观念。第四，对台灣如何收復问題，我想应先以联繫廈门台胞和收復廈门為据点，如果能喚起留廈五萬台胞作嚮導，自然能勝利地進行複台工作。

七、閩省党部林盤耷（學渊）講詞

現在先講台灣的过去和台灣党部的过去。台灣民族大部是閩南人，可說是閩南語系民族，無論血統、語言、風俗習慣大多都是相同的。

台灣党務，十七年起，寄托在福建省党部海外科發展，但當時有許多条件做不到，所以工作沒有什么成績表現，也可以說閩南人沒有尽到責任。閩南人对台灣关係可分為三個時期：第一個時期參加甲午戰、以台灣事變的老輩，這些相信今已歇職，現在都在六十歲以上。第二期時期是為愛國而回國和為圖利而回國的商民。第三個時期是假藉日本威力回國建立特殊勢力、墮落流氓供敵人利用，這些人多在三十歲左右。雖然也有參加本党和參加共党的，但是閩南因此對台印象極壞，尤其是外省人為恨台灣浪人，幾乎連閩南人都恨在一起，皂白不分。在抗戰初期第一批在南京被槍決的十八台胞，其中七個便是閩南人，在本(?)少人是冤枉的。這也是因為十七年起九年來福建海外党務工作沒有做好，未能領導台胞，以致他們走入迷途。今後我們尤其是台灣党部，要加緊地使台胞認識祖國的歷史地理，一面努力(?)以增強台胞的民族意識、國家觀念，反敵人各種集群(?)以促台胞之警覺，共同致力於抗戰建國的工作。

八、本部丘委員（念台）講詞

兄弟奉令參加台灣党務工作，初次出席集会和各位先生見面，覺得非常興奮和感謝，同時在这台灣党部週年紀念中回憶甲午乙未以來在台灣為抗日而犧牲的同胞和目前在前線為抗戰而犧牲的國內台胞同樣的感動和欽佩。今後我們應要共同認識共同研究这有関全民族生存的台灣問題，才能完成收復工作，对这個問題兄弟有兩点淺見貢獻：第一、台灣以前雖然叫台灣府隸属福建省，但是民國前廿八年，就是光緒十一年，是改了行省，設有三府十一縣一州六廳，經过了三任巡撫，因為改省時間甚短，所以大家很多忘記執政的和讀書人平時也未免疏忽，这事尤望台灣人本來十有九是福建漳泉和廣東潮梅搬去的，也因為歷來联繫不够，反為日人乘机離間，一面進行奴化教育，一面

十三

限制善良台胞不准回國，并把匪痞流氓趕回祖國，用領事的治外法权庇護他們作惡，使我國人視台人如仇敵，造成所謂台湾浪人，致到好的台胞不敢說是台湾人，一說到台就被暗示做漢奸，因此我們吃虧很大。第二，我們要知道中華民族的精神是不可消滅的，甲午戰後，先父逢甲公所參加的台湾民主國抗日戰爭，固然是轟轟烈烈，就割讓後四十多年也經过了不知多少次抗日民族革命，這次抗戰大家止看到日人在華南利用台胞做爪牙，但是據我所知，就單在日本士官學校畢業的台籍學生，現在參加祖國抗戰的就有二十多人，黄埔軍校畢業者十餘人，武的有升到師長，集團軍副司令的，文的簡任、薦任都不知其數，不过因避嫌，大家不便明說台籍就是了。

台胞始終是可用的，日人尚且可以利用台人，台胞是我們的兄弟我們更可以利用台胞、就是迷途的台胞我們也容易策其反正譁變和逃亡的！、我相信真的衷心病狂認賊做父的是絕对少数的？、九年來、我們对于宣導和運用台胞这一点、實際上做得很不够、廣東方面我們对这点曾收有相當成效我們希望黨政軍當局今後須注意聯絡和運用台胞对抗日戰中的特殊力量在沿海各地去打擊敵人、收復失地、台灣党部雖然負有重大責任請在座各位先生也多多聯繫隨時指導以完成收復台灣和一切失地的大業

——完——

卅三年四月二日于永安福建省社会服務处社交大礼堂、

番俗摭聞

連雅棠

紀年

台湾生番不知曆日，以刺桐花開為一歲，或以穫稻為一年，所謂山中無甲子，花落自知春者也。按埃及古文以椰樹生葉表年歲，蓋在荒蒙之世，人文未啓，故以當前之物為記。

中國自大撓作甲子，曆學始興，周代以農開基，故以穀熟為一年。說文：年，從禾，千謂穀熟也。年取其多，故春秋以有禾為有年。又以禾熟有定期，而借為年歲之年。生番之以穫稻為年，亦此義也。

結繩

易曰：上古結繩而治，後世聖人易之以書契。結繩之制，今不可考，而生番尚有其制。生番凡與人約，結繩以記日，解其一至期而畢。苗人易物，亦用結繩，償之亦爽，混茫純樸，相信以心，固不須所謂書契也。埋石之約，所以徵信，背之不祥。按周礼有司誓之官，列國会盟，歃血為誓，瘞之土中，然則生番埋石，其亦鬼壤在彼之意歟。

会飲

秋成之後，闔社会飲，謂之做年。男女盛飾，相携以出，壯者佩長刀，冠鳥羽。酒肴羅列，互相酢酬，酬而度曲，為联袂之歌，[illegible]于屋前，婦女隨後，連臂翩舞蹈之戲。西洋以為賓礼，自宮闈以至閭閻，以此相尚，而生番早有此樂，豈所謂礼失而求諸野歟。

文身

文身皆命之祖父，刑牲設酒，社眾多集，飲其子孫至醉，乃刺以針，而墨之。亦有壯而自文者，雖極痛楚，忍而受之，不敢胥光人剖也。據文身之俗，本自剔蠻以避蛟螭之害。今南洋山夷尚有此風，而日本勇士且以此為貌。

半髮

台灣生番多散髮，唯歸化後始薙髮，遵清制也。番俗六考謂：蓬山番皆留半髮，相傳明時林道乾在澎湖往來海上，見土番則剪去半髮，以為碇繩，番畏之，每見自剃，以草縛其餘；據蓬山在大甲溪北，林道乾據澎湖後居打鼓，據是則曾至台中沿岸，故蓬山番亦畏其暴也。

出草

生番弋人，謂之出草。秋成之時殺人以祭[illegible]，雄長闔社若狂然。其始但以弋獸，乘與漢人為仇。台灣采風圖謂台地未入版圖以前，番惟射獵為生，謂之出草，至今尚沿其俗。

（待續）

中華民國三十三年五月　日出版

臺灣問題參考資料

第拾輯

二十二

為馬關條約四十九週年紀念告臺灣同胞書

親愛的國內外同胞們！今天就是我們永不會忘的國恥悲痛的日子。四十九年前的今日，清廷代表李鴻章與日本代表伊藤博文、陸奧宗光，在日本的馬關簽訂中日講和條約，承認朝鮮獨立，割遼東半島、臺灣及澎湖列島，賠款日本貳萬萬兩。從這天起，不僅六百萬的台胞淪為奴隸的地位，而且日本對我國的覬覦，想獨霸亞洲的野心亦隨之而起。以

總裁在其《中國之命運》一書裡指示給我們說：「——甲午中日之戰竟至一敗塗地。李鴻章奉命親赴日本簽定喪權辱國的馬關條約，又加重了一個國恥。二十餘年來下積弱而成的弱點，遂暴露於天下。……見，瓜分之聲……」

自　關條約」以來，我國對台灣問題，一貫都沒有放棄，只是在抗戰以前，因客觀的有利時期還沒有達到，所以對敵有着靜默的態度。然而經過這七年來的抗戰，實際行動不但證明暴日滅亡不了我國，而且我們確可以擊敗敵人之一切野心與企圖。

「撕毀馬關條約」收回台灣失地是無問題了。民國卅一年十一月三日，我外交部長宋子文在招待中外記者席上，在關於我國抗戰後的領土問題之答語中，曾明白公開表示「中國抗戰後的領土問題，不但應該恢復「九一八」前的狀態，並且更要收復台灣」。又我最高領袖　蔣總裁亦在「中國之命運」中說：「台灣、澎湖、東北四省、內外蒙古、新疆、西藏無一處不是我們民族生存的安全達到地方問題，對敵即為中國國防的安危。在這樣我們已轉入中期，我國抗戰的最後目的乃在廢除不平等條約的收回一切失地，建設三民主義的新國家了。

就是在國際方面，一九四三年十一月下旬，中、美、英三國領袖在開羅舉行會議後，也曾發表了正式公報聲明：「日本所竊取於中國之領土，例如東北四省、臺灣、澎湖群島等，歸還中華民國」。至此，臺灣澎湖群島又歸還我國已獲得國際上之承認了。

台灣在馬關割讓的時候，原是我國的一行省。清朝自牡丹社番及中法戰役發覺台灣的地位關係國防甚要，遂，在畢，

爭取[illegible]

全收復為斷，以達這個責任乃我四萬萬[illegible]胞全体的責任，而非僅為台灣同胞之責任。台灣之命運是與中國之命運一致的。因此際此為關係的悲痛的日子，我們願致下列之希望，與全國同胞共同為抗戰為收復台灣而做最大之努力！

第八、我們希望全國同胞——(一)須認識台灣的特殊性。因為台灣不但是我們固有的領土，而且是我們民族復興的根據地。(二)須認識台灣在國防和經濟上關係的重要。台灣氣候適宜，物產豐富，敵人探取覬視為「寶庫」。「這個寶庫」如果一日不歸還我國，便一日被日本利用為侵略我國和破壞世界和平的本錢。又由我國國防上說，台灣是我東南海上大，保障我海軍軍事上一切前進攻擊的最重要據點。
如果能收復，我們的南部國防將更鞏固。
由上述兩點，我們要更重視收復台灣之以須切實注意台灣，對于以前不大注意台灣的光復。(二)須研究台灣，要把台灣的一切拿來研究清楚，然後擬同全國共傳，使大家都能了然於台灣的重要，要是台灣研究還不夠，須要緊的還是大家要負起各部責任致力於台灣的收復，俾完成抗戰之使命。
第二，我們希望台灣同胞——(一)須徹底認識自己是中華民族之一份子，然後對國則有自由之可言。(二)須要繼續發揚成功在台灣抵抗異族之民族精神，來對付暴日，又總之。(三)須民眾能對國家盡忠，對民族盡孝，隨時在角對祖國反攻台灣時能合力暴打

民主義為救台胞出於水火之唯一

和平建設三民主義之新台灣。

我們十二萬分相信我們的抗戰必勝，建國必成，而台灣同胞之獲得自由解放亦為期不遠了。願我們全國同胞在最高領袖領導之下，誠意貢獻一切，完成我們歷史上最偉大之使命——收復一切失地，建設三民主義之新國家！

中國國民黨直屬台灣黨部

三十三年四月廿七日。

前台灣民主國唐景崧公遺詩

號維卿大總統

讀台有感

上相籌符入棗舟，五更笳鼓起譙樓。

大臣已自乘千古，此錯何須鑄九州。

玉帛竟為迎婦雁，河山擬作犒師牛。（鴻章本[illegible]劉生時娶[illegible]）

有誰哭向秦天闕，萬里孤臣海上頭。

台灣的割讓和不滅的民族精神

—馬關條約四十九週年紀念講詞—

丘念台撰述
吳德深筆記

今天是四十九年前馬關割台的紀念日，承代表要求本人來對大家講馬關條約的經過，關於這點，要講的話很多，真是一部廿四史，不知從何講起，現在唯有拿今日前想得起的幾個要點來講一講：

（一）馬關條約的簽訂——敵人自明治維新以後，想獨霸東洲，積極擴充軍備，從事侵略。一八九四年就是光緒二十年，他故意在朝鮮引起爭端，藉故進兵惹起中日戰爭，用閃電的戰略，乘我沒有戰備，趁清廷的貪腐，在牙山平壤擊敗了我的陸軍，在豐島黃海襲擊我的海軍，山東遼東各地相繼陷，

朝野震動，無法再戰，不得已派李鴻章為全權大使到

見了清廷無能，可乘機吞滅，本欲再

…的另部手續日人林使、通過李鴻章

關都是秦責操，日人熟對內外情勢不利于清…

大臣伊藤博文，和李鴻章在日本馬關——就是大現在門司

對面的下關的春帆樓上簽訂和約，承認了高麗的獨立，割

下遼東半島和台灣澎湖各島，並賠款二萬萬兩，遼東半島

雖然因為俄德法三國的干涉，由清廷加賠三千萬兩贖回

中國，但是，那時有四百萬的台灣同胞就被這一紙文契，從

此淪為奴隸過著牛馬的生活了。

(二)台灣割讓的緣故——為什麼日人在北方打仗要求割讓

南方的台灣呢？講和的時候，李鴻章也曾拿這去駁斥日本，

這是因為台灣有很特殊地位的緣故——

台灣位居東海，和福建隔著一衣帶水，和日本的九州

琉球，南洋的菲律賓可連成一線，好像一到西太平洋的鎖

靈，又好像中國的前哨。說它是東海上的眼睛，則稱慧穎東亞和便於我國都非得說不可。溯以自荷蘭人東來，至明末這海島就被荷蘭人佔據了好多年，同治十三年日人也藉口牡丹社番殺戮琉球難民來侵擾一次，光緒十一年中法戰後，法人也進據了基隆澎湖一次。清廷逐漸感到了這個島在國防上的重要，就原來是福建省的一府，到了光緒十二年就升為台灣省，設立台北、台南、台灣三府，台東一州，淡水、新竹、宜蘭、台灣、苗栗、雲林、彰化、安平、嘉義、鳳山、恆春十一縣，基隆、南雅、埔里社、澎湖、卑南、花蓮港六廳。第一任巡撫為劉銘傳是一位能幹的官吏，設備各點是較國內更進步，台北到新竹的鐵路比上海至吳淞口的鐵路築得早，陸上的海底的電線也有了，砲廠、兵工廠和學校也都有了相當規模。

這裡氣候適宜，物產豐富，又有了新建設的海上樂園，敵人那能不垂涎呢？所以侵台後有十八年，歷了三次延擱，局部戰爭，就終於割給日本了。日本帝國主義者得隴望蜀，圖入侵佔，乃不知他們更想我們入寇哩！

說台灣民主國的抗敵精神——光緒二十一年的四月十七日，就是舊曆三月二十三日，馬關簽約，因台灣有割讓傳遞消息，不上三日，全台轟傳，紛紛起來激昂異常，由先父倉海先生逢甲丘公率領全台紳民請巡撫唐景崧代奏反對割台，願意誓死，不願拱手而讓，但是滿清政府只圖京畿安全，寧願犧牲全台人民幸福，復電唐景崧，嚴飭速離台文武官員陸續內渡，這樣一來，台民知道已經絕望，就由先父倡導，於舊曆五月初二日，成立了台灣民主國，誓抗日寇，擁唐景崧為大總統，劉永福為幫辦，先父為副總統兼團練大臣，俞明震為內務大臣，陳季同為外務大臣，丘逢甲為義勇統領，以藍地黃虎為國旗，為議定長達年號，張本全北得物響大支了議院，發行了郵票紙幣等東西，象徵是一個民主國家，但是有一個月，清廷派人上岸將台灣兵割讓日本，日軍就大舉進攻，被惹由要手，打開滬水、基隆等地，建亂，但是某些個勝棲入，雖由台北鮮地至鄭角餘參陵，自養畢力量，又有漢奸幫著，防備不足，不久基隆就陷落，台北也失守了。唐景崧一身走掉，到敵人建還台北城，才是大責請即由漢奸帶路來了，但劉永福仍守台南，招集義勇，先父仍在台中聯合民，各地前仆後繼、奮勇抗戰，在新竹、彰化、嘉義等地都曾經過激烈的大戰，雖然終轉戰到處敗北，嘉義相繼失陷，守台中的先父和守台南的劉永福知道大勢已去，乃率將內渡逃，但是先父回鄉村仍然繼續對日抗戰，率隊堅持，南北中路氏號召先全消灭了，还有大坂的大战，和其他许多暴动，一直到了光绪二十二年丙申旧历五月才算全台被征服。这期间有才吴汤兴、徐骧、姜绍祖、吴彭年、简精华等等的殉难都是很壮烈的；所以台湾民主国政府，虽然昙花一现，但是民主国的精神，可实是支持了八年，截至今以前仍然不灭，台湾同胞在各乡村，各据依恃林箐的聚集，人自为战，不依靠政府，也不需要后援，不需要指挥，就是不愿意受倭寇蹂躏，非一拼不可；不单男子，就是女人也执着手持械作战，其之杀敌敌忾，所以敌人虽然有精兵，而损伤也非常重大，他们的陆军中将能久亲王也在这役战死。据日本参谋本部的日清战史第七卷记载往行动备，专说敌包抄抗情形的，说敌人在台湾战死的统计，多过辽东作战有一倍以上，由此可以知道当时台胞抵抗的壮烈情形。这种牺牲自己一切不顾身異族統治的民族精神，是為吾人所當效法的。

就是當時民主國的革命領導人，也都能明白到廣東蕉嶺，回了內地，不求做官，隱遁鄉野，秉精神璞；劉永福也回廣東欽州閒住，對他當部非常關懷，到了辛亥革命，曾被舉為廣東民軍統領；光父逢甲公內渡後專辦教育事業，培養排滿革命種子。編史的人李俊論人不明真像，常有詆毀內渡等福等妄斷，殊不知就是光父當時內渡，也是經過義勇全体將領軍事會議決定的，他們以為一面國要救援，到底一面也要派人返祖國求援救，準備大戰務，繼續奮鬥的革命種子，台灣才有將來，滿清決定將台地割讓給日人，臺灣的壯士舉人階級的領袖，像光父和當選遷居回祖國，有才階級的統領如吳湯興、徐驤等都留台島與土地共存亡。這種赤心衛台的苦衷，只有當時參加抗日的人可以知道，正如光父精義彙書，記詩內此說：……當時力保危台意，只有筆前此去知。他的在粵苦心艱學的事跡，和現為人稱道的悲壯的詩歌，都可說是台灣民主抗日精神的繼續吧！

(四)台灣的現勢——台灣自馬關簽約，割讓與日，四十九年來，在敵人鐵蹄下，飽受着經濟上的掠奪，教育上的奴化，以及政治上的歧視，但是全台民心，始終不服從敵人的統治，幾十年來武力的暴動，結果雖[illegible]敗，但[illegible]不[illegible]民族精神依然保持。[illegible]不，[illegible]，而利用台島流氓，作各種[illegible]，蒙蔽國內同胞視台人如毒蛇猛獸，而台胞也因不知祖國的真實情形，更成心灰意冷，所以我總在談話裏一句說，台胞不懷祖國情形可以講，說台胞沒有民族精神，那就很錯誤。自「九一八」以來，在祖國各地戰場服務過的台灣民族英雄，不知多少，就是现在台胞在被日寇经济压迫成为人利用的，那不是甘心认贼作父，大都是为敌人威迫其来当傀儡，他们心中还存着当时的抗日精神的。

现在同人奉命设台湾党部，是负着光复台湾的任务；我们要时刻注意着如何才能使台胞早日归还祖国，如何才能使台胞的痛苦早日解除。在鄙人认为最要紧的工作，是先吸收运用陶冶的台胞，再及于岛内的台胞，使他们动我们抗敌，而不受利用于敌，我指导台胞有计划、成功和民主国留下来的民族精神，必可本着党的意志领导下，不久就会回到祖国的怀抱！

我们在这里，应当向无数的为民族斗争牺牲的台湾烈士英雄，和无数的这次抗日战争奋斗的爱国勇士英魂，同样的致最高的敬礼——敬礼！！

请求恢复台湾省制呈文

——四月二十八日分呈中央党部秘书处及组织部——

窃查台湾，旧为我国行省，台民众为中华同胞，此壮丽山河，曾因马关条约而割让；我国誓矢复雠，应随此次对日宣战而收回；开罗会议后，复经同盟领袖之公认，正宜掌握时机，促其护由动争收回，而达完全实现；重要之图，端赖民多于得民心，以共赴事功。今台湾光复在即，台胞身分未定，是以志气难振，民心难收；为今之计，似应划由政府开会决将台湾恢复省制，始足以正国外视听，而使台胞内向，导明国土收复之前提。兹谨拟具办法如次：

（一）台湾原为福建省之一府，自中法战后，屡被日法诸国侵扰，清廷为重视国防起见，设行省，于光绪十一年由刘铭传奏准设省……

一州淡水、新竹、宜蘭、臺灣、雲林、苗栗、彰化、安平、嘉義、鳳山、恆春等十一縣，基隆、南雅、埔里社、卑南、澎湖、花蓮港等三廳。首會定在台中臺灣縣，以城垣未竣，暫設在台北。台北與對岸福建，兩[illegible]隔海，[illegible]傳甲[illegible]與[illegible]更設在此地，諸省先進。迨光緒十一年[illegible]辦及濟[illegible]此機，光緒二十年，由廣東經之，然不久，中日戰起，而台灣遂被割讓，是以台灣建省，前後雖僅十八年，然其形勢人口資源發達，更早具行省之條件，[illegible]依此事實，台灣今應恢復省制，而非改省，就歷史上言，台灣應設省者一也。

（二）台灣昔已自割讓[illegible]，而[illegible]著，當國際大勢言，則台灣與瓊崖同為我國控制太平洋之一咽喉，皆為保衛我領土最重要之海疆要衝，而[illegible]南海之中樞，形勢對更勝于瓊崖，是以英美人士稱[illegible]集諸藏華需資源，如煤油、煤炭尤為國防資源，尤須劃歸上述台灣鑛所獲有者二也。

（六）台灣原因甲午戰敗，為馬關條約而淪倭，迨卅年十二月八日，我國對日正式宣戰後，依國際法例，中日條約，即告廢除，台灣主權業已重歸我國，事可依東西各例，即當設省有黨部于鄰省，以免國際其他煩言，邀開全會議明白決定歸還台灣，國際上更[illegible]，[illegible]不致[illegible]，[illegible]更免義主權，則國際風雲，倏忽多變，我[illegible]人服[illegible]，試海島單可獲變，[illegible]其權不合不完，就在國際法上，出灣亟即收復者三也。

（四）攻心勝于攻城，昔賢如此，況暴敵尤甚。我國朝野素來寬，收復台灣大計，自應首重收攬台民之心，轉使大有為台胞，歸心內向，念念歸宗，則精神之支，何患不振，促進自有辦未復，名份不正，國內台胞，樂于過去漢人、漢奸之錯解誤會，已不能正當承認台籍，只能贈以漢奸稱號，而對于復台大計，已不敢鼓勵協助，對于抗戰工作，亦避嫌，覺有諸隱顧。倘遠及島內台胞，則在敵人欺騙蒙蔽壓迫下，深受麻醉，作牛乎服要役，甘為敵資而不覺，此內外龐大之民力，非為敵用，則我不能用，最屬可惜。故應即將台灣復省，以便號召島內外台胞歸宗內向之心，已為中國一省，已取得中華民國國籍，大可為台胞，必發憤奮起，驅倭復土，光復可期，此在戰略政略上，均為要速復省者也。

至省制恢復後，軍事收復以前，縣鄉疆界土地可理，而實在收復準備，頭緒甚繁，一切工作，亟以研究為先，以配合軍事進攻、政治準備。次在國內者，亦宜先將台部改為台灣省黨部，以加強組織，收集團結，婦女，擴展群眾，民心，適用民力，籌濟民政，且本部現雖直屬中央，但各方因名義有異，地位不著，諸種進行，常多紛錯障礙，台胞亦甚憂慮，若不改為省黨部，亦殊難盡收預期效果，是以中央 中央開擬台灣之省旨。

基於上論證，無論內外形勢及工作關係，均應速復台灣省制，已於彼，而在省政府成立之前，應先改本部為台灣省黨部，又如此，業經提出本年四月十日本部執行委員會第十八次議論會決議通過紀錄在卷。復查福建省參議會第二屆第二次大會，亦有建議中央早復省制與消釋台胞藉苦等議案，同時粵桂各方亦有力倡台灣復省之議。本部職司所關，對于改制大計之準備及請示，安敢後人。况本部編制預算原照三等省之編制，改設省黨部後經費可照舊支給，或在節餘項下，酌予增撥，無須另籌經費臨時增支庫幣。

謝有台灣，必請速復省制，並在省府成立前，先改本部為台
灣省黨部名義，是否有當，理合瀝情懇請　鈞長鑒核，俯
賜核轉示遵，以利黨國抗建大計，實為公便。

請求修正韓台琉僑民登記辦法呈文

——四月廿五日代電　中央組織部——

查台灣原係我國領土，島內人民均係閩粵移民，與朝鮮
完全不同。前因滿清政府屈訂馬關條約，致被割讓。惟對日
宣戰後，此項條約當然失效；且經開羅會議後，經同盟國公開
聲明，台灣問題更為明朗，故對台灣與其他淪陷省區同等看待。
查行政院前訂之韓台琉僑胞登記辦法，乃戰前不得已之
措施，迄今仍未取銷，不免仍將歧視，引起台胞之反感。為
加強台胞抗戰情緒，歸向祖國心理，該項辦法，似應咨請內
政、外交兩部，將依前頒韓僑民登記辦法，即日明令修正，以

符中央決心收復台灣之旨。是否有當，理合電請鑒核。

開羅會議原公報全文

羅斯福總統、蔣委員長、邱吉爾首相偕同各該國軍事與外交顧問人員，在北非舉行會議，業已完畢。茲發表概括之聲明如下：

三國軍事方面人員關於今後對日作戰計劃，已獲得一致意見。我三大盟國決心以不鬆弛之壓力，從海陸空各方面加諸殘暴之敵人，此項壓力，已經在增長之中。

我三大盟國此次進行戰爭之目的，在於制止及懲罰日本之侵略，三國決不為自己圖利，亦無拓展領土之意思。三國之宗旨，在剝奪日本自從一九一四年第一次世界大戰開始後在太平洋上所奪得或佔領之一切島嶼，在使日本所竊取於中國之領土，例如東北四省、台灣、澎湖群島等，歸還中華民國。其他日本以武力或貪慾所攫取之土地，亦務將日本驅逐出境。我三大盟國稔知朝鮮人民所受之奴隸待遇，決定在相當時期，使朝鮮自由與獨立。

根據以上所認定之各項目標，並與其他對日作戰之聯合國目標一致，我三大盟國將堅忍進行其重大而長期之戰爭，以獲得日本無條件投降。

香港擷聞（續）

連雅堂

爲卜

卜傳自上古，洪範五行，言其詳矣。又有龜卜、筮卜、錢法，所以占吉凶、斷疑也。台灣來香港之時，則卜爲錢以定方向，如聞鶴鵲之聲則進，否則止卜。

禁咒

台灣番婦能持禁咒，遂以見人害之。番婦天有禁康熙三十八年，鄭氏謝鄰屬吏鼠漢不馴，歸家後勇，番婦有故，婦增貢重乞火於大傑巔番婦，呪爲蠱。遂如中漢人害番婦意，國家解之，隨以口呪，當爲精甲魚出草一叢，身病番婦有意，初學咒時，必取良久，如一樹茂盛，試以咒之，樹立萎；方爲有靈。諸番惡諸符法，試咒日，風光拭樹立死，樹面萎縮，然猶有文，否則恐物間不靈，解之也。故春接番卷婦嘗術者

數尺，入栈環以籬，山間屋毫無入，實大樹多，樹頭東番番屋
交臘，求其王解之特解，年復進年，俯卸時社長法不藏而前
逸則潛社窟有，或投奔寨中，取頭顱於地，鄰奔奔走，大喬之歸去。

甲部

隋書流求傳大業六年，羽騎尉朱寬撫流求，獲其甲布
還，時倭國使來朝，見之曰：此夷邪久國人所用也。煬帝遂命
台灣。隋唐是時或稱流虬，或稱琉球，皆見於各書。今人論入臺
本群島史八。逃近台灣自基隆登雞籠，又因據守甲中
雜到山番之樹皮布，織麻而成，其狀似被澤。

銅鈴

見山藏戴雞籠淡水東部各番，州澎湖峙來此，云北港要為
東番。承業中鄭氏入海，論鑄其東番獨不鑄銅鈴東，然能及，東
一銅鈴佚類之，蓋猶之也。據東番之名見於明人，其時鑄

灣南北港。余則有說。

金礦

咸豐是時，蒙旗汛有善天以征為礦此地有驚之處。番嶺大家請欲頒諭意金暴鍊，番以金為鎳鐵煉金，昔年漢人私要大地點買賣，因言語不諳，殺番而奪其金，後遂張揚於後。然吳番恭殺之，今則漢人取其利，攫炒其寶已歸化，令聞產金之事，則有產金處，番亦不動，將因其地也。

螺錢

台灣土番負用螺錢為幣。先始掃以磨錢，圓徑三寸，中有孔，以線貫串之，無圓償錢，因檢分類，貴賤以負為錢，超自上古。壽慶為其有負，今時亦承其出，古人取其甲以為貨，如今文錢，稱為錢，名錢分，又云，古者貨貝而寶龜，殷周為錢，是以今之用螺钱犹古文钱也。

[illegible]

[illegible]等例，[illegible]春首有大[illegible]者，每岁冬[illegible]
[illegible]为[illegible]，[illegible]大[illegible]神[illegible]。[illegible]大[illegible]为大[illegible]以[illegible]
[illegible]其寿。

[illegible]

[illegible]香者[illegible]，[illegible]之，[illegible]济[illegible]。大者[illegible]大七八成
[illegible]。

[illegible]

[illegible]之时，[illegible]大[illegible]，[illegible]其[illegible]者
[illegible]，[illegible]之[illegible]也。
[illegible]，[illegible]以[illegible]

愛其精鋼為大鏃，號曰番鏢，長可四寸許，鋼以鋼先製之一，亦剡以手鑄鏃，將為鏃頭，又其事修飾。接司其長鄉以蕃桃花差年，壹鑄為繖鏢，用豕首尚存蹤跡者所謂自身應變者也。

鏢鎗

鏢鎗番鎗也，長可二丈，亦有三丈者，截竹為之，有母孔通小孔於竹節之者，以其鏃或真或為兒童遊戲之具。

「抄錄大正十五年十二月廿一日發行《臺灣時報》第十二號」

完

驅除倭寇，還我河山！！

国民党中央执委会、福建省政府等关于协助台湾党部迁移永安并寻觅部址的来往文电

一九四三年十二月—一九四四年九月

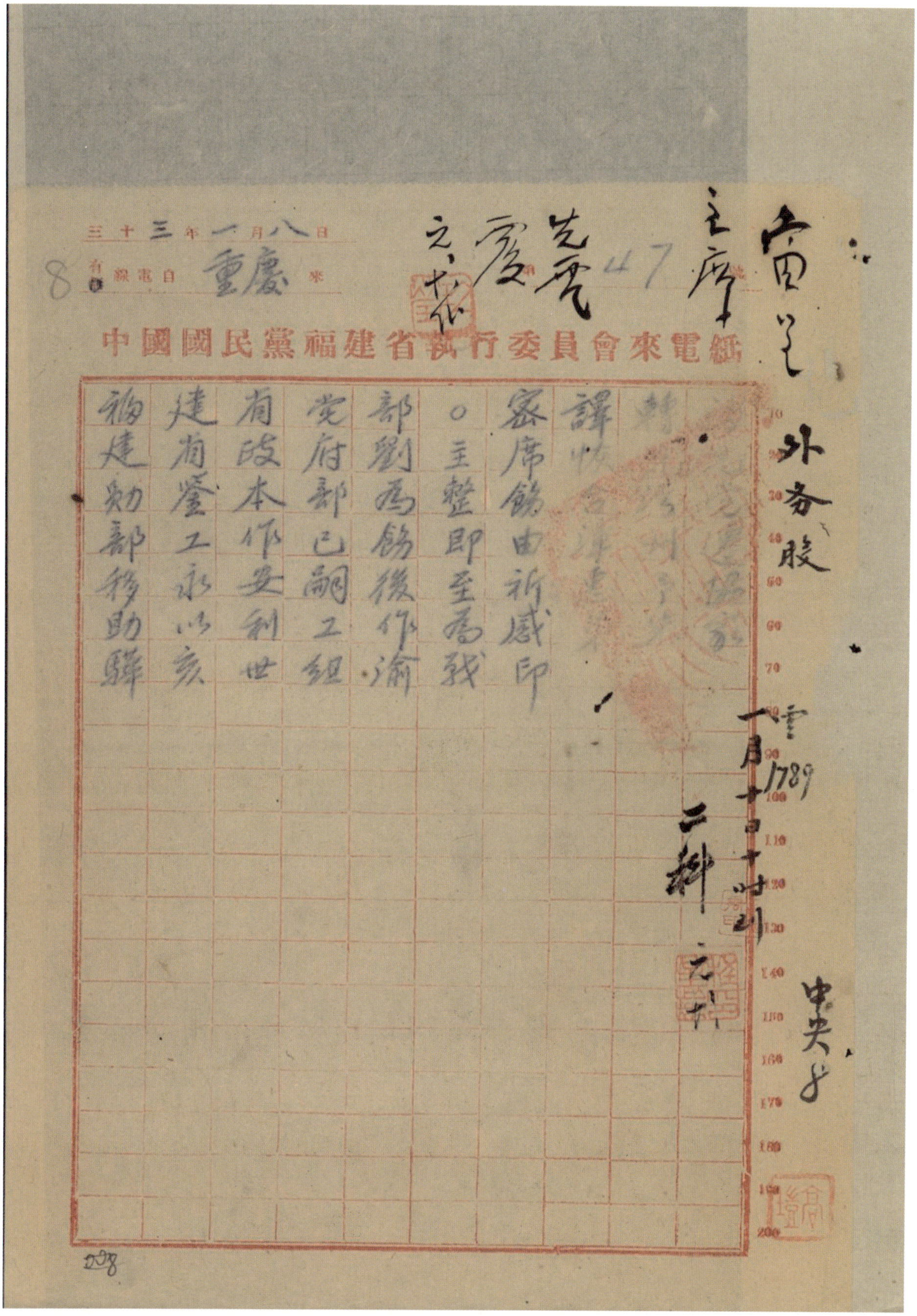

国民党中央组织部关于台湾党部迁移永安请予以协助给国民党福建省执委会的电

一九四三年十二月三十一日

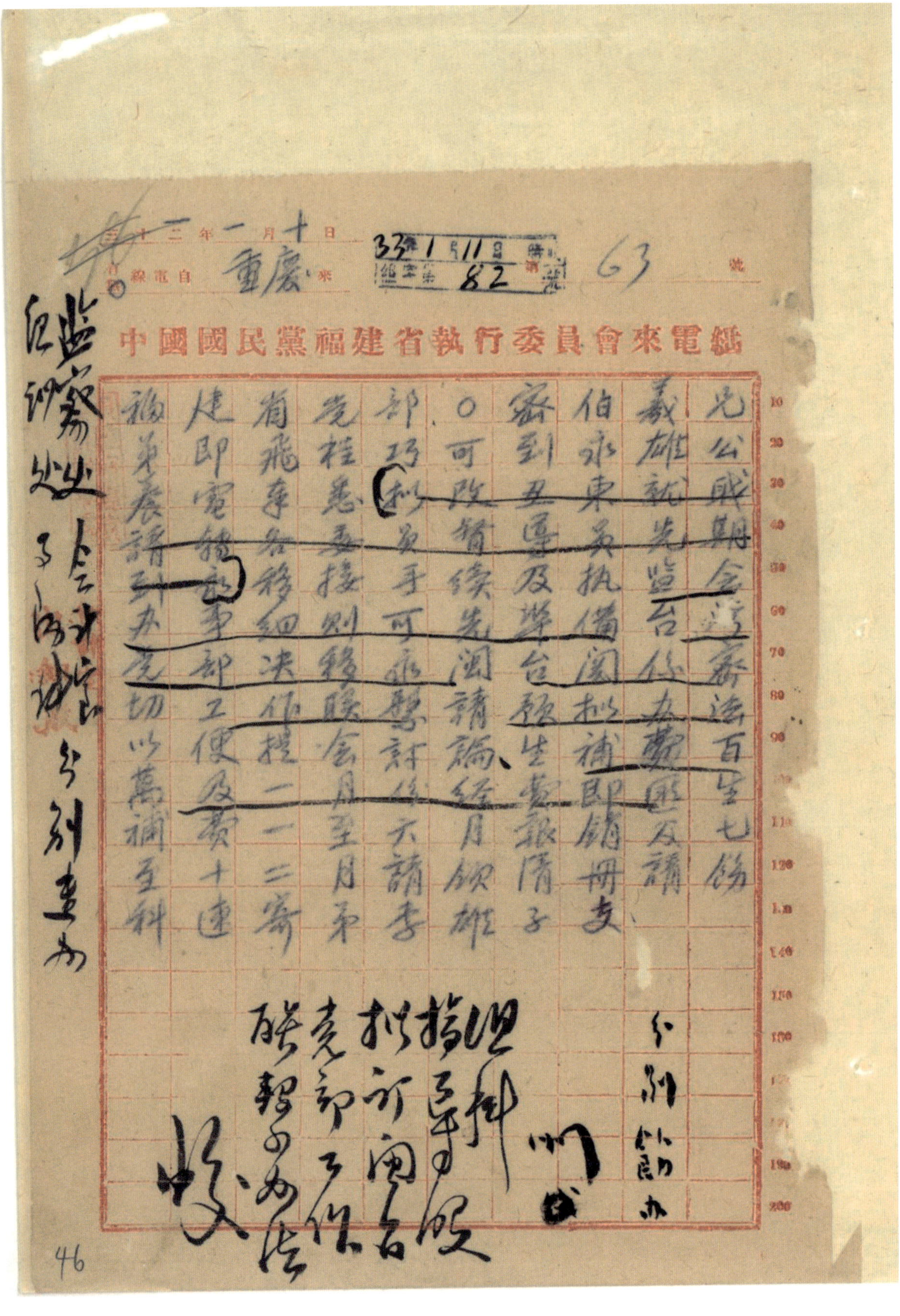

国民党中央执委会关于台湾党部迁移永安请拟具联系工作办法给国民党福建省执委会的电

一九四四年一月四日

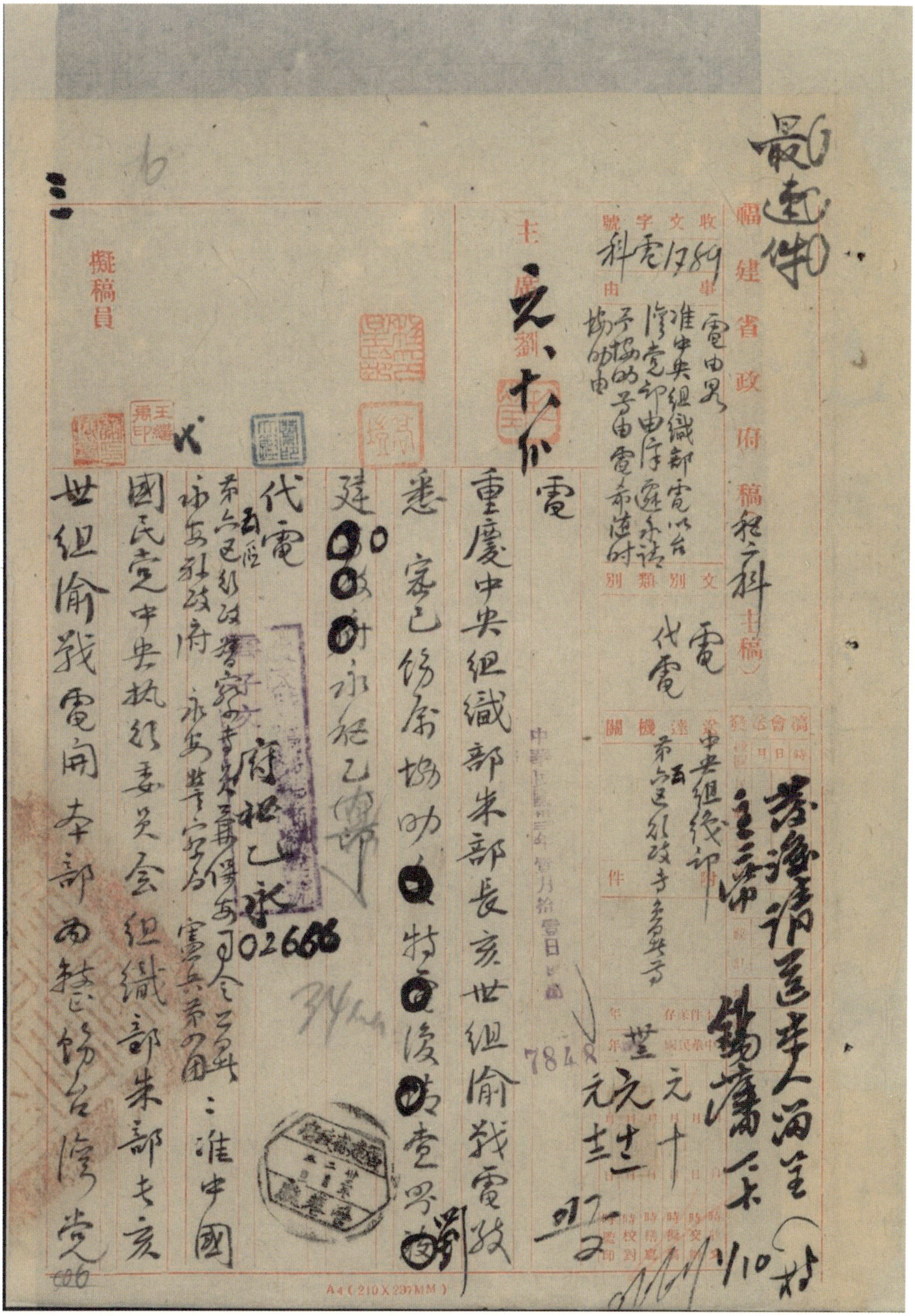

福建省政府关于台湾党部迁移永安予以协助给国民党中央组织部及第六专署的电、代电

一九四四年一月十一日

部工作已饬即由漳州迁移永安，嗣后亟祈惠予协助
以利工作为由，除电复并分电外，特电希随时协助
为要。省政府永秘乙（）印

福建省政府

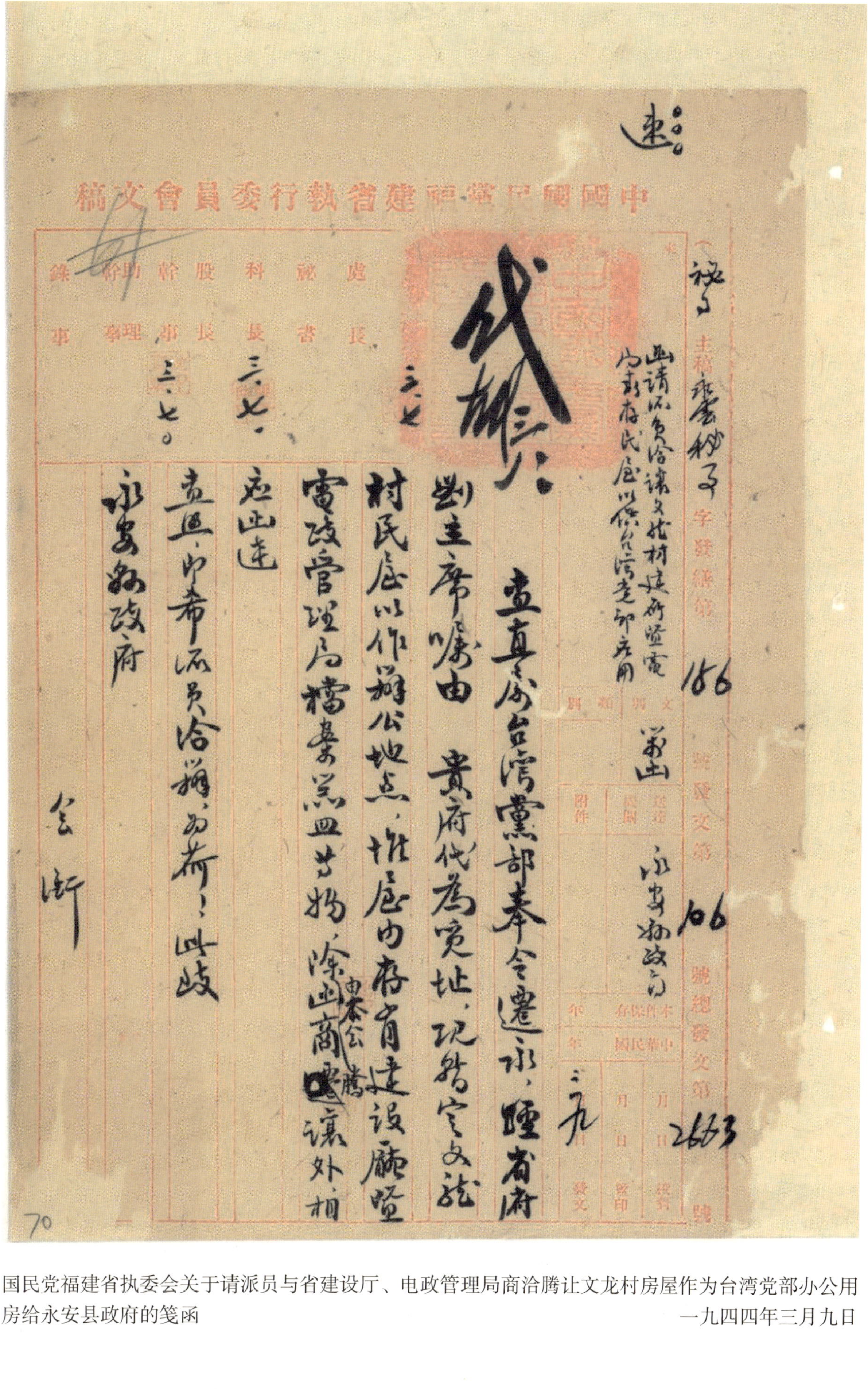

速

中國國民黨福建省執行委員會文稿

秘 主稿 秘字 發繕第186號 發文第66號 總發文第2683號

函请派员洽让文龙村建厅暨电政局民房以供台湾党部应用

永安县政府

查直属台湾党部奉令迁永，经省府刘主席嘱由贵府代为觅址，现经觅定文龙村民房以作办公地点，惟房内存有建设厅暨电政管理局档案器物，除函商腾让外，相应函达，查照，即希派员洽办，为荷！此致

永安县政府

三、七

70

国民党福建省执委会关于请派员与省建设厅、电政管理局商洽腾让文龙村房屋作为台湾党部办公用房给永安县政府的笺函

一九四四年三月九日

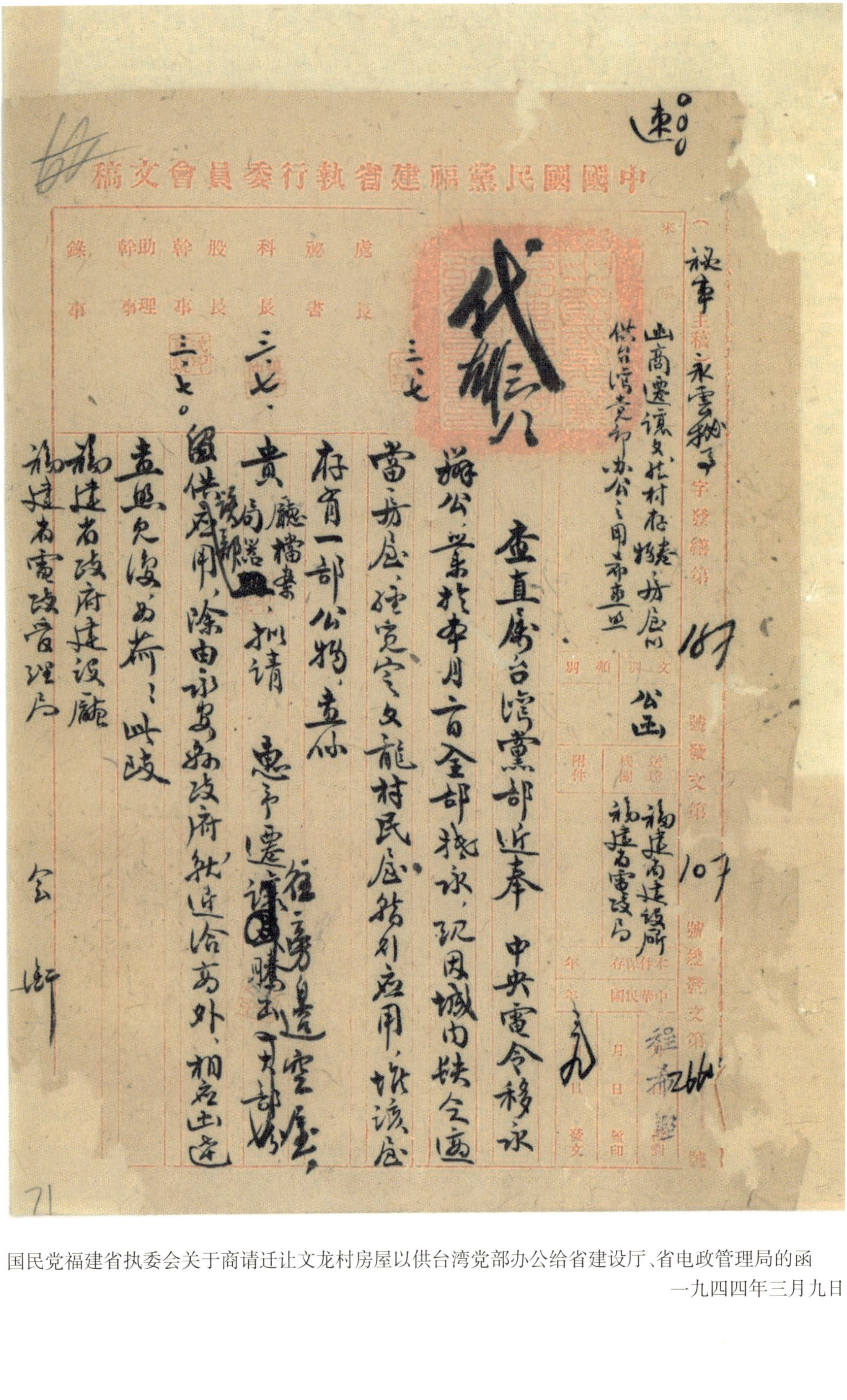

中國國民黨福建省執行委員會文稿

速

秘書 主稿 永雲 秘字第　號

事由：函商遷讓文龍村房屋以供台灣黨部辦公之用

查直屬台灣黨部近奉　中央電令移永辦公，業於本月　日全部抵永，現因城內缺乏適當房屋，經選定文龍村民房轉為應用，惟該房存有一部公物，並係　貴廳檔案，相請　惠予遷讓，留供該部應用，除由永安縣政府就近洽商外，相應函達，查照見復為荷！此致

福建省政府建設廳

福建省電政管理局

國民黨福建省執委會关于商请迁让文龙村房屋以供台湾党部办公给省建设厅、省电政管理局的函

一九四四年三月九日

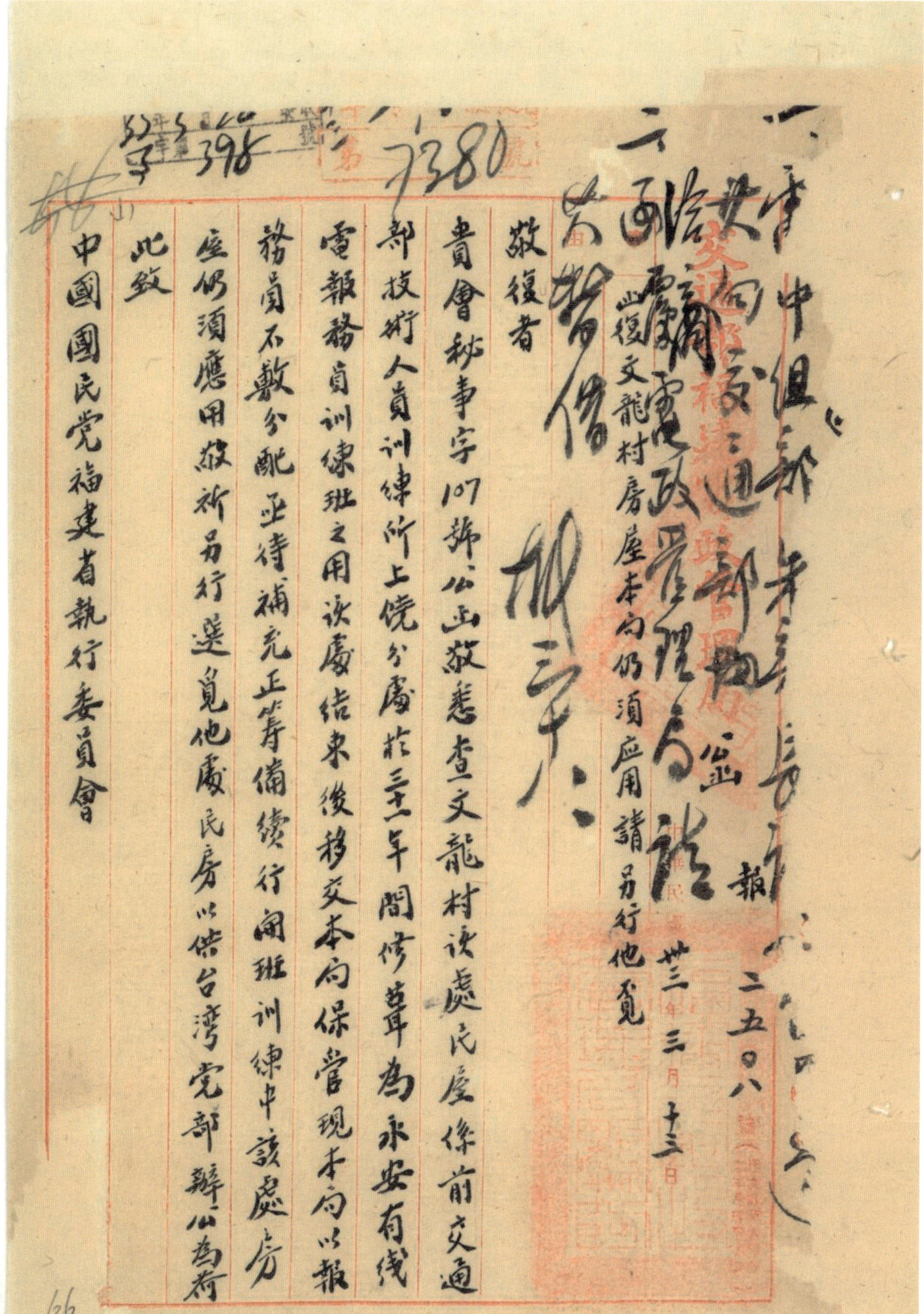
函復文龍村房屋本局仍須應用請另行他覓
報 二五〇八
卅三年三月十三日

敬復者
貴會秘字107號公函敬悉查文龍村該處民屋係前交通部技術人員訓練所上饒分處於三十一年間修葺為永安有線電報務員訓練班之用該處結束後移交本局保管現本局以報務員不敷分配亟待補充正籌備續行開班訓練中該處房屋仍須應用敬祈另行選覓他處民房以供台灣党部辦公為荷
此致
中國國民党福建省執行委員會

福建电政管理局关于仍须使用文龙村房屋请台湾党部另觅新处给国民党福建省执委会的函

一九四四年三月十三日

5821

局長丁儒鴻

校對鄭文基 何文琛

監印金積廣

67

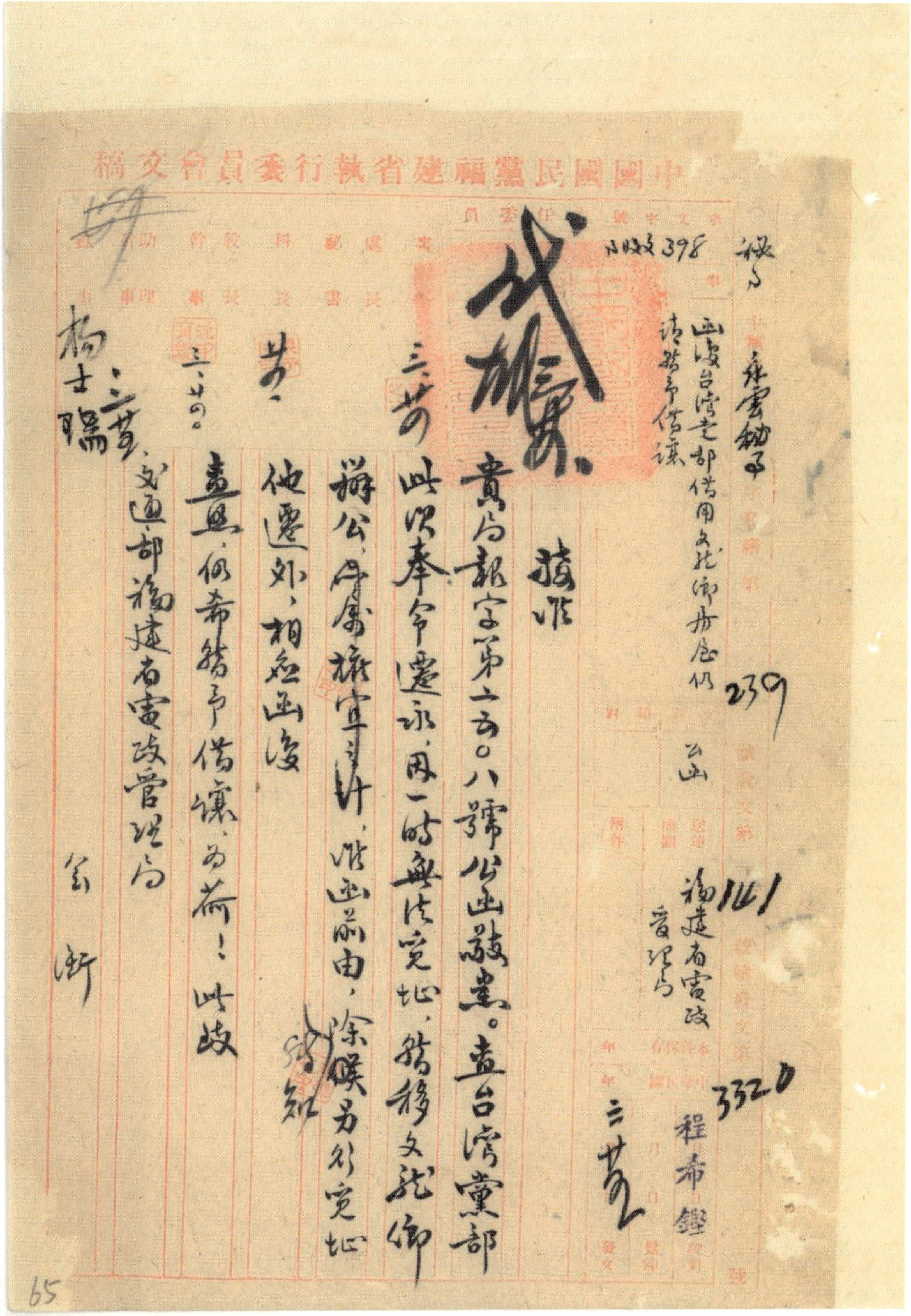
中國國民黨福建省執行委員會文稿

函復台灣党部借用房屋仍請暫予借讓

福建省電政管理局

准

貴局龍字第二五〇八號公函敬悉。查台灣黨部此次奉令遷永，因一時無法覓址，暫移文龍御辦公，所需房屋，原經許可，准函前由，除候另覓地址他遷外，相應函復

查照，仍希暫予借讓，為荷！此致

交通部福建省電政管理局

程希鑑

國民党福建省执委会关于暂予借让房屋作为台湾党部办公用房给省电政管理局的函

一九四四年三月二十五日

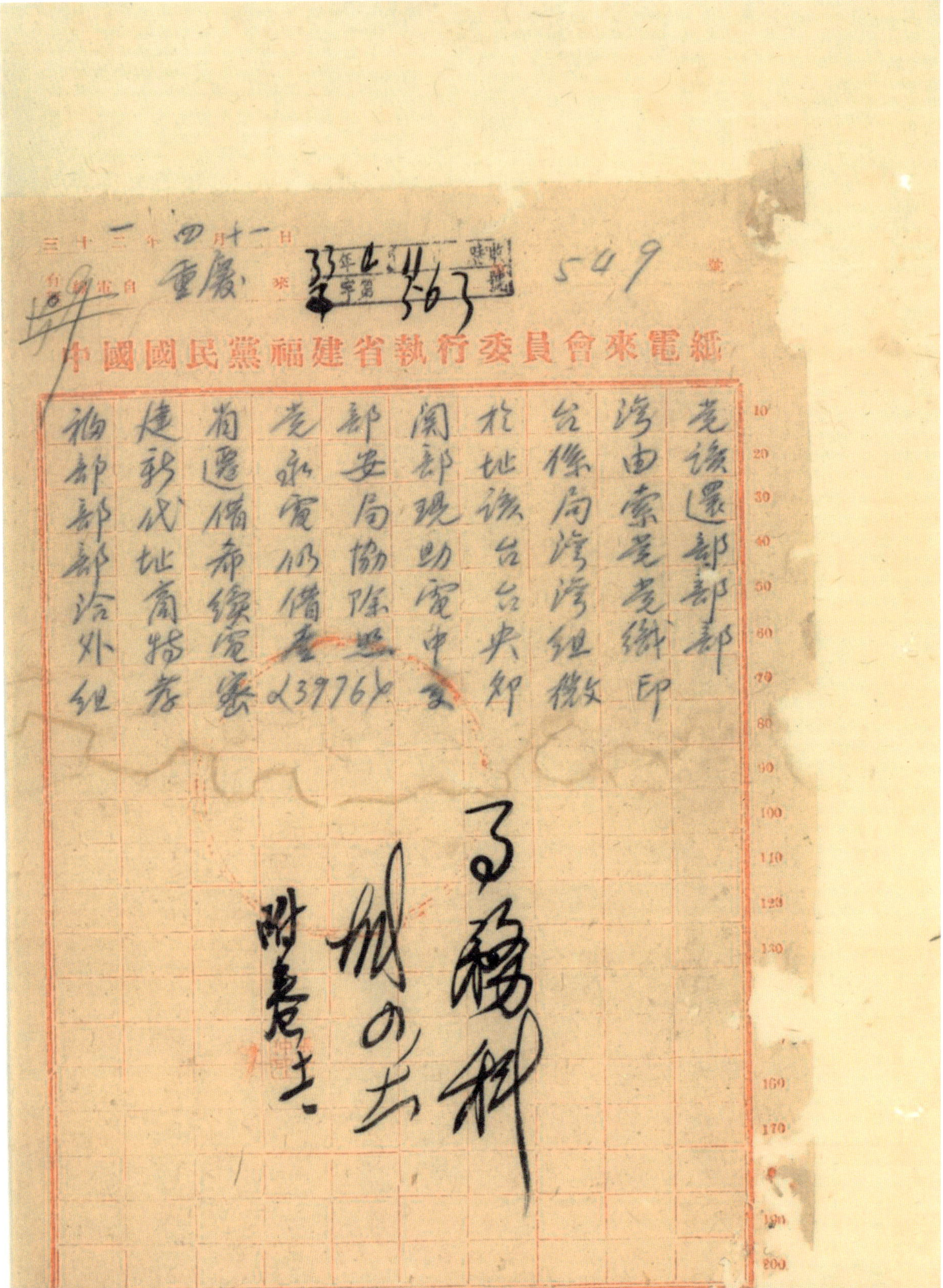
三十三年四月十一日
自重慶來
收文 33年4月11日 字第5367號
549
中國國民黨福建省執行委員會來電紙
福建省党部：關於台灣党部新遷永安部址，係由該部代借電局，現該向索還部址，希仍協助台灣党部洽商續借，除電台灣党部外，特電查照。中央組織部卯微印
組存密(3976)
移科
擬函去
附卷

国民党中央组织部关于协助台湾党部续借办公地址给国民党福建省执委会的电

一九四四年四月五日

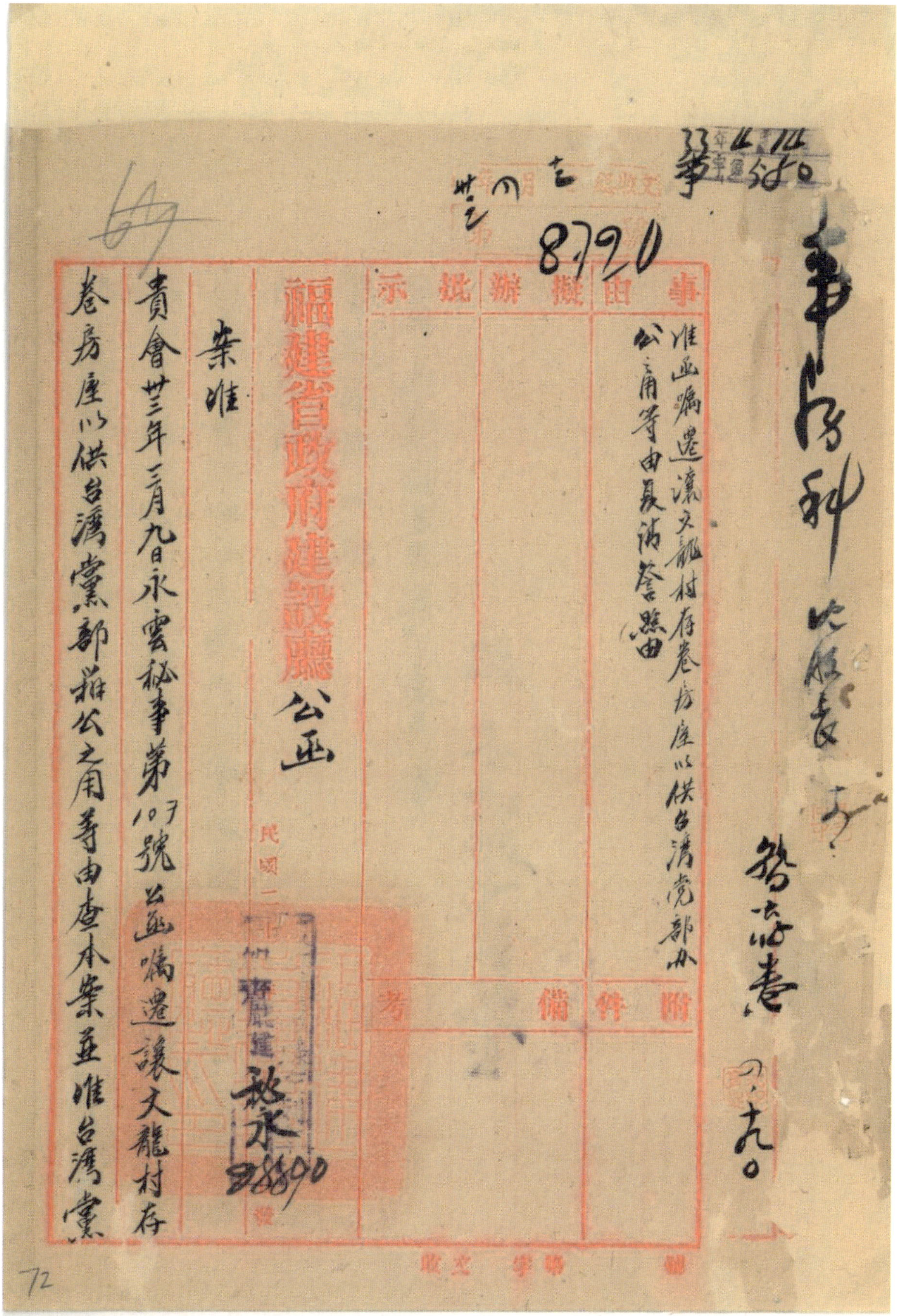
事由 擬辦 批示

准函囑遷讓文龍村存卷房屋以供台灣黨部办公之用等由復請查照由

福建省政府建設廳公函

案准

貴會卅三年三月九日永雲秘事第103號公函囑遷讓文龍村存卷房屋以供台灣黨部辦公之用等由查本案並准台灣黨

附件 備考

民國

建秘永

28890

8720

72

福建省建设厅关于文龙村留存档案迁移困难给国民党福建省执委会的函　　　一九四四年四月八日

部函請還讓列廳惟本廳所藏文龍村余家祠之檔案爲數頗多該祠東廊空屋殊嫌太小不足容納實難還讓除已由本廳文書股林股長面與該黨部陳科長商洽並函复外相應復請

查照爲荷 此致

中國國民黨福建省執行委員會

廳長 朱玖瑩

核對方正文

73

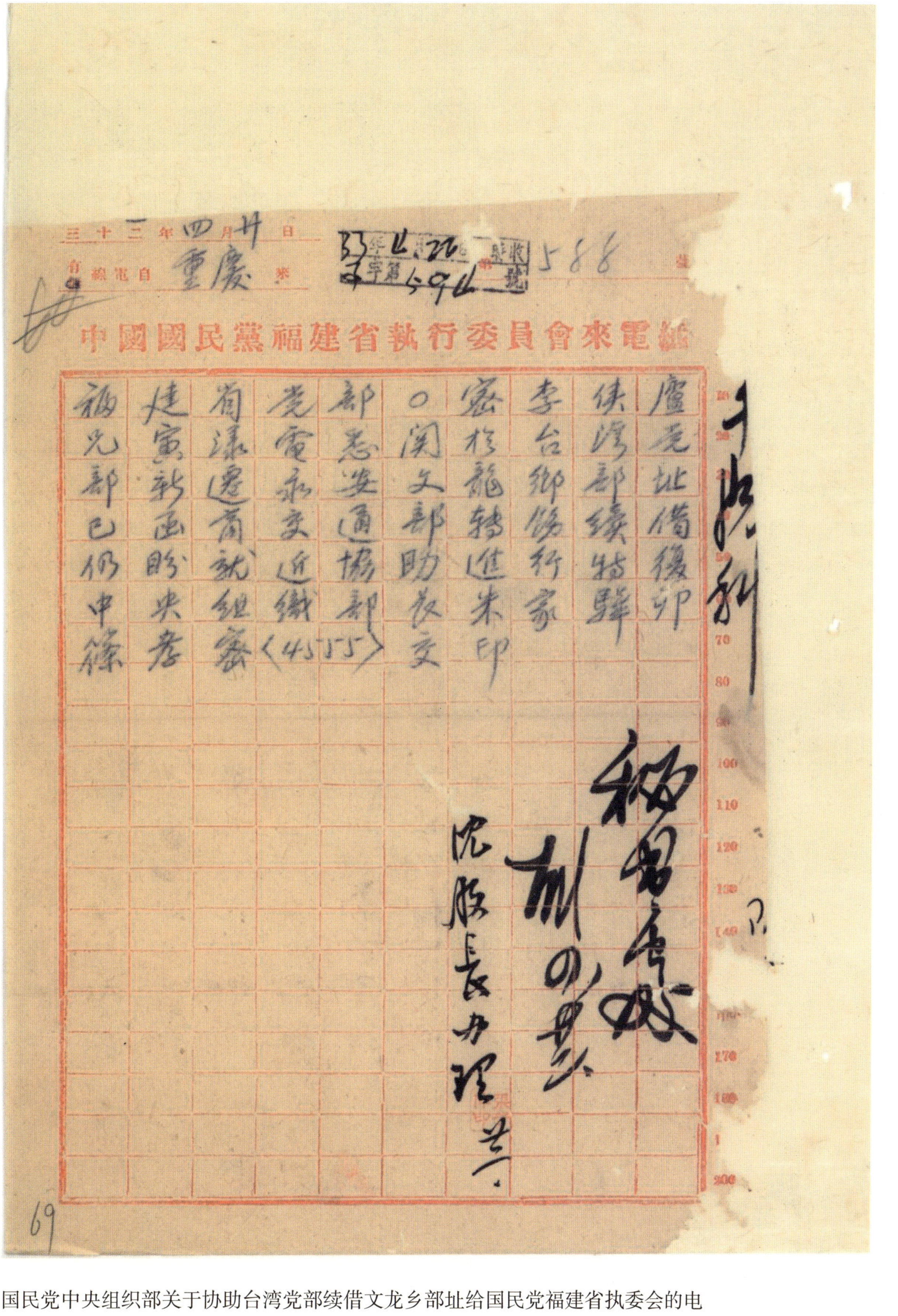

国民党中央组织部关于协助台湾党部续借文龙乡部址给国民党福建省执委会的电

一九四四年四月十七日

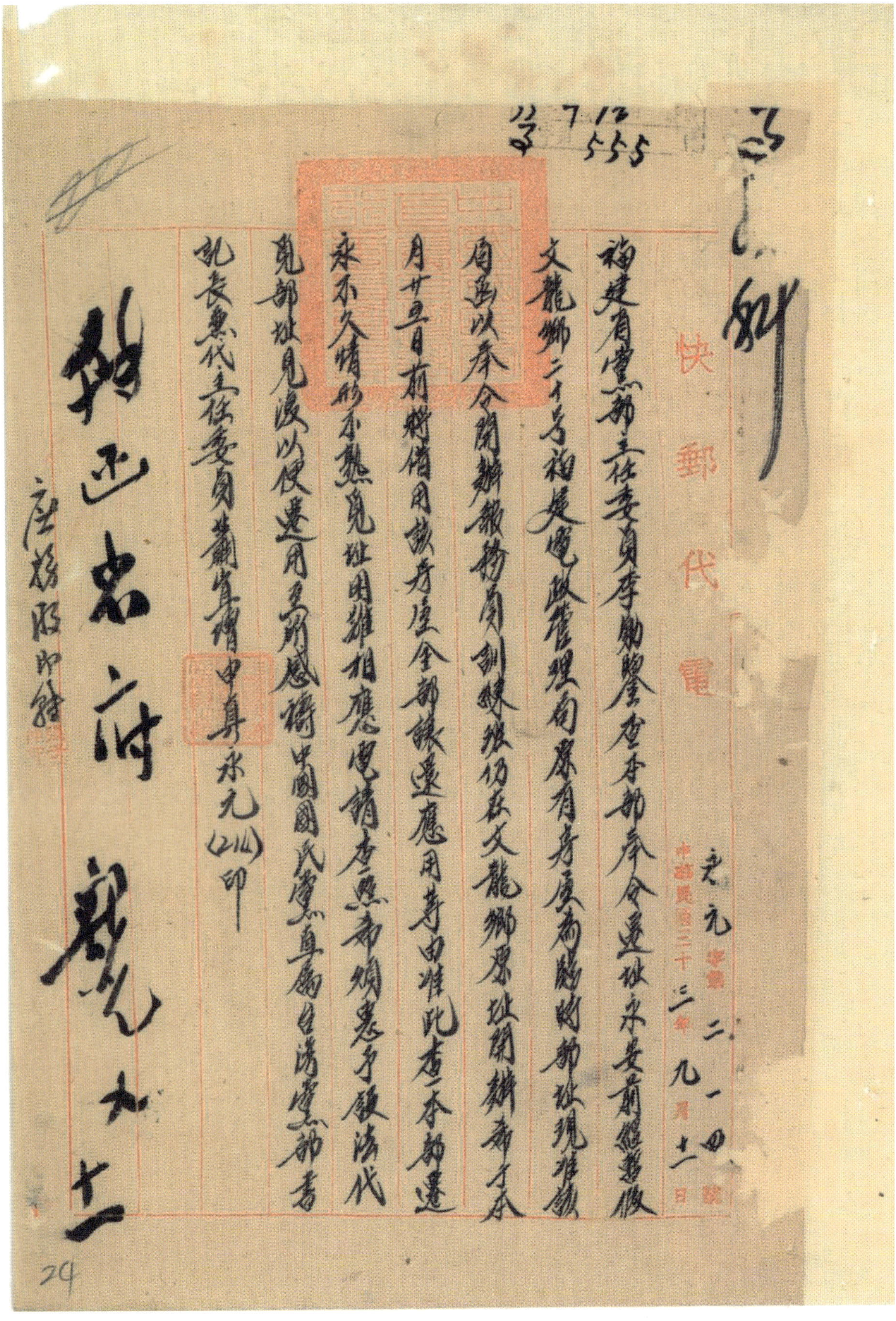

□□新

快郵代電

福建省黨部主任委員李勵鑒查本部奉令遷址永安前經暫假
文龍鄉二十號福建電政管理局原有房屋為臨時部址現准該
局函以奉令開辦報務員訓練班仍在文龍鄉原址開辦希於本
月廿五日前將借用該房屋全部騰還應用等由准此查本部遷
永不久情形不熟覓址困難相應電請查照希煩惠予設法代
覓部址見復以便遷用至所感禱中國國民黨直屬台灣黨部書
記長兼代主任委員蕭宜增申真永元(214)印

未元字第二一四號
中華民國三十三年九月十一日

轉函省府
戴九十一

總務股收錄

台湾党部关于代觅永安部址给国民党福建省执委会的代电　　一九四四年九月十一日

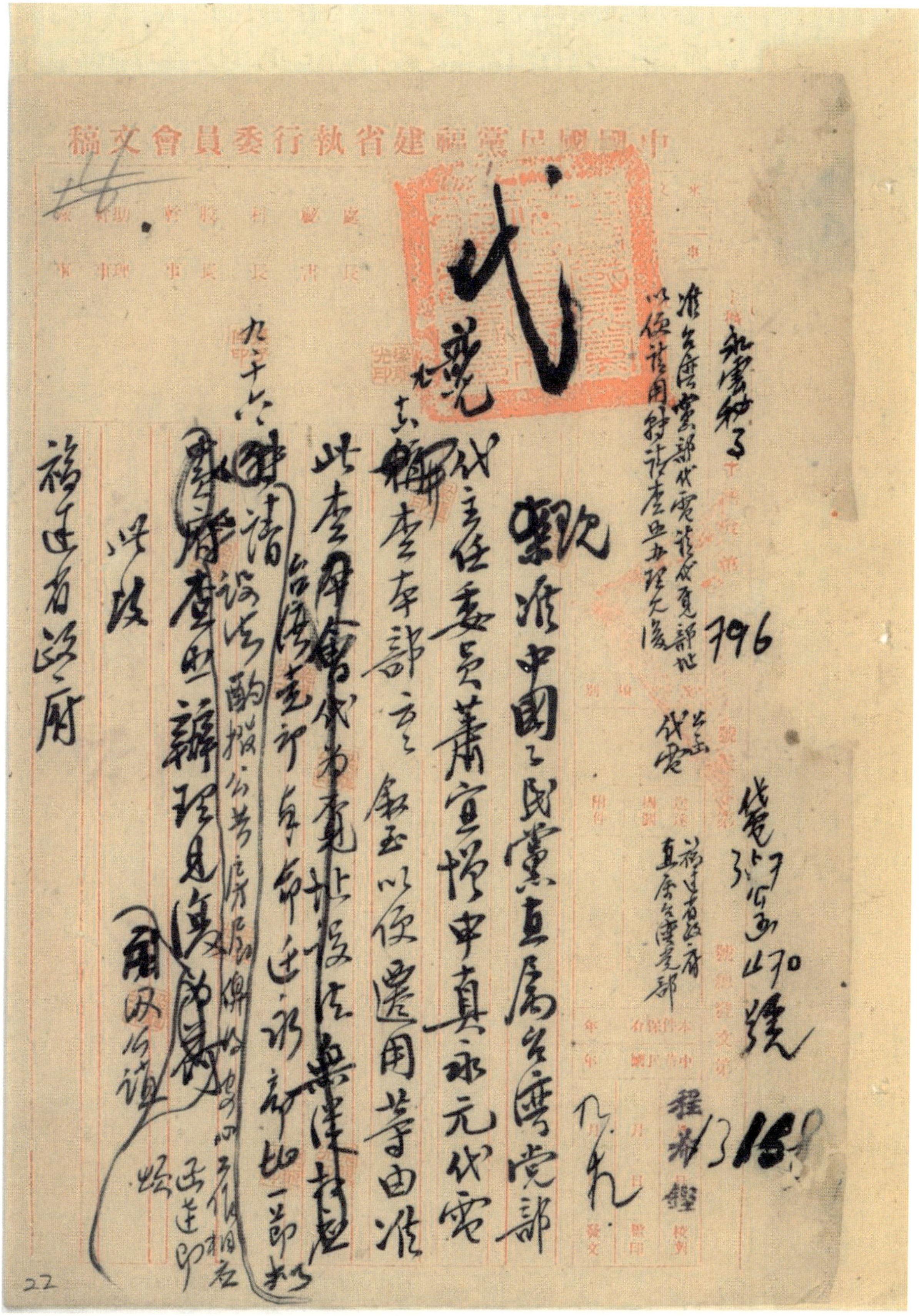

中國國民黨福建省執行委員會文稿

796

准
中國國民黨直屬台灣黨部
代主任委員蕭宜增申真永元代電
查本部……以便選用等由准
此查……台灣黨部……
請設法酌撥公共房屋……
貴府查照辦理見復……
此致
福建省政府

国民党福建省执委会关于拨发公共房屋作为台湾党部新址给福建省政府及台湾党部的函、电

一九四四年九月十六日

代電

中國國民黨台灣省黨部主任委員蕭勁鑒：中真永元代電悉。業已轉請福建省政府查照辦理矣。特復。中國國民黨福建省執行委員會中真永電中銑印

丹

23

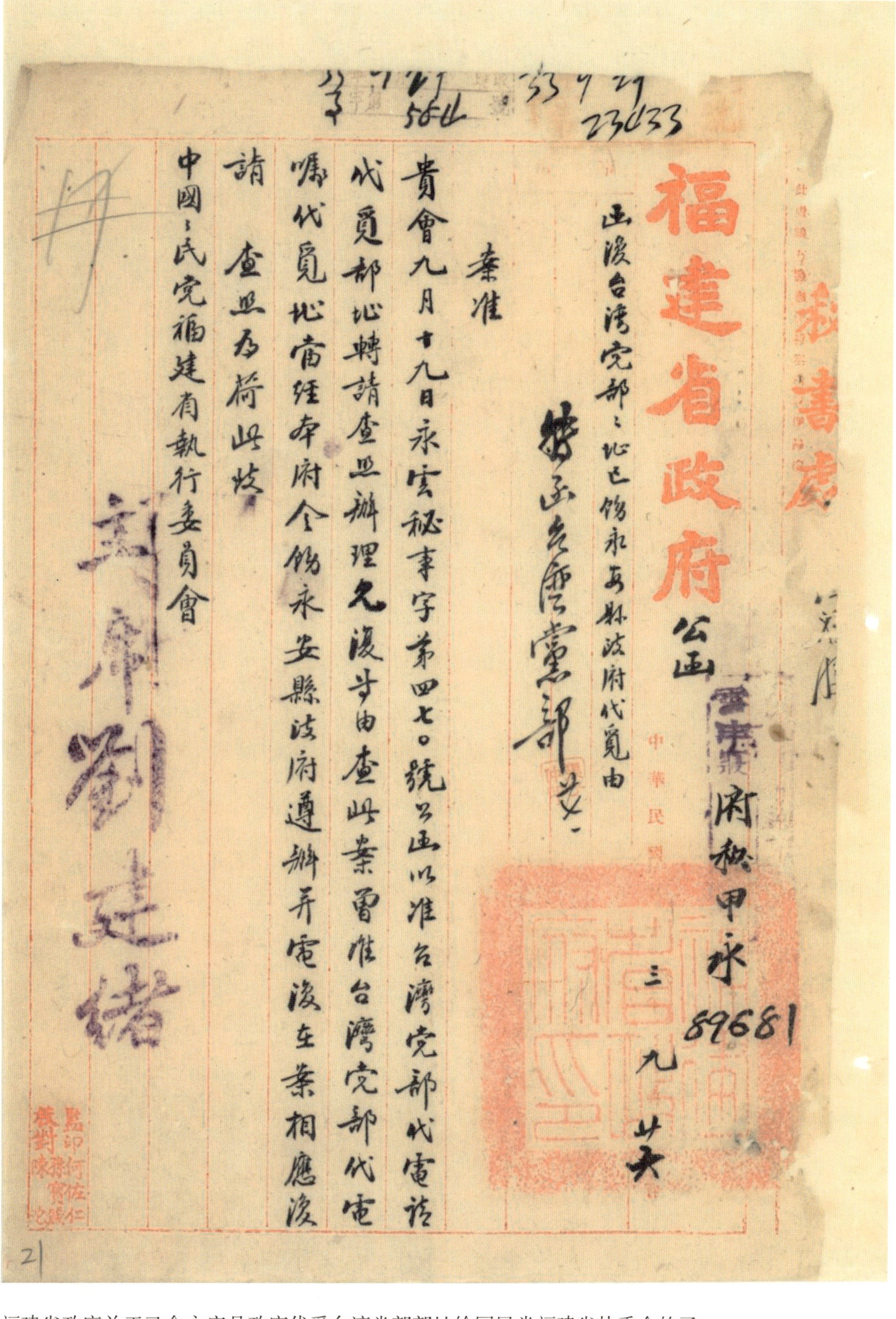
福建省政府公函　府秘甲永 三 九 廿六 89681

函復台灣党部部址已飭永安縣政府代覓由

案准

貴會九月十九日永雲秘事字第四七〇號公函以准台灣党部代電請代覓部址轉請查照辦理見復等由查此案曾准台灣党部代電囑代覓地當經本府令飭永安縣政府遵辦并電復在案相應復請查照爲荷此致

中國國民党福建省執行委員會

主席　劉建緒

福建省政府关于已令永安县政府代觅台湾党部部址给国民党福建省执委会的函

一九四四年九月二十六日

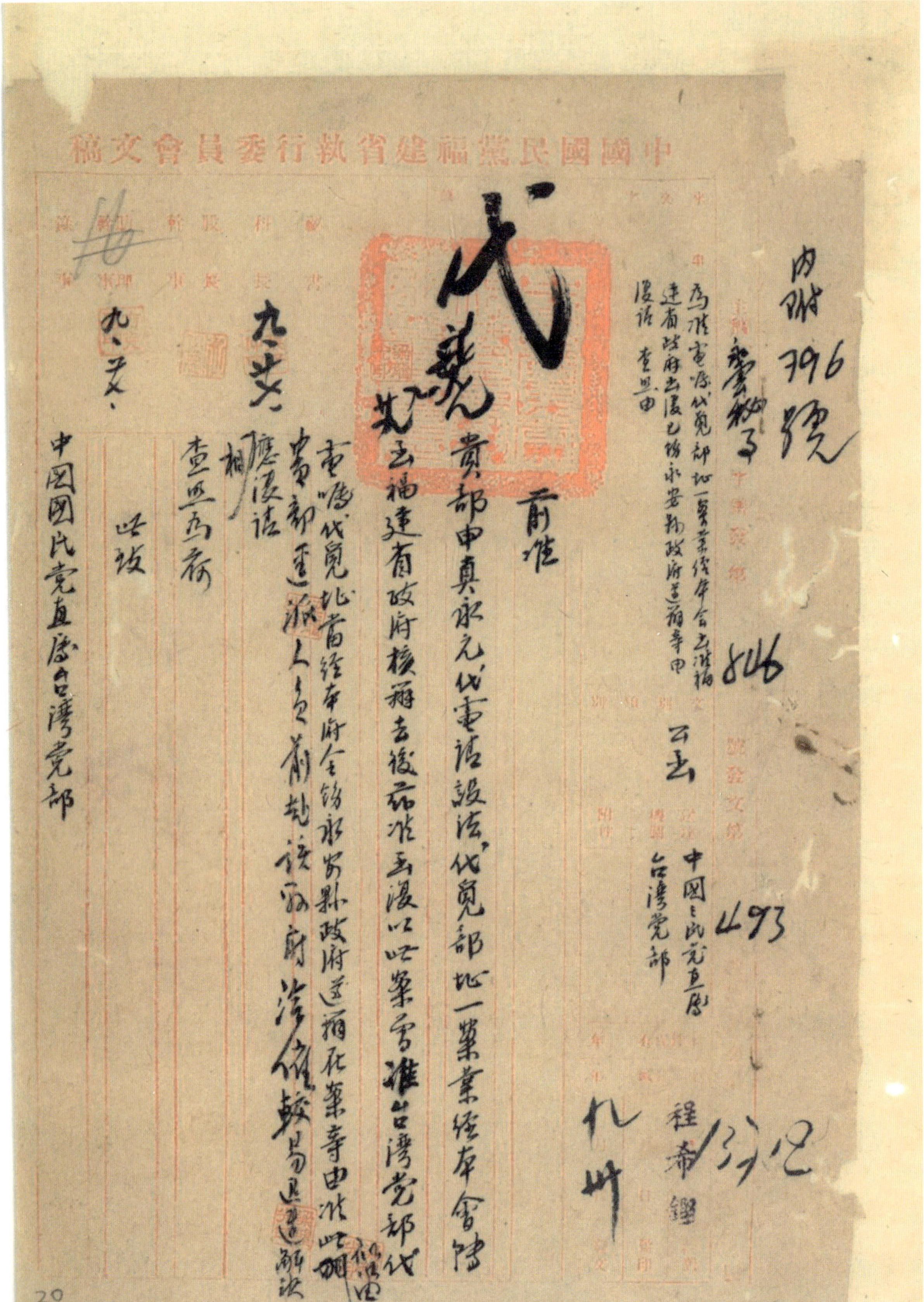

国民党福建省执委会关于由贵部派员赴永安县洽催较易迅速解决给台湾党部的函

一九四四年九月三十日

国民党福建省执委会、台湾党部关于检送工作联系办法意见草案等的来往函电

一九四四年四月—六月

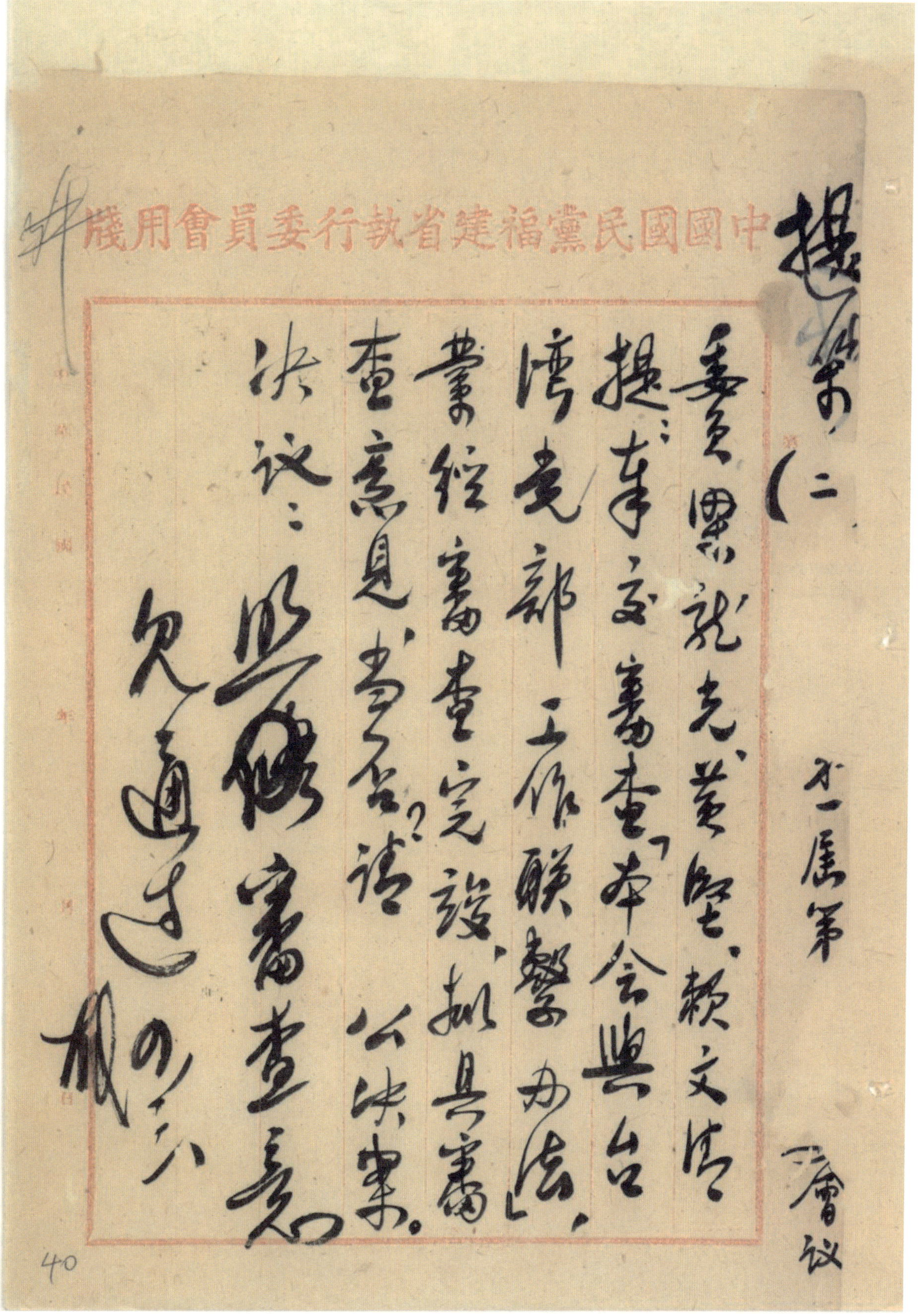

中國國民黨福建省執行委員會用箋

提案（二）

第一屆第　次會議

委員黎先、黃堅、賴文清提：本會與台湾党部工作联繫办法，業經審查完竣，擬具審查意見，請公决案。

决议：照審查意見通过

四、六

40

国民党福建省执委会关于修订福建省执委会与台湾党部工作联系办法的提案

一九四四年四月三日

中國國民黨福建省執行委員會用箋

擬案（六）

主任委員、委員、議：據組訓處簽呈，以該處擬具「本会與台灣党部工作聯繫辦法」乙種，當否，請公決案。

議定：

推梁委員、黃委員負責，賴主任、書記長，梁委員為召集人。

41

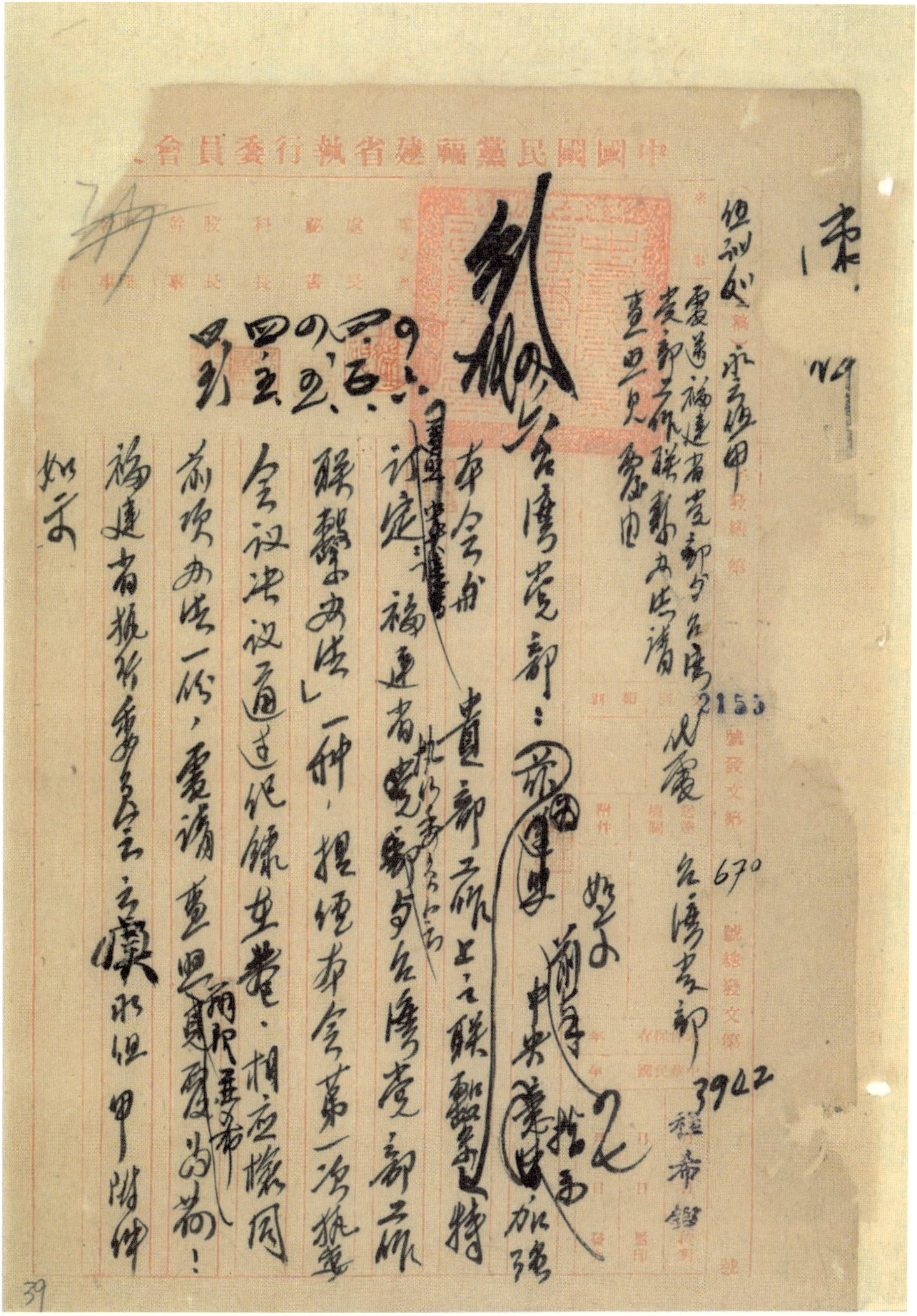
中國國民黨福建省執行委員會

台湾党部：本会为订定福建省党部与台湾党部联系办法一种，提经本会第一次执委会议决议通过纪录在卷，相应检同前项办法一份，电请查照为荷！福建省执行委员会□卯阳印

附件

电送福建省党部与台湾党部联系办法请查照由

国民党福建省执委会关于检送福建省执委会与台湾党部工作联系办法草案给台湾党部的代电

一九四四年四月七日

福建省执行委员会台湾党部联系办法（本会拟订）

一、福建省执行委员会（以下简称本会）为加强对台湾党部工作上之联系起见，特订定本办法。

二、本会对台湾党部应按月举行会报一次，由本会召集之，必要时得举行临时会报。

三、会报出席人员依左列之规定：

甲、本会及台湾党部主任委员

乙、本会及台湾党部书记长

丙、本会及台湾党部担任组训宣传调统工作之委员

丁、其他临时通知出席人员

四、会报商讨之各项如左：

1、在计划上有协同之必要者（如宣传主义及攻讦敌、策防止用奸法动等）

2、在执行上有联系之必要者（如组织考查策略行动、侦缉捕等）

3、在技术上有研磨之必要者（如有关调查手续、训练等方法及技术等）

4、（四）其他各项有交换意见之必要者（如办理……、对上级某临时之质问须求统一态度之一致等）

十五、会报由[illegible]指定人员组织，其组织应分送[illegible]党部[illegible]并呈报中央宣传部备查，如对中央党部有建议或请求，[illegible]会报[illegible]

十六、本会于协助台湾党部工作之进行时，遇有社会行政进行事项，可随时商酌办理，如有困难，则呈请中央宣传部核示。

十七、本办法经本会会议通过，商得台湾党部之同意后施行，并呈报中央备案。

十八、本办法如有修正[illegible]时，[illegible]由[illegible]

44

閲 部提出審商甚完善呈擬 中安

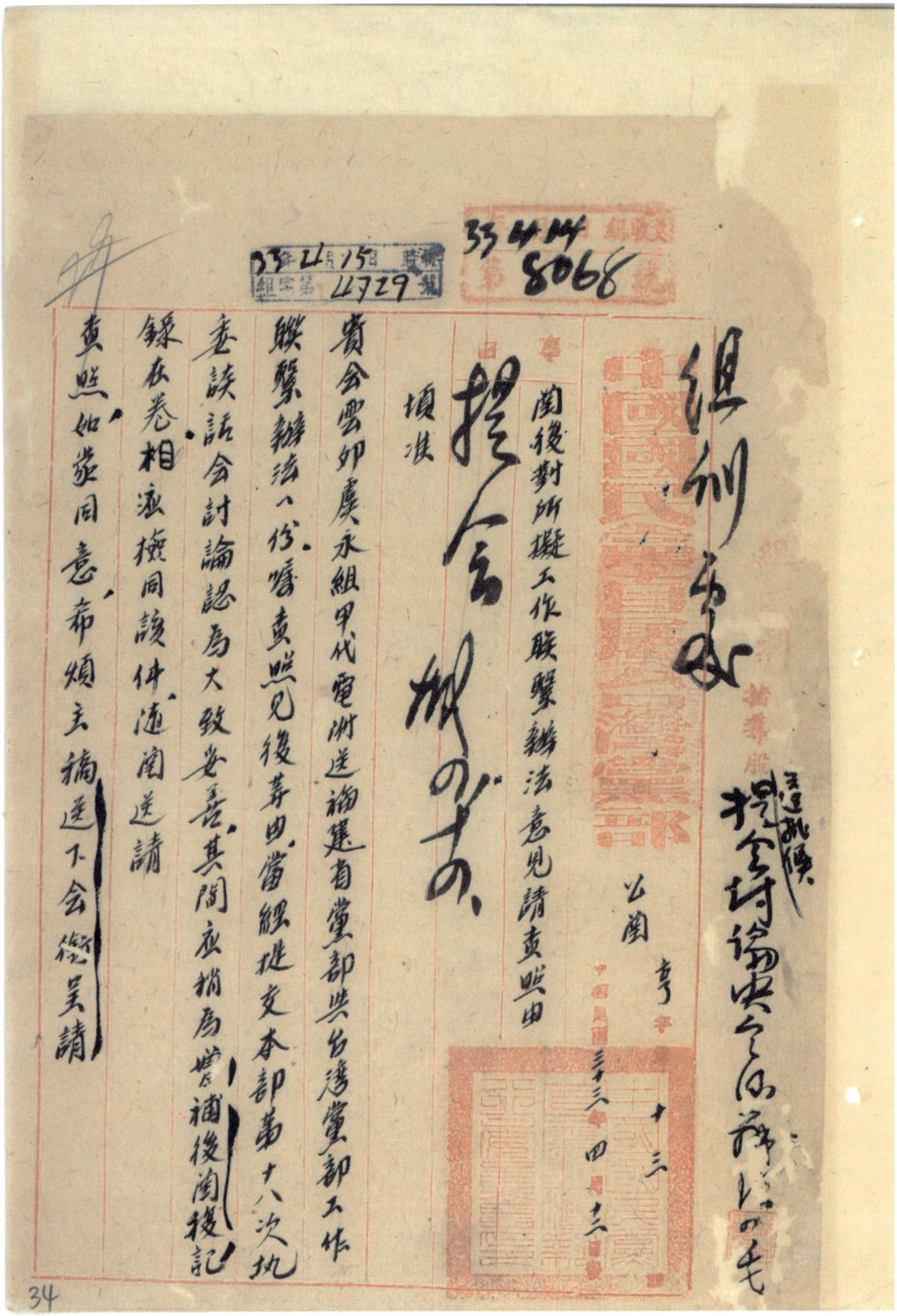
中國國民黨直屬台灣黨部 公函

事由：關於對所擬工作聯繫辦法意見請查照由

頃准

貴会雲卯虞永組甲代電附送福建省黨部與台灣黨部工作聯繫辦法八份囑查照見復等由。當經提交本部第十八次執委談話会討論，認為大致妥善，其間應稍為增補，後開複記錄在卷，相應撿同該件隨函送請查照，如蒙同意，希煩主稿送下会銜呈請

中華民國三十三年四月十二日

台湾党部关于检送工作联系办法意见给国民党福建省执委会的函　　一九四四年四月十二日

中央組織部核備並報党讀

此致

中國國民党福建省執行委員会主任委員李

附件如文

兼代主任委員 蕭○○

35

中國國民党福建省執行委員会與直屬台湾党部工作联繫辦法（草案）（會議決定新增）

一、福建省執行委員会（以下簡称本会）與直屬台湾党部（以下簡称本部）為求工作上之密切联繫起見特訂定本辦法

二、本会與本部每月舉行会報一次必要時得舉行臨時会報由本会或本部召集之~~但遇緊急事項時本部亦得召開臨時会報~~。

三、会報出席人員依左列之規定：

甲、本会及本部主任委員。

乙、本会及本部書記長。

丙、本会及本部担任組織訓練宣傳調統工作之委員。

丁、其他臨時通知有関高級人員列席。

四、会報主席由本会或本部出席人員輪流担任。

五、会報商討之事項如左：

甲、在計劃上有協同之必要者。

乙、在工作上有聯繫之必要者。

丙、在技術上有觀摩之必要者。

丁、其他事項有交換意見之必要者。

六、会報由召集党部指定人員紀錄，其紀錄應分送出席党部並呈報 中央備查。如對中央有所建議或請求应由本会與本部專案会呈。

七、本会與本部進行工作時遇有应行改進事項可隨時商

37

酌辦理，如有困難，則建議中央核示。

八、本辦法由本會與本部會呈中央組織部核准施行。

報

備案

訂施行並

38

第三届执委会

提案人	主任委员交议
議題	准台湾党部函復，对本会所拟工作联系办法酌加增订，附增订办法一种，送会提请公决案。
理由	
辦法	見後
決議（或議定）	修正通過。

三、案交组训处函復台湾党部，并呈报中央。

33

国民党福建省执委会关于与台湾党部增订工作联系办法的决议案　一九四四年五月四日

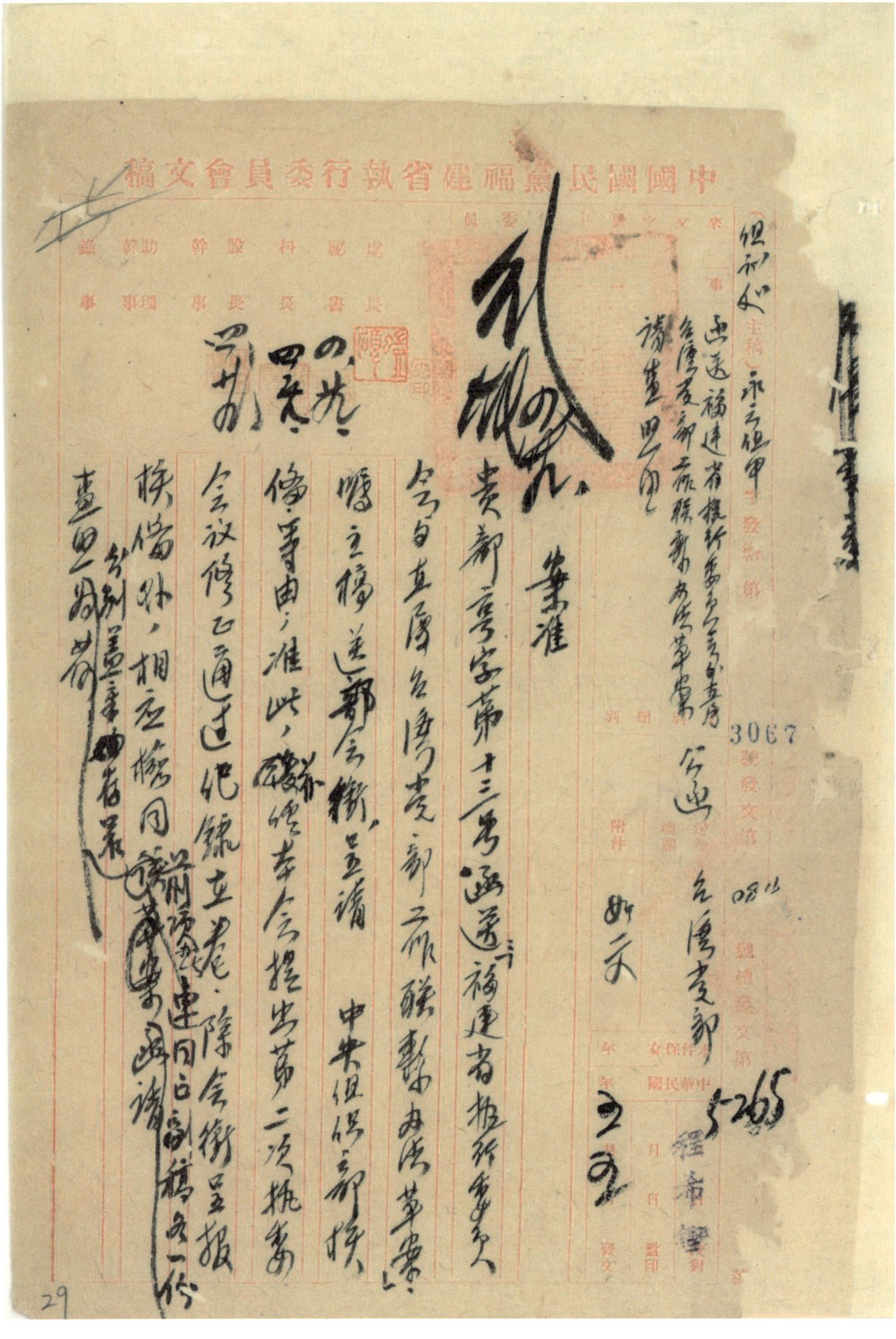

国民党福建省执委会关于检送工作联系办法给台湾党部的函　　一九四四年五月五日

此致

直屬台灣黨部

附件如文

中國國民黨福建省執行委員會文稿

30.

中國國民党福建省執行委員會與直屬台灣党部工作聯繫辦法

一、福建省執行委員會（以下簡稱本會）與直屬台灣党部（以下簡稱本部）為求工作上之密切聯繫起見特訂定本辦法。

二、本会與本部應按月舉行会報一次，必要時得舉行臨時会報，由本会或本部召集之。

三、会報出席人員依左列之規定：

甲、本会及本部主任委員。

乙、本会及本部書記長。

丙、本会及本部担任組織、訓練、宣傳、調統工作之委員。

丁、其他臨時通知有関高級人員列席。

四、会報主席由本会或本部出席人員輪流担任。

31

五、会報商討之事項如左：

甲、在計劃上有協同之必要者。

乙、在工作上有聯繫之必要者。

丙、在技術上有觀摩之必要者。

丁、其他事項有交換意見之必要者。

六、会報由召集黨部指定人員紀錄其紀錄應分送出席黨部並呈報 中央備查如對 中央有所建議或請求應由本会與本部專案会呈。

七、本会與本部進行工作時遇有應行改進事項可隨時商酌辦理如有困難則建議 中央核示。

八、本辦法由本会與本部会訂施行並呈報 中央組織部備案。

32

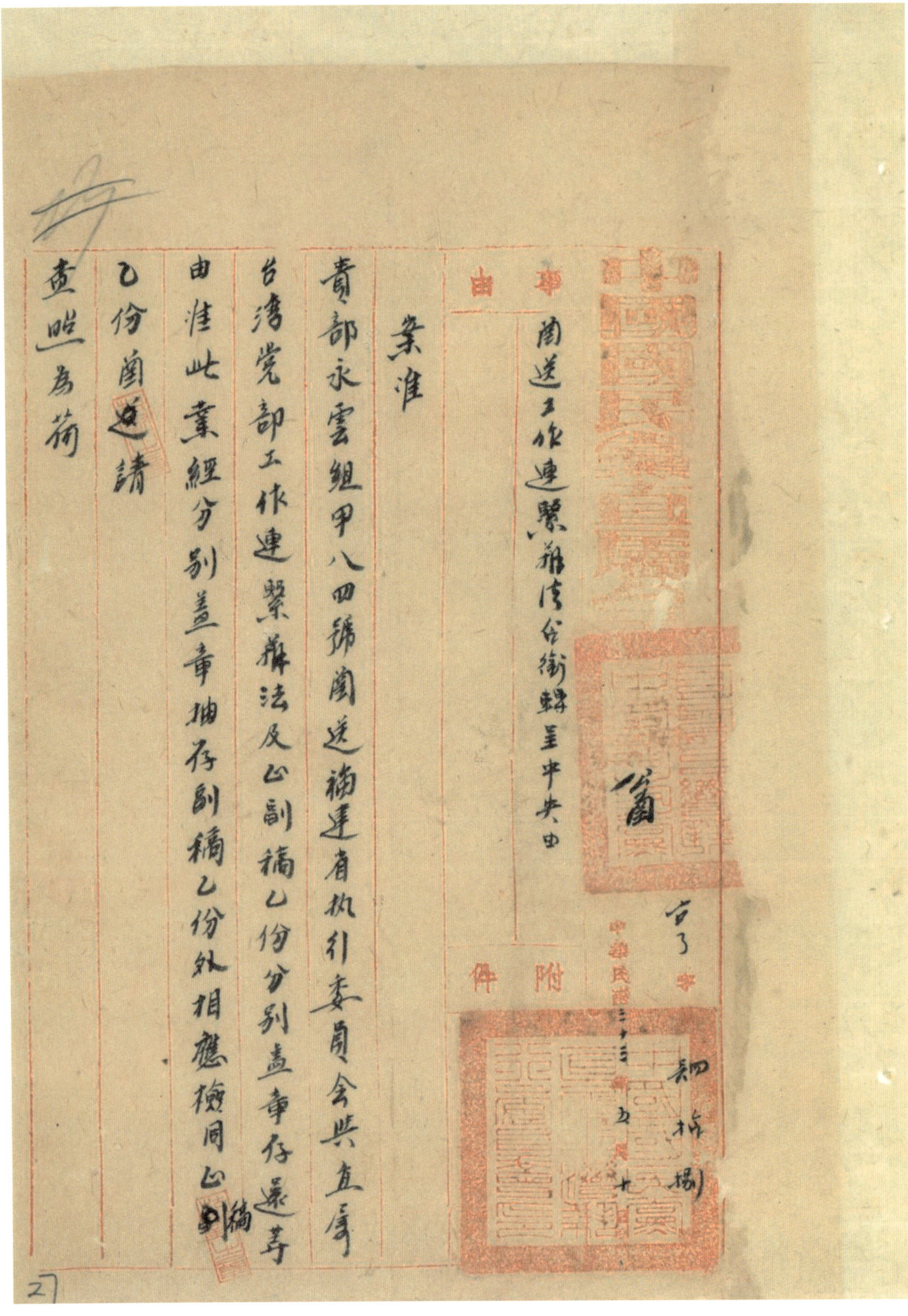
中國國民黨直屬台灣黨部

事由：函送工作連繫辦法請台衛轉呈中央由

台組字第　　號

中華民國三十三年五月十日

附件：

案准

貴部永雲組甲八四號函送福建省執行委員會共直屬

台灣黨部工作連繫辦法及正副稿乙份分別蓋章存還等

由准此業經分別蓋章抽存副稿乙份外相應檢同正稿

乙份函送請

查照為荷

台湾党部关于将工作联系办法转呈国民党中央执委会组织部给福建省执委会的函

一九四四年五月十日

此致

福建省执行委员会

附件如文

兼代主任委员 萧宜增

28

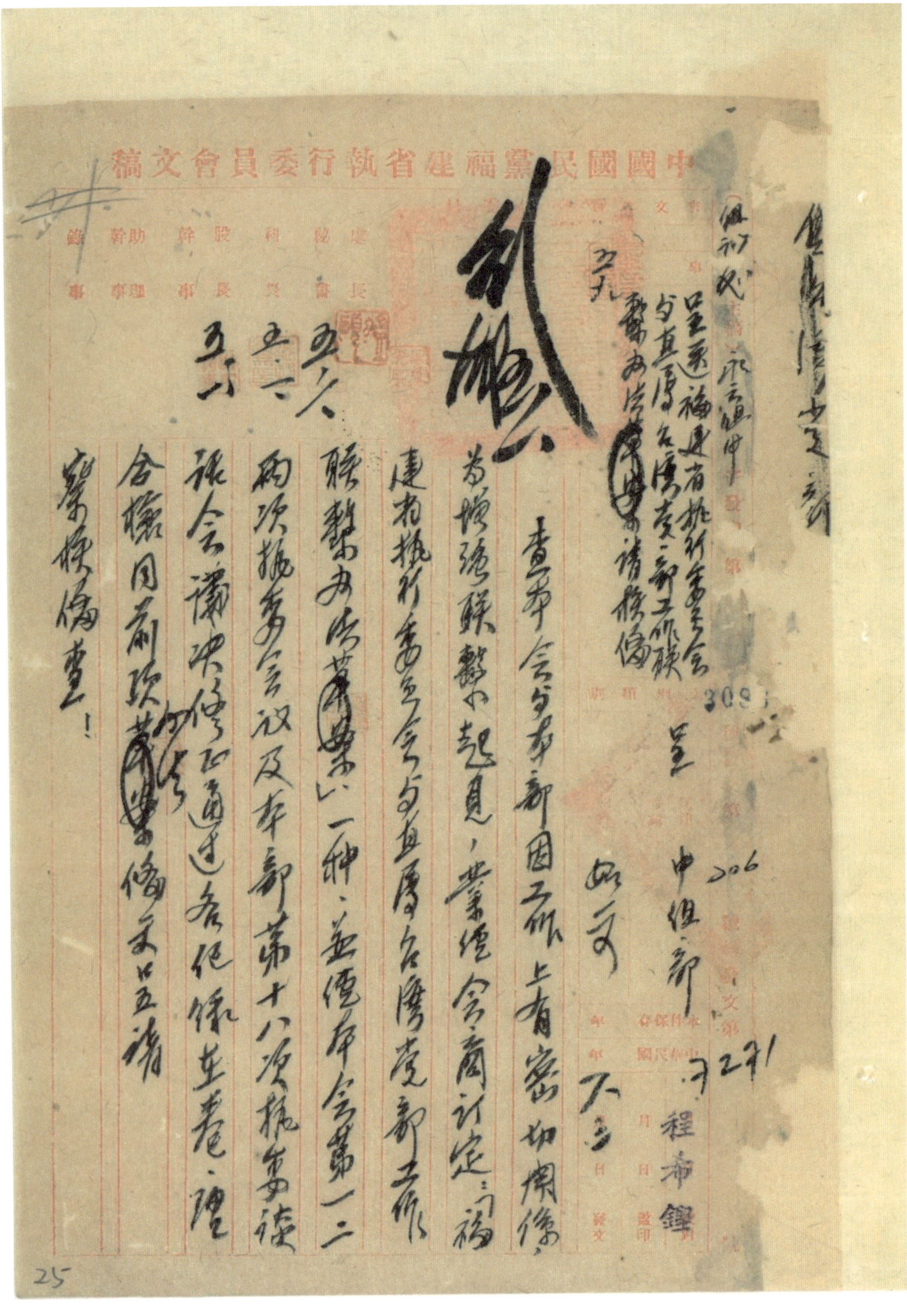
中國國民黨福建省執行委員會文稿

呈案送福建省執行委員會台灣黨部工作聯繫辦法請 核備

中組部

查本會與本部因工作上有密切關係，為增強聯繫起見，業經會商訂定「福建省執行委員會台灣黨部工作聯繫辦法草案」一種，並經本會第一二〇次執委會議及本部第十八次執委談話會議決修正通過在卷，理合檢同前項草案修正本各五份，請 鑒核備查！

程希鐸

25

国民党福建省执委会、台湾党部关于检送工作联系办法给国民党中央执委会组织部的呈

一九四四年六月三日

谨呈

中央执行委员会组织部

附件如文

福建省——主任委员李○○

直属台湾党部代主任委员萧○○

26